普通高等教育应用型本科创新教材

Detection Technique of
Transport Infrastructure Engineering

交通基础设施工程检测技术

张爱勤　张向文　主　编
李　侠　王桂敏　副主编
　　　　辛公锋　主　审

内 容 提 要

本书介绍了交通基础设施工程(公路、桥梁、隧道、轨道和水运工程)的检测技术及其工程质量评定方法,内容包括主体交通基础设施建设工程的试验检测方法、质量要求、试验检测数据处理的基本知识和工程质量评定方法。全书共分为八章。地基工程现场检测技术包括路基与桩基的现场状态检测、完整性与承载力检测方法;路面工程试验检测技术包括路面基层(底基层)试验检测、沥青路面与水泥混凝土路面检测技术;桥梁工程试验检测技术包括桥梁工程常用支座和伸缩装置检测、预应力结构组件检测、混凝土结构构件检测、桥梁结构应变电测技术和桥梁荷载试验;隧道工程试验检测技术包括喷射混凝土的质量检测、隧道支护检测、隧道监控量测、隧道衬砌质量检测和超前地质预报;轨道工程试验检测技术包括无砟轨道材料试验检测和成品轨道板检验方法;水运工程试验检测技术包括水运工程混凝土试验检测、海港工程混凝土防腐技术、港口水工建筑物修补与加固技术;交通基础设施工程试验检测案例一章列举了大量的实际工程检测报告,背景清晰、方法明确、案例代表性与整体性强,突出了试验检测工作在工程中的重要性、规范性与实用性。

本书可作为应用型本科土木工程、地下空间工程、港口航道与海岸工程、材料科学与工程等专业及相关专业的教材使用,也可以作为从事以上专业试验检测与施工的技术人员的参考用书。

图书在版编目(CIP)数据

交通基础设施工程检测技术/张爱勤,张向文主编.
— 北京:人民交通出版社股份有限公司,2018.8
ISBN 978-7-114-14807-1

Ⅰ.①交… Ⅱ.①张…②张… Ⅲ.①交通设施—检测 Ⅳ.①U

中国版本图书馆 CIP 数据核字(2018)第 131697 号

书　　名:	交通基础设施工程检测技术
著 作 者:	张爱勤　张向文
责任编辑:	王　霞　李　娜
责任校对:	宿秀英
责任印制:	张　凯
出版发行:	人民交通出版社股份有限公司
地　　址:	(100011)北京市朝阳区安定门外外馆斜街3号
网　　址:	http://www.ccpress.com.cn
销售电话:	(010)59757973
总 经 销:	人民交通出版社股份有限公司发行部
经　　销:	各地新华书店
印　　刷:	北京印匠彩色印刷有限公司
开　　本:	787×1092　1/16
印　　张:	25.25
字　　数:	591 千
版　　次:	2018 年 8 月　第 1 版
印　　次:	2018 年 8 月　第 1 次印刷
书　　号:	ISBN 978-7-114-14807-1
定　　价:	58.00 元

(有印刷、装订质量问题的图书由本公司负责调换)

前　言

为满足交通土建专业大类的建设需求，突出高水平应用型人才培养目标，人民交通出版社股份有限公司组织编写普通高等教育应用型本科创新系列教材，《交通基础设施工程检测技术》为其中一册。内容涵盖了公路、桥梁、隧道、轨道、水运工程等主要交通基础设施的基本试验检测方法，介绍了工程检测的新仪器、新方法和新技术。教材编写注重结合工程结构与施工工序，使试验检测的意义、作用、目的和任务更加明确，检测技术的原理与方法更加具有针对性。通过实际工程案例，结合新规范、新标准、新方法，使知识的学习与应用更加鲜活。教材在编写中突出了交通基础设施工程检测知识的全面性、新颖性、系统性与实用性，主要编写特色如下：

1. 采用校企联合编写形式。教材编写由交通行业工程单位参与，编入大量实际工程试验与检测案例，突出了知识的工程应用与真实性，学生通过教材即可完成工程检测的模拟训练过程。

2. 以中国工程教育认证为目标，突出教学的先进性。教材编写以工程教育认证标准为目标，每章内容提出知识目标与能力目标要求，便于教材在教与学的应用中目标更为明确。

3. 教材内容既注重交通基础设施工程检测的知识性，又兼顾交通运输部公路水运工程试验检测人员"道路工程""桥梁与隧道工程"等科目的执业资格考试要求，培养学生在校期间具备公路水运工程试验检测人员的知识能力和执业素养。

4. 教材内容注重检测技术与工程案例的一一对应，更加适合应用型本科学生使用，有利于达到培养学生知识、能力与素质三位一体的教育目标。

本书由山东交通学院、山东高速科技发展集团、山东广信工程试验检测集团有限公司、威海市公路勘察设计院、青岛海陆通工程质量检测有限公司等联合编写。张爱勤、张向文担任主编，李侠、王桂敏担任副主编，山东交通学院李志、张旭、李晶与威海市公路勘察设计院孙丹丹参编。张爱勤负责全书的统稿任务，并得到研究生周晓静、阚涛、贾坚、刘芝敏、乔弘的大力帮助，在此表示感谢。

本书由山东高速科技发展集团辛公锋担任主审。主审工作严肃认真，对书稿提出了许多宝贵的、指导性的意见和建议，提高了教材质量。本书出版得到人民交通出版社股份有限公司的大力支持与帮助，在此一并表示感谢。

由于编者水平有限，书中难免出现疏漏或错误，恳请广大读者批评指正。

编　者
2018 年 1 月

目 录

第1章 交通基础设施工程检测与质量评定 ………………………………………… 1
  1.1 交通基础设施工程试验检测相关工作 …………………………………… 2
  1.2 交通基础设施工程试验检测数据的基本常识 …………………………… 3
  1.3 交通基础设施工程质量评定方法 ………………………………………… 10
  本章思考题 ……………………………………………………………………… 52

第2章 基础工程检测技术 …………………………………………………………… 54
  2.1 地基检测 …………………………………………………………………… 54
  2.2 基桩检测 …………………………………………………………………… 84
  本章思考题 ……………………………………………………………………… 97

第3章 路面工程试验检测技术 ……………………………………………………… 100
  3.1 路面基层(底基层)试验检测 ……………………………………………… 101
  3.2 路面工程检测 ……………………………………………………………… 111
  本章思考题 ……………………………………………………………………… 144

第4章 桥梁工程试验检测技术 ……………………………………………………… 146
  4.1 桥梁连接部件与预应力结构组件检测 …………………………………… 147
  4.2 混凝土结构构件检测 ……………………………………………………… 167
  4.3 桥梁结构应变电测技术 …………………………………………………… 186
  4.4 桥梁荷载试验 ……………………………………………………………… 192
  本章思考题 ……………………………………………………………………… 202

第5章 隧道工程试验检测技术 ……………………………………………………… 203
  5.1 喷射混凝土 ………………………………………………………………… 203
  5.2 隧道施工基本知识 ………………………………………………………… 206
  5.3 隧道衬砌质量检测 ………………………………………………………… 218
  5.4 超前地质预报 ……………………………………………………………… 227
  本章思考题 ……………………………………………………………………… 238

第6章 轨道工程试验检测技术 ……………………………………………………… 239
  6.1 无砟轨道材料检测 ………………………………………………………… 240
  6.2 成品轨道板检验 …………………………………………………………… 279
  本章思考题 ……………………………………………………………………… 285

第7章 水运工程试验检测技术 ………………………………………………………… 286
7.1 水运工程混凝土试验检测技术 ………………………………………………… 286
7.2 海港工程混凝土防腐技术 ……………………………………………………… 298
7.3 港口水工建筑物修补与加固技术 ……………………………………………… 305
本章思考题 ………………………………………………………………………… 317

第8章 交通基础设施工程试验检测案例 …………………………………………… 318
8.1 地基工程试验检测案例 ………………………………………………………… 318
8.2 路面工程试验检测案例 ………………………………………………………… 331
8.3 桥梁工程试验检测案例 ………………………………………………………… 344
8.4 隧道工程试验检测案例 ………………………………………………………… 358
8.5 轨道工程试验检测案例 ………………………………………………………… 366
8.6 水运工程试验检测案例 ………………………………………………………… 371

附录 ………………………………………………………………………………………… 376
附录1 标准正态分布表 …………………………………………………………… 376
附表2 t 检验临界值 $(t_\alpha, t_{\alpha/2})$ 表 …………………………………………… 378
附表3 t 分布计算参数 $(t_\alpha/\sqrt{n})$ 表 …………………………………………… 379
附表4 一般取样的随机数表 ……………………………………………………… 379
附表5 推定区间上、下限系数 …………………………………………………… 383
附表6 非水平状态检测时的回弹值修正值 ……………………………………… 384
附表7 不同浇筑面的回弹值修正值 ……………………………………………… 385
附表8 测区混凝土强度换算表 …………………………………………………… 386

参考文献 …………………………………………………………………………………… 393

第1章 交通基础设施工程检测与质量评定

学习目标

【知识目标】 学生应了解交通基础设施工程试验与检测的目的和意义;掌握试验检测的分类、抽样与检测方法,试验结果数理统计评价方法,公路、桥梁、隧道、轨道与水运工程质量评价方法。

【能力目标】 通过本章学习,学生应具有独立进行试验检测抽样的能力,应用数理统计方法对交通基础设施的室内与工程现场检测结果进行质量评定的能力。

交通基础设施工程试验检测技术是一门新兴学科,是进行工程质量管理的一种有效手段,不仅是工程施工技术管理中的一个重要组成部分,也是工程施工质量控制和竣工验收评定工作中不可缺少的一道重要环节。其目的是通过对某个产品或工程项目的检测,根据检测结果来判断工程质量或产品质量是否符合现行有关技术标准的规定。近年来,试验检测的基本理论、应用技术、规范规程和技术标准等在交通运输各个领域中得到迅速发展,是工程设计参数、施工质量控制、施工验收评定、养护管理决策的主要依据和手段。

交通基础设施不论在建设期还是养护期,工程建设质量均倍受重视,且受重视的程度越来越高,目前已经形成了由政府监督、社会监理和企业自检三方组成的质量保证体系。各级质量监督部门、建设监理机构以及承担建设施工任务的企业控制质量的方法已逐渐规范化,试验检测过程以国家、行业和地方有关法规、规程、规范和标准作为主要依据。尤其工程试验检测机构,其职能就是对工程项目或产品进行检测,根据检测结果判断工程质量或产品的质量状态。因此,完善工程试验检测机构的工作制度,制定试验检测工作细则,配置合理的试验检测人员具有重要的现实意义。

交通基础设施工程试验检测从广义上讲,包括地面、地下与水运交通线路主要结构设施(如公路、桥梁、隧道、轨道、港口等)的试验与检测,其意义在于:①通过试验检测技术,充分利用当地原材料;②加快推广和应用新材料、新技术和新工艺的进程;③运用定量的方法科学评定各种材料和构件的质量;④合理控制并科学评定工程质量;⑤科学合理地制定养护维修方案,及时对工程进行养护与加固。因此,加强工程试验检测工作对于提高工程质量、加快工程进度、降低工程造价、推动工程施工技术进步都将起到重要作用。同时,试验检测又是评价公路工程质量缺陷和鉴定工程事故的重要手段和主要依据,通过试验检测可以为质量缺陷或事故判定提供实测数据,以便准确判别质量缺陷和事故的性质、范围和程度,合理评价事故损失,明确事故责任,从中总结经验教训,提高工程质量与技术水平。

1.1 交通基础设施工程试验检测相关工作

1.1.1 交通基础设施工程试验检测分类

交通基础设施工程试验检测可以按照试验检测的目的、荷载性质、结构或构件破坏与否、试验时间长短、试验对象和试验场地等进行分类。按照试验检测的目的，试验检测可分为科学研究性试验检测、生产鉴定性试验检测、设计依据性参数试验检测、积累技术资料进行的养护管理或后评估试验检测，其中，生产鉴定性试验检测包括工程质量控制检查或质量保证进行的试验检测、竣工验收评定进行的试验检测，以及工程质量事故调查分析进行的试验检测等；按照荷载性质，试验检测可分为静力试验、动力试验（如原型动力试验、结构疲劳试验、工程抗震试验）等；按照结构或构件破坏与否，试验检测可分为破坏性试验与非破坏性试验；按照试验时间长短，试验检测可分为短期荷载试验与长期观测试验；按照试验对象，试验检测可分为原型试验与模型试验（如足尺试验、缩尺试验、放大模型试验）；按照试验场地，试验检测可分为室内试验、野外试验（如原位试验）等。

1.1.2 交通基础设施工程试验检测工作细则

1）试验检测工作实施细则内容

由于有些相关技术标准规定得不细，有些质检机构的检测操作人员对标准的熟练程度不一，因此质检机构的每项试验检测工作均应按照工艺要求，根据有关国家或行业现行标准、操作规程和有关行业工作规范制定详细的实施细则。试验检测工作实施细则的内容如下：

(1) 技术标准、规定要求、检测方法、操作规程等。
(2) 抽样方法及样本大小。
(3) 检测项目、被测参数大小及允许变化范围。
(4) 检测仪器设备的名称、型号、量程、准确度、分辨率。
(5) 检测人员组成和检测系统框图。
(6) 对检测仪器的检查标定项目和结果。
(7) 对检测仪器和样品或试件的基本要求。
(8) 对环境条件等的检查。
(9) 从保证计量检测结果的可靠度出发允许变化范围的规定。
(10) 在检测过程中发生异常现象和意外事故的处理办法。
(11) 检测结果计算整理分析方法及允许变化范围的规定。

凡要求对整体工程项目或新产品进行质量判断的检测项目，均应进行抽样检测。凡送样检测的产品，检测结果仅对样品负责，不对整体产品质量做任何评价。

2）试验检测原始记录

原始记录是试验检测结果的如实记载，不允许随意更改，不许删减。原始记录应印成一定格式的记录表，其格式根据检测的要求不同可以有所不同。原始记录表的内容主要应包括:产品名称、型号、规格、性质描述;产品编号、生产单位;检测项目、检测编号、检测地点;检测环境(如温度、湿度等);主要检测仪器名称、型号、编号;检测原始记录数据、数据处理结果;检测人、复核人;试验日期等。

记录表中应包括所要求记录的信息及其他必要信息,以便在需要时能够判断检测工作在哪个环节可能出现差错;同时根据原始记录提供的信息,能在一定准确度内重复所做的检测工作。工程试验检测原始记录一般不得用铅笔填写,内容应填写完整,应有试验检测人员和计算校核人员的签名。

原始记录如果确需更改,作废数据应画两条水平线,将正确数据填在上方,盖更改人印章。原始记录应集中保管,保管期一般不得少于两年。原始记录也可用数字方式长期保存。原始记录经过计算后的结果即检测结果必须进行校核。校核者在本领域必须具有五年以上工作经验;必须在试验检测记录和报告中签字,以示负责;必须认真核对检测数据,校核量不得少于所检测项目的5%。

试验检测数据整理应注意:

(1)检测数据有效位数的确定方法;检测数据异常值的判定方法;区分可剔除异常值和不可剔除异常值;整理后的数据应填入原始记录的相应部分。

(2)检测数据的有效位数应与检测系统的准确度相适应,不足部分以"0"补齐,以便测试数据位数相等。

(3)同一参数检测数据个数小于或等于3时用算术平均值法;测试个数大于3时,建议采用数理统计方法,求算代表值。

(4)测试数据异常值的判断,对于每一单元内检测结果中的异常值用格拉布斯(Grubbs)法,对于各试验室检测平均值中的异常值用狄克逊(Dixon)法。

1.2 交通基础设施工程试验检测数据的基本常识

工程质量评价以试验检测数据为依据,试验检测采集得到的原始数据类多量大、存在各种误差,有时会杂乱无章,甚至出现错误。因此,必须对原始数据进行分析、处理才能得到可靠的试验检测结果,同时,还需要采用可靠的试验检测数据对检测项目或指标进行评定。因此,从事交通基础设施工程试验检测工作的技术人员需要掌握试验数据处理的基本知识。

1.2.1 数理统计分布及统计数据的特征量

1)数理统计中的常用分布

交通基础设施工程试验检测数据均服从一定的分布规律,如正态分布及与正态分布有关的 χ^2 分布、t 分布和 F 分布、二项分布、泊松分布等。大量试验数据统计表明,交通基础设施工程试验检测数据大多数情况下符合正态分布或 t 分布规律。

(1)正态分布

若连续型随机变量 X 的概率分布密度函数为 $f(x) = \frac{1}{\sigma\sqrt{2\pi}} e^{-\frac{(x-\mu)^2}{2\sigma^2}}$,则称随机变量 X 服从正态分布,记为 $X \sim N(\mu, \sigma^2)$。正态分布曲线如图1-1所示。

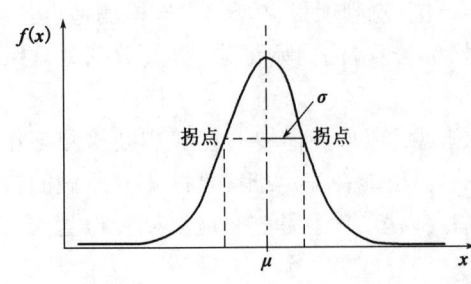

图 1-1 正态分布曲线

标准正态分布的分位点为:对于给定的显著性水平 $\alpha(0<\alpha<1)$,将满足条件 $P(z\geq z_\alpha)=\alpha$ 的值 z_α 称为标准正态分布的上侧 α 分位点,简称分位点(即单侧临界值),如图 1-2a)所示。将满足条件 $P(z<-z_\alpha)=\alpha$ 的值 $-z_\alpha$(或 $z_{1-\alpha}$)称为标准正态分布的下侧 α 分位点。其中,α 也称为置信度。

一般来说,对于给定的置信水平 $1-\alpha$,可以用不同的方法确定未知参数的置信区间。我们可以选定区间 $(-z_{\alpha/2},z_{\alpha/2})$,如图 1-2b)所示,使得 $P(-z_{\alpha/2}\leq z\leq z_{\alpha/2})=1-\alpha$,则 $\pm z_{\alpha/2}$ 称为标准正态分布的双侧临界值,可从附表 1 查得。

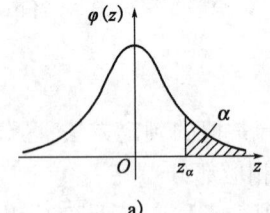 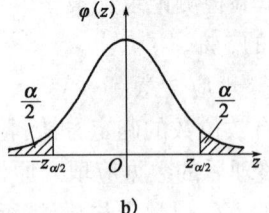

a) b)

图 1-2 标准正态分布的临界值

交通基础设施工程试验检测指标一般可采用数理统计方法,按照单侧检测或者双侧检测进行评定。若检测数据服从正态分布,当采用单侧检验时,则检测指标的代表值为:

$$x_1 = \bar{x} - z_\alpha \cdot S \text{(置信下限)} \tag{1-1}$$

或

$$x_1 = \bar{x} + z_\alpha \cdot S \text{(置信上限)} \tag{1-2}$$

当采用双侧检验时,则检测指标的代表值为:

$$x_1 = \bar{x} \pm z_{\alpha/2} \cdot S \tag{1-3}$$

(2)t 分布

由样本平均值抽样分布的性质知,若 $X \sim N(\mu,\sigma^2)$,则 $\bar{X} \sim N(\mu,\sigma^2/n)$。将随机变量 $\bar{X}$ 标准化,得 $z=\dfrac{\bar{x}-\mu}{\sigma_{\bar{x}}}=\dfrac{\bar{x}-\mu}{\sigma/\sqrt{n}}$,则 $z \sim N(0,1)$。

当总体标准差 σ 未知时,以样本标准差 s 代替 σ 所得到的统计量为 $t=\dfrac{\bar{x}-\mu}{s/\sqrt{n}}$。在计算 $s_{\bar{x}}$ 时,由于采用 s 来代替 σ,使得 t 变量不再服从标准正态分布,而是服从自由度 $df=n-1$ 的 t 分布,记为 $t \sim t(n-1)$。

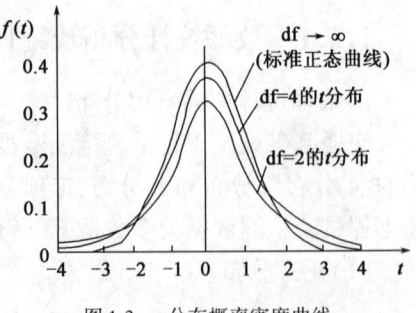

图 1-3 t 分布概率密度曲线

t 分布概率密度函数的图形如图 1-3 所示。t 分布的临界值,对于给定的显著性水平 $\alpha(0<\alpha<1)$,将满足条件 $P(t>t_\alpha)=\alpha$ 或 $P(t<-t_\alpha)=\alpha$ 的值 $t_\alpha(n-1)$ 称为 t 分布的单侧临界值;将满足条件 $P(|t|>t_{\alpha/2})=\alpha$ 的值 $t_{\alpha/2}(n-1)$ 称为 t 分布的双侧临界值(图 1-4)。临界值 t 可查附表 2 或为计算

方便可查附表3。

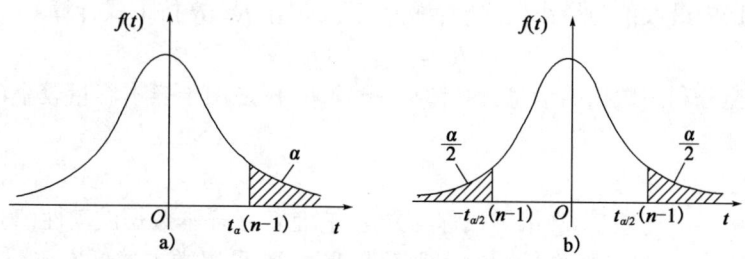

图1-4　t 分布临界值

若交通基础设施工程试验检测数据服从 t 分布,当检测指标采用单侧检验时,则其代表值为:

$$x_1 = \bar{x} - \frac{t_\alpha}{\sqrt{n}} \cdot S \text{(置信下限)} \tag{1-4}$$

或

$$x_1 = \bar{x} + \frac{t_\alpha}{\sqrt{n}} \cdot S \text{(置信上限)} \tag{1-5}$$

当检测指标采用双侧检验时,则其代表值为:

$$x_1 = \bar{x} \pm \frac{t_{\alpha/2}}{\sqrt{n}} \cdot S \tag{1-6}$$

2) 统计数据的特征量

表示统计数据分布及其某些特性的特征量分为两类:一类表示数据的集中位置,如算术平均值、中位数等;一类表示数据的离散程度,主要有极差、标准离差、变异系数等。

(1) 算术平均值

算术平均值是表示一组数据集中位置最有用的统计特征量,经常用样本的算术平均值来代表总体的平均水平。总体的算术平均值用 μ 表示,样本的算术平均值则用 $\bar{x}$ 表示。如果 n 个样本数据为 x_1、x_2、x_3、$\cdots$、x_n,则样本的算术平均值为:

$$\bar{x} = \frac{1}{n}\sum_{i=1}^{n} x_i \tag{1-7}$$

(2) 中位数

在一组数据 x_1、x_2、x_3、$\cdots$、x_n 中,按其大小次序排序,以排在正中间的一个数表示总体的平均水平,称之为中位数,或称中值,用 $\tilde{x}$ 表示。n 为奇数时,正中间的数只有一个;n 为偶数时,正中间的数有两个,则取这两个数的平均值作为中位数,即:

$$\tilde{x} = \begin{cases} x_{\frac{n+1}{2}} & (n \text{ 为奇数}) \\ \frac{1}{2}(x_{\frac{n}{2}} + x_{\frac{n+1}{2}}) & (n \text{ 为偶数}) \end{cases} \tag{1-8}$$

(3) 极差

在一组数据中最大值与最小值之差,称为极差,记作 R。R 按下式计算:

$$R = x_{\max} - x_{\min} \tag{1-9}$$

极差没有充分利用数据的信息,但计算十分简单,仅适用于样本容量较小(一般 $n < 10$)的情况。

(4) 标准差

标准差也称标准离差、标准偏差或称均方差,它是衡量样本数据波动性(离散程度)的指标。在质量检验中,总体的标准差(σ)一般不易求得,常采用样本的标准差(S)。样本的标准差(S)按下式计算:

$$S = \sqrt{\frac{\sum_{i=1}^{n}(x_i - \bar{x})^2}{n-1}} \tag{1-10}$$

(5) 变异系数

标准差反映样本数据的绝对波动状况:当测量较大的量值时,绝对误差一般较大;而测量较小的量值时,绝对误差一般较小。因此,用相对波动的大小更能反映样本数据的波动性。

表示样本数据相对波动大小的特征量,采用变异系数表示,记作 C_v。变异系数是标准差(S)与算术平均值($\bar{x}$)的比值,即:

$$C_v = \frac{S}{\bar{x}} \times 100\% \tag{1-11}$$

1.2.2 抽样检验

交通基础设施工程检验是工程质量控制的一个重要环节,是保证工程质量的必要手段。检验可分为全数检验和抽样检验两大类。全数检验是对一批产品中的每一个产品进行检验,从而判断该批产品质量状况;抽样检验是从一批产品中抽出少量的单个产品进行检验,从而推断该批产品质量状况。全数检验较抽样检验可靠性好,但检验工作量非常大,往往难以实现;抽样检验方法以数理统计学为理论依据,具有很强的科学性和经济性,在许多情况下,只能采用抽样检验方法。就交通基础设施工程质量检验而言,不可能采用全数检验,而只能采用抽样检验。即从待检工程中抽取样本,根据样本的质量检查结果,推断整个待检工程的质量状况。

质量检验的目的在于准确判断工程质量状况,以促进工程质量的提高。其有效性取决于检验的可靠性,而检验的可靠性则与下面三个因素密切相关:①质量检测手段的可靠性;②抽样检验方法的科学性;③抽样检验方案的科学性。在质量检验过程中,必须全面考虑上述三个因素,以提高质量检验的可靠性。

抽样是从总体中抽取样本的过程,并通过样本了解总体。总的来说,抽样检验分为非随机抽样与随机抽样两大类。

1) 非随机抽样

进行人为的有意识的挑选取样即为非随机抽样。非随机抽样中,人的主观因素占主导作用,由此所得到的质量数据,往往会对总体做出错误的判断。因此,采用非随机抽样方法所得的检验结论,其可信度较低。

2)随机抽样

随机抽样排除了人的主观因素,使待检总体中的每一个产品具有同等被抽取到的机会。只有随机抽取的样本才能客观地反映总体的质量状况。这类方法所得到的数据代表性强,质量检验的可靠性得到了基本保证。因此,随机抽样是以数理统计的原理,根据样本取得的质量数据来推测、判断总体的一种科学抽样检验方法,因而被广泛使用。

随机抽样的方法有多种,适合于交通基础设施工程试验检验的随机抽样方式一般采用以下三种:

(1)单纯随机抽样

在总体中,直接抽取样本的方法即为单纯随机抽样。这是一种完全随机化的抽样方法。要实现单纯随机抽样,应对总体中各个个体进行编码。随机抽样并不意味着随便地、任意地取样,而是应采取一定的方式获取随机数,以确保抽样的随机性。而随机数可以利用随机数表获得,也可以利用掷骰子和抽签的方法获得。

(2)系统抽样

有系统地将总体分成若干部分,然后从每一个部分抽取一个或若干个个体,组成样本,这一方法称之为系统抽样。在工程质量控制中,系统抽样的实现主要有三种方式:

①将比较大的工程分为若干部分,再根据样本容量的大小,在每部分按比例进行单纯随机抽样,将各部分抽取的样品组合成一个样本。

②间隔定时法。每隔一定的时间,从工作面抽取一个或若干个样品。该方法适合于工序质量控制。

③间隔定量法。每隔一定数量的产品,抽取一个或若干个样品,该方法主要适合于工序质量控制。

(3)分层抽样

一项工程或工序往往是由若干不同的班组施工的。分层抽样法就是根据此类情况,将工程或工序分为若干层,如:同一个班组施工的工程或工序作为一层,若某项工程或工序是由三个不同的班组施工的,则可分为三层,然后按一定比例确定每层应抽取样品数,对每层则按单纯随机抽样法抽取样品。分层抽样法便于了解每层的质量状况,分析每层产生质量问题的原因。

1.2.3 现场随机取样方法

为了公正、合理地反映工程质量状况,取样的位置不应带有任何倾向性,应该根据随机数表来确定现场取样的具体位置。

应用随机数表确定现场取样位置时,应事先准备好编号从 1~28 共 28 块硬纸片,并将其装入布袋中。下面以路基路面现场随机取样方法为例,分测定区间或断面、测点位置两种情况介绍。

1)测定区间或断面确定方法

(1)路段确定。根据路基路面施工或验收、质量评定方法等有关规范决定需检测的路段。它可以是一个作业段、一天完成的路段或路线全程。在路基路面工程检查验收时,通常以 1km 为一个检测路段,此时,检测路段的确定也应按本方法的步骤进行。

(2)将确定的测试路段划分为一定长度的区间或按桩号间距(一般为 20m)划分若干个断面,并按 1、2、…、n 进行编号,其中 T 为总的区间数或断面数。

(3)从布袋中随机摸出一块硬纸片,硬纸片上的号数即为随机数表中的栏号,从 1~28 栏中选出该栏号的一栏(见附表4)。

(4)按照测定区间数、断面数的频度要求(总的取样数为 n,当 n>30 时应分次进行),依次找出与 A 列中 01、02、…、n 对应的 B 列中的值,共 n 对对应的 A、B 值。

(5)将 n 个 B 值与总的区间数或断面数 T 相乘,四舍五入成整数,即得到 n 个断面的编号。

例如,按照有关规范规定,拟从 K30+000~K31+000 的 1km 检测路段中选择 20 个断面测定路面宽度、高程、横坡等外形尺寸,断面决定方法如下:

①1km 总长的断面数 $T = 1000/20 = 50$(个),编号 1、2、…、50。

②从布袋中摸出一块硬纸片,其编号为 14,即使用随机数表的第 14 栏。

③从第 14 栏 A 列中挑出小于 20 所对应的 B 列数值,将 B 与 T 相乘,四舍五入得到 20 个编号,并得到 20 个断面的桩号,如表 1-1 所示。

路面宽度、高程、横坡检测断面随机取样计算表　　　　表 1-1

断面编号	14栏A列	B列	$B \times T$	断面号	桩号	断面编号	14栏A列	B列	$B \times T$	断面号	桩号
1	17	0.089	4.45	4	K30+080	11	16	0.527	26.35	26	K30+520
2	10	0.149	7.45	7	K30+140	12	5	0.797	39.85	40	K30+800
3	13	0.244	12.2	12	K30+240	13	15	0.801	40.05	40	K30+820
4	8	0.264	13.2	13	K30+260	14	12	0.836	41.8	42	K30+840
5	18	0.285	14.25	14	K30+280	15	4	0.854	42.7	43	K30+860
6	2	0.34	17	17	K30+340	16	11	0.884	44.2	44	K30+880
7	6	0.359	17.95	18	K30+360	17	19	0.886	44.3	44	K30+900
8	20	0.387	19.35	19	K30+380	18	7	0.929	46.45	46	K30+920
9	14	0.392	19.6	20	K30+400	19	9	0.932	46.6	47	k30+940
10	3	0.408	20.4	20	K30+420	20	1	0.97	48.5	49	K30+980

2)测点位置确定方法

(1)从布袋中任意取出一块硬纸片,纸片上的号数即为随机数表中的栏号,从 1~28 栏中选出该栏号的一栏。

(2)按照测点数的频度要求(总的取样数为 n)依次找出栏号的取样位置数,每个栏号均有 A、B、C 三列。根据检验数量 n(当 n>30 时应分次进行),在所选定栏号的 A 列找出等于所需取样位置数的全部数,如 01、02、…、n。

(3)确定取样位置的纵向距离,找出与 A 列中相对应的 B 列中的数值,以此数乘以检测区间的总长度,并加上该段的起点桩号,即可得出取样位置距该段起点的距离或桩号。

(4)确定取样位置的横向距离,找出与 A 列中相对应的 C 列中的数值,以此数乘以路基路面的宽度,再减去宽度的一半,即得出取样位置离路中心线的距离。如差值是正值(+),

表示在中心线的右侧;如差值是负值(-),表示在中心线的左侧。

例如,按照有关规范规定,检查验收时拟在 K30+000~K31+000 的 1km 检测路段中选择 6 个测点进行钻孔取样检验压实度、沥青用量和矿料级配等,钻孔位置决定方法如下:

①在 28 栏中选定的随机数栏为栏号 3,栏号 3 随机数表见表 1-2。

栏号 3 随机取样表　　　　　　　　　　　　　　　　　表 1-2

A	B	C	A	B	C	A	B	C
21	0.013	0.220	26	0.240	0.981	27	0.543	0.387
30	0.036	0.853	14	0.255	0.374	17	0.625	0.171
10	0.052	0.746	06	0.310	0.043	02	0.699	0.073
25	0.061	0.954	11	0.316	0.653	19	0.702	0.934
29	0.062	0.507	13	0.324	0.585	22	0.816	0.802
18	0.087	0.887	12	0.351	0.275	04	0.838	0.166
24	0.405	0.849	20	0.371	0.535	15	0.604	0.116
07	0.139	0.159	08	0.409	0.495	28	0.969	0.742
01	0.175	0.647	16	0.455	0.740	09	0.974	0.046
23	0.196	0.873	03	0.494	0.929	05	0.977	0.494

②栏号 3 中从上至下小于 6 的数依次为:01、06、03、02、04 及 05。

③随机数表栏号 3 的 B 列中与这 6 个数相应的数为 0.175、0.310、0.494、0.699、0.838 及 0.977。

④取样路段长度 1000m,计算得出 6 个乘积(取样位置与该段起点的距离)分别为 175m、310m、494m、699m、838m、977m。

⑤随机数表栏号 3 的 C 列中与 A 列数值相应的数为 0.647、0.043、0.929、0.073、0.166 及 0.494。

⑥路面宽度为 10m,计算得 6 个乘积分别是 6.47m、0.63m、9.29m、0.73m、1.66m 及 4.94m。因此,6 个取样的横向位置分别是右 1.47m、左 4.37m、右 4.29m、左 4.27m、左 3.34m 及左 0.06m。

上述计算结果可采用表 1-3 表示。

钻孔位置取样选点计算表　　　　　　　　　　　　　　表 1-3

测点编号	栏号 A 列	取样路段长 1000m			路面宽度 10m		测点数 6 个
		B 列	距起点距离(m)	桩号	C 列	距路边缘距离(m)	距中线距离(m)
1	01	0.175	175	K30+175	0.647	6.47	右 1.47
2	06	0.31	310	K30+310	0.043	0.43	左 4.57
3	03	0.494	494	K30+494	0.929	9.29	右 4.29
4	02	0.699	699	K30+699	0.073	0.73	左 4.27
5	04	0.838	838	K30+838	0.166	1.66	左 3.34
6	05	0.977	977	K30+977	0.494	4.94	左 0.06

1.3 交通基础设施工程质量评定方法

1.3.1 公路工程质量评定与验收

为加强公路工程质量管理,规范公路工程施工质量的检验评定,统一工程质量检验标准和评定标准,保证工程质量,我国交通运输部颁布了《公路工程质量检验评定标准 第一册 土建工程》(JTG F80/1—2017)。该标准是对公路工程质量进行管理、监控和验收的法规性技术文件,是检验评定公路工程质量和等级的标准尺度,适用于公路工程质量监督部门和有资质的检测机构对工程质量的检查鉴定、监理工程师对工程质量的检查认定、施工单位自检和分项工程的交接验收,是公路工程竣工验收的质量评定依据。

该质量评定方法可应用于公路新建与改扩建工程,是公路工程施工质量的最低限值标准。对于特殊地区或采用新材料、新结构、新技术的工程,可结合公路工程质量检验评定标准,并参照相关技术标准或根据实际情况制定相应的质量检验标准,并报主管部门批准。

1.3.1.1 公路工程质量评定的基本知识

1) 公路工程项目划分

根据建设任务、施工管理和质量检验评定的需要,将公路工程建设项目划分为单位工程、分部工程和分项工程,并按照分项工程、分部工程、单位工程、合同段和建设项目的顺序逐级进行评定。施工单位应按此种工程划分进行质量自检和资料汇总,质量监督部门则按照此种工程划分逐级进行工程质量等级评定。

建设项目中根据签订的合同,在合同段中具有独立施工条件和结构功能的工程称为单位工程。在单位工程中,按路段长度、结构部位及施工特点等划分的工程称为分部工程。在分部工程中,根据施工工序、工艺或材料等划分的工程称为分项工程。其中,单位工程分为路基工程、路面工程、桥梁工程(大、中桥)、隧道工程、绿化工程、声屏障工程、交通安全设施和附属设施等,主要单位工程中分部工程和分项工程的划分内容详见表1-4~表1-6。

路基路面单位工程、分部工程和分项工程的划分　　　　表1-4

单位工程	分部工程	分项工程
路基工程 (每10km或每标段)	路基土石方工程(1~3km路段)①	土方路基,石方路基,软土地基处置,土工合成材料处治层等
	排水工程(1~3km路段)①	管道预制,混凝土排水管施工,检查(雨水)井砌筑,土沟,浆砌排水沟,盲沟,跌水,急流槽,水簸箕,排水泵站沉井、沉淀池等
	小桥及符合小桥标准的通道、人行天桥、渡槽(每座)	钢筋加工及安装,砌体,混凝土扩大基础,钻孔灌注桩,混凝土墩、台,墩、台身安装,台背填土,就地浇筑梁、板,预制安装梁、板,就地浇筑混凝土拱圈,混凝土桥面板桥面防水层,支座垫石和挡块,支座安装,伸缩装置安装,栏杆安装,混凝土护栏,桥头搭板,砌体坡面护坡,混凝土构件表面防护,桥梁总体等

续上表

单位工程	分部工程	分项工程
路基工程 (每10km或每标段)	涵洞、通道(1~3km路段)①	钢筋加工及安装,涵台,管节预制,管座及涵管安装,波形钢涵管安装,盖板预制,盖板安装,箱涵浇筑,拱涵浇(砌)筑,倒虹吸竖井、集水井砌筑,一字墙和八字墙,涵洞填土,顶进施工的涵洞,砌体坡面护,涵洞总体等
	防护支挡工程(1~3km路段)①	砌体挡土墙,墙背填土,边坡锚固防护,土钉支护,砌体坡面护坡,石笼防护,导流工程等
	大型挡土墙,组合式挡土墙(每处)	钢筋加工及安装,砌体挡土墙,悬臂式挡土墙,扶壁式挡土墙,锚杆、锚定板和加筋土挡土墙,墙背填土等
路面工程 (每10km或每标段)	路面工程(1~3km路段)①	垫层,底基层,基层,面层,路缘石,路肩等

注:①按路段长度划分的分部工程,高速公路、一级公路宜取低值,二级及二级以下公路可取高值。

桥梁工程单位工程、分部工程和分项工程的划分　　表1-5

单位工程	分部工程	分项工程
桥梁工程① (每座或每合同段)	基础及下部构造(1~3墩台)②	钢筋加工及安装,预应力筋加工和张拉,预应力管道压浆,混凝土扩大基础,钻孔灌注桩,挖孔桩,沉井,沉入桩,灌注桩桩底压浆,地下连续墙,沉井、沉井、钢围堰的混凝土封底,承台等大体积混凝土结构,砌体,混凝土墩、台,墩、台身安装,支座垫石和挡块,拱桥组合桥台,台背填土等
	上部构造预制和安装(1~3跨)②	钢筋加工及安装,预应力筋加工和张拉,预应力管道压浆,预制安装梁、板,悬臂施工梁,顶推施工梁,转体施工梁,拱圈节段预制,拱的安装,转体施工拱,中下承式拱吊杆和柔性系杆,钢性系杆,钢梁制作,钢梁安装,钢梁防护等
	上部构造现场浇筑(1~3跨)②	钢筋加工及安装,预应力筋的加工和张拉,预应力管道压浆,地浇筑拱圈,劲性骨架混凝土拱,钢管混凝土拱,中下承式拱吊杆和柔性系杆,钢性系杆等
	桥面系、附属工程及桥梁总体	钢筋加工及安装,混凝土桥面板桥面防水层,钢桥面板上防水黏结层,混凝土桥面板桥面铺装,钢桥面板上沥青混凝土铺装,支座安装,伸缩装置安装,人行道铺设,栏杆安装,混凝土护栏,钢桥上钢护栏安装,桥头搭板,混凝土小型构件预制,砌体坡面护坡,混凝土构件表面防护,桥梁总体等
	防护工程	砌体坡面护坡,护岸③,导流工程等
	引道工程	见路基、路面工程的分项工程

注:①分幅桥梁按照单幅划分,特大斜拉桥和悬索桥按照规定进行划分,其他斜拉桥和悬索桥可作为一个单位工程参照规定进行划分。
②按单孔跨径确定的特大桥取1,其余根据规模取2或3。
③护岸可参照挡土墙进行划分。

隧道工程单位工程、分部工程和分项工程的划分　　　　表1-6

单位工程	分部工程	分项工程
隧道工程①	总体及装饰装修(每座或每合同段)	隧道总体、装饰装修工程
	洞口工程(每个洞口)	洞口边仰坡防护、洞门和翼墙的浇(砌)筑、截水沟、洞口排水沟、明洞浇筑、明洞防水层、明洞回填
	洞身开挖(100延米)	洞身开挖
	洞身衬砌(100延米)	喷射混凝土、锚杆、钢筋网、钢架、仰拱、仰拱回填、衬砌钢筋、混凝土衬砌、超前锚杆、超前小导管、管棚
	防排水(100延米)	防水层、止水带、排水
	路面(1~3km)②	基层、面层
	辅助通道③(100延米)	洞身开挖、喷射混凝土、锚杆、钢筋网、钢架、仰拱、仰拱回填、衬砌钢筋、混凝土衬砌、超前锚杆、超前小导管、管棚、防水层、止水带、排水

注:①双洞隧道每单洞作为一个单位工程。
　　②按路段长度划分的分部工程,高速公路、一级公路宜取低值,二级及二级以下公路可取高值。
　　③辅助通道包括竖井、斜井、平行导坑、横通道、风道、地下风机房等。

2)公路工程质量评定基本术语

(1)检验:对被检查项目的特征和性能进行检查、检测、试验等,并将结果与标准规定的要求进行比较,以判定其是否合格所进行的活动。

(2)评定:对分项工程、分部工程、单位工程和合同段的质量检验,并确定其质量等级的活动。

(3)关键项目:分项工程中对结构安全、耐久性和主要使用功能起决定性作用的检查项目,用"Δ"标识。

(4)一般项目:分项工程中除关键项目以外的检查项目。

(5)外观质量:通过观察和必要的量测所反映的工程外在质量及功能状态。

1.3.1.2 工程质量检验

分项工程应按基本要求、实测项目、外观质量和质量保证资料等检验项目分别检查。分项工程质量应在所使用的原材料、半成品、成品及施工控制要点等符合基本要求的规定,无外观质量限制缺陷且质量保证资料真实齐全时,才能对分项工程质量进行检验评定。

1)基本要求检查

(1)分项工程应对所列基本要求逐项检查,经检查不符合规定时,不得进行工程质量的检验评定。

(2)分项工程所用的各种原材料的品种、规格、质量及混合料配合比和半成品、成品应符合有关技术标准规定并满足设计要求。

2)实测项目检验

(1)对检查项目按规定的检查方法和频率进行随机抽样检验并计算合格率。

(2)检查方法为标准方法,采用其他高效检测方法应经比对确认。

(3)以路段长度规定的检查频率为双车道路段的最低检查频率,对多车道应按车道数与双车道之比相应增加检查数量。

(4)检查项目合格率应按下式计算:

$$检查项目合格率(\%) = \frac{合格的点(组)数}{检查项目的全部检查点(组)数} \times 100 \quad (1\text{-}12)$$

3)检查项目合格判定的规定

(1)关键项目的合格率应不低于95%(机电工程为100%),否则该检查项目为不合格;一般项目的合格率应不低于80%,否则该检查项目为不合格。

(2)有规定极值的检查项目,任一单个检测值不应突破规定极值,否则该检查项目为不合格。

(3)采用数理统计方法进行检验评定的检查项目,如压实度、弯沉值、路面结构层厚度、水泥混凝土抗压强度与弯拉强度、水泥砂浆强度、无机结合料稳定材料强度、路面横向力系数等,应选择相应的公式[式(1-1)~式(1-6)]计算其代表值,如不满足相应规范要求时,该检查项目为不合格。

4)外观质量

外观质量应进行全面检查,并满足规定要求,否则该检验项目为不合格。

5)质量保证资料

工程应有真实、准确、齐全、完整的施工原始记录、试验检测数据、质量检验结果等质量保证资料。质量保证资料应包括下列内容:

(1)所用原材料、半成品和成品质量检验结果。

(2)材料配合比、拌和加工控制检验和试验数据。

(3)地基处理、隐蔽工程施工记录和桥梁、隧道施工监控资料。

(4)质量控制指标的试验记录和质量检验汇总图表。

(5)施工过程中遇到的非正常情况记录及其对工程质量影响分析评价资料。

(6)施工过程中如发生质量事故,经处理补救后达到设计要求的认可证明文件等。

6)检验项目评为不合格的规定

检验项目评为不合格的,应进行整修或返工处理直至合格。

1.3.1.3 工程质量评定

1)公路工程质量检验评定流程

分项工程完工后,应进行检验,并对工程质量进行评定。隐蔽工程在隐蔽前应检查合格。分部工程、单位工程完工后,应汇总评定所属分项工程、分部工程质量资料,检查外观质量,对工程质量进行评定。根据法律法规的规定,施工单位应对施工质量负责。建设、监理、施工单位及质量监督部门和检测单位,在公路工程检验评定中的作用和需要完成的工作应遵照《公路工程竣工质量鉴定工作规定(试行)》(厅质监字〔2012〕25号)、《公路工程施工监理规范》(JTG G10—2016)等规定进行。

公路工程质量评价层级为:建设项目→合同段→单位工程→分部工程→分项工程→检验项目(基本要求、实测项目、外观质量和质量保证资料)→实测项目(实测项目表)→检查项目(表中所列)→检测指标(如压实度、弯沉值、结构层厚度、混凝土抗压强度、无机结合料稳定材料无侧限抗压强度等,有些检查项目如路面平整度、摩擦系数等包括多个指标)。公路工程质量检验评定具体流程见图1-5。

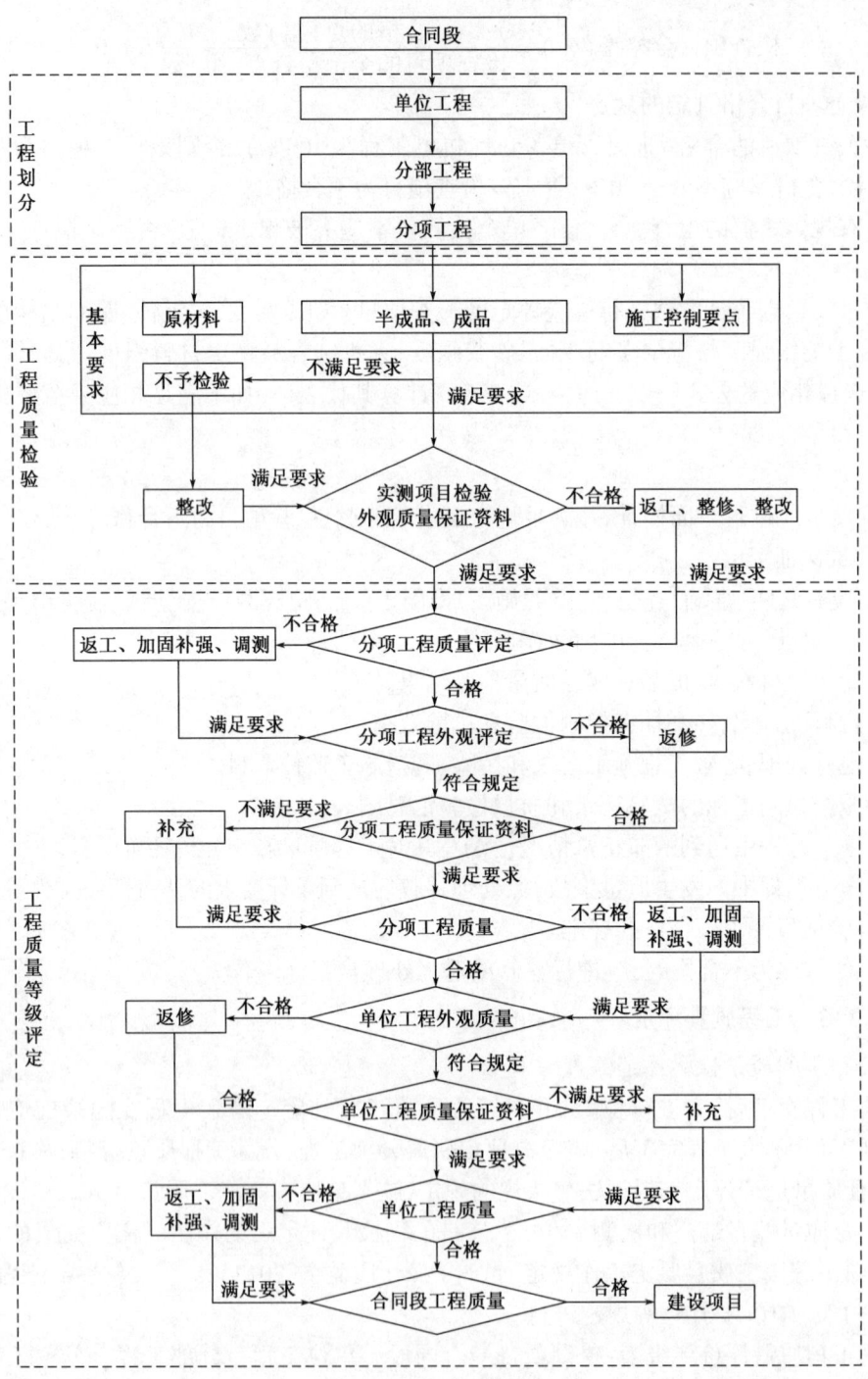

图1-5　公路工程质量检验评定流程

2) 分项工程质量等级评定

公路工程质量评定等级分为合格与不合格。分项工程、分部工程、单位工程质量评定应有符合标准规定的资料(工程质量检验评定表),合格规定见表1-7。

分项工程、分部工程、单位工程质量评定合格规定　　　　　表1-7

公路工程项目划分	工程质量合格规定
分项工程	检验记录应完整;实测项目应合格;外观质量应满足要求
分部工程	评定资料应完整;所含分项工程及实测项目应合格;外观质量应满足要求
单位工程	评定资料应完整;所含分部工程应合格;外观质量应满足要求

评定为不合格的分项工程、分部工程,经返工、加固、补强或调测,满足设计要求后,可重新进行检验评定。

所含单位工程合格,该合同段评定为合格;所含合同段合格,该建设项目评定为合格。

1.3.1.4 公路工程质量验收

《公路工程竣(交)工验收办法实施细则》规定,公路工程质量验收分为交工验收和竣工验收两个阶段。交工验收阶段主要工作有:检查施工合同的执行情况,评价工程质量,对各参建单位进行初步评价。竣工验收阶段主要工作有:对工程质量、参建单位和建设项目进行综合评价,并对工程建设项目做出整体性综合评价。

1)交工验收程序及工作内容

(1)交工验收程序

公路工程交工验收工作一般按合同段进行,交工验收程序为:施工单位完成合同约定的全部工程内容,且经自检和监理检验评定均为合格后,提出合同段交工验收申请(申请应附自检评定资料和施工总结报告)报监理单位审查→监理单位根据实际情况、抽检资料及对合同段工程质量评定结果,对施工单位的交工验收申请及其所附资料进行审查并签署意见。监理单位同意后,应同时向项目法人提交独立抽检资料、质量评定资料和监理工作报告,项目法人对施工单位的交工验收申请、监理单位的质量评定资料进行核查,必要时可委托有相应资质的检测机构进行重点抽查检测,认为合格段满足交工验收条件时应及时组织交工验收。对若干合同段完工时间相近的,项目法人可合并组织交工验收;对分段通车的项目,可按合同约定分段组织交工验收。通过交工验收的合同段,项目法人应及时颁发"公路工程交工验收证书"。各合同段全部验收合格后,项目法人应及时完成"公路工程交工验收报告"。

(2)交工验收主要工作内容

①检查合同执行情况。

②检查施工自检报告、施工总结报告及施工资料。

③检查监理单位独立抽检资料、监理工作报告及质量评定资料。

④检查工程实体,审查有关资料,包括主要产品的质量抽(检)测报告。

⑤核查工程完工数量是否与批准的设计文件相符,是否与工程计量数量一致。

⑥对合同是否全面执行、工程质量是否合格做出结论。

⑦按合同段分别对设计、监理、施工等单位进行初步评价。

2)竣工验收准备工作程序及工作内容

(1)竣工验收准备工作程序

对达到以下条件的公路工程可进行竣工验收:通车试运行2年以上;交工验收提出的工程质量缺陷等遗留问题已经全部处理完毕,并经项目法人验收合格;工程决算编制完成,竣工决算已经审计,并经交通运输主管部门或其授权单位认定;竣工文件已完成"公路工程项目文件归档范围"的全部内容;档案、环境等单项验收合格,土地使用手续已办理,各参建单位工作总结报告;质量监督机构对工程质量检测鉴定合格,并形成工程质量鉴定报告。

工程竣工验收准备工作程序如下:

①公路工程符合竣工验收条件后,项目法人应按照公路工程管理权限及时向交通运输主管部门提出验收申请,内容包括:交工验收报告;项目执行报告、设计工作报告、施工总结报告和监理工作报告;项目基本建设程序的有关批复文件;档案、环境等单项验收意见、土地使用证或建设用地批复文件;竣工决算的核备意见、审计报告及认定意见。

②相关交通运输主管部门对验收申请进行审查,必要时可组织现场核查。审查同意后报负责竣工验收的交通运输主管部门。

③以上文件齐全且符合条件的项目,由负责竣工验收的交通运输主管部门通知所属的质量监督机构开展质量鉴定工作。

④质量监督机构按要求完成质量鉴定工作,出具工程质量鉴定报告,并审核交工验收对设计、施工、监理初步评价结果,并报送交通运输主管部门。

⑤工程质量鉴定等级为合格及以上项目,负责竣工验收的交通运输主管部门及时组织竣工验收。

值得注意的是,按照公路工程管理权限,各级交通运输主管部门应于年初制订年度竣工验收计划,并按计划组织验收工作。列入竣工验收计划的项目,项目法人应提前完成竣工验收前的准备工作。

(2)竣工验收准备主要工作内容

①成立竣工验收委员会。

②听取公路工程项目执行报告、设计工作报告、施工总结报告、监理工作报告及接管养护单位项目使用情况报告。

③听取公路工程质量监督报告及工程质量鉴定报告。

④竣工验收委员会成立专业检查组检查工程实体质量,审阅有关资料,形成书面检查意见。

⑤对项目法人建设管理工作进行综合评价。审定交工验收对设计单位、施工单位、监理单位的初步评价。

⑥对工程质量进行评分,确定工程质量等级,并综合评价建设项目。

⑦形成并通过"公路工程竣工验收鉴定书"。

⑧负责竣工验收的交通运输主管部门印发"公路工程竣工验收鉴定书"。

⑨质量监督机构依据竣工验收结论,对各参建单位签发"公路工程参建单位工作综合评

价等级证书"。

3)工程质量鉴定要求

(1)总体要求

公路工程满足以下要求的,方可对工程质量进行鉴定:路基整体稳定;路面无严重缺陷;桥梁、隧道等构造物结构安全稳定,混凝土强度、桩基检测、预应力构件的张拉应力、桥梁承载力等均符合设计要求;工程质量经施工自检和监理评定均合格,并经项目法人确认。

公路工程质量鉴定工作包括工程实体检测、外观检查和内业资料审查。

(2)工程实体检测抽检频率

①路基工程压实度、边坡每公里抽查不少于1处,每个合同段路基压实度检查点数不少于10个。路基弯沉检测,高速、一级公路以每半幅每公里为评定单元,其他等级公路以每公里为评定单元。

②排水工程的断面尺寸每公里抽查2~3处,铺砌厚度按合同段抽查不少于3处。

③小桥抽查不少于总数的20%且每种类型抽查不少于1座。

④涵洞抽查不少于总数的10%且每种类型抽查不少于1道。

⑤支挡工程抽查不少于总数的10%且每种类型抽查不少于1处。

⑥路面工程的弯沉、平整度检测,高速、一级公路以每半幅每公里为评定单元,其他等级公路以每公里为评定单元。其他抽查项目每公里不少于1处。

⑦特大桥、大桥逐座检查;中桥抽查不少于总数的30%且每种桥型抽查不少于1座。桥梁下部工程抽查不少于墩台总数的20%且不少于5个,墩台数量少于5个时全部检测,同时每种结构形式抽查不少于1个;桥梁上部工程抽查不少于总孔数的20%且不少于5个,孔数少于5个时全部检测,同时每种结构形式抽查不少于1个。

⑧隧道逐座检查。

⑨交通安全设施中防护栏、标线每公里抽查不少于1处;标志抽查不少于总数的10%。

⑩机电工程各类设施抽查不少于10%,每类设施少于3个时全部检测。

⑪房屋建筑工程逐处检查。

抽检项目见表1-8~表1-10,均应在合同段交工验收前完成检测。竣工验收前,应对带"*"的抽检项目进行复测,复测结果和其他抽检项目在交工验收时的检测结果,作为竣工验收质量评定的依据。沥青路面弯沉、平整度、抗滑等复测指标的质量评定标准根据相关规范及当地实际情况确定。

(3)外观检查

①由该项目工程质量鉴定的质量监督机构或其委托的有资质的检测单位负责在交工验收前和竣工验收前对工程外观进行全面检查。

②工程外观存在严重缺陷和安全隐患或已降低服务水平的建设项目不予验收,经整修达到设计要求后方可组织验收。

③项目交工验收前应对桥梁、隧道、重点支挡工程、高边坡等涉及安全运营的重要工程部位进行详细检查。

路基路面工程质量鉴定抽检项目表　　　　　　　　　　　　　　　表1-8

单位工程	分部工程类别	抽查项目	权值	备注	权值
路基工程	路基土石方	压实度	3	每处每车道不少于1点	3
		弯沉	3	每评定单元检测不少于40点,各车道交替检测	
		边坡	1	每处两侧各测不少于两个坡面	
	排水工程	断面尺寸	1	每处抽不少于两个断面	1
		铺砌厚度	3	每处开挖检查不少于1个断面	
	小桥	混凝土强度	3	每座用回弹仪或超声波测上、下部结构各不少于10个测区	2
		主要结构尺寸	1	每座抽10~20个	
	涵洞	混凝土强度	3	每处用回弹仪或、超声波测不少于10个测区	1
		结构尺寸	2	每道5~10个	
	支挡工程	混凝土强度	3	每处用回弹仪或、超声波测不少于10个测区	2
		断面尺寸	3	每处开挖检查不少于1个断面	
路面工程	路面面层	沥青路面压实度	3	每处不少于1点	1
		沥青路面弯沉*	3	每评定单元检测不少于40点,各车道交替检测	
		沥青路面车辙*	1	允许偏差10mm 每处每车道至少测1个断面	
		沥青路面渗水系数	2	每处不少于1点	
		混凝土路面强度	3	每处不少于1点	
		混凝土路面相邻板高差*	1	每处测膨胀缝位置相邻板高差不少于3点	
		平整度*	2	高速、一级公路连续检测	
		抗滑*	2	高速、一级公路检测摩擦系数、构造深度	
		厚度	3	每处不少于1点	
		横坡	1	每处1~2个断面	

桥梁工程质量鉴定抽检项目表　　　　　　　　　　　　　　　表1-9

单位工程	分部工程类别	抽查项目	权值	备注	权值
桥梁（不含小桥）	下部	墩台混凝土强度	3	每墩台用回弹仪或、超声波测不少于2个测区,测区总数不少于10个	2
		主要结构尺寸	1	每个墩台测不少于2点	
		钢筋保护层厚度	1	每墩台2~4处	
		墩台垂直度	1	每个墩台测两个方向	
	上部	混凝土强度	3	抽查主要承重构件,每孔用回弹仪或、超声波测不少于10个测区	3
		主要结构尺寸	2	每座桥测10~20点	
		钢筋保护层厚度	1	每孔测2~4处	

续上表

单位工程	分部工程类别	抽查项目	权值	备注	权值
桥梁（不含小桥）	桥面系	伸缩缝与桥面高差*	1	逐条缝检测	3
		桥面铺装平整度*	1	每联>100m时用连续式平整度仪分车道检测；不足100m时每联用3m直尺测3处，每处3尺，最大间隙h；高速、一级公路允许偏差3mm，其他公路允许偏差5mm	
		横坡	1	每100m测不少于3个断面	
		桥面抗滑*	2	每200m测不少于3处	2

隧道工程质量鉴定抽检项目表　　　　表1-10

单位工程	分部工程类别	抽查项目	权值	备注	权值
隧道工程	衬砌	衬砌强度	3	用回弹仪或超声波检测，每座中、短隧道测不少于10个测区，特长、长隧道测不少于20个测区	3
		衬砌厚度	3	用高频地质雷达连续检测拱顶、拱腰三条线或钻孔检查	
		大面平整度	1	衬砌平整度实测，每座中、短隧道测5～10处，长隧道测10～20处，特长隧道测20处以上	
	总体	宽度	1	每座中、短隧道测5～10点，长隧道测10～20点，特长隧道测不少于20点	1
		净空	2	每座中、短隧道测5～10点，长隧道测10～20点，特长隧道测不少于20点	
	隧道路面	面层		按照路面要求	2

(4)内业资料审查

①所用原材料、半成品和成品质量检验结果。

②材料配比、拌和加工控制检验和试验数据。

③地基处理、隐蔽工程施工记录和大桥、隧道施工监控资料。

④各项质量控制指标的试验记录和质量检验汇总图表。

⑤施工过程中遇到的非正常情况记录及其对工程质量影响分析。

⑥施工过程中如发生质量事故，经处理补救后，达到设计要求的认可证明文件。

⑦中间交工验收资料。

⑧施工过程发生的较大质量问题、交工验收遗留问题及试运营期出现的质量问题处理情况资料。

4）工程质量鉴定方法

(1)分部工程质量鉴定方法

分部工程得分由两部分分值组成，为分部工程实测得分减去外观检查扣分。计算公式如下：

$$\text{分部工程评分值} = \text{分部工程实测得分} - \text{外观检查扣分} \tag{1-13}$$

工程实体检测以《公路工程竣(交)工验收办法实施细则》规定的抽查项目及频率为基础,按抽查项目的合格率加权平均计算分部工程的合格率,乘以 100 作为分部工程实测得分。按下式计算:

$$\text{分部工程实测得分} = \frac{\sum(\text{抽检项目合格率} \times \text{权值})}{\sum \text{权值}} \times 100 \tag{1-14}$$

外观检查扣分应按照检查中存在的缺陷,依据具体扣分标准进行,累计扣分值不得超过 15 分。

(2)单位工程、合同段、建设项目工程质量鉴定方法

根据分部工程得分采用加权平均值计算单位工程质量得分,再逐级加权计算合同段工程质量得分,再由合同段工程质量得分加权计算建设项目工程质量得分。对于内业资料审查发现的问题,在合同段工程质量鉴定得分的基础上采用扣分制,扣分值应依据具体扣分标准,累计扣分值不得超过 5 分。计算公式如下:

$$\text{单位工程得分} = \frac{\sum(\text{分部工程得分} \times \text{权值})}{\sum \text{权值}} \tag{1-15}$$

$$\text{合同段工程质量鉴定得分} = \frac{\sum(\text{单位工程得分} \times \text{单位工程投资额})}{\sum \text{单位工程投资额}} - \text{内业资料扣分} \tag{1-16}$$

$$\text{建设项目工程质量鉴定得分} = \frac{\sum(\text{合同段工程质量鉴定得分} \times \text{合同段工程投资额})}{\sum \text{合同段工程投资额}} \tag{1-17}$$

公式中的投资额原则使用结算价,当结算价暂时无法确定时,可使用招标合同价。但无论采用结算价还是招标合同价,计算时各单位工程或合同段均应统一。

但是,对于工程交工验收分别采用合同段工程质量评分值与工程项目质量评分值进行评分,按照下式计算:

$$\text{合同段工程质量评分值} = \frac{\sum(\text{单位工程评分值} \times \text{该单位工程投资额})}{\sum \text{单位工程投资额}} \tag{1-18}$$

$$\text{工程项目质量评分值} = \frac{\sum(\text{合同段工程质量评分值} \times \text{该合同段工程投资额})}{\sum \text{合同段工程投资额}} \tag{1-19}$$

5)工程质量等级划分

(1)工程质量等级划分

公路工程质量等级应按分部工程、单位工程、合同段、建设项目逐级进行评定。其中,分部工程质量等级分为合格、不合格两个等级;单位工程、合同段、建设项目工程质量等级分为优良、合格、不合格三个等级。工程质量鉴定等级具体划分见表 1-11。

公路工程质量鉴定等级划分　　　　　　　　　　　　表1-11

工程划分	等　　级		
	优良	合格	不合格
分部工程	—	得分≥75分	得分<75分
单位工程	所含各分部工程均合格，且得分≥90分	所含各分部工程均合格，且75分≤得分<90分	所含各分部工程均合格且<75分或所含任一分部工程不合格
合同段	所含单位工程均合格，且得分≥90分	所含单位工程均合格，且75分≤得分<90分	所含各单位工程均合格且<75分或所含任一单位工程不合格
建设项目	所含合同段均合格，且得分≥90分	所含合同段均合格，且75分≤得分<90分	所含各合同段均合格且<75分或所含任一合同段不合格

不合格分部工程经整修、加固、补强或返工后可重新进行鉴定，直至合格。

(2) 交工验收质量等级评定

对于工程交工验收质量等级评定分为合格与不合格两级，工程质量评分值大于或等于75分的为合格，小于75分的为不合格。

(3) 竣工验收工程质量等级评定

公路工程竣工验收工程质量评分采取加权平均值法计算，其中，交工验收工程质量得分权值为0.2，质量监督机构鉴定得分权值为0.6，竣工验收委员会对工程质量的评分权值为0.2；对于交工和竣工验收合并进行的小型项目，质量监督机构鉴定得分权值为0.6，监理单位对工程质量评定得分权值为0.1，竣工验收委员会对工程质量的评分权值为0.3。

工程质量评分值大于或等于90分为优良，小于90分且大于或等于75分为合格，小于75分为不合格。

对建设项目出现特别严重问题的合同段，整改合格后，合同段工程质量不得评为优良，质量鉴定得分按照整改前的鉴定得分，超出75分的按75分，不足75分的按原得分；建设项目竣工验收工程质量等级和综合评定等级直接确定为合格。对建设项目出现严重问题的合同段，整改合格后，合同段工程质量不得评为优良，质量鉴定得分按75分计算，并视对建设项目的影响，由竣工验收委员会决定建设项目工程质量是否评为优良。

工程质量竣工验收委员会对项目法人及设计、施工、监理单位工作进行综合评价，评定的得分大于或等于90分且工程质量等级优良的为好，小于90分且大于或等于70分为中，小于75分为差。

(4) 竣工验收建设项目综合评分

竣工验收建设项目综合评分采取加权平均法计算，其中竣工验收工程质量得分权值为0.7，参建单位工作评价得分权值为0.3（项目法人占0.15，设计、施工、监理单位各占0.05）。

评定等级大于或等于90分且工程质量等级优良的为优良，小于90分且大于或等于75分为合格，小于75分为不合格。发生过重大及以上生产安全事故的建设项目综合评定等级不得评为优良。

1.3.2　路基路面工程检测项目质量评定

公路工程检测项目质量评定包括路基工程与路面工程分部工程，路基工程又包括路基土石方工程、排水工程、小桥、涵洞、通道、砌筑防护工程、挡土墙等分部工程,路面工程分为路面基层、底基层与面层等分部工程。下面主要介绍几种代表性的工程检测项目与评定要求。

1.3.2.1 路基土石方工程质量评定检查项目

路基土石方工程包括土方路基、填石方路基、软土地基处置、土工合成材料处置层等分项工程。下面主要介绍土方路基的质量评定检查项目。

1)一般规定

(1)土方路基和石方路基实测项目的规定值或允许偏差按高速公路、一级公路和其他公路(指二级及以下公路)两档确定,其中土方路基压实度按高速公路和一级公路、二级公路、三级和四级公路三档确定。

(2)路基压实度应分层检测,上路床压实度按数理统计方法及相关规定评定;路基工程其他检查项目应在上路床进行检验。

(3)土质路肩工程可作为路面工程的一个分项工程进行检查评定。

(4)收费广场及服务区道路、停车场的土方工程压实标准可按土方路基要求进行检验。

2)土方路基

(1)基本要求

①在路基用地和取土坑范围内,应清除地表植被、杂物、积水、淤泥和表土,处理坑塘,并按施工技术规范和设计要求对基底进行压实。表土应充分利用。

②填方路基应分层填筑压实,每层表面平整,路拱合适,排水良好,不得有明显碾压轮迹,不得亏坡。

③应设置施工临时排水系统,避免冲刷边坡,路床顶面不得积水。

④在设定取土区内合理取土,不得滥开滥挖。完工后应按要求对取土坑和弃土场进行修整。

(2)实测项目(表1-12)

土方路基实测项目　　　　　　　表1-12

项次	检查项目			规定值或允许偏差			检查方法和频率
				高速公路一级公路	其他公路		
					二级公路	三、四级公路	
1△	压实度(%)	上路床(m)	0~0.3	≥96	≥95	≥94	按有关方法检查;密度法:每200m每压实层测2处
		下路床(m)	轻、中及重交通荷载等级 0.3~0.8	≥96	≥95	≥94	
			特重、极重交通荷载等级 0.3~1.2	≥96	≥95	—	
		上路堤(m)	轻、中及重交通荷载等级 0.8~1.5	≥94	≥94	≥93	
			特重、极重交通荷载等级 1.2~1.9	≥94	≥94	—	
		下路堤(m)	轻、中及重交通荷载等级 >1.5	≥93	≥92	≥90	
			特重、极重交通荷载等级 >1.9				
2△	弯沉(0.01mm)			不大于设计验收弯沉值			按有关方法检查
3	纵断面高程(mm)			+10,-15	+10,-20		水准仪;中线位置每200m测2点

续上表

项次	检查项目	规定值或允许偏差			检查方法和频率
		高速公路一级公路	其他公路		
			二级公路	三、四级公路	
4	中线偏位(mm)	50	100		全站仪：每200m测2点，弯道加HY、YH两点
5	宽度(mm)	满足设计要求			尺量：每200m测4点
6	平整度(mm)	≤15	≤20		3m直尺：每200m测2处×5尺
7	横坡(%)	±0.3	±0.5		水准仪：每200m测2个断面
8	边坡	满足设计要求			尺量：每200m测4点

注：1. 表列压实度按重型击实试验法，评定路段内的压实度平均值下置信界限不得小于规定标准，单个测定值不得小于极值（表列规定值减5个百分点）；按测定值不小于表列规定值减2个百分点的测点占总检查点数的百分率计算合格率。
2. 特殊干旱、特殊潮湿地区或过湿土路基等，可按路基设计、施工规范所规定的压实度标准进行评定。
3. 三、四级公路铺筑沥青混凝土或水泥混凝土路面时，其路基压实度应采用二级公路标准。
4. 用"Δ"标识的项目为关键项目。后同。

（3）外观质量

路基边线与边坡不应出现单向累计长度超过50m的弯折；路基边坡、护坡道、碎落台不得有滑坡、塌方或深度超过100mm的冲沟。

（4）关键项目检测指标评定

①压实度评定。

压实度评定应以1~3km长的路段为检测评定单元，按表1-12进行现场抽样检查，计算每一点的压实度K_i。检验评定段的压实度代表值K（算术平均值的下置信界限），采用数理统计方法按下式计算：

$$K = \overline{K} - t_\alpha \cdot \frac{S}{\sqrt{n}} \geqslant K_0 \tag{1-20}$$

式中：K——检验评定段的压实度代表值，%；

K_0——压实度控制标准值（查表1-12规定值或允许偏差），%；

$\overline{K}$——检验评定段内各测点压实度的平均值，%；

S——检验评定段内，测点数为n的压实度标准差，%；

t_α——t分布表中随测点数和保证率（或置信度α）而变的保证率系数，查附表2或附表3中$t_\alpha/\sqrt{n}$。采用保证率，对高速公路、一级公路：基层、底基层为99%，路基、路面层为95%；对其他公路：基层、底基层为95%，路基、路面面层为90%。

路基、路面基层与底基层压实度评定：采用压实度代表值和单点极值作为否决指标，当$K \geqslant K_0$，且单点压实度K_i全部大于或等于规定值减2个百分点时，评定路段的压实度合格率为100%；当$K \geq K_0$，且单点压实度K_i全部大于或等于规定极值时，按测定值不低于规定值减2个百分点的测点数计算合格率。当$K < K_0$或某一单点压实度K_i小于规定极值时，该评定路段压实度为不合格，相应分项工程评为不合格。

路基施工路段短时，分层压实度应全部符合要求，且样本数不少于6个。

沥青面层：当$K \geq K_0$且全部测点大于或等于规定值减1个百分点时，评定路段的压实度合格率为100%；当$K \geq K_0$时，按测定值不低于规定值减1个百分点的测点数计算合格率。当$K < K_0$时，评定路段的压实度为不合格，相应分项工程评为不合格。

②路基弯沉值评定。

路基、沥青路面弯沉值评定，规定每一双车道评定路段不超过1km，测量检查点数见表1-13，多车道公路应按车道数与双车道之比相应增加测点。

弯 沉 测 点 数　　表1-13

检查方法	落锤弯沉仪（FWD）	自动弯沉仪或贝克曼梁
测点数（点）	40	80

弯沉代表值为弯沉测量值的上波动界限，采用数理统计法按下式计算：

$$l_r = (\bar{l} + \beta \cdot S) \cdot K_1 \cdot K_3 \tag{1-21}$$

式中：l_r——弯沉代表值，0.01mm；

$\bar{l}$——实测弯沉的平均值，0.01mm；

S——标准差，0.01mm；

β——目标可靠指标，见表1-14；

K_1——湿度影响系数，路基顶面弯沉测定时，根据当地经验确定；路表弯沉测定时，根据实测弯沉值通过反算得到路基模量值，修正后得到结构模量值，然后得出测试状态下的弯沉湿度修正系数，或根据当地经验确定；

K_3——温度影响系数，路基顶面弯沉测定时取1；路表弯沉测定时按下式确定：

$$K_3 = e^{[9 \times 10^{-6}(\ln E_0 - 1)H_a + 4 \times 10^{-3}](20-T)} \tag{1-22}$$

T——弯沉测定时沥青结合料类材料层中点实测或预估温度，℃；

H_a——沥青结合料类材料层厚度，mm；

E_0——平衡湿度状态下路基顶面回弹模量，MPa。

目标可靠指标β　　表1-14

公路等级	高速公路	一级公路	二级公路	三级公路	四级公路
目标可靠度（%）	95	90	85	80	70
目标可靠指标β	1.65	1.28	1.04	0.84	0.52

粒料类基层、底基层顶面弯沉代表值应按下式计算：

$$l_r = \bar{l} + Z_\alpha S \tag{1-23}$$

式中：l_r——弯沉代表值，0.01mm；

$\bar{l}$——实测弯沉的平均值，0.01mm；

S——标准差，0.01mm；

Z_α——与要求保证率有关的保证率系数，高速公路和一级公路取2.0，二级公路取 1.645,二级以下公路取 1.5。

二级及二级以下公路,当路基和粒料类基层、底基层的弯沉值的弯沉代表值不符合要求时,可将超出 $\bar{l}+(2\sim3)S$ 的弯沉特异值舍弃,对舍弃的弯沉值大于 $\bar{l}+(2\sim3)S$ 的点,应找出其周围界限,进行局部处理,并对弯沉进行复测后重新计算平均值和标准差;高速公路和一级公路不得舍弃特异值。

当弯沉代表值大于设计弯沉值时,相应分项工程应为不合格。

1.3.2.2 排水工程质量评定检查项目

排水工程包括管节预制、混凝土排水管安装、检查(雨水)井砌筑、土沟、浆砌水沟、盲沟、排水泵站沉井、沉淀池等分项工程。下面主要介绍浆砌水沟的质量评定检查项目。

1)一般规定

(1)排水工程施工应满足设计要求并符合施工规范的规定,依照实际地形,选择合适的位置,将地面水和地下水排出路基以外。

(2)边沟、截水沟、排水沟应按标准规定进行检验。

(3)跌水、急流槽、水簸箕等其他排水工程可按照浆砌排水沟的标准进行评定。

(4)路面拦水带纳入路缘石分项工程,排水基层可按照路面工程的标准进行评定。

(5)沟槽回填土应符合施工规范的规定并满足设计要求。

(6)排水泵站明开挖基础可按照砌体或混凝土浇筑标准进行评定。

(7)钢筋混凝土构件应包含钢筋加工及安装分项工程,预应力混凝土构件应包括预应力钢筋的加工和张拉分项工程。

2)浆砌水沟

(1)基本要求

①浆砌片(块)石、混凝土预制块的质量和规格应符合设计要求。

②砌体砂浆配合比准确,砌缝内砂浆均匀饱满,勾缝密实。

③基础中缩缝应与墙身缩缝对齐。

(2)实测项目(表 1-15)

浆砌排水沟实测项目　　　　表 1-15

项 次	检 查 项 目	规定值或允许偏差	检查方法和频率
1△	砂浆强度(MPa)	在合格标准内	按有关方法检查
2	轴线偏位(mm)	50	全站仪或尺量:每200m测5点
3	沟底高程(mm)	±15	水准仪:每200m测5点
4	墙面直顺度(mm)	30	20m拉线:每200m测2点
5	坡度	符合设计要求	坡度尺:每200m测2点
6	断面尺寸(mm)	±30	尺量:每200m测2点,且不少于5个断面
7	铺砌厚度(mm)	≥设计	尺量:每200m测2点
8	基础垫层宽度、厚度(mm)	≥设计	尺量:每200m测2点

(3)外观质量

砌体抹面不得有空鼓;沟内不得有杂物,无排水不畅。

(4) 水泥砂浆强度评定

按照数理统计方法,同强度等级的水泥砂浆强度试件不少于 3 组,试件的平均强度应不低于设计强度等级的 1.1 倍,任意一组的强度不低于设计强度等级的 85%。

实测项目中水泥砂浆强度评为不合格时,相应分项工程应为不合格。

1.3.2.3 防护支挡工程质量评定检查项目

防护支挡工程包括砌体、片石混凝土挡土墙、悬臂式和扶墙式挡土墙、锚杆、锚定板和加筋土挡土墙、墙背填土、边坡锚固防护、土钉支护、砌体坡面防护、石笼防护、其他砌石构筑物与导流工程等分项工程。下面主要介绍砌体、片石混凝土挡土墙的质量评定检查项目。

1) 一般规定

(1) 砌体、片石混凝土挡土墙,当平均墙高大于或等于 6m 且墙身面积不小于 1200m² 时为大型挡土墙,每处应作为分部工程进行检验。

(2) 板桩式、锚杆、锚定板等组合式挡土墙,每处应作为分部工程进行检验。

(3) 式挡土墙应按基础的相关规定检验,面板预制及安装按锚杆、锚定板和加筋挡土墙的相关规定检验。

(4) 抗滑桩根据成桩工艺,可按基础的相关规定检验。

(5) 丁坝、护岸可参照挡土墙的相关规定检验。

(6) 小型砌石构筑物可参照导流工程的相关规定检验。

(7) 钢筋混凝土结构或构件,均应包含钢筋加工及安装分项工程,按钢筋、预应力筋及管道压浆进行检验。

2) 砌体、片石混凝土挡土墙

(1) 基本要求

① 勾缝砂浆强度不得小于砌筑砂浆强度。

② 地基承载力、基础埋置深度应满足设计要求。

③ 砌筑应分层错缝。浆砌时应坐浆挤紧,嵌填饱满密实,不得有空洞;干砌时不得松动、叠砌和浮塞。

④ 混凝土应分层浇筑,施工缝及片石埋放应符合施工技术规范的规定。

⑤ 沉降缝、伸缩缝、泄水孔的位置、尺寸和数量应满足设计要求;沉降缝及伸缩缝应竖直、贯通,采用弹性材料填充密实,填充深度应满足设计要求。

(2) 实测项目(表 1-16)

砌体挡土墙实测项目　　　　表 1-16

项次	检查项目	规定值或允许偏差	检查方法和频率
1△	砂浆强度(MPa)	在合格标准内	按有关方法检查
2	平面位置(mm)	≤50	全站仪:测墙顶外边线,长度不大于 30 时测 5 点,每增加 10m 增加 1 点
3	墙面坡度(%)	≤0.5	吊锤法:长度不大于 30 时测 5 处,每增加 10m 增加 1 处
4△	断面尺寸(mm)	≥设计值	尺量:长度不大于 50 时测 10 个断面,每增加 10m 增加 1 个断面

续上表

项次	检查项目		规定值或允许偏差	检查方法和频率
5	顶面高程(mm)		±20	水准仪:长度不大于30时测5点,每增加10m增加1点
6	表面平整度(mm)	块石	≤20	2m直尺:每20m测3处,每处测竖直、墙长两个方向
		片石	≤30	
		混凝土预制块、料石	≤10	

(3)外观质量

①浆砌缝开裂、勾缝不密实和脱落的累计换算面积不得超过该面面积的1.5%,且单个最大换算面积不应大于0.08m²。换算面积应按缺陷缝长度乘以0.1m计算。

②混凝土表面不应存在标准规定的限制缺陷项。

③墙体不得出现外鼓变形。

④泄水孔无反坡、堵塞。

1.3.2.4 路面工程质量评定检查项目

路面工程包括稳定土基层和底基层、稳定粒料基层和底基层、级配碎(砾)石基层和底基层、填隙碎石(矿渣)基层和底基层、水泥混凝土面层、沥青混凝土面层和沥青碎(砾)石面层、沥青贯入式面层、沥青表面处置面层、路缘石铺设、路肩等分项工程。下面主要介绍稳定粒料基层和底基层、沥青混凝土面层和沥青碎(砾)石面层、水泥混凝土面层的质量评定检查项目。

1)一般规定

(1)路面工程实测项目规定值与允许偏差应按高速公路、一级公路和其他公路两档确定,路面结构层厚度检验标准均为允许偏差。

(2)垫层按相同材料的底基层检验。透层、黏层和封层的基本要求与沥青表层处置层相同。水泥混凝土面层中钢筋加工及安装分项工程按桥梁工程的要求进行检验。

(3)水泥混凝土上加铺沥青面层的复合式路面,两种结构均应进行检验。其中,水泥混凝土路面结构可不检查抗滑构造深度,平整度应符合相应等级公路标准;沥青面层可不检查弯沉。

(4)稳定土基层和底基层包括水泥稳定土、石灰土、石灰粉煤灰土、水泥粉煤灰土等,稳定粒料基层和底基层包括水泥稳定粒料、石灰稳定粒料、石灰粉煤灰稳定粒料、水泥粉煤灰稳定粒料等。

(5)粒料基层完工后应及时洒布透层油并铺筑封层,透油层透入深度应不小于5mm,无机结合料稳定材料基层透油层透入深度宜不小于3mm。

2)沥青混凝土面层和沥青碎(砾)石面层

(1)基本要求

①基层质量应符合规范规定并满足设计要求,表面应干燥、清洁、无浮土。

②应严格控制沥青混合料拌和的加热温度。拌和后的沥青混合料应均匀、无花白、无粗细料分离和结团成块现象。

③应按规定要求控制碾压工艺,严格控制摊铺和碾压温度。

(2)实测项目

实测项目见表1-17。

沥青混凝土面层和沥青碎(砾)石面层实测项目　　　　表1-17

项次	检查项目		规定值或允许偏差		检查方法和频率
			高速公路、一级公路	其他公路	
1△	压实度①(%)		≥试验室标准密度的96%(*98%) ≥最大理论密度的92%(*94%) ≥试验段密度的98%(*99%)		按有关方法检查,每200m测1点; 核子(无核)密度仪:每200m测1处,每处5点
2	平整度	σ(mm)	≤1.2	≤2.5	平整度仪:全线每车道连续检测,按每100m计算IRI或σ
		IRI(m/km)	≤2.0	≤4.2	
		最大间隙h(mm)	—	≤5	3m直尺:每200m测2处×5尺
3	弯沉(0.01mm)		不大于设计验收弯沉值		按有关方法检查
4	渗水系数(mL/min)	SMA路面	≤120	—	渗水试验仪:每200m测1处
		其他沥青混凝土路面	≤200		
5	抗滑	摩擦系数	满足设计要求	—	摆式仪:每200m测1处; 横向力系数测定车:全线连续检测,按有关方法评定
		构造深度(mm)			铺砂法:每200m测1处
6△	厚度(mm)	代表值	总厚度:-5%H 上面层:-10%h	-8%H	按有关方法检查
		合格值	总厚度:-10%H 上面层:-20%h	-15%H	
7	中线平面偏位(mm)		20	30	全站仪:每200m测2点
8	纵断面高程(mm)		±15	±20	水准仪:每200m测2个断面
9	宽度(mm)	有侧石	±20	±30	尺量:每200m测4个断面
		无侧石	不小于设计值		
10	横坡(%)		±0.3	±0.5	水准仪:每200m测2个断面
11△	矿料级配		满足生产配合比要求		T 0725,每台班1次
12△	沥青含量		满足生产配合比要求		T 0721,T 0722,T 0735每台班1次
13	马歇尔稳定度		满足生产配合比要求		T 0709,每台班1次

注:①表内压实度,高速公路、一级公路应选2个标准评定,以合格率低的作为评定结果;其他公路选用1个标准评定。带"*"号者指SMA路面。

表列沥青层厚度仅规定负允许偏差。H为沥青层设计总厚度,h为沥青上面层设计厚度;其他公路的厚度代表值和合格值允许偏差按总厚度计,当$H≤60mm$时,允许偏差分别为-5mm和-10mm;当$H>60mm$时,允许偏差分别为$-8\%H$和$-15\%H$。

(3)外观质量

表面裂缝、松散、推挤、碾压轮迹、油丁、泛油、离析的累计长度不得超过50mm;搭接处烫缝应不枯焦。路面应无积水。

(4)关键项目检测指标评定

①压实度评定

沥青面层压实度评定详见路基压实度评定的相关内容。

②路面结构层厚度评定

评定路段内路面结构层厚度按代表值和单个合格值的允许偏差进行评定。厚度代表值为厚度的算术平均值的下置信界限值,采用数理统计法按下式计算:

$$X_L = \overline{X} - t_\alpha \cdot \frac{S}{\sqrt{n}} \tag{1-24}$$

式中:X_L——厚度代表值,mm;

$\overline{X}$——厚度平均值,mm;

S——标准差,mm;

n——检查数量;

t_α——分布表中随测点数和保证率(或置信度 α)而变的系数;$t_\alpha/\sqrt{n}$ 可查附表3。采用的保证率:高速、一级公路:基层、底基层为99%,面层为95%;其他公路:基层、底基层为95%,面层为90%。

当厚度代表值大于或等于设计厚度减去代表值允许偏差时,则按单个检查值的偏差不超过单点合格值来计算合格率;当厚度代表值小于设计厚度减去代表值允许偏差时,该评定路段厚度不合格,相应分项工程应评为不合格。

沥青面层宜按沥青铺筑层总厚度进行评定,高速公路和一级公路分2~3层铺筑时,还应进行上面层厚度检查和评定。

③横向力系数评定(非关键项目)

评定路段内的路面横向力系数按 SFC 的设计或验收标准值进行评定。SFC 代表值为 SFC 算数平均值的下置信界限值,计算公式如下:

$$SFC_r = \overline{FSC} - \frac{t_\alpha}{\sqrt{n}} \cdot S \tag{1-25}$$

式中:SFC_r——SFC 代表值;

$\overline{FSC}$——SFC 平均值;

S——标准差;

n——采集数据样本数量;

t_α——同前。采用的保证率:高速公路、一级公路为95%;其他公路为90%。

当 SFC 的代表值 SFC_r 不小于设计或验收标准时,应以所有单个 SFC 值统计合格率;当代表值 SFC_r 小于设计或验收标准值时,该路段应为不合格。

3)水泥混凝土面层

(1)基本要求

①基层质量应符合规范规定并满足设计要求。

②接缝填缝料应符合规范规定并满足设计要求。

③接缝的位置、规格、尺寸及传力杆、拉力杆的设置应满足设计要求。

④混凝土路面铺筑后按施工规范要求养护。

⑤应对干缩、温缩产生裂缝进行处理。

(2)实测项目

实测项目见表1-18。

水泥混凝土面层实测项目　　　　　　表1-18

项次	检查项目		规定值或允许偏差		检查方法和频率
			高速公路一级公路	其他公路	
1△	弯拉强度(MPa)		在合格标准之内		按有关方法检查
2△	板厚度(mm)	代表值	−5		按有关方法检查
		合格值	−10		
		极值	−15		
3	平整度①	σ(mm)	≤1.32	≤2.0	平整度仪:全线每车道连续检测,按每100m计算 IRI 或 σ
		IRI(m/km)	≤2.2	≤2.3	
		最大间隙 h(mm)	3	5	3m 直尺:每半幅车道每200m测2处×5尺
4	抗滑性	抗滑构造深度(mm) 一般路段	0.7~1.1	0.5~1.0	铺砂法:每200m测1处
		抗滑构造深度(mm) 特殊路段②	0.8~1.2	0.6~1.1	
		横向力系数 SFC 一般路段	≥50	—	按有关方法检查
		横向力系数 SFC 特殊路段②	≥35	≥50	
5	相邻板高差(mm)		≤2	≤3	抽量:每条胀缝测2点;每200m抽纵、横缝各2条,每条测2点
6	纵、横缝顺直度(mm)		≤10		纵缝20m拉线,每200m4处;横缝沿板宽拉线,每200m4条
7	中线平面偏位(mm)		≤20		经纬仪:每200m测2点
8	路面宽度(mm)		±20		抽量:每200m测4处
9	纵断高程(mm)		±10	±15	水准仪:每200m测2断面
10	横坡(%)		±0.15	±0.25	水准仪:每200m测2断面
11	断板率③(%)		≤0.2	≤0.4	目测:全部检查,断板面板块数占总块数比例

注:①表中 σ 为平整度仪测定的标准差;IRI 为国际平整度指数;h 为3m直尺与面层的最大间隙。

②特殊路段:高速公路、一级公路特殊路段包括立体交叉匝道、平面交叉口、弯道、变速车道、组合坡度≥3%坡度段、桥面、隧道路面及收费站广场等处。其他公路特殊路段包括设超高路段,组合坡度≥4%坡度段、交叉路口、桥面及上下坡段、隧道路面及集镇附近路段等处。

③断板率包括含断角率,应统计行车道与超车道面板,不计硬路肩板,不计入修复后的面板。

(3)外观质量

不应出现标准规定的结构混凝土外观限制缺陷;面板表不应有坑穴、鼓包和掉角;接缝填注不得漏填、松脱,不应污染路面;路面应无积水。

(4)水泥混凝土弯拉强度评定

水泥混凝土弯拉强度试验方法应使用标准小梁法或钻芯劈裂法,试件使用标准方法制作,标准养护时间28d,路面钻芯劈裂时间宜控制在28～56d以内,不掺粉煤灰宜用28d,掺粉煤灰宜用28～56d。高速公路和一级公路,每工作班制作2～4组,日进度<500m取2组,≥500m取3组,≥1000m取4组;其他公路,每工作班制作1～3组,日进度<500m取1组,≥500m取2组,≥1000m取3组。每组3个试件的平均值作为一个统计数据。

水泥混凝土弯拉强度的合格标准应符合以下规定:

①试件组数>10组时,平均弯拉强度合格判定公式为:

$$f_{cs} \geq f_r + K \cdot \sigma \tag{1-26}$$

$$\sigma = C_v \cdot \bar{f_c} \tag{1-27}$$

式中:f_{cs}——合格判定平均弯拉强度,MPa;
  f_r——设计弯拉强度标准值,MPa;
  K——合格判定系数(表1-19);
  σ——弯拉强度统计均方差,MPa;
  C_v——实测弯拉强度统计变异系数;
  $\bar{f_c}$——实测弯拉强度统计平均值,MPa。

合 格 判 定 系 数　　　　　　表1-19

试件组数 n	11～14	15～19	≥20
K	0.75	0.70	0.65

当试件组数为11～19组时,允许有一组最小弯拉强度小于$0.85f_r$,但不得小于$0.80f_r$;当试件组数大于或等于20组时,高速公路和一级公路均不得小于$0.85f_r$,其他公路允许有一组最小弯拉强度小于$0.85f_r$,但不得小于$0.80f_r$。

②试件组数小于或等于10组时,试件平均强度不得小于$1.15f_r$,任一组强度均不得小于$0.85f_r$。

③实测弯拉强度统计变异系数C_v值应符合设计要求。

当标准小梁合格判定平均弯拉强度f_{cs}、最小弯拉强度f_{min}和统计变异系数C_v值中有一个不符合上述要求时,应在不合格路段每车道每1km钻取3个以上φ150mm的芯样,实测劈裂强度,通过各自工程的经验统计公式换算弯拉强度,其合格判定平均弯拉强度f_{cs}和最小值f_{min}必须合格;否则应返工重铺。

评定路段内水泥混凝土弯拉强度评为不合格时,相应分项工程应评为不合格。

4)稳定粒料(碎石、砂砾或矿渣等)基层和底基层

(1)基本要求

①应选择干净的粒料,石灰应充分消解,矿渣应分解稳定,未分解渣块应予剔除。

②路拌深度应达到层底。

③石灰类材料应处于最佳含水率状况下碾压,水泥类材料碾压终了的时间不应超过水泥的终凝时间。

④碾压检查合格后立即覆盖或洒水养护,养护期应符合规范规定。

(2)实测项目

实测项目见表1-20。

稳定粒料基层和底基层实测项目 表1-20

项次	检查项目		规定值或允许偏差				检查方法和频率
			基层		底基层		
			高速公路一级公路	其他公路	高速公路一级公路	其他公路	
1△	压实度(%)	代表值	≥98	≥97	≥96	≥95	按有关方法检查,每200m测2点
		极值	≥94	≥93	≥92	≥91	
2	平整度(mm)		≤8	≤12	≤12	≤15	3m直尺:每200m测2处×5尺
3	纵断面高程(mm)		+5,-10	+5,-15	+5,-15	+5,-20	水准仪:每200m测2个断面
4	宽度(mm)		满足设计要求		满足设计要求		尺量:每200m测4点
5△	厚度(mm)	代表值	-8	-10	-10	-12	按有关方法检查,每200m测2点
		合格值	-10	-20	-25	-30	
6	横坡(%)		±0.3	±0.5	±0.3	±0.5	水准仪:每200m测2个断面
7△	强度(MPa)		满足设计要求		满足设计要求		按有关方法检查

(3)外观质量

表面应无松散、无坑洼、无碾压轮迹;表面连续离析不得超过10m,累计离析不得超过50m。

(4)关键项目检测指标评定

①无机结合料稳定材料强度评定

无机结合料稳定材料强度以7d无侧限抗压强度为准,应在现场按规定频率取样,按工地预定达到的压实度制备试件。每2000m²或每工作班制备1组试件。不论稳定细粒土、中粒土或粗粒土,当多次偏差系数C_v<10%时,可为6个试件;C_v=10%~15%时,可为9个试件;C_v>15%时,应为13个试件。

计算试件的7d无侧限抗压强度的代表值:

$$R_d^0 = \bar{R} \cdot (1 - Z_\alpha C_v) \geq R_d \quad (1-28)$$

式中:R_d^0——7d无侧限抗压强度的代表值,MPa;

R_d——设计无侧限抗压强度,MPa;

C_v——试验结果的偏差系数(以小数计);

Z_α——同前。采用保证率,高速公路和一级公路应取95%,即$Z_\alpha=1.645$;其他公路应取保证率90%,$Z_\alpha=1.282$。

评定路段内无机结合料稳定材料强度评为不合格时,相应分项工程应为不合格。

②压实度与厚度

路面基层和底基层压实度与路基压实度的评定方法相同,其结构层厚度评定方法详见沥青面层的相关内容。

1.3.3 桥梁工程质量检测项目评定

公路桥梁和铁路桥梁工程中的原材料、半成品、成品的检测方法基本一致,但使用的检测标准应根据行业不同而分别选用。主要标准有常用支座、预应力结构组件的检测方法、桥梁混凝土结构构件的检测方法、桥梁结构应变电测技术、桥梁伸缩装置检测方法、千斤顶张拉校验方法、桥梁荷载试验方法等。第4章将以通用桥梁为例讲解桥梁的检测方法、检测能力与评定。

1.3.3.1 公路桥梁

公路桥梁工程检测项目质量评定包括桥梁下部结构、上部结构、桥面系、附属工程及桥梁总体等分部工程。下面主要介绍几种代表性的工程检测项目与评定要求。

1) 一般规定

(1) 桥梁的每个结构、构件均应检验,另有规定的除外。

(2) 圬工桥梁中的基础、墩台身、拱圈、侧墙砌体应按相关规定进行检验,砌体结构构件应按防护支挡工程进行检验。

(3) 钢筋混凝土构件和预应力混凝土构件除包括构件制作、构件安装等分项工程外,均应包括钢筋加工及安装、预应力筋加工和张拉分项工程,体内预应力构件还应包括管道压浆分项工程。

(4) 采用顶推施工、悬臂拼装施工、转体施工的梁和拱,除应按标准规定的条例检验外,还应对梁段、圈拱制作进行检验。

(5) 拱梁拱上建筑物应根据各构件的类别按相关分项工程进行检验。拱桥组合桥台的组合性能应按标准规定进行检验,各个组成部分按相关分项工程进行检验。

(6) 主跨和边跨采用不同材料的混合梁斜拉桥,应按标准规定的相关分项工程进行检验,地锚式斜拉桥锚碇部分可按相关分项工程进行检验。

(7) 斜腿刚构桥主梁应根据施工方法按标准规定的相关分项工程进行检验。

(8) 悬索桥隧道锚的洞身开挖、隧道锚的洞身衬砌、拉吊组合体系桥均应按标准规定的相关分项工程进行检验。

(9) 自锚式悬索桥的锚固系统制作与安装、吊索张拉和体系转换应按标准的规定进行检验,其他分项工程按普通悬索桥及混凝土梁桥的有关规定进行检验。

(10) 斜拉桥、悬索桥的索塔钢锚箱、索鞍、索夹及钢管混凝土拱的钢管防护可按钢梁防护分项工程的规定进行检验。

(11) 钢结构焊缝探伤的比例和长度应首先满足设计要求。设计未要求时,应按同一类型、同一施焊条件的焊缝采用标准规定的比例计算探伤数量;采用射线探伤时,应对焊缝两端各250~300mm进行探伤,焊缝长度大于1200mm时还应在中部加探250~300mm;采用超声探伤时,应对焊缝全长进行探伤。

2) 桥梁总体

(1) 基本要求

① 桥梁工程应按设计文件内容全部完成。

② 桥下净空不得小于设计要求。

③ 特大跨径的桥梁、结构复杂的桥梁和承载能力需要验证的桥梁应进行荷载试验,试验结果应满足设计要求,并符合相关技术规范的规定。

(2) 实测项目

实测项目见表1-21。

桥梁总体实测项目   表1-21

项次	检查项目		规定值或允许偏差	检查方法和频率
1	桥面中线偏位(mm)		≤20	全站仪：每50m测1点，且≥5点
2	桥面宽(mm)	车行道	±10	尺量：每50m测1个断面，且≥5个断面
		人行道	±10	
3	桥长(mm)		+300，-100	全站仪或钢尺：检查中心线处
4	桥面高程(mm)	$L<50m$	±3	水准仪：桥面每侧每50m测1点，且≥3点；跨中、桥墩(台)处应布置测点
		$L≥50m$	±($L/5000+20$)	

注：L 为桥梁跨径，计算规定值或允许偏差时以mm计。

(3) 外观质量

梁的内外轮廓线形应无异常突变；结构内外部、支座、伸缩缝处应无残渣、杂物；桥头不得出现跳车。

3) 桥梁下部结构质量评定检查项目

桥梁下部结构包括钢筋加工及安装、预应力筋加工和张拉、预应力管道压浆、混凝土扩大基础、钻孔灌注桩、挖孔桩、沉入桩、地下连续墙、沉井、双壁钢围堰、承台等大体积混凝土结构、灌注桩底压浆、混凝土墩台、墩台身安装、砌体、拱桥组合桥台、台背填土等分项工程。下面以钻孔灌注桩和混凝土墩、台质量评定的部分检查项目为例进行介绍。

(1) 钻孔灌注桩

①基本要求：

a. 成孔后应清孔，并测量孔径、孔深、孔位和沉淀厚度，确认满足设计要求并符合施工技术规范规定后，方可灌注水下混凝土。

b. 水下混凝土应连续灌注时钢筋笼不应上浮。

c. 嵌入承台的锚固钢筋长度不得小于设计要求的锚固长度。

②实测项目，见表1-22。

钻孔灌注桩实测项目   表1-22

项次	检查项目		规定值或允许偏差	检查方法和频率
1△	混凝土强度(MPa)		在合格标准内	按有关方法检查
2	桩位(mm)	群桩	≤100	全站仪：每桩测中心坐标
		排架桩	≤50	
3△	孔深(m)		≥设计值	测绳：每桩测量
4	孔径(mm)		≥设计值	探孔器或超声波法成孔检测仪：每桩测量
5	钻孔倾斜度(mm)		≤1%S，且≤500	钻杆垂线法或超声波法成孔检测仪：每桩检查
6	沉淀厚度(mm)		满足设计要求	沉淀盒或测渣仪：每桩测量
7△	桩身完整性		每桩均满足设计要求；设计未要求时，每桩不低于Ⅱ类	满足设计要求；设计未要求时，采用低应变反射波法或超声波透射法：每桩检查

注：S 为桩长，计算规定值或允许偏差时以mm计。

钻孔灌注桩实测项目应符合表1-22的规定,且任一排架桩的桩位不得有超过表中数值2倍的偏差。

③外观质量。

凿除桩头预留混凝土后,桩顶应无残余的松散混凝土;外露混凝土表面不应存在标准所列的限制缺陷。

④桥梁混凝土强度评定。

同批梁可以每孔或每2、3孔作为一批,对中小跨径桥的桩、盖梁可以数孔作为一批。每批的混凝土试件组数一般不超过80~100组,同批的时间范围以不超过一个季度,且日平均气温差应小于15℃。评定水泥混凝土的抗压强度,应以标准养护28d龄期的试件、在标准试验条件下测得的极限强度为准,每组试件3个。制取组数应符合下列规定:

a. 不同强度等级及不同配合比的混凝土应在浇筑地点或拌和地点随机取样,分别制取试件。

b. 浇筑一般体积的结构物(如基础、墩台等)时,每一单元结构物应制取2组。

c. 连续浇筑大体积结构时,每80~200m³或每一工作班应制取2组。

d. 上部结构的主要构件长16m以下应制取1组,16~30m制取2组,31~50m制取3组,50m以上者不少于5组;小型构件每批或每工作班至少应制取2组。

e. 每根钻孔桩至少应制取2组;桩长20m以上者不少于3组;桩径大、浇筑时间很长时,不少于4组。如换工作班时,每工作班应制取2组。

f. 小桥涵、挡土墙、声屏障等构筑物每座、每处或每工作班制取不少于2组。当原材料和配合比相同并同一拌和站拌制时,可几座或几处合并制取2组。

g. 应根据施工需要另制取几组与结构物同条件养护的试件作为拆模、吊装、张拉预应力、承受荷载等施工阶段的强度依据。

水泥混凝土抗压强度的合格评定应符合下列规定:

a. 同批试件组数大于或等于10组时,应以数理统计方法评定,并满足以下条件:

$$m_{f_{cu}} \geq f_{cu,k} + \lambda_1 \cdot S_n \tag{1-29}$$

$$f_{cu,min} \geq \lambda_2 \cdot f_{cu,k} \tag{1-30}$$

式中:$m_{f_{cu}}$——同批n组试件抗压强度的平均值(精确至0.1 MPa);

$f_{cu,k}$——混凝土设计强度等级,MPa;

S_n——同批n组试件抗压强度的标准差(精确至0.1 MPa),当$S_n < 2.5$ MPa时取用2.5 MPa;

$f_{cu,min}$——n组试件中强度最低一组的值(精确至0.1 MPa);

λ_1、λ_2——合格判定系数,按表1-23取用。

b. 同批试件组数小于10组时,可用非数理统计方法评定,并满以下条件:

$$m_{f_{cu}} \geq \lambda_3 f_{cu,k} \tag{1-31}$$

$$f_{cu,min} \geq \lambda_4 f_{cu,k} \tag{1-32}$$

式中:λ_3、λ_4——合格判定系数,按表1-23取用。

混凝土强度的合格判定系数   表 1-23

试件组数	10~14	15~24	≥25
λ_1	1.15	1.05	0.95
λ_2	0.9	0.85	
混凝土强度等级	<C60		≥C60
λ_3	1.15		1.10
λ_4	0.95		

检查项目中,水泥混凝土抗压强度评为不合格时,相应分项工程应评为不合格。

(2)混凝土墩、台

①基本要求

模板及支架的强度、刚度、稳定性应符合施工技术规范的规定;施工缝设置及处理应符合施工技术规范规定。

②代表性实测项目见表 1-24。

现浇混凝土墩、台实测项目   表 1-24

项次	检查项目		规定值或允许偏差	检查方法和频率
1△	混凝土强度(MPa)		在合格标准内	按有关方法检查
2	断面尺寸(mm)		±20	尺量:每施工节段测 1 个断面,不分段施工的测 2 个断面
3	全高竖直度(mm)	$H≤5m$	≤5	全站仪或垂线法:纵、横向各测 2 处
		$5m<H≤60m$	≤H/1000,且≤20	全站仪:纵、横向各测 2 处
		$H>60m$	≤H/3000,且≤30	
4	顶面高程(mm)		±10	水准仪:测 3 处
5△	轴线偏位(mm)	$H≤60m$	10,且相对前一节段≤8	全站仪:每施工节段测顶面边线与两轴线交点
		$H>60m$	≤15,且相对前一节段≤8	
6	节段间错台(mm)		≤5	尺量:测每节每侧面
7	平整度(mm)		≤8	2m 直尺:每侧面每 20m² 测 1 处,每处测竖直、水平两个方向
8	预埋件位置(mm)		满足设计要求,设计未要求时≤5	尺量:每件测

注:H 为墩、台身高度,计算规定值或允许偏差时以 mm 计。

③外观质量。

混凝土表面不应存在标准所列的限制缺陷;应无建筑垃圾、杂物和临时预埋件。

4)桥梁上部结构质量评定检查项目

桥梁上部结构包括混凝土梁桥(就地浇筑梁板、预制安装梁板、顶推施工梁、悬臂施工梁、转体施工梁)、拱桥(就地浇筑拱圈、拱圈节段预制、拱的安装、转体施工拱、劲性骨架混凝土拱、钢管混凝土拱、中下承式拱吊杆和柔性系杆)、钢桥(钢梁制作、钢梁安装、钢梁防护)、斜拉桥(斜拉桥混凝土索塔、索塔钢锚梁和钢锚箱节段制作、索塔钢锚梁和钢锚箱节段安装、混凝土斜拉桥主墩上梁段的浇筑、混凝土斜拉桥的悬臂施工、钢斜拉桥钢箱梁段的拼装、组合梁斜拉桥钢梁段的悬臂拼装、组合梁斜拉桥的混凝土板)、悬索桥(悬索桥混凝土索塔、锚碇锚固系统制作、锚碇锚固系统安装、锚碇混凝土块体、预应力锚索张拉与压浆、隧道锚的混凝土锚塞体、索鞍制作、索鞍安装、主缆索股和锚头制作、主缆架设索夹的制作、吊索和锚头的制作、索夹和吊索安装、主缆防护、悬索桥钢加劲梁安装、自锚式悬索桥主缆索段的锚固系统制作、自锚式悬索桥主缆索段的锚固系统安装、自锚式悬索桥吊索张拉和体系转换)、桥面系和附属工程(混凝土桥面板桥面防水层、混凝土桥面板桥面铺装、钢桥面板上防水黏结层、钢桥面板上沥青混凝土铺装、支座垫石和挡块、支座安装、伸缩装置安装、混凝土小型构件预制、人行道铺设、栏杆安装、混凝土护栏、钢桥上钢护栏安装、桥头搭板、混凝土构件表面防护)等分项工程。下面主要介绍混凝土梁桥的就地浇筑梁、板和悬臂浇筑梁的质量评定检查项目。

(1)混凝土梁桥的就地浇筑梁、板

①基本要求。

a.支架和模板的强度、刚度、稳定性应符合施工技术规范的规定。

b.预计的支架变形及支承的下沉量应满足施工后梁体设计高程的要求,需要消除支承不均匀沉降、非弹性变形的支架应进行预压。

c.预埋件的设置和固定应满足设计要求并符合施工技术规范的规定。

②实测项目见表1-25。

就地浇筑梁、板实测项目　　　　　表1-25

项次	检查项目		规定值或允许偏差	检查方法和频率
1△	混凝土强度(MPa)		在合格标准内	按有关方法检查
2	轴线偏位(mm)		≤10	全站仪:每跨测5处
3	梁、板顶面高程(mm)		±10	水准仪:每跨测5处,跨中、桥墩(台)处应布置测点
4△	断面尺寸(mm)	高度	+5,-10	尺量:每跨测3个断面
		宽度	±30	
		箱梁底宽	±20	
		顶、底、腹板和梁肋厚	±10,0	
5	长度(mm)		+5,-10	尺量:每梁测顶面中线处
6	与相邻梁段间错台(mm)		≤5	尺量:测底面、侧面
7	横坡(%)		±0.15	水准仪:每跨测3处
8	平整度(mm)		≤8	2m直尺:沿梁长方向每侧面每10m梁长测1处×2尺

③外观质量。

混凝土表面不应存在标准所列的限制缺陷;应无建筑垃圾、杂物和临时预埋件。

(2)混凝土梁桥的悬臂施工梁

①基本要求。

a.悬拼或悬浇块件前,应对桥墩根部(0号块件)的高程、桥轴线作详细复合,满足设计要求后方可以进行悬拼或悬浇。

b. 悬臂施工应对称进行,并对轴线和高程进行施工监控。

c. 在施工过程中,梁体不应出现宽度超过设计和相关规范规定的受力裂缝。

d. 应按计划要求对悬浇或悬拼的接头交界面进行处理,梁段间胶结材料的种类、规格、质量应满足设计要求,接缝应填充密实。

e. 悬臂合龙时,两侧梁段的高差应在设计允许范围内,合龙和体系转换程序应满足设计要求。

②代表性实测项目见表1-26。

悬臂浇筑梁实测项目　　　　　　　　　　　　　表1-26

项次	检查项目		规定值或允许偏差	检查方法和频率
1△	混凝土强度(MPa)		在合格标准内	按有关方法检查
2	轴线偏位(mm)	$L \leq 100m$	≤10	全站仪:每个节段测2处
		$L > 100m$	$\leq L/10000$	
3	顶面高程(mm)	$L \leq 100m$	±20	水准仪:每个节段测2处
		$L > 100m$	$\pm L/5000$	
4△	断面尺寸(mm)	高度	+5,−10	尺量,每个节段测1个断面
		顶宽	±30	
		底宽	±20	
		顶、底、腹板厚	+10,0	
5	合龙后同跨对称点高程差(mm)	$L \leq 100m$	≤20	水准仪:每跨梁底对称点测6处
		$L > 100m$	$\leq L/5000$	
6	顶面横坡(%)		±0.15	水准仪:每节段测2处
7	平整度(mm)		≤8	2m直尺:每节段每侧面测1处,测竖直、水平两个方向
8	相邻梁段间错台(mm)		≤5	尺量:测底面、侧面

注:L为梁跨径,计算规定值或允许偏差时以 mm 计。

③外观质量。

混凝土表面不应存在标准所列的限制缺陷;应无建筑垃圾、杂物和临时预埋件;梁段接缝胶结材料不得存在脱落和开裂;梁体线性应无异常折变。

1.3.3.2 铁路桥梁

铁路桥梁检测评定与公路桥梁不同,具体要求如下:

(1)单位工程质量控制资料应齐全完整,全面反映工程施工质量状况,单位工程质量控制资料核查应由监理单位组织施工单位进行。

(2)单位工程完成后,应由建设单位组织勘察设计、监理、施工单位对单位工程实体质量和主要功能进行核查,方法和数量应符合下列规定:

①混凝土表面裂缝采用观察或刻度放大镜检查,全部检查。

②钢筋的混凝土保护层厚度采用满足精度要求的钢筋保护层厚度检测仪现场测定,每

孔梁不少于三处,每个墩台不少于三处,每座涵洞不少于三处,每处不少于 10 个点。90% 测点的实测厚度不得小于设计值。

③混凝土强度检测采用无损检测方法,每孔梁、每个墩台、每座涵洞不少于一次。

④渡槽、倒虹吸根据需要做通水试验。

⑤桥梁根据需要做动、静载试验。

⑥结构实体质量和主要使用功能达不到设计要求的单位工程严禁验收。

(3) 观感质量评定应由建设单位组织设计、监理、施工单位共同进行现场评定。

①墩台观感质量合格标准。

墩台身混凝土表面平整,色泽均匀,接茬处无较大错台、跑模现象。局部蜂窝麻面已修补,外形整体轮廓清晰,线角基本顺直。

墩、台帽与墩、台身衔接基本平顺,表面轮廓比较清晰,排水流畅,基本不积水,支承垫石方正平整,不空鼓,预埋件和预留孔位置正确。

②混凝土梁和预应力混凝土梁观感质量合格标准。

表面平整,色泽均匀;阴阳角线条顺直,无明显的表面缺陷;泄水管排水通畅。全桥整体基本平顺,梁缝基本均匀。

③钢梁涂装观感质量合格标准。

涂装表面平整,颜色均匀。无明显的涂层漏涂、剥落、起泡、划伤以及流挂等现象。

④明桥面观感质量合格标准。

表面无明显损伤,布设符合规定。接缝基本严密。

⑤检查设施观感质量合格标准。

配件齐全、联结牢固,涂装符合合格标准,检查车走行灵活。

⑥人行道及避车台观感质量合格标准。

步行板面平整、无明显损伤,排列均匀,铺装平稳,嵌缝基本密实;配件齐全,栏杆、扶手无明显缺陷,安装牢固,扶手基本顺直;涂装符合合格标准。

⑦锥体护砌观感质量合格标准。

砌体选料得当,坡度基本顺直,勾缝无明显缺陷,泄水孔排水流畅。

⑧观感质量检查项目评定达不到合格标准,应进行返修。

1.3.4 隧道工程质量检测项目评定

公路隧道和铁路隧道工程的基本知识和施工方法相同,对工程质量的检测方法一致,主要包括喷射混凝土、隧道衬砌的质量检测方法、地质雷达法和声波法检测隧道衬砌质量技术、隧道超前地质预报方法等。第 5 章将以通用隧道为例讲解喷射混凝土的质量检测与评定能力、地质雷达法和声波法检测隧道衬砌质量的应用与评价的能力、使用超前地质钻探法、地震波反射法、电磁波反射法、红外探测法等超前地质预报技术及质量评定的能力。

1.3.4.1 公路隧道工程质量检测项目评定

公路隧道工程检测项目质量评定包括桥总体、明洞、洞口工程、洞身开挖、洞身衬砌、防排水、隧道路面、装修及辅助施工措施等分部工程。下面主要介绍几种代表性的工程检测项目与评定要求。

1)一般规定

(1)适用于采用钻爆法施工的隧道工程。

(2)采用喷锚衬砌或复合式衬砌的隧道,施工单位应有系统、完整、真实的监控量测数据和图表。

钻爆法施工、设计为复合式衬砌的隧道,承包商必须按照设计和施工规范要求的频率和量测项目进行监控量测,用量测信息指导施工并提交系统、完整、真实的量测数据和图表。

(3)隧道洞口的开挖,应符合相应的施工技术规范规定。隧道洞门、翼墙和洞口边仰坡防护的检验,应执行防护支挡工程的有关规定。

(4)隧道路面基层、面层的检验,应执行路面工程的有关规定。

(5)隧道装饰装修工程应符合现行《建筑装饰装修工程质量验收规范》(GB 50210—2001)的有关规定。

2)隧道总体

(1)基本要求

①隧道衬砌内轮廓及所有运营设施均不得侵入建筑限界。

②洞口设置应满足设计要求。

③洞口外的排水系统设置应满足设计要求。

④高速公路、一级公路和二级公路隧道拱部、边墙、路面、设备箱洞应不渗水,有冻害地段的隧道衬砌背后不积水、排水沟不冻结,行车横通道、人行横通道等服务通道拱部不滴水,边墙不淌水。

⑤三级、四级公路隧道拱部、边墙应不滴水,设备箱洞应不渗水,路面不积水,有冻害地段的隧道衬砌背后不积水、排水沟不冻结。

(2)实测项目

实测项目见表1-27。

隧道总体实测项目　　　　　　　　　　表1-27

项次	检查项目	规定值或允许偏差	检查方法和频率
1	车行道宽度(mm)	±10	按标准相关方法检查:曲线每20m、直线每40m检查1个断面
2	内轮廓宽度(mm)	不小于设计值	
3△	内轮廓高度(mm)	不小于设计值	激光测距仪或按标准相关方法检查:曲线每20m、直线每40m检查1个断面,每个断面测拱顶和两侧拱腰共3点
4	隧道偏位(mm)	20	全站仪;曲线每20m、直线每40m测1处
5	边坡或仰坡坡度	不大于设计值	尺量;每洞口检查10处

(3)外观质量

洞口边坡、仰坡应无落石;排水系统应不淤积、不堵塞。

3）明洞浇筑

明洞包括明洞浇筑、明洞防水层、明洞回填等分项工程。下面主要介绍明洞浇筑的质量评定检查项目。

(1) 基本要求

①基础的地基承载力应满足设计要求并符合施工技术规范规范，严禁超挖后回填虚土。

②钢筋的加工及安装应满足设计要求。

③明洞与暗洞连接应满足设计要求。

④明洞与暗洞之间的沉降缝应满足设计要求。

(2) 实测项目

实测项目见表1-28。

明洞浇筑实测项目　　　　　　　　　　表1-28

项次	检查项目	规定值或允许偏差	检查方法和频率
1△	混凝土强度(MPa)	在合格标准内	按有关方法检查
2△	混凝土厚度(mm)	不小于设计值	尺量或按标准相关方法检查；每10m检查1个断面，每个断面测拱顶、两侧拱腰和两侧边墙共5点
3	墙面平整度(mm)	施工缝、变形缝处20	2m直尺；每10m每侧连续检查2尺，测最大间隙
		其他部位5	

(3) 外观鉴定

混凝土表面蜂窝麻面面积不得超过该面总面积的0.5%，深度不得超过10mm；隧道衬砌钢筋混凝土结构裂缝宽度不得超过0.2mm。

明洞浇筑混凝土强度评定与桥梁混凝土抗压强度评定方法相同。

4）洞身衬砌

洞身衬砌包括喷射混凝土支护、锚杆支护、钢筋网支护、仰拱、混凝土衬砌、钢支撑、衬砌钢筋等分项工程。下面主要介绍喷射混凝土、锚杆、钢筋网支护的质量评定检查项目。

(1) 喷射混凝土

①基本要求如下：

a. 开挖断面质量、超欠挖处理、围岩表面渗漏水处理应符合施工技术规范规定，受喷岩面应清洁。

b. 喷射混凝土支护应与围岩紧密黏结，结合牢固，不得有空洞；喷层内不应存在片石和木板等杂物；严禁挂模喷射混凝土。

c. 钢架与围岩之间的间隙应采用喷射混凝土充填密实。

d. 喷射混凝土表面平整度应符合施工技术规范规定。

②实测项目见表1-29。

喷射混凝土实测项目 表1-29

项次	检查项目	规定值或允许偏差	检查方法和频率
1Δ	喷射混凝土强度(MPa)	在合格标准内	按有关方法检查
2	喷层厚度(mm)	平均厚度≥设计厚度; 检查点的60%的检查点的厚度≥设计厚度; 最小厚度≥0.6设计厚度	凿孔法:每10m检查1个断面,每个断面从拱顶中线起每3m测1点; 按标准有关方法检查:沿隧道纵向分别在拱顶、两侧拱腰、两侧边墙连续测试5条测线,每10m检查1个断面,每个断面测5点
3Δ	喷层与围岩接触状况	无空洞,无杂物	

③外观质量:喷射混凝土表面应无漏喷、离鼓、钢筋网和钢架外露。

④喷射混凝土强度评定:

a. 喷射混凝土抗压强度应在喷射混凝土板件上,切割制取 100mm×100mm×100mm 的立方体试件,在标准条件下养护28d,用标准试验方法测得的极限抗压强度,乘以0.95的系数(精确到0.1MPa)。

b. 单洞两车道或三车道隧道每10延米,应至少在拱部和边墙各取1组(3个)试件;其他工程,每喷射 50~100m³ 混合料或小于50m³ 混合料的独立工程,不得少于1组;材料或配合比变更时应制取新试件。

c. 喷射混凝土强度的合格标准应符合以下规定:当同批混凝土试件组数 $n \geq 10$ 时,试件抗压强度平均值不低于设计值,任一组试件抗压强度不低于0.85倍的设计值;当同批混凝土试件组数 $n < 10$ 时,试件抗压强度平均值不低于1.05倍的设计值,任一组试件抗压强度不低于0.9倍的设计值。

实测项目中喷射混凝土抗压强度评定为不合格时,相应分项工程应为不合格。

(2)锚杆

①基本要求:

a. 锚杆长度应不小于设计长度,锚杆插入孔内的长度不得短于设计长度的95%。

b. 砂浆锚杆和注浆锚杆的灌浆强度应不小于设计值和规范要求,锚杆孔内灌浆密实饱满。

c. 锁脚锚杆(管)的数量、长度、打入角度应满足设计要求。

②实测项目:见表1-30。

锚杆实测项目 表1-30

项次	检查项目	规定值或允许偏差	检查方法和频率
1Δ	数量(根)	不少于设计值	目测:现场逐根清点
2Δ	锚杆拔力(kN)	28d拔力平均值≥设计值,最小拔力≥0.9设计值	拉拔仪:抽查1%,且不少于3根
3	孔位(mm)	±150	尺量:抽检10%
4	孔深(mm)	±50	尺量:抽检10%
5	孔径(mm)	≥锚杆杆体直径+15	尺量:抽检10%

③外观质量:锚杆垫板与岩面间应无间隙。

(3)钢筋网

①基本要求:钢筋网铺设应在初喷混凝土后进行。

②实测项目:见表1-31。

钢筋网实测项目 表1-31

项次	检查项目	规定值或允许偏差	检查方法和频率
1	钢筋网喷射混凝土保护层厚度(mm)	≥20	凿孔法:每10m测5点
2△	网格尺寸(mm)	±10	尺量:每100m²检查3个网眼
3	搭接长度(mm)	≥50	尺量:每20m测3点

③外观质量:钢筋网与锚杆或其他固定构件连接不得脱松。

(4)混凝土衬砌

①基本要求:

a.衬砌施工前初期支护背部存在空洞、断面严重侵限时应及时处理。

b.衬砌背后的空隙应回填注浆。

②实测项目:见表1-32。

混凝土衬砌实测项目 表1-32

项次	检查项目	规定值或允许偏差	检查方法和频率
1△	混凝土强度(MPa)	在合格标准内	按有关方法检查
2	衬砌厚度(mm)	90%的检测点的厚度≥设计厚度,且最小厚度≥0.5设计厚度	尺量每20m检查1个断面,每个断面测5点;按标准相关方法检查:沿隧道纵向分别在拱顶、两侧拱腰、两侧边墙连续测试5条测线,每20m检查1个断面,每个断面测5点
3	墙面平整度(mm)	施工缝、变形缝处≤20	2m直尺:每20m每侧连续检查5尺,每尺测量最大间隙
		其他部位≤5	
4△	衬砌背部密实状况	无空洞,无杂物	按标准相关方法检查:沿隧道纵向分别在拱顶、两侧拱腰、两侧边墙连续测试共5条测线

③外观质量:蜂窝麻面面积不得超过该面总面积的0.5%,深度不得超过10mm;隧道衬砌钢筋混凝土结构裂缝宽度不得超过0.2mm;混凝土结构裂缝宽度不得超过0.4mm。

混凝土衬砌混凝土强度评定与桥梁混凝土抗压强度评定方法相同。

1.3.4.2 铁路隧道工程质量检测项目与评定

1)衬砌、仰拱、底板混凝土质量评定

钢筋、混凝土等原材料、混凝土配合比设计等质量指标、检测项目和频率应符合《铁路隧道工程施工质量验收标准》(TB 10417—2003)和《高速铁路隧道工程施工质量验收标准》(TB 10753—2010)的规定。

混凝土强度等级必须符合设计要求;隧道衬砌、仰拱、底板混凝土尚应采用同条件养护试件检测结构实体强度;混凝土抗压强度标准养护试件的试验龄期为56d,混凝土强度试件应在混凝土的浇筑地点随机抽样制作,其同条件养护法试件的逐日累积温度可为1200℃,但养护龄期不宜超过120d。

标准养护抗压强度试件的取样与留置要求如下:
(1)每拌制100盘且不超过100m³的同配合比混凝土,取样不得少于1次。
(2)每工作班拌制的统一配合比的混凝土不足100盘时,取样不少于1次。
(3)现浇混凝土的每一结构部位,取样不少于1次。
(4)每次取样应至少留置1组试件。
(5)标准养护试件的留置组数应按设计要求、相关标准规定和实际需要确定。

同条件养护抗压强度试件取样与留置要求如下:
(1)隧道衬砌每200m应采用同条件养护试件检测结构实体强度1次;隧道仰拱、底板每500m应采用同条件养护试件检测结构实体强度1次。
(2)同条件养护试件对应结构部位,应由建立或建设和施工单位共同选定。
(3)取样和留置应符合下列规定:
①对选定的混凝土结构部位,在混凝土施工时,均应留置同条件养护试件。
②同强度等级同条件养护试件,其留置组数应根据混凝土工程数量和重要性确定,不宜少于5组,且不应少于2组。其具体留置组数应在混凝土施工前,由监理或建设和施工单位共同决定。
③应在混凝土浇筑入模处取样制作试件。
④同条件养护试件拆模后,应放置在靠近相应结构部位的适当位置,采取与结构部位相同的养护方法,且应采取可靠的保护措施防止试件丢失或损坏。
(4)等效养护龄期应符合下列要求:
①同条件养护试件的等效龄期应根据同条件养护试件强度与标准养护条件下28d龄期试件强度相等的原则确定。
②同条件自然养护试件的等效养护龄期,可根据结构所处环境气温和养护条件按下列规定确定:按养护期间平均温度逐日累计达到1200℃时所对应的龄期(不计0℃及以下的龄期),也不宜大于120d。
③冬期施工、蒸汽加热养护及大体积混凝土结构,其同条件养护试件的等效养护周期,可根据结构的实际养护条件,按①款的原则确定。

混凝土的抗渗等级应符合设计要求;抗渗标准养护试件的试验龄期为56d;抗渗试件应在混凝土浇筑地点随机抽样制作;试件留置组数应符合下列规定:
①隧道衬砌、仰拱、底板每500m应制作检查试件1组(6个),不足500m时,也应留置1组。
②当使用的材料、配合比或施工工艺发生变化时,应另行制作检查试件1组。
(5)隧道衬砌厚度严禁小于设计厚度。二衬混凝土与防水板之间应密贴无空洞。

2)质量验收
(1)工程施工质量验收单元划分
铁路隧道施工质量验收划分为单位工程、分部工程、分项工程和检验批。

单位工程应按一个完整工程或一个相当规模的施工范围划分,并按下列原则确定:一座隧道宜作为一个单位工程,长隧道和特长隧道可按施工标段划分为若干个单位工程;斜井、平行导坑、竖井或独立明洞可作为一个单位工程。

分部工程应按一个完整部位或主要结构及施工阶段划分。

分项工程应按工种、工序、材料、施工工艺等划分。

(2)检验批

检验批应根据质量控制和施工段需要划分,其检验项目分为主控项目和一般项目。

(3)工程施工质量验收内容和要求

①检验批质量验收应包含下列内容:

a. 实物检查:对原材料、构配件和设备等检验,应按进场的批次和《铁路隧道工程施工质量验收标准》(TB 10417—2003)等标准规定的抽检方案执行。

b. 资料检查:原材料、构配件和设备等的质量证明文件(质量合格证、规格、型号及性能检测报告等)和抽样检验报告、工序的施工记录、自检和交接检验记录、平行检验报告、见证检验报告等。

c. 质量责任确认:对施工作业人员质量责任登记进行确认。

②检验批合格质量应符合下列规定:

a. 主控项目的质量经抽样检验全部合格。

b. 一般项目的质量经抽样检验全部合格;其中,有允许偏差的抽查点,除有专门要求外,80%及以上的抽查点应控制在规定允许偏差内,最大偏差不得大于规定允许偏差的1.5倍。

③分项工程质量验收应符合的规定:所含的检验批均符合合格质量的规定,其质量验收记录完整。

④分部工程质量验收合格应符合下列规定:

a. 含分项工程的质量均眼熟合格。

b. 质量控制资料完整。

c. 隧道衬砌内轮廓、衬砌厚度和强度、衬砌背后回填及防水等涉及安全和使用功能的检验和抽样检验结果符合设计要求及有关标准规定。

⑤单位工程质量验收合格应符合下列规定:

a. 所含分部工程的质量均应验收合格。

b. 质量控制资料完整。

c. 实体质量和主要功能应符合相关标准、规范的规定和设计要求。

d. 观感质量验收符合要求。

⑥当检验批工程质量部符合要求时,应按下列规定进行处理:

a. 经返工重做或更换构配件、设备的检验批,应重新进行验收。

b. 当对试块的试验结果有怀疑时,或因试块试件丢失损坏、试验资料缺失等无法判断实体质量时,应有有资质的法定检测单位对实体质量进行检测鉴定,凡达到设计要求的检验批可以予以验收。

通过返修货加固处理仍不能满足结构安全和使用功能要求的分部工程、单位工程,严禁验收。

1.3.5 轨道工程质量检测项目评定

1.3.5.1 基本规定

1)一般规定

(1)铁路轨道工程施工现场质量管理应有相应的施工技术标准、健全的质量管理体系和施工质量检验制度。

施工现场质量管理检查记录应由施工单位在施工前按相关表的规定填写,总监理工程师进行检查,并做出检查结论。

(2)轨道工程应按下列规定进行施工质量控制:

①工程采用的主要材料、构配件和设备,施工单位应对其外观、规格、型号和质量证明文件等进行验收,并经监理工程师检查认可。凡涉及结构安全和使用功能的,施工单位应进行检验,监理单位应按规定进行平行检验或见证取样检测。

②各工序应按施工技术标准进行质量控制,每道工序完成后,施工单位应进行检查,并形成记录。

③工序之间应进行交接检验,上道工序应满足下道工序的施工条件和技术要求。相关专业工序之间的交接检验应经监理工程师检查认可,未经检查或经检查不合格的不得进行下道工序施工。

(3)轨道工程施工质量应按下列要求进行验收:

①工程施工质量及验收应符合本标准和有关专业验收标准的规定。

②工程施工质量应符合设计文件的要求。

③参加工程施工质量验收的各方人员应具备规定的资格,各种检查记录签证人员应报建设单位确认、备案。

④工程施工质量的验收均应在施工单位自行检查评定合格的基础上进行。

⑤隐蔽工程在隐蔽前应由施工单位通知监理单位进行验收,并应形成验收文件。

⑥涉及结构安全的试块、试件和现场检验项目,监理单位应按规定进行平行检验、见证取样检测或见证检测。

⑦检验批的质量应按主控项目和一般项目验收。

⑧对涉及结构安全和使用功能的分部工程应进行抽样检测。

⑨承担见证取样检测及有关结构安全检测的单位应具有相应的资质。

⑩单位工程的观感质量应由验收人员通过现场检查共同评定。

2)工程施工质量验收的划分

轨道工程施工质量验收划分为单位工程、分部工程、分项工程和检验批。

单位工程应按一个完整工程或一个相当规模的施工范围划分,并按下列原则确定:

①正线轨道:一个区间(以站中心为界,含正线道岔),当区间内含有不同类型轨道时,也可按轨道类型划分。

②站场轨道:一个站或大型枢纽的一个场(以最外方咽喉道岔为界,含站线道岔)。

分部工程应按一个完整部位或主要结构及施工阶段划分。

分项工程应按工种、工序、材料、施工工艺划分。

检验批可根据施工及质量控制和验收需要按长度、施工段(处)等进行划分。轨道的分部工程、分项工程划分和检验批检验项目应符合表 1-33 的规定。

轨道分部工程、分项工程　　　　　　　表 1-33

类别	分部工程名称	分项工程
	线路基桩	基桩测设
道床	有砟道床（铺轨前铺砟）	铺底砟
		预铺道砟
道床	板式无砟轨道	底座钢筋
		底座钢板
		底座混凝土
		轨道板铺设
		CA 砂浆模板
		CA 砂浆配制灌注
		防水层、保护层及伸缩缝
道床	支承块式无砟道床	支承块轨排组装架设
		道床板钢筋
		道床板模板
		道床板混凝土
		防水层、保护层及伸缩缝
道床	长枕埋入式无砟道床	底座钢筋
		底座钢板
		底座混凝土
		隔离层铺设
		长枕轨排组装架设
		道床板钢筋
		道床板模板
		道床板混凝土
		防水层、保护层及伸缩缝
轨道	无缝线路轨道	基地钢轨焊接
		长钢轨铺设
		铺砟整道
		工地钢轨焊接
		线路锁定
		轨道整理
		无缝道岔铺设

续上表

类别	分部工程 名称	分项工程
轨道	无缝线路轨道	道岔铺砟整道
		钢轨伸缩调节器铺设
		钢轨预打磨
	有缝线路轨道	轨排组装
		铺轨
		铺砟、整道
		有缝道岔铺设
		道岔铺砟整道
		钢轨伸缩调节器铺设
线路附属	道口	道口铺设
		道口防护设施
	防护栅栏	栅栏安装
	护轨	护轨铺设
	标志	线路、信号标志
	轨道加强设备	防爬设备
		轨距杆、轨撑

3)工程施工质量验收

(1)检验批的质量验收内容

①实物检查,按下列方式进行:

a.对原材料、构配件和设备等的检验,应按进场的批次和本标准规定的抽样检验方案执行。

b.对混凝土强度等,应按国家现行有关标准和本标准规定的抽样检验方案执行。

c.对本标准中采用计数检验的项目,应按抽查总点数的合格点率进行检查。

②资料检查,包括原材料、构配件和设备等的质量证明文件(质量合格证、规格、型号及性能检测报告等)和检验报告、施工过程中重要工序的自检和交接检验记录、平行检验报告、见证取样检测报告、隐蔽工程验收记录等。

(2)检验批合格质量规定

①主控项目的质量经抽样检验全部合格。

②一般项目的质量经抽样检验全部合格。当采用计数检验时,有允许偏差的抽查点,除有专门要求外,合格点率应达到80%及以上,且不合格点的最大偏差不得大于规定允许偏差的1.5倍。

③具有完整的施工操作依据、质量检查记录。

(3)分项工程质量验收合格规定

①分项工程所含的检验批均应符合合格质量的规定。

②分项工程所含的检验批的质量验收记录应完整。
(4) 分部工程质量验收合格规定
①分部工程所含分项工程的质量均应验收合格。
②质量控制资料应完整。
③分部工程中有关安全及功能的检验和抽样检测结果应符合有关规定。
(5) 单位工程质量验收合格规定
①单位工程所含分部工程的质量均应验收合格。
②质量控制资料应完整。
③单位工程所含分部工程有关安全和功能的检测和抽样检测资料应完整。
④主要功能的抽查结果应符合有关标准规范的规定。
⑤观感质量验收应符合要求。
(6) 当检验批质量不符合要求时,应按以下规定进行处理:
①经返工重做的或更换构配件、设备的检验批,应重新进行验收。
②当检验批的试块、试件强度不能满足要求时,经有资质的法定检测单位检测鉴定,能够达到设计要求的检验批,应予以验收。
(7) 通过返修或加固处理仍不能满足安全和使用功能要求的分部工程、单位工程,严禁验收。

1.3.5.2　单位工程观感质量评定

(1) 观感质量由建设单位组织监理单位与施工单位共同进行现场评定。
(2) 观感质量检查项目评定达不到合格标准,应进行返修。
(3) 线路基桩标识齐全、清晰。
(4) 有砟道床:道床饱满、均匀、无杂物,断面正确,边坡整齐美观,路肩无散乱道砟、无杂草。
(5) 无砟道床:道床混凝土表面平整、色泽均匀,无污染,无明显错台、跑模、蜂窝麻面,外形轮廓清晰、线角顺直、排水流畅、基本不积水。
(6) 轨枕表面清洁、无污染;枕上扣件干净无杂物;木枕一端整齐。
(7) 钢轨远视平顺,轨向直线顺直,曲线圆顺,头尾不得有反弯或"鹅头"。
(8) 道岔的岔枕端头在直股外侧应整齐划一,侧股外侧应呈有规律增减;枕面及扣件清洁、无杂物;道岔钢轨直股平直,曲股圆顺,道岔内各种标识齐全、清晰。
(9) 位移观测桩设置应便于观测,标识齐全、清晰。
(10) 防爬设备作用良好,无失效,防爬支撑安装整齐美观。
(11) 道口铺面板平稳整齐,接缝严实,护轨安装牢固,联结件齐全;道口铺面板、轮缘槽清洁无杂物,排水流畅;道口防护设施及标志齐全,位置准确、无损伤,涂料均匀色泽鲜明,图案文字清晰完整。
(12) 防护栅栏埋设位置正确、齐全、涂料均匀,栅栏高度整齐划一。
(13) 各种线路、信号标志埋设端正,涂料均匀、色泽鲜明,图像字迹清晰完整。

1.3.6 水运工程质量检测项目评定

1.3.6.1 水运工程质量检验的划分

依据《水运工程质量检验标准》(JTS 257—2008),水运工程质量检验应按单位工程、分部工程和分项工程及检验批进行划分,单位工程应按工程使用功能和施工及验收的独立性进行划分。

1)疏浚与吹填工程的单位工程划分

港口工程中的航道、港池、泊位和锚地的疏浚工程各为一个单位工程;内河航道整治工程中的疏浚工程按河段划分单位工程;长度较长的航道疏浚工程按合同标段或节点要求划分单位工程;分期实施的疏浚工程按施工阶段划分单位工程;陆域形成的吹填工程按合同或设计文件划分的区域划分单位工程。

2)码头工程的单位工程划分

码头按泊位或座划分单位工程;两侧靠船的栈桥或窄突堤码头按主靠船侧泊位划分单位工程;宽突堤码头的横头作为一个单位工程;长度超过500m的附属栈桥或引堤作为一个单位工程。

3)防波堤和护岸工程的单位工程划分

防波堤、导流防沙堤和独立护岸按座或合同标段划分单位工程,长度较长时以长度为1000~2000m划分单位工程;兼做码头的防波堤和独立护岸,其码头部分按码头工程的规定划分单位工程;码头、船坞、船台和滑道等工程的附属护岸作为所属工程的一个分部工程。

4)堆场与道路工程的单位工程划分

港区堆场按设计单元划分单位工程;港区或厂区内的道路按设计单元划分单位工程;工程量较小的附属堆场与道路作为所属工程的一个分部工程。

5)码头配套接卸及输送系统构筑物的单位工程划分

翻车机房按座划分单位工程,翻车机房地下廊道作为一个单位工程;输送转运机房按座或系统划分单位工程;输送廊道、刚架和设备与支架的基础按系统、结构类别或转运区段划分单位工程。

6)船闸工程的单位工程划分

船闸主体作为一个单位工程;上、下游引航道及导靠船建筑物各组成一个单位工程;闸阀门制作与安装和启闭机安装组成一个单位工程;船闸的电气与控制系统安装组成一个单位工程。

7)干船坞、船台与滑道的单位工程划分

干船坞、船台主体和独立滑道按座划分单位工程;坞门、防水闸门的制作与安装各组成一个单位工程;船坞、船台与滑道的设备安装工程各作为一个单位工程。

8)航道整治工程的单位工程划分

堤坝、护岸、固滩和炸礁工程按座或合同标段划分单位工程;较长的整治建筑物按合同标段或以长度2~5km划分单位工程;分期实施的整治建筑物和炸礁工程按合同规定的施工阶段划分单位工程;长河段航道整治工程按单滩划分单位工程。

9) 航标工程的单位工程划分

灯塔、塔形岸标、灯桩和海区导标按座划分单位工程;杆形岸标、内河导标和立标、浮标、标志牌、信号标志和航行水尺等各组成一个单位工程;遥测监控系统按一个遥测监控中心及遥测终端组成单位工程。

10) 码头设备安装工程的单位工程划分

起重、装卸设备按台划分单位工程;输送设备和管道工程等按类别和系统划分单位工程;电气、控制、消防和环保设备等按系统划分单位工程,当工作量较小时,组成一个单位工程。

分部工程应按工程的部位进行划分。设备安装工程可按专业类别划分分部工程。

分项工程应按施工的主要工种、工序、材料、施工工艺和设备的主要装置等进行划分。施工范围较大的分项工程宜将分项工程划分为若干检验批。检验批可根据施工及质量控制和检验的需要按结构变形缝、施工段或一定数量等进行划分。

1.3.6.2 水运工程质量检验合格评定标准

(1) 检验批质量合格规定:

① 主要检验项目的质量经检验应全部合格。

② 一般检验项目的质量经检验应全部合格。其中允许偏差的抽查合格率应达到80%及其以上,且不合格点的最大偏差值对于影响结构安全和使用功能的不得大于允许偏差值的1.5倍,对于机械设备安装工程不得大于允许偏差值的1.2倍。

(2) 分项工程质量合格规定:

① 分项工程所含的检验批均应符合质量合格的规定。

② 分项工程所含检验批的质量检验记录应完整。

③ 当分项工程不划分为检验批时,分项工程质量合格标准应符合第1条的规定。

(3) 分部工程质量合格的规定:

① 分部工程所含分项工程的质量均应符合质量合格的规定。

② 质量控制资料应完整。

③ 地基与基础、主体结构和设备安装等分部工程有关安全、功能的检验和抽样检测结果应符合有关规定。

(4) 单位工程质量合格规定:

① 所含分部工程的质量均应符合质量合格的规定。

② 质量控制资料和所含分部工程有关安全和主要功能的检验资料应完整。

③ 主要功能项目的抽查结果应符合本标准的相应规定。

④ 观感质量应符合相应要求。

(5) 建设项目和单项工程质量合格规定:

① 所含单位工程的质量均应符合质量合格的规定。

② 工程竣工档案应完整。

(6) 质量控制资料核查、安全和主要功能的检验资料核查、主要功能抽查记录和观感质量检查应符合相应规定。

(7) 当分项工程及检验批和分部工程的质量不符合质量合格标准要求时,应按下列规定进行处理。

①经返工重做或更换构配件、设备的应重新进行检验。

②经检测单位检测鉴定能够达到设计要求的,可认定为质量合格;经检测鉴定达不到设计要求但经原设计单位核算认可能够满足结构安全和使用功能的,可认定为质量合格。

③经返修或加固处理的分项、分部工程,虽然改变外形尺寸但仍能满足安全使用要求,可按技术处理方案和协商文件进行验收。

④通过返修或加固仍不能满足安全使用要求的分部工程和单位工程,不得验收。

(8)水运工程质量检验记录和质量控制资料应符合下列规定:

①检验批、分项工程、分部工程、单位工程、单项工程和建设项目质量检验记录、工程质量控制资料核查记录和有关安全与主要功能抽测记录应按规定填写。

②主要材料进场复验抽样试验和现场检验项目抽样的组批原则应符合规定要求。

1.3.6.3 水运工程质量检验的程序和组织

(1)水运工程项目开工前,建设单位应组织施工单位、监理单位对单位工程、分部工程和分项工程进行划分,并报水运工程质量监督机构备案。工程建设各方应据此进行工程质量控制和质量检验。

(2)分项工程及检验批的质量应由施工单位分项工程技术负责人组织检验,自检合格后报监理单位,监理工程师应及时组织施工单位专职质量检查员等进行检验与确认。

(3)分部工程的质量应由施工单位项目技术负责人组织检验,自检合格后报监理单位,总监理工程师应组织施工单位项目负责人和技术、质量负责人等进行检验与确认。其中,地基与基础等分部工程检验时,勘察、设计单位应参加相关项目的检验。

(4)单位工程完成后,施工单位应组织有关人员进行检验,自检合格后报监理单位,并向建设单位提交单位工程竣工报告。

(5)单位工程中有分包单位施工时,分包单位对所承包的工程项目应按本标准规定的程序进行检验,总包单位应派人参加。分包工程完成后,应将工程有关资料交总包单位。

(6)建设单位收到单位工程竣工报告后应及时组织施工单位、设计单位、监理单位对单位工程进行预验收。

(7)单位工程质量预验收合格后,建设单位应在规定时间内将工程质量检验有关文件,报水运工程质量监督部门申请质量鉴定。

(8)建设项目或单项工程全部建成后,建设单位申请竣工验收前应填写建设项目或单项工程质量检查汇总表,报送质量监督部门申请质量核定。

本章思考题

1. 加强试验检测工作,对公路工程质量有何意义?
2. 试验检测工作实施细则的内容是什么?
3. 什么叫检验和抽样检验?随机抽样的方法有哪几种?
4. 公路工程项目是如何划分的?
5. 简述公路工程质量评分方法及其质量等级评定方法。

6. 公路隧道与铁路隧道质量评定有何异同?

7. 轨道工程施工质量控制有哪些规定?

8. 轨道工程施工质量验收如何划分与评定?

9. 简述水运工程质量检验的划分方法与评定标准。

10. 某路段二灰碎石基层无侧限抗压强度试验结果(单位:MPa)为:0.792、0.306、0.968、0.804、0.447、0.894、0.702、0.424、0.498、1.075、0.815,请分别用拉依达法、肖维纳特法和格拉布斯法对上述数据进行取舍判别。

11. 施工质量检查中,用标准车测得10点的弯沉值(单位:0.01mm)分别为:100、101、102、110、95、98、93、96、103、104,试计算该路段弯沉值的算术平均值、极差、标准差和变异系数,并计算该路段代表性弯沉值(保证率系数$Z_\alpha = 2.0$)。

第2章 基础工程检测技术

学 习 目 标

【知识目标】 学生应掌握地基承载力检测方法(标准贯入试验、静力触探试验和平板载荷试验),路基现场检测方法(灌砂法、核子仪法、钻芯法检测路基压实度,承载板法测定回弹模量,现场 CBR 试验);基桩完整性与承载力检测方法。应了解路基检测新技术。

【能力目标】 通过本章学习,学生应具备独立实施地基承载力检测(标准贯入、静力触探和平板载荷试验)的能力;路基现场检测(压实度、回弹模量、CBR 试验)的能力;基桩完整性无损检测与承载力的静荷载试验能力。

基础工程包括地基基础、桩基础、沉井基础、筏板基础等。地基是指构筑物下面支承基础的土体或岩体,对于交通基础设施而言习惯称之为路基。路基是地面交通线路结构设施(如公路与城市道路、桥梁、隧道、铁道、港口等)的基础,承受经由路面或轨道传递的轴载,并将其扩散传递于地基中。作为地基的土层分为岩石、碎石土、砂土、粉土、黏性土和人工填土等,以现场施工分类可将其分为天然地基和人工地基。天然地基是指不需要对地基进行处理就可以直接放置基础的天然土层。当土层的地质状况较好,承载力较强时可以采用天然地基;人工地基则指对天然土层的土质过于软弱或不良的地质条件,如坡地、沙地或淤泥地质或虽然土层质地较好但上部荷载过大时,为使地基具有足够的承载能力,需要人工加固或处理后才能修建的地基。桩基础主要为混凝土桩,也有钢桩和组合材料桩等,按照承台位置高低分为高承台桩(桥梁、港口工程中常用)与低承台桩(房屋建筑工程中常用),按受力状态分为摩擦桩与端承桩,按施工方式分为挖孔桩和钻孔桩。

基础工程的试验与检测是地面交通线路结构设施进行设计、施工、竣工验收和科学研究必不可少的工作内容。基础工程的质量或者长期性能将直接影响路面、桥梁、隧道、轨道、港口等结构的承载能力、线路运行的舒适度与安全性,因此,采用必要的检测手段保证基础工程的结构质量十分必要。对于既有工程基础,也应通过现场检测数据有针对性地对其实施养护与维修措施,保证工程结构的安全性。本章将着重介绍交通基础设施工程路基与基桩的现场检测方法。为适用我国高速铁路路基结构所承受的强烈动荷载作用,还介绍了铁路路基的动力学评价以及国对外先进的路基动态检测技术。

2.1 地 基 检 测

2.1.1 地基状态检测

地基状态检测即采用原位测试方法测定土的工程性质,可以直接反映原位土层的物理状态,是一种比较有效的勘察手段,在工程勘察中得到广泛应用。工程勘察报告不仅给出取土试验结果,还能够提供各种原位测试结果,据此可以比较室内试验与原位测试的数据,校核钻孔取土试验的结果,并通过综合分析以确定土的工程性质指标。

原位测试与钻探取样土工分析可以相互补充,并克服室内土工分析的缺点,如钻探取样及室内制备试样所发生的土的扰动;在有些土层中难以采取原状土,例如饱和的疏松砂、流塑软塑的软黏土以及含砾石土等;土样尺寸小,在测定层状或裂隙性黏土时,有明显的尺寸效应;土样数量有限,无论在平面上还是深度都如此。

原位测试可在原位的应力条件、土的天然含水率下进行土的试验。有些原位测试还能够在深度上连续记录,提供土层在深度上变化的完整信息,研究并利用这些信息,可以大大减少钻探取样的数量,并把数量有限的钻探工作布置在有代表性或待重点研究的地段。

原位测试分为在小应变条件下测试与在大应变条件下测试两大类。后者除了测定土的强度外,还提供应力应变信息。在土工中常用的原位测试方法如表2-1所示。

原 位 测 试 方 法   表2-1

应变条件	试验目的	试验类型	原位测试内容
小应变	模量	波速	钻孔波速试验:沿孔法、跨孔法
大应变	强度	直剪	十字板剪切试验
		贯入	标准贯入试验、静力触探试验
	模量及强度	载荷	平板载荷试验 螺旋压板载荷试验 旁压试验:预钻式、自钻式

2.1.1.1 十字板剪切试验

十字板剪切试验又称现场十字板剪切试验(Vane Shear Test,VST)。十字板剪切试验是一种剪切速率比较快的试验,适用于原位测定饱和软黏土不排水抗剪强度的测定,测得的强度相当于不排水剪的黏聚力值。由于它避免了钻探时取土扰动的影响,而直接在原位天然状态的应力条件下测量软黏土抗剪强度,所以它是一种有效的原位测试方法。

1)试验原理

十字板剪切试验是在预钻的钻孔孔底,把4个叶片的十字板头插至规定深度,施加扭转力矩,直至土体破坏(图2-1);或不用钻探,直接将十字板压入土中不同深度,测土体破坏抗扭力矩,则不排水抗剪强度c_u(或十字板抗剪强度S_r)为:

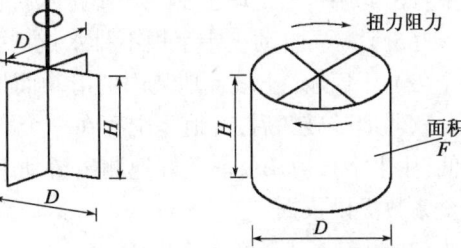

a)十字板叶　　b)十字板剪切形成的圆柱体土

图2-1　十字板剪切试验原理

$$c_u = \frac{2M}{\pi D^2 \left(\dfrac{D}{3} + H\right)} \tag{2-1}$$

式中:M——土体破坏时的扭矩,kN·m;
　　　D——十字板头直径,m;

H——十字板头高度,m。

2)试验操作步骤

(1)在试验地点下套管至预测深度以上3~5倍套管直径处(电测式十字板剪切仪可以不下套管),清除孔内残土。

(2)将十字板头、轴杆(电测十字板的扭力传感器)、钻杆逐节接好并拧紧,然后将十字板头压入土内欲测试的深度处。当试验深度处为较硬夹层,应穿过该夹层再进行试验。

(3)对于开口钢环式十字板剪切仪,先提升导杆2~3cm,使离合器脱离,用旋转手柄快速旋转导杆十余圈,使轴杆摩擦减至最低值,然后再合上离合器。

(4)安装扭力量测设备(电测式十字板剪切仪接好应变仪),将量测仪表调零或读取初读数。

(5)施加扭力,以1°/10s的转速旋转,每一度读数据一次。当出现峰值或稳定值后,再继续测读1min。其峰值或稳定值读数即为原状土剪切破坏时的读数。

(6)松开导杆夹具,用扳手或管钳快速将钻杆顺时针方向转动3~6圈。对电测式十字板剪切仪,为防止因十字板头转圈数太多而扭断电缆,应事先反向旋转板头数圈,使十字板头周围土充分扰动,再进行重塑土的试验,测得最大读数。

(7)依次进行下一个测试深度处的剪切试验。待全孔试验完毕后,逐节提取钻杆和十字板头,清洗干净,检查各部件的完好程度,拆除压入主机。

3)十字板抗剪强度的几个应用

(1)确定饱和黏土的灵敏度

灵敏度反映土的强度由于结构受到破坏而强度降低的情况,十字板剪切试验,对了解土层破坏后残余强度的大小具有实用价值。在原状土十字板剪切试验曲线获得之后,将十字板旋转5圈,然后再重复进行试验,又可得扰动土的不排水剪强度。该土的灵敏度S_t可由下式表示:

$$S_t = \frac{(S_u)_i}{(S_u)_r} \tag{2-2}$$

式中:$(S_u)_i$——未扰动土十字板不排水抗剪强度,kPa;

$(S_u)_r$——扰动土十字板不排水抗剪强度,kPa。

(2)用于测定土坡或地基内的滑动面位置

软弱地基破坏后,在地基中存在一个滑动带,在滑动带中土的强度比其余部分有显著的降低,用十字板剪切仪能较好地测出滑动带的位置,可为检验地基稳定分析方法和确定合理安全系数提供依据。

(3)测定地基强度变化规律

在快速加荷下,软弱地基的强度会降低,随之又恢复并逐渐增长,用十字板剪切试验测定地基土强度的变化,可为确定施工速率提供依据。

2.1.1.2 标准贯入试验

标准贯入试验(Standard Penetration Test,SPT)实质上也是一种动力触探试验的方法,是在国内外应用最广泛的一种地基现场原位测试。特别是对地区条件较为了解和有建筑设计经验时,标准贯入试验更能得到令人满意的效果。标准贯入试验适用范围较广、设备简单、操作简易,并已积累了大量的实际经验。

标准贯入试验的原理是采用质量为 63.5kg±0.5kg 的穿心锤,以 76cm±2cm 的落距,将一定规格的标准贯入器打入土中 15cm,再打入 30cm,以此 30cm 的锤击数作为标准贯入试验的指标,即标准贯入击数 N。一般情况下,土的承载力高,标准贯入器打入土中的阻力就大,标准贯入击数 N 就大;反之,则标准贯入击数就小。

标准贯入试验的探头部分称为贯入器,是由取土器转化而来的开口管状空心探头。在整个贯入过程中,整个贯入器对端部和周围土体将产生挤压和剪切作用,同时由于贯入器中间是空心的,将有一部分土挤入,加之在冲击力作用下,因此,其工作情况及边界条件显得非常复杂。标准贯入试验和其他动力触探方法相近,影响因素较多。因试验在钻孔中进行,故基本不存在探杆侧摩阻力的影响,而钻孔方法、护壁方法及清孔质量则对标准贯入试验的结果影响较大。一般认为,回转钻进,泥浆护壁的方法较好,孔底残土的厚度不应超过 10cm,否则应重新清孔后才能试验。

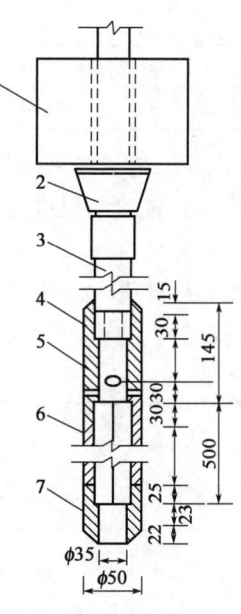

图 2-2　标准贯入试验设备
(尺寸单位:mm)
1-穿心锤;2-锤垫;3-探杆;4-贯入器头;5-出水孔;6-贯入器身;
7-贯入器靴(刃口厚 1.6mm)

1)试验设备

标准贯入试验设备如图 2-2 所示,主要由贯入器(长 810mm,内径 35mm,外径 51mm)、贯入探杆、穿心锤、锤垫、导向杆及自动落锤装置等组成。

2)试验方法

(1)用钻机先钻到需要进行标准贯入试验的土层,清孔后,换用标准贯入器,并量得深度尺寸。

(2)将贯入器垂直打入试验土层中 15cm 后,应以小于每分钟 30 击的锤击频率开始记录每打入 10cm 的击数,累计打入 30cm 的击数,定为实际记录的锤击数 N。

若遇比较密实的砂层,贯入不足 30cm 的锤击数已超过 50 击时,应终止试验,并记录实际贯入深度 ΔS 和累计锤击数 n,按下式换算成 30cm 的标准贯入击数 N:

$$N = \frac{30n}{\Delta S} \qquad (2-3)$$

式中:N——标准贯入击数;

n——所选取的任意贯入量的锤击数;

ΔS——对应锤击数 n 的贯入量,cm。

(3)提出贯入器,将贯入器中土样取出,进行鉴别描述、记录,然后换以钻探工具继续钻进,至下一需要进行试验的深度,再重复上述操作。场地标准贯入试验不宜少于 3 孔,各孔试验点的间距,在地基主要受力层内宜为 1～2m,且每一主要土层的试验点数不应少于 6 个;测试深度超过 15m 时,可放宽试验点的间距。

(4)标准贯入试验孔应采用回转钻进,孔底沉渣厚度不应超过 10cm。不能保持孔壁稳定时,宜采用泥浆护壁;若采用套管护壁。套管底部应高出试验深度 75cm。

(5)由于钻杆的弹性压缩会引起能量损耗,钻杆过长时传入贯入器的动能降低,因而减

少每击的贯入深度,即提高了锤击数,所以需要根据杆长按下式对锤击数进行修正:

$$N = \alpha N_0 \tag{2-4}$$

式中:N_0——实测锤击数;

α——修正系数,见表2-2;

N——修正后的锤击数。

标准贯入试验钻杆长度修正系数　　　　表2-2

钻杆长度(m)	3	6	9	12	15	18	21
α	1.00	0.92	0.86	0.81	0.77	0.73	0.70

(6)对于同一土层应进行多次试验,然后取锤击数的平均值。

3)试验结果应用

标准贯入试验国内外已积累了大量的实践资料,给出了砂性土和黏性土的一些物理性质和标准贯入试验锤击数的经验关系,可供工程中使用。如表2-3~表2-5所示,可根据N_0估计砂土的密实度和天然地基的容许承载力$[\sigma_0]$。

砂土的密实度(D_r)与实测锤击数(N_0)的关系　　　　表2-3

分　　级		相对密度测定法 D_r	实测平均锤击数 N_0
密实		$D_r \geq 0.67$	30~50
稍密		$0.67 > D_r \geq 0.33$	10~29
松散	稍松	$0.33 > D_r \geq 0.20$	5~9
	极松	$D_r < 0.20$	<5

砂土的容许承载力$[\sigma_0]$与实测锤击数(N_0)的关系　　　　表2-4

N_0	10~15	15~30	30~50
$[\sigma_0]$	140~180	180~340	340~500

一般黏性土和老黏土的容许承载力$[\sigma_0]$与实测锤击数(N_0)的关系　　　　表2-5

N_0	3	5	7	9	11	13	15	17	19	21	23
$[\sigma_0]$	120	160	200	240	280	320	360	420	500	580	660

2.1.1.3　静力触探试验

静力触探(Static Cone Penetration Test,SCPT)是用静力将内部装有力传感器的探头以一定的速率压入土中,通过电子量测仪器所测得的贯入阻力(比贯入阻力p_s或锥尖阻力q_c和侧壁摩阻力f_s)来判断土层性质的一种原位测试方法。探头压入时,受到的阻力大小与土层的软硬程度成比例。

静力触探按其量测方式,习惯上分为机械式和电测式两大类。国内机械式早已很少使用,广泛使用的是电测式静力触探。静力触探探头按其结构与传感器功能,主要分为单桥触探头与双桥触探头。单桥触探头能测出土对探头的总阻力,即比贯入阻力(P_s);双桥探头可测锥尖阻力(q_c)与侧壁摩擦阻力(f_s);带测孔压的三桥探头正在推广使用。国内外还开发了各种多势能的探头,如带测温、测斜、测振、测电阻率、测波速的探头,旁压探头,采样探头等。

静力触探具有快速、数据连续、再现性好、操作方便等优点。主要适用于黏性土、粉性土与砂土。静力触探的贯入深度与触探设备的推力与拔力有关 20t 的静探设备,在软土中贯入深度可超过 70m,在中密砂层中深度可超过 30m。

1) 试验设备

静力触探试验的设备包括加压装置(加压装置的作用是将探头压入土中),反力装置,探头与探杆及量测记录系统。其中探头是静力触探设备的关键组件。常用的单桥探头、双桥探头的结构如图 2-3 所示。

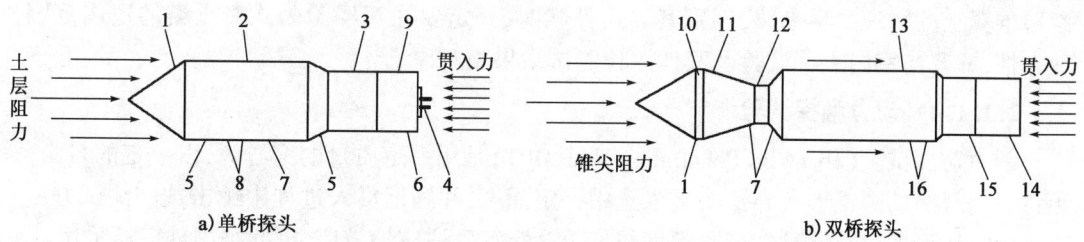

图 2-3 静力触探头结构与工作原理示意图

1、10-顶柱;2-外套筒;3-探头管;4-导线;5-环氧树脂密封垫圈;6-橡皮管;7-空心变形柱;8-应变片;9、14-探杆;11-变形套;12-传力杆;13-摩擦筒;15-传力套;16-电阻片

2) 现场操作

(1) 准备工作

①测量定出测试点,注意测点要离开已有的钻孔 30 倍探头直径以外的范围,一般情况是先触探,后钻探。平行试验对比孔的孔距不宜大于 2m。

②设置反力装置(下锚或压载)。

③安装好压入和量测装置,并用水准尺将底板调平。检查自整角机深度转换器、导轮、卷纸结构。

④检查探头外套筒与锥头活动情况。穿好电缆,同时检查探杆(注意探杆要平直,丝扣无裂纹)。

⑤检查电源电压是否正常。

⑥检查仪表是否正常。使用自动记录仪时须将仪器与探头接通电源,打开仪器和稳压电源,使仪器预压 15min。根据土层软硬情况,确定合适的工作电压,保证曲线不会超出记录纸的幅宽范围。笔头调零。在记录纸开头写明孔号、探头号、标定系数、工作电压及日期。

(2) 现场实测工作

①初读数测读。将探头压入地表下 1.0 ~ 2.0m,经过一定时间后将探头提升 5cm,使探头在不受压状态下与地温平衡,此时仪器上的稳定读数即为初读数。

②贯入速度控制在 20mm/s ± 5mm/s。

③数据采集。每 10cm 测一次数据,亦可根据土层情况适当增减,但不能超过 25cm。

④触探过程中的归零。由于初读数不是一个固定不变数值,所以每贯入一定深度(一般为 2m)要将探头提升 5 ~ 10cm,测读一次初读数,以校核贯入过程中初读数的变化情况。

⑤接、卸钻杆。注意勿使已入土的钻杆转动,以防接头处电缆被扭断,同时应严防电缆受拉,以免拉断或破坏密封装置。

⑥终孔拆卸。结束一孔,应将探头锥头部分卸下,将泥砂擦洗干净,以保持顶柱与外套能自由活动。防止探头在阳光下曝晒。

3)静探试验成果的应用

静力触探试验用途较广,主要用于土层划分、土类判别,确定地基土的承载力及变形模量以及其他物理力学指标,选择桩基持力层,预估单桩承载力及判别沉桩的可能性,检查填土及其他人工加固地基的密实程度和均匀性,判别砂土的密度及液化可能性。带孔压的静探试验还能分析土的渗透、固结性能,使土类判别也更为明确。应特别注意的是,当用静探参数推算土的物理力学参数,判别其岩土性状时,一定要注意经验公式对土类的适用范围、地方性,并要与室内土工试验及其他原位测试结果相对比。

2.1.1.4 动力触探试验

动力触探试验(Dynamic Penetration Test,DPT)是用一定质量的穿心锤,以一定的自由落距将一定规格的圆锥形实心探头贯入土中一定深度,并测记贯入过程中锤击数的测试方法。该试验方法设备简单、测试方便、精度较好、工效较高、适应性较广,因此被国外广泛采用。

动力触探仪由探头、探杆、穿心锤、锤垫座、导向杆、提升架等组成,探头为实心圆锥(轻型动力触探仪)。动力触探仪种类较多,我国主要有轻型、重型和超重型三种型号。其中,轻型动力触探试验是一种应用相当普遍的原位测试手段,主要适用于一般黏性土、砂性土和碎石类土,连续贯入深度一般为4m左右。

轻型动力触探不考虑杆长修正,根据每贯入30cm的实测击数绘制 $N_{10} - h$ 曲线图。根据每贯入30cm的锤击数对地基土进行力学分层,然后计算每层实测击数的算术平均值。计算公式如下:

$$N_{10} = \sum_1^n \frac{N'_{10}}{n} \tag{2-5}$$

式中:N'_{10}——实测击数,击/30cm;

N_{10}——击数平均值,击/30cm;

n——参加统计的测点数。

重型动力触探实测击数 $N_{63.5}$ 应按下式进行杆长击数修正:

$$N'_{63.5} = \alpha N_{63.5} \tag{2-6}$$

式中:$N_{63.5}$——重型动力触探修正后击数,击/10cm;

α——杆长击数修正系数。

特重型动力触探的实测击数,应先按式(2-5)换算成相当于重型动力触探实测击数后,再按下式进行修正:

$$N_{63.5} = 3N_{120} - 0.5 \tag{2-7}$$

动力触探试验是定量确定土的主要工程特征指标的有效测试方法之一,对难以取样的砂土、粉土、碎石类土以及静力触探难以贯入的含砾土层等是十分有效的探测手段。动力触探试验在路基检测中,不仅可以确定基床表层上的承载力,还能测定某一深度基床土的强度,掌握基床土、地基土承载力沿深度和线路纵向的变化,尤其轻型动力触探试验可以不影响行车在路肩上进行,行车密度不高时也可在道中和轨枕头附近进行,因此在提速线路基床强度评估和既有线路路基病害等检测中应用十分广泛。

2.1.1.5 平板载荷试验

载荷试验是一种最古老的原位测试方法,它是在与建筑物基础工作相似的受荷条件下,对天然条件下的地基土测定加于承载板的压力与沉降的关系,实质上是基础的模拟试验。根据压力与沉降的关系,可以测定土的变形模量、评定地基土的承载力。对于不能用小尺寸试样试验的填土、含碎石的土等,最适宜用载荷试验。

1)试验原理

载荷板试验就是在试验土层表面放置一定规格的方形或圆形承压板,在其上逐级施加荷载,每级荷载增量持续时间相同或接近,测记每级荷载作用下荷载板沉降量的稳定值,直至破坏。地基在荷载作用下达到破坏状态的过程可以分为压密、剪切、破坏三个阶段,如图2-4所示。

绘制试验过程中荷载 P 和沉降量 S 的关系曲线(图2-5),通过分析研究地基土的强度与变形特性,确定地基容许承载力。

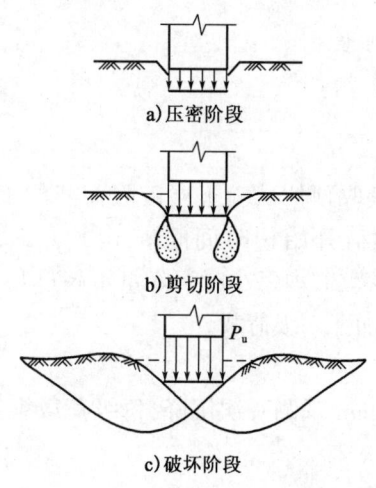

图2-4 地基破坏过程三个阶段

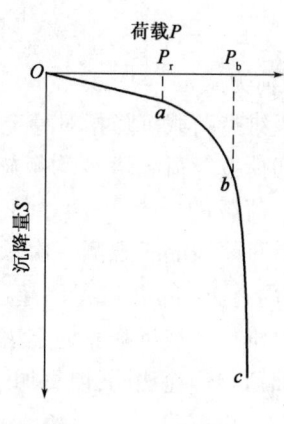

图2-5 荷载—沉降量曲线(P-S 曲线)

2)试验测试装置

平板载荷试验的常用装置如图2-6所示。

3)测试方法

(1)试验位置的选择

应根据场地均匀性,结合上部工程要求,选择有代表性的地点进行载荷试验。当基础影响深度范围内土层均匀时,可在基底高程处进行试验,当土层性质随深度变化或为成层土时,要考虑在不同深度上进行试验。

(2)试坑宽度

一般应为承压板直径的4~5倍,至少3倍,以满足半空间表面受荷边界条件的要求。

(3)超荷载影响

承压板的埋深对试验结果 P_{cr}、P_u 和 S 均有很大影响。为了模拟基础工作条件,可考虑使承压板埋深与宽度之比和基础埋深与宽度之比相等的原则进行试验。

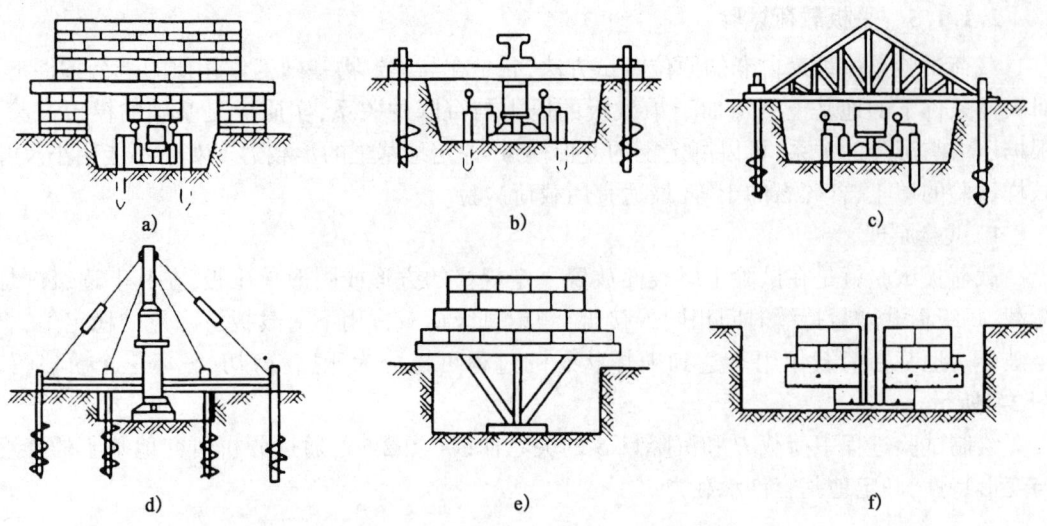

图2-6 常见的平板载荷试验装置

(4) 加荷方式

①分级维持荷载沉降相对稳定法(常规慢速法)。

分级加荷按等荷载增量均衡施加,荷载增量一般取预估试验土层极限荷载的 1/10～1/7,或临塑荷载的 1/5～1/4。每加一级荷载,自加荷开始按时间间隔 1、2、2、5、5、15、15min,以后每隔 30min 观测一次承压板沉降,直至连续 2h 内每小时沉降量不超过 0.1mm,或连续 1h 内每 30min 沉降量不超过 0.05mm,即可施加下一级荷载。

②分级维持荷载沉降非稳定法(快速法)。

分级加荷与慢速法同,但每加一级荷载按间隔 15min 观测一次沉降,每级荷载维持 2h,即可施加下一级荷载。

③等沉降速率法。

控制承压板以一定的沉降速率沉降,测读与沉降相应所施加的荷载,直至试验达破坏状态。

(5) 试验终止条件

一般应尽可能进行到试验土层达到破坏阶段,然后终止试验。当出现下列情况之一时,可认为已达到破坏阶段:荷载不变,24h 沉降速率几乎保持不变或加速发展;承压板周围出现隆起或破坏性裂缝;相对沉降(S/b)超过 0.06～0.08。

4) 平板载荷试验应用

(1) 确定地基土的承载力

①拐点法:适用于拐点型的 P-S 曲线,一般取第一拐点 P_{cr} 对应的荷载为容许承载力。

②相对沉降法:在经过校正后的 P-S 曲线上取 S/b 一定的比值确定容许承载力(b 为压板直径或边长)。Terzaghi 取 S/b = 0.2 相应的荷载为容许承载力;Skempton 取 S/b = 0.03 相应的荷载为容许承载力;我国的《建筑地基基础设计规范》(GB 50007—2011)规定:如压板面积为 0.25～0.50m²,对低压缩性土和砂土,取 S/b = 0.01～0.015 所对应的荷载为承载力

基本值,对中、高压缩性土取 $S/b = 0.02$ 所对应的荷载作为承载力基本值。

③极限荷载法:由 P-S 曲线上所得的极限荷载除以安全系数得容许承载力。极限荷载按以下方法确定:第二拐点法,即用 P-S 曲线第二拐点对应的荷载为极限荷载;取 $S/b = 0.06$ 相应的荷载为极限荷载。

(2)确定地基土的变形模量

利用下式可以确定均质各向同性地基土的变形模量 E_0。

$$E_0 = I_0 I_1 K(1 + \mu^2) d \tag{2-8}$$

式中:d——承压板直径(或方形承压板边长),cm;

I_0——承压板位于表面的影响系数(对于圆形刚性压板 $I_0 = 0.785$,对于方形刚性压板 $I_0 = 0.886$);

I_1——承压板埋深 Z 时的修正系数(当 $Z < d$ 时,$I_1 = 1 - 0.27 \frac{Z}{b}$;当 $Z > d$ 时,$I_1 = 0.5 + 0.23 \frac{d}{Z}$);

K——P-S 曲线直线段的斜率;

μ——土的泊松比。

可以用常规慢速法或非稳定法修正后的 P-S 曲线直线段的斜率确定排水的变形模量,用等沉降速率法所得的 P-S 曲线直线段的斜率确定不排水的变形模量。

2.1.2 查表法确定地基承载力

地基直接承受上部结构物传来的荷载,地基的过大沉降或不均匀沉降往往是造成结构物破坏的主要因素。因此,在桥梁工程设计或施工过程中往往需要准确测定地基的承载力。结构工程地基的容许承载力可根据地质勘测、原位测试、野外荷载试验以及邻近旧结构物调查对比,由经验和理论公式计算综合分析确定。以桥梁结构为例,当缺乏上述资料时可按《公路桥梁地基与基础设计规范》(JTG D63—2007)推荐的方法,按照地基土分类确定地基容许承载力,对地质和结构复杂的桥梁地基应根据现场荷载试验确定容许承载力。

按规范确定地基承载力时,须先确定地基基本容许承载力 $[\sigma_0]$,即基础宽度 $b \leq 2m$,埋置深度 $h \leq 3m$ 时地基的容许承载力。当基础宽度 $b > 2m$,埋置深度 $h > 3m$,且 $h/b \leq 4$ 时可以按规范对容许承载力予以提高。地基容许承载力确定按地基土分类进行确定。

2.1.2.1 黏性土、黄土地基承载力检测

对于黏性土和黄土地基,可在现场取有代表性的土样(一般每个基础的地基不少于 4 个土样)进行土工试验,得到地基土的有关力学指标,由规范求出承载力。

1)老黏性土和残积黏性土地基

对于老黏性土和残积黏性土地基,可取土样进行压缩试验,求得土样的压缩模量(E_s),按表 2-6、表 2-7 确定容许承载力。

老黏性土的地基承载力$[\sigma_0]$ 表2-6

E_S(MPa)	10	15	20	25	30	35	40
$[\sigma_0]$(kPa)	380	430	470	510	550	580	620

注:1. 老黏性土是指第四纪晚更新世(Q_3)及其以前沉积的黏性土。一般具有较高的强度和较低的压缩性。
    2. 当老黏性土$E_S<10$MPa时,承载力基本容许值$[\sigma_0]$按一般黏性土确定。

残积黏性土的容许承载力$[\sigma_0]$ 表2-7

E_S(MPa)	4	6	8	10	12	14	16	18	20
$[\sigma_0]$(kPa)	190	220	250	270	290	310	320	330	340

注:本表适用于西南地区碳酸盐类岩层的沉积红土,其他地区可参照使用。

2)一般黏性土和新近沉积黏性土地基

对于一般黏性土和新近沉积黏性土地基,测土样含水率、湿重度、液限、塑限和颗粒密度,求出土样的天然孔隙比(e)和液性指数(I_L),按表2-8、表2-9确定容许承载力。

一般黏性土的容许承载力$[\sigma_0]$(kPa) 表2-8

e	I_L												
	0	0.1	0.2	0.3	0.4	0.5	0.6	0.7	0.80	0.9	1.0	1.1	1.2
0.5	450	440	430	420	400	380	350	310	270	240	220	—	—
0.6	420	410	400	380	360	340	310	280	250	220	200	180	—
0.7	400	370	350	330	310	290	270	240	220	190	170	160	150
0.8	380	330	300	280	260	240	230	210	180	160	150	140	130
0.9	320	280	260	240	220	210	190	180	160	140	130	120	100
1.0	250	230	220	210	190	170	160	150	140	120	110	—	—
1.1	—	—	160	150	140	130	120	110	100	90	—	—	—

注:1. 一般黏性土是指第四纪全新世(Q_4)(文化期以前)沉积的黏性土,一般为正常沉积的黏性土。
    2. 土中含有粒径大于2mm的颗粒质量超过全部质量30%以上时,$[\sigma_0]$可酌量提高。
    3. 当$e<0.5$时,取$e=0.5$,$I_L<0$时,取$I_L=0$。此外,超过表列范围的一般黏性土,$[\sigma_0]$可按下式计算:$[\sigma_0]=57.22E_S^{0.57}$,式中:$E_S$为土的压缩模量,MPa。

新近沉积黏性土的容许承载力$[\sigma_0]$(kPa) 表2-9

e	I_L		
	≤0.25	0.75	1.25
≤0.8	140	120	100
0.9	130	110	90
1.0	120	100	80
1.1	110	90	—

注:新近沉积的黏性土是指文化期以来沉积的黏性土,一般为欠固结,且强度较低。

3)新近堆积黄土地基、一般新黄土地基及老黄土地基

对新近堆积黄土地基按土样的含水比确定容许承载力,见表2-10。土样含水比为天然含水率(w)和液限(w_L)的比值。

新近堆积黄土容许承载力$[\sigma_0]$(kPa)　　　表2-10

w/w_L	0.4	0.5	0.6	0.7	0.8	1.0	1.2
$[\sigma_0]$(kPa)	130	120	110	100	90	80	70

注:表列新近堆积黄土为湿陷性黄土地基时,经人工处理后,其承载力按下列系数提高:
   (1)人工夯实(用0.5kN的普通石夯,落距50cm,分别夯三遍),提高1.2。
   (2)换土夯实(表层换填卵石16cm,三七灰土4cm,电动蛙式机夯打3~4遍),提高1.3。
   (3)重锤夯实(包括表层1~1.5m厚度的夯实和回填夯实),提高2.0。
   (4)打石灰砂桩(基础底面地基加固),提高4.0。

对于一般新黄土地基,按土样的天然含水率和液限比确定容许承载力,见表2-11。土样液限比为液限(w_L)与天然孔隙比(e)的比值。

一般新黄土的容许承载力$[\sigma_0]$(kPa)　　　表2-11

w_L/e	w							
	≤10	13	16	19	22	25	28	31	34
22	190	180	170	150	130	110	90	70	50
25	200	190	180	160	140	120	100	80	60
28	210	200	190	170	150	130	110	90	70
31	230	210	200	180	160	140	120	100	80
34	250	230	210	190	170	150	130	110	100
37	—	250	230	210	190	170	150	130	110
40	—	—	250	230	210	190	170	150	130
43	—	—	—	250	230	210	190	170	150

对于老黄土地基,按天然孔隙比e和含水比w/w_L确定容许承载力,见表2-12。

老黄土的容许承载力$[\sigma_0]$(kPa)　　　表2-12

w/w_L	e			
	<0.7	0.7~0.8	0.8~0.9	>0.9
<0.6	700	600	500	400
0.6~0.8	500	400	300	250
>0.8	400	300	250	200

注:山东的老黄土性质较差,容许承载力$[\sigma_0]$应降低100~200kPa。

2.1.2.2 砂土、碎石地基承载力检测

对于砂类土、碎石土地基承载力可按其分类和密实度确定,表2-13、表2-14给出其容许承载力。砂土的密实度可用相对密度表示,碎石土的密实度根据钻探情况按规范而定。

砂土的容许承载力$[\sigma_0]$(kPa)　　　表2-13

土 名	e	密 实 度			
		密实	中密	稍密	松散
砾砂、粗砂	与湿度无关	550	430	370	200
中砂	与湿度无关	450	370	330	150

续上表

土 名	e	密 实 度			
		密实	中密	稍密	松散
细砂	水上	350	270	230	100
	水下	300	210	190	—
粉砂	水上	300	210	190	—
	水下	200	110	90	—

碎石土容许承载力$[\sigma_0]$(kPa)　　　　表2-14

e	密 实 度			
	密实	中密	稍密	松散
卵石	1200~1000	1000~650	650~500	500~300
碎石	1000~800	800~550	550~400	400~200
圆砾	800~600	600~400	400~300	300~200
角砾	700~500	500~400	400~300	300~200

注:1. 由硬质岩组成,填充砂土者取高值;由软质岩组成,填充黏性土者取低值。
　　2. 半胶结的碎石土,可按密实的同类土的$[\sigma_0]$值提高10%~30%。
　　3. 松散的碎石土在天然河床中很少遇见,需特别注意鉴定。
　　4. 漂石、块石的$[\sigma_0]$值,可参照卵石碎石适当提高。

2.1.3　路基现场检测

2.1.3.1　路基压实度检测

路基压实质量是道路工程施工质量管理最重要的内在指标之一,只有对路基进行充分压实才能保证其强度,确保及延长路基路面工程的使用寿命。

现场压实质量用压实度表示,压实度是指工地路基实际达到的干密度与室内标准击实试验所得的最大干密度的比值。

1)最大干密度和最佳含水率的确定方法

路基受到的荷载应力,随深度而迅速减少,所以路基上部的压实度应高一些;另外,公路等级高,其路面等级也高,对路基强度的要求需相应提高,因此对路基压实度的要求也应高一些。

由于土的性质、颗粒的差别,最大干密度的确定方法有差别。通常,一般土采用击实法,粗粒土和巨粒土可选用振动台法与表面振动压实仪法。不同性质土的最大干密度确定方法参照《公路土工试验规程》(JTG E40—2007)。

(1)击实法:击实法适用于细粒土粒径不大于20mm的土和粗粒土粒径不大于40mm的土。击实试验中按采集土样的含水率,分为湿土法和干土法。一般,根据土的性质,对于高含水率土宜选用湿土法,对于非高含水率土则选用干土法,土不可重复使用。

(2)振动法:振动台法与表面振动压实仪法均是采用振动方法测定土的最大干密度。前者是整个土样同时受到垂直方向的振动作用,而后者是振动作用自土体表面垂直向下传递的。研究结果表明,对于无黏聚性自由排水土这两种方法最大干密度试验的测定结果基本一致,但前者试验设备及操作较复杂,后者相对容易,且更接近于现场振动碾压的实际状况。因此,使用时可根据试验设备拥有情况择其一即可,但推荐优先采用表面振动压实仪法。

振动台法与表面振动压实仪法的适用范围:本试验规定测定无黏性自由排水粗粒土和巨粒土(包括堆石料)的最大干密度;本试验方法适用于通过 0.075mm 标准筛的干颗粒质量百分数不大于 15% 的无黏性自由排水粗粒土和巨粒土;对于最大颗粒大于 60mm 的巨粒土,因受试筒允许最大粒径的限制,宜按相似级配法的规定处理。

国内外研究结果表明,对于砂、卵、漂石及堆石料等无黏聚性自由排水土而言,一致公认采用振动方法而不是普通击实法。因此,建议采用振动方法测定无黏聚性自由排水土的最大干密度。

2)现场密度试验检测方法

现场密度主要检测按照《公路路基路面现场测试规程》(JTG E60—2008),检测方法及各方法的适用范围如下:

①灌砂法适用于在现场测定基层(或底基层)、砂石路面及路基土的各种材料压实层的密度和压实度,也适用于沥青表面处治、沥青贯入式面层的密度和压实度检测,但不适用于填石路堤等有大孔洞或大孔隙材料的压实度检测。

②环刀法适用于细粒土及无机结合料稳定细粒土的密度测试,但对无机结合料稳定细粒土,其龄期不宜超过 2d,且宜用于施工过程中的压实度检验。

③核子法适用于现场用核子密度仪以散射法或直接透射法测定路基或路面材料的密度和含水率,并计算施工压实度。适用于施工质量的现场快速评定,不宜用作仲裁试验或评定验收试验。

④钻芯法适用于检验从压实的沥青路面上钻取的沥青混合料芯样试件的密度,以评定沥青面层的施工压实度,同时适用于龄期较长的无机结合料稳定类基层和底基层的密度检测。

(1)灌砂法

灌砂法是利用已知密度的均匀颗粒砂去置换试洞体积的原理,是当前最通用的一种方法,很多工程都把灌砂法列为现场测定密度的主要方法。该方法可用于现场测试各种土或路面材料的密度,其优点是试验原理、仪器和操作方法较为简便,缺点则是需要携带较多数量的砂,且称量次数较多,因此它的测试速度较慢。

采用此方法时,应符合以下规定:当集料的最大粒径小于 15mm、测定层的厚度不超过 150mm 时,宜采用 ϕ100mm 的小型灌砂筒测试;当集料的粒径等于或大于 15mm,但不大于 40mm,测定层的厚度超过 150mm,但不超过 200mm 时,应用 ϕ150mm 的大型灌砂筒测试。

①仪具与材料。

a. 灌砂筒:如图 2-7a)所示,有大小两种,根据需要采用。储砂筒筒层中心有一个圆孔,下部装一倒置的圆锥形漏斗,漏斗上端开口,直径与储砂筒的圆孔相同。漏斗焊接在一块铁板上,铁板中心有一圆孔与漏斗上开口相接。储砂筒筒底与漏斗之间设有开关,开关铁板上也有一个相同直径的圆孔。

b. 金属标定罐:如图 2-7b)所示,用薄铁板制作的金属罐,上端周围有一罐缘。

c. 基板:如图 2-7c)所示,用薄铁板制作的金属方盘,盘的中心有一圆孔。

d. 玻璃板：边长 500~600mm 的方形板。

e. 试样盘：小筒挖出的试样可用饭盒存放，大筒挖出的试样可用 300mm×500mm×40mm 的搪瓷盘存放。

f. 天平或台秤：称量 10~15kg，感量不大于 1g。用于含水率测定的天平精度，对细粒土、中粒土、粗粒土宜分别为 0.01g、0.1g、1.0g。

g. 含水率测定器具：如铝盒、烘箱等。

h. 量砂：粒径 0.3~0.6mm 清洁干燥的均匀砂，20~40kg，使用前须洗净、烘干，并放置足够长的时间，使其与空气的湿度达到平衡。

i. 盛砂的容器：塑料桶等。

j. 其他：凿子、螺丝刀、铁锤、长把勺、小簸箕、毛刷等，如图 2-7d) 所示。

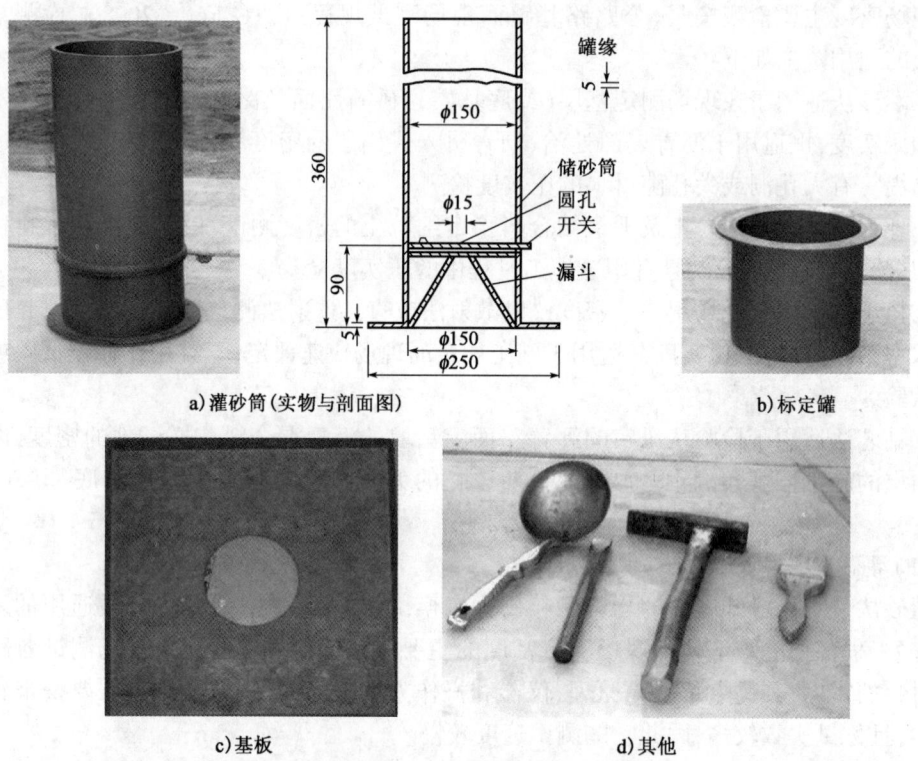

图 2-7 灌砂筒、标定罐等（尺寸单位：mm）

② 操作步骤。

a. 标定筒下部圆锥体内砂的质量。

a) 在灌砂筒筒口高度上，向灌砂筒内装砂至距筒顶 15mm 左右为止。称取装入筒内砂的质量 m_1，准确至 1g。以后每次标定及试验都应该维持装砂高度与质量不变。

b) 将开关打开，让砂自由流出，并使流出砂的体积与工地所挖试坑内的体积相当（或等于标定罐的容积），然后关上开关，称灌砂筒内剩余砂质量 m_5，准确至 1g。

c) 不晃动储砂筒的砂，轻轻地将灌砂筒移至玻璃板上，将开关打开，让砂流出，直到筒内砂不再下流时，将开关关上，并细心地取走灌砂筒。

d)收集并称量留在板上的砂或称量筒内的砂,准确至1g。玻璃板上的砂就是填满锥体的砂m_2。

e)重复上述测量三次,取其平均值。

b.标定量砂的单位质量。

a)用水确定标定罐的容积V,准确至1mL。

b)在储砂筒中装入质量为m_1的砂,并将灌砂筒放在标定罐上,将开关打开,让砂流出,在整个流砂过程中,不要碰动灌砂筒,直到砂不再下流时,将开关关闭。取下灌砂筒,称取筒内剩余砂质量m_3,准确至1g。

c)按下式计算填满标定罐所需砂的质量m_a:

$$m_a = m_1 - m_2 - m_3 \tag{2-9}$$

式中:m_a——标定罐中砂的质量,g;

m_1——装入灌砂筒内的砂的总质量,g;

m_2——灌砂筒下部圆锥体内砂的质量,g;

m_3——灌砂入标定罐后,筒内剩余砂的质量,g。

d)重复上述测量三次,取其平均值。

e)按下式计算量砂的单位质量:

$$\rho_s = \frac{m_a}{V} \tag{2-10}$$

式中:ρ_s——量砂的松方密度,g/cm³;

V——标定罐的体积,cm³。

③试验操作。

a.在试验地点,选一块平坦表面,并将其清扫干净,其面积不得小于基板面积。

b.将基板放在平坦表面上。当表面的粗糙度较大时,则将盛有量砂m_5的灌砂筒放在基板中间的圆孔上,将灌砂筒的开关打开,让砂流入基板的中孔内,直到储砂筒内的砂不再下流时关闭开关。取下灌砂筒,并称量筒内砂的质量m_6,准确至1g。当需要检测厚度时,应先测量厚度后再进行这一步骤。

c.取走基板,并将留在试验地点的量砂收回,重新将表面清扫干净。

d.将基板放回清扫干净的表面上(尽量放在原处),沿基板中孔凿洞(洞的直径与灌砂筒一致)。在凿洞过程中,应注意勿使凿出的材料丢失,并随时将凿出的材料取出装入塑料袋中,不使水分蒸发,也可放在大试样盒内。试洞的深度应等于测定层厚度,但不得有下层材料混入,最后将洞内的全部凿松材料取出。对土基或基层,为防止试样盘内材料的水分蒸发,可分几次称取材料的质量。全部取出材料的总质量为m_w,准确至1g。

e.从挖出的全部材料中取出有代表性的样品,放在铝盒或洁净的搪瓷盘中,测定其含水率(w,以%计)。样品的数量如下:用小灌砂筒测定时,对于细粒土,不少于100g;对于各种中粒土,不少于500g。用大灌砂筒测定时,对于细粒土,不少于200g;对于各种中粒土,不少于1000g;对于粗粒土或水泥、石灰、粉煤灰等无机结合料稳定材料,宜将取出的全部材料烘干,且不少于2000g,称其质量m_d准确至1g,当为沥青表面处治或沥青贯入结构类材料时,则省去测定含水率步骤。

f. 将基板安放在试坑上,将灌砂筒安放在基板中间(储砂筒内放满砂质量 m_1),使灌砂筒的下口对准基板的中孔及试洞,打开灌砂筒的开关,让砂流入试坑内。在此期间,应注意勿碰动灌砂筒。直到储砂筒内的砂不再下流时,关闭开关。小心取走灌砂筒,并称量筒内剩余砂的质量 m_4,准确至1g。

g. 如清扫干净的平坦表面的粗糙度不大,也可省去上述 b 和 c 的操作。在试洞挖好后,将灌砂筒直接对准放在试坑上,中间不需要放基板。打开筒的开关,让砂流入试坑内。在此期间,应注意勿碰动灌砂筒。直到灌砂筒内的砂不再下流时,关闭开关,小心取走灌砂筒,并称量余砂的质量 m_4',准确至1g。

h. 仔细取出试筒内的量砂,以备下次试验时再用,若量砂的湿度已发生变化或量砂中混杂质,则应该重新烘干、过筛,并放置一段时间,使其与空气的湿度达到平衡后再用。

④ 计算。

计算填满试坑所用的砂的质量 m_b:

灌砂时,试坑上放有基板时:

$$m_b = m_1 - m_4 - (m_5 - m_6) \tag{2-11}$$

灌砂时,试坑上不放基板时:

$$m_b = m_1 - m_4' - m_2 \tag{2-12}$$

式中:m_b——填满试坑的砂的质量,g;
m_1——灌砂前灌砂筒内砂的质量,g;
m_2——灌砂筒下部圆锥内砂的质量,g;
m_4、m_4'——灌砂后,灌砂筒内剩余砂的质量,g;
$m_5 - m_6$——灌砂筒下部圆锥体内及基板和粗糙表面间砂的合计质量,g。

计算试坑材料的湿密度 ρ_w:

$$\rho_w = \frac{m_w}{m_b} \times \rho_s \tag{2-13}$$

式中:m_w——试坑中取出的全部材料的质量,g;
ρ_s——量砂的松方密度,g/cm³。

计算试坑材料的干密度 ρ_d:

$$\rho_d = \frac{\rho_w}{1 + 0.1w} \tag{2-14}$$

式中:w——试坑材料的含水率,%。

对于水泥、石灰、粉煤灰等无机结合料稳定土,可按下式计算干密度 ρ_d:

$$\rho_d = \frac{m_d}{m_b} \times \rho_s \tag{2-15}$$

式中:m_d——试坑中取出的稳定土的烘干质量,g。

路基土及砂石路面的施工压实度,按下式计算:

$$K = \frac{\rho_d}{\rho_c} \times 100\% \tag{2-16}$$

式中:K——测试地点的施工压实度,%;
ρ_d——试样的干密度,g/cm³;

ρ_c——由击实试验得到的试样最大干密度,g/cm³。

当试坑材料组成与击实试验的材料有较大差异时,可以试坑材料作标准击实,求取实际的最大干密度。

灌砂法表面上看起来较为简单,但实际操作时常常不易掌握,并会引起较大误差。但因该方法又是测定压实度的主要依据,故常为质量检测监督部门与施工单位之间发生矛盾或纠纷的环节,因此试验过程应严格遵循每个细节,提高试验精度。

⑤试验过程中应注意的问题

a. 量砂要规则。量砂如果重复使用,一定要注意晾干,处理一致,否则影响量砂的松方密度。

b. 每换一次量砂,都必须测定松方密度,漏斗中砂的数量也应该每次重做。因此量砂宜事先准备较多数量。切勿到试验时临时找砂,又不做试验,仅使用以前的数据。

c. 地表面处理要平整,只要表面凸出一点(即使1mm),使整个表面高出一薄层,其体积则算到试坑中了,将影响试验结果。因此本方法一般宜采用放上基板先测定一次粗糙表面消耗的量砂。只有在非常光滑的情况下方可省去此操作步骤。

d. 在挖坑时试坑周壁应笔直,避免出现上大下小或上小下大的情形,这样就会使检测密度偏小。

e. 灌砂时检测厚度应为整个碾压层厚,不能只取上部或者取到下一个碾压层中。

(2) 环刀法

环刀法是测量现场密度的传统方法。国内习惯采用的环刀容积通常为200cm³,环刀高度通常约5cm。用环刀法测得的密度是环刀内土样所在深度范围内的平均密度。它不能代表整个碾压层的平均密度。由于碾压土层的密度一般是从上到下减小的,若环刀取在碾压层的上部,则得到的数值往往偏大,若环刀取的是碾压层的底部,则所得的数值将明显偏小。就检查路面结构层的压实度而言,我们需要的是整个碾压层的平均压实度,而不是碾压层中某一部分的压实度,因此,在用环刀法测定土的密度时,应使所得密度能代表整个碾压层的平均密度。然而,这在实际检测中是比较困难的,只有使环刀所取的土恰好是碾压层中间的土,环刀法所得的结果才可能与灌砂法的结果大致相同。另外,环刀法适用面较窄,对于含有粒料的松散性材料无法使用。

①仪具与材料。

a. 人工取土器或电动取土器:人工取土器包括环刀、环盖、定向筒和击实锤系统(导杆、落锤、手柄)。环刀内径6~8cm,高2~3cm,壁厚1.5~2.0mm。

电动取土器由底座、行走轮、立柱、齿轮箱、升降机构、取芯头等组成。

电动取土器主要技术参数为:工作电压DC24V(36A·h);转速50~70r/min,无级调速;整机质量约35kg。

b. 天平:感量0.1g(用于取芯头内径小于70mm样品的称量),或1.0g(用于取芯头内径100mm样品的称量)。

c. 其他:镐、小铁锹、修土刀、毛刷、直尺、钢丝锯、凡士林、木板及测定含水率设备等。

②试验方法一(用人工取土器测定黏性土及无机结合料稳定细粒土密度)。

a. 擦净环刀,称取环刀质量m_2,准确至0.1g。

b. 在试验地点,将面积约 30cm×30cm 的地面清扫干净。并将压实层铲去表面浮动及不平整的部分,达到一定深度,使环刀打下后,能达到要求的取土深度,但不得扰动下层。

c. 将定向筒齿钉固定于铲平的地面上,顺次将环刀、环盖放入定向筒内与地面垂直。

d. 将导杆保持垂直状态,用取土器落锤将环刀打入压实层中,至环盖顶面与定向筒上口齐平为止。

e. 去掉击实锤和定向筒,用镐将环刀及试样挖出。

f. 轻轻取下环盖,用修土刀自边至中削去环刀两端余土,用直尺检测直至修平为止。

g. 擦净环刀外壁,用天平称取环刀及试样合计质量 m_1,准确至 0.1g。

h. 自环刀中取出试样,取具有代表性的试样,测定其含水率 w。

③试验方法二(用人工取土器测定砂性土或砂层密度)。

a. 如为湿润的砂土,试验时不需要使用击实锤和定向筒。在铲平的地面上细心挖出一个直径较环刀外径略大的砂土柱,将环刀刃口向下,平置于砂土柱上,用两手平稳地将环刀垂直压下,直至砂土柱突出环刀上端约 2cm 时为止。

b. 削掉环刀口上的多余砂土,并用直尺刮平。

c. 在环刀上口盖一块平滑的木板,一手按住木板,另一只手用小铁锹将试样从环刀底部切断,然后将装满试样的环刀转过来,削去环刀刃口上部的多余砂土,并用直尺刮平。

d. 擦净环刀外壁,称环刀与试样合计质量 m_1,精确至 0.1g。

e. 自环刀中取具有代表性的试样测定其含水率。

f. 干燥的砂土不能挖成砂土柱时,可直接将环刀压入或打入土中。

④试验方法三(用电动取土器测定无机结合料细粒土和硬塑土密度):

a. 装上所需规格的取芯头。在施工现场取芯前,选择一块平整的路段,将四只行走轮抬起,四根定位销钉采用人工加压的方法,压入路基土层中。松开锁紧手柄,旋动升降手轮,使取芯头刚好与土层接触,锁紧手柄。

b. 将电瓶与调速器接通,调速器的输出端接入取芯机电源插口。指示灯亮,显示电路已通;启动开关,电动机工作,带动取芯机构转动。根据土层含水率调节转速,操作升降手柄,上提取芯机构,停机,移开机器。由于取芯头圆筒外表有几条螺旋状突起,切下的土屑排在筒外顺螺纹上旋抛出地表,因此,将取芯套筒套在切削好的土芯立柱上,摇动即可取出样品。

c. 取出样品,立即按取芯套筒长度用修土刀或钢丝锯修平两端,制成所需规格土芯,如拟进行其他试验项目,装入铝盒,送试验室备用。

d. 用天平称量土芯带套筒质 m_1,从土芯中心部分取试样测定含水率 w。

⑤计算。

按下式分别计算试样的湿密度 ρ_w 及干密度 ρ_d:

$$\rho_w = \frac{4 \times (m_1 - m_2)}{\pi d^2 h} \tag{2-17}$$

$$\rho_d = \frac{\rho_w}{1 + 0.012w} \tag{2-18}$$

式中:ρ_w——试样的湿密度,g/cm³;

ρ_d——试样的干密度,g/cm³;

m_1——环刀或取芯套筒与试样合计质量,g;
m_2——环刀或取芯套筒质量,g;
d——环刀或取芯套筒直径,cm;
h——环刀或取芯套筒高度,cm;
w——试样的含水率,%。

计算施工压实度:

$$K = \frac{\rho_d}{\rho_c} \times 100\% \qquad (2\text{-}19)$$

(3)核子密度湿度仪法

该法是利用放射性元素(通常是γ射线和中子射线)测定路基或路面材料的密度和含水率。这类仪器的特点是测定速度快,需要人员少。该类方法适用于测定各种土或路面材料的密度和含水率,有些进口仪器可储存打印测试结果。它的缺点是,放射性物质对人体有害,另外需要打洞的仪器,在打洞过程中使洞壁附近的结构遭到破坏,影响测定的准确性。对于核子密度湿度仪法,可作施工控制使用,但需与常规方法比较,以验证其可靠性。

①试验仪具与材料。

a. 核子密度湿度仪(图2-8):符合国家规定的关于健康保护和安全使用标准,密度的测定范围为 $1.12 \sim 2.73 \text{g/cm}^3$,测定误差不大于 $\pm 0.03 \text{g/cm}^3$;含水率测量范围为 $0 \sim 0.64 \text{g/cm}^3$,测定误差不大于 $\pm 0.015 \text{g/cm}^3$。主要包括下列部件:

γ射线源——双层密封的同位素放射源,如铯-137、钴-60或镭-226等;

中子源——如镅(241)—铍等;

探测器——γ射线探测器或热中子探测器等;

读数显示设备——如液晶显示器、脉冲计数器、数率表或直接读数表、标准计数块、钻杆;

安全防护设备——符合国家规定要求的设备、刮平板、钻杆、接线等。

图2-8 核子密度湿度仪

b. 细砂:0.15~0.3mm。

c. 天平或台秤。

d. 其他:毛刷等。

当核子密度湿度仪法用于测定沥青混合料面层的压实密度时,在表面用散射法测定,所测定沥青面层的层厚应不大于根据仪器性能决定的最大厚度。用于测定土基或基层材料的压实密度及含水率时,打洞后用直接透射法测定,测定层的厚度不宜大于30cm。

②准备工作。

a. 每天使用前按下列步骤用标准计数块测定仪器的标准值:

a)进行标准值测定时的地点至少离开其他放射源10m的距离,地面必须经压实且平整。

b)接通电源,按照仪器使用说明书建议的预热时间,预热测定仪。

c)在测定前,应检查仪器性能是否正常,将仪器在标准计数块上放置平稳,按照仪器使用说明书的要求进行标准化计数并判断仪器标准化计数值必须符合要求。如标准化计数值超过规定的限值时,应确认标准计数的方法和环境是否符合要求,并重复进行标准化计数;若第二次标准化计数值仍超出规定的界限时,须视作故障并进行仪器检查。

b. 在进行沥青混合料压实层密度测定前,应用核子密湿度仪对钻孔取样的试件进行标定;测定其他材料密度时,宜与挖坑灌砂法的结果进行标定。标定的步骤如下:

a)选择压实的路表面,按要求的测定步骤用核子密湿度仪测定密度,记录读数。

b)在测定的同一位置用钻机钻孔法或挖坑灌砂法取样,量测厚度,按相关规范规定的标准方法测定材料的密度。

c)对同一种路面厚度及材料类型,在使用前至少测定15处,求取两种不同方法测定的密度的相关关系,其相关系数应不小于0.95。

c. 测试位置的选择。

a)按照随机取样的方法确定测试位置,但与距路面边缘或其他物体的最小距离不得小于30cm。核子密湿度仪距其他射线源的距离不得少于10m。

b)当用散射法测定时,应用细砂填平测试位置路表结构凹凸不平的空隙,使路表面平整,能与仪器紧密接触。

c)当使用直接透射法测定时,应在表面上用导板和钻杆打孔,孔深略深于要求测定的深度,孔应竖直圆滑并稍大于射线源探头。

d. 按照规定的时间,预热仪器

③测定步骤。

a. 如用散射法测定时,应按图2-9的方法将核子仪平稳地置于测试位置上。测点应随机选择,测定温度应与试验路段测定时一致,一组不少于13点,取平均值。检测精度通过试验路段与钻孔试件比较评定。

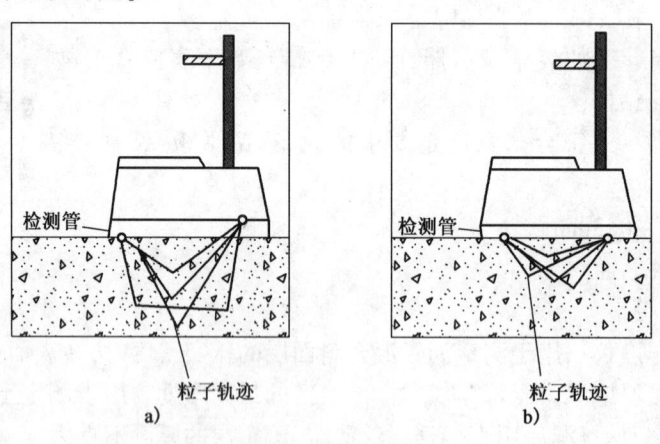

图2-9 散射法测定

b. 如用直接透射法测定时,应按图2-10的方法将放射源棒放下插入已预先打好的孔内。

c. 打开仪器,工作人员退至距仪器2m以外,按照选定的测定时间进行测量,达到测定时间后,读取显示的各项数值,并迅速关机。

④使用安全注意事项。

a. 仪器工作时,所有人员均应退到距仪器2m以外的地方。

b. 仪器不使用时,应将手柄置于安全位置,仪器应装入专用的仪器箱内,放置在符合核辐射安全规定的地方。

c. 仪器应由经有关部门审查合格的专人保管,专人使用。对从事仪器保管及使用的人员,应遵照有关核辐射检测的规定,不符合核防护规定的人员,不宜从事此项工作。

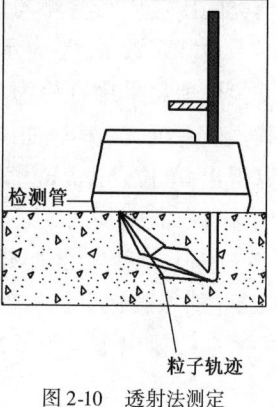

图2-10 透射法测定

(4)钻芯法测定沥青面层密度

沥青混合料面层的压实度是按规范规定的方法测得的混合料试样的毛体积密度与标准密度之比值,以百分率表示。对沥青混合料,国内外均以取样测定作为标准试验方法。

试验仪具与材料包括:路面取芯钻机;天平:感量不大于0.1g;溢流水槽;吊篮;石蜡;其他:卡尺、毛刷、小勺、取样袋(容器)、电风扇。

①试验方法与步骤。

a.钻取芯样。

按照路面钻孔及切割取样方法钻取路面芯样,芯样直径不宜小于100mm。当一次钻孔取得的芯样包含有不同层位的沥青混合料时,应根据结构组合情况用切割机将芯样沿各层结合面锯开分层进行测定。

b.测定试件密度。

a)将钻取的试件在水中用毛刷轻轻刷净黏附的粉尘。如试件边角有松散颗粒,应清除。

b)将试件晾干或用电风扇吹干不少于24h,直至恒重。

c)按《公路工程沥青及沥青混合料试验规程》(JTG E20—2011)规定的沥青混合料试件密度试验方法,测定试件的毛体积密度或表观密度。

②计算。

当计算压实的沥青混合料的标准密度采用马歇尔击实试件成型密度或试验路段钻孔取样密度时,沥青面层的压实度按下式计算:

$$K = \frac{\rho_f}{\rho_0} \times 100\% \qquad (2\text{-}20)$$

式中:K——沥青面层的压实度,%;

ρ_f——沥青混合料芯样的毛体积密度(也可以采用试件的视密度),g/cm³;

ρ_0——沥青混合料的标准密度,g/cm³。

3)路基压实检测新方法

目前,国内外公路、铁路、机场跑道等土基压实度检测方法发展较快,较为广泛地采用地基系数K_{30}、变形模量E、E_v及动态变形模量E_{vd}等方法检测路基的压实质量,均取得了较好的效果。

(1)地基系数K_{30}检测

地基系数K_{30}作为路基填筑压实质量的主要控制参数,在我国和日本铁路填土路基压实质量检测方法中广泛应用。K_{30}采用平板载荷试验确定,适用于粒径不大于荷载板直径1/4的各类土和土石混合填料,测试有效深度范围为400~500mm,可用于基床和基床以下各种土类的压实质量检测与评价。

地基系数 K_{30} 是表示土体表面在平面压力作用下产生的可压缩性的大小。K_{30} 平板载荷试验原理是采用直径为 30cm 的刚性承载板进行静压平板载荷试验,取第一次加载测得的荷载强度—沉降(σ-S)曲线上 S(即沉降量)为 1.25mm 所对应的荷载 σ_s,按 $K_{30} = \sigma_s/1.25$ 计算得出,单位:MPa/m。对于温克勒假设计算土抗力表示为某深度处单位面积地基土产生单位位移所需施加的力。

模拟计算 K_{30} 的加载步骤:先预加 0.01MPa,然后以 0.04MPa 的增量逐级加载。当总沉降量(即承载板下沉)超过规定的基准值(1.25mm)时,加载终止。从荷载强度与下沉量的关系曲线得出下沉量基准值时的荷载强度,并按下式计算地基系数:

$$K_{30} = \frac{\sigma_s}{S_s} \tag{2-21}$$

式中:K_{30}——由直径 30cm 的荷载板测得的地基系数,MPa/m(计算取整数);

σ_s——σ-S 曲线中 $S_s = 1.25 \times 10^{-3}$m 相对应的荷载强度,MPa;

S_s——下沉量基准值,$S_s = 1.25 \times 10^{-3}$m。

目前普遍采用地基系数 K_{30} 作为铁路填土路基压实质量检测与评价指标,国外也有采用直径为 60cm 和 75cm 的荷载板试验确定地基系数 K_{60} 和 K_{75} 的检测方法。

(2)变形模量 E_v 检测

变形模量 E_v 试验也属于平板载荷试验,是在圆形载荷板上分级施加静荷载,测试荷载强度(应力)与沉降变形的关系,由此计算地基的变形模量。该试验方法与地基系数 K_{30} 的试验方法极其相似。

变形模量在西欧、北美等国已被广泛用于路基填土的压实检测,是采用荷载板试验(直径为 30cm),常用单循环静载和二次循环静载两种加载方式。单循环静载是按每级 40kPa 加载,当每级加载完成后,每间隔 1min 读取百分表 1 次,直至两次读数符合沉降稳定要求,才能转到下一级荷载,直至试验最大荷载为止。二次循环静载也是按每级 40kPa 加载,分级加载到最后一级荷载的沉降稳定后,开始卸载,卸载梯度按最大荷载的 0.5 或 0.25 倍逐级进行。待全部荷载卸除后记录其残余变形后,再开始另一加载循环。计算变形模量时,荷载一直加到沉降值达 5mm 或荷载板正应力达到 0.5MPa 为止。

K_{30} 为单循环静载试验的结果,则按下式计算单循环静载方式下的变形模量:

$$E = \frac{p_s}{Sd}(1 - \mu^2) \tag{2-22}$$

式中:E——变形模量,kPa;

p_s——荷载板上的总荷载,kN;

S——与荷载对应的荷载板的下沉量,m;

d——荷载板直径,m;

μ——土的泊松比。

如图 2-11 所示,变形模量 E_v 是通过应力—沉降量曲线在 $0.3\sigma_{1max}$ 和 $0.7\sigma_{1max}$ 之间割线的斜率确定的。试验经两次加载,E_{v1} 和 E_{v2} 分别为第一次加载和第二次加载时计算出的变形模量。

如采用二次循环静载法时,二次变形模量 E_{v2} 可按下式计算:

$$E_{v2} = \frac{3}{4}d\frac{\Delta\sigma_0}{\Delta S_2} \tag{2-23}$$

式中:$\Delta\sigma_0$——$\Delta\sigma_0 = \Delta\sigma_2 - \Delta\sigma_1$,$\Delta\sigma_2$ 为二次循环加载最大加载应力的 70%,$\Delta\sigma_1$ 为二次循环加载最大加载应力的 30%;

ΔS_2——对应 $\Delta\sigma_0$ 的沉降差,$\Delta S_2 = \Delta S_{2(2)} - \Delta S_{1(2)}$,$\Delta S_{1(2)}$、$\Delta S_{2(2)}$ 分别为对应 $\Delta\sigma_{01}$、$\Delta\sigma_{02}$ 加载应力的沉降值。

单循环静载试验变形模量 E 得到世界各国的普遍采用,二次循环静载试验二次变形模量 E_{v2} 能够更有效地分析土的变形性质和承载能力,目前德国标准采用。

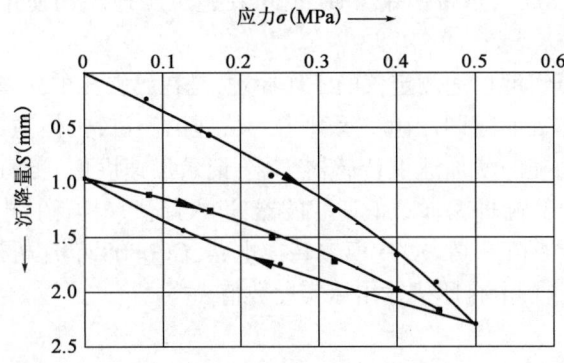

图 2-11 变形模量 E_v 试验曲线

(3)动态变形模量

上述地基系数 K_{30}、变形模量 E 与二次变形模量 E_{v2} 均为静荷载检测指标,仍不能完全反映列车在动荷载作用下对路基的真实作用情况。尤其高速铁路,在高速列车动荷载作用下,路基产生了动态变形。因此,控制高速铁路路基的动变形,全面反映和保证路基的质量和状态对高速列车的安全运行十分重要。德国和日本的高速铁路采用动态变形模量 E_{vd} 作为反映路基动态特性的指标,评价其路基的压实质量。

动态平板载荷试验是采用动态平板载荷试验仪,如图 2-12 所示。测得的土体变形是由规定的动态冲击荷载(σ = 0.1MPa)产生的。试验时,落锤从设定的高度自由下落在阻尼装置上而产生符合测试条件的冲击荷载 σ,由此引起土体的变形 S(即荷载板的沉陷值),通过沉陷测定仪采集记录下来,再通过平板压力公式计算得出 E_{vd} 值。计算式如下:

$$E_{vd} = \frac{1.5r\sigma}{S} = \frac{22.5}{S} \tag{2-24}$$

式中:E_{vd}——动态变形模量,计算至 0.1MPa;
r——荷载板半径,mm;
σ——荷载板下的动应力,MPa;

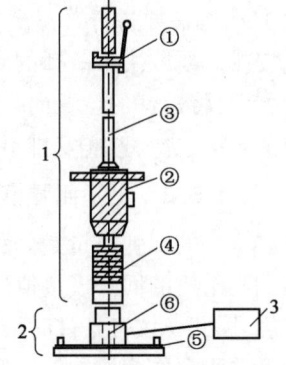

图 2-12 动态变形模量测试仪
1-加载装置(①脱钩装置;②落锤;③导向杆;④阻尼装置);2-载荷板(⑤荷载板;⑥传感器);3-沉陷测定仪

S——荷载板的沉陷值,mm;

1.5——荷载板形状影响系数。

动态变形模量是路基中某点的动应力与动应变之比,它描述了一定状态下该点抵抗动荷载产生动变形的能力。其大小与填土类、含水率、密实度、强度、应力状态等参数密切相关,任一参数的变化都将影响动模量的大小。

(4)落锤频谱式路基压实度快速测定仪

落锤频谱式路基压实度快速测定仪是利用落锤的冲击使土体产生反弹力,并利用低频测出土体响应值的一种不测含水率就能得到路基压实度的测试仪器。检测时,不需挖坑;每测一个点,只需2~3min。该仪器体积小(仪器外形尺寸:320mm×140mm×300mm,冲击架高460mm),质量轻(8.8kg),携带使用方便,既可在施工工地现场使用,也可在实验室土槽中使用。

落锤频谱式路基压实度快速测定仪的工作原理,是在已碾压的路基表面上,使落锤自由落下,接触地面时,土体表面随即产生一反弹力。从理论上讲,土体愈密实,吸能作用愈弱,则反弹力愈强。反弹力随即使加速度传感器工作,记录加速度值。经过电荷放大器的前置放大,并以电压信号输出,随即又通过低通滤波器,进入峰值采样保持电路。然后,再由阈值触发电路,进入10位数(精度高)A/D模数转换电路,CPU808单片机进行数据处理,最后,由LED显示器显示,同时,由打印机输出压实度数值。

使用技术要点:

①压实度曲线的标定。

路基压实度曲线的标定工作十分重要,应在仪器各部分功能正常的情况下进行。标定工作实质上就是制作标定线,这种工作一般在试验室内进行。标定时一定要选择工程所使用的土类,而且选择的土类要具有工程代表性,这是确保标定精度的必要条件。压实度标定就是建立压实度加速度传感器响应值与压实度大小的关系曲线。

②测点数与测点布置。

路基压实度测定以两次平均值作为测点压实度数值。如两次压实度测值的相对误差超过1%,则需要进行第三次实测,利用三次平均值作为压实度最终结果。几次测定测点位置的安排主要取决于落锤的底面直径 d,以及路基土冲击后回弹恢复的时间 t。当 $t=1\text{min}$ 之内,就要将落锤的位置向旁侧移动 $1.50d$ 的距离作第二次测定;当 $t=3\text{min}$ 时,则可在同一位置测定第二次,这样安排不会引起误差。

2.1.3.2 土基回弹模量检测

土基的回弹模量是公路设计中必不可少的一个参数,我国现行规范给出了不同的自然区划和土质的回弹模量值的推荐值。但由于土基回弹模量的改变将会影响路面结构的设计厚度,因此建议有条件时最好直接测定其回弹模量。而且随着施工质量的提高,回弹模量值的检验将会作为控制施工质量的一个重要指标。

目前国内常用承载板法和贝克曼梁法测定土基回弹模量,也可以采用贯入仪法测定。

1)承载板法

(1)目的和适用范围

本方法适用于在现场土基表面,通过承载板对土基逐级加载、卸载的方法,测出每级荷载下相应的土基回弹变形值,经过计算求得土基回弹模量。

(2)试验仪具与材料

①加载设施:载有铁块或集料等重物、后轴重不小于 60kN 的载重汽车一辆,作为加载设备。在汽车大梁的后轴之后约 80cm 处,附设加劲横梁一根作反力架。汽车轮胎充气压力为 0.5MPa。

②现场测试装置,如图 2-13 所示,由千斤顶、测力计(测力环或压力表)及球座组成。

③刚性承载板一块,板厚 20mm,直径为 30cm,直径两端设有立柱和可以调整高度的支座供安放弯沉仪测头,承载板放在土基表面上。

④路面弯沉仪两台,由贝克曼梁、百分表及其支架组成。

⑤液压千斤顶一台,80~100kN,装有经过标定的压力表或测力环,其容量不小于土基强度,测定精度不小于测力计量程的 1%。

⑥其他:秒表、水平尺、细砂、毛刷、垂球、镐、铁锹、铲等。

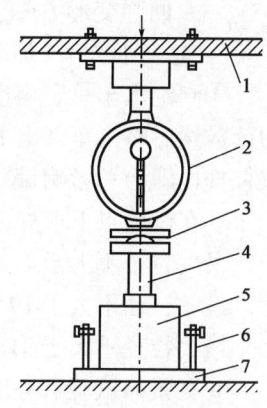

图 2-13 承载板测试装置图
1-加劲横梁;2-测力计;3-钢板及球座;4-钢圆筒;5-加载千斤顶;6-立柱及支座;7-承载板

(3)试验前准备工作

①根据需要选择有代表性的测点,测点应位于水平的路基上,土质均匀,不含杂物。

②仔细平整土基表面,撒干燥洁净的细砂填平土基凹处,砂子不可覆盖全部土基表面,避免形成夹层。

③安置承载板,并用水平尺进行校正,使承载板置于水平状态。

④将试验车置于测点上,在加劲横梁中部悬挂垂球测试使之恰好对准承载板中心,然后收起垂球。

⑤在承载板上安放千斤顶,上面衬垫钢圆筒、钢板,并将球座置于顶部与加劲横梁接触。如用测力环时,应将测力环置于千斤顶与横梁中间,千斤顶及衬垫物必须保持垂直,以免加压时千斤顶倾倒发生事故并影响测试数据的准确性。

⑥安放弯沉仪,将两台弯沉仪的测头分别置于承载板立柱的支座上,百分表对零或其他合适的初始位置。

(4)测试步骤

①用千斤顶开始加载,注视测力环或压力表,至预压 0.05MPa,稳压 1min,使承载板与土基紧密接触,同时检查百分表的工作情况是否正常,然后放松千斤顶油门卸载,稳压 1min,将指针对零或记录初始读数。

②测定土基的压力—变形曲线。用千斤顶加载,采用逐级加载卸载法,用压力表或测力环控制加载量,荷载小于 0.1MPa 时,每级增加 0.02MPa,以后每级增加 0.04MPa 左右。为了使加载和计算方便,加载数值可适当调整为整数。每次加载至预定荷载 P 后,稳定 1min,立即读记两台弯沉仪百分表数值,然后轻轻放开千斤顶油门卸载至 0,待卸载稳定 1min 后,再次读数,每次卸载后百分表不再对零。当两台弯沉仪百分表读数之差不超过平均值的 30% 时,取平均值;如超过 30%,则应重测。当回弹变形值超过 1mm 时,即可停止加载。

③各级荷载的回弹变形和总变形,按以下方法计算:

回弹变形 $L = ($加载后读数平均值 $-$ 卸载后读数平均值$) \times$ 弯沉仪杠杆比

总变形 $L' = ($加载后读数平均值 $-$ 加载初始前读数平均值$) \times$ 弯沉仪杠杆比

④测定汽车总影响量 a。最后一次加载卸载循环结束后,取走千斤顶,重新读取百分表初读数然后将汽车开出 10m 以外,读取终值数,两只百分表的初、终读数差之平均值乘弯沉仪杠杆比即为总影响量 a。

⑤在试验点下取样,测定材料含水率。取样数量如下:

最大粒径不大于 4.75mm,试样数量约 120g;

最大粒径不大于 19.0mm,试样数量约 250g;

最大粒径不大于 31.5mm,试样数量约 500g。

⑥在紧靠试验点旁边的适当位置,用灌砂法或环刀法或其他方法测定土基的密度。

(5)计算

各级压力的回弹变形加上该级的影响量后,则为计算回弹变形值。表 2-8 是以后轴重 60kN 的标准车为测试车的各级荷载影响量的计算值。当使用其他类型测试车时,各级压力下的影响量 a_i 按下式计算:

$$a_i = \frac{(T_1 + T_2)\pi D^2 p_i}{4T_1 Q} \cdot a \tag{2-25}$$

式中:T_1——测试车前后轴距,m;

T_2——加劲小梁距后轴距离,m;

D——承载板直径,m;

Q——测试车后轴重,N;

p_i——该级承载板压力,Pa;

a——总影响量,0.01mm;

a_i——该级压力的分级影响量(可参照表 2-15 计算),0.01mm。

各级荷载影响量(后轴60kN)　　　　　　表 2-15

承压板压力(MPa)	0.05	0.10	0.15	0.20	0.30	0.40	0.50
影响量	0.06a	0.12a	0.18a	0.24a	0.36a	0.48a	0.60a

将各级计算回弹变形值点绘于标准计算纸上,排除显著偏离的异点并绘出顺滑的 $P-L$ 曲线,如曲线起始部分出现反弯,应按图 2-14 所示修正原点 O,O' 是修正后的原点。

按下式计算相应于各级荷载下土基回弹模量值:

$$E_i = \frac{\pi D}{4} \cdot \frac{P_i}{L_i}(1 - \mu_0^2) \tag{2-26}$$

式中:E_i——相应于各级荷载下的土基回弹模量,MPa;

μ_0——土的泊松比;

D——承载板直径,取 30cm;

P_i——承载板压力,MPa;

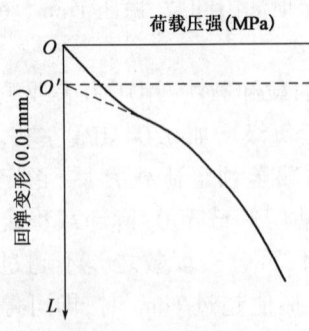

图 2-14 修正原点示意图

L_i——相对于荷载 P_i 时的回弹变形,cm。

结束试验前的各回弹变形值按线形回归方法由下式计算土基回弹模量 E_0 值:

$$E_0 = \frac{\pi D}{4} \cdot \frac{\sum P_i}{\sum L_i}(1-\mu_0^2) \tag{2-27}$$

式中:E_0——土基回弹模量,MPa;

μ_0——土的泊松比,根据部颁设计规范规定取用:碎石卵石为 0.27,砂土、粉土为 0.3,粉质黏土为 0.35,黏土为 0.42,不排水条件下饱和黏性土为 0.5;

L_i——结束试验前的各级计算回弹变形值;

P_i——对应于荷载时的各级压力值。

2)贝克曼梁法

(1)目的和适用范围

本方法适用于在土基、厚度不小于 1m 的粒料整层表面,用弯沉仪测试各测点的回弹弯沉值,通过计算求得该材料的回弹模量值的试验。该方法也适用于在旧路表面测定路基路面的综合回弹模量。

(2)试验方法与步骤

①准备工作。

a. 选择洁净的路基表面、路面表面作为测点,在测点处做好标记并编号。

b. 无结合料粒料基层的整层试验段(试槽)应符合下列要求:

a)整层试槽可修筑在行车带范围内,或路肩及其他合适处,也可在室内修筑,但均应适于用汽车测定弯沉。

b)试槽应选择在干燥或中湿路段处,不得铺筑在软土基上。

c)试槽面积不小于 3m×2m,厚度不宜小于 1m。铺筑时,先挖 3m×2m×1m(长×宽×高)的坑,然后用欲测定的同一种路面材料按有关施工定的压实层厚度分层铺筑并压实,直至顶面,使其达到要求的压实度标准。同时应严格控制材料组成,级配均匀一致,符合施工质量要求。

d)试槽表面的测点间距可按图 2-15 布置在中间 2m×1m 的范围内,可测定 23 点。

②测试步骤。

按上述方法选择适当的标准车,实测各测点处的路面回弹弯沉值 L_i。如在旧沥青面层上测定时,应读取温度,并按规定的方法进行测定弯沉值的温度修正,得到标准温度 20℃ 时的弯沉值。

(3)计算

计算全部测定值的算术平均值、单次测量的标准差和自然误差:

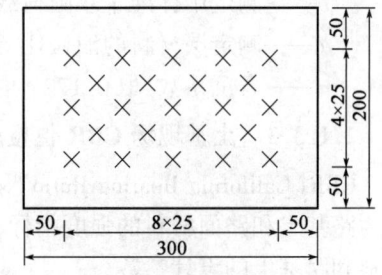

图 2-15 试槽表面的测点布置(尺寸单位:cm)

$$\bar{L} = \frac{\sum L_i}{N} \tag{2-28}$$

$$S = \sqrt{\frac{\sum(L_i - \bar{L})^2}{N-1}} \qquad (2\text{-}29)$$

$$r_0 = 0.675S \qquad (2\text{-}30)$$

式中：$\bar{L}$——回弹弯沉的平均值，0.01mm；
　　　S——回弹弯沉测定值的标准差，0.01mm；
　　　r_0——回弹弯沉测定值的自然误差，0.01mm；
　　　L_i——各测点的回弹弯沉值，0.01mm；
　　　N——测点总数。

计算各测点的测定值与算术平均值的偏差值 $d_i = L_i - \bar{L}$，并计算较大的偏差与自然误差之比 d_i/r_0。当某个测点观测值 d_i/r_0 的值大于表2-16中的 d/r 极限值时则应舍弃该测点，然后重新计算所余各测点的算术平均值($\bar{L}$)及标准差(S)。

按下式计算代表弯沉值：

$$L_1 = \bar{L} + S \qquad (2\text{-}31)$$

式中：L_1——计算代表弯沉值，0.01mm；
　　　$\bar{L}$——舍弃不符合要求的测点后所余各测点弯沉的算术平均值，0.01mm；
　　　S——舍弃不符合要求的测点后所余各测点弯沉的标准差，0.01mm。

相应于不同观测次数的 *d/r* 极限值　　　　　表 2-16

n	5	10	15	20	50
d/r	2.5	2.9	3.2	3.3	3.8

按下式计算土基、整层材料的回弹模量(E_1)或旧路的综合回弹模量：

$$E_1 = \frac{2P\delta}{L_1}(1-\mu^2)a \qquad (2\text{-}32)$$

式中：E_1——计算的土基、整层材料的回弹模量或旧路的综合回弹模量，MPa；
　　　P——测定车轮的平均垂直荷载，MPa；
　　　δ——测定用标准车双圆荷载单轮传压面当量圆的半径，cm；
　　　μ——测定层材料的泊松比，根据相关路面设计规范的规定取用；
　　　a——弯沉系数，取0.172。

2.1.3.3　土基现场 CBR 值检测

CBR(California Bearing Ratio)又称加州承载比，由美国加利福尼亚州公路局首先提出，作为路基土和路面材料的强度指标，可用于评定其力学强度。在国外多采用 CBR 作为路面材料和路基土的设计参数。

我国现行沥青和水泥混凝土路面设计规范，对路面、路基的设计参数系采用回弹模量指标，而在境外修建的公路工程多采用 CBR 指标。为了进一步积累经验用于实际，以促进国际学术交流，参考了国内外的情况，将 CBR 指标列入《公路路基设计规范》(JTG D30—2015)和《公路路基施工技术规范》(JTG F10—2006)，作为路基填料选择的依据。

路基填料最小强度要求见表2-17。

路基填料最小强度和最大粒径要求 表 2-17

项目分类		路面底面下深度（cm）	填料最小强度 CBR(%)		填料最大粒径（mm）
			高速公路、一级公路	其他等级公路	
填方路堑	上路床	0~30	8	6	10
	下路床	30~80	5	4	10
	上路堤	80~150	4	3	15
	下路堤	150 以下	3	2	15
零填及路堑路床		0~30	8	6	10

注：1. 表列强度按《公路土工试验规程》(JTG E40—2007)，对试样浸水 96h 的 CBR 试验方法测定。
2. 二级及二级以下公路作高级路面时，应按高速公路及一级公路的规定。
3. 黄土、膨胀土及盐渍土的填实强度，按相关规定办理。

室内 CBR 值试验适用于对各种土和路面基层、底基层材料，采用规定的试筒制件后进行承载比试验，试样的最大粒径宜控制在 20mm 以内，最大不得 40mm。土基现场 CBR 值检测方法也适用于各种土基材料，同时也适用于路面基层、底基层砂类土、天然砂砾、级配碎石等材料，试样的最大粒径宜小于 19.0mm，最大不得超过 31.5mm。

1）主要仪器

荷载装置：装载有铁块或集料等重物的载重汽车，后轴重不小于 60kN，在汽车大梁的后轴之后设有一加劲横梁作反力架用。

现场测试装置：由千斤顶、测力计、球座、贯入杆、承载板及百分表等组成，如图 2-16 所示。

2）试验检测原理

在公路路基施工现场，用载重汽车作为反力架，通过千斤顶连续加载，使贯入杆匀速压入土基。模拟路面结构对土基的附加应力，在贯入杆位置安放承载板。路基强度越高，贯入量为 2.5mm 或 5.0mm 时的荷载越大，即 CBR 值越大。

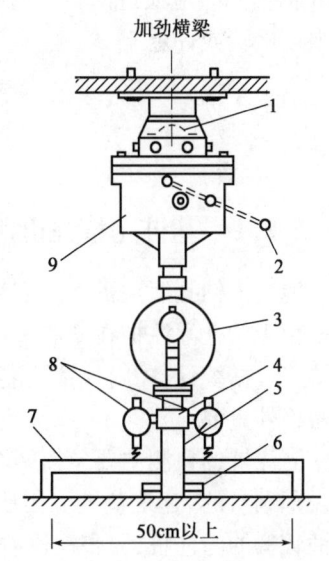

图 2-16 现场 CBR 测试装置示意图
1-球座；2-手柄；3-测力计；4-百分表夹具；
5-贯入杆；6-承载板；7-平台；8-百分表；
9-加载千斤顶

3）测试技术要点

(1) 将测点约直径 ϕ30cm 范围的表面找平。

(2) 安装现场测试装置。

(3) 在贯入杆位置安放 4 块 1.25kg 的分开成半圆的承载板，共 5kg。

(4) 试验贯入前，先在贯入杆上施加 45N 荷载后，将测力计及百分表调零，记录初始读数。

(5) 启动千斤顶，使贯入杆以 1mm/min 的速度压入土基，记录不同贯入量及相应荷载。根据情况，也可在贯入量达 7.5mm 时结束试验。

(6) 卸载后在测点取样，测定材料的含水率。

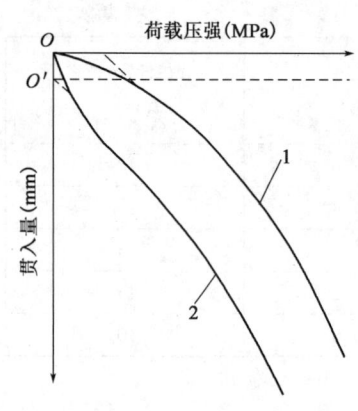

图 2-17 荷载强度—贯入量关系曲线

(7) 在测点旁用灌砂法或环刀法等测定土基的密度。

(8) 绘制荷载压强—贯入量曲线,必要时进行原点修正(修正方法见图 2-17)。

4) 计算

$$现场 CBR = \frac{p_1}{p_0} \times 100\% \quad (2-33)$$

式中：p_1——荷载压强,MPa；

p_0——标准压强,当贯入量为 2.5mm 时为 7MPa,当贯入量为 5.0mm 时为 10.5MPa。

应当注意,公路现场条件下测定 CBR 值,土基的含水率和压实度与室内试验条件不同,也未经泡水,故与室内试验 CBR 值不同。应通过试验,寻找两者之间的关系,换算为室内试验 CBR 值后,再利用路基施工强度检验或评定。

2.2 基桩检测

2.2.1 基桩完整性检测

混凝土钻孔灌注桩广泛应用于桥梁及建筑工程中,是一种极为有效、安全可靠的基础形式。由于钻孔灌注桩在地面下或水下施工,工艺复杂,质量控制难度大,极易产生断桩等严重缺陷。据统计,国内外钻孔灌注桩的事故率高达 5%～10%。因此,灌注桩的质量检测就显得格外重要。

灌注桩的检测主要包括两个方面即桩身混凝土的完整性检测和桩的承载力检测。国家建设部颁布的《建筑基桩检测技术规程》(JGJ 106—2014)中规定地质情况复杂、成桩质量可靠性较低的灌注桩,完整性检测的抽检数量不应少于总桩数的 30%,其他基桩工程抽检数量亦不得少于总桩数的 20%。在桥梁工程中,我国大多数地区都对基桩的完整性进行 100% 检测。

目前,我国工程界对基桩完整性的检测应用最广泛的方法有钻芯取样法、反射波法、超声脉冲检验法等。通常先用反射波法或超声脉冲法对基桩进行无损检测,对有怀疑的桩再采用钻芯的方法进行复核。

钻芯取样法就是用地质钻机在桩身上沿长度方向钻取芯样,通过对芯样的观察和测试确定桩的质量。但这种方法只能反映钻孔范围内的小部分混凝土质量,而且设备庞大、费工费时、价格昂贵,不宜作为大面积检测方法,而只能用于抽样检查,一般抽检总桩量的 3%～5%,或作为对无损检测结果的校核手段。

2.2.1.1 反射波法

反射波法又称应力波法,源于应力波理论,用小锤(手锤、力棒等)在桩顶进行竖向激振,使桩身内产生应力波,应力波沿着桩身向下传播,在桩身波阻抗发生变化的界面(如桩底、断桩或严重离析或桩身截面积变化的部位),将产生反射波。经接收、放大滤波和数据处理,可识别来自桩身不同部位的反射特征与信息。据此计算桩身波速，判断混凝土的完整性，推定缺陷类型及其在桩身中的位置，也可以对桩长进行校核，对桩身混凝土强度等级做出估计。

1）基本原理

首先假定桩为一维线弹性细长杆件，并且桩身材料各向同性。当桩嵌于土体中时，受到桩周土的阻尼影响，桩的动力特性满足一维波动方程。根据应力波传播理论，当桩身波阻抗发生变化时如图2-18，在下行波 $F^\downarrow$、$v^\downarrow$ 的作用下，上行反射波 $F^\uparrow$、$v^\uparrow$ 将分别为：

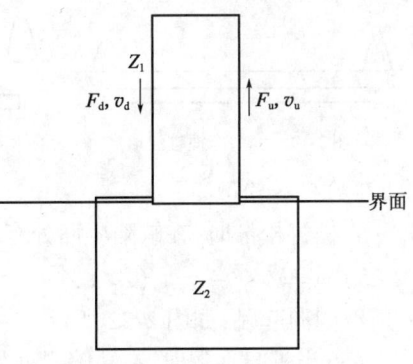

图2-18 应力波反射示意图

$$F^\uparrow = \frac{Z_2 - Z_1}{Z_2 + Z_1} F^\downarrow \tag{2-34}$$

$$v^\uparrow = \frac{Z_1 - Z_2}{Z_2 + Z_1} v^\downarrow \tag{2-35}$$

上式中 Z 为桩身波阻抗，按下式计算：

$$Z = \frac{EA}{c} = \rho A c \tag{2-36}$$

式中：E——桩身动弹性模量；

A——桩身截面面积；

c——波速，$E = \rho c^2$；

ρ——桩身材料密度。

2）几种典型基桩的波形特征

讨论式(2-36)，我们可以得到以下几种典型基桩的波形特征：

(1) 完整摩擦桩

对于桩身完整的摩擦桩，在桩底界面处有 $A_2 = A_1, \rho_2 < \rho_1, c_2 < c_1$，则 $Z_2 < Z_1, Z_1 - Z_2 > 0$。根据式(2-35)，$v^\uparrow = (Z_1 - Z_2)/(Z_2 + Z_1) v^\downarrow > 0$，即 $v^\uparrow$ 与 $v^\downarrow$ 同向。表现在实测速度曲线上反射波与入射波同向起跳，如图2-19所示。

(2) 完整端承桩

对于桩身完整的端承桩，在桩底界面处有 $A_2 = A_1, \rho_2 > \rho_1, c_2 > c_1$，则 $Z_2 > Z_1, Z_1 - Z_2 < 0$。根据式(2-35)，$v^\uparrow = (Z_1 - Z_2)/(Z_2 + Z_1) v^\downarrow < 0$，即 $v^\uparrow$ 与 $v^\downarrow$ 反向。表现在实测速度曲线上反射波与入射波反向起跳，如图2-20所示。

(3) 桩身缩径

当桩身缩径时，在缩径界面处有 $A_2 < A_1, \rho_2 = \rho_1, c_2 = c_1$，则 $Z_2 < Z_1, Z_1 - Z_2 > 0$。根据式(2-35)，$v^\uparrow = (Z_1 - Z_2)/(Z_2 + Z_1) v^\downarrow > 0$，即 $v^\uparrow$ 与 $v^\downarrow$ 同向。表现在实测速度曲线上反射波与入射波同向起跳，如图2-21所示。

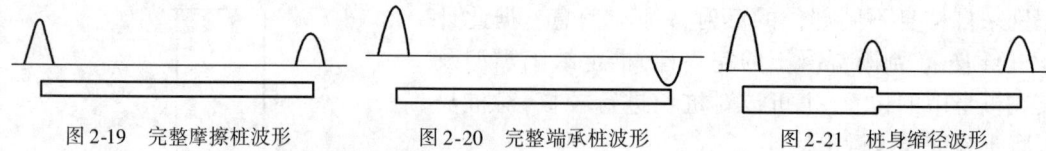

图 2-19 完整摩擦桩波形　　　图 2-20 完整端承桩波形　　　图 2-21 桩身缩径波形

(4) 桩身松散

当桩身松散时,在缺陷界面处有 $A_2=A_1, \rho_2<\rho_1, c_2<c_1$,则 $Z_2<Z_1, Z_1-Z_2>0$。根据式(2-35), $v^\uparrow=(Z_1-Z_2)/(Z_2+Z_1)v^\downarrow>0$,即 $v^\uparrow$ 与 $v^\downarrow$ 同向。表现在实测速度曲线上反射波与入射波同向起跳,如图 2-22 所示。

(5) 当桩身夹泥时,在缺陷界面处有 $A_2=A_1, \rho_2<\rho_1, c_2<c_1$,则 $Z_2<Z_1, Z_1-Z_2>0$。根据式(2-35), $v^\uparrow=(Z_1-Z_2)/(Z_2+Z_1)v^\downarrow>0$,即 $v^\uparrow$ 与 $v^\downarrow$ 同向。表现在实测速度曲线上反射波与入射波同向起跳,如图 2-23 所示。

(6) 当桩身扩颈时,在扩径界面处有 $A_2>A_1, \rho_2=\rho_1, c_2=c_1$,则 $Z_2>Z_1, Z_1-Z_2<0$。根据式(2-35), $v^\uparrow=(Z_1-Z_2)/(Z_2+Z_1)v^\downarrow<0$,即 $v^\uparrow$ 与 $v^\downarrow$ 反向。表现在实测速度曲线上反射波与入射波反向起跳,如图 2-24 所示。

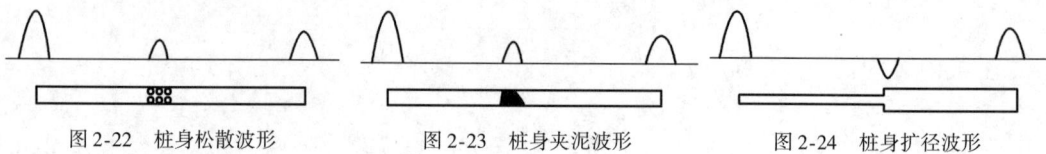

图 2-22 桩身松散波形　　　图 2-23 桩身夹泥波形　　　图 2-24 桩身扩径波形

3) 基桩完整性的识别与判断

(1) 桩身完整性分类

低应变动测是一种定性分析方法。根据反射波的特征,可以把桩身质量分为四类:Ⅰ类桩身结构完整、Ⅱ类桩身结构轻微缺陷、Ⅲ类桩身结构严重缺陷、Ⅳ类断桩。见表 2-18。

桩身完整性类别划分　　　　　　　　　　表 2-18

桩身完整性类别	特征
Ⅰ类桩	桩身完整,可正常使用
Ⅱ类桩	桩身基本完整,有轻度缺陷,不影响正常使用
Ⅲ类桩	桩身明显缺陷,对桩身结构承载力有影响
Ⅳ类桩	桩身有严重缺陷,对桩身结构承载力有严重影响

(2) 基本判断

通过前面的分析我们可以看到桩身缩径、夹泥、松散等缺陷反映在实测速度曲线上,反射波与入射波同向起跳,而桩身扩径反映在实测速度曲线上反射波与入射波反向起跳。因此在实测速度曲线 $0\sim 2L/c$ 时段内,当出现与入射波同向起跳时,一般情况下(排除土阻力影响)就表明桩身存在缺陷(缩径、夹泥或松散);当出现曲线与反射波反向起跳时,一般情况下(排除土阻力影响)就表明桩身扩径。

(3) 深入分析

上面的讨论只考虑了最简单的情况,没有考虑桩身多处缺陷、多次反射及土阻力等多种因素的影响,因此,实测波形要复杂得多,只有结合施工现场的地质情况、施工记录等对实测

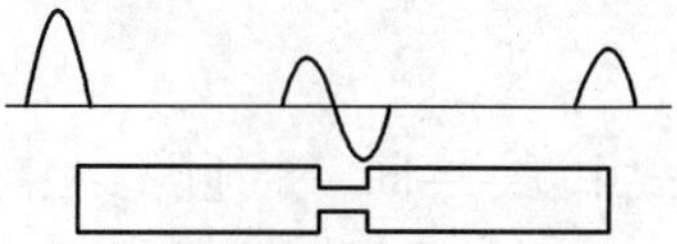

波形、波速进行深入细致的分析才能得出正确的结论。下面讨论几种特殊波形的特征：

① 缩径后再扩颈时的曲线形态。

缺陷处曲线先产生负反射波，然后出现正反射，如图 2-25 所示。

图 2-25 桩身缩径后再扩径波形

② 扩径后再缩径时的曲线形态。

缺陷处曲线先产生正反射波，然后出现负反射，如图 2-26 所示。

③ 缩径的二次及多次反射的曲线形态。

缺陷处曲线先产生正反射波，然后在间隔从桩头到缺陷位置的时间产生第二次正反射，第三次正反射，…，如图 2-27 所示。

④ 扩颈的二次及多次反射的曲线形态。

扩颈处曲线先产生负反射波，然后在间隔从桩头到缺陷位置的时间产生第二次正反射，第三次负反射，…，负正反射间隔出现，如图 2-28 所示。

⑤ 同一位置相同缺陷程度，在不同桩侧土阻力作用时的曲线特征。

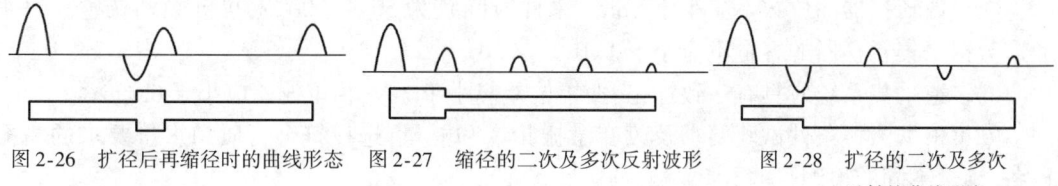

图 2-26 扩径后再缩径时的曲线形态　　图 2-27 缩径的二次及多次反射波形　　图 2-28 扩径的二次及多次反射的曲线形态

当桩侧土阻力较大时，反射波的峰值明显减小，如图 2-29a) 所示。

⑥ 相同缺陷程度但处于不同位置，在相同桩侧土阻力作用时的曲线特征。

所处位置越深，反射波的峰值越小，如图 2-29b) 所示。

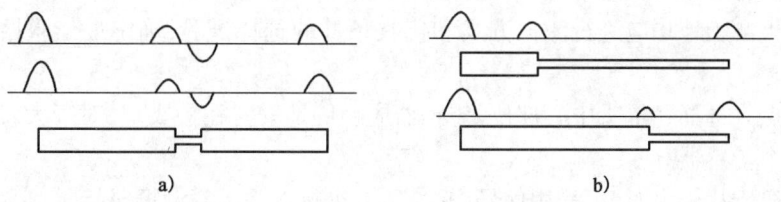

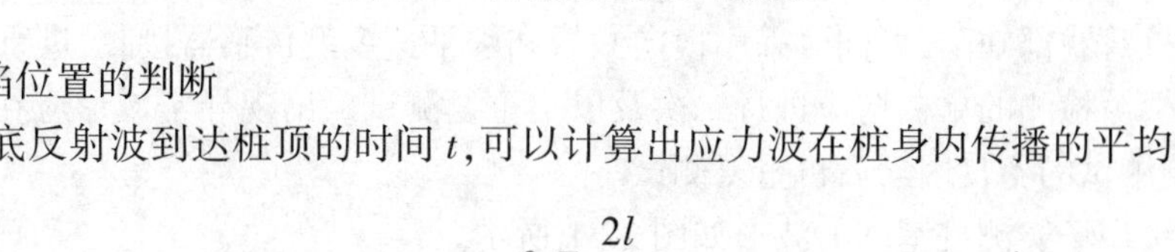

a)　　　　　　　　　b)

图 2-29 不同桩侧土阻力时的波形

(4) 缺陷位置的判断

根据桩底反射波到达桩顶的时间 t，可以计算出应力波在桩身内传播的平均波速 c：

$$c = \frac{2l}{t} \tag{2-37}$$

式中：l——桩长，m；

t——桩底反射波到达时间，s。

当桩身存在缺陷或断桩时，各界面反射波使曲线变得复杂，认真分析波形并选出可靠的缺陷反射时间 t'，从而得到缺陷部位距桩顶的距离：

$$l' = \frac{ct'}{2} \tag{2-38}$$

式中：c——同一工地内多根已测合格桩桩身纵波速度的平均值，m/s；

　　　l'——缺陷部位距桩顶的距离，m。

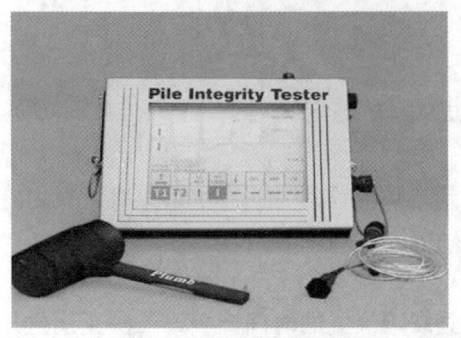

图2-30　反射波法检测系统

4）反射波法检测系统与检测方法

（1）仪器设备及要求

反射波法检测系统基本组成见图2-30。

①仪器宜由传感器和放大、滤波、记录、处理、监视系统以及激振设备和专用附件组成。

②传感器可选用宽频带的速度型或加速度型传感器。速度型传感器灵敏度应大于300mV（cm/s），加速度型传感器灵敏度应大于100mV/g。

③放大系统增益应大于60dB，长期变化量应小于1%。折合输入端的噪声水平应低于3μV。频带宽度应不窄于10～1000Hz，滤波频率可调整。

④模数转换器的位数不应小于8bit。采样时间宜为50～1000μs，可分数档调整。每个通道数据采集暂存器的容量不应小于1kB。

⑤多道采集系统应具有一致性，其振幅偏差应小于3%，相位偏差应小于0.1ms。

⑥可根据激振条件试验要求及改变激振频谱和能量，选择符合材质和重量要求的激振设备，满足不同的检测目的。

（2）现场检测及注意事项

①被测桩应凿去浮浆，桩头平整，安装传感器的部位应适当打磨。桩顶露出钢筋过长时应予以截断。

②检测前应对仪器设备进行检查，性能正常方可使用。

③每个检测工地均应进行激振方式和接收条件的选择试验，确定最佳激振方式和接收条件。

④激振点宜选择在桩头中心部位，传感器应稳固地安置在桩头上，对于大直径的桩可安置两个或多个传感器。

⑤当随机干扰较大时，可采用信号增强方式，进行多次重复激振与接收。

⑥为提高检测的分辨率，应使用小能量激振，并选用高截止频率的传感器和放大器。

⑦判别桩身浅部缺陷，可同时采用横向激振和水平速度型传感器接收，进行辅助判定。

⑧每一根被检测的单桩均应进行二次及以上重复测试。出现异常波形应在现场及时研究，排除影响测试的不良因素后再重复测试。

反射波法现场实测桩基础的波形如图2-31所示。

（3）影响基桩质量检测波形的因素分析。

①露出桩头的钢筋对波形的影响。

由于桩头均有钢筋露出，对实测波形干扰，严重时可影响反射信息的识别。克服的方法是，将检波器用细砂或粒土屏蔽起来，使检波器收不到声波信息。

②桩头破损对波形的影响。

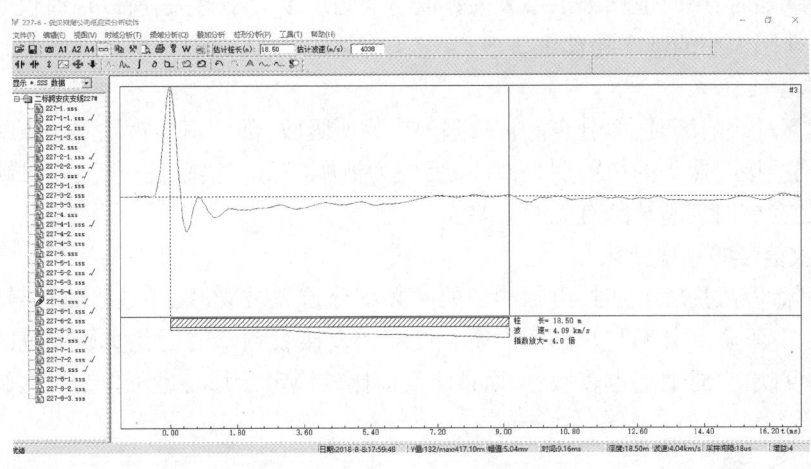

图 2-31 反射波法现场检测某桩基础的实际波形

预制桩在贯入过程中,桩头可能产生破损,灌注桩桩头表面松散,这将使弹性波能量很快衰减,从而削弱桩间及桩底反射信息,影响了波形的识别。有效途径是将破损处或松散处铲去。

总之,影响基桩质量检测波形的因素较多,工作中应逐一排除,以便桩间、桩底反射信息的辨识,避免产生误判。

2.2.1.2 声波透射法

超声脉冲检验法是在检测混凝土缺陷技术的基础上发展起来的。该方法在桩的混凝土灌注前沿桩的长度方向平行预埋若干根检测用管道,作为超声发射和接收换能器的通道。检测时探头分别在两个管子中同步移动,沿不同深度逐点测出横截面上超声脉冲穿过混凝土时的各项参数,并根据实测声学参数的变化规律分析每个断面上混凝土的质量。

如图 2-32 所示,用超声脉冲检测钻孔灌注桩完整性,首先在桩内预埋两根以上的管道,把发射换能器和接收换能器分别置于两根声测管中。检测时沿着声测管平行移动发射换能器和

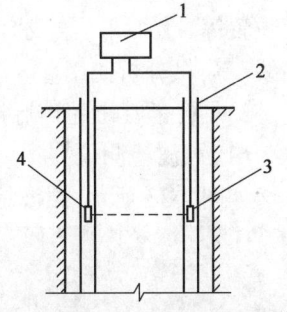

图 2-32 声波透射法检测示意图
1-声侧管;2-发射探头;3-接收探头;4-超声波检测仪

接收换能器,同时由发射换能器按照一定的间隔发射超声脉冲穿过两声测管之间的混凝土后到达接收换能器。当混凝土中存在离析、空洞等各种缺陷时,声波信号在传播过程中将发生绕射、折射、多次的反射及不同的吸收衰减等现象,从而使接收信号的传播时间、声波的振幅、频响(主频)特性以及脉冲波的波形、波列长度发生变化,据此即可对桩身混凝土是否完整、密实以及缺陷的大小及分布情况做出判断。

1)判断桩内缺陷的基本物理量

(1)声时值

由于钻孔桩的混凝土缺陷主要是由于灌注时混入泥浆或混入自孔壁坍落的泥、砂所造成的。缺陷区的夹杂物声速较低,或声阻抗明显低于混凝土的声阻抗。因此,超声脉冲穿过

缺陷或绕过缺陷时,声时值增大。增大的数值与缺陷尺度大小有关,所以声时值是判断缺陷有无和计算缺陷大小的基本物理量。

(2)波幅(或衰减)

当波束穿过缺陷区时,部分声能被缺陷内含物所吸收,部分声能被缺陷的不规则表面反射和散射,到达接收探头的声能明显减少,反映为波幅降低。实践证明,波幅对缺陷的存在非常敏感,是在桩内判断缺陷有无的重要参数。

(3)接收信号的频率变化

当超声脉冲穿过缺陷区时,声脉冲中的高频部分首先被衰减,导致接收信号主频下降,即所谓频漂,其下降百分率与缺陷的严重程度有关。接收频率的变化实质上是缺陷区声能衰减作用的反映,它对缺陷也较敏感,而且测量值比较稳定,因此,也可作为桩内缺陷判断的重要依据。

(4)接收波形的畸变

接收波形产生畸变的原因较复杂,一般认为是由于缺陷区的干扰,部分超声脉冲波被多次反射而滞后到达接收探头。这些波束的前锋到达接收探头的时间参差不齐,相位也不尽一致,叠加后造成接收波形的畸变。因此,接收波形上带有混凝土内部的丰富信息。如能对波形进行信息处理,搞清波束在混凝土内部反射和叠加机理,则可确切地进行缺陷定量分析。但目前,波形信息处理方法未能解决,一般只能将波形畸变作为缺陷定性分析依据以及判断缺陷的参考指标。

在检测时,探头在声测管中逐点测量各深度的声时、波幅(或衰减)、接收频率及波形畸变位置等。然后,可绘成"声时—深度曲线"、"波幅—深度曲线"及"接收频率变化率—深度曲线"等,供分析使用。

2)钻孔灌注桩超声脉冲检测法主要设备

(1)声波检测仪

如图2-33所示,声波检测仪的主要作用是产生重复的电脉冲去激励发射换能器,发射换能器发射的超声波穿过混凝土后到达接收换能器并转换成电信号,电信号被送至超声仪经放大后显示在示波屏上。在发射接收的过程中超声仪的数据处理系统同时记录了超声波的传播时间、接收波的振幅、频率等声学参数。超声波仪应满足以下要求:

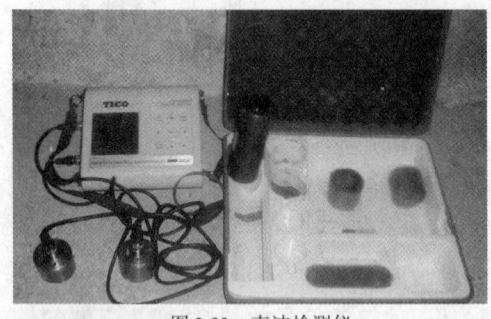

图2-33 声波检测仪

①具有波形清晰、显示稳定的示波装置。

②声时最小分度 $0.1\mu s$。

③数字显示稳定,在2h内数字变化应不大于 $\pm 0.2\mu s$。

④具有最小分度为1dB的衰减系统。

⑤接收放大器频响范围10~500kHz,总增益不小于80dB,接收灵敏度(在信噪比为3:1时)不大于 $50\mu V$。

⑥在温度为 $-10 \sim +40$℃、相对湿度小于或等于90%、电源电压在 $220 \pm 22V$ 的环境下能正常工作;连续正常工作时间不少于4h。

(2)换能器

根据不同的测试需要,换能器有厚度振动式和径向振动式两种类型。厚度振动式换能器的频率宜选用20~250kHz,径向振动式换能器的频率宜选用20~60kHz,直径不宜大于32mm,当接收信号较弱时,宜选用带前置放大器的接收换能器。换能器频率的选择可参照表2-19,换能器的实测主频与标称频率相差不应大于±10%。对于水中的换能器,其水密性应满足在1MPa水压下不渗漏。

换能器频率选择   表2-19

测距(cm)	选用换能器频率(kHz)	最小横断面尺寸(cm)
10~20	100~200	10
20~100	50~100	20
100~300	50	20
300~500	30~50	30
>500	20	50

3)现场检测

(1)预埋声测管应符合下列规定

桩径$D \leq 0.8$m时应埋设2根;桩径在$1.0\text{m} < D \leq 2.0\text{m}$时应不少于3根;桩径$D > 2.0$m时应不少于4根,声测管的布置如图2-34所示。

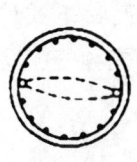
a)双管

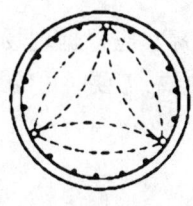
b)三管

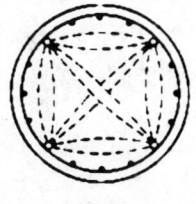
c)四管

图2-34 声测管布置示意图

声波检测管宜采用钢管、塑料管或钢质波纹管,其内径应比换能器外径大10~20mm。钢管宜用螺纹连接或套筒连接,连接应有足够的强度保证不致因受力而弯曲脱开,并且有足够的水密性保证在钻孔水压下不漏水。管的下端应封闭,上端应高出桩顶30~50cm,并加盖以防止异物掉入管内。

检测管可焊接或绑扎在钢筋笼的内侧,检测管之间应相互平行。但在实际施工中,由于钢筋骨架刚度不足,对平行度提出过高的要求是不现实的。在检测内部缺陷时,不平行的影响,可在数据处理中予以鉴别和消除,所以对平行度不必苛求,但必须严格控制。

(2)现场检测要点

①现场检测前应先测定声波检测仪发射至接收系统的延迟时间t_0,并按下式计算声时修正值t':

$$t' = \frac{D-d}{v_t} + \frac{d-d'}{v_w} \tag{2-39}$$

式中:D——检测管外径,mm;
d——检测管内径,mm;

d'——换能器外径,mm;

v_t——检测管壁厚度方向声速,km/s;

v_w——水的声速,km/s;

t'——声时修正值,μs。

②发射与接收换能器以相同高程或保持固定高差,同步升降,测量点距应不大于25cm。

③一根桩有多根检测管时,应将每2根检测管编为一组,分组进行测试如图2-35所示。

④在桩身质量可疑的测点周围,应采用加密测点,或采用斜测、扇形扫测等进行复测,进一步确定缺陷的位置和范围。

⑤在同一检测剖面的检测过程中,声波发射电压和仪器设置参数应保持不变。

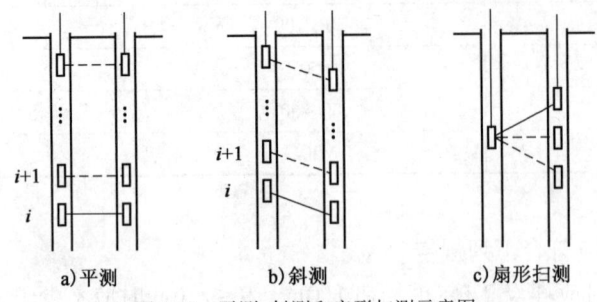

图2-35　平测、斜测和扇形扫测示意图

4)检测数据处理与判定

各测点声时 t_c、声速 v、波幅 A_P 及主频 f 应根据现场检测数据,按下式计算。并绘制声速—深度($v-z$)和波幅—深度(A_P-z)曲线,需要时可绘制辅助的主频—深度曲线($f-z$):

$$t_{ci} = t_i - t_0 - t' \tag{2-40}$$

$$v_i = \frac{l'}{t_{ci}} \tag{2-41}$$

$$A_{Pi} = 20\lg \frac{a_i}{a_0} \tag{2-42}$$

$$f_i = \frac{1000}{T_i} \tag{2-43}$$

式中:t_{ci}——第 i 测点声时,μs;

t_i——第 i 测点声时测量值,μs;

t_0——仪器系统的延迟时间,μs;

t'——几何因素声时修正值,μs;

v_i——第 i 测点声速,km/s;

A_{Pi}——第 i 测点波幅值,dB;

a_i——第 i 测点信号首波峰值,V;

a_0——零分贝信号幅值,V;

f_i——第 i 测点信号主频值,kHz,也可由信号频谱的主频求得;

T_i——第 i 测点首波周期,μs。

(1)声速法(概率法)

大量试验表明,超声波在混凝土中的传播速度与混凝土的密实度有较好的相关性。混凝土的密实度越高,其声速也越快。当混凝土中存在缺陷时,声速会明显降低,因此,我们可以根据不同测点声速的变化来判断混凝土的密实性。

采用测点声速值判定缺陷位置及大小时,应首先按照概率统计的方法方计算声速临界值,再根据临界值判定异常点。

临界值的计算步骤如下:

①将同一检测剖面各测点的声速值 v_i 由大到小依次排序,即:

$$v_1 \geq v_2 \geq \cdots \geq v_i \geq \cdots \geq v_{n-k} \geq \cdots \geq v_{n-1} \geq v_n \tag{2-44}$$

式中:v——声速测量值,km/s;

n——检测剖面测点数;

k——逐一去掉式(2-44)v_i 序列尾部最小数值的数据个数。

②对逐一去掉 v_i 序列中最小数值后余下的数据进行计算。当去掉最小数值的数据个数为 k 时,对包括 v_{n-k} 在内余下数据 $v_1 \sim v_{n-k}$ 按下列公式进行统计计算:

$$v_0 = v_m - \lambda \cdot S_x \tag{2-45}$$

$$v_m = \frac{1}{n-k}\sum_{i=1}^{n-k} v_i \tag{2-46}$$

$$S_x = \sqrt{\frac{1}{n-k-1}\sum_{i=1}^{n-k}(v_i - v_m)^2} \tag{2-47}$$

式中:v_0——异常判断值;

v_m——$(n-k)$ 个数据的平均值;

S_x——$(n-k)$ 个数据的标准差;

λ——由表 2-20 查得的与 $(n-k)$ 相对应的系数。

③将参加统计的数组的最小数据 v_{n-k} 与异常判断值 v_0 进行比较,当 $v_{n-k} \leq v_0$ 时,v_{n-k} 及其以后的数据均为异常,去掉 v_{n-k} 及其以后的异常数据;再用数据 $v_1 \sim v_{n-k-1}$ 并重复上述计算步骤,直到 v_i 序列中余下的全部数据满足:

$$v_i > v_0 \tag{2-48}$$

此时,v_0 即为声速的异常判断临界值 v_c。

统计数据个数 $(n-k)$ 与对应的 λ 值　　　　　　　　　　　　　表 2-20

$n-k$	20	22	24	26	28	30	32	34	36	38
λ	1.64	1.69	1.73	1.77	1.80	1.83	1.86	1.89	1.91	1.94
$n-k$	40	42	44	46	48	50	52	54	56	58
λ	1.96	1.98	2.00	2.02	2.04	2.05	2.07	2.09	2.10	2.11
$n-k$	60	62	64	66	68	70	72	74	76	78
λ	2.13	2.14	2.15	2.17	2.18	2.19	2.20	2.21	2.22	2.23
$n-k$	80	82	84	86	88	90	92	94	96	98
λ	2.24	2.25	2.26	2.27	2.28	2.29	2.29	2.30	2.31	2.32
$n-k$	100	105	110	115	120	125	130	135	140	145
λ	2.33	2.34	2.36	2.38	2.39	2.41	2.42	2.43	2.45	2.46
$n-k$	150	160	170	180	190	200	220	240	260	280
λ	2.47	2.50	2.52	2.54	2.56	2.58	2.61	2.64	2.67	2.69

④声速异常时的临界值判据为:

$$v_i < v_c \tag{2-49}$$

在 $v_1 \sim v_n$ 的数据系列中,所有小于等于 v_c 的数据均为异常数据,所对应的测点位置即为缺陷部位。

当检测剖面 n 个测点的声速值普遍偏低且离散性很小时,宜采用声速低限值判据:

$$v_i < v_L \tag{2-50}$$

式中:v_i——第 i 测点声速,km/s;

v_L——声速低限值,km/s,由预留同条件混凝土试件的抗压强度与声速对比试验结果,结合本地区实际经验确定。

(2)斜率法(PSD 判据)

设测点的深度为 h,相应的声时值为 t,则声时值因混凝土中存在缺陷或其他因素的影响,而随深度变化的关系,可用如下的函数式表达:

$$t = f(h) \tag{2-51}$$

当桩内存在缺陷时,缺陷处的声时明显变大,与相邻的正常测点相比,形成突变。为表示这种突变,将相邻测点的声时之差 $\Delta t_i(t_i - t_{i-1})$ 除以相邻测点深度 $\Delta h_i(h_i - h_{i-1})$ 之差,即令:

$$S_i = \frac{\Delta t_i}{\Delta h_i} = \frac{t_i - t_{i-1}}{h_i - h_{i-1}} \tag{2-52}$$

显然,S_i 即为$(t-h)$曲线声时变化的斜率,S 值的突变反映出缺陷的存在。但是,由于实测时采用的测点间距不同,S 值并不能准确地反映出相邻两测点间时声时差值的大小,而声时差值的大小与缺陷的程度直接相关。为了使判据进一步反映缺陷的大小,就必须加大声时差值在判据中的权数。因此判据可写成:

$$K_i = S_i(t_i - t_{i-1}) = \frac{(t_i - t_{i-1})^2}{h_i - h_{i-1}} \tag{2-53}$$

我们称 K_i 为 i 点的 PSD 判据,PSD 判据的全称为声时—深度曲线相邻两点之间的斜率与声时差值之积。显然,在缺陷边缘处,由于声时值变化大,K 值也大,而正常混凝土处,声时变化不大,K 值则小,在实测时应结合测点波幅的变化来判断缺陷的位置及大小。

(3)波幅法

当桩身内存在缺陷时,不仅表现为声速的变化,波幅也会发生明显的变化。工程实践表明波幅对缺陷的反映比波速更为敏感。因此,我国各类检测规程均规定在测量波速参数的同时也必须测定波幅参数并作为判断缺陷的依据之一。

采用波幅异常时的临界值判据按下式计算:

$$A_m = \frac{1}{n}\sum_{i=1}^{n} A_{Pi} \tag{2-54}$$

$$A_{Pi} < A_m - 6 \tag{2-55}$$

式中:A_m——该测试面各测点波幅平均值,dB;

A_{Pi}——某测点波幅,dB。

若式(2-55)成立,则该测点波幅可判定为异常数据。

2.2.2 基桩承载力检测

我国现行桥梁地基基础规范及建筑地基基础规范均规定,对重要结构物及地质条件复杂、施工质量可靠性低的基桩在设计或施工前均应进行承载力测试以确定单桩竖向抗压承载力的特征值。

确定基桩承载力的检测方法有静荷载试验和动测两种方法。静荷载试验是确定基桩承载力方法中最基本、最可靠的方法,桩的动测方法,要在与桩静载试验结果大量对比的基础上,找出相关关系,才能推广应用。下面重点介绍竖向抗压静载试验。

竖向抗压静载试验的目的是用来确定单桩承载力及荷载与位移的关系,对于预制桩也可用来校核动力公式的准确性。试验方法与试验要求有关,通常采用慢速维持荷载法,若设计无特殊要求时,用单循环加载试验。对于预制桩静压试验应在冲击试验后立即进行。对于钻(挖)孔灌注桩,须待混凝土能承受设计要求荷载后,才可进行试验。

1) 试验前的准备工作

(1) 试桩的桩顶如有破损或强度不足时,应将破损和强度不足段凿除后,修补平整。

(2) 为便于在原地面处施加荷载,在承台底面以上部分或局部冲刷线以上部分设计不能考虑的摩擦力应予扣除。

(3) 桩身需通过尚未固结新近沉积的土层或湿陷性黄土、软土等土层,桩侧会产生向上的负摩擦力部分,应在表面涂设涂层,或设置套管等方法予以消除。

(4) 在冰冻季节试桩时,应将试桩周围至少 1m 范围内的冻土全部融化。

(5) 在结冰的水域做试验时,桩与冰层间应保持不小于 100mm 的间隙。

2) 试验加载装置

一般采用油压千斤顶加载。千斤顶的反力装置可根据现场选用下列三种形式之一。

(1) 锚桩承载梁反力装置:如图 2-36 所示。锚桩承载梁反力装置能提供的反力,应不小于预估最大试验荷载的 1.3～1.5 倍。锚桩一般采用 4 根,如入土较浅或土质松软时可增至 6 根。锚桩与试桩的中心间距,当试桩直径(或边长)小于或等于 800mm 时,可为试桩直径(或边长)的 5 倍;当试桩直径大 800mm 时,上述距离不得小于 4m。

(2) 压重平台反力装置:如图 2-37 所示。利用平台上压重作为对桩静压试验的反力装置。压重不得小于预估最大试验荷载的 1.2 倍,压重应在试验开始前一次加上。试桩中心至压重平台支承边缘的距离与上述试桩中心至锚桩中心距离相同。

(3) 锚桩压重联合反力装置:当试桩最大加载量超过锚桩的抗拔能力时,可在承载梁上置或悬挂一定重物,由锚桩和重物共同承受千斤顶反力。

3) 测量位移装置

沉降测量一般采用百分表或电子位移计设置在桩的 2 个直径方向,对称安装 4 个;小直径桩可安装 2 个或 3 个。沉降测定平面离开桩顶的距离不应小于 0.5 倍桩径。

支承仪表的基准架应有足够的刚度和稳定性。基准梁的一端在其支承上应可以自由移动,不受温度影响引起上拱或下挠。基准桩应埋入地基表面以下一定深度,不受气候条件等影响。基准桩中心与试桩、锚桩中心(或压重平台支承边缘)之间的距离宜符合表 2-21 的规定。

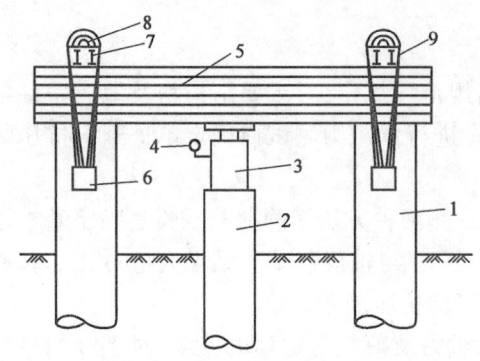

图 2-36 锚桩反力梁加载装置图

1-锚桩;2-试桩;3-千斤顶;4-油压表;5-反力架;6-穿墙洞;7-小挑梁;8-半圆木;9-钢索

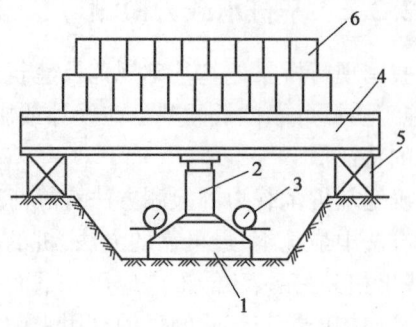

图 2-37 现场荷载试验

1-荷载板;2-千斤顶;3-百分表;4-反力架;5-枕木垛;6-压重

基准桩中心至试桩、锚桩中心(或压重平台支撑边)的距离 表 2-21

反力系统	基准桩与试桩	基准桩与锚桩(或压重平台支承边)
锚桩承载梁反力装置	≥4d	≥4d
压重平台反力装置	≥2.0m	≥2.0m

注：表中距离为试桩的直径(或边长)$d ≤ 800mm$的情况；若试桩直径(或边长)$d > 800mm$时,基准桩中心至试桩中心(或压重平台支边)的距离不宜小于4.0m。

4)加载方法

(1)加载重心应与试桩轴线相一致。加载时应分级进行,使荷载传递均匀,无冲击。加载过程中,不使荷载超过每级的规定值。

(2)加载分级:每级加载量为预估最大荷载的 $1/15 \sim 1/10$。当桩的下端埋入巨粒土、粗粒土以及坚硬的黏质土时,第一级可按 2 倍的分级荷载加载。

(3)预估最大荷载:对施工检验性试验,一般可采用设计荷载的 2.0 倍。

5)沉降观测

(1)下沉未达稳定不得进行下一级加载。

(2)每级加载的观测时间规定为:每级加载完毕后,每隔 15min 观测一次；累计 1h 后,每 30min 观测一次。

6)稳定标准

每级加载下沉量,在下列时间内如不大于 0.1mm 即可认为稳定:桩端下为巨粒土、砂类土、坚硬黏质土,最后 30min；桩端下为半坚硬的细粒土,最后 1h。

7)加载终止及极限荷载取值

(1)总位移量大于或等于 40mm,本级荷载的下沉量大于或等于前一级荷载下沉量的 5 倍,加载即可终止。取此终止时荷载小一级的荷载为极限荷载。

(2)总位移量大于或等于 40mm,本级荷载加上后 24h 未达稳定,加载即可终止。取此终止荷载小一级的荷载为极限荷载。

(3)巨粒土、密实砂类土以及坚硬的黏质土中,总下沉量小于 40mm,但荷载已大于或等于设计荷载设计规定的安全系数,加载即可终止。取此时的荷载为极限荷载。

(4) 施工过程中的检验性试验,一般加载应继续到桩的 2 倍的设计荷载为止。如果桩的总降量不超过 40mm,及最后一级加载引起的沉降不超过前一级加载引起的沉降的 5 倍,则该桩可以停止试验。

(5) 极限荷载的确定有时比较困难,应绘制荷载—沉降曲线(P-S 曲线)、沉降—时间曲线(S-t 曲线)确定,如图 2-38a)、b) 所示。必要时还应绘制 S-$\lg t$ 曲线、S-$\lg P$ 曲线(单对数法)、S-$[1-P/P_{max}]$(百分率法)等综合比较,确定比较合理的极限荷载值。

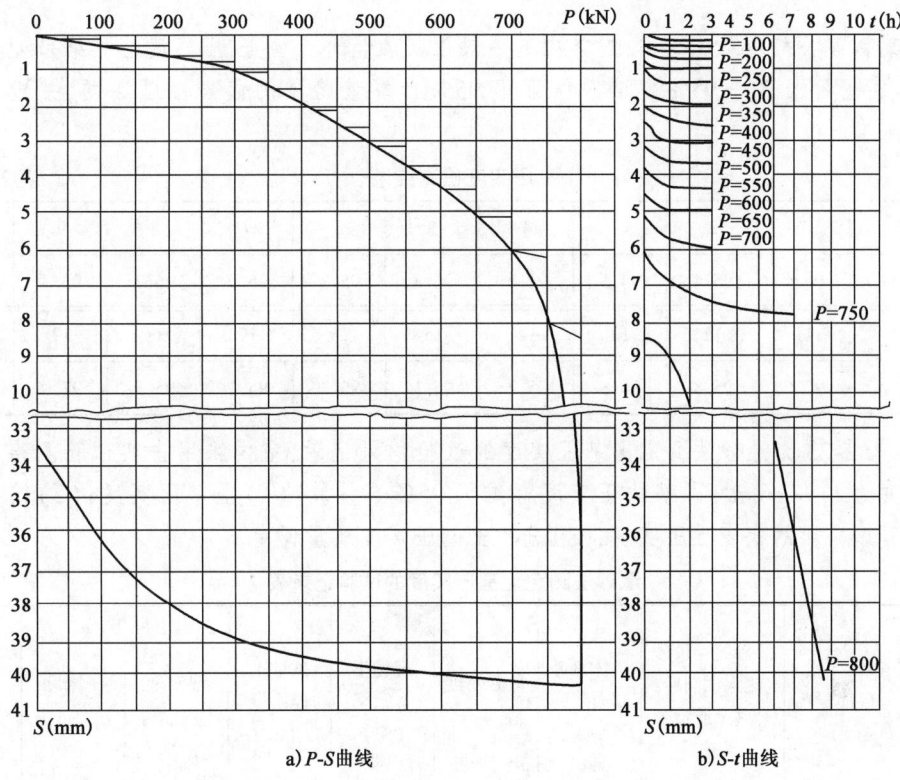

a) P-S 曲线　　　b) S-t 曲线

图 2-38　静压试验曲线

8) 桩的卸载和回弹量观测

(1) 卸载应分级进行,每级卸载量为两个加载级的荷载值。每级荷载卸载后,应观测桩顶回弹量,观测办法与沉降相同,直到回弹稳定后,再卸下一级荷载。回弹稳定标准与下沉稳沉标准相同。

(2) 卸载到零后,至少在 2h 内每 30min 观测一次。如果桩尖下为砂类土,则开始 30min 内,每 15min 观测一次;如果桩尖下为黏质土,第一小时内,每 15min 观测一次。

本章思考题

1. 简述地基原位检测的常用方法及适用性。
2. 什么是压实度? 现场密度的试验检测方法有哪些?

3. 试述灌砂法的测试要点。
4. 为什么要测试土基的回弹模量？
5. 什么是 CBR 值？简述路基现场 CBR 值的检测方法。
6. 检测基桩完整性的基本方法有哪几种？反射波法与超声脉冲法的基本原理是什么？
7. 用反射波检测桩身缺陷时应注意哪些问题？
8. 进行基桩抗压静载试验时，位移测量装置应满足什么要求？基桩的极限荷载如何确定？
9. 某新建公路路基施工中，对其中的一段压实质量进行检查，压实度检测结果如表 2-22 所示，压实度标准 $K_0 = 95\%$。请按保证率 95% 计算该路段的代表性压实度，并进行质量评定。

压实度检测结果　　　　　　　　　　　　　　　　　表 2-22

序号	1	2	3	4	5	6	7	8	9	10
压实度(%)	96.4	95.4	93.5	97.3	96.3	95.8	95.9	96.7	95.3	95.6
序号	11	12	13	14	15	16	17	18	19	20
压实度(%)	97.6	95.8	96.8	95.7	96.1	96.3	95.1	95.5	97.0	95.3

10. 表 2-23 为灌砂法测定土基压实度的试验结果记录，室内采用击实试验测得土的最大干密度为 1.97g/cm^3，土基的压实度标准为 95%。计算：(1) 土基压实度；(2) 按保证率 95% 计算该路段的代表性压实度；(3) 进行土基压实度质量评定。

灌砂法测定土基压实度的试验记录表　　　　　　　　　表 2-23

序号	砂筒+量砂质量(g)	灌砂筒+量砂流入试洞后剩余质量(g)	锥体量砂质量(g)	量砂密度(g/cm^3)	现场土含水率(%)	试坑土样质量(g)	湿密度(g/cm^3)	干密度(g/cm^3)	压实度(%)
1	9100	4933			8.6	4782			
2	9100	5076			8.5	4602			
3	9100	5080			8.8	4589			
4	9100	5089			8.1	4525			
5	9100	4947	860	1.43	8.4	4593			
6	9100	4953			8.7	4764			
7	9100	5071			8.3	4612			
8	9100	5086			8.2	4579			
9	9100	4952			8.1	4773			
10	9100	5091			8.6	4481			

11. 采用承载板法测定二级公路某一路段右半幅土基回弹模量,试验结果见表 2-24,试计算该路段土基的回弹模量。

土基回弹模量试验记录表　　　　　表 2-24

序号	承载板单位压力（MPa）	百分表读数(0.01mm)				回弹变形(0.01mm)	分级影响量(0.01mm)	计算回弹变形(0.01mm)
		加载后		卸载后				
		左	右	左	右			
0	0	—	—	0	0			
1	0.05	12	13	3	4			
2	0.1	32	30	13	11			
3	0.15	63	56	39	30			
4	0.2	88	91	54	53			
5	0.3	144	119	98	80			
				总影响量 $a=7$				

第3章 路面工程试验检测技术

学习目标

【知识目标】 学生应掌握路面基层(底基层)混合料的试验检测方法；路面各结构层的厚度、压实度、弯沉、平整度、抗滑性及沥青路面车辙等检测方法；路面基层(底基层)现场检测项目的评定方法；应了解路面水泥混凝土劈裂强度的测定方法；沥青路面施工质量控制的检测内容。了解目前国内外路面检测新技术。

【能力目标】 通过本章学习，学生应具备独立实施路面基层(底基层)无机结合料稳定材料现场检测的能力；现场检测路面结构层各项检测项目(厚度、压实度、弯沉、平整度、抗滑性、沥青路面车辙等)的能力和进行现场检测项目的评定能力。

路面是支承在路基之上的各个结构层的总称，一般由面层、基层、垫层组成。面层位于整个路面结构层的最上层，直接承受行车荷载的垂直力、水平力以及车身后所产生的真空吸力的反复作用，同时受到自然环境(阳光、降雨和气温变化等)因素的不利影响，是最能够直接地反映路面使用性能的层次。因此，要求面层应具有较高的结构强度、刚度和稳定性，且耐磨、不透水、抗滑性和平整度良好。道路等级越高、设计车速越大，对路面抗滑性、平整度的要求也愈高。高等级道路面层以沥青混凝土和水泥混凝土为主要筑路材料。

基层位于面层之下，垫层或路基之上，主要承受面层传递的车轮垂直力的作用，并将其扩散并传递于垫层和路基。基层可分上基层(简称基层)和下基层(也称为底基层)，基层起主要承重作用，底基层起次要承重作用。基层除作为主要承重结构层外，还可能受到面层渗水以及地下水的侵蚀，因此要求选用强度高、刚度大、水稳性好的筑路材料，如水泥、石灰、沥青等稳定土或稳定粒料(如碎石、砂砾等)、工业废渣稳定土或稳定粒料，以及各种碎石混合料或天然砂砾。

垫层是介于基层与土基之间的层次，只有在土基处于不良状态(如潮湿地带、湿软土基、北方地区的冻胀土基等)才应设置垫层，以排除路面、路基中滞留的自由水，确保路面结构处于干燥或中湿状态。垫层主要起隔离地下水和毛细水、排出渗入水、隔温(即防冻胀和翻浆)作用，并传递和扩散由基层传来的荷载应力，保证路基在容许应力范围内工作。一般修筑垫层的材料应就地取材，强度不需要很高但隔温、隔水性良好，如常用粗砂、砂砾、碎石、煤渣、矿渣等松散颗粒材料或水泥、石灰煤渣稳定的密实垫层，目前也采用聚苯乙烯板隔温新材料和新技术。

路面工程首先应具有承载能力(包括强度和刚度)、稳定性(包括水稳定性和温度稳定性)、耐久性、表面平整度、表面抗滑能力等基本性能，才能满足路面的设计要求，保障其运营的安全性与舒适性。因此，要保证路面的长久寿命与安全运营，必须通过对路面材料、结构与服务质量的试验检测进行质量控制,且试验检测工作必须贯穿于路面结构设计、选材、施工、竣工验收、养护、管理等各个环节。本章将着重介绍路面结构与服务评价指标的基本试验检测方法和目前国内外路面检测新技术。

3.1 路面基层(底基层)试验检测

路面基层(底基层)按材料的力学特点分类可分为半刚性类、柔性类、刚性类;按材料组成分类有无结合料稳定类、有结合料稳定类和粒料类;按混合材料的组成状态可分为骨架密实类、骨架空隙类、悬浮密实类、均匀密实类。目前,高等级公路路面基层广泛采用无机结合料稳定类作为半刚性基层或底基层,也使用有机结合料稳定类或级配碎石等作为柔性路面基层。本章主要介绍无机结合料稳定类基层材料的试验检测方法。

3.1.1 路面基层和底基层材料的强度要求

无机结合料稳定类路面基层(底基层)分为水泥稳定材料、石灰稳定材料、工业废渣稳定材料和综合稳定材料。其中,水泥、石灰、粉煤灰等作为基层(底基层)材料的胶凝材料,粗集料、细集料和土作为基层(底基层)材料的骨架。无机结合料稳定类路面基层(底基层)作为路面结构的主体承重结构层次,应进行严格的配合比设计,并对其进行现场检测与评定。

无机结合料稳定材料采用7d无侧限抗压强度作为施工质量控的主要技术指标,其强度标准如表3-1所示。

无机结合料稳定材料的7d无侧限抗压强度标准(MPa)　　　　表3-1

结构层	高速公路和一级公路						二级和二级以下公路					
	基 层			底 基 层			基 层			底 基 层		
交通等级	极重特重	重	中、轻	极重特重	重	中、轻	极重特重	重	中、轻	极重特重	重	中、轻
水泥稳定材料	5.0~7.0	4.0~6.0	3.0~5.0	3.0~5.0	2.5~4.5	2.0~4.0	4.0~6.0	3.0~5.0	2.0~4.0	2.5~4.5	2.0~4.0	1.0~3.0
石灰粉煤灰稳定材料	≥1.1	≥1.0	≥0.9	≥0.8	≥0.7	≥0.6	≥0.9	≥0.8	≥0.7	≥0.7	≥0.6	≥0.5
石灰稳定材料①	—			≥0.8			≥0.8②			0.5~0.7③		

注:①石灰土强度达不到表中规定值时,可添加部分水泥或改用另一种土。塑性指数过小的土不宜用石灰稳定,宜改用水泥稳定。
　　②在低塑性材料(塑性指数小于7,100g平衡锥测液限)地区,石灰稳定砾石土和碎石土的7d无侧限抗压强度应大于0.5MPa。
　　③低限用于塑性指数小于7的黏性土,且低限值宜仅用于二级以下公路。高限用于塑性指数大于7的黏性土。

以无机结合料稳定材料作为路面底基层和基层混合料时,应检测的试验项目见表3-2。

路面底基层和基层混合料的试验项目　　　　　　　表 3-2

试验项目	目　的	仪器和试验方法
重型击实	求得最佳含水率和最大干密度,以规定工地压实度,确定制备强度和耐久性试件应采用的含水率和干密度;确定制备承载比试件的材料含水率。	重型击实仪(手动或电动)
承载比	求工地预期干密度下的承载比,确定材料是否适宜做基层或底基层	路面材料测强仪或其他合适的仪器
无侧限抗压强度	进行材料组成设计,选定最适宜用水泥或石灰稳定的土(包括粒料);规定施工中所用的结合料剂量;为工地提供评定质量的标准	路面材料测强仪或其他合适的压力仪

3.1.2　路面基层和底基层材料的试验检测

3.1.2.1　水泥或石灰剂量测定(EDTA 滴定法)

1)试验目的和适用范围

本试验方法适用于在工地快速测定水泥和石灰稳定土中水泥和石灰的剂量,进行一次剂量测定只需 10min 左右,也可用于检查现场拌和和摊铺的均匀性;本方法适用于在水泥终凝之前的水泥含量测定,现场土样的石灰剂量应在路拌后尽快测试,否则需要用相应龄期的 EDTA 二钠标准溶液消耗量的标准曲线确定;本方法也可以用来测定水泥和石灰综合稳定材料中结合料的剂量。用于稳定的土可以是细粒土、中粒土和粗粒土,并且不受水泥和石灰稳定土龄期(7d 以内)的影响。工地水泥和石灰稳定土含水率的少量变化(±2%),实际上不影响测定结果。

2)仪器设备

滴定管:(酸式)50mL,1 支。

滴定台:1 个。

滴定管夹:1 个。

大肚移液管:10mL、50mL,10 支。

锥形瓶(三角瓶):200mL,20 个。

烧杯:2000mL(或 1000mL),1 只;300mL,10 只。

容量瓶:1000mL,1 个。

搪瓷杯:容量大于 1200mL,10 只。

不锈钢棒(或粗玻璃棒),10 根。

量筒:100mL 和 5mL,各 1 只;50mL,2 只。

棕色广口瓶:60mL,1 只(装钙红指示剂)。

电子天平:量程不小于 1500g,感量 0.01g。

秒表 1 只。

表面皿:ϕ9cm,10 个。

研钵:ϕ12~13cm,1 个。

洗耳球:1 个。

精密试纸:pH12~14。

聚乙烯桶:20L(装蒸馏水和氯化铵及EDTA二钠标准液),3个;5L(装氢氧化钠),1个;5L(大口筒),10个。

毛刷、去污粉、吸水管、塑料勺、特种铅笔、厘米纸。

洗瓶(塑料):500mL,1只。

3) 试剂

$0.1mol/m^3$ 乙二胺四乙酸二钠(简称EDTA二钠)标准溶液(简称EDTA二钠标准溶液):准确称取EDTA二钠(分析纯)37.23g,用40~50℃的无二氧化碳(CO_2)蒸馏水溶解,待全部溶解并冷却至室温后,定容至1000mL。

10%氯化铵(NH_4Cl)溶液:将500g氯化铵(分析纯或化学纯)放在10L聚乙烯桶内,加蒸馏水4500mL,充分振荡,使氯化铵完全溶解。也可以分批在1000mL的烧杯内配制,然后倒入塑料桶内摇匀。

1.8%氢氧化钠(内含三乙醇胺)溶液:用电子天平称18g氢氧化钠(NaOH)(分析纯),放入洁净干燥的1000mL烧杯中,加入1000mL蒸馏水使其全部溶解,待溶解冷却至室温后,加入2mL三乙醇胺(分析纯),搅拌均匀后储于塑料桶中。

钙红指示剂:将0.2g钙试剂羟酸钠(分子式$C_{21}H_{13}N_2Na_O_7S$,分子量460.39)与20g预先在105℃烘箱中烘1h的硫酸钾混合,一起放入研钵中,研成极细粉末,储于棕色广口瓶中,以防吸潮。

4) 准备标准曲线

(1) 取样

取工地用石灰和土,风干后用烘干法测其含水率(水泥可假定其含水率为0)。

(2) 混合料组成的计算

计算公式:

$$干料质量 = \frac{湿料质量}{1 + 含水率}$$

$$干混合料质量 = \frac{湿混合料质量}{1 + 最佳含水率}$$

$$干土质量 = \frac{干混合料质量}{1 + 石灰或水泥剂量}$$

干石灰(或水泥)质量 = 干混合料质量 - 干土质量

湿土质量 = 干土质量 × (1 + 土的风干含水率)

湿石灰质量 = 干石灰 × (1 + 石灰的风干含水率)

石灰土中应加入的水 = 湿混合料质量 - 湿土质量 - 湿石灰质量

(3) 准备5种试样,每种2个样品(以水泥稳定材料为例),如下:

①如为水泥稳定中、粗粒土,每个样品取1000g左右(如为细粒土,则可称300g左右)准备试验。为了减少中、粗粒土的离散,宜按设计级配单份掺配的方式备料。

②5种混合料的水泥剂量应为:水泥剂量为0,最佳水泥剂量左右、最佳水泥剂量±2%和±4%[❶],每种剂量取两个(为湿质量)试样,共10个试样,并分别放在10个大口聚乙烯桶

---

❶ 准备标准曲线的水泥剂量为:0、2%、4%、6%和8%,如水泥剂量较高或较低,应保证工地实际所用水泥或石灰的剂量位于准备标准曲线时所用剂量的中间。

(如为稳定细粒土,可用搪瓷杯或1000mL具塞三角瓶;如为粗粒土,可用5L的大口聚乙烯桶)内,土的含水率应等于工地预期达到的最佳含水率,土中所加的水应与工地所用的水相同。

③取一个盛有试样的盛样器,在盛样器内加入两倍试样质量(湿料质量)体积的10%氯化铵溶液(如湿料质量为300g,则氯化铵溶液为600mL;如湿料质量为1000g,则氯化铵溶液为2000mL)。料为300g,则搅拌3min(每分钟搅110~120次);料为1000g,则搅拌5min。如用1000mL具塞三角瓶,则手握三角瓶(瓶口向上)用力振荡3min(每分钟115~125次),以代替搅拌棒搅拌。放置沉淀10min❶,然后将上部清液转移到300mL烧杯内,搅匀,加盖表面皿待测。

④用移液管吸取上层(液面上1~2cm)悬浮液10.0mL放入200mL的三角瓶内,用量管量取1.8%氢氧化钠(内含三乙醇胺)溶液500mL倒入三角瓶中,此时溶液pH值为12.5~13.0(可用pH12~14精密试纸检验),然后加入钙红指示剂(质量约为0.2g),摇匀,溶剂呈玫瑰红色。记录滴定管中EDTA二钠标准溶液体积V_1(以mL计,读至0.1mL),然后用EDTA二钠标准溶液滴定,边滴定边摇匀,并仔细观察溶液的颜色;在溶液颜色变为紫色时,放慢滴定速度,并摇匀;直到纯蓝色为终点,记录滴定管中EDTA二钠标准溶液体积V_2。计算$V_1 - V_2$,即为EDTA二钠标准溶液的消耗量。

⑤对其他几个盛样器中的试样,用同样的方法进行试验,并记录各自EDTA二钠标准溶液的消耗量。

⑥以同一水泥或石灰剂量稳定材料EDTA二钠标准溶液消耗量(mL)的平均值为纵坐标,以水泥或石灰剂量(%)为横坐标制图。两者的关系应是一根顺滑的曲线,如图3-1所示。如素土、水泥或石灰改变,必须重做标准曲线。

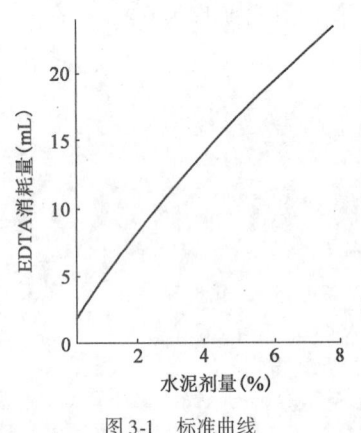

图3-1 标准曲线

5)试验步骤

(1)选取有代表性的无机结合料稳定材料,对稳定中、粗粒土取试样约3000g,对稳定细粒土取试样约1000g。

(2)对水泥或石灰稳定细粒土,称300g放在搪瓷杯中,用搅拌棒将结块搅散,加10%氯化铵溶液600mL,对水泥或石灰稳定中、粗粒土,可直接称取1000g左右,放入10%氯化铵溶液1000mL,然后如前述步骤进行试验。

(3)利用所绘制的标准曲线(图3-1),根据EDTA二钠标准溶液消耗量,确定混合料中的水泥或石灰剂量。

6)结果整理

本试验应进行2次平行试验,取算数平均值作为测定结果(精确至0.1mL)。允许重复性误差不得大于平均值的5%,否则应重新进行试验。

---

❶如10min后得到的是混浊悬浮液,则应增加放置沉淀时间,直到出现无明显悬浮颗粒的悬浮液为止,并记录所需的时间。以后所有该种水泥(或石灰)稳定材料的试验,均应以同一时间为准。

7)注意事项

每个样品搅拌的时间、速度和方式应力求相同,以增加试验的精度;做标准曲线时,如工地实际水泥剂量较大,素土和低剂量水泥的试样可以不做,而直接用较高的剂量做试验,但应有两种剂量大于实用剂量,以及两种剂量小于实用剂量;配制的氯化铵溶液最好当天用完,不要放置过久,以免影响试验的精度。

3.1.2.2 无机结合料稳定材料的取样方法

无机结合料稳定材料的取样方法适用于无机结合料稳定材料室内试验、配合比设计以及施工过程中的质量抽查等。

1)分料

可以采用四分法、分料器法对取样进行分料,将整个样品缩小到每个试验所需材料的合适质量。

(1)四分法

①需要时应加清水使主样品变湿。充分拌和主样品:在一块清洁、平整、坚硬的表面上将试料堆成一个圆锥体,用铲翻动此锥体并形成一个新锥体,这样重复进行 3 次。在形成每一个锥体堆时,铲中的料要放在锥顶,使滑到边部的那部分料尽可能分布均匀,使锥体的中心不移动。

②将平头铲反复交错垂直插入最后一个锥体的顶部,使锥体顶变平,每次插入后提起铲时不要带有试料。沿两个垂直的直径,将已变成平顶的锥体料堆分成四部分,尽可能使这四部分料的质量相同。

③将对角的一对料(如一、三象限为一对,二、四象限为另一对)铲到一边,将剩余的一对料铲到一块。重复上述拌和以及缩小的过程,直到达到要求的试样质量。

(2)分料器法

如果集料中含有粒径 2.36mm 以下的细料,材料应该是表面干燥的。将材料充分拌和后通过分料器,保留一部分,将另一部分再次通过分料器。这样重复进行,直到将原样品缩小到需要的质量。

2)料堆取料

在料堆的上部、中部和下部各取一份试样,混合后按四分法分料取样。

3)试验室分料

(1)目标配合比阶段各种石料应逐级筛分,然后按设定级配进行配料。

(2)生产配合比阶段可采用四分法分料,且取料总质量应大于分料取样后每份质量的 4~8 倍。

4)施工过程中混合料取样

(1)在进行混合料验证时,宜在摊铺机后取料,且取料应分别来源于 3~4 台不同的料车,然后混合到一起进行四分法取样,进行无侧限抗压强度成型及试验。

(2)在评价施工离散性时,宜在施工现场取料。应在施工现场的不同位置按随机取样的原则分别取样品,对于结合料剂量还需要在同一位置的上层和下层分别取样,试样应单独成型。

3.1.2.3 无机结合料稳定材料的成型(静力压实法)

1)试验目的

制备圆柱体试件,用于测定无机结合料稳定材料的无侧限抗压强度、间接抗拉强度、室内抗压回弹模量、动态模量、劈裂模量等。

2)仪器设备

(1)方孔筛:53mm、37.5mm、31.5mm、26.5mm、4.75mm、2.36mm 筛各1个。

(2)试模:适用于下列不同土的试模尺寸为:

细粒土:试模的直径×高 = 50mm×50mm;

中粒土:试模的直径×高 = 100mm×100mm;

粗粒土:试模的直径×高 = 150mm×150mm。

(3)电动脱模器。

(4)反力架:规格为400kN以上。

(5)液压千斤顶:200~1000kN。

(6)钢板尺:量程200mm或300mm,最小刻度1mm。

(7)游标卡尺:量程200mm或300mm。

(8)电子天平:量程15kg,感量0.1g;量程4000g,感量0.01g。

(9)压力试验机:可替代千斤顶和反力架,量程不小于2000kN,行程、速度可调。

3)试验准备

(1)一般制备试件的高:直径 = 1:1,根据需要也可以制成高径比为 1:1.5 或 1:2 的试件。试件的成型根据需要的压实度水平,按照体积标准,采用静力压实法制备。

(2)取样方法

室内配合比设计试验和现场检测在试料准备上有所不同,前者根据设计配合比称取试料并拌和,按要求制备试件;后者则在工地现场取拌和的混合料作试料,并按要求制备试件。

(3)取样频率

在现场按规定频率取样,按工地预定达到的压实度制备试件。试件数量每 2000m² 或每工作班:无论稳定细粒土、中粒土或粗粒土,当多次试验结果的偏差系数 $C_V \leq 10\%$ 时,可为 6 个试件;$C_V = 10\% \sim 15\%$ 时,可为 9 个试件;$C_V > 15\%$ 时,则需 13 个试件。

(4)试验准备方法

①将具有代表性的风干试料(必要时,也可以在50℃烘箱内烘干),用木锤捣碎或用木碾碾碎,但应避免破碎粒料的原粒径。按照公称最大粒径的大一级筛,将土过筛并进行分类。

②在预定做试验的前一天,取有代表性的试料测定其风干含水率。对于细粒土,试样应不少100g;对于中粒土,试样应不少于1000g;对于粗粒土,试样的质量应不少于2000g。

③按《公路工程无机结合料稳定材料试验规程》(JTG E51—2009)确定无机结合料混合料的最佳含水率和最大干密度。

④根据击实结果,称取一定质量的风干土,其数量随试件大小而变。对 $\phi 50mm \times 50mm$ 的试件,1个试件需干土 180~210g;对 $\phi 100mm \times 100mm$ 的试件,1个试件需干土 1700~1900g;对 $\phi 150mm \times 150mm$ 的试件,1个试件需干土 5700~6000g。

对于细粒土,可以一次称取 6 个试件的土;对于中粒土,一次宜称取 1 个试件的土;对于粗粒土,一次只称取 1 个试件的土。

⑤将准备好的试样分别装入塑料袋中备用。

4) 试验步骤

(1) 调试成型所需的各种设备,检查是否运行正常;将成型用的模具擦拭干净,并涂抹机油。试模筒、上下垫块等应配套,并满足试验要求。

(2) 对于无机结合料稳定细粒土,至少应该制备 6 个试件;对于无机结合料稳定中粒土和粗粒土,至少分别应该制备 9 个和 13 个试件。

(3) 根据击实结果和无机结合料的配合比计算每份料的加水量、无机结合料的质量。

(4) 将称好的土放在长方盘(约 400mm×600mm×70mm)内。向土中加水拌料、闷料。除水泥稳定土外,可将石灰或粉煤灰和土一起拌和,将拌和均匀后的试料放在密闭容器或塑料袋(封口)内浸润备用。

对于细粒土(特别是黏性土),润湿时的含水率应比最佳含水率小 3%;对于中粒土和粗粒土,可按最佳含水率加水;对于水泥稳定类材料,加水量应比最佳含水率小 1~2 个百分点。

应加水量计算公式为:

$$m_\mathrm{w} = \left(\frac{m_\mathrm{n}}{1+0.01w_\mathrm{n}} + \frac{m_\mathrm{c}}{1+0.01w_\mathrm{c}} \right) \times 0.01w - \frac{m_\mathrm{n}}{1+0.01w_\mathrm{n}} \times 0.01w_\mathrm{n} - \frac{m_\mathrm{c}}{1+0.01w_\mathrm{c}} \times 0.01w_\mathrm{c}$$

(3-1)

式中:m_w——混合料中应加的水量,g;

m_n——混合料中素土(或集料)的质量,g,其含水率为 w_n(风干含水率),%;

m_c——混合料中水泥或石灰的质量,g,其原始含水率为 w_c,%(水泥的 w_c 通常很小,可以忽略不计);

w——要求达到的混合料的含水率,%。

浸润时间要求:黏质土 12~24h,粉质土 6~8h,砂类土、砂砾土、红土砂砾、级配砂砾等可缩短到 4h 左右,含土很少的未筛分碎石、砂砾和砂可缩短到 2h。浸润时间一般不超过 24h。

(5) 在试件成型前 1h 内,加入预定数量的水泥并拌和均匀。在拌和过程中,应将预留的水(对于细粒土为 3%,对水泥稳定类为 1%~2%)加入土中,使混合料达到最佳含水率。拌和均匀的加有水泥的混合料应在 1h 内按下述方法制成试件,超过 1h 的混合料应该作废。其他结合料稳定土的混合料虽不受此限制,但也应尽快制成试件。

(6) 用反力框架和液压千斤顶制件,或采用压力试验机。

将试模配套的下垫块放入试模的下部,但外露 2cm 左右。将称量的规定数量 m_2 的稳定材料混合料分 2~3 次灌入试模中,每次灌入后用夯棒轻轻均匀插实。如制备的是 φ50mm×50mm 的小试件,则可以将混合料一次倒入试模中,然后将与试模配套的上垫块放入试模内,也应使其外露 2cm 左右(即上、下垫块露出试模外的部分应该相等)。

(7) 将整个试模(连同上、下垫块)放到反力框架内的千斤顶上(千斤顶下应放一扁球座)或压力机上,以 1mm/min 的加载速率加压,直到上、下垫块都压入试模为止。维持压力 2min。

(8) 解除压力后,取下试模,并放到脱模器上将试件顶出。对水泥稳定黏质土,制件后可立即脱模;对水泥稳定无黏结性的细粒土,最好过 2~4h 再脱模;对中、粗粒土的无机结合料稳定材料,也最好过 2~6h 脱模。

(9) 在脱模器上取试件时,应用双手抱住试件侧面的中下部,然后沿水平方向轻轻旋转,待感觉到试件移动后,再将试件轻轻捧起,放置到试验台上。切勿直接将试件向上捧起。

(10) 称取试件的质量 m_2,小试件精确至 0.01g;中试件精确到 0.01g;大试件精确到 0.1g。然后用游标卡尺测量试件高度 h,精确到 0.1mm。检查试件的高度和质量,不满足成型标准的试件作为废件。

高度误差:小试件、中试件、大试件的高度误差范围应分别为 -0.1~0.1cm、-0.1~0.15cm 和 -0.1~0.2cm。

质量损失:小试件、中试件、大试件分别应不超过 5g、25g 和 50g。

(11) 试件称量后应立即放在塑料袋中封闭,并用潮湿的毛巾覆盖,移放至养护室。

5) 计算

单个试件的标准质量按下式计算:

$$m_0 = V \times \rho_{max} \times (1 + w_{opt}) \times \gamma \tag{3-2}$$

考虑到成型过程中的质量损耗,实际操作过程中每个试件的质量可增加 0~2%,即:

$$m'_0 = m_0 \times (1 + \delta) \tag{3-3}$$

每个试件的干料(包括干土和无机结合料)总质量按下式计算:

$$m_1 = \frac{m'_0}{1 + w_{opt}} \tag{3-4}$$

每个试件中无机结合料的质量按下式计算:

$$m_2 = m_1 \times \frac{\alpha}{1 + \alpha} \quad (外掺法) \tag{3-5}$$

$$m_2 = m_1 \times \alpha \quad (内掺法) \tag{3-6}$$

每个试件中土的质量按下式计算:

$$m_3 = m_1 - m_2 \tag{3-7}$$

每个试件中的加水量按下式计算:

$$m_w = (m_2 + m_3) \times w_{opt} \tag{3-8}$$

可按下式进行验算:

$$m'_0 = m_2 + m_3 + m_w \tag{3-9}$$

上述式中:m_0、m'_0——单个试件的混合料质量,g;

m_1——每个试件的干混合料质量,g;

m_2——每个试件中无机结合料的质量,g;

m_3——每个试件中土的质量,g;

m_w——每个试件中加水质量,g;

V——试件体积,cm³;

w_{opt}——混合料最佳含水率,%;

ρ_{max}——混合料最大干密度,g/cm³;

γ——混合料压实度标准,%；
δ——计算混合料质量的冗余量,%；
α——无机结合料的掺量,%。

6)结果整理

高度误差：小试件的高度误差范围为 -0.1~0.1cm,中试件的高度误差范围为 -0.1~0.15cm,大试件的高度误差范围为 -0.1~0.2cm。

质量损失：小试件应不超过标准质量5g,中试件应不超过25g,大试件应不超过50g。

3.1.2.4 无机结合料稳定材料试件养护

无机结合料稳定材料试件的养护方法有标准养护法和快速养护法,均适用于水泥稳定、石灰稳定和二灰稳定材料类。

1)标准养护方法

(1)试件从试模内脱出并量高称质量后,中试件和大试件应装入塑料袋内,试件装入塑料袋后,将袋内的空气排除干净,扎紧袋口,将包好的试件放入养护室。

(2)标准养护的温度为(20±2)℃,标准养护的湿度为≥95%。试件宜放在铁架或木架上,间距至少10~20mm。试件表面应保持一层水膜,并避免用水直接冲淋。

(3)对无侧限抗压强度试验,标准养护龄期是7d,最后一天浸水。对弯拉强度、间接抗拉强度,水泥稳定材料类的标准养护龄期是90d,石灰稳定材料类的标准养护龄期是180d。

(4)在养护期的最后一天,将试件取出,观察试件的边角有无磨损和缺块,并量高称损量,然后将试件浸泡于(20±2)℃水中,应使水面在试件顶上约2.5cm。

(5)如在养护期间,试件有明显的边角缺损,应予作废；在养护期间,试件质量的损失应该符合下列规定：小试件不超过1g；中试件不超过4g；大试件不超过10g。质量损失超过此规定的试件,应予作废。

2)快速养护方法

(1)快速养护龄期的确定

①将一组无机结合料稳定材料,在标准养护条件下[(20±2)℃,湿度≥95%]养护180d(石灰稳定类材料养护180d,水泥稳定类材料养护90d),测试抗压强度值。

②将同样的一组无机结合料稳定材料,在高温养护条件下[(60±1)℃,湿度≥95%]养生7d、14d、21d、28d等,进行不同龄期的抗压强度试验,建立高温养护条件下强度—龄期的相关关系。

③在强度—龄期关系曲线上,找出标准养护长龄期强度对应的高温养护的短龄期,并以此作为快速养护的龄期。

(2)快速养护试验步骤

①将高温养护室的温度调至规定的温度(60±1)℃,湿度也保持在95%以上,并能自动控温控湿。

②将制备的试件量高称质量后,小心装入塑料袋内。试件装入塑料袋后,将袋内的空气排除干净,并将袋口扎紧,将包好的试件放入养护箱中。

③养护期的最后一天,将试件从高温养护室内取出,晾至室温(约2h),再打开塑料袋取出试件,观察试件有无缺损,量高称质量后,浸入(20±2)℃恒温水槽中,水面高出试件顶2.5cm。

浸水 24h 后,取出试件,用软布擦去可见自由水,称质量,量高后,立即进行相关的试验。

(3)如在养护期间,试件有明显的边角缺损,应予作废;在养护期间,对养护 90d 和 180d 的试件,质量损失应该符合下列规定:小试件不超过 1g;中试件不超过 10g;大试件不超过 20g。质量损失超过此规定的试件,应予作废。

3.1.2.5 无机结合料稳定材料的无侧限抗压强度试验

1)仪器设备

标准养护室、密封湿气箱或湿气池:放在保持恒温的小房间内。

水槽:深度应大于试件高度 50mm。

压力机或万能试验机:满足试件吨位要求,且加载速率能有效控制在 1mm/min。

电子天平:量程 15kg,感量 0.1g;量程 4000g,感量 0.01g。

量筒、拌和工具、漏斗、大小铝盒、烘箱等。

2)试件制备

(1)标准试件为径高比 1:1 的圆柱体试件,对细粒土,试模为 $\phi 50mm \times 50mm$;对中粒土,试模为 $\phi 100mm \times 100mm$;对粗粒土,试模为 $\phi 150mm \times 150mm$。

(2)风干试料准备。

(3)确定无机结合料混合料的最佳含水率和最大干密度。

(4)配制混合料。

(5)按预定的干密度制件。

3)试件养护(一般采用标准养护方法)

(1)应按规定的标准养护方法进行 7d 的标准养护[温度为(20±2)℃,湿度为≥95%],最后一天浸水。

(2)在养护的最后一天,将试件取出,观察试件的边角有无磨损和缺块,并量高称质量,然后将试件浸泡于(20±2)℃水中,应使水面在试件顶上约 2.5mm。

(3)如在养护期间,试件有明显的边角缺损(或超出质量损失规定)者应予作废。

4)无侧限抗压强度试验

(1)根据试验材料的类型和一般的工程经验,选择合适量程的测力计和试验机,对被测试件施加的压力应在量程的 20%~80% 范围内。球形支座和上下顶板涂上机油,使球形支座能够灵活转动。

(2)将已浸水一昼夜的试件从水中取出,用软布吸去试件表面的水分,并称试件的质量 m_4。

(3)用游标卡尺测量试件的高度 h,精确到 0.1mm。

(4)将试件放到路面材料强度试验仪或压力机上,并在升降台上先放一扁球座,进行抗压试验。试验过程中,应保持加载速率为 1mm/min。记录试件破坏时的最大压力 P。

(5)从试件内部取有代表性的样品(经过打破),按规定方法测定其含水率 w。

5)计算

试件的无侧限抗压强度 R_c 计算:

$$R_c = \frac{P}{A} \qquad (3-10)$$

式中：R_c——试件的无侧限抗压强度，MPa；
　　　P——试件破坏时的最大压力，N；
　　　A——试件的截面积（$A = \pi D^2/4$），mm²；
　　　D——试件的直径，mm。

6）结果整理

抗压强度保留1位小数。同一组试件试验中，采用3倍均方差方法剔除异常值，小试件可以允许有1个异常值，中试件1～2个异常值，大试件2～3个异常值。异常值数量超过上述规定的试验重做。

同一组试件试验的变异系数 C_V（%）应符合以下规定方为有效试验：小试件≤6%，中试件≤10%，大试件≤15%。如不能保证试验结果的 C_V 小于规定值，则应按允许差10%和90%概率重新计算所需的试件数量，增加试件数量并另做新试验。新试验结果应与老试验结果一并重新进行统计评定，直到变异系数满足上述规定。

3.2　路面工程检测

3.2.1　沥青路面检测

3.2.1.1　几何尺寸检测

在路基路面施工过程、交工验收期间及旧路调查中，都需要检测路基路面各部分的几何尺寸，并保证其符合要求，以此作为施工质量控制和保证交工验收质量的一种检测手段。几何尺寸检测所用的仪器与材料有钢卷尺、经纬仪、全站仪、精密水准仪、塔尺、粉笔等。

1）准备工作

(1) 在路基或路面上准确恢复桩号。

(2) 按随机取样的方法，在一个检测路段内选取测定的断面位置及里程桩号，在测定断面做上记号。通常将路面宽度、横坡、高程及中线偏位选在同一断面位置，且宜在整数桩号上。

(3) 根据道路设计的要求，确定路基路面各部分的设计宽度的边界位置，在测定位置上用粉笔做上记号。

(4) 根据道路设计的要求，确定设计高程的纵断面位置，在测定位置上用粉笔做上记号。

(5) 根据道路设计的要求，在与中线垂直的横断面上确定成型后的路面的实际中线位置。

(6) 根据道路设计的路拱形状，确定曲线与直线部分的交界位置及路面与路肩（或硬路肩）的交界处，作为横坡检验的标准；当有路缘石或中央分隔带时，以两侧路缘石边缘为横坡测定的基准点，用粉笔做记号。

2）纵断面高程测定

将水准仪架设在路面平顺处整平，以路线附近的水准点高程为基准，依次将塔尺竖立在中线的测定位置上，测记测定点的高程读数，以 m 计，准确至0.001mm；连续测定全部测点，并与水准点闭合。

各测点的实测高程 H_{1i} 与设计高程 H_{0i} 的差为：

$$\Delta H_i = H_{1i} - H_{0i} \qquad (3\text{-}11)$$

式中：ΔH_i——各个断面的纵断面实测高程和设计高程的差值，m；

H_{1i}——各个断面的纵断面实测高程，m；

H_{0i}——各个断面的纵断面设计高程，m。

3）路面横坡测定

设有中央分隔带的公路路面横坡是指路面与中央分隔带交界处及路面边缘与路肩交界处两点的高程差与水平距离比值，以%表示。对无中央分隔带的公路路面横坡是指路拱两侧直线部分的坡度。

路面横坡的测定方法如下：

(1)对设有中央分隔带的路面，测定横坡时，将水准仪架设在路面平顺处整平，将塔尺分别竖立在路面与中央分隔带分界的路缘带边缘 d_1 处及路面与路肩交界位置（或外侧路缘石边缘）d_2 处，d_1 和 d_2 两测点必须在同一横断面上。测量 d_1 和 d_2 处的高程，记录高程读数，以 m 计，准确至 0.001mm。

(2)对无中央分隔带的路面，测定横坡时，将水准仪架设在路面平顺处整平，将塔尺分别竖在路拱曲线与直线部分的交界位置 d_1 处及路面与路肩交界位置 d_2 处，d_1 和 d_2 两测点必须在同一横断面上。测量 d_1 与 d_2 处的高程，记录高程读数，以 m 计，准确至 0.001mm。

(3)用钢尺测量两测点的水平距离 B_{1i}，以 m 计。对于高速公路及一级公路，准确至 0.005m；对于其他等级公路，准确至 0.01m。

各测定断面的横坡度 i_{1i} 按式(3-12)计算，准确至一位小数，并按式(3-13)计算实测横坡 i_{1i} 与设计横坡 i_{0i} 之差 Δi_i。

$$i_{1i} = \frac{d_{1i} - d_{2i}}{B_{1i}} \times 100 \qquad (3\text{-}12)$$

$$\Delta i_i = i_{1i} - i_{0i} \qquad (3\text{-}13)$$

式中：i_{1i}——各测定断面的横坡，%；

i_{0i}——各断面的设计横坡，%；

Δi_i——各测定断面的横坡和设计横坡的差，%；

d_{1i}、d_{2i}——各断面测点 d_1 与 d_2 处的高程读数，m；

B_{1i}——各断面测点 d_1 与 d_2 之间的水平距离，m。

4）路基路面宽度测定

路基宽度是指行车道与路肩宽度之和，应包括中间带、变速车道、爬坡车道、紧急停车带等。路面宽度包括行车道、路缘带、变速车道、爬坡车道、硬路肩和紧急停车带等。

其测定步骤如下：

用钢尺沿中心线垂直方向水平量取路基路面各部分宽度，以 m 计。对于高速公路及一级公路，准确至 0.005m；对于其他公路，准确至 0.01m。

测量时量尺应保持水平，不得将尺紧贴路面量取，也不得使用皮尺。各测定断面的实测宽度 B_{1i} 与设计宽度 B_{0i} 之差为 ΔB_i。

$$\Delta B_i = B_{1i} - B_{0i} \qquad (3\text{-}14)$$

式中：ΔB_i——各测定断面的实测宽度与设计宽度的差，m；
B_{1i}——各测定断面的实测宽度，m；
B_{0i}——各断面的设计宽度，m。

5）路面中线偏差测定

路面中线偏位是指路面实际中心线偏离设计中心线的距离，以 mm 计。

其测量方法如下：

有中线坐标的道路：首先从设计资料中查出待测点 P 的设计坐标，用经纬仪对该设计坐标进行放样，并在放样点 P' 做好标记，量取 PP' 的长度，即为中线平面偏位 Δ_{CL}，以 mm 表示。对高速公路及一级公路，准确至 5mm；对其他等级公路，准确至 10mm。

无中桩坐标的低等级道路：应首先恢复交点或转点，实测偏角和距离，然后采用链距法、切线支距法或偏角法等传统方法敷设道路中线的设计位置，量取设计位置与施工位置之间的距离，即为中线平交偏位 Δ_{CL}，以 mm 表示，准确至 10mm。

6）检测路段几何尺寸评定

根据检测结果算出一个评定路段内测定值的平均值、标准差、变异系数等质量特征值，然后按照数理统计公式(1-4)或式(1-5)计算一个评定路段测定值的代表值（下置信界限值或上置信界限值），根据各等级公路几何尺寸规定值进行质量评定。

3.2.1.2 路面结构层厚度检测

路面结构层厚度是保证路面工程质量检测非常重要的一项指标，路面各结构层的厚度与道路整体强度密切相关，同时也关系到路面标高的控制，因此，公路施工过程中必须严格控制路面各个结构层的厚度，并且做好工程交工验收检查。

当用灌砂法进行压实度检查时，可量取挖坑灌砂深度即为结构层厚度。当用钻芯取样法检查压实度时，可直接量取芯样高度。结构层厚度也可以采用水准仪量测法求得，即在同一测点量出结构层底面及顶面的高程，然后求其差值。这种方法无须破坏路面，测试精度高。目前，国内外还有用雷达、超声波等方法检测路面结构层厚度。对于基层或砂石路面的厚度可用挖坑法测定，沥青面层与水泥混凝土路面板的厚度应用钻孔法测定。

1）挖坑法

(1) 检测频率

水泥稳定粒料基层及石灰稳定土底基层，每200m每车道检查1处。

(2) 仪具与材料：

①挖坑用的镐、铲、凿子、锤子、小铲、毛刷。

②量尺：钢板尺、钢卷尺、卡尺。

③补坑材料：与检查层位的材料相同。

④补坑用具：夯、热夯、水等。

⑤其他：搪瓷盘、棉纱等。

(3) 挖坑法测定路面厚度步骤

①按随机选点法决定挖坑检查的位置。如为旧路，测点有坑洞等显著缺陷或接缝时，可在其旁边检测。

②选一块约40cm×40cm的平坦表面作为试验地点，用毛刷将其清扫干净。

③根据材料坚硬程度,选择镐、铲、凿子等适当的工具开挖这一层材料,直至层位底面。在便于开挖的前提下,开挖面积应尽量缩小,坑洞大体呈圆形。边开挖边将材料铲出,置于搪瓷盘内。

④用毛刷将坑底清扫,作为下一层的顶面。

⑤将一把钢板尺平放横跨于坑的两边,用另一把钢尺或卡尺等量具在坑的中部位置垂直伸至坑底,测量坑底至钢板尺底面的距离,即为检查层的厚度,以 mm 计,准确至1mm。

⑥用取样层的相同材料填补试坑。

沥青路面施工过程中,当沥青混合料尚未冷却时,可采用简易方法测定沥青层厚度。根据需要随机选择测点,用大螺丝刀插入至沥青层底面深度后用尺读数,量取沥青层的厚度,以 mm 计,准确至1mm。

量取或挖坑量取沥青层的厚度(必要时用小锤轻轻敲打),但不得使用铁铺等扰动四周的沥青层。挖坑后清扫坑边,架上钢板尺用另一钢板尺量取层厚,或用螺丝刀插入坑内量取深度后用尺量取层厚,以 mm 计,精确至1mm。

2)钻孔取芯样法

(1)检测频率

水泥混凝土面层,每200m 每车道检查2 处;沥青混凝土、沥青碎石及沥青贯入式面层,每200m 每车道检查1 处。

(2)仪具与材料

取样用路面取芯钻机及钻头、冷却水:钻头的标准直径为 $\phi100mm$,如芯样仅供测量厚度,不作其他试验时,对沥青面层与水泥混凝土板也可用直径 $\phi50mm$ 的钻头,对基层材料有可能损坏试件时,也可用直径 $\phi150mm$ 的钻头,但钻孔深度均必须达到层厚。

(3)钻孔取芯样法测定路面厚度步骤

①按随机选点法决定挖坑检查的位置。如为旧路,测点有坑洞等显著缺陷或接缝时,可在其旁边检测。

②按钻取芯样的方法用路面取芯机钻孔。

③仔细取出芯样,清除表面灰土,找出与下层的分界。

④用钢板尺或卡尺沿圆周对称的十字方向四处量取表面至上下层界面的高度,取其平均值,即为该层的厚度,准确至1mm。

⑤用取样层的相同材料填补钻孔。

3)填补试坑或钻孔

挖坑法或钻孔法测定结构层的厚度后,应用相同材料仔细填补并压实试坑或钻孔,补坑工序如有疏忽、遗留或补得不好,易成为隐患而导致开裂。填补试坑或钻孔的步骤如下:

(1)适当清理坑中残留物,钻孔时留下的积水应用棉纱吸干。

(2)对无机结合料稳定层及水泥混凝土面板,应按相同配比用新拌的材料分层填补,并用小锤压实整平。水泥混凝土中宜掺加少量快凝早强剂。

(3)对无结合料粒料基层,可用挖坑时取出的材料,适当加水拌和后分层填补,并用小锤压实整平。

(4)对正在施工的沥青路面,用相同级配的热拌沥青混合料分层填补,并用加热的铁锤或热夯压实整平,旧路钻孔也可用乳化沥青混合料修补。

(5)补坑结束时,宜比原面层略鼓出少许,用重锤或压路机压实平整。

4)计算

按下式计算路面实测厚度 T_{1i} 与设计厚度 T_{0i} 之差:

$$\Delta T_i = T_{1i} - T_{0i} \tag{3-15}$$

式中：ΔT_i——路面实测厚度与设计厚度的差值,mm;

T_{1i}——各测点路面的实测厚度,mm;

T_{0i}——路面的设计厚度,mm。

当检测路面总厚度时,则将各层平均厚度相加即为路面总厚度。

5)路面结构层检测新技术

短脉冲雷达是目前国内外已普遍用于测试路面结构层厚度的一种无损测试设备,对沥青面层的测试误差一般可控制在3mm内,但其测试效率是传统方法无法相比的。采用路面雷达测试系统还可以在短时间内自动分析出公路或桥面各个结构层的厚度、含水率、空隙位置、破损位置及程度等技术资料。

目前,我国公路路面厚度测试常采用钻孔测量芯样厚度的方法,给路面造成损坏或留下后患。而路面雷达测试系统是一种非接触、非破损的路面厚度测试技术,检测速度高,精度也较高,检测费用较低。不仅适用于沥青路面或水泥混凝土路面各层厚度及总厚度测试、路面下空洞探测、路面下相对高湿度区域检测、路面下的破损状况检测,还可以用于检测桥面混凝土剥落状况、检测桥内混凝土与钢筋脱离状况、测试桥面沥青覆盖层的厚度等。

(1)路面探测雷达检测原理

雷达检测车以一定速度在路面上行驶,路面探测雷达发射电磁脉冲,并在短时间内穿过路面,脉冲反射波被无线接收机接收,数据采集系统记录返回时间和路面结构中的不连续电介质常数的突变情况。路面各结构层材料的电介质常数明显不同,因此电介质常数突变处,也就是两结构层的界面,根据测知的各种路面材料的电介质常数及波速,则可计算路面各结构层的厚度或给出含水率、损坏位置等资料。如图3-2所示。

(2)方法与步骤

准备工作:

①距离标定:承载车行驶超过20000km,更换轮胎,或使用超过1年的情形下需要进行距离标定。

②安装雷达天线:将雷达天线按照厂商提供的安装方法牢固安装好,并将天线与主机的连线连接好。

③检查连接线安装无误后开机预热,预热时间不得少于厂商规定的时间。

④将金属板放置在天线正下方,启动控制软件的标定程序,获取相应参数。

⑤打开控制软件的参数设置界面,根据不同的检测目的,设置采样间隔、时间窗、增益等参数。

(3)测试步骤

①将承载车停在起点,开启安全警示灯,启动软件测试程序,令驾驶员缓慢加速车辆到

正常检测速度。

②检测过程中,操作人员应记录测试线路所遇到的桥梁、涵洞、隧道等构造物的起终点。

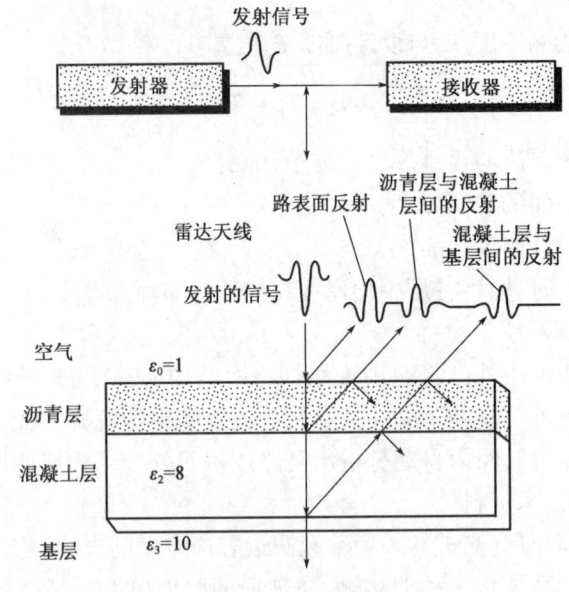

图 3-2 路面雷达原理图

③当测试车辆到达测试终点后,操作人员停止采集程序。

④芯样标定:为了准确反算出路面厚度,必须知道路面材料的介电常数,通常采用在路面上钻芯取样方法以获取路面材料的介电常数。具体做法是,首先令雷达天线在需要标定芯样点的上方采样,然后钻芯,最后将芯样的真实厚度数据输入到计算程序中,反算出路面材料的介电常数或者雷达波在材料中的传播速度;路面材料的介电常数会随集料类型、沥青产地、密度、湿度等而不同。测试过程中应根据实际情况增加芯样钻取数量,以保证测试厚度的准确性。

⑤操作人员检查数据文件,文件应完整,内容应正常,否则应重新测试。

⑥关闭测试系统电源,结束测试。

(4)计算

计算原理:由于地下介质具有不同的介电常数,造成各种介质具有不同的电导性,电导性的差异影响了电磁波的传播速度。一般用下面公式计算电磁波在不同介质中的传播速度:

$$v = \frac{c}{\sqrt{\varepsilon_r}} \tag{3-16}$$

式中:v——电磁波在介质中的传播速度,mm/ns;

c——电磁波在空气中的传播速度,取 300mm/ns;

ε_r——路面材料介质的相对介电常数,可以通过路面芯样获得。

根据雷达波在路面面层中的双程走时以及材料的相对介电常数,用下式确定面层厚度:

$$T = \frac{\Delta t \times c}{2\sqrt{\varepsilon_r}} \tag{3-17}$$

式中：T——面层厚度，m；

Δt——雷达波在路面面层中的双程走时，ns。

路面厚度的计算通常先由雷达波识别软件自动识别各层分界线，得到雷达波在各层中的双程走时，然后计算各层厚度。

3.2.1.3 路面压实度检测

如前所述，路面压实度是控制路面工程施工质量的重要指标。对于路面基层(底基层)，压实度是指工地实际达到的干密度与室内标准击实试验所得的最大干密度的比值；对沥青路面，压实度是指现场实际达到的密度与标准密度的比值。

1）路面基层混合料最大干密度及最佳含水率确定方法

常见的路面基层材料有半刚性基层及粒料类基层，粒料类基层最大干密度的确定可参照粗粒土和巨粒土的振动法。半刚性基层材料最大干密度的确定则按照《公路工程无机结合料稳定材料试验规程》(JTG E51—2009)执行，用标准击实法求得。

2）沥青混合料标准密度确定方法

沥青混合料标准密度，以沥青拌和厂取样试验的马歇尔密度或者试验段密度为准。当采用前者方法时，压实度标准比后者高，但无论采用哪种方法，均应测定马歇尔试件或芯样试件的密度。在进行密度试验时应根据沥青混合料试件本身的特点，按照《公路工程沥青及沥青混合料试验规程》(JTG E20—2011)，采用下列方法之一进行测定。

水中重法：仅适用于测定几乎不吸水(吸水率<0.5%)的密实沥青混合料试件的表观相对密度或表观密度。

表干法：适用测定吸水率不大于2%的各种沥青混合料试件的毛体积相对密度或毛体积密度。包括密级配沥青混凝土(AC，空隙率标准为3%~5%)、沥青马蹄脂碎石混合料(SMA，空隙率标准为3%~4%)、沥青稳定碎石(ATB，空隙率标准为3%~6%)。

蜡封法：适用于测定吸水率大于2%的各种沥青混凝土或沥青混合料的毛体积相对密度或毛体积密度。如半开级配沥青碎石(AM)，空隙率要求6%~12%，开级配透水式沥青磨耗层(OGFC)，空隙率大于18%。

体积法：适用于空隙率较大的沥青碎石混合料及大空隙透水性开级配沥青混合料试件的毛体积密度。如排水式沥青稳定碎石基层(ATPB)，空隙率大于18%；大粒径透水性沥青混合料(LSPM)，空隙率标准为13%~18%。

3）现场密度试验检测方法

路面现场密度仍主要采用灌砂法、环刀法、核子仪法和钻芯法进行检测，具体检测方法参见第2章所述内容。

3.2.1.4 路面弯沉测试方法

国内外普遍采用回弹弯沉值来表示路基路面的承载能力，回弹弯沉值越大，承载能力越小，反之则越大。通常所说的回弹弯沉值是指标准后轴载双轮组轮隙中心处的最大回弹弯沉值。在路表测试的回弹弯沉值可以反映路基路面的综合承载能力。回弹弯沉值在我国已广泛使用且有很多的经验及研究成果，它不仅用于路面结构的设计中(设计回弹弯沉值)，用于施工控制及施工验收中(竣工验收弯沉值)，同时还用在旧路补强设计中，是公路工程的一个基本参数，所以正确的测试具有重要的意义。

弯沉是指在规定的标准轴载作用下，路基或路面表面轮隙位置产生的，总垂直变形（总弯沉）或垂直回弹变形值（回弹弯沉），以 0.01mm 为单位。路面设计弯沉值是根据设计年限内一个车道上预测通过的累计当量轴次、公路等级、面层和基层类型而确定的。

弯沉值的测试方法较多，目前用得最多的是贝克曼梁法，在我国已有成熟的经验，但由于其测试速度等因素的限制，各国都对快速连续或动态测定进行了研究，现在用得比较普遍的有法国洛克鲁瓦式自动弯沉仪，丹麦等国家发明并几经改进形成的落锤式弯沉仪（FWD），美国的振动弯沉仪等。这些进口设备在我国均有引进，现将几种方法各自的特点作简单比较：

贝克曼梁弯沉测试方法为传统法，速度慢、静态测试、比较成熟，测定的是回弹弯沉，目前属于标准方法。自动弯沉仪法是利用贝克曼梁原理快速连续测定，属静态测试范畴，测定的是总弯沉，因此，使用时应用贝克曼梁进行标定换算。落锤式弯沉仪法是动态检测方法，利用重锤自由落下的瞬间产生的冲击荷载测定弯沉，属于动态弯沉，并能反算路面的回弹模量，快速连续测定，使用时应用贝克曼梁进行标定换算。

1）贝克曼梁法

(1) 试验目的和适用范围

本方法适用于测定各类路基、路面的回弹弯沉，用以评定其整体承载能力，可供路面结构设计使用；测定的路基、柔性路面的回弹弯沉值可供交工和竣工验收；测定的路面回弹弯沉可为公路养护管理部门制定养路修路计划提供依据。

沥青路面的弯沉检测以沥青面层平均温度 20℃ 时为准，当路面平均温度在 (20 ± 2)℃ 以内可不修正，在其他温度测试时，对沥青层厚度大于 5cm 的沥青路面，弯沉值应进行温度修正。另外，还应考虑季节影响系数和湿度影响系数。

(2) 仪具与材料

测试车：采用标准车 BZZ - 100，双轴、后轴标准轴荷载 100kN；每侧双轮荷载 50kN；轮胎充气压力 0.70MPa；单轮传压面当量圆直径 21.30cm；且轮隙宽度应满足能自由插入弯沉仪测头的载重车。

路面弯沉仪：如图 3-3 所示，由贝克曼梁、百分表及表架组成，贝克曼梁由铝合金制成，上有水准泡，其前臂（接触路面）与后臂（装百分表）长度比为 2：1。弯沉仪长度有两种：一种长 3.6m，前后臂分别为 2.4m 和 1.2m；另一种加长的弯沉仪长 5.4m，前后臂分别为 3.6m 和 1.8m。当在半刚性基层沥青路面或水泥混凝土路面上测定时，宜采用长度为 5.4m 的贝

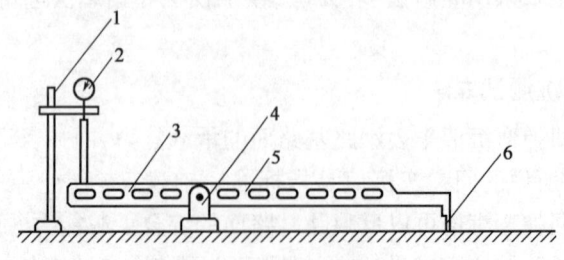

图 3-3 弯沉仪结构示意图
1-表架；2-百分表；3-后杠杆；4-支撑座；5-前杠杆；6-探头

克曼梁弯沉仪;对柔型基层或混合式结构沥青路面可采用长度为3.6m的贝克曼梁弯沉仪测定。弯沉值采用百分表量得,也可用自动记录装置进行测量。

接触式路面温度计:端部为平头,分度不大于1℃。

其他:皮尺、口哨、白油漆或粉笔、指挥旗等。

(3)试验方法与步骤

试验前准备工作:

①检查并保持测定用标准车的车况及制动性能良好,轮胎内胎符合规定充气压力。

②向汽车车槽中装载(铁块或集料),并用地中衡称量后轴总质量及单侧轮荷载,均应符合要求的轴重规定,汽车行驶及测定过程中,轴重不得变化。

③测定轮胎接地面积:在平整光滑的硬质路面上用千斤顶将汽车后轴顶起,在轮胎下方铺一张新的复写纸和一张方格纸,轻轻落下千斤顶,即在方格纸上印上轮胎印痕,用求积仪或数方格的方法测算轮胎接地面积,精确至$0.1cm^2$。

④检查弯沉仪百分表量测灵敏情况。

⑤当在沥青路面上测定时,用路表温度计测定试验时气温及路表温度(一天中气温不断变化,应随时测定),并通过气象台了解前5d的平均气温(日最高气温与最低气温的平均值)。

⑥记录沥青路面修建或改建时材料、结构、厚度、施工及养护等情况。

测试步骤:

①在测试路段布置测点,其距离随测试需要而定。测点应在路面行车车道的轮迹带上,并用白油漆或粉笔画上标记。

②将试验车后轮轮隙对准测点后3~5cm处的位置上。

③将弯沉仪插入汽车后轮之间的缝隙处,与汽车方向一致,梁臂不得碰到轮胎,弯沉仪测头置于测点上(轮隙中心前方3~5cm处),并安装百分表于弯沉仪的测定杆上,百分表调零,轻轻叩打弯沉仪,检查百分表是否稳定回零。

弯沉仪可以是单侧测定,也可以双侧同时测定。

④测定者吹哨发令指挥汽车缓缓前进,百分表随路面变形的增加而持续向前转动。当表针转动到最大值时,迅速读取初读数d_1。汽车仍在继续前进,表针反向回转,待汽车驶出弯沉影响半径(3m以上)后,吹口哨或挥动红旗指挥停车。待表针回转稳定后读取终读数d_2。汽车前进的速度宜为5km/h左右。

(4)结果计算整理

每个测点的回弹弯沉值按下式计算:

$$l_t = (L_1 - L_2) \times 2 \tag{3-18}$$

式中:l_t——在路面温度为t时的回弹弯沉值,0.01mm;

L_1——车轮中心临近弯沉仪测头时百分表的最大读数即初读数,0.01mm;

L_2——汽车驶出弯沉影响半径后百分表的最大读数即终读数,0.01mn。

(5)弯沉仪的支点变形修正

当采用长度为3.6m的弯沉仪对半刚性基层、沥青路面等进行弯沉测定时,有可能引起弯沉仪支座处变形,因此测定时应检验支点有无变形。支点变形修正原理如图3-4所示。

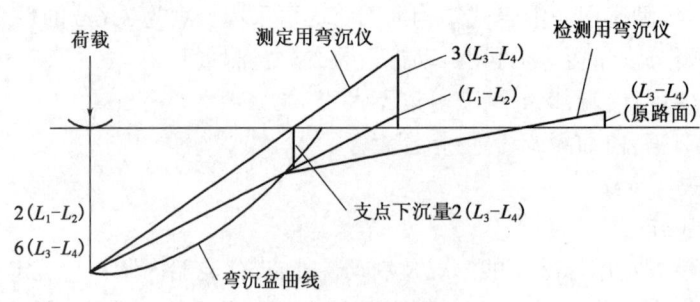

图 3-4　弯沉仪的支点变形修正原理

具体修正方法为,用另一台检验用的弯沉仪安装在测定用的弯沉仪的后方,其测点架于测定用弯沉仪的支点旁。当汽车开出时,同时测定两台弯沉仪的弯沉读数,如检验用弯沉仪百分表有读数,应记录并进行支点变形修正。当在同一结构层上测定时,可在不同的位置测定 5 次,求平均值,以后每次测定时以此作为修正值。

当采用长 5.4m 的弯沉仪测定时,可不进行支点变形修正。

(6)结果计算及温度修正

①进行弯沉仪支点变形修正时,路面测点的回弹弯沉值按下式计算:

$$l_t = 2(L_1 - L_2) + 6(L_3 - L_4) \tag{3-19}$$

式中:L_3——车轮中心临近弯沉仪测头时检验用弯沉仪的最大读数,0.01mm;

　　L_4——汽车驶出弯沉影响半径后检验用弯沉仪的终读数,0.01mm。

②沥青面层厚度大于 5cm,且路面温度超过 (20 ± 2)℃ 范围时,回弹弯沉值常采用查图法进行温度修正。

a. 测定层沥青层的平均温度按下式计算:

$$t = \frac{t_{25} + t_m + t_e}{3} \tag{3-20}$$

式中:t——测定时沥青层平均温度,℃;

　　t_{25}——根据 t_0 由图 3-5 得出的路表下 25mm 处的温度,℃;

　　t_m——根据 t_0 由图 3-5 得出的沥青层中间深度的温度,℃;

　　t_e——根据 t_0 由图 3-5 得出的沥青层底面处的温度,℃。

图 3-5 中 t_0 为测定时路表温度与测定前 5d 日平均气温的平均值之和,日平均气温为日最高气温与最低气温的平均值。

b. 不同基层的沥青路面弯沉值的温度修正系数 K,根据沥青平均温度 t 及沥青层厚度,分别由图 3-6a)、b)求取。

c. 沥青路面回弹弯沉按下式计算:

$$l_{20} = l_t \times K \tag{3-21}$$

式中:K——温度修正系数;

　　l_{20}——换算为 20℃ 的沥青路面回弹弯沉值,0.01mm;

　　l_t——测定时沥青面层的平均温度为 t 时的回弹弯沉值,0.01mm。

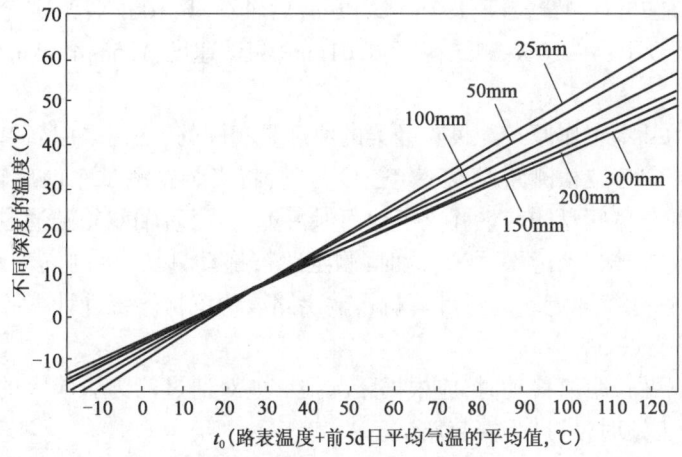

图 3-5 沥青面层平均温度的确定(线上的数字表示路标下的不同深度)

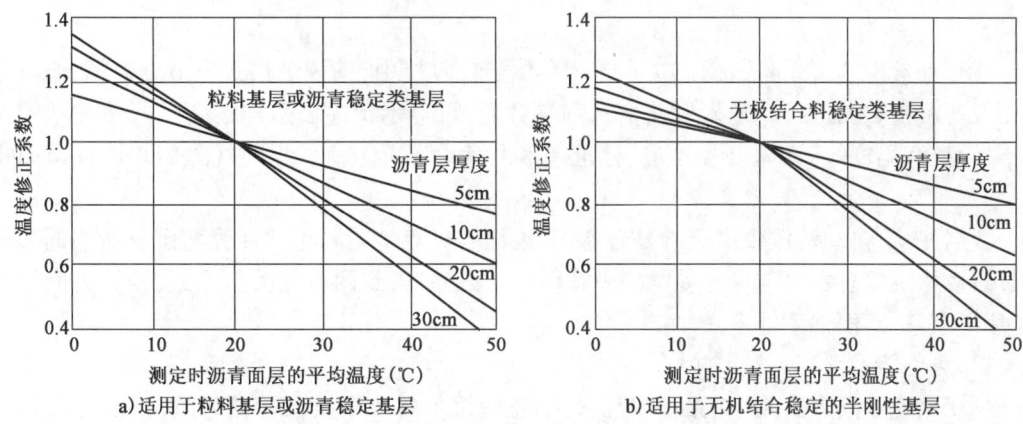

a) 适用于粒料基层或沥青稳定基层　　b) 适用于无机结合稳定的半刚性基层

图 3-6 路面弯沉温度修正系数曲线图

2) 自动弯沉仪

利用贝克曼梁测定路面回弹弯沉值操作简便,应用广泛,我国路面设计及检测的标准方法和基本参数都是建立在这种试验方法基础之上的。但是,这种试验方法整个测试过程全是人工操作,测试结果受人为因素的影响较大,而且测速慢。自动弯沉仪是测定路面弯沉值的高效自动化设备,可对路面进行高密集点的强度测量,适用于路面施工质量控制、验收及路面养护管理。

(1) 主要设备

自动弯沉仪测定车:洛克鲁瓦型,由测试汽车、测量机构、数据采集处理系统三部分组成。测量机构如图 3-7 所示,它安装在测试车底盘下面。

自动弯沉仪测定车的主要技术参数如下:

图 3-7 自动弯沉仪测量设备

测试车轴距:6.75m;测臂长度:1.75~2.40m;后轴荷载:100kN;测定轮对路面的压强:0.7MPa;最小测试步距:4~10m;测试精度:0.01mm;测试速度:1.5~4.0km/h。

(2)工作原理

自动弯沉仪的基本工作原理与贝克曼梁的原理是相同的,都是采用简单的杠杆原理。

自动弯沉仪测定车在检测路段以一定速度行驶,将安装在测试车前后轴之间底盘下面的弯沉测定梁放到车辆底盘的前端并支于地面保持不动,当后轴双轮隙通过测头时,弯沉通过位移传感器等装置被自动记录下来,这时,测定梁被拖动,以二倍的汽车速度拖到下一测点,周而复始地向前连续测定。通过计算机可输出路段弯沉检测统计计算结果。

(3)使用技术要点

①自动弯沉仪做长距离移动时,应根据路况把一些对通过能力影响大的组件、部件拆下来,待移动到测量工地时,再进行安装调试。

②操作计算机,根据要求输入有关信息及命令。

③为了保证系统 A/D 转换板与位移传感器的测量精度,应进行自动弯沉仪的标定。

④自动弯沉仪所采集数据以文本方式存储于计算机中,其记录格式分节点数据、弯沉值数据及弯沉盆数据三种。输入有关信息和参数后,可显示出左右双侧的弯沉峰值柱状图及峰值、距离和温度等;计算出平均值、标准差和代表弯沉值;显示弯沉盆图形并计算出曲率半径。

应当注意,自动弯沉仪测定的是总弯沉,因而与贝克曼梁测定的回弹弯沉有所不同。可通过自动弯沉仪总弯沉与贝克曼梁回弹弯沉对比试验,得到两者相关关系式,换算为回弹弯沉,用于路基、路面强度评定。

3)落锤式弯沉仪

利用贝克曼梁方法测出的回弹弯沉是静态弯沉。自动弯沉仪检测弯沉时,因为汽车行进速度很慢,所测得的弯沉也接近静态弯沉。为了模拟汽车快速行驶的实际情况,不少国家开发了动态弯沉的测试设备。落锤式弯沉仪(Falling Weight Deflectometer,简称FWD)模拟行车作用的冲击荷载下的弯沉量测,计算机自动采集数据,速度快,精度高。近年来,采用落锤式弯沉仪(FWD)测定路面的动态弯沉,并用来反算路面的回弹模量,已成为世界各国道路界的热门课题。这种设备特别适用于高等级公路路面和机场的弯沉量测和承载能力评定。落锤式弯沉仪是目前国际上最先进的路面强度无损检测设备之一。

(1)主要设备

落锤式弯沉仪的测量系统如图3-8所示,落锤式弯沉仪分为拖车式和内置式。拖车式便于维修与存放,而内置式则较小巧、灵便。

图3-8 落锤式弯沉仪

①荷载发生装置:包括落锤和直径300mm的四分式扇形承载板。

②弯沉检测装置:由5~7个高精度传感器组成。

③运算及控制装置。

④牵引装置:牵引 FWD、安装运算及控制装置等的车辆。

(2)工作原理

将测定车开到测定地点,通过计算机控制下的液压系统,启动落锤装置,使一定质量的落锤从一定高度自由落下,冲击力作用于承载板上并传递到路面,导致路面产生弯沉,分布于距测点不同距离的传感器检测结构层表面的变形,记录系统将信号输入计算机,得到路面测点弯沉及弯沉盆,如图3-9 所示。

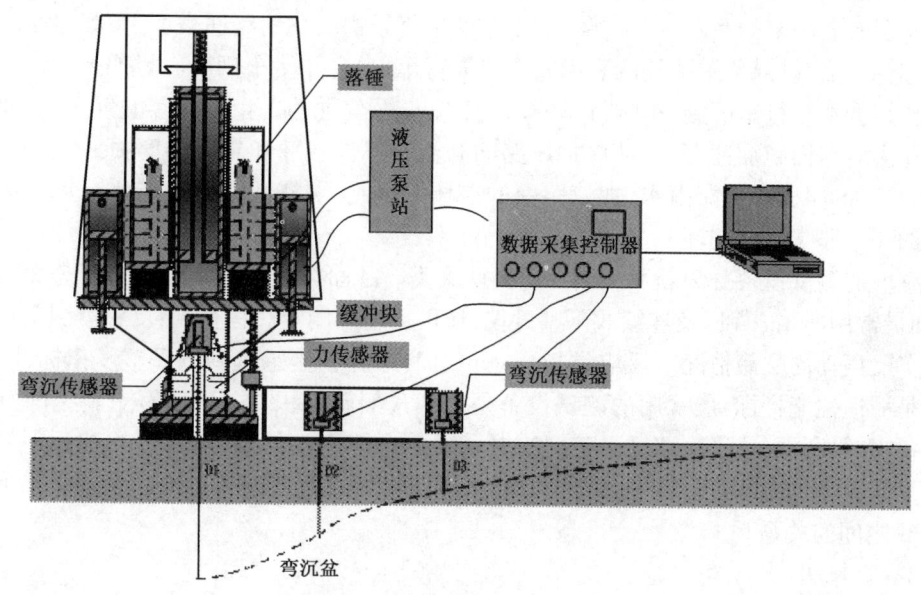

图 3-9 落锤式弯沉仪工作原理示意图

(3)使用技术要点

①通过调节锤重和落高可调整冲击荷载大小。我国路面设计标准轴载为BZZ-100,落锤质量应选为200kg,因为承载板直径为30cm,对路面的压强恰为0.7MPa。

②检测时,拖车式落锤弯沉仪牵引速度最大可达80km/h,根据我国的实际情况,牵引速度以50km/h 左右为宜。内置式落锤弯沉仪最高时速大于100km/h,每小时可测65 点。

③传感器分布位置:一个位于承载板中心,其余布置在传感器支架上。路面结构不同,弯沉影响半径亦不同。路基或柔性基层沥青路面传感器分布在距荷载中心2.5m 范围内即可,我国高等级公路大多采用半刚性基层沥青路面结构,弯沉影响半径已达3~5m,传感器分布范围应布置在距荷载中心3~4m 范围内,以量测路面弯沉盆形状。

④每一测点重复测定不少于3 次,舍去第一个测定值,取以后几次测定值的平均值作为计算依据,因为第一次测定的结果往往不稳定。

弯沉检测装置操作方式为计算机控制下的自动量测,所有测试数据均可显示在屏幕上或打印出来或存储在软盘上;可输出作用荷载、弯沉(盆)、路表温度及测点间距等;可打印弯沉平均值、标准差、变异系数及代表弯沉值等数据。

应当注意,落锤式弯沉仪所测弯沉为动态总弯沉,与贝克曼梁所测的静态回弹弯沉不同。可通过对比试验,得到两者之间的相关关系,并据此将落锤式弯沉仪所测弯沉值换算为贝克曼梁的静态回弹弯沉值。

可利用计算机按弹性层状体系理论的计算模式和程序,根据落锤式弯沉仪所测弯沉盆数据反算路面各层材料的弹性模量。

3.2.1.5 路面平整度检测方法

平整度是路面施工质量与服务水平的重要指标之一。它是指以规定的标准量规,间断地或连续地量测路表面的凹凸情况,即不平整度的指标。路面的平整度与路面各结构层次的平整状况有着一定的联系,即各层次的平整效果将累积反映到路面表面上,路面面层由于直接与车辆及大气接触,不平整的表面将会增大行车阻力,并使车辆产生附加振动作用。这种振动作用会造成行车颠簸,影响行车的速度和安全及驾驶的平稳和乘客的舒适。同时,振动作用还会对路面施加冲击力,从而加剧路面和汽车机件损坏和轮胎的磨损,并增大油耗。而且,不平整的路面会积滞雨水,加速路面的破坏。因此,平整度的检测与评定是公路施工与养护的一个非常重要的环节。

平整度的测试设备分为断面类及反应类两大类。断面类实际上是测定路面表面凹凸情况的,如最常用的 3m 直尺及连续式平整度仪,还可用精确测定高程得到;反应类测定路面凹凸引起车辆振动的颠簸情况。反应类指标是司机和乘客直接感受到的平整度指标,因此它实际上是舒适性能指标,最常用的测试设备是车载式颠簸累积仪。现已有更新型的自动化测试设备,如纵断面分析仪,路面平整度数据采集系统测定车等。国际上通用国际平整度指数 IRI 衡量路面行驶舒适性或路面行驶质量,可通过标定试验得出 IRI 与标准差 σ 或单向累计值 VBI 之间的关系。

1) 3m 直尺法

3m 直尺测定法有单尺测定最大间隙及等距离(1.5m)连续测定两种。两种方法测定的路面平整度有较好的相关关系。前者常用于施工质量控制与检查验收,单尺测定时要计算出测段的合格率;等距离连续测试也可用于施工质量检查验收,要算出标准差,用标准差来表示平整程度。

(1) 试验目的和适用范围

用于测定压实成型的路基、路面各层表面的平整度,以评定路面的施工质量及使用质量。

(2) 测试要点

①在测试路段路面上选择测试地点

a. 当为沥青路面施工过程中的质量检测时,测试地点应选在接缝处,以单杆测定评定。

b. 除高速公路以外,可用于其他等级公路路基、路面工程质量检查验收或进行路况评定,每 200m 测 2 处,每处连续测量 10 尺。除特殊需要外,应以行车道一侧车轮轮迹(距车道线 80~100cm)带作为连续测定的标准位置。

c. 对旧路面已形成车辙的路面,应取车辙中间位置为测定位置,用粉笔在路面上做好标记。

②测试要点

a. 在施工过程中检测时,按根据需要确定的方向,将 3m 直尺摆在测试地点的路面上。

b. 目测3m直尺底面与路面之间的间隙情况,确定最大间隙的位置。

c. 用有高度标线的塞尺塞进间隙处,量测其最大间隙的高度,精确至0.2mm。

d. 施工结束后检测时,按现行《公路工程质量检验评定标准》(JTG F80/1)的规定,每1处连续检测10尺,按上述步骤测记10个最大间隙。

(3)计算

单杆检测路面的平整度计算,以3m直尺与路面的最大间隙为测定结果。连续测定10尺时,判断每个测定值是否合格,根据要求计算合格百分率,并计算10个最大间隙的平均值。

$$合格率 = \frac{合格尺数}{总测尺数} \times 100\% \tag{3-22}$$

(4)报告

单杆检测的结果应随时记录测试位置及检测结果。连续测定10尺时,应报告平均值、不合格尺数、合格率。

2)连续式平整度仪法

(1)试验目的与适用范围

用于测定路表面的平整度,评定路面的施工质量和使用质量,但不适用于在已有较多坑槽、破损严重的路面上测定。

(2)仪器

连续式平整度仪:如图3-10所示。除特殊情况外,连续式平整度仪的标准长度为3m,其质量应符合仪器标准的要求。中间为一个3m长的机架,机架可缩短或折叠,前后各有4个行走轮,前后两组轮的轴间距离为3m。机架中间有一个能起落的测定轮。机架上装有蓄电源及可拆卸的检测箱,检测箱可采用显示、记录、打印或绘图等方式输出测试结果。测定轮上装有位移传感器,自动采集位移数据时,测定间距为10cm,每一计算区间的长度为100m,每100m输出一次结果。当为人工检测,无自动采集数据及计算功能时,应能记录测试曲线。机架头装有一牵引钩及手拉柄,可用人力或汽车牵引。

牵引车:小面包车或其他小型牵引汽车。

其他:皮尺或测绳等。

图3-10 连续式平整度仪测试图

(3)试验要点

①选择测试路段路面测试地点,同3m直尺法。

②将连续式平整度测定仪置于测试路段路面起点上。

③在牵引汽车的后部,将平整度的挂钩挂上后,放下测定轮,启动检测器及记录仪,随即启动汽车,沿道路纵向行驶,横向位置保持稳定,并检查平整度检测仪表上测定数字显示、打印、记录的情况。如检测设备中某项仪表发生故障,即停车检测。牵引平整度仪的速度应均匀,速度宜为5km/h,最大不得超过12km/h。

在测试路段较短时,亦可用人力拖拉平整度仪测定路面的平整度,但拖拉时应保持匀速前进。

(4)计算

连续式平整度测定仪测定后,可按每10cm间距采集的位移值自动计算100m计算区间的平整度标准差,还可记录测试长度、曲线振幅大于某一定值(3mm、5mm、8mm、10mm等)的次数、曲线振幅的单向(凸起或凹下)累计值及以3m机架为基准的中点路面偏差曲线图,并打印输出。当为人工计算时,在记录曲线上任意设一基准线,每隔一定距离(宜为1.5m)读取曲线偏离基准线的偏离位移值d_i。

每一计算区间的路面平整度以该区间测定结果的标准差表示,按下式计算:

$$\sigma_i = \sqrt{\frac{\sum(d_i - d)^2}{N}} \tag{3-23}$$

式中:σ_i——各计算区间的平整度计算值mm;

d_i——以100m为一个计算区间,每隔一定距离(自动采集间距为10cm,人工采集间距为1.5m)采集的路面凹凸偏差位移值,mm;

N——计算区间用于计算标准差的测试数据个数。

计算一个评定路段内各区间平整度标准差的平均值、标准差、变异系数。

(5)报告

试验应列表报告每一个评定路段内各测定区间的平整度标准差、各评定路段平整度的平均值、标准差、变异系数以及不合格区间数。

3)车载式颠簸累积仪法

(1)目的和适用范围

本方法规定用车载式颠簸累积仪测量车辆在路面上通行时后轴与车厢之间的单向位移累积值VBI表示路面的平整度,以cm/km计。本方法适用于各类颠簸累积仪在新建、改建路面工程质量验收和无严重坑槽、车辙等病害的正常行车条件下连续采集路段平整度数据。

(2)主要设备

车载式颠簸累积仪:由机械传感器、数据处理器及微型打印机组成。仪器的主要技术性能指标如下:测试速度:可在30~80km/h范围内选定;最小读数:1cm;最大测试幅值:±30cm;最大显示值:9999cm;系统最高反应频率:5kHz。

测试车:旅行车、越野车或小轿车。

(3)工作原理

测试车以一定的速度在路面上行驶,由于路面上的凹凸不平状况,引起汽车的激振,机械传感器可测量后轴同车厢之间的单向位移累积值VBI,以cm/km计。VBI越大,说明路面平整性越差,人体乘坐汽车时越不舒适。

(4)使用技术要点

仪器安装应准确、牢固、便于操作,测试速度以 32km/h 为宜,一般不宜超过 40km/h。

(5)整理相关关系

将连续式平整度仪测定的标准差 σ 及车载式颠簸累积仪测定的颠簸累积值 VBI_V 绘制出曲线,并进行回归分析,建立下列相关关系:

$$\sigma = a + b \cdot VBI_V \tag{3-24}$$

式中:σ——连续式平整度仪测定的标准差表示的平整度,mm;

VBI_V——测试速度为 $V(km/h)$ 时车载式颠簸累积仪测定的累积值,cm/km;

a、b——回归系数。

绘制各个路段的国际平整度指数 IRI 与车载式颠簸累积值 VBI_V 的关系曲线,并进行性回归分析,可按下式将车载式颠簸累积值测定的结果换算成国际平整度指数:

$$IRI = a + b \cdot VBI_V \tag{3-25}$$

式中:IRI——各路段的国际平整度指数,m/km;

a、b、VBI_V——意义同上。

(6)报告

平整度测试报告应包括颠簸累积值 VBI、国际平整度 IRI 和现场测试速度;提供颠簸累积值 VBI 与国际平整度指数 IRI 在选定测试条件下的相关关系式及相关系数。

4)激光路面平整度测定仪

激光路面平整度测定仪是一种与路面无接触的测量仪器,测试速度快,精度高。这种仪器还可同时进行路面纵断面、横坡、车辙等测量,因此,也被称为激光路面断面测试仪。激光路面平整度仪是一台装备有激光传感器,加速度计和陀螺仪的测试车,它同时备有先进的数据采集和处理系统。

路面平整度测定仪准备利用全球定位系统(GPS)技术来确定测试车的位置。GPS 导航系统是由 24 颗卫星,围绕在离地球共约 20000000km 的 6 个轨道组成的全球导航系统,当 1993 年利用这个系统后,可以确定路面平整度测定仪的位置在几厘米误差之内。

(1)基本原理

测试车以一定速度在路面上行驶,固定在汽车底盘上的一排激光传感器通过测试激光束反射回读数器的角度来测试路面,这个距离信号同测试车上装的加速度计信号进行互差,消除测试车自身的颠簸,输出一路面真实断面信号。信号处理系统将来自激光传感器的模拟信号转换成数值信号并记录下来。随着汽车的行进,每隔一定间距,采集一次数据。通过数据分析系统,可显示打印国际平整度指数 IRI 等平整度检测结果。

(2)使用技术要点

①数据采集完全在计算机控制下进行,根据具体情况输入有关信息和命令。

②为了保证测量精度,应进行系统检查,如做静态振动试验、直尺试验、轮胎气压检查、传感器标定检查。

③测试速度一般在 30~100km/h 范围内。

④测试宽度大于 2.5m。如在测试梁上安装两个扩展臂,测试宽度可增加至 3.5 m 或更大。

⑤采样间隔一般为 0.1m,最小为 5mm。

⑥可显示测试状态及有关数据,输出分析结果,如国际平整度指数 IRI、车辙、横坡等。

应当注意,不能直视激光孔或观察通过抛光物面或镜面反射回来的激光束,防止损伤眼睛。只能通过一张红外线显示卡或光谱变换眼镜才可以观察光束的存在与否。

目前,激光路面平整度仪或激光路面断面测试仪尚未纳入我国公路检测规范,其试验方法可参照仪器使用说明书。

3.2.1.6 路面抗滑性能试验检测方法

路面抗滑性能是指车辆轮胎受到制动时沿表面滑移所产生的力。通常,抗滑性能被看作是路面的表面特性,并用轮胎与路面间的摩阻系数来表示。表面特性包括路表面细构造和粗构造,影响抗滑性能的因素有路面表面特性、路面潮湿程度和行车速度。

路表面细构造是指集料表面的粗糙度,它随车轮的反复磨耗而渐被磨光。通常采用石料磨光值(PSV)表征抗磨光的性能。细构造在低速(30~50km/h 以下)时对路表抗滑性能起决定作用。而高速时主要作用的是粗构造,它是由路表外露集料间形成的构造,功能是使车轮下的路表水迅速排除,以避免形成水膜。粗构造由构造深度表征。

抗滑性能测试方法有:制动距离法、偏转轮拖车法(横向力系数测试)、摆式仪法、构造深度测试法(手工铺砂法、电动铺砂法、激光构造深度仪法)。

路面的抗滑摆值是指用标准的手提式摆式摩擦系数测定仪测定的路面在潮湿条件下对摆的摩擦阻力。路表构造深度是指一定面积的路表面凹凸不平的开口孔隙的平均深度。路面横向摩擦系数是指用标准的摩擦系数测定车测定,当测定轮与行车方向成一定角度且以一定速度行驶时,轮胎与潮湿路面之间的摩擦阻力与试验轮上荷载的比值。

高速、一级公路的路面应具有良好的抗滑性能,其沥青路面抗滑性能应符合有关的要求,二级及三级公路应根据各路段的具体情况采取必要的技术措施,以提高路面抗滑性能。在设计高速、一级公路的沥青表面层时,应选用抗滑、耐磨石料,其石料磨光值应大于42。高速、一级公路的摩擦系数宜在竣工后第一个夏季采用摩擦系数测定车,以 $(50±4)$ km/h 的车速测定横向力系数(SFC)宏观构造深度应在竣工后第一个夏季用铺砂法或激光构造深度仪测定,此时的测定值应符合规定的竣工验收值的要求。

1)构造深度测试方法

(1)手工铺砂法

目的与适用范围:本方法适用于测定沥青路面及水泥混凝土路面表面构造深度,用以评定路面表面的宏观构造。

仪具与材料:

①人工铺砂仪:由圆筒、推平板组成。

量砂筒:形状尺寸如图 3-11a)所示,一端是封闭的,容积为 $(25±0.15)$ mL,可通过称量砂筒中水的质量以确定其容积 V,并调整其高度,使其容积符合要求。带一专门的刮尺,可将筒口量砂刮平。

推平板:形状尺寸如图 3-11b)所示,推平板应为木制或铝制,直径 50mm,底面粘一层厚 1.5mm 的橡胶片,上面有一圆柱把手。

刮平尺:可用 30cm 钢尺代替。

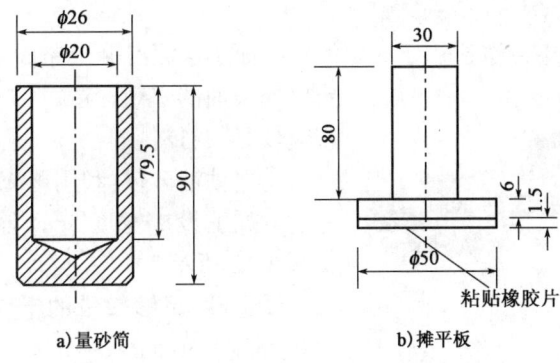

a) 量砂筒　　　b) 摊平板

图 3-11　人工铺砂仪(尺寸单位：mm)

②量砂：足够数量的干燥洁净的匀质砂，粒径为 0.15~0.30mm。

③量尺：钢板尺、钢卷尺或专用构造深度尺。

④其他：装砂容器(小铲)、扫帚或毛刷、挡风板等。

方法与步骤：

①量砂准备：取洁净的细砂晾干、过筛，取 0.15~0.30mm 的砂置适当的容器中备用。量砂只能在路面上使用一次，不宜重复使用。回收砂必须经干燥、过筛处理后方可使用。

②对测试路段按随机取样选点的方法，决定测点所在横断面位置。测点应选在行车道的轮迹带上，距路面边缘不应小于 1m。

③用扫帚或毛刷子将测点附近的路面清扫干净，面积不小于 30cm×30cm。

④用小铲装砂沿筒向圆筒中注满砂，手提圆筒上方，在硬质路面上轻轻地叩打 3 次，使砂密实，补足砂面用钢尺一次刮平。不可直接用量砂筒装砂，以免影响量砂密度的均匀性。

⑤将砂倒在路面上，用底面粘有橡胶片的推平板，由里向外重复做摊铺运动，稍稍用力将砂细心地尽可能地向外摊开，使砂填入凹凸不平的路表面的空隙中，尽可能将砂摊成圆形，并不得在表面上留有浮动余砂。注意摊铺时不可用力过大或向外推挤。

⑥用钢板尺测量所构成圆的两个垂直方向的直径，取其平均值，准确至 5mm。

⑦按以上方法，同一处平行测定不少于 3 次，3 个测点均位于轮迹带上，测点间距 3~5m。该处的测定位置以中间测点的位置表示。

计算：

路面表面构造深度测定结果按下式计算：

$$TD = \frac{1000V}{\pi D^2/4} = \frac{31831}{D^2} \tag{3-26}$$

式中：TD——路面表面构造深度，mm；

　　　V——砂的体积($25cm^3$)；

　　　D——推平砂的平均直径，mm。

每一处均取 3 次路面构造深度的测定结果的平均值作为试验结果，精确至 0.1mm。

计算每一个评定区间路面构造深度的平均值、标准差、变异系数。

报告：列表逐点报告路面构造深度的测定值及 3 次测定的平均值，当平均值小于 0.2mm 时，试验结果以 <0.2mm 表示。每一个评定区间路面构造深度的平均值、标准差、变异系数。

（2）电动铺砂法

目的和适用范围：本方法适用于测定沥青路面及水泥混凝土路面表面构造深度，用以评定路面表面的宏观构造。

图 3-12　电动铺砂仪

仪具与材料：

①电动铺砂仪：利用可充电的直流电源将量砂通过砂漏铺设成宽度 5cm、厚度均匀一致的器具，如图 3-12 所示。

②量砂：足够数量的干燥洁净的匀质砂，粒径为 0.15～0.30mm。

③标准量筒：容积 50mL。

④玻璃板：面积大于铺砂器，厚 5mm。

⑤其他：直尺、扫帚、毛刷等。

方法与步骤：

①准备工作：

a. 量砂准备：取洁净的细砂，晾干，过筛，取 0.15～0.3mm 的砂置适当的容器中备用。已在路面上使用过的砂如回收重复使用时应重新过筛并晾干。

b. 对测试路段按随机取样选点的方法，决定测点所在横断面的位置。测点应选在行车道的轮迹带上，距路面边缘不应小于 1m。

②电动铺砂器标定（图 3-13）：

a. 将铺砂器平放在玻璃板上，将砂漏移至铺砂器端部。

b. 将灌砂漏斗口和量筒口大致齐平。通过漏斗向量筒中缓缓注入准备好的量砂至高出量筒成尖顶状，用直尺沿筒口一次刮平，其容积为 50mL。

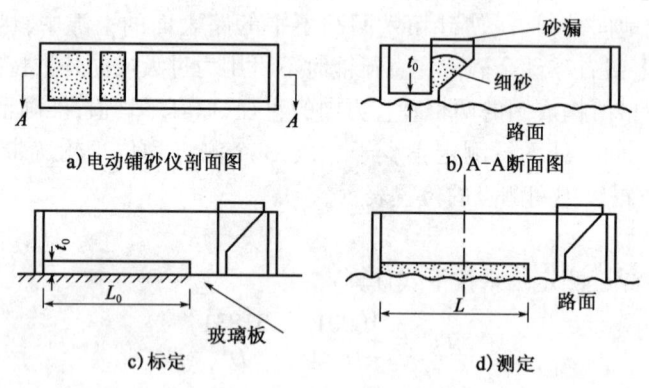

图 3-13　电动铺砂仪标定与测定示意图

c. 将漏斗口与铺砂器砂漏上口大致齐平。将砂通过漏斗均匀倒入砂漏，漏斗前后移动，使砂的表面大致齐平，但不得用任何其他工具刮动砂。

d. 开动电动马达，使砂漏向另一端缓缓运动，量砂沿砂漏底部铺成图 3-14 所示的宽 5cm 带状，待砂全部漏完后停止。

e. 按图 3-14，由 L_1 及 L_2 的平均值按下式计算量砂的摊铺长度 L_0，精确至 1mm。

$$L_0 = \frac{L_1 + L_2}{2} \tag{3-27}$$

式中：L_0——量砂的摊铺长度，mm；

L_1、L_2——见图3-14，mm。

f. 重复标定3次，取平均值决定L_0，精确至1mm。标定应在每次测试前进行，用同一种量砂，由同一试验员承担测试。

③测试步骤

a. 将测试地点用毛刷刷净，面积大于铺砂仪。

b. 将铺砂仪沿道路纵向平稳地放在路面上，将砂漏至端部。

c. 按上述电动铺砂器标定②～⑤相同的步骤，在测试地点摊铺50mL量砂，按图3-14的方法量取摊铺长度L_1及L_2，由下式计算L，准确至1mm。

$$L = \frac{L_1 + L_2}{2} \tag{3-28}$$

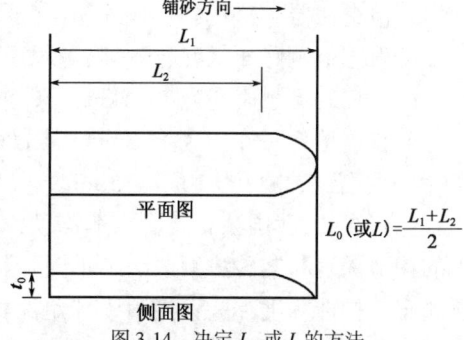

图3-14 决定L_0或L的方法

d. 按以上方法，同一处平行测定不少于3次，3个测点均位于轮迹带上，测点间距3～5m。该处的测定位置以中间点的位置表示。

计算：

按下式计算铺砂仪在玻璃板上摊铺的量砂厚度t_0：

$$t_0 = \frac{V}{B \times L_0} \times 1000 = \frac{1000}{L_0} \tag{3-29}$$

式中：t_0——量砂在玻璃板上摊铺的标定厚度，mm；

V——量砂体积，50mL；

B——铺砂仪铺砂宽度，50mm；

L_0——玻璃板上50mL量砂摊铺的长度，mm。

按下式计算路面构造深度TD：

$$TD = \frac{L_0 - L}{L} \times t_0 = \frac{L_0 - L}{L \times L_0} \times 1000 \tag{3-30}$$

式中：TD——路面的构造深度，mm；

L——路面上50mL量砂摊铺的长度，mm。

每一处均取3次路面构造深度的测定结果的平均值作为试验结果，精确至0.1mm。计算每一个评定区间路面构造深度的平均值、标准差、变异系数。

报告：列表逐点报告路面构造深度的测定值及3次测定的平均值，当平均值小于0.2mm时试验结果以<0.2mm表示。每一个评定区间路面构造深度的平均值、标准差、变异系数。

(3) 激光构造深度仪

激光构造深度仪是小型手推式路面构造深度测试仪，也称激光纹理测试仪，具有运输方便、操作快捷、费用低廉、可靠性好等优点。

①主要结构

激光构造深度仪主要由装在两轮手推车上的光电测试设备、打印机、仪器操作装置及可拆卸手柄组成。

②工作原理

高速脉冲半导体激光器产生红外线投射到道路表面,从投影面上散射光线由接收透镜聚焦到以线性布置的光敏二极管上,接收光线最多的二极管位置给出了这一瞬间到道路表面的距离,通过一系列计算可得出构造深度。

③使用技术要点

a. 检查仪器,安装手柄。

b. 根据被测路面状况,选择测量程序。

c. 适宜的检测速度为3~5km/h,即人步行的正常速度。

d. 仪器按每一个计算区间打印出该段构造深度的平均值。标准的计算区间长度为100m,根据需要也可为10m或50m。

应当注意,我国公路路面构造深度以铺砂法为标准测试方法。利用激光构造深度仪测出的构造深度与铺砂法测试结果不同,但两者具有良好的相关关系。因此,激光构造深度仪所测出的构造深度不能直接用以评定路面的抗滑性能,必须换算为铺砂法的构造深度后才能判断路面抗滑性能是否满足要求。

图3-15 摆式摩擦仪

2)摆式仪测定路面抗滑值试验方法

(1)目的和适用范围

本方法适用于以摆式摩擦系数测定仪(摆式仪)测定沥青路面、标线或其他材料试件的抗滑值,用以评定路面或路面材料试件在潮湿状态下的抗滑能力。

(2)仪具与材料

摆式仪:形状及结构如图3-15所示,摆及摆的连接部分总质量为(1500±30)g,摆动中心至摆的重心距离为(410±5)mm,测定时摆在路面上滑动长度为(126±1)mm,摆上橡胶片端部距摆动中心的距离为510mm,橡胶片对路面的正向静压力为(22.2±0.5)N。

橡胶片:用于测定路面抗滑值时的尺寸为6.35mm×25.4mm×76.2mm,橡胶质量应符合表3-3的要求。当橡胶片使用后,端部在长度方向上磨损超过1.6mm或边缘在宽度方向上磨耗超过3.2mm,或有油类污染时,即应更换新橡胶片。新橡胶片应先在干燥路面上测10次后再用于测试。橡胶片的有效使用期为1年。

橡胶物理性质技术要求　　　表3-3

性能指标	温度(℃)				
	0	10	20	30	40
弹性(%)	43~49	58~65	66~73	71~77	74~79
硬度(IR)	55±5				

标准量尺:长126mm。

其他:路面温度计、洒水壶、橡胶刮板、皮尺式钢卷尺、扫帚、粉笔等。

(3)方法与步骤

①检查摆式仪的调零灵敏情况,并定期进行仪器的标定。当用于路面工程检查验收时,仪器必须重新标定。

②对测试路段按随机取样方法,决定测点所在横断面位置。测点应选在行车车道的轮迹带上,距路面边缘不应小于1m,并用粉笔作出标记。测点位置宜紧靠铺砂法测定构造深度的测点位置,并与其一一对应。

③仪器调平:将仪器置于路面测点上,并使摆的摆动方向与行车方向一致;转动底座上的调平螺栓,使水准泡居中。

④调零:

a. 放松上、下两个紧固把手,转动升降把手,使摆升高并能自由摆动,然后旋紧紧固把手。

b. 将摆固定在右侧悬臂上,使摆处于水平释放位置,并把指针拨至右端与摆杆平行处。

c. 按下释放开关,使摆向左带动指针摆动,当摆达到最高位置后下落时,用左手将摆杆接住,此时指针应指向零。若不指零时,可稍旋紧或放松摆的调节螺母,重复本项操作,直至指针指零。调零允许误差为±1BPN。

⑤校核滑动长度:

a. 用扫帚扫净路面表面,并用橡胶刮板清除摆动范围内路面上的松散粒料。

b. 让摆自由悬挂,提起摆头上的举升柄,将底座上垫块置于定位螺丝下面,使摆头上的滑溜块升高。放松紧固把手,转动立柱上升降把手,使摆缓缓下降。当滑块上的橡胶片刚刚接触路面时,即将紧固把手旋紧,使摆头固定。

c. 提起举升柄,取下垫块,使摆向右运动。然后,手提举升柄使摆慢慢向左运动,直至橡胶片的边缘刚刚接触路面。在橡胶片的外边摆动方向设置标准尺,尺的一端正对准该点。再用手提起举升柄,使滑溜块向上抬起,并使摆继续运动至左边,使橡胶片返回落下再一次接触地面,橡胶片两次同路面接触点的距离应在126mm(即滑动长度)左右。若滑动长度不符合标准时,则升高或降低仪器底正面的调平螺丝来校正,但需调平水准泡,重复此项校核直至滑动长度符合要求,而后,将摆和指针置于水平释放位置。

校核滑动长度时应以橡胶片长边刚刚接触路面为准,不可借摆力向前滑动,以免标定的滑动长度过长。

⑥用喷壶的水浇洒试测路面,并用橡胶刮板刮除表面泥浆。

⑦再次洒水,并按下释放开关,使摆在路面滑过,指针即可指示出路面的摆值。但第一次测定,不做记录。当摆杆回落时,用左手接住摆,右手提起举长柄使滑溜块升高,将摆向右运动,并使摆杆和指针重新置于水平释放位置。

⑧重复⑥、⑦的操作测定5次,并读记每次测定的摆值,即BPN,5次数值中最大值与最小值的差值不得大于3。如差值大于3时,应检查产生的原因,并再次重复上述各项操作,至符合规定为止。

取5次测定的平均值作为每个测点路面的抗滑值(即摆值BPN_t),取整数。

⑨在测点位置上用路表温度计测记潮湿路面的温度,精确至1℃。

⑩按以上方法,同一处平行测定不少于3次,3个单点均位于轮迹带上,单点间距为3~

5m。该测点的位置以中间单点的位置表示。每一测点由 3 个单点组成,以 3 次测定结果的平均值作为该测点的代表值,精确至 1。

(4) 温度修正

当路面温度为 $t(℃)$ 时,测得的值为 BPN_t,必须按下式换算成标准温度 20℃ 的摆值 BPN_{20}:

$$BPN_{20} = BPN_t + \Delta BPN \tag{3-31}$$

式中:BPN_{20}——换算成标准温度 20° 时的摆值;
　　　BPN_t——路面温度时测得的摆值;
　　　ΔBPN——温度修正值,按表 3-4 选用;
　　　t——测定的路表潮湿状态下的温度,℃。

温度修正值　　　　　　表 3-4

温度 $T(℃)$	0	5	10	15	20	25	30	35	40
温度修正值 ΔBPN	-6	-4	-3	-1	0	+2	+3	+5	+7

(5) 报告

测试日期、测点位置、天气情况、洒水后潮湿路面的温度,并描述路面类型、外观、结构类型等。列表逐点报告路面单点测定值 BPN_t、经温度修正后的 BPN_{20}、现场温度、3 次测定的平均值。每一个评定路段路面抗滑值的平均值、标准差、变异系数。

3) 摩擦系数测定车测定路面横向力系数

摩擦系数测定车测定的路面横向力系数既表示车辆在路面上制动时的路面抗力,还表征车辆在路面上发生侧滑时的路面抗力,因此它是路面纵横向摩擦系数的综合指标,反映较高速度下的路面抗滑能力。测试车自备水箱,能直接喷洒在轮前约 30cm 宽的路面上,可控制路面水膜厚度,测速较高,不妨碍交通,特别适宜于在高速公路、一级公路上进行测试。

(1) 主要仪器

单轮式摩擦系数测定车通常为 SCRIM 型,主要由车辆底盘、测量机构、供水系统、荷载传感器、仪表及操作记录系统、标定装置等组成。也可以采用双轮式摩擦系数测定系统 Mu-Meter。

(2) 检测原理

单轮式测定车上装有与车辆行驶方向成 20°角的测试轮。测定时,供水系统洒水,降下测试轮,并对其施加一定荷载,荷载传感器测量与测试轮轮胎面成垂直的横向力(图 3-16),此力与轮荷载之比即为横向力系数。横向力系数越大,说明路面抗滑能力越强。

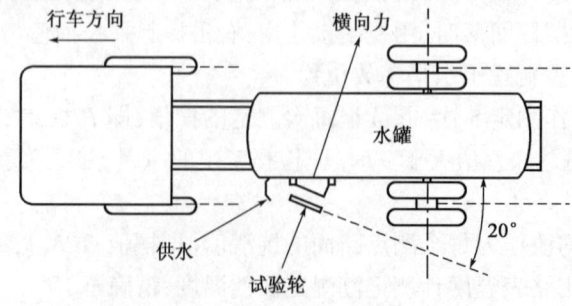

图 3-16　单轮式横向力系数检测原理示意图

(3) 检测技术要点

①测试前对仪器设备进行标定、检查,保持测试车的规范性。

②测试轮重垂直荷载为 2kN。

③测速为 50km/h。

④可连续或断续测定设定计算区间的横向力系数。设定计算区间可在 5～10mm 范围内任意选定。

⑤用计算机控制测试操作。

⑥可计算打印每一个评定段的横向力系数值、统计个数、平均值、标准差、变异系数。

3.2.1.7 沥青路面渗水系数测定方法

路面渗水系数指在规定的水头压力下,水在单位时间内通过一定面积的路面渗入下层的数量。

1) 试验目的

本试验适用于在路面现场测定路面渗水系数,也适用于测定室内沥青混凝土板的渗水系数。

2) 器具与材料

路面渗水仪:由盛水筒、支架、底座、细管和压重铁圈组成,如图 3-17 所示。

其他:水筒、大漏斗、秒表、水、红墨水、粉笔、扫帚等。

密封材料:玻璃腻子、油灰或橡皮泥。

3) 准备工作

(1) 在测试路面的行车道上,按随机取样方法选择测试位置,每一个检测路段应测定 5 个点,用扫帚清扫表面,并用粉笔划上测试标记。

(2) 用扫帚清扫表面,并用刷子将路面表面的杂物刷去。然后在玻璃筒的水内滴几点红墨水,使水成淡红色。

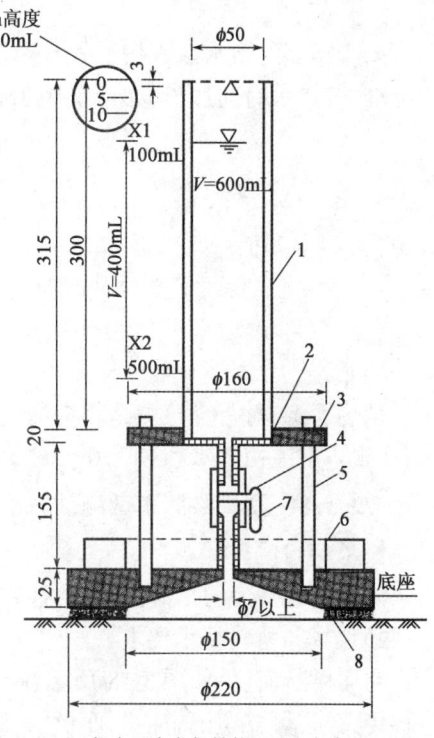

图 3-17 沥青路面渗水仪结构图(尺寸单位:mm)
1-透明有机玻璃筒;2-螺纹连接;3-顶板;4-阀;5-立柱支架;6-压重钢圈;7-把手;8-密封材料

4) 测试步骤

(1) 将清扫后的路面用粉笔按测试仪底座大小画好圆圈记号。

(2) 在路面上沿底座圆圈抹一薄层密封材料,边涂边用手压紧,使密封材料嵌满缝隙。密封料圈的内径与底座内径相同,约 150mm,将组合好的渗水试验仪底座用力压在路面密封材料圈上,再加上压重铁圈压住仪器底座,以防压力水从底座与路面间流出。

(3) 关闭细管下方的开关,向仪器的上方量筒中注入淡红色的水至满,总量为 600mL。

(4) 迅速将开关全部打开,水开始从细管上方量筒中流出,待水面下降 100mL 时立即开动秒表,每间隔 60s,读记仪器管的刻度一次,至水面下降 500mL 时为止。

测试过程中,若水从底座与密封材料间渗出,说明底座与路面密封不好,应移至附近干燥路面处重新操作。

(5) 若水面下降速度很慢,从水面下降至 100mL 开始,测得 3min 的渗水量即可停止。

若试验时水面下降至一定程度后基本保持不动,说明路面基本不渗水或根本不透水,则在报告中注明。

(6) 按以上步骤在同一个检测路段选择 5 个点测定渗水系数,取其平均值,作为检测结果。

5) 计算

沥青路面的渗水系数按下式计算。计算时以水面从 100mL 下降至 500mL 所需的时间为标准,若渗水时间过长,亦可采用 3min 通过的水量计算。

$$C_W = \frac{V_2 - V_1}{t_2 - t_1} \times 60 \tag{3-32}$$

式中:C_W——路面渗水系数,mL/min;

V_1、V_2——第 1 次、第 2 次计时时的水量,mL;通常 $V_1 = 100mL$,$V_2 = 500mL$;

t_1、t_2——第 1 次、第 2 次计时时的时间,s。

6) 报告

现场检测,每一个检测路段应测定 5 个测定,计算其平均值作为检测结果。若路面不透水,在报告中注明渗水系数为 0。

3.2.1.8 沥青路面车辙测试方法

1) 检测目的

测定沥青路面的车辙,供综合评定路面使用状况及计算养护维修工作量时使用。

2) 仪具与材料技术要求

路面横断面仪:如图 3-18 所示,路面横断面仪的长度不小于一个车道宽度,横梁上有一位移传感器,可自动记录横断面形状,测试间距小于 20cm,测试精 1mm。

激光或超声波车辙仪:包括多点激光或超声波车辙仪、线激光车辙仪和线扫描激光车辙仪等类型,通过激光测距技术或激光成像和数字图像分析技术得到车道横断面相对高程数据,并按规定模式计算车辙深度。

要求激光或超声波车辙仪有效测试宽度不小于 3.2m,测点不少于 13 点,测试精度 1mm。

横断面尺:如图 3-19 所示,横断面尺为硬木或金属制直尺,刻度间距 5cm,长度不小于一个车道宽度。顶面平直,最大弯曲不超过 1mm,两端有把手及高度为 10~20cm 的支脚,两支脚的高度相同。

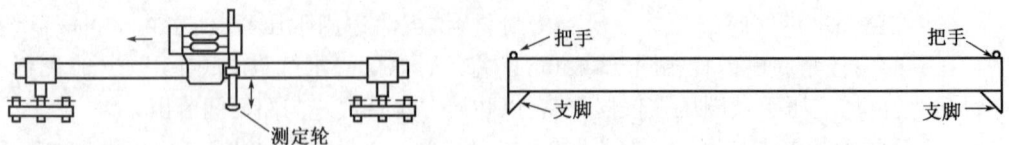

图 3-18 路面横断面仪　　　　图 3-19 路面横断面尺

量尺:钢板尺、卡尺、塞尺,量程大于车辙深度,刻度至 1mm。

3) 检测方法

(1) 车辙测量的基准测量宽度规定:

对高速公路及一级公路,以发生车辙的一个车道两侧标线宽度中点到中点的距离为基准测量宽度。

对二级及二级以下公路,有车道区画线时,以发生车辙的一个车道两侧标线宽度中点到中点的距离为基准测量宽度;无车道区画线时,以形成车辙部位的一个设计车道宽作为基准测量宽度。

(2)以一个评定路段为单位,用激光车辙仪连续检测时,测定断面间隔不大于10m。用其他方法非连续测定时,在车道上每隔50m作为一测定断面,用粉笔画上标记进行测定。根据需要也可按公路路基路面现场测试随机选点的方法在行车道上随机选取测定断面,在特殊需要的路段(如交叉口前后)可予加密。

(3)采用激光或超声波车辙仪的测试步骤如下:
①将检测车辆就位于测定区间起点前。
②启动并设定检测系统参数。
③启动车辙和距离测试装置,开动测试车沿车道轮迹位置且平行于车道线平稳、行驶,测试系统自动记录出每个横断面和距离数据。
④到达测定区间终点后,结束测定。
⑤系统处理软件按照图3-20规定的模式,通过各横断面相对高程数据计算车辙深度。

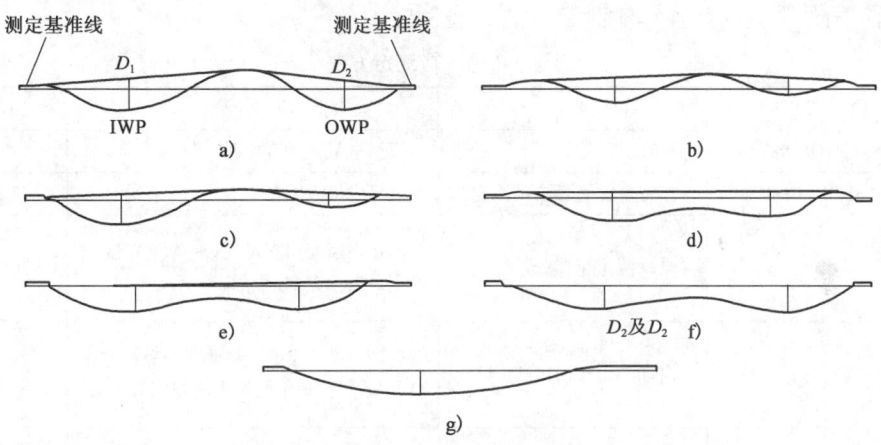

图3-20 不同形状、不同程度的路面车辙示意图
注:IWP、OWP表示内侧轮迹带及外侧轮迹带。

(4)采用路面横断面仪的测试步骤如下:
①将路面横断面仪就位于测定断面上,方向与道路中心线垂直,两端支脚立于测定车道的两侧边缘,记录断面桩号。
②调整两端支脚高度,使其等高。
③移动横断面仪的测量器,从测定车道的一端移至另一端,记录出断面形状。

(5)采用横断面尺的测试步骤如下:
①将横断面尺就位于测定断面上,两端支脚置于测定车道两侧。
②沿横断面尺每隔20cm一点,用量尺垂直立于路面上,用目平视测记横断面尺顶面与路面之间的距离,准确至1mm。如断面的最高处或最低处明显不在测定点上应加测该点距离。

③记录测定读数,绘出断面图,最后连接成圆滑的横断面曲线。

④横断面尺也可用线绳代替。

⑤当不需要测定横断面,仅需要测定最大车辙时,亦可用不带支脚的横断面尺架在路面上由目测确定最大车辙位置用尺量取。

4)计算步骤

(1)根据断面线按图3-20的方法画出横断面图及顶面基准线。通常为其中的一种形式。

(2)在图上确定车辙深度 D_1 及 D_2,读至1m。以其中最大值作为断面的最大车辙深度。

(3)求取各测定断面最大车辙深度的平均值作为该评定路段的平均车辙深度。

5)报告内容

(1)采用的测定方法。

(2)路段描述,包括里程桩号、路面结构及横断面、使用年限、交通情况等。

(3)各测定断面的横断面图。

(4)各测定断面的最大车辙深度表。

(5)各评定路段的最大车辙深度及平均车辙深度。

(6)根据测定目的应记录的其他事项或数据。

目前,国外常见的几种车辙测定方法见表3-5。

国外几种车辙测定方法　　　　表3-5

国　家	仪器名称	方　　法	测定间隔
美国AASHTO(1987)	1.2m直尺	直尺中最大垂直变形	7m
美国SHRP(LTPP)	车道全宽直尺自动测定车	直尺中最大垂直变形	30.5m
瑞典	自动测定车(激光)	测定横断面用直尺法(一车道宽度),决定最大垂直变形	5m
英国	自动测定车(HRM)	后轴中部一个激光器测定与路面的距离,将其与平地上的距离之差作为车辙	10m
美国(南达科他州)	SDDOT横断面仪	超声波测距仪在两侧轮中及后轴中央测三点与路面距离(h_1,h_2,h_3),车辙由$(h_1+h_3-h_2)/2$ 得到	15m
日本	横断面仪自动测定车直尺法、全宽拉线法(全宽)	测定横断面后决定最大垂直变形	20m

3.2.1.9　沥青路面施工质量控制检测

1)热拌沥青混合料施工温度测试方法

(1)检测目的

检测热拌热铺沥青混合料的施工温度,包括拌和厂沥青混合料的出厂温度、施工现场的摊铺温度、碾压开始时混合料的内部温度及碾压终了的内部温度等,供施工质量检验和控制使用。

(2)仪具与材料技术要求

温度计:常温至300℃,最小读数1℃。宜采用有数字显示或度盘指针显示的金属杆插入式热电偶温度计,测杆的长度不小于300mm。

其他:棉纱、软布、螺丝刀等。

(3)测试方法

①在运料卡车上测试

a. 混合料出厂温度或运输至现场温度应在运料卡车上测试,每车检测一次。当运料卡车的侧面中部有专用的温度检测孔(距底板高约300mm)时,可采用插入式温度计直接插入测试孔内的混合料中测试;当运料卡车无专用的温度检测孔时,可在运料车的混合料堆上部侧面测试。在拌和厂检测的为混合料出厂温度,在运输至现场后检测的为现场温度。

b. 测试时,温度计插入深度不小于150mm,注视温度变化直至不再继续上升为止,读记温度,准确至1℃。

②在摊铺现场检测

a. 混合料摊铺温度宜在摊铺机的一侧拨料器前方的混合料堆上测试。在测试位置将温度计插入混合料堆内150mm以上,并跟着向前走,如料堆向前滚,拔出后重新插入,注视温度变化直至不再继续上升为止,读记温度,准确至1℃。

b. 摊铺温度应每车检测一次,要求符合现行《公路沥青路面施工技术规范》(JTG F41—2004)的规定。

③在沥青混合料碾压过程中测定压实温度

a. 根据需要,随时选择初压开始、复压或终压成形等各个阶段的测点,供测试碾压温度及碾压终了温度用。

b. 将温度计仔细插入路面混合料压实层一半深度,轻轻压紧温度计旁被松动的混合料;当温度上升停止后,立即拔出并再次插入旁边的混合料层中测量;当测杆插入路面较困难时,可用螺丝刀先插一孔后再插入温度计。注视温度变化至不再继续上升为止,读记温度,准确至1℃。

c. 压实温度一次检测不得少于3个测点,取平均值作为测试温度。

(4)报告

①每车沥青混合料的出厂温度、到达现场温度、摊铺温度。

②压实温度,取3次以上测定值的平均值。

③气候状况、测定时间、层位、测定位置等。

2)沥青喷洒法施工沥青用量测试方法

(1)检测目的

检测沥青表面处治、沥青贯入式、透层、黏层等采用喷洒法施工的沥青材料喷洒数量,供施工质量检验和控制使用。

(2)仪具与材料技术要求

天平或磅秤:感量不大于10g。

受样盘:浅搪瓷盘或自制铁皮盘,面积不小于1000cm^2,也可用硬质牛皮纸代替。

其他:钢卷尺或皮尺,地秤。

(3)测试方法

①用钢卷尺测量受样盘开口面积或牛皮纸的面积,计算准确至$0.1cm^2$。并称取受样盘或牛皮纸的质量m_1,准确至$1g$。

②根据沥青洒布车的沥青用量预计洒布的路段长度,在距两端$1/3$长度附近的洒布宽度的任意位置上,放置2个搪瓷盘或硬质牛皮纸,但应躲开车轮轨迹。

③沥青洒布车按正常施工速度和洒布方法喷洒沥青。

④将已接收有沥青的搪瓷盘或牛皮纸仔细取走,称取总质量m_2,准确至$1g$。当采用牛皮纸时,应待沥青稍凝固并将四角稍稍抬起,以防沥青流失。

⑤搪瓷盘或牛皮纸取走后的空白处,应采用适当方式补洒沥青。

⑥沥青洒布车喷洒的沥青用量亦可用洒布车喷洒沥青的总质量及洒布总面积相除求得。此时洒布车喷洒前后的质量应由地秤称重正确测定,洒布总面积由皮尺测量求得。

(4)计算

洒布的沥青用量按下式计算:

$$Q = \frac{m_2 - m_1}{F} \tag{3-33}$$

式中:Q——沥青洒布车洒布的沥青用量,kg/m^2;

m_1——搪瓷盘或牛皮纸质量,kg;

m_2——搪瓷盘或牛皮纸与沥青的合计质量,kg;

F——搪瓷盘或牛皮纸的面积,m^2。

计算所放置的各搪瓷盘或牛皮纸测定值的平均值。当两个测定值的误差不超过平均值的10%时,取两个数据的平均值作为洒布沥青用量的报告值。

(5)报告

试验时洒布车的车速、挡数等数据;施工路段(桩号)、洒布沥青用量的逐次测定值及平均值。

3)沥青混合料质量总量检验方法

(1)检测目的

在热拌沥青混凝土路面施工过程中,对各层沥青混合料的厚度、矿料级配、油石比及拌和温度进行现场监测。通过拌和厂对混合料生产质量的总量检验,计算摊铺层的平均压实层厚度。

(2)仪具与材料技术要求

拌和机类型:按现行《公路沥青路面施工技术规范》(JTG F41—2004)的规定选用。

高速公路和一级公路宜采用间歇式拌和机生产沥青混合料,拌和机必须配备计算机自动采集及记录打印数据的装置,以进行沥青混合料的总量检验。

(3)检验方法

①准备工作

a. 对拌和机的各种称重传感器逐个认真标定,自动采集、记录打印的结果应经过校验,如与实际数量有差异时应求出修正系数,保证各项施工参数的准确性。

b. 开始拌和前应设定每拌和一盘沥青混合料的生产量,各个热料仓、矿粉、沥青等的标准配合比用量,设定各项施工温度。

②沥青混合料质量总量测试步骤

a. 拌和过程中计算机通过传感器采集每拌和一盘混合料的各项数据,由计算机自动处理或者逐盘打印这些数据,进行沥青混合料质量的在线监测。当计算机能够实时监测、自动处理、显示、保存所采集的各项数据时,也允许不逐锅打印数据,只打印汇总统计值。

b. 计算机必须逐盘采集各项数据,按各个料仓的筛分曲线,逐锅计算出矿料级配,与工程设计级配范围及容许的施工波动范围进行比较,实时评定矿料级配是否符合要求。当发现有不合格情况时,必须引起注意。如果连续3锅以上都出现不合格情况,宜对设定值进行适当调整。

c. 计算机必须逐盘采集沥青结合料的实际使用量及沥青混合料的生产量,计算油石比(或沥青用量),与设计值及容许的波动范围相比较,评定是否符合要求。如果连续3锅以上不符要求,宜对设定值进行适当调整。

d. 计算机必须实时监测和采集与沥青混合料生产有关的各种施工温度,与施工规范的要求进行比较,评定其是否符合规定。

③沥青混合料总量检验的计算方法

a. 总量检验的报告周期可以是一个工作日或一个台班。施工停止时,计算机应自动计算并及时打印出各项数据的统计结果。

b. 对沥青混合料的矿料级配,可以打印全部筛孔的结果,但评定是否符合要求可只对5个控制性筛孔(0.075mm、2.36mm、4.75mm、公称最大粒径、一档较粗的控制性粒径等筛孔)。并计算全过程各种指标的平均值(K_0)、标准差(s)、变异系数(C_V),进行沥青混合料生产质量的总量检验。

④计算摊铺层的平均压实厚度

利用一个评定周期的沥青混合料总生产量、施工总面积、沥青混合料密度按下式计算该摊铺层的平均压实厚度。

$$H = \frac{\sum m_i}{A \times d} \times 1000 \tag{3-34}$$

式中:H——该评定周期沥青路面摊铺层的平均施工压实厚度,mm;

m_i——每一盘沥青混合料的质量;

i——依次记录的盘次;

$\sum m_i$——一个评定周期内沥青混合料的总生产量,t;

A——该评定周期沥青路面摊铺层的实际总面积,m^2;

d——评定周期内摊铺层的现场压实密度的平均值,t/m^3,由钻孔试件的干燥密度(即试验室标准密度乘以压实度)测定得到。

(4)注意

①沥青混合料生产过程中的动态质量管理按《公路沥青路面施工技术规范》(JTG F41—2004)的方法进行。

②一个沥青层全部铺筑完成后,应绘制出各个检测指标的变化过程,并计算总的平均值、标准差、变异系数。计算各个指标的总合格率,作为施工质量检验的依据。

③计算机采集、计算的沥青混合料过程控制及施工质量总量检验的数据图表,均必须按要求随工程档案一起存档。

4)半刚性基层透层油渗透深度测试方法

(1)测试目的

测定半刚性基层透层油的渗透深度,以评价透层油的渗透效果。

(2)仪具与材料技术要求

路面取芯钻机。

钢板尺:量程不大于200mm,最小刻度1mm。

填补钻孔材料:与基层材料相同。

填补钻孔用具:夯、锤等。

其他:毛刷、量角器、棉布等。

(3)测试方法

①准备工作

在透层油基本渗透或喷洒48h后,在测试段内随机选取芯样位置,按钻孔法钻取芯样。芯样直径宜为$\phi100$mm,也可为$\phi150$mm,芯样高度不宜小于50mm。

②测试步骤

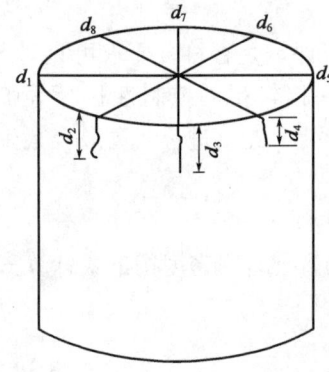

图3-21 透油层渗透深度测试示意图

a.用水和毛刷(或棉布等)轻轻地将芯样表面黏附的粉尘除净。

b.将芯样晾干,使其能分辨出芯样侧立面透层油的下渗情况。

c.用钢板尺或量角器将芯样顶面圆周随机分成约8等份,分别量测圆周上各等分点处透层油渗透的深度(mm),估读至0.5mm,如图3-21所示,分别以$d_i(i=1,2,\cdots,8)$表示。

③填补钻孔

清理孔中残留物,钻孔时留下的积水应用棉布吸干。采用与基层相同的材料(包括配合比)进行填补,并用夯、锤击实。

(4)计算

单个芯样渗透深度的计算:去掉3个最小值,计算其他5点渗透深度的算术平均值。

测试路段渗透深度的计算:取所有芯样渗透深度的算术平均值。检查频度为每5000m^2取1组,每组3个芯样。

(5)报告

透层油渗透深度的报告应记录各测点的位置及各个芯样的渗透深度测试值。

3.2.2 水泥混凝土路面检测

水泥混凝土路面强度组要采用弯拉或劈裂强度作为强度控制指标。由于弯拉强度试件成型及试验过程比较麻烦,现多用劈裂强度来代替。需要强调的一点是快速无破损方法与传统的钻芯试验方法比较,有其较大的优势,但不能代替钻芯的劈裂强度试验结果,也不能代替试验室标准条件下的弯拉强度,不适宜作为仲裁试验或工程验收的最终依据。下面主要介绍水泥混凝土芯样劈裂强度试验方法。

3.2.2.1 目的和适用范围

从硬化混凝土结构物中钻取和检查芯样,测定芯样的劈裂抗拉强度,作为评定结构品质的主要指标。

3.2.2.2 仪具与材料

(1)压力机或万能试验机。
(2)劈裂夹具、木质三合板垫条(不得重复使用)、钢支架,如图3-22所示。
(3)硬化水泥混凝土现场试样的钻取或切割取样。

3.2.2.3 芯样的钻取与养护

钻取位置:在钻取前应考虑由于钻芯可能导致的对结构的不利影响,应尽可能避免在靠近混凝土构件的接缝或边缘处钻取,且基本上不应带有钢筋。

芯样尺寸:芯样直径至少是混凝土所用集料公称最大粒径的2倍,最小直径为100mm,一般为(150±10)mm或(100±10)mm;对于现场芯样,长径比大于等于1。长径比宜为1.9~2.1,最大长径比不能超过2.1。

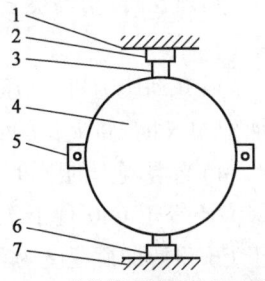

图3-22 芯样劈裂试验装置示意图
1、7-压力机压板车;2、6-各夹具钢垫条;3-木质或纤维层;4-试件;5-侧杆

标记:钻出后的每个芯样应立即清楚地编号,并记录所取芯样在混凝土结构中的位置。

切割:对于现场采取的不规则混凝土试块,可按表3-6所列的试件尺寸进行切割,以满足试验需求。

芯样混凝土试件尺寸表 表3-6

试件名称	标准尺寸(mm)	非标准尺寸(mm)
芯样劈裂强度试件	$\phi 150 \times L_m (31.5)$	$\phi 100 \times L_m (26.5)$

注:①括号中的数字为试件中集料公称最大粒径,单位 mm。
②标准试件的最短尺寸 L_m 应大于集料公称最大粒径的4倍。

养护:同龄期试件为1组,每组为3个同条件钻取、切割制备和养护的试件。芯样在进行强度试验前需进行调湿,一般应在标准养护室养护24h;至试验龄期时,自养护室取出试件,用湿布覆盖,避免其湿度变化。

3.2.2.4 试验方法

1)检查

外观检查:每个芯样应详细描述有无裂缝、接缝、分层、麻面或离析等情况,必要时应记录以下事项:

(1)集料情况:估计集料的最大粒径、形状及种类,粗细集料的比例与级配。
(2)密实性:检查并记录存在的气孔及其位置、尺寸与分布情况,必要时应拍下照片。

2)测量

(1)测平均直径 d:在芯样的中间及两面各1/4处按两个垂直方向测量三对数值确定芯

样的平均直径 d,精确到 1.0mm。

(2)测平均长度 L:取芯样直径两端侧面测定钻取后芯样的长度及端面加工后的长度,精确至 1.0mm。

(3)表面密度:如有必要,应测定芯样的表观密度。

3.2.2.5 试验步骤

(1)在试件中部划出劈裂面位置线。圆柱体的母线公差为 0.15mm。这两条母线应位于同一轴向平面内,彼此相对,两条线的末端在试件的端面上相连,应为通过圆心的直径,以明确标明承压面。

(2)将试件、劈裂夹具、垫条与垫层安放在压力机上(图3-14),借助夹具两侧杆将试件对中。

(3)开动压力机,当压力机压板与夹具垫条接近时调整球座使压力均匀接触试件。当压力加到 5kN 时,将夹具的侧杆抽出。

(4)当混凝土的强度等级小于 C30 时,加荷速度为 0.02~0.05MPa/s;当混凝土的强度等级大于等于 C30 且小于 C60 时,加荷速度为 0.05~0.08MPa/s;当混凝土的强度等级大于等于 C60 时,加荷速度为 0.08~0.10MPa/s。当试件接近破坏而开始迅速变形时,不得调整试验机油门,直至试件破坏,记下破坏极限荷载 F。

3.2.2.6 计算

按下式计算芯样劈裂抗拉强度 f_{ct}:

$$f_{ct} = \frac{2F}{\pi d_m l_m} \tag{3-35}$$

式中:f_{ct}——芯样劈裂抗拉强度,MPa;

F——极限荷载,N;

d_m——芯样截面的平均直径,mm;

l_m——芯样平均长度,mm。

混凝土芯样劈裂抗拉强度测定值的计算及异常值的取舍原则为:以3个试件测值的算术平均值作为该组试件强度的测定值,计算结果精确至 0.01MPa。如3个测值中的最大值或最小值中有一个与中间值的差值超过中间值的 15% 时,则取中间值作为该组试件强度的测定值;如两个测值与中间值的差值均超过中间值的 15%,则该组试验结果无效。

本章思考题

1. 路面结构层厚度检测的意义是什么?常用路面结构层厚度检测有哪些方法?
2. 简述贝壳曼梁法测定回弹弯沉的方法步骤。
3. 简述手工铺砂法测定抗滑性能的过程。
4. 试述摆式仪测定路面抗滑性能的要点?
5. 试述半刚性基层在交工验收时应检查哪些内容?并说明相应的试验检测方法。

6. 常见的测试路基路面平整度的方法有哪几种？各有什么特点？

7. 简述国内外常见沥青路面车辙的检测方法,并分析其检测原理的异同。

8. 沥青路面施工现场一般需要检测哪些项目来控制沥青路面的施工质量。

9. 某路段水泥混凝土路面板厚度检测数据如表 3-7 所示。保证率为 95% ,设计厚度 $h_d = 25\text{cm}$,代表值允许偏差 $\Delta h = 5\text{mm}$,试对该路段的板厚进行评价。

水泥混凝土路面板厚度检测结果　　　　　　　　　　表 3-7

序号	1	2	3	4	5	6	7	8	9	10
厚度 h_i(cm)	25.1	24.8	25.1	24.6	24.7	25.4	25.2	25.3	24.7	24.9
序号	11	12	13	14	15	16	17	18	19	20
厚度 h_i(cm)	24.9	24.8	25.3	25.3	25.2	25.0	25.1	24.8	25.0	25.1
序号	21	22	23	24	25	26	27	28	29	30
厚度 h_i(cm)	24.7	24.9	25.0	25.4	25.2	25.1	25.0	25.0	25.5	25.4

10. 某新建高速公路竣工后,在不利季节测得某路段路面的弯沉值如表 3-8 所示,路面设计弯沉值为 $40(0.01\text{mm})$,试判断该路段的弯沉值是否符合要求？取保证率系数 $Z_\alpha = 1.645$。

弯沉值检测结果　　　　　　　　　　表 3-8

序号	1	2	3	4	5	6	7	8	9	10	11
$l(0.01\text{mm})$	30	29	31	28	27	26	33	32	30	30	31
序号	12	13	14	15	16	17	18	19	20	21	22
$l(0.01\text{mm})$	29	27	26	32	31	33	31	30	29	28	28

11. 某公路水泥稳定基层施工中,某一路段压实度检测结果如表 3-9 所示,压实度标准 $K_0 = 98\%$。试按保证率 95% 评定该路段的压实度。

压实度检测结果　　　　　　　　　　表 3-9

序号	1	2	3	4	5	6	7	8	9	10
压实度(%)	98.4	98.4	98.5	98.3	98.3	98.8	98.0	98.7	99.3	98.6
序号	11	12	13	14	15	16	17	18	19	20
压实度(%)	98.6	98.8	98.8	99.7	99.1	98.3	98.2	98.5	99.0	98.3

第4章 桥梁工程试验检测技术

学 习 目 标

【知识目标】 学生应掌握桥梁工程中常用支座、预应力结构组件的检测方法;桥梁混凝土结构构件的检测方法;桥梁结构应变电测技术。应了解桥梁伸缩装置检测方法和千斤顶张拉校验方法;桥梁荷载试验方法。

【能力目标】 通过本章学习,学生应具备桥梁板式橡胶支座、预应力锚具、夹具等成品的检测能力;混凝土强度的无损检测能力;桥梁检测中应用应变电测技术的能力。

随着公路建设事业的飞速发展,我国桥梁工程设计、施工的水平不断提高,已建设桥梁类型丰富多彩。为保证新建桥梁的工程质量,在桥梁设计、施工的过程中必须对桥梁工程所用原材料、桥梁结构构件进行严格的检测,必要时还要通过载荷试验对桥梁的整体承载能力进行验证。已建成的大量现役桥梁中,很多已面临大中修时期,部分桥梁出现了混凝土开裂、钢筋锈蚀、梁体挠曲过大甚至局部沉陷等缺陷,我们应利用各种合适的检测手段对这些局部缺陷的性质、位置及大小进行检验评定,并根据检验结果进行必要的修补加固。当桥梁破坏部位较多,对整体承载能力影响较大时,则需要通过载荷试验对桥梁的整体承载能力重新进行评估。

随着人们对桥梁工程设计、施工、运营的安全和质量意识的不断提高,桥梁试验检测技术越来越受到重视。桥梁试验检测技术是桥梁工程设计、施工及使用各个环节中不可缺少的一项质量控制手段。交通行业标准中相关的桥梁设计与施工规范、质量检验评定标准及各类试验规程中详细规定了公路桥梁工程在设计、施工及质量验收各阶段的检测内容及方法,主要包含以下内容:

(1)材料检测

桥梁工程建设的主体原材料为水泥混凝土,生产混凝土的各种原材料有水泥、砂石、水、掺合料和外加剂等。普通钢筋混凝土结构用原材料包括钢筋、各种预应力结构用预应力钢筋、钢丝、钢绞线,以及锚具、夹具、连接器以及各种型钢等。桥梁连接部件主要指支座与伸缩装置。桥面铺装层用沥青混凝土、桥头搭板下的各种无机结合料垫层等所使用的各种原材料。

(2)桥梁工程各部位结构尺寸及外观质量的检测

按照《公路工程质量检验评定标准 第一册 土建工程》(JTG F80/1—2017)的要求,在施工过程中应对桥梁各部位的放样位置、结构尺寸及外观质量进行检验评定,放样位置及结构尺寸的评定一般可采用全站仪、经纬仪、水准仪、钢尺等,所用测量仪器的性能及测试精度应满足相关规范的要求,对检验结果的评定应按照标准中的相关规定执行。外观质量检验一般采用目测的方法,主要检测内容有混凝土表面的平整度、蜂窝麻面的面积与深度等。

(3)对桥梁结构构件混凝土强度等级、内部缺陷及承载能力的检测

评定标准明确规定桥梁各部位结构构件的混凝土强度必须在合格标准之内,评定混凝土的强度等级一般采用规定组数的标准立方体试件,采用统计法进行评定。当立方体试件的强度不能满足设计要求时,可采用钻芯法、回弹法、超声回弹法等检测手段进一步验证。

对结构构件混凝土内部缺陷的检测一般采用无损检测手段,如检测桩身混凝土的缺陷时常用超声法和反射波法。超声法即利用超声脉冲通过缺陷部位时发生折射、散射、绕射等从而导致声速、波幅、主频发生变化的现象来判断缺陷的部位及大小。反射波法是利用锤击应力波在桩身缺陷处的反射波特征来判断桩身缺陷的一种方法,这种方法操作简单、快捷,应用较为普遍。

桥梁结构构件的承载能力检测包括单桩的承载力、梁体的承载力等。单桩的承载力测定常用静载试验方法,在经动、静对比试验的基础上,也可采用高应变动测方法。梁体的载荷试验一般采用重物堆载的方式,利用应变计、挠度仪等测定各控制截面的应力、挠度等,所用仪器的精度要求应满足相关规程的要求。

(4)桥梁载荷试验

桥梁载荷试验主要对一些采用新材料、新工艺、新型结构的大中型桥梁,为确保工程质量常常采用现场载荷试验的方法验证桥梁的整体承载能力;对一些旧桥梁也常常采用现场载荷试验的方法对桥梁的承载能力重新进行评估;对一些特大型桥梁在竣工验收时常常要求。桥梁的现场载荷试验可分为静载试验、动载试验及桥梁的震动试验等。

4.1 桥梁连接部件与预应力结构组件检测

4.1.1 桥梁支座和伸缩装置检测

4.1.1.1 桥梁支座检测

桥梁支座是连接桥梁上部结构和下部结构的重要部件,其主要功能是将上部结构承受的各种荷载传递给墩台,并能适应上部结构由于荷载、温度变化、混凝土收缩等产生的变形(水平位移及转角),使上部结构的实际受力情况符合设计要求。

桥梁支座按其材料可划分为小桥梁上使用的简易垫层支座、大中桥上使用的钢板支座、钢筋混凝土支座、铸钢或不锈钢支座以及橡胶支座等。目前,板式、盆式橡胶支座已实现产品的标准化、系列化,成为我国桥梁支座的主导产品,在新建的大中型桥梁工程中广泛应用。本节重点介绍橡胶支座的构造及检测方法。

1)板式橡胶支座

板式橡胶支座通常由若干层橡胶片和薄钢板组成,各层橡胶与钢板之间经加压硫化牢固地黏结成一体。如图4-1为薄钢板加劲的矩形板式橡胶支座的构造。

支座在竖直荷载作用下,钢板将约束橡

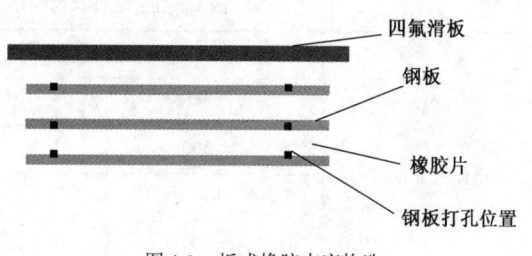

图4-1 板式橡胶支座构造

胶的侧向膨胀,提高支座的竖向刚度。支座的水平位移与支座橡胶的净厚有关。为防止薄钢板的锈蚀,在板式橡胶支座的上、下面及四周均有橡胶保护层。

板式橡胶支座有足够的竖向刚度以承受垂直荷载,且能将上部构造的压力可靠地传递给墩台,有良好的弹性以适应梁端的转动,有较大的剪切变形以满足上部构造的水平位移。板式橡胶支座按其形状可分为矩形板式橡胶支座和圆形板式橡胶支座,如图 4-2、图 4-3 所示。

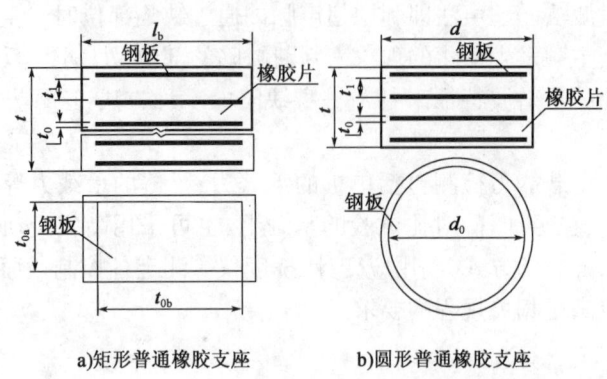

图 4-2　普通板式橡胶支座

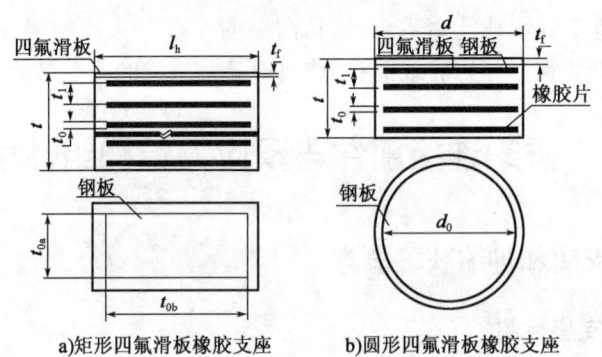

图 4-3　四氟滑板式橡胶支座

(1) 板式桥梁橡胶支座的技术要求

《公路桥梁板式橡胶支座》(JT/T 4—2004)规定了桥梁板式橡胶支座标准系列规格,每块橡胶支座成品的质量要求与力学性能指标应符合表 4-1~表 4-4 的规定,标准系列规格以外型式的支座应根据试验结果自行确定设计参数。

板式橡胶支座尺寸偏差要求(尺寸单位:mm) 表 4-1

项　目	矩　形　支　座		圆　形　支　座	
	边长范围(l_b)	偏差	直径范围(d)	偏差
平面尺寸偏差	$l_b \leq 300$	+2.0	$d \leq 300$	+2.0
	$300 < l_b \leq 500$	+4.0	$300 < d \leq 500$	+4.0
	$l_b > 500$	+5.0	$d > 500$	+5.0

续上表

项　目	矩形支座		圆形支座	
	厚度范围(t)	偏差	厚度范围(t)	偏差
厚度尺寸偏差	$t \leq 49$	+1.0	$t \leq 49$	+1.0
	$49 < t \leq 100$	+2.0	$49 < t \leq 100$	+2.0
	$100 < t \leq 150$	+3.0	$100 < t \leq 150$	+3.0
	$t > 150$	+4.0	$t > 150$	+4.0

板式橡胶支座成品外观检验　　　　　　　　　　　　　　　　　　　　表 4-2

项　目	质量要求(不允许有以下三项缺陷同时存在)
气泡、杂质	气泡、杂质总面积不得超过支座平面面积的0.1%,且每一处气泡、杂质面积不能大于$50mm^2$,最大深度不超过2mm
凹凸不平	当支座平面面积小于$0.15m^2$时,不多于2处;大于$0.15m^2$时,不得多于4处,且每处凸凹高度不超过0.5mm,面积不超过$6mm^2$
四侧面裂纹、钢板外露	不允许
掉块、崩裂、机械损伤	不允许
钢板与橡胶黏结处开裂或剥离	不允许
支座表面不平整度	①橡胶支座:不大于平面最大长度的0.4%; ②四氟滑板式支座:不大于四氟滑板平面最大长度的0.2%
四氟滑板表面划痕、碰伤、敲击	不允许
四氟板与橡胶支座粘贴错位	不得超过橡胶支座短边或直径尺寸的0.5%

板式橡胶支座解剖检验(内在质量)　　　　　　　　　　　　　　　　　表 4-3

项　目	质量要求
锯开后胶层厚度	胶层厚度必须均匀,t_1为5mm或8mm时,其偏差为±0.4mm;t_1为11mm时,其偏差不得大于±0.7mm;t_1为15mm时,其偏差不得大于±1.0mm
钢板与橡胶黏结	钢板与橡胶黏结应牢固,且无离层现象,其平面尺寸偏差为±1mm,上下保护层偏差(+0.5,0)mm
剥离胶层(应按HG/T 2198规定制成试样)	剥离胶层后,测定的橡胶性能与规定的标准值相比,拉伸强度的下降不应大于15%,扯断伸长率的下降不应大于20%

板式橡胶支座成品的力学性能指标　　　　　　　　　　　　　　　　　表 4-4

项　目		指　标
极限抗压强度 R_u(MPa)		≥70
实测抗压弹性模量 E(MPa)		$[E] \pm [E] \times 20\%$
实测抗剪弹性模 G(MPa)		$[G] \pm [G] \times 15\%$
老化后抗剪弹性模 G(MPa)		$[G] + [G] \times 15\%$
实测转角正切值 $\tan\theta$	混凝土桥	≥1/300
	钢桥	≥1/500
实测四氟板与不锈钢板表面摩擦系数 μ_f(加硅脂时)		≤0.03

橡胶支座在其橡胶片与薄钢板黏结牢固的情况下,其竖向变形的主要影响因素是支座受压面积与其自由膨胀侧面积之比值,称为形状系数,用 S 表示。橡胶支座抗压弹性模量 E 和形状系数 S 按下列公式计算:

对于矩形支座:

$$S = \frac{l_{0a} \cdot l_{0b}}{2t_1(l_{0a} + l_{0b})} \tag{4-1}$$

对于圆形支座:

$$S = \frac{d_0}{4t_1} \tag{4-2}$$

式中:S——形状系数;
　　　l_{0a}——矩形支座加劲钢板短边长度,mm;
　　　l_{0b}——矩形支座加劲钢板长边长度,mm;
　　　t_1——支座中间单层橡胶片厚度,mm;
　　　d_0——圆形支座加劲钢板直径,mm。

橡胶支座抗压弹性模量 E 和形状系数 S 之间的关系如下:

$$E = 5.4G \cdot S^2 \tag{4-3}$$

式中:E——支座抗压弹性模量,MPa;
　　　G——支座抗剪弹性模量,MPa。

(2)板式橡胶支座的抽样检测

板式橡胶支座的出厂检验,抽样应满足表 4-5 的规定,支座型式检验应满足表 4-6 的规定。

板式橡胶支座出厂检验抽样规定　　　　　　　　　　　　　　表 4-5

项目	检验内容	检验周期
外形尺寸	平面尺寸、厚度偏差	抽检 25%
外观质量	外观缺陷	每块支座
内在质量	内部缺陷、偏差	每 200 块取一块
力学性能	抗压、抗剪弹性模量、极限抗压强度、抗剪黏结性与抗剪老化交叉检验	每批产品一种

支座型式检验规定　　　　　　　　　　　　　　表 4-6

序号	型式检验分类	力学性能检验项目							抽检支座规格	原材料检验项目	出厂检验项目
		抗压弹性模量	抗剪弹性模量	抗剪黏结性	抗剪老化	四氟板与不锈钢板摩擦系数	容许转角	极限抗压强度			
1	新产品试制定型鉴定	△	△	△	△	△	△	△	5 种,3 种规定规格	全检	全检
2	胶料配方、工艺改变	△	△	△	△				3 种	全检	全检

续上表

序号	型式检验分类	力学性能检验项目								原材料检验项目	出厂检验项目
		抗压弹性模量	抗剪弹性模量	抗剪黏结性	抗剪老化	四氟板与不锈钢板摩擦系数	容许转角	极限抗压强度	抽检支座规格		
3	停产一年恢复生产	△	△	△	△	—	—	—	3种规定规格	全检	全检
4	重要和用量较大工程及用户提出要求时	△	△	板式橡胶支座做此项试验				四氟滑板支座做此项试验	3种,用量100块以下时可抽1种	用户要求时	用户要求时
5	国家质检部门要求或颁发产品许可证	△	△	△	△	△	△	对规定规格型号I	3种规定规格	全检	全检
	每种规格支座抽检数量	三块	三对	三对	三对	三对	三对	三块			

注:表中△为应做项目;空白为不做项目。

(3) 板式橡胶支座的检验方法

桥梁橡胶支座检验有型式检验、出厂检验和使用前抽检三种质量控制环节。型式检验是指厂家在投产、胶料配方改变、工艺和结构形式改变及正常生产中质检部门或国家监督机构定期检测。出厂检验必须由厂家质量管理部门进行检验,确认合格后才可出厂,供货时必须附有产品质量合格证明文件及合格证。而桥梁工程使用前抽检是指针对具体支座的设计要求,以行业标准为依据,进行的常规性检验,通常应在支座进入工地后抽取一定比例送检,主要检验项目有支座成品解剖检验和外观、几何尺寸检验、力学性能检验等。

①抗压弹性模量检验:通过中心受压试验,得出橡胶支座的应力应变曲线,当压应力不大时,橡胶支座的应力应变呈非线性变化,随着荷载的加大,橡胶支座的应力应变将呈线性变化。抗压弹性模量就是根据上述曲线中的直线段确定的。并据此求出支座的抗压弹性模量,实测出使用应力下支座的最大压缩量并观察支座在受压情况下的工作状态。

板式橡胶支座抗压弹性模量的试验步骤为:

a. 如图 4-4 所示,将试样置于压力机的承载板上,对准中心,缓缓加载至压应力为1.0MPa且稳压后,核对承载板四角对称安置的四只位移传感器(或百分表),确认无误后开始预压。

b. 预压。将压应力缓缓增至平均压应力$[\sigma]=10$MPa,加载速率为 0.03~0.04MPa/s,持荷 2min。然后连续均匀卸载至压应力为 1.0MPa,持荷 5min 记录千分表初始值,绘制应力—应变图,预压三次。

c. 正式加载。每一加载循环自 $\sigma_1=1.0$MPa 开始,匀速

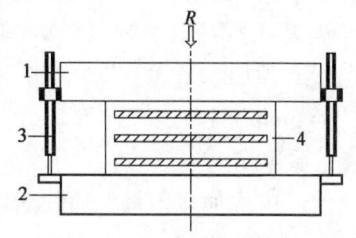

图 4-4 橡胶支座抗压试验装置
1-压力机上承载板;2-下承载板;3-位移传感器;4-支座试样

加载至4MPa,持荷2min后采集支座变形值(即读取百分表读数)。然后以同样速率每2MPa为一级逐渐加载,每级持荷2min后采集支座变形值,直至$[\sigma]$为止,绘制的应力-应变图应呈线性关系。然后以连续均匀的速率卸载至压应力为1.0MPa,10min后进行下一加载循环,加载过程连续进行三次。

d. 以承载板四角所测得的变化值的平均值,作为各级荷载下试样的累积压缩变形Δ_{ci},按试样橡胶层的总厚度t_e求出在各级试验荷载作用下,试样的累积压缩应变ε_i。试样的抗压弹性模量按下式计算:

$$E_1 = \frac{\sigma_{10} - \sigma_4}{\varepsilon_{10} - \varepsilon_4} \tag{4-4}$$

$$\varepsilon_i = \frac{\Delta_{ci}}{t_e} \tag{4-5}$$

式中:E_1——试样实测抗压弹性模量计算值,精确至1MPa;

σ_4、ε_4——第4MPa级试验荷载下的压应力和累积压缩应变值;

σ_{10}、ε_{10}——第10MPa级试验荷载下的压应力和累积压缩应变值。

每一块试样的抗压弹性模量E_1应为三次加载过程所得的三个结果的算术平均值。但单项结果与算术平均值之间的偏差不应大于算术平均值的3%,否则该试样应重新试验一次;如果仍超出3%,应由试验机生产厂专业人员对试验机进行检修和检定,合格后再进行试验。

②极限抗压强度:通过中心受压试验,以0.1MPa/min的加载速率连续加载至试样极限抗压强度R_u不小于70MPa为止,绘制应力—时间图。并随时观察试样受力状态及变化情况,试样是否完好无损。

③抗剪弹性模量:板式橡胶支座的位移是通过橡胶的剪切变形实现的,其抗剪弹性模量采用双剪试验装置来测定,图4-5为橡胶支座剪切试验的加载示意图。

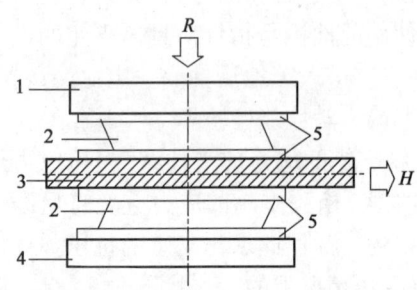

图4-5 橡胶支座剪切试验装置
1-压力机上承载板;2-支座试样;3-中间钢拉板;
4-压力机下承载板;5-承载板上附加的防滑挡板

抗剪弹性模量的试验步骤为:

a. 按图4-5所示,将试样安装到位。

b. 将压应力缓缓增至平均压应力$[\sigma]$,绘制应力-时间图,并在整个抗剪试验过程中保持不变。

c. 安装水平千斤顶及测力计和位移计。水平千斤顶的轴线应与中间钢拉板的对称轴重合。

d. 预加水平力。以$0.002 \sim 0.003$MPa/s的速率连续施加水平力剪应力至$\tau = 1.0$MPa,持荷5min,然后连续均匀卸载至剪应力0.1MPa,持荷5min,记录初始值,绘制应力—应变图。预载应进行三次。

e. 正式加载。每一加载循环自$\tau_1 = 0.1$MPa开始,每级剪应力增加0.1MPa,持荷1min,采集支座变形值,至$\tau = 1.0$MPa为止,绘制的应力-应变图应呈线性关系。然后以连续均匀的速率卸载至剪应力$\tau = 0.1$MPa,10min后进行下一循环,加载过程连续进行三次。

f. 将各级水平荷载下位移传感器所测得的试样累积水平剪切变形Δ_{si},按试样橡胶层的

总厚度 t_e 求出在各级试验荷载作用下，试样的累积剪切应变 γ_i。

试样的实测抗剪弹性模量按下式计算：

$$G_1 = \frac{\tau_{1.0} - \tau_{0.3}}{\gamma_{1.0} - \gamma_{0.3}} \tag{4-6}$$

$$\gamma_i = \frac{\Delta_{si}}{t_e} \tag{4-7}$$

式中：G_1——试样实测抗剪弹性模量计算值，精确至 1%，MPa；

$\tau_{1.0}$、$\gamma_{1.0}$——第 1.0MPa 级试验荷载下的剪应力和累积剪切应变值；

$\tau_{0.3}$、$\gamma_{0.3}$——第 0.3MPa 级试验荷载下的剪应力和累积剪切应变值。

每对检验橡胶支座所组成试样的综合抗剪弹性模量 G_1 为该对试样三次加载所得的三个结果的算术平均值。但单项结果与算术平均值之间的偏差不应大于算术平均值的 3%，否则该试样应重新试验一次；如果仍超出 3%，应由试验机生产厂专业人员对试验机进行检修和检定，合格后再进行试验。

④抗剪黏结性能试验：整体支座抗剪黏结性能试验与抗剪弹性模量试验方法相同。将压应力以 0.03~0.04MPa/s 的速率连续均匀地加载至平均压应力 σ，绘制应力-时间图，并在整个抗剪试验过程中保持不变。然后，以 0.002~0.003MPa/s 的速率连续施加水平力，当剪应力至 2MPa 时，持荷 5min 后，水平力以连续均匀的速度连续卸载，在加、卸载过程中绘制应力—应变图。

试验中随时观察试样受力状态及变化情况，水平力卸载后试样是否完整无损。

⑤抗剪老化试验：将试样置于老化箱内，在 (70±2)℃ 温度下经 72h 后取出，将试样在标准温度 (23±5)℃下，停放 48h，再在标准试验室温度下进行剪切试验，试验方法与标准抗剪弹性模量试验相同。

⑥摩擦系数试验：除要求必须对四氟板与不锈钢板进行检验外，对橡胶与混凝土，橡胶与钢板间摩擦系数试验可按需要或用户要求进行检验。摩阻系数试验采用图 4-6 所示的支座剪切试验方法。

试验步骤为：

a. 将试样安装就位，并准确对中。试验时应将四氟滑板试样的储油槽内注满 5201-2 硅脂油。

b. 将压应力以 0.03~0.04MPa/s 的速率连续地增至平均压应力 $[\sigma]$，绘制应力-时间图，并在整个摩擦系数试验过程中保持不变。其预压时间为 1h。

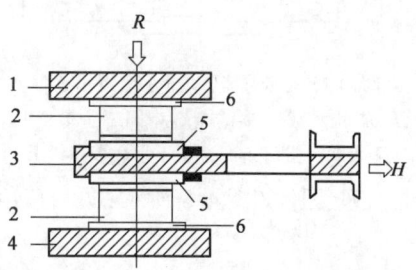

图 4-6　摩擦系数试验装置示意图
1、4-试验机上、下承载板；2-四氟滑板支座试样；
3-中间钢拉板；5-不锈钢板试样；6-防滑摩擦板

c. 以 0.002~0.003MPa/s 的速率连续施加水平力，直至不锈钢板与四氟滑板试样接触面间发生滑动为止，记录此时的水平剪应力作为初始值。试验过程应连续进行三次。

试样的摩擦系数按下式计算，并求出三次的算术平均值。

$$\mu_f = \frac{\tau}{\sigma} \tag{4-8}$$

$$\tau = \frac{H}{A_0} \qquad (4\text{-}9)$$

$$\sigma = \frac{R}{A_0} \qquad (4\text{-}10)$$

式中：μ_f——四氟滑板与不锈钢板表面的摩擦系数，精确至 0.01；

τ——接触面间滑动时的水平剪应力，MPa；

σ——支座的平均压应力，即 $[\sigma]$，MPa；

H——支座承受的最大水平力，MPa；

R——支座最大承压力，MPa；

A_0——支座有效承压面积，mm²。

⑦转角试验：桥梁在外荷载作用下将发生竖向扭曲，并引起梁端转动，支座须适应这种转动变形。支座在转动过程中，一侧继续压缩，而另一侧则逐渐回弹。为了避免回弹侧支座边缘脱空，须对支座的转角进行检验。

试验步骤为：

a. 按图 4-7 安装试样。在距中心 600mm 处安装产生转动的千斤顶和测力计，并在承载梁四角对称安装四只位移传感器（或百分表）。

b. 预压。将压应力以 0.03～0.04MPa/s 缓缓增至 $[\sigma]$，绘制应力-时间图，维持 5min，然后以连续均匀的速率卸载至压应力为 1.0MPa，如此反复三遍。检查传感器（或百分表）工作是否正常。

c. 正式加载。将压应力按照抗压弹性模量试验要求增至 $[\sigma]$，采集支座变形数据，绘制应力-应变图，并在整个过程中维持 $[\sigma]$ 不变。用油压千斤顶对中间工字梁施加一个向上的力 P，使其达到预期转角的正切值（偏差不大于 5%），停 5min 后，读取千斤顶力 P 及传感器（或千分表）的数值。

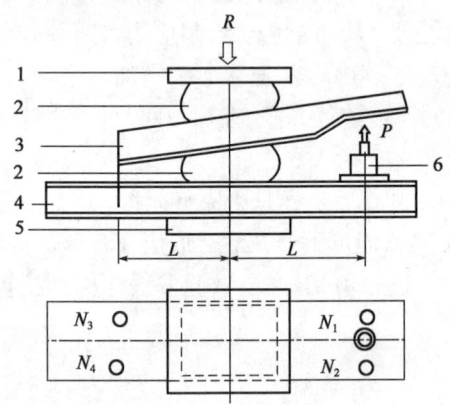

图 4-7 橡胶支座转角检验装置示意图
1-压力机上承载板；2-试样；3-中间工字梁（假想梁体）；4-承载梁（板）；5-压力机下承载板；6-千斤顶

支座变形如图 4-8 所示，实测转角的正切值按以下方法计算：

$$\tan\theta = \frac{\Delta_1^2 + \Delta_3^4}{2L} \qquad (4\text{-}11)$$

式中：$\tan\theta$——试样实测转角的正切值；

Δ_1^2——传感器（或百分表）N_1、N_2 处的变形平均值，mm；

Δ_3^4——传感器（或百分表）N_3、N_4 处的变形平均值，mm；

L——转动力臂，$L = 600\text{mm}$。

各种转角下，由于垂直承压力与转动共同影响产生

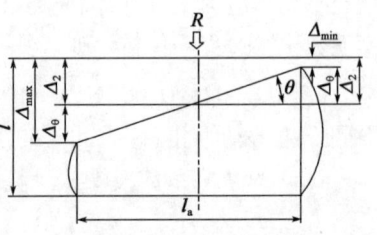

图 4-8 转角计算示意图

的压缩变形值,按下式计算:

$$\Delta_2 = \Delta_c - \Delta_1 \tag{4-12}$$

$$\Delta_1 = \frac{\Delta_1^2 - \Delta_3^4}{2} \tag{4-13}$$

式中:Δ_c——支座最大承压力 R 时试样累积压缩变形值,mm;
Δ_1——转动试验时,试样中心平均回弹变形值,mm;
Δ_2——垂直承压力和转动共同影响下试样中心处产生的压缩变形,mm。

各种转角下,试样边缘换算变形值按下式计算:

$$\Delta_\theta = \tan\theta \cdot \frac{l_a}{2} \tag{4-14}$$

式中:Δ_θ——实测转角产生的变形值,mm;
l_a——矩形支座试样短边尺寸,mm;圆形支座采用直径 d,mm。

各种转角下,支座边缘最大、最小变形值按下式计算:

$$\Delta_{max} = \Delta_2 + \Delta_\theta \tag{4-15}$$

$$\Delta_{min} = \Delta_2 - \Delta_\theta \tag{4-16}$$

(4)判定规则

抗压弹性模量、抗剪弹性模量、老化后抗剪弹性模量、四氟滑板试样与不锈钢板的摩擦系数应符合表4-4的规定;在两倍剪切应力作用下,橡胶层未被挤坏,中间层钢板未断裂错位,卸载后,支座变形恢复正常,应认为试样抗剪黏结性能满足要求;在不小于70MPa压应力时,橡胶层未被挤坏,中间层钢板未断裂,四氟滑板与橡胶未发生剥离,应认为试样的极限抗压强度满足要求;试样的转角正切值,混凝土、钢筋混凝土桥在1/300,钢桥在1/500时,试样边缘的最小变形值大于或等于零时,应认为试样转角满足要求。

支座力学性能检验时,随机抽取3块(或3对)支座,若有2块(或2对)不能满足要求时,则认为该批产品不合格。若有1块(或1对)支座不能满足要求时,则应从该产品中随机再抽取双倍支座对不合格项目进行复检,若仍有一项不合格,则评定该批产品不合格。

支座型式检验时,应全部项目满足要求为合格。若使用单位抽检支座产品力学性能,有2项各有1块(或1对)支座不合格;颁发产品许可证时抽检支座产品,由3项各有1块(或1对)支座不合格,则应按照规定进行复检,若仍有1项不合格,则评定该批产品不合格。

2)盆式橡胶支座

公路桥梁盆式橡胶支座的主要构造特点是将纯橡胶块放置在凹型的金属盆内,其原理是在三向受力的情况下产生反力来承受桥梁的垂直荷载,同时利用橡胶的弹性满足梁端的转动,通过焊接在上座板上的不锈钢板与聚四氟乙烯的自由滑移,完成桥梁上部构造的水平位移。因橡胶处于侧限受压状态,从而使支座的承载能力大大提高。与板式橡胶支座相比,盆式橡胶支具有承载能力大、水平位移量大、转动灵活等特点,且重量轻,结构紧凑,构造简单,加工制造方便,节省钢材,降低造价,是适宜于大垮桥梁的较理想支座。

盆式橡胶支座按其使用性能可分为双向活动支座、单向活动支座、固定支座和减震型固定支座、减震型单向活动支座。双向活动支座(代号为 SX),如图 4-9 所示,具有竖向承载、竖向转动和多向滑移性能;单向活动支座(代号为 DX),如图 4-10 所示,具有竖向承载、竖向转动和单一方向滑移性能。固定支座(代号为 GD)。如图 4-11 所示,具有竖向承载和竖向转动性能。减震型固定支座,代号为 JZGD,具有竖向承载、竖向转动和减震性能。减震型单向活动支座,代号为 JZDX,具有竖向承载、竖向转动、单一方向滑移和减震性能。常温型支座适用温度环境为 -25 ~ +60℃,耐寒型支座适用于 -40 ~ +60℃环境。

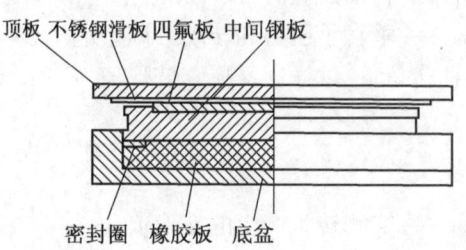

图 4-9　双向活动支座结构示意图

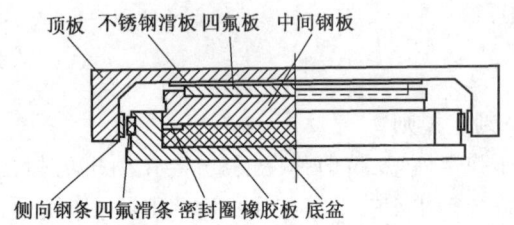

图 4-10　单向活动支座结构示意图

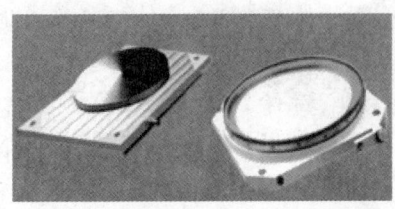
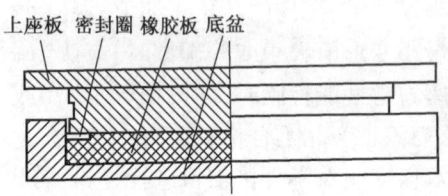

图 4-11　固定支座结构示意图

盆式橡胶支座标准系列规格、成品支座力学性能指标及有关设计指标应满足《公路桥梁盆式橡胶支座》(JT/T 391—2009)的要求。

(1)成品支座力学性能技术要求

竖向承载力:支座的竖向承载力分 33 级,即 0.4、0.5、0.6、0.8、1、1.5、2、2.5、3、3.5、4、5、6、7、8、9、10、12.5、15、17.5、20、22.5、25、27.5、30、32.5、35、37.5、40、45、50、55 和 60MN。

在竖向设计荷载作用下,支座压缩变形不大于支座总高度的 2%,钢盆盆环上口径向变形不大于盆环外径的 0.5%。

水平承载力:固定支座和单向活动支座非滑移方向的水平承载力均不得小于支座竖向承载力的 10%。抗震型固定支座和减震型单向活动支座非滑移方向的水平承载力均不得小于支座竖向承载力的 20%。

转角：支座竖向转动角度不得小于 0.02rad。支座正常工作时，支座竖向转动角度不得小于 0.02rad。

摩阻系数：加 5201 硅脂润滑后，常温型活动支座设计摩擦系数不大于 0.030；加 5201 硅脂润滑后，耐寒型活动支座设计摩擦系数不大于 0.060。

位移：双向活动支座和单向活动支座顺桥向位移量分为 5 级：±50、±100、±150、±200、±250mm；双向活动支座横桥向位移量为 ±50mm。当有特殊需要时，可按实际需要调整位移量，调整位移级差为 ±50mm。

(2) 支座力学性能的检测方法

整体支座力学性能测试应在专门试验机构中进行，条件许可时也可在支座生产厂进行。

① 支座竖向承载力试验：支座检验荷载应为支座竖向设计承载力的 1.5 倍，并将检验荷载均分为 10 级，逐级对支座加载。在支座的顶、底板间对称安装 4 只百分表，测试支座竖向压缩变形；在盆环上口相互垂直的直径方向安装 4 只千分表，测试盆环径向变形。

加载前应对试验支座预压 3 次，预压荷载为支座竖向设计承载力。试验时以支座竖向设计承载力的 1.0% 作为初始压力，然后逐级加载。每级荷载稳压 2min 后读取百分表和千分表的数据，加载至检验荷载时稳压 3min 后卸载至初始压力，测定残余变形，一个加载程序完毕。一个支座需往复加载 3 次。

结果计算：支座竖向压缩变形取每级加载 4 只百分表的算数平均值，作为该次该级加载的测试结果，取 3 次测试结果的平均值，作为该支座的测试结果；盆环径向变形取每级加载同一直径方向的 2 只千分表测试结果的绝对值之和作为该直径方向的变形。两个直径方向变形的平均值作为该次该级加载的测试结果。取 3 次测试结果的平均值，作为该支座的测试结果。

② 支座摩阻系数测定：支座摩阻系数应在专门的试验机上进行，测定采用双剪试验方法。试验时支座储脂坑内均应涂满 5201-2 硅脂。支座对中后，先对支座进行预压，预压荷载为支座竖向设计承载力，预压 3 次，每级加载稳压 3min 后卸载至初始荷载，初始荷载为支座竖向设计承载力的 1.0% 或由试验机的精度确定。

试验时，试验机对支座加载至竖向设计承载力，然后用千斤顶对支座施加水平力，并用专用的压力传感器记录水平力大小，支座发生滑移即停止施加水平力，同时计算出支座的初始摩擦系数。然后重复上述试验，记录每次施加水平力。要求至少重复 3 次，将各次测试平均值作为支座的实测摩擦系数。

③ 支座转动试验：试验时将试样对中安放，并安装加载横梁、千斤顶、传感器（或千分表）等。转动试验前应对支座进行预压，预压荷载为支座竖向设计承载力，预压 3 次。每次加载稳压 3min 后卸载至初始荷载。初始荷载为支座竖向设计承载力的 1.0% 或由试验机的精度确定。

试验机对支座加载至设计荷载时，定期加载横梁，使支座分别产生 0.010、0.015、0.020rad 转角，每次达到要求的转角后，稳压 30min。加到最大转角时稳压 30min 后卸载。

支座卸载后，将支座各部件拆解，观察聚四氟乙烯板、黄铜密封圈、橡胶板、钢件等，看各部件有无永久变形及损坏。

(3) 试验结果判定

①成品支座的竖向承载力、摩阻系数和转动试验均应满足其力学性能技术要求。

②支座竖向压缩变形,根据每级加载的实测结果,绘制荷载-支座竖向压缩变形曲线和荷载-盆环径向变形曲线,呈非线性关系,该支座为不合格。

③支座转动试验后,要求聚四氟乙烯板和钢件无损伤,橡胶板没有被挤出,黄铜密封圈也没有明显损伤。

4.1.1.2 桥梁伸缩装置检测

1) 桥梁伸缩装置分类

桥梁伸缩装置的作用是为满足桥梁上部结构变形的需要,并能使车辆平稳通过桥面。伸缩装置根据伸缩体结构的不同,主要分为以下四类(图4-12)。

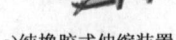

a) 纯橡胶式伸缩装置　　b) 模数式伸缩装置　　c) 组合式伸缩装置　　d) 板式伸缩装置

图 4-12　桥梁伸缩装置图

纯橡胶式伸缩装置:伸缩体完全由橡胶组成的(包括异型钢梁高度不大于 50mm 与密封橡胶带组成单缝)称为纯橡胶式伸缩装置。它适用于伸缩量不大于 60mm 的公路桥梁工程。

板式伸缩装置:伸缩体由橡胶、钢板或角钢硫化为一体的称为板式伸缩装置。它适用于伸缩量小于 60mm 的公路桥梁工程,不适用高速公路桥梁工程。

组合式伸缩装置:伸缩体由橡胶板和钢托板组合而成的称为组合式伸缩装置。它适用于伸缩量不大于 120mm 的公路桥梁工程,不适用于高速公路桥梁工程。

模数式伸缩装置:伸缩体由异型钢梁与单元橡胶密封带组合而成的称为模数式伸缩装置。它适用于伸缩量为 80~1200mm 的公路桥梁工程。

2) 桥梁伸缩装置成品检测方法

(1) 成品尺寸偏差及外观质量检验

橡胶伸缩体的尺寸偏差应满足下列要求:

不论伸缩量大小,每延米长度偏差为 -1.0~2.0mm。宽度厚度偏差满足表4-7的要求。在自然状态下,伸缩装置中使用的单元密封橡胶带尺寸(不包括锚固部分)的公差应满足表4-8的要求。橡胶伸缩体外观质量应满足表4-9的要求。

橡胶伸缩体宽度、厚度偏差(mm)　　表4-7

宽度范围	偏差	厚度范围	偏差
≤80	+2.0 -1.0	≤80	+1.8 -1.0
>80~240	+2.0 -1.5	>50	+2.3 -1.5
>240	+2.0 -2.0		

单元密封橡胶带尺寸偏差范围(mm)　　　　　　　　　　　　表 4-8

宽度范围	偏差	厚度范围	偏差
$a=80$	+3 0	b	+1.5 0
		b_1	+1 0
$a<80$		b	+1 0
		b_1	+10 0

橡胶伸缩体外观质量标准　　　　　　　　　　　　　　　表 4-9

缺陷名称	质量标准	缺陷名称	质量标准
骨架钢板外露	不允许	泡、杂质	不超过成品表面面积的 0.5%,且每处不大于 $25mm^2$,深度不超过 2mm
钢板与黏结处开裂或剥离	不允许		
喷霜、发脆、裂纹	不允许	螺栓定位孔歪斜及开裂	不允许
明疤缺胶	面积不超过 $30mm×5mm$,深度不超过 2mm 缺陷,每米不超过 4 处	连接榫槽开裂、闭合不准	不允许

(2)成品解剖检验

板式伸缩装置成品解剖检验,每 200 块或每批任取一块,将其沿垂直方向锯开,进行规定项目检验,检验结果应符合表 4-10 的要求。

板式伸缩装置解剖检验表　　　　　　　　　　　　　　　表 4-10

名　称	解 剖 检 验 项 目
锯开后钢板、角钢位置	钢板、角钢位置要求准确无误,其平面位置偏差为 $±3mm$,高度位置偏差在 $-1\sim2mm$ 之间
钢板与橡胶黏结	钢板与橡胶粘牢且无离层现象

(3)桥梁伸缩装置成品力学性能试验

按我国交通行业《公路桥梁伸缩缝装置》(JT/T 327—2004),桥梁伸缩装置除使用的材料、加工工艺应符合标准外,应对成品力学性能、外观质量及解剖检验。

成品力学性能试验应在专用的试验平台上完成,两边用定位螺栓或其他有效方法将伸缩装置试样与锚固板联结,然后使试验装置模拟拉伸、压缩与纵向、竖向、横向错位,实测拉、压过程中水平摩阻力、变位均匀性。

成品力学性能试验,原则上要求试验设备能对整体组装后的伸缩装置成品进行力学性能试验。如试验设备有限,可对纯橡胶式、板式和组合式伸缩装置截取 1m 试样进行试验,而对模数式伸缩装置取试样应不小于 4m,并具有 4 个单元的组装试样进行力学性能试验。伸缩装置成品力学性能试验应符合表 4-11 的要求。

橡胶伸缩装置成品力学性能试验表   表4-11

序号	项目			纯橡胶式	板式	组合式	模数式
1	拉伸、压缩时最大水平摩阻力(kN/m)			<4	<18	<15	<4
2	拉伸、缩时变位均匀性(mm)	每单元最大偏差值				-2~2	
		总变位最大偏差值	伸缩量≤600				-10~10
			伸缩量>600				-15~15
3	拉伸、压缩时最大垂直变形(mm)				-3~3	-2~2	满足设计要求
4	相对错位后拉伸、压缩试验(满足1、2项要求)	纵向错位扇面(mm)					两端4m范围相差≥80
		竖向错位(mm)					两边相当于顺桥向产生5%坡度高差
		横向错位(mm)					横梁倾角度≥2.5°
5	中梁、横梁应力、应变测定、水平力(模拟制动力)试验						满足设计要求
6	密封橡胶带防水性能试验			注满水24h无渗漏			注满水24h无渗漏

①伸缩装置拉伸、压缩时的水平摩阻力及变位均匀性试验:桥梁伸缩装置在最大拉伸、压缩时的水平摩阻力大小及变位均匀性,是衡量伸缩装置好坏、伸缩机构设计是否合理灵活的重要技术指标。试验时,首先在试验段两端和中间作出明显标记;按照已选定的预紧力把各组支座(对模数式伸缩装置)预紧固定好;用千斤顶将伸缩装置试件拉伸到最大伸缩量位置;用标定过的卡尺准确测定标定处的总宽和每条缝隙宽度的初始值;经过核对后分级加载,往返预拉预压后进行正式试验。正式加载时,记录各级荷载的大小,量测伸缩装置两端总宽和每条缝隙宽度变化值。

②伸缩装置横向、纵向及竖向相对错位试验:桥梁结构在受力过程中,由于构造及环境影响,常产生不对称变形,尤其是弯、坡、斜、宽桥,要求伸缩装置能够吸收三个方向的变形,同时也能适应加工组装及施工等产生的误差。

纵向错位试验:当伸缩装置受到车辆制动力作用和在弯桥上安装时,伸缩装置两端产生放射状错位,形成扇形张开。试验时,使试件在4m范围两端产生80mm差值,伸缩装置形成扇形张开,然后固定锚固箱,进行拉伸、压缩试验,实测摩阻力大小和变位均匀性数值。

竖向错位试验:桥梁由于支座沉降及安装误差等会使伸缩装置产生竖向错位。试验时,将试验段一侧位移控制箱放松后用千斤顶将其顶高,垫入楔形垫块,使两侧位移控制箱形成5%的高差,再将位移控制箱固定,进行拉伸、压缩试验,测定摩阻力大小和位移均匀性。

横向错位试验:首先将试验段一侧位移控制箱放松,用水平千斤顶对放松的位移控制箱施加水平力,使其横梁倾斜角度达到2.5°后固定位移控制箱,再进行拉伸压缩试验,实测拉压过程中摩阻力大小和变位均匀性。

以上错位试验均重复三次,取其平均值。

③中梁、横梁截面应力和垂直变形试验:将伸缩装置拉伸到最大伸缩量,在中梁上模拟汽超-20级荷载压力分级进行加载测试,中梁及横梁应力用电阻应变片进行测试,垂直变形

用百分表测试。对于板式或组合式伸缩装置,只需用百分表测试最大拉伸、压缩时垂直变形。

④最大水平制动力,中梁变位、连动机构应力测试:最大水平制动力试验,主要模拟汽超-20级荷载在伸缩装置一根中梁上紧急刹车时,测试中梁水平变位值和连动机构应力。试验时,用两个水平千斤顶模拟两个车轮在伸缩装置处于最大拉伸状态时,在中梁的支撑横梁跨间中点施加水平制动力;在中梁两端安装百分表,测试中梁变位;在连动机构上粘贴应变片,测试其应力。卸载后观测其恢复情况。试验重复三次。

4.1.2 预应力结构组件检测

4.1.2.1 预应力锚具、夹具和连接器

锚具是在后张法预应力结构或构件中为保持预应力筋的拉力并将其传递到混凝土结构上所用的永久性锚固装置(图 4-13)。夹具是在张拉预应力混凝土结构或构件施工时,为建立或保持预应力筋的拉力并将其固定在生产台座或在张拉千斤顶(或设备)上夹持预应力筋的临时性锚固装置(又称工具锚)。连接器是用于连接预应力筋的装置(图 4-14)。预应力锚具、夹具和连接器按锚固方式不同,可分为夹片式(单孔和多孔夹片锚具)、支承式(镦头锚具、螺母锚具等)、锥塞式(钢质锥形锚具)和握裹式(挤压锚具、压花锚具等)四种。

 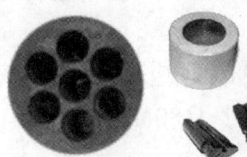

a)预应力筋-锚具组装件　　　　b)锚具、锚环、夹片

图 4-13　锚具锚固装置

a)预应力筋—连接器组装件　　　　b)连接器

图 4-14　连接器锚固装置

锚具、夹具和连接器应具有可靠的锚固性能和足够的承载能力,以保证充分发挥预应力筋的强度,并安全地实现预应力张拉作业。锚具、夹具和连接器的技术标准与试验方法执行《预应力筋用锚具、夹具和连接器》(GB/T 14370—2015)。

1)技术要求

(1)锚具

①锚具静载锚固性能:由预应力筋-锚具组装件的静载试验测定的锚具效率系数 η_a 和达到实测极限抗拉力 F_{Tu} 时预应力筋受力长度的总伸长率 ε_{Tu} 来确定。对于体内(外)束中预应力钢筋与拉索中预应力钢筋用锚具,其静载锚固性能应同时满足两项要求:$\eta_a \geqslant 0.95$,且

$\varepsilon_{\mathrm{Tu}} \geqslant 2.0\%$;对于纤维增强复合材料筋用锚具,仅要求静载锚固性能应达到 $\eta_a \geqslant 0.90$。

体内、体外束中预应力钢筋用锚具率系数 η_a 按下式计算:

$$\eta_a = \frac{F_{\mathrm{Tu}}}{n \times F_{\mathrm{ptk}}} \tag{4-17}$$

$$F_{\mathrm{ptk}} = A_{\mathrm{pk}} \times f_{\mathrm{ptk}} \tag{4-18}$$

式中:F_{Tu}——预应力筋—锚具组装件的实测极限抗拉力,kN;

n——预应力筋—锚具组件中预应力筋的根数;

F_{ptk}——预应力筋的公称极限抗拉力,kN;

A_{pk}——预应力筋的公称截面积,mm^2;

f_{ptk}——预应力筋的公称抗拉强度,MPa。

拉索中预应力钢筋用锚具及纤维增强复合材料筋用锚具效率系数 η_a 按下式计算:

$$\eta_a = \frac{F_{\mathrm{Tu}}}{F_{\mathrm{ptk}}} \tag{4-19}$$

预应力筋—锚具组装件达到实测极限拉力时,应由预应力筋的断裂,而不应由锚具的失效导致试验终止。

②疲劳荷载性能:预应力筋—锚具组装件应通过200万次疲劳荷载性能试验,并符合以下规定:

a. 当锚固的预应力筋为预应力钢材时,试验应力上限应为预应力筋公称抗拉强度 f_{ptk} 的65%,疲劳应力幅度不应小于80MPa。工程有特殊需求时,试验应力上限及疲劳应力幅度取值可另定。

b. 拉索疲劳荷载性能的试验上限和疲劳应力幅度应根据拉索的类型符合国家现行相关标准的规定或按设计要求确定。

c. 当锚固的预应力筋为纤维增强复合材料筋时,试验应力上限应为预应力筋公称抗拉强度 f_{ptk} 的50%,疲劳应力幅度不应小于80MPa。

预应力筋—锚具组装件应通过200万次循环荷载后,锚具不应发生疲劳破坏。预应力筋因锚具夹持作用发生疲劳破坏的面积不应大于组装件中预应力筋总截面面积的5%。

用于承受静、动荷载的预应力混凝土结构,其预应力筋—锚具组装件除必须满足静载锚固性能、疲劳荷载性能要求外,还应满足锚固区传力性能、低温锚固性能、锚板强度、内缩量、锚口摩阻损失、张拉锚固工艺的要求。

(2)夹具

夹具的静载锚固性能由预应力筋—夹具组装件静载锚固试验测定的夹具效率系数 η_g 确定,按式(4-19)计算。夹具的静载锚固性能应满足:$\eta_g \geqslant 0.95$。

预应力筋—夹具组装件达到实测极限拉力时,应由预应力筋的断裂,而不应由夹具的失效导致试验终止。

(3)连接器

张拉后永久留在混凝土结构或构件中的连接器,其性能应符合锚具的规定,张拉后还需要放张和拆卸的连接器,其性能应符合夹具的规定。

2)预应力锚具、夹具和连接器检测

(1)静载锚固性能试验

①一般规定:试验用的预应力筋—锚具、夹具或连接器组装件应由产品零件和预应力筋组装而成。试验用锚具、夹具或连接器应采用外观、尺寸和硬度检验合格产品。组装时不得在锚固零件上添加或擦除影响锚固性能的介质。多根预应力筋的组装件中各根预应力筋应等长、平行、初应力均匀,其受力长度不得小于3m。单根钢绞线的组装件及钢绞线母材力学性能试验用的试件,钢绞线的受力长度不应小于0.8m;试验用其他单根预应力筋的组装件或母材力学性能试验用的试件,预应力筋的受力长度可按照试验设备及国家现行相关标准确定。

静载锚固性能试验用拉索试件应保证索体的受力长度符合以下规定:索体的公称直径$d > 100$mm时,索体的受力长度应≥3000mm;索体的公称直径≤100mm时,索体的受力长度应≥$30d$mm。疲劳荷载性能试验用拉索试件索体的受力长度应≥3m。

对于预应力筋在被夹持部位不弯折的组装件(全部锚筋孔均与锚板底面垂直),各根预应力筋应平行受拉,侧面不应设置有碍受拉或与预应力筋产生摩擦的接触点;如预应力筋的被夹持部位与组装件的轴线有转向角度(锚筋孔与锚板底不垂直或连接器的挤压头需倾斜安装等),应在设计转角处加装转向约束钢环,组装件受拉力时,该转向约束钢环与预应力筋之间不应发生相对滑动。

②静载试验:预应力筋—锚具、夹具或连接器组装件静载锚固性能试验组装及装置如图4-15所示。受检预应力筋—锚具、夹具或连接器组装件应安装全部预应力筋。加载之前应先将各种测量仪表安装调试正确,将各根预应力筋的初应力调试均匀、初应力可取预应力筋公称抗拉强度f_{ptk}的5%~10%,总伸长率测量装置的标距不宜小于1m。

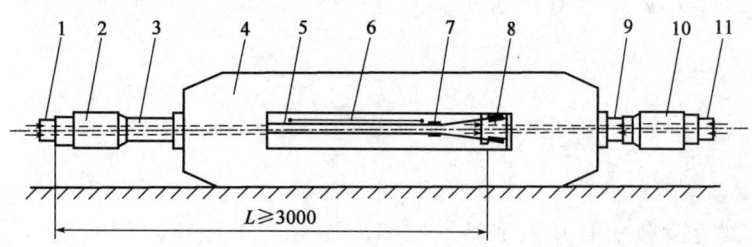

图4-15 预应力筋—连接器组装件静载试验装置

1-张拉端试验锚具;2-1号加荷载千斤顶;3-荷载传感器;4-承力台座;5-预应力筋;6-测量总应变的装置;7-转向钢环;8-连接器;9-固定端试验锚具;10-2号千斤顶(预紧锚固后卸去);11-工具锚

加载步骤应符合以下规定:

a. 对预应力钢材,按其公称极限抗拉力F_{ptk}的20%、40%、60%、80%分4级等速加载(对纤维增强复合材料筋,则按其公称极限抗拉力F_{ptk}的20%、40%、50%分3级加载),加载速度不宜超过100MPa/min;加载到最高一级荷载后,持荷1h;然后,缓慢加载至破坏。

b. 用试验机或承力台座进行单根预应力筋的组装件静载锚固性能试验时,加载速率可加快,但不宜超过200MPa/min;加载到最高一级荷载后,持荷时间可缩短,但不应少于10min,然后,缓慢加载至破坏。

c. 除采用夹片式锚具的钢绞线拉索以外,其他拉索的加载步骤应符合以下规定:由

$0.1F_{Ptk}$ 开始,每级增加 $0.1F_{Ptk}$,持荷 5min,加载速度不大于 100MPa/min,逐级加载至 $0.8F_{Ptk}$;持荷 30min 后,继续加载,每级增加 $0.05F_{Ptk}$,持荷 5min,逐级加载直到破坏。

d. 对于非鉴定性试验,试验过程中,当测得的 η_a、η_g、ε_{Tu} 满足锚具、夹具静载锚固性能的要求后,可终止试验。

试验过程中应测量、观察和记录以下内容:

a. 荷载为 $0.1F_{ptk}$ 时总伸长率测量装置的标距和预应力筋的受力长度。

b. 选取有代表性的若干根预应力筋,测量试验荷载从 $0.1F_{ptk}$ 增长到 F_{Tu} 时,预应力筋与锚具、夹具或连接器之间的相对位移 Δa(如图 4-16)。

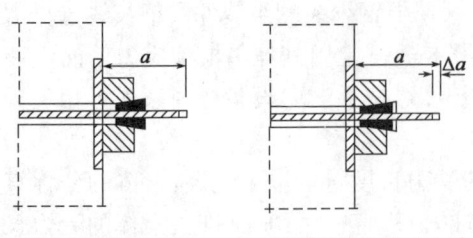

a)试验荷载为 $0.1F_{ptk}$ 时　　b)试验荷载达到 $0.1F_{Tu}$ 时

图 4-16　组装件受拉时锚具夹片的相对位移示意图

c. 组装件的实测极限抗拉力 F_{Tu}。

d. 试验荷载从 $0.1F_{ptk}$ 增长到 F_{Tu} 时总伸长率测量标距的增量 ΔL_1,并按下式计算预应力筋受力长度的总伸长率 ε_{Tu}:

$$\varepsilon_{Tu} = \frac{\Delta L_1 + \Delta L_2}{L_1 - \Delta L_2} \times 100\% \tag{4-20}$$

式中:ΔL_1——试验荷载从 $0.1F_{ptk}$ 增长到 F_{Tu} 时,总伸长率测量装置标距的增量,mm;

ΔL_2——试验荷载从 0 增长到 $0.1F_{ptk}$ 时,总伸长率测量装置标距增量的理论计算值,mm;

L_1——总伸长率测量装置在试验荷载为 $0.1F_{ptk}$ 时的标距,mm。

如采用测量加载用千斤顶活塞位移量计算预应力筋受力长度的总伸长率 ε_{Tu},应按下式计算:

$$\varepsilon_{Tu} = \frac{\Delta L_1 + \Delta L_2 - \sum \Delta a}{L_2 - \Delta L_2} \times 100\% \tag{4-21}$$

式中:ΔL_1——试验荷载从 $0.1F_{ptk}$ 增长到 F_{Tu} 时,加载用千斤顶活塞的位移量,mm;

ΔL_2——试验荷载从 0 增长到 $0.1F_{ptk}$ 时,加载用千斤顶活塞的位移量的理论计算值,mm;

$\sum \Delta a$——试验荷载从 $0.1F_{ptk}$ 增长到 F_{Tu} 时,预应力筋端部与锚具、夹具或连接器之间的相对位移之和,mm;

L_2——试验荷载为 $0.1F_{ptk}$ 时,预应力筋的受力长度,mm。

组装件的破坏部位与形式应符合以下规定:夹片式锚具、夹具或连接器的夹片在加载到最高一级荷载时不允许出现裂纹或断裂;在满足锚具或夹具静载锚固性能的要求后允许出现微裂缝和纵向断裂,不应出现横向、斜向断裂及碎断;预应力筋激烈破断冲击引起的夹片破坏或断裂属正常情况;握裹式锚具的静载锚固性能试验,在满足锚具静载锚固性能的要求后失去握裹力时,属正常情况。

(2) 疲劳荷载性能试验

预应力筋—锚具或连接器组装件的疲劳荷载性能试验应在疲劳试验机上进行,受检组装件宜安装全部预应力筋;当疲劳试验机能力不够时,预应力筋根数可减少,但不应少于实际根数的 1/2,且与预应力筋中心线偏角最大的预应力筋应包括在试验范围内。以约 100MPa/min 的速度加载至试验应力上限值,在调节应力幅度达到规定值后,开始记录循环次数。加载频率不应超过 500 次/min。拉索的疲劳荷载性能试验应按拉索的国家现行相关标准执行。应连续进行 3 个组装件的疲劳荷载性能试验,试验过程中应观察和记录以下内容:试验锚具或连接器及预应力筋的疲劳损伤及变形情况,疲劳破坏的预应力筋的断裂位置、数量及相应的循环次数。

(3)试件抽样及检验判定

出厂检验时,每批产品的数量是指同一规格产品,同一批原材料,用同一种工艺一次投料生产的数量。《公路桥梁预应力钢绞线用锚具、夹具和连接器》(JT/T 329—2010)规定,每个抽检组批不得超过 2000 套。外观检查抽取 5%,且不少于 10 套;对有硬度要求的零件应做硬度检验,按热处理每炉装炉量的 3% 抽样;静载试验应在外形、外观及硬度检验合格后,按锚具、夹具、连接器的成套产品抽样,每批取三个组装件进行试验。锚具、夹具、连接器的型式检验,除上述规定抽样外,还应为疲劳荷载性能试验及其他辅助性试验各抽取三个组装件作为试验样品。

外观检验的尺寸按厂家提供的尺寸公差进行检验,如有一件尺寸超过允许偏差,应取双倍数量的零件重做检验;如仍有一件不符合要求,则应逐件检验,合格者方可用;如发现一件有裂纹,即应对全部产品进行逐件检验,合格者方可用。

如有一个零件硬度不合格,则应另取双倍数量的零件重做检验;如仍有一个零件不合格,则应逐个检验,合格者方可用。

静载锚固性能、疲劳荷载性能试验,在三个组装件试件中,如有一个试件不合格,则应另取双倍数量的试件重做试验,如仍有一个试件不合格,则该批产品判为不合格;在三个组装件试件中,如有两个试件不符合要求,则应判该批产品为不合格。若在钢绞线自由伸长段内出现断丝,应判定为钢绞线不合格导致试验结果不合格。若屈强比过高(>0.92)的钢绞线与锚具组成的组装件,在静载试验中出现锚固效率系数达到 95% 而伸长率不足 2% 的情况,不宜判定为锚具不合格,应更换钢绞线重新试验。在疲劳试验后钢绞线出现颈缩断口时,应判为非疲劳破坏,应重新取样重做试验。

4.1.2.2 张拉设备校验

桥梁工程中一般采用由千斤顶、油泵、油压表等组成的张拉系统对预应力筋进行张拉。千斤顶可分为台座式(普通液压千斤顶)、穿心式、锥锚式和拉杆式等,其类型可根据锚具的配套要求进行选择,并在进场前进行严格的检查和校验。

油压千斤顶的作用力一般用油压表测定和控制。油压表上的指示读数为油缸内的单位油压,在理论上将其乘以活塞面积即应为千斤顶的作用力。但由于油缸与活塞之间有一定的摩阻力,此项摩阻力抵消一部分作用力,因此实际作用力要比理论值为小。为正确控制张拉力,一般均用校验标定的方法测定油压千斤顶的实际作用力与油压读数的关系。校验时,应将千斤顶及配套使用的油泵、油压表一起配套进行。校验仪器可采用压力试验机、标准测力计或传感器等,一般采用长柱压力试验机的方法。

1) 张拉设备校验方法

(1) 用长柱压力试验机校验

压力试验机的精度不得低于±2%。校验时,应采取被动校验法,即在校验时用千斤顶顶试验机,这样活塞运行方向、摩阻力的方向与实际工作时相同,校验比较准确。

在进行被动校验时,压力试验机本身也有摩阻力,且与正常使用时相反,故试验机表盘读数反映的也不是千斤顶的实际作用力。因此,用被动法校验千斤顶时,必须事先用具有足够吨位的标准测力计对试验机进行被动标定,以确定试验机的度盘读数值。标定后在校验千斤顶时就可以从试验机度盘上直接读出千斤顶的实际作用力以及相应的油压表的准确读数。校验步骤如下:

①千斤顶就位:当校验穿心式千斤顶时,如图4-17a)所示,将千斤顶放在试验机台面上,千斤顶活塞面或撑套与试验机压板紧密接触,并使千斤顶与试验机的受力中心线重合。当校验拉杆式千斤顶时,如图4-17b)所示,先把千斤顶的活塞杆推出,取下封尾板,在缸体内放入一根厚壁无缝钢管,然后将千斤顶两脚向下立于试验机的中心线部位。放好后,调整试验机,使钢管的上端与试验机上压板接紧,下端与缸体内活塞面接紧,并对准缸体中心线。

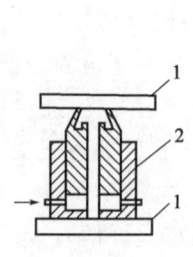
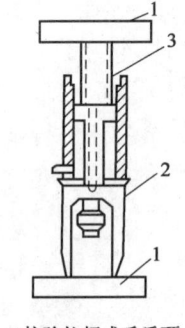

a) 校验穿心式千斤顶　　b) 校验拉杆式千斤顶

图4-17　用压力试验机校验千斤顶
1-试验机上、下压板;2-千斤顶;3-无缝钢管

②校验千斤顶:开动油泵,千斤顶进油,使活塞杆上升,顶试验机上压板。在千斤顶顶试验机的平缓增加负荷的过程中(此时不得用试验机压千斤顶),自零位到最大吨位,将试验机被动标定的结果逐点标定到千斤顶的油压表上。标定点应均匀地分布在整个测量范围内,且不少于5点。当采用最小二乘法回归分析千斤顶的标定经验公式时需10~20点。各标定点应重复标定3次,取平均值,并且只测读进程,不得读回程。

③数据处理:对千斤顶校验数值应列表记录,并可根据校验结果绘千斤顶校验曲线供预应力筋钢材张拉时使用;亦可采用最小二乘法求出千斤顶校验的经验公式,供预应力筋张拉时使用。

(2) 用标准测力计校验

用水银压力计、测力环、弹簧拉力计等标准测力计校验千斤顶,是一种简单可靠的方法。校验穿心式千斤顶时的装置如图4-18所示(校验拉杆式千斤顶的附加装置与压力试验机校验时相同)。校验时,开动油泵,千斤顶进油、活塞杆推出,顶压测力计。当测力计达到一定吨位 T_1 时,立即读出千斤顶油压表相应读数 P_1,同样方法可得 T_2、P_2、T_3、P_3;此时 T_1、T_2、T_3、…即为相应于油压表读数 P_1、P_2、P_3、…的实际作用力。将测得的各值绘成曲线,实际使用时,即可由此曲线找出要求的

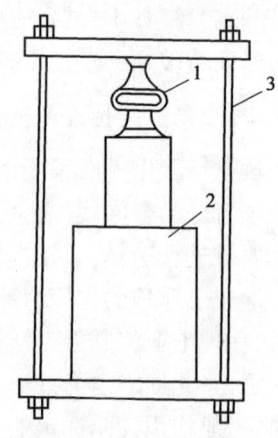

图4-18　用标准测力计校验千斤顶
1-标准测力计;2-千斤顶;3-框架

T 值和相应的 P 值。

2）千斤顶检验结果的回归计算

千斤顶的作用力 T 和油缸的油压 P 的关系是线性关系，考虑活塞和油缸之间的摩阻力后，它们的关系可以表示为：

$$T = AP + B \tag{4-22}$$

可以利用千斤顶检验测得的作用力和油压(T_1,P_1)、(T_2,P_2)、$\cdots$、(T_n,P_n)，对上式进行线性回归，利用最小二乘原理求式(4-23)的回归值，如下：

$$\hat{T} = \hat{A}P + \hat{B} \tag{4-23}$$

$$\hat{A} = \frac{L_{PT}}{L_{PP}}$$

$$\hat{B} = \overline{T} - \hat{A}\overline{P}$$

$$\overline{P} = \frac{1}{n}\sum_{i=1}^{n} P_i \tag{4-24}$$

$$\overline{T} = \frac{1}{n}\sum_{i=1}^{n} T_i$$

$$L_{PP} = \sum_{i=1}^{n} P_i^2 - \frac{1}{n}\left(\sum_{i=1}^{n} P_i\right)^2$$

$$L_{PT} = \sum_{i=1}^{n} P_i T_i - \frac{1}{n}\left(\sum_{i=1}^{n} P_i\right)\left(\sum_{i=1}^{n} T_i\right) \tag{4-25}$$

4.2 混凝土结构构件检测

桥梁混凝土结构、钢筋混凝土结构或预应力混凝土结构或构件的检验，主要包括内容有三点：施工阶段的质量控制，包括原材料的试验检测、混凝土浇筑前的检查等；外观质量检测，主要是在构件成型达到一定强度后检测结构实物的尺寸和位置偏差，混凝土表面平整度、蜂窝、麻面、露筋及裂缝等；构件混凝土的强度等级，通常以立方体试件的抗压强度来反映，当对某一方面的检验内容产生怀疑时，如构件的强度离散大、强度不足或振捣不密实时，还需要采用钻芯法、回弹法、超声回弹法、后装拔出法及荷载试验等进行补充评定。本节主要讲述目前土建工程中最常用的钻芯法、回弹法与超声法。

4.2.1 结构混凝土强度等级评定

4.2.1.1 钻芯法检测混凝土强度

当施工过程中对试块抗压强度的测试结果有怀疑时或因施工、养护等原因发生混凝土质量问题时，常常采用钻芯的方法来评定混凝土的强度。钻芯法利用从混凝土结构物中钻取的芯样来评定混凝土的抗压强度，试验结果准确可靠，在混凝土质量评定中应用广泛。

钻芯法是用金刚石空心薄壁钻头，利用取芯机直接在结构混凝土上取出芯样，然后作抗压强度试验，以芯样抗压强度来评定结构混凝土强度。

钻芯法检测混凝土强度主要用于以下情况：对试块抗压强度的测试结果有怀疑时；因材料、施工或养护不良而发生混凝土质量问题时；混凝土遭受冻害、火灾、化学侵蚀或其他损害时；需检测经多年使用的建筑结构或构筑物中混凝土强度时。

参照《钻芯法检测混凝土强度技术规程》（JTG/T 384—2016），钻芯法可用于确定检验批或单个构件的混凝土抗压强度推算值，也可用于钻心修正方法修正间接强度检测方法得到的混凝土抗压强度换算值。

1）仪器设备

（1）钻芯机：应具有足够的刚度、操作灵活、固定和移动方便，并应有水冷却系统。钻芯时宜采用人造金刚石薄壁钻头，钻头胎体不得有裂缝、缺边、少角、倾斜及喇叭口变形。

（2）锯切机与磨平机：应具有冷却系统和牢固夹紧芯样的装置；配套使用的人造金刚石圆锯片应有足够的刚度；锯切芯样宜使用双刀具锯切机。

（3）钢筋探测仪：适用于现场探测钢筋位置，最大探测深度不应小于60mm，探测位置偏差不宜大于3mm。

2）芯样钻取

（1）钻取部位要求：应选取结构或构件受力较小的部位、混凝土具有代表性的部位、便于钻芯机安放与操作的部位，应避开主筋、顶埋件和管线。

（2）芯样钻取：钻芯机在未安装钻头之前，应先通电确认主轴的旋转方向为顺时针。钻芯时接通水源、电源后，将变速调到所需转速，钻取时应保持匀速钻进，用于冷却钻头和排除混凝土碎屑的冷却水流量宜为3~5L/min。芯样应进行标记，钻芯部位应记录。当芯样高度及质量不符合要求时应重新钻取。钻取多个芯样应取自不同部位，钻芯后留下的孔洞应及时修补。芯样应采取保护措施，避免在运输和储存中损坏。

3）芯样加工与试件

（1）芯样的加工：抗压芯样试件的高径比宜为1；劈裂抗拉芯样试件的高径比宜为2，且任何情况下不应小于1；抗折芯样试件的高径比宜为3.5。

抗压芯样试件内不宜含有钢筋，也可有一根直径不大于10mm的钢筋，且钢筋应与芯样轴线垂直并离开面端面10mm以上。劈裂抗拉芯样试件在劈裂破坏面内不应含有钢筋，抗折芯样试件内不应有纵向钢筋。

锯切后的芯样应进行端面处理，抗压芯样试件可采用在磨平机上磨平端面的处理方法，也可以采用硫磺胶泥或环氧胶泥补平法，但补平厚度不宜大于2mm。抗压强度低于30MPa的芯样试件，不宜采用磨平端面的处理方法，对于60MPa以上的芯样试件，则不宜采用硫磺胶泥或环氧胶泥补平法进行处理。

（2）芯样的尺寸与外观质量要求

①芯样试件的尺寸测量：抗压芯样试件宜使用直径为100mm的芯样，且其直径不宜小于集料最大粒径的3倍，也可以采用小直径芯样，但其直径不应小于70mm且不得小于集料最大粒径的2倍。

平均直径：应用游标卡尺测量芯样上、中、下部相互垂直的两个位置上共量测6次，取测量的算术平均值作为芯样试件的直径，精确至0.5mm；

芯样高度：应用钢卷尺或钢板尺进行测量，精确至1.0mm；

垂直度：应用游标量角器测量两个端面与母线的夹角，取最大值作为芯样试件的垂直度，精确至0.1°；

平整度：可用钢板尺或角尺紧靠在芯样试件承压面(线)上，一面转动钢板尺，一面用塞尺测量与芯样承压面(线)之间的缝隙。取最大缝隙作为芯样试件的平整度。

②抗压芯样的尺寸偏差与外观质量要求（出现下列情况者，相应芯样不宜进行试验）：抗压芯样试件的实际高径比小于要求高径比的0.95或大于1.05；芯样试件端面与轴线的不垂直度超过1°；芯样试件端面的不平整度在每100mm长度内超过0.1mm；芯样试件高度的任一直径与平均直径相差超过1.5mm；芯样有较大缺陷。

4）芯样试件试验与抗压强度值计算

(1)抗压强度试验：芯样试件宜在自然干燥状态下进行抗压试验。当结构工作条件比较潮湿，需要确定潮湿状态下混凝土的抗压强度时，芯样试件宜在(20±5)℃的清水中浸泡40~48h，从水中取出后应除去表面水渍，并立即进行压试验。

(2)芯样试件抗压强度值的计算：

$$f_{cu,cor} = \frac{\beta_c F_c}{A_c} \tag{4-26}$$

式中：$f_{cu,cor}$——芯样试件抗压强度值，精确至0.1MPa；

F_c——芯样试件抗压试验的破坏荷载，N；

A_c——芯样试件抗压截面面积，mm²；

β_c——芯样试件强度换算系数，取1.0（当有可靠试验依据时，也可以通过试验确定）。

(3)混凝土抗压强度推定值的计算：芯样试件的混凝土抗压强度推定值系指用钻芯法测得的芯样试件的抗压强度换算成相应于测试龄期的、边长为150mm的立方体试块的抗压强度值。

钻芯法确定检测批的混凝土抗压强度推定值时，芯样试件的数量应根据检测批的容量确定。直径100mm的芯样试件的最小样本量不宜小于15个，小直径芯样试件的最小样本量不宜小于20个。检测批混凝土抗压强度推定区间应按下式计算：

$$f_{cu,e1} = f_{cu,cor,m} - k_1 s_{cu} \tag{4-27}$$

$$f_{cu,e2} = f_{cu,cor,m} - k_2 s_{cu} \tag{4-28}$$

式中：$f_{cu,e1}$、$f_{cu,e2}$——混凝土抗压强度推定上限值与下限值，精确至0.1MPa；

$f_{cu,cor,m}$——芯样试件抗压强度平均值，精确至0.1MPa；

s_{cu}——芯样试件抗压强度样本标准差，精确至0.01MPa；

k_1、k_2——推定区间上、下限系数，按附表5选取。

$f_{cu,e1}$和$f_{cu,e2}$所构成推定区间的置信度宜为0.90，当采用小直径芯样试件时，推定区间的置信度可为0.85。$f_{cu,e1}$与$f_{cu,e2}$之间的差值不宜大于5.0MPa和$0.10f_{cu,cor,m}$两者的较大值，若超出，可适当增加样本容量或重新划分检测批直至满足要求。宜以$f_{cu,e1}$作为检测批混凝土强度的推定值。

钻芯法确定检测批混凝土抗压强度推定值时，可剔除芯样试件抗压强度样本中的异常值。钻芯法确定单个构件混凝土抗压强度推定值时，芯样试件的数量不应少于3个，钻芯对构件工作性能影响较大的小尺寸构件，芯样试件的数量不得少于2个。单个构件的混凝土抗压强度推定值不再进行数据舍弃,而按芯样试件中最小抗压强度值确定。

钻芯法确定构件混凝土抗压强度代表值时,芯样试件的数量宜为3个,并取算数平均值作为构件混凝土抗压强度代表值。

4.2.1.2 回弹法

回弹法是目前常用的检测混凝土结构强度的一种无损检测手段,其基本检测原理是利用混凝土强度与表面硬度之间的关系,通过一定动能的钢杆件弹击混凝土表面,并测得杆件回弹的距离(回弹值),利用回弹值与强度之间的相关关系来推定混凝土强度。

通常采用试验的方法得到回弹值与强度之间的相关关系,即建立混凝土强度 f_{cu}^c 与回弹值 R 之间的一元回归公式,或混凝土强度与回弹值 R 及主要影响因素(如碳化深度)之间的二元回归公式。回归的公式可采用各种不同的函数方程形式,根据大量试验数据进行回归拟合,择其相关系数较大者作为实用经验公式。目前常用的形式主要有以下几种:

直线方程:
$$f_{cu}^c = A + BR \tag{4-29}$$

幂函数方程:
$$f_{cu}^c = AR^B \tag{4-30}$$

抛物线方程:
$$f_{cu}^c = A + BR + CR^2 \tag{4-31}$$

二元方程:
$$f_{cu}^c = AR^B \cdot 10^{cl} \tag{4-32}$$

式中:f_{cu}^c——混凝土测区的推算强度,MPa;

R——测区平均回弹值;

l——测区平均碳化深度值,mm;

A、B、C——常数项,视原材料条件等因素不同而异。

回弹法适用于工程结构普通混凝土抗压强度(简称混凝土强度)的检测,检测结果可作为处理混凝土质量问题的依据之一。回弹法不适用于表层与内部质量有明显差异或内部存在缺陷的混凝土结构或构件的检测。

1)仪器设备

回弹仪(图4-19)应符合下列要求:

(1)水平弹击时,弹击脱钩的瞬间,回弹仪的标准能量应为2.207J。

(2)弹击与弹击杆碰撞的瞬间,弹击拉簧应处于自由状态,此时弹击起跳点应相应于指针指示刻度尺上"0"处。

图4-19 回弹仪

(3)在洛氏硬度HRC为60±2的钢砧上,回弹仪的率定值应为80±2。

(4)回弹仪使用时的环境温度应为-4~40℃。其检定与保养应符合规范要求。

(5)仪器应经计量检定合格,使用前应在钢砧上进行率定。钢砧率定的作用主要为:

①当仪器为标准状态时,检验仪器的冲击能量是否等于或接近于2.207J,此时在钢砧上的率定值应为80±2,此值作为校验仪器的标准之一。

②能较灵活地反映出弹击杆、中心导杆和弹击锤的加工精度以及工作时三者是否在同一轴线上。若不符合要求,则率定值低于78,会影响测试值。

③转动呈标准状态回弹仪的弹击杆在中心导杆内的位置,可检验仪器本身测试的稳定性。当各个方向在钢砧上率定值均为 $80±2$ 时,即表示该台仪器的测试性能是稳定的。

④在仪器其他条件符合要求的情况下,用来校验仪器经使用后内部零部件有无损坏或出现某些障碍,出现上述情况时率定值偏低且稳定性差。

由此看出,只有在仪器三个装配尺寸和主要零件质量校验合格的前提下,钢砧率定值才能作为校验仪器是否合格的一项标准。

2)检测要点

(1)一般规定

结构或构件混凝土强度检测可采用单个检测与批量检测两种方式。单个检测适用于单个结构或构件的检测;批量检测适用于在相同的生产工艺条件下,混凝土强度等级相同、原材料、配合比、成型工艺、养护条件基本一致且龄期相近的同类结构或构件。按批进行检测的构件,抽检数量不宜少于同批构件总数的30%,且构件数量不宜少于10件。当检测批构件数量大于30个时,抽检构件数量可适当调整,并不得少于国家现行有关标准规定的最少抽检数量。抽检构件时,应随机抽取并使所选构件具有代表性。

(2)单个构件的检测规定

①对于一般构件,测区数不宜少于10个,如图4-20所示,测区应标有清晰的编号。当受检构件数量大于30个且不需提供单个构件推算强度或当受检构某一方向尺寸不大于4.5m且另一方向尺寸不大于0.3m时,其测区数量可适当减少,但不应少于5个。

②相邻两测区的间距不应大于2m,测区离构件端部或施工缝边缘的距离不宜大于0.5m,且不宜小于0.2m。

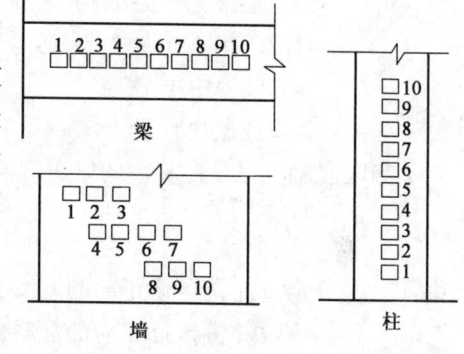

图4-20 梁、柱、墙测区布置示意图

③测区应选在使回弹仪处于水平方向检测混凝土浇筑侧面。当不能满足这一要求时,也可以选在使回弹仪处于非水平方向的混凝土浇筑表面或底面。

④测区宜布置在构件两个对称的可测面上,当不能实现时,也可以布设在同一可测面上,且应均匀分布。在构件的重要部位及薄弱部位必须布置测区,并应避开预埋件。

⑤测区的面积不宜大于 $0.04m^2$。

⑥测区表面应为混凝土原浆面,并应清洁、平整,不应有松层、浮浆、油垢、涂层以及蜂窝、麻面。

⑦对弹击时产生颤动的薄壁、小型构件应进行固定。

(3)混凝土强度修正

当检测条件与规定条件有较大差异时,可采用在构件上钻取的混凝土芯样或同条件试块对测区混凝土强度换算值进行修正。对同一强度等级混凝土修正时,芯样数量不应少于6

个,公称直径宜为100mm,高径比应为1。芯样应在测区内钻取,每个芯样应只加工一个试件。同条件试块修正时,试块数量不应少于 6 个,试块边长应为150mm。计算时,测区混凝土强度修正量及测区混凝土强度换算值的修正应符合下列规定:

①修正量应按下列公式计算:

$$\Delta_{tot} = f_{cor,m} - f_{cor,m0}^c \text{ 或 } \Delta_{tot} = f_{cu,m} - f_{cu,m0}^c \tag{4-33}$$

$$f_{cor,m} = \frac{1}{n}\sum_{i=1}^{n} f_{cor,i} \text{ 或 } f_{cu,m} = \frac{1}{n}\sum_{i=1}^{n} f_{cu,i} \tag{4-34}$$

$$f_{cu,m0}^c = \frac{1}{n}\sum_{i=1}^{n} f_{cu,i}^c \tag{4-35}$$

式中:Δ_{tot}——测区混凝土强度修正量,精确至0.1MPa;

$f_{cor,m}$——芯样试件混凝土强度平均值,精确至0.1MPa;

$f_{cu,m}$——150mm同条件立方体试块混凝土强度平均值,精确至0.1MPa;

$f_{cor,m0}^c$——对应于钻芯部位或同条件立方体试块回弹测区混凝土强度换算值的平均值,精确至0.1MPa;

$f_{cor,i}$——第i个混凝土芯样试件的抗压强度,MPa;

$f_{cu,i}$——第i个混凝土立方体试块的抗压强度,MPa;

$f_{cu,i}^c$——对应于第i个芯样部位或立方体试块测区回弹值和碳化深度值的混凝土强度换算值,MPa;

n——芯样或试块数量。

②测区混凝土强度换算值的修正应按下式计算:

$$f_{cu,i1}^c = f_{cu,i0}^c + \Delta_{tot} \tag{4-36}$$

式中:$f_{cu,i0}^c$——第i个测区修正前的混凝土强度换算值,精确至0.1MPa;

$f_{cu,i1}^c$——第i个测区修正后的混凝土强度换算值,精确至0.1MPa。

3)回弹值的测量

(1)检测时,回弹仪的轴线应始终应直于混凝土检测面,缓慢施压、准确读数、快速复位。

(2)每一测区应读取16个回弹值,每一测点的回弹值读数应精确至1。测点宜在测区范围内均匀分布,相邻两侧点的净距不宜小于20mm;测点距外露钢筋、预埋件的距离不宜小于30mm;测点不应在气孔或外露石子上,同一测点只应弹击一次。

检测泵送混凝土强度时,测区应选在混凝土浇筑侧面。

4)碳化深度值测量

(1)回弹值测量完毕后,应在有代表性的位置上测量碳化深度值,测点数不应少于构件测区数的30%,取其平均值为该构件每测区的碳化深度值。当碳化深度值极差大于2.0mm时,应在每一测区测量碳化深度值。

(2)碳化深度值测量:可采用适当的工具在测区表面形成直径约15mm的孔洞,其深度应大于混凝土的碳化深度。清除孔洞中的粉末和碎屑,且不得用水擦洗。采用浓度为1%~2%的酚酞酒精溶液在孔洞内壁的边缘处,当已碳化与未碳化界线清楚时,再用深度测量工具测量已碳化与未碳化混凝土交界面到混凝土表面的垂直距离,并测量3次(每次读数精确至0.25mm),取其平均值,精确至0.5mm。

5)回弹值的计算

(1)计算测区平均回弹值,应从该测区的16个回弹值中剔除3个最大值和3个最小值,余下的10个回弹值应按下式计算:

$$R_m = \sum_{i=1}^{10} \frac{R_i}{10} \tag{4-37}$$

式中:R_m——测区平均回弹值,精确至0.1;

R_i——第i个测点的回弹值。

(2)非水平方向检测混凝土浇筑侧面时,应按下式修正:

$$R_m = R_{m\alpha} + R_{a\alpha} \tag{4-38}$$

式中:$R_{m\alpha}$——非水平状态检测时测区的平均回弹值,精确至0.1;

$R_{a\alpha}$——非水平状态检测时回弹值修正值,可按附表6采用。

(3)水平方向检测混凝土浇筑表面或底面时,应按下列公式修正:

$$R_m = R_m^t + R_a^t \tag{4-39}$$

$$R_m = R_m^b + R_a^b \tag{4-40}$$

式中:R_m^t、R_m^b——水平方向检测混凝土浇筑表面、底面时,测区的平均回弹值,精确至0.1;

R_a^t、R_a^b——混凝土浇筑表面、底面回弹值的修正值,应按附表7采用。

(4)当检测时回弹仪为非水平方向且测试面为非混凝土的浇筑侧面时,应先按附表6对回弹值进行角度修正,再按附表7对修正后的回弹值进行浇筑面修正。

6)测强曲线的建立

(1)一般规定

依据《混凝土结构工程施工质量验收规范》(GB 50204—2015),混凝土强度换算值可采用以下三类测强曲线计算:

①统一测强曲线:由全国有代表性的材料、成型工艺配制的混凝土试件,通过试验建立的曲线。

②地区测强曲线:由本地区常用的材料、成型工艺配制的混凝土试件,通过试验建立的曲线。

③专用测强曲线:由与结构或构件混凝土相同的材料、成型养护工艺配制的混凝土试件,通过试验建立的曲线。

对有条件的地区和部门,应制定本地区的测强曲线或专用测强曲线。各检测单位应按专用测强曲线、地区测强曲线、统一测强曲线的次序选用测强曲线。

(2)统一测强曲线

符合以下规定条件的非泵送混凝土应采用附表8进行测区混凝土强度换算,具体包括:普通混凝土采用的材料、拌和用水符合现行国家有关标准;采用普通成型工艺;采用符合国家标准规定的模板;蒸气养护出池后经自然养护7d以上,且混凝土表层为干燥状态;自然养护且龄期为14~1000d;抗压强度为10.0~60.0MPa。对于符合上述规定的泵送混凝土,则应采用泵送混凝土测区强度换算表进行测区混凝土强度换算。

测区混凝土强度换算表所依据的统一测强曲线,其强度误差值应符合:平均相对误差(δ)不应大于±15.0%;相对标准差(e_r)不应大于18.0%。

当有下列情况之一时,测区混凝土强度值不得按附表8(非泵送混凝土)或泵送混凝土测区强度换算表换算:非泵送混凝土粗集料最大公称粒径大于60mm,泵送混凝土粗集料最大公称粒径大于31.5mm;特种成型工艺制作的混凝土;检测部位曲率半径小于250mm;潮湿或浸水混凝土。

(3)地区和专用测强曲线

地区和专用测强曲线的强度误差值应符合以下规定:对于地区测强曲线,平均相对误差(δ)不应大于±14.0%,相对标准差(e_r)不应大于17.0%;对于专用测强曲线,平均相对误差(δ)不应大于±12.0%,相对标准差(e_r)不应大于14.0%。

使用地区和专用测强曲线,被检测混凝土应与制定该类测强曲线混凝土的适应条件相同,不得超出该类测强曲线的适用范围。并应每半年抽取一定数量的同条件试件进行校核,当存在显著差异时,应查找原因,并不得继续使用。

7)混凝土强度的计算

(1)结构或构件第 i 个测区混凝土强度换算值,可按求得的平均回弹值(R_m)及平均碳化深度值(d_m)查附表8得出。当有地区测强曲线或专用测强曲线时,混凝土强度换算值应按地区测强曲线或专用测强曲线换算得出。

(2)结构或构件的测区混凝土强度平均值可根据各测区的混凝土强度换算值计算。当测区数为10个及以上时,应计算强度标准差。平均值及标准差应按下式计算:

$$m_{f_{cu}^c} = \sum_{i=1}^{n} \frac{f_{cu,i}^c}{n} \tag{4-41}$$

$$s_{f_{cu}^c} = \sqrt{\frac{\sum_{i=1}^{n}(f_{cu,i}^c)^2 - n(mf_{cu}^c)^2}{n-1}} \tag{4-42}$$

式中:$m_{f_{cu}^c}$——结构或构件测区混凝土强度换算值的平均值,精确至0.1MPa;

n——对于单个检测的构件,取该构件的测区数;批量检测的构件,取所有被抽检构件测区数之和;

$s_{f_{cu}^c}$——结构或构件测区混凝土强度换算值的标准差,精确至0.01MPa。

(3)结构或构件的混凝土强度推定值

结构或构件的混凝土强度推定值($f_{cu,e}$)是指相应于强度换算值总体分布中保证率不低于95%的结构或构件中的混凝土抗压强度值,应按下列公式确定:

当该结构或构件测区数少于10个时:

$$f_{cu,e} = f_{cu,min}^c \tag{4-43}$$

式中:$f_{cu,min}^c$——结构或构件中最小的测区混凝土强度换算值,MPa。

当该结构或构件的测区强度值中出现小于10.0MPa时,确定$f_{cu,e}$<10.0MPa。

当该结构或构件测区数不少于10个时,应按下式计算:

$$f_{\text{cu,e}} = m_{f_{\text{cu}}^{\text{c}}} - 1.645 s_{f_{\text{cu}}^{\text{c}}} \tag{4-44}$$

当按批量检测时,应按下式计算:

$$f_{\text{cu,e}} = m_{f_{\text{cu}}^{\text{c}}} - k s_{f_{\text{cu}}^{\text{c}}} \tag{4-45}$$

式中:k——推算系数(宜取 1.645)。当需要进行推算强度区间时,可按国家现行有关标准规定取值。

(4)对按批量检测的构件,当该批构件混凝土强度标准差出现下列情况之一时,则该批构件应全部按单个构件检测:

当该批构件混凝土强度平均值小于 25MPa、$s_{f_{\text{cu}}^{\text{c}}}$ 大于 4.50MPa 时;当该批构件混凝土强度平均值不小于 25MPa 且不大于 60MPa、$s_{f_{\text{cu}}^{\text{c}}}$ 大于 5.50MPa 时。

4.2.2 超声法检测混凝土缺陷

混凝土缺陷是指因施工管理不善或受使用环境及自然灾害的影响,其内部可能存在不密实或空洞,其外部形成蜂窝麻面、裂缝或损伤层等。这些缺陷和损伤往往会严重影响结构物的承载能力和耐久性,因此,检测混凝土内部损伤是目前进行事故处理、施工验收、旧有建筑物安全性鉴定、维修和补强设计时所必须进行的项目。利用超声脉冲检测混凝土内部缺陷安全、快捷准确度高,受到越来越广泛的应用。

混凝土缺陷无损检测技术,大体上可分为两大类。一类是机械波法,其中包括超声波、冲击波和声发射等;另一类是穿透辐射法,其中包括 X 射线、γ 射线和中子流等。目前,工程中常用的是超声脉冲法,其声波频率在 20kHz 以上。

4.2.2.1 测试原理

超声测缺陷的基本原理,是通过超声波(纵波)在混凝土中传播的不同参数反映混凝土的质量。即利用超声波在混凝土中传播的声时、振幅、波形这三个声学参数综合判断其内部的缺陷情况。

声时即超声波在混凝土中传播所需要的时间,如超声波在传播路径中遇有缺陷时,则要绕过缺陷,声时就会变长。

振幅即接收信号首波振幅。混凝土内部存在缺陷时,超声波在缺陷界面上声阻抗差异显著,产生发射、散射和吸收,使接收波振幅显著降低。振幅变化大小可通过增益和衰减器的调整进行测量。

波形即接收到的波形。混凝土内部存在缺陷时,超声波在内部传播发生变化。直达波、绕射波、反射波等各类波相继被接收。由于这些波的相位不同,因此使正常波形发生畸变。一般主要观察前几个周期的波形进行判断,正常混凝土的前几个波形振幅大,无畸变,接收波的包络线呈半圆形,如图 4-21a)所示。如有缺陷,混凝土的前几个周期波形振幅低,可能发生波形畸变,接收波的包络线呈喇叭形,如图 4-21b)所示。

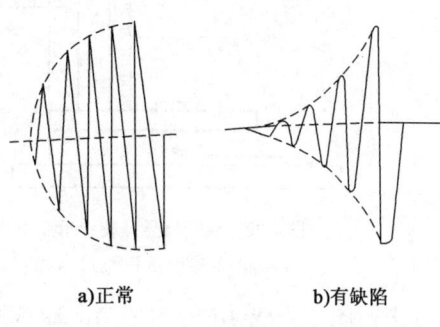

a)正常　　　b)有缺陷

图 4-21　接收波形

1)常用测试方法

(1)平面测试(用厚度振动式换能器)

对测法:一对发射(T)和接收(R)换能器,分别置于被测结构相互平行的两个表面,且两个换能器的轴线位于同一直线上;

斜测法:一对发射和接收换能器分别置于被测结构的两个表面,但两个换能器的轴线不在同一直线上;

单面平测法:一对发射和接收换能器置于被测结构同一个表面上进行测试。

(2)钻孔测试(采用径向振动式换能器)

孔中对测:一对换能器分别置于两个对应钻孔中,位于同一高度进行测试;

孔中斜测:一对换能器分别置于两个对应钻孔中,但不在同一高度而是在保持一定高程差的条件下进行测试;

孔中平测:一对换能器置于同一钻孔中,以一定的高程差同步移动进行测试。

2)超声波检测仪的检定

超声仪在使用前可通过测量空气声速进行自身校验。

(1)空气声速测量方法

取常用的厚度振动式换能器一对,接于超声仪器上,将两个换能器的辐射面相互对准,以间距为 50、100、150、200(mm)、…依次放置在空气中,在保持首波幅度一致的情况下,读取各间距所对应的声时值 t_1、t_2、t_3、…、t_n。同时测量空气的温度 T_K。测量时应注意两换能器间距的测量误差应不大于 ±0.5%,换能器尽量悬空相对放置如图 4-22,测点数不少于 10 个。

(2)空气声速测量值计算

以测距 l 为纵坐标,以声时读数 t 为横坐标,绘制时-距坐标图,如图 4-23 所示。或用回归分析方法求出 l 与 t 之间的回归直线方程:

$$l = a + bt \tag{4-46}$$

式中:a、b——待求的回归系数。

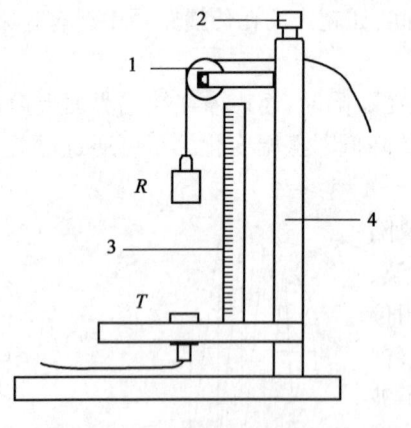

图 4-22 换能器悬挂装置示意图
1-定滑轮;2-螺栓;3-刻度尺;4-支架

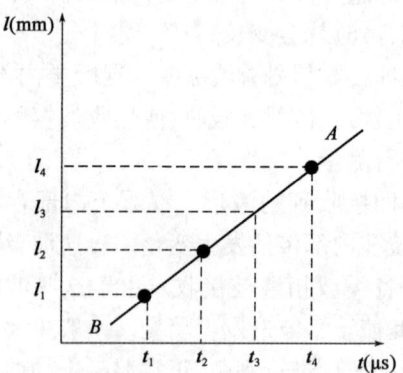

图 4-23 测空气声速的时-距图

坐标图中直线 AB 的斜率 $\Delta l/\Delta t$ 或直线方程的回归系数"b"即为空气声速的实测值 v^s(精确至 0.1m/s)。

(3)空气声速标准值

空气声速标准值按下式计算：

$$v^c = 331.4\sqrt{1 + 0.00367T_K} \qquad (4\text{-}47)$$

式中：v^c——空气声速的标准值，m/s；

T_K——空气的温度，℃。

(4)空气声速测量值的误差

空气声速测量值 v^s 与空气声速标准值 v^c 的误差，按下式计算：

$$e_r = \frac{v^c - v^s}{v^c} \times 100\% \qquad (4\text{-}48)$$

计算相对误差 e_r 应不大于 ±0.5%，否则仪器计时系统不正常。

3)声学参数测量

(1)一般规定

①依据检测要求和测试操作条件，确定缺陷测试的部位(简称测位)。测位混凝土表面应清洁、平整，必要时可用砂轮磨平或用高强度的快凝砂浆抹平。抹平砂浆必须与混凝土黏结良好。

②在满足首波幅度测读精度的条件下，应选用较高频率的换能器。换能器应通过耦合剂与混凝土测试表面保持紧密结合，耦合层不得夹杂泥砂或空气。

③检测时应避免超声传播路径与附近钢筋轴线平行，如无法避免，应使两个换能器连线与该钢筋的最短距离不小于超声测距的1/6。

(2)声学参数测量

①采用模拟式超声检测仪测量应按下列方法操作：

a. 检测之前应根据测距大小将仪器的发射电压调在某一挡，并以扫描基线不产生明显噪声干扰为前提，将仪器"增益"调至较大位置保持不动。

b. 声时测量。应将发射换能器(简称 T 换能器)和接收换能器(简称 R 换能器)分别耦合在测位中的对应测点上。当首波幅度过低时可用"衰减器"调节至便于测读，再调节游标冲或扫描延时，使首波前沿基线弯曲的起始点对准游标冲前沿，读取声时值 t_i(读至 0.1μs)。

c. 波幅测量。应在保持换能器良好耦合状态下采用下列两种方法之一进行读取：

a)刻度法：将衰减器固定在某一衰减位置，在仪器荧光屏上读取首波幅度的格数。

b)衰减值法：采用衰减器将首波调至一定高度，读取衰减器上的值。

d. 主频测量。应先将游标冲调至首波前半个周期的波谷(或波峰)，读取声时值 t_1(μs)，再将游标冲调至相邻的波谷(或波峰)，读取声时值 t_2(μs)，按下式计算出该点(第 i 点)第一个同期波的主频 f_i(精确至 0.1kHz)。

$$f_i = \frac{1000}{t_2 - t_1} \qquad (4\text{-}49)$$

式中：f_i——第 i 点第一个同期波的主频，精确至 0.1kHz；

t_1——首波前半个周期的波谷(或波峰)对应的声时值，μs；

t_2——相邻的波谷(或波峰)对应的声时值，μs。

②采用数字式超声检测仪测量应按下列方法操作:

a. 检测之前根据测距大小和混凝土外观质量情况,将仪器的发射电压、采样频率等参数设置在某一档并保持不变。换能器与混凝土测试表面应始终保持良好的耦合状态。

b. 声学参数自动测读:停止采样后即可自动读取声时、波幅、主频值。当声时自动测读光标所对应的位置与首波前沿基线弯曲的起始点有差异,或波幅自动测读光标所对应的位置与首波峰顶(或谷底)有差异时,应重新采样或改为手动游标读数。

c. 声学参数手动测读:先将仪器设置为手动读状态,停止采样后调节手动声时游标至首波前沿基线弯曲的起始位置,同时调节幅度游标使其与首波峰顶(或谷底)相切,读取声时和波幅值;再将声时光标分别调至首波及其相邻的波谷(或波峰),读取声时差值 $\Delta t(\mu s)$,取 $1000/\Delta t$ 即为首波的主频(kHz)。

d. 波形记录:对于有分析价值的波形,应予以存储。

(3)混凝土声时值按下式计算:

$$t_{ci} = t_i - t_0, t_{ci} = t_i - t_{00} \tag{4-50}$$

式中:t_{ci}——第 i 点混凝土声时值,μs;

t_i——第 i 点测读声时值,μs;

t_0、t_{00}——声时初读数,μs。

当采用厚度振动式换能器时,t_0 应参照使用说明书的方法测得。

(4)径向振动式换能器声时初读数(t_{00})的测量

将两个径向振动式换能器保持其轴线相互平行,置于清水中同一水平高度,两个换能器内边缘间距先后调节在 l_1(如 200mm)、l_2(如 100mm),分别读取相应声时值 t_1、t_2。由仪器、换能器及其高频电缆所产生的声时初读数 t_0 应按下式计算:

$$t_0 = \frac{l_1 \times t_2 - l_2 \times t_1}{l_1 - l_2} \tag{4-51}$$

用径向振动式换能器在钻孔中进行对测时,声时初读数应按下式计算:

$$t_{00} = t_0 + \frac{d_1 - d}{v_w} \tag{4-52}$$

当用径向振动式换能器在预埋声测管中检测时,声时初读数应按下式计算:

$$t_{00} = t_0 + \frac{d_2 - d_1}{v_g} + \frac{d_1 - d}{v_w} \tag{4-53}$$

式中:t_{00}——钻孔或声测管中测试的声时初读数,μs;

t_0——仪器设备的声时初读数,μs;

d——径向振动式换能器直径,mm;

d_1——钻的声测孔直径或预埋声测管的内径,mm;

d_2——声测管的外径,mm;

v_w——水的声速,km/s;按表 4-12 取值;

v_g——预埋声测管所用材料的声速,km/s。用钢管时 $v_g = 5.80$;用 PVC 管时 $v_g = 2.35$。

不同温度下水的声速值　　　　　　　　　　　表 4-12

水温度(℃)	5	10	15	20	25	30
水声速(km/s)	1.45	1.46	1.47	1.48	1.49	1.50

当采用一只厚度振动式换能器和一只径向振动式换能器进行检测时,声时初读数可取该二对换能器初读数之和的一半。

(5)超声传播距离(简称测距)测量

当采用厚度振动式换能器对测时,宜用钢卷尺测量 T、R 换能器辐射面之间的距离;当采用厚度振动式换能器平测时,宜用钢卷尺测量 T、R 换能器内边缘之间的距离;当采用径向振动式换能器在钻孔或预埋管中检测时,宜用钢尺测量放置 T、R 换能器的钻孔或预埋管内边缘之间的距离。测距的测量误差应不大于 ±1%。

4.2.2.2 混凝土缺陷检测

1)混凝土结合面质量检测

混凝土结合面(简称结合面),系指前后两次浇筑间隔时间大于 3h 的混凝土之间所形成的接触面,如施工缝、修补加固等。混凝土结合面检测时,被测部位及测点的确定应满足以下要求:

测试前应查明结合面的位置及走向,明确被测部位及范围;构件的被测部位应具有使声波垂直或斜穿结合面的测试条件。

混凝土结合面质量检测可采用对测法或斜测法如图 4-24 所示,布置测点时应注意以下几点:

(1)使测试范围覆盖全部结合面或有怀疑的部位;

(2)各对 T-R_1(声波传播不经过结合面)、T-R_2(声波传播经过结合面)换能器连线的倾斜角及测距应相等;

(3)测点的间距视结构尺寸和结合面外观质量情况而定,宜为 100~300mm。

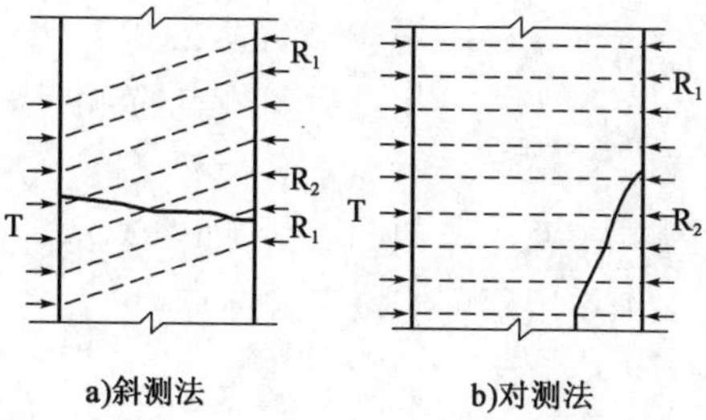

按布置好的测点分别测出各点的声时、波幅和主频值。对同一测区各测点声速、波幅和主频值分别进行统计和异常值判断(常采用概率法)。当测点数无法满足统计法判断时,可将 T-R_2 的声速、波幅等声学参数与 T-R_1 进行比较,若 T-R_2 的声学参数比 T-R_1 显著低时,则该测点判为异常测点;当通过结合面的某些测点的数据被判为异常,并查明无其他因素影响时,可判定混凝土结合面在该部位结合不良。

图 4-24 混凝土结合面质量检测示意图
a)斜测法　　b)对测法

2)混凝土表面损伤层检测

表面损伤检测适用于因冻害、高温或化学侵蚀等所引起的混凝土表面损伤厚度的检测。被测部位及测点的确定应满足以下要求:

(1)根据结构的损伤情况和外观质量选取有代表性的部位布置测位。

(2)构件被测表面应平整并处于自然干燥状态,且无接缝和饰面层。

表面损伤层检测宜选用频率较低的厚度振动式换能器。测试时 T 换能器应耦合保持不动,然后将 R 换能器依次耦合在间距为 30mm 的测点 1、2、3、…位置上,如图 4-25 所示,读取相应的声时值 t_1、t_2、t_3、…,并测量每次 T、R 换能器之间的距离 l_1、l_2、l_3、…。每一测位的测点数不得少于 6 个,当构件的损伤层厚度不均匀时,应适当增加测区数。

以各测点的声时值 t_i 和相应测距值 l_i 绘制时-距坐标图(图 4-26),可以得到声速改变所形成的转折点,该点前后分别表示损伤和未损伤混凝土的 l 与 t 相关直线。用回归分析方法分别求出损伤、未损伤混凝土 l 与 t 的回归直线方程:

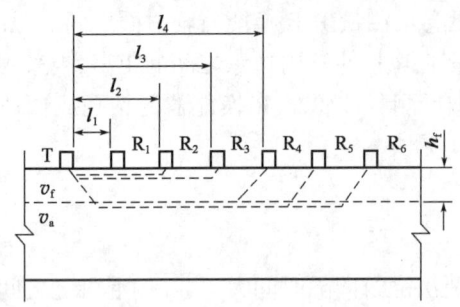
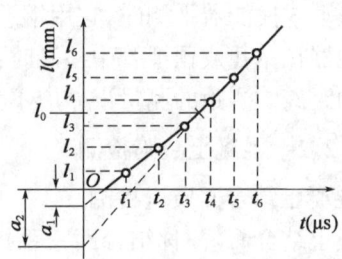

图 4-25 检测损伤层厚度示意图　　　图 4-26 损伤层检测时-距图

损伤混凝土:
$$l_f = a_1 + b_1 \cdot t_f \tag{4-54}$$

未损伤混凝土:
$$l_a = a_2 + b_2 \cdot t_a \tag{4-55}$$

式中:　l_f——拐点前各测点的测距,mm,对应于图 4-26 中的 l_1、l_2、l_3;

　　　　t_f——对应于图 4-26 中 l_1、l_2、l_3 的声时 t_1、t_2、t_3,μs;

　　　　l_a——拐点后各测点的测距,mm,对应于图 4-26 中的 l_4、l_5、l_6;

　　　　t_a——对应于测距 l_4、l_5、l_6 的声时 t_4、t_5、t_6,μs;

a_1、b_1、a_2、b_2——回归系数,即图 4-26 中损伤和未损伤混凝土直线的截距和斜率。

损伤层厚度应按下式计算:
$$l_0 = \frac{a_1 b_2 - a_2 b_1}{b_2 - b_1} \tag{4-56}$$

$$h_f = \frac{l_0}{2} \cdot \sqrt{\frac{b_2 - b_1}{b_2 + b_1}} \tag{4-57}$$

式中:h_f——损伤层厚度,mm。

3)混凝土不密实区和空洞检测

不密实区和空洞检测用于结构混凝土局部区域内的不密实和空洞情况检测。被测部位应满足以下要求:被测部位应具有一对(或两对)相互平行的测试面。且测试的范围应大于有怀疑的区域,还应有同条件的正常混凝土进行对比,且对比测点数不应少于 20。

(1)测试方法

根据被测结构实际情况,可按下列方法之一布置换能器:

①当构件具有两对互相平行的测试面时可采用对测法,其测试方法如图 4-27 所示。在测试部位两对相互平行的测试面上,分别画间距为 100~300mm(大型结构物可适当放宽)

等间距的网格,并编号确定对应的测点位置。

②当构件只有一对相互平行的测试面时可采用对测和斜测相结合的方法。如图 4-28 所示,在测位两个相互平行的测试面上分别画出网格线,可在对测的基础上进行交叉斜测。

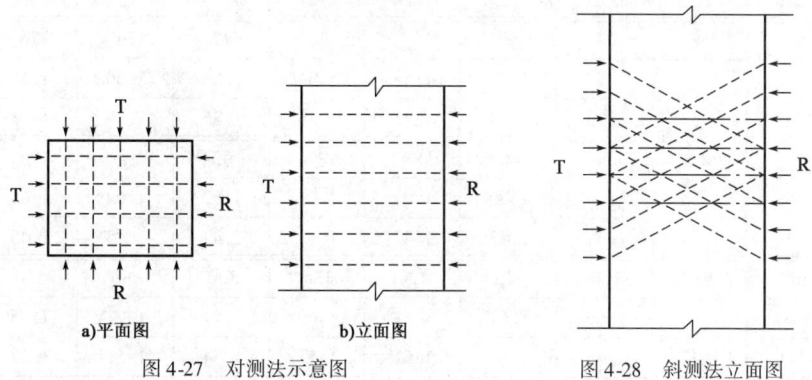

图 4-27　对测法示意图　　　　　　　图 4-28　斜测法立面图

③当测距较大时,可采用钻孔或预埋管测法。如图 4-29 所示,在测位预埋声测管或钻出竖向测试孔,预埋管内径或钻孔直径宜比换能器直径大 5~10mm,预埋管或钻孔间距宜为 2~3m,其深度可根据测试需要确定。检测时可用两个径向振动式换能器分别置于两测孔中进行测试,或用一个径向振动式与一个厚度振动式换能器,分别于置于测孔中和平行于测孔的侧面进行测试。

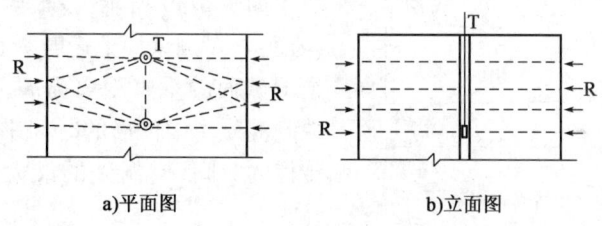

图 4-29　钻孔法示意图

(2) 数据处理及判断

测位混凝土各声学参数异常数据的判定方法采用概率法,当测位中判出异常测点时,可根据异常测点的分布情况,按下式进一步判别其相邻测点是否异常:

$$X_0 = m_x - \lambda_2 \cdot S_x \text{ 或 } X_0 = m_x - \lambda_3 \cdot S_x \tag{4-58}$$

式中:X_0——异常测点的判断值;

　　　m_x——测位混凝土声学参数的平均值;

　　　S_x——测位混凝土声学参数的标准差;

　　λ_2、λ_3——系数,按表 4-13 取值。当测点布置为网格状时取 λ_2;当单排布置测点时(如在测孔中检测)取 λ_3。

统计数的个数 n 与对应的 λ_2、λ_3 值　　　　表 4-13

n	20	22	24	26	28	30	32	34	36	38
λ_2	1.25	1.27	1.29	1.31	1.33	1.34	1.36	1.37	1.38	1.39
λ_3	1.05	1.07	1.09	1.11	1.12	1.14	1.16	1.17	1.18	1.19

续上表

n	40	42	44	46	48	50	52	54	56	58
λ_2	1.41	1.42	1.43	1.44	1.45	1.46	1.47	1.48	1.49	1.49
λ_3	1.20	1.22	1.23	1.25	1.26	1.27	1.28	1.29	1.30	1.31
n	60	62	64	66	68	70	72	74	76	78
λ_2	1.50	1.51	1.52	1.53	1.53	1.54	1.55	1.56	1.56	1.57
λ_3	1.31	1.32	1.33	1.34	1.35	1.36	1.36	1.37	1.38	1.39
n	80	82	84	86	88	90	92	94	96	98
λ_2	1.58	1.58	1.59	1.60	1.61	1.61	1.62	1.62	1.63	1.63
λ_3	1.39	1.40	1.41	1.42	1.42	1.43	1.44	1.45	1.45	1.45
n	100	105	110	115	120	125	130	140	150	160
λ_2	1.64	1.65	1.66	1.67	1.68	1.69	1.71	1.73	1.75	1.77
λ_3	1.46	1.47	1.48	1.49	1.51	1.53	1.54	1.56	1.58	1.59

若耦合条件保证不了测幅稳定,则波幅值不能作为统计法的判别。

当测位中某些测点的声时值(或声速值)、波幅值(或频率值)被判为异常值时,可结合异常测点的分布及波形状况确定混凝土内部存在不密实区和空洞的范围。当判定缺陷是空洞时,可按以下的方法估算其尺寸。

(3)空洞尺寸估算方法

如图4-30所示,设检测距离为l,空洞中心(在另一对测试面上声时最长的测点位置)距一个测试面的垂直距离为l_h,声波在空洞附近无缺陷混凝土中传播的时间平均值为m_{ta},绕空洞传播的时间(空洞处的最大声时)为t_h,空洞半径为r。

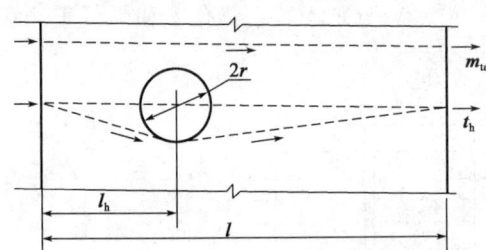

图4-30 空洞尺寸估算原理图

根据l_h/l值和$(t_h - m_{ta})/m_{ta} \times 100\%$值,可由表4-14查得空洞半径$r$与测距$l$的比值,再计算空洞大致尺寸。

如被测部位只有一对可供测试的表面,只能按空洞位于测距中心考虑,空洞尺寸可按下式算:

$$r = \frac{l}{2}\sqrt{\left(\frac{t_h}{m_{ta}}\right)^2 - 1} \qquad (4\text{-}59)$$

式中:r——空洞半径,mm;

l——T、R换能器之间的距离,mm;

t_h——缺陷处的最大声时值,μs;

m_{ta}——无缺陷区的平均声时值,μs。

空洞半径r与测距l的比值(z)　　　表4-14

y	x												
	0.05	0.08	0.10	0.12	0.14	0.16	0.18	0.20	0.22	0.24	0.26	0.28	0.30
0.10(0.90)	1.42	3.77	6.26	—	—	—	—	—	—	—	—	—	—

续上表

y	x												
	0.05	0.08	0.10	0.12	0.14	0.16	0.18	0.20	0.22	0.24	0.26	0.28	0.30
0.15(0.85)	1.00	2.56	4.06	5.97	8.39	—	—	—	—	—	—	—	—
0.2(0.8)	0.78	2.02	3.18	4.62	6.36	8.44	10.9	13.9	—	—	—	—	—
0.25(0.75)	0.67	1.72	2.69	3.90	5.34	7.03	8.98	11.2	13.8	16.8	—	—	—
0.3(0.70)	0.60	1.53	2.40	3.46	4.73	6.21	7.91	9.38	12.0	14.4	17.1	20.1	23.6
0.35(0.65)	0.55	1.41	2.21	3.19	4.35	5.70	7.25	9.00	10.9	13.1	15.5	18.1	21.0
0.4(0.60)	0.52	1.34	2.09	3.02	4.12	5.39	6.84	8.48	10.3	12.3	14.5	16.9	19.6
0.45(0.55)	0.50	1.30	2.03	2.92	3.99	5.22	6.62	8.20	9.95	11.9	14.0	16.3	18.8
0.50	0.50	1.28	2.00	2.89	3.94	5.16	6.55	8.11	9.84	11.8	13.3	16.1	18.6

注：表中 $x = (t_h - m_{ta})/t_m \times 100\%$；$y = l_h/l$；$z = r/l$。

4）裂缝深度检测

在进行裂缝检测前应先将裂缝中的积水或泥浆等夹杂物清理干净，并根据裂缝深度、构件尺寸、形状等选择合适的检测方法。

(1) 单面平测法

当结构的裂缝部位只有一个可测表面，估计裂缝深度又不大于 500mm 时，可采用单面平测法。平测时应在裂缝的被测部位，以不同的测距，按跨缝和不跨缝布置测点（布置测点时应避开钢筋的影响）进行检测。

① 不跨缝声时测量：将 T 和 R 换能器置于裂缝同一侧，以两个换能器内边缘间距（l'）等于 100、150、200、250mm、… 分别读取声时值（t_i），绘制时-距坐标图（图 4-31），或用回归分析的方法求出声时与测距之间的回归直线方程：

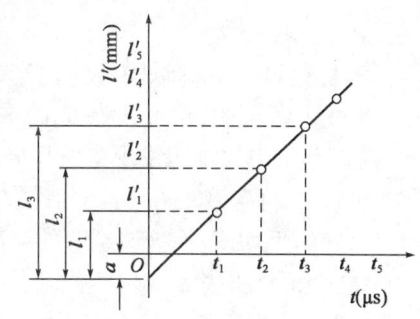

图 4-31 平测时-距图

$$l_i = a + bt_i \tag{4-60}$$

每测点超声实际传播的距离应为：

$$l_i = l'_i + |a| \tag{4-61}$$

式中：l_i——第 i 点的超声实际传播距离，mm；

l'_i——第 i 点的 R、T 换能器内边缘间距，mm；

a——时-距图中 l' 轴的截距或回归直线方程的常数项，mm。

不跨缝平测的混凝土声速值为：

$$v = \frac{l'_n - l'_1}{t_n - t_1} \quad 或 \quad v = b \tag{4-62}$$

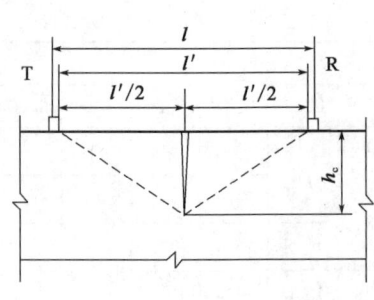

图 4-32 绕过裂缝示意图

式中：v——混凝土声速值，km/s；
l'_n、l'_1——第 n 点和第 1 点的测距，mm；
t_n、t_1——第 n 点和第 1 点读取的声时值，μs；
b——回归系数。

② 跨缝的声时测量：如图 4-32 所示，将收发换能器分别置于以裂缝为轴线的对称两侧，两换能器中心连线垂直于裂缝走向，以 l' = 100、150、200、250、300…分别读声时值 t_i^0，同时观察首波相位的变化。

③ 平测法的裂缝深度可按下式计算：

$$h_{ic} = \frac{l_i}{2}\sqrt{\left(\frac{t_i^0 v}{l_i}\right)^2 - 1} \tag{4-63}$$

$$m_{hc} = \frac{1}{n}\sum_{i=1}^{n} h_{ci} \tag{4-64}$$

式中：l_i——不跨缝平测时第 i 点的超声波实际传播距离，mm；
h_{ci}——第 i 点计算的裂缝深度值，mm；
t_i^0——第 i 跨缝平测的声时值，μs；
m_{hc}——各测点计算裂缝深度的平均值，mm；
n——测点数。

跨缝测量中，当某测距发现首波反向时，可用该测距及两个相邻测距的测量值按式（4-63）计算 h_{ci} 值，取此三点 h_{ci} 的平均值作为该裂缝的深度值 h_c。

跨缝测量中如难于发现首波反向，则以不同测距取按式（4-63）、式（4-64）计算 h_{ci} 及其平均值 m_{hc}。将各测距 l'_i 与 m_{hc} 相比较，凡测距 l'_i 小于 m_{hc} 和大于 $3m_{hc}$，应剔除该组数据，然后取余下 h_{ci} 的平均值，作为该裂缝的深度值 h_c。

(2) 双面斜测法

当结构的裂缝部位具有两个相互平行的测试表面时，可采用双面穿透斜测法检测。测点布置如图 4-33 所示，将 T、R 换能器分别置于两测试表面对应测点 1、2、3、…的位置，读取相应声时值 t_i 和波幅 A_i 及频率值 f_i。

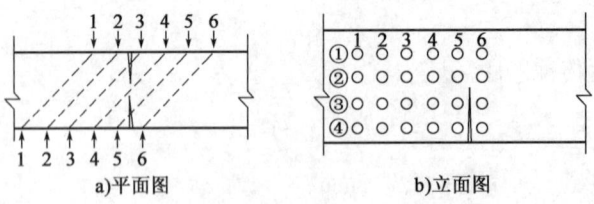

图 4-33 斜测裂缝测点布置示意图

斜测法时，如 T、R 换能器的连线通过裂缝，则接收信号的波幅、声速和主频明显降低。根据波幅、声速和主频的突变，可以判定裂缝深度以及是否在所处断面内贯通。

(3) 钻孔对测法

钻孔对测法适用于大体积混凝土，预计深度在 500mm 以上的裂缝检测，被检测混凝土应允许在裂缝两侧钻测试孔。

所钻测试孔应满足下列要求：

①孔径应比换能器直径大 5~10mm。

②孔深应至少比裂缝预计深度深 700mm，经测试如浅于裂缝深度，则应加深钻孔。

③对应的两个测试孔（A、B），必须始终位于裂缝两侧，其轴线应保持平行。

④两个对应测试孔的间距宜为 2000mm，同一检测对象各对测孔间距应保持相同。

⑤如图 4-34a）所示，宜在裂缝一侧多钻一个较浅的孔（C 孔），通过 B、C 两孔测试无裂缝混凝土的声学参数。

⑥孔中粉末和碎屑应清理干净。

测试方法：深裂缝检测应选用频率为 20~60kHz 的径向振动式换能器，测试前先向测试孔中注满清水，然后将 T、R 换能器分别置于裂缝两侧的对应孔中，以相同高程等间距（100~400mm）从上至下同步移动，逐点读取声时、波幅和换能器所处的深度，如图 4-34b）。

裂缝深度判定：以换能器所处深度（h）与对应的波幅值（A）绘制 h-A 坐标图，如图 4-35 所示。随着换能器的下移，波幅逐渐增大，当换能器下移至某一位置后，波幅达到最大值并基本稳定，该位置所对应的深度便是裂缝深度 h_c。

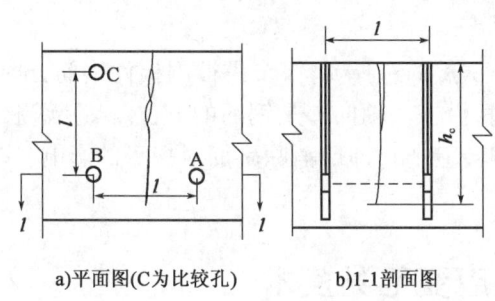

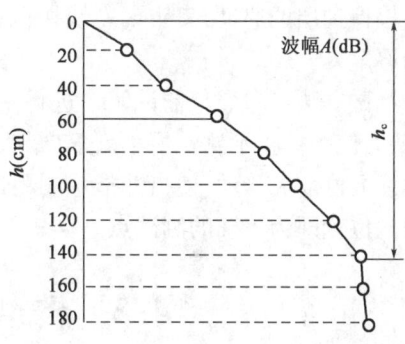

图 4-34　钻孔测裂缝深度示意图

图 4-35　h-A 坐标图

4.2.2.3　钢管混凝土缺陷检测

用超声法可检测管壁与混凝土胶结良好的钢管混凝土缺陷，要求所用钢管的外表面应光洁，无严重锈蚀。

钢管混凝土检测应采用径向对测的方法，如图 4-36 所示。

（1）测点布置

选择钢管与混凝土胶结良好的部位布置测点。布置测点时，可先测量钢管实际周长，再将圆周等分，在钢管测试部位画出若干根母线和等间距的环向线，线间距宜为 150~300mm。

（2）测试声学参数

检测时可先作径向对测，在钢管混凝土每一环线上保持 T、R 换能器连线通过圆心，沿环向测试，逐点读取声时、波幅和主频。对于直径

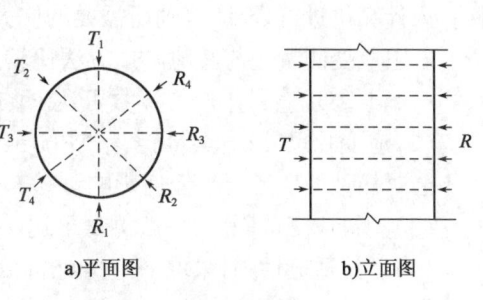

图 4-36　钢管混凝土检测示意图

较大的钢管混凝土,也可采用预埋声测管和方法检测。

(3)数据处理与判断

同一测距的声时、波幅和频率的统计计算及异常值判别按"不密实区和空洞检测"中的数据处理及判断方法进行。

当同一测位的测试数据离散性较大或数据较少时,可将怀疑部位的声速、波幅、主频与相同直径钢管混凝土的质量正常部位的声学参数相比较,综合分析判断所测部位的内部质量。

4.2.2.4 钢筋保护层检测

钢筋保护层检测主要是通过非破损的方法检测钢筋保护层的厚度,以确保钢筋不会因保护层厚度不够而发生锈蚀,影响结构的耐久性。

混凝土保护层测定仪是通过探头和被测钢筋的相互作用来进行测量的。探头为一金属壳体,内放一根有线圈的磁棒,磁棒线圈通电后,当探头接近钢筋或其他铁磁物质时,线圈的感抗变大,使线圈中流动的电流减小,探头离钢筋越近,电流减小就越多,对于同一型号钢筋来说,探头和钢筋间的距离与线圈中流动的电流具有一一对应关系,该仪器采取平衡比较桥式电路,将线圈中电流的变化检出,这种电路输出的只是电流变化部分,输出电流的大小就能代表保护层的厚度,表头刻度线按保护层的厚度标出,根据表针指示,可以直接读出保护层的厚度。

测试方法可参照仪器说明书进行。注意测试点的选择:将探头沿被测构件钢筋方向左右移动,使指针指示测距最小(偏转最大),此时,沿探头轴向即是钢筋的方位。然后将探头沿钢筋方位前后移动,使指针指示测距最大(偏转最小),即已消除副筋对探头的影响,这时探头的位置即为正确的测试点。

4.3 桥梁结构应变电测技术

随着现代科学技术的飞速发展,电测技术已广泛应用于桥梁结构试验中,各种新型现代化电测仪器不断涌现,大大提高了桥梁结构试验的测试精度及测试效率,使大规模桥梁结构试验成为可能。本节主要介绍结构应力应变的电测技术,即电阻应变测量的原理及应用。

电阻应变测量的基本原理,是将电阻应变片粘贴在被测构件上,当构件变形时,应变片与构件一起变形,致使应变片的电阻值发生相应的变化;通过电阻应变测量装置,可将这种变化测量出来,换算成应变值或输出与应变成正比的模拟电信号,用记录仪器记录下来或直接存入计算机进行处理,得到所需要的应力应变值。

电阻应变测量法与其他测试方法比较,有如下的一些优点:

(1)灵敏度高,最小应变读数可达 1×10^{-6} 应变($1\mu\varepsilon$)。

(2)应变片尺寸小,重量轻、粘贴方便,一般只要求满足结构构件的应变梯度变化,同时也不会对构件的变形产生任何影响。

(3)测量应变范围广,一般测试可达 $\pm 20000 \sim 30000\mu\varepsilon$。

(4)环境适应性强,采取一定措施可以在高温(800~1000℃)、低温(-100~-78℃)、水下等特殊条件下使用。

(5)测量结果是电信号,便于实现长距离测量和采集记录自动化。

(6)可制成各种精度很高的传感器,以测量力、位移、加速度等力学参量。

由于以上优点,目前电阻应变测量技术已成为桥梁工程测试中应用最广泛的手段之一,用于电阻应变测量的主要仪器有电阻应变计、应变仪、应变式传感器等,各种仪器品种规格繁多,但其工作原理基本相同,介绍如下。

4.3.1 电阻应变计

电阻应变计是电阻应变测量技术的基本元件。电阻应变计一般由敏感栅(金属丝)、基底及引出线三部分组成。将电阻应变计粘贴在被测构件表面时,敏感栅随着构件一起变形,引起电阻变化,而这种变化与构件的应变有着确定的线性关系,利用这一点我们可以测出结构的应变。

4.3.1.1 电阻应变计的分类

最常用的电阻应变计有丝式和箔式两种。丝式应变片的敏感元件是丝栅电阻丝,如图4-37a)。丝式应变片的尺寸从几毫米到上百毫米不等,阻值一般从 $50\sim4000\Omega$,丝式应变片的基底层有纸质的也有胶质的。箔式应变片的敏感元件是通过光刻技术、腐蚀工艺制成的一种很薄的金属箔栅,如图4-37b)所示。箔式应变片的尺寸从零点几毫米到几十毫米不等,阻值一般从 $60\sim1000\Omega$。由于金属箔栅极薄,同样截面积的箔材粘贴层的接触面比丝式要大,所以传递变形能力也就优于丝式。另外,箔式应变片的模拟效应、通过电流的能力、散热性和防潮绝缘性均比丝式强。由于箔式应变片的上述优点,现在实用上绝大多数都是箔式应变片。

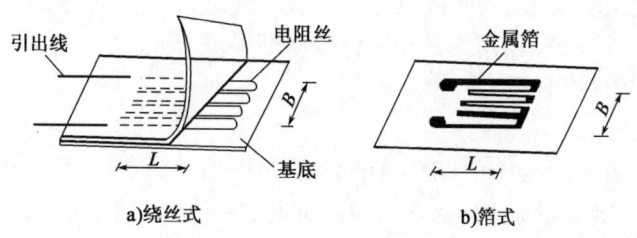

图 4-37 电阻应变片

4.3.1.2 电阻应变计的选用

应变片品种和规格很多,选用时必须从满足测试要求、使用方便和尽可能节省费用等原则出发,结合被测试件所处的环境条件、被测材料的匀质程度、测点部位的重要程度以及应变范围等多方面考虑。其中,最需要把握的是标距和种类。

1)标距

当结构材料为匀质(如钢材)或局部应力集中梯度比较大时宜选用小标距应变片,当结构材料为非匀质(如混凝土)或应变梯度小又均匀时可选用大标距应变片(对混凝土标距 $L \geq 4\sim5$ 倍最大集料直径)。

2)种类

箔式应变片适用于各种场合,且性能较丝式优越,是目前使用最多的一种应变片。有时碰到大量使用应变片的场合,环境条件比较好(如室内模型试验)从经济上考虑,往往也选用丝式胶基或纸基片。综合起来说,测钢构件(或混凝土内钢筋)应变,一般选用 2mm×3mm ($B×L$)或 2mm×6mm 的箔式应变片;测混凝土结构表面应变,一般选用 10mm×(80~100)mm($B×L$)的丝式胶基片或纸基片。

4.3.1.3 电阻应变片的粘贴和连接

电阻应变片的粘贴和焊接是应变测试技术中非常重要的一步,必须足够重视。该技术的一般步骤及应注意的事项如下:

1)电阻应变片的选片

首先检查电阻应变片的外观质量,好的应变片应该丝栅平直整齐、均匀、无气泡、无霉、无锈蚀,基底和覆盖层无破损。其次用惠斯顿电桥测定应变片的电阻值,其准确度应达到 0.1Ω,以便按阻值的大小进行编组配对。工作片与补偿片之间的电阻值之差不宜大于 0.20Ω(现在计算机采集系统类仪器已放宽到 0.5Ω),以免桥臂阻值不能调平衡。

2)试件的表面处理

被测表面与电阻应变片之间是否能牢固地粘在一起,是直接影响被测物与应变片变形传递的关键。为使应变片贴得牢固,应对被测表面进行专门处理。

(1)钢(或其他金属)试件

可用砂轮片、钢丝刷等对试件去锈,去锈的长度比应变片长 2~3 倍。螺纹钢筋在不损伤有效面积的条件下,磨去几个螺纹。去锈以后,需用砂纸(先粗后细)抛光,并达到光洁。抛光结束前的砂削方向应与贴片方向斜交(不要平行),最后用丙酮棉花擦净贴片处。

(2)混凝土试件

用砂轮磨平欲测的混凝土表面部位,然后用环氧树脂胶薄薄地涂刮一层并干燥(一般需一天)。等底层完全干燥后,用细铁砂纸将表面磨平,注意砂磨方向应与贴片方向斜交,最后用无水酒精棉花擦净贴片处。

3)粘贴应变片

目前适用于金属或混凝土的贴片且较常用的胶粘剂为 502(氰基丙烯酸乙酯类粘贴剂),502 胶在常温下吸收空气中的微量水分并固化,使用时仅用手指加压 0.5~1.0min 便能初步固化,现场使用特别方便。环氧树脂类粘贴剂也可用来贴应变片。贴片时,先看清应贴片的位置、方向。把 502 胶水滴在应变片粘贴面上(注意应变片的正反面),片子贴上去以后,盖上一张塑料薄膜,用大拇指轻轻按住片子,挤出气泡和多余的胶水,注意留心电阻片的位置和方向不能移动。由于 502 胶是一种快干型粘贴剂,所以操作过程中需要熟练技术和经验。

4)应变片的干燥处理和质量检查

应变片粘贴后必须使粘贴剂充分干燥,以保证应变片能够传递试件的变形,同时保证应变片的绝缘度,不致引起读数漂移。应变片的干燥方法可以分为自然干燥和人工干燥。当温度大于 15℃,相对湿度低于 60% 时,可用自然干燥,干燥时间一般需要 24h。人工干燥就是用红外灯泡或电吹风烘烤,温度一般控制在 50℃ 以下,干燥时间一般只需 1h。

应变片的粘贴质量主要是指粘贴层的好坏,几何位置是否正确、粘贴层是否有气泡、引出线是否完好等。还有一个与粘贴质量有关的试件与应变片引出线之间的绝缘度(绝缘度达不到要求会使仪器产生漂移),这个绝缘度值至少要大于100MΩ,对测量时间较长的情况,应在200MΩ以上。

5) 应变片的防潮处理

对应变片进行干燥处理和质量检查后,应及时对应变片进行防潮处理,这对野外试验是必需的。应变片的短期防潮处理比较简单,只需采用普通凡士林或市售703胶等。对于应变片的长期防潮,一般采用环氧树脂配固化剂,也可将石蜡(70%)和松香(30%)加热熔化后使用。

6) 应变片的导线连接

在每片应变片的引出线下面贴一条接线端子,把应变片的引出线和后续接线一起焊在过桥上,如图4-38所示。应变片的连接导线与采用的应变仪器和测试内容有关。一般情况下的静、动态应变测试,如表4-15所示。

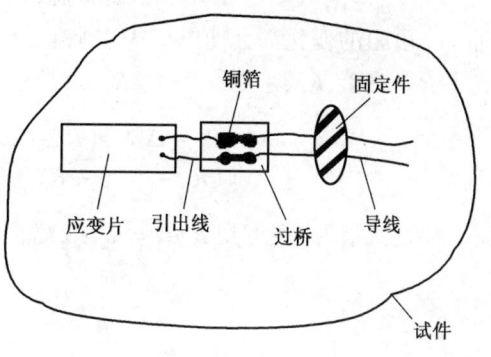

图4-38 应变片的导线连接

一般情况下的静、动态应变测试用导线 表4-15

仪器	测试内容	
	静态应变	动态应变
交流供桥	≥10m普通塑料平行线	多芯屏蔽线
	多芯屏蔽线	
直流供桥	普通平行塑料线	

4.3.2 电阻应变仪及数据采集系统

由机械应变引起的电阻应变片阻值的变化通常很小,很难直接检测出来,必须依靠放大仪器将信号放大。电阻应变仪是电阻应变片的专用放大仪器,一般由测量电路、放大器、相敏检波器和电源等部分组成。其中测量电路涉及电阻应变计和电阻应变仪之间的连接方法,我们必须掌握其电学原理,才能够正确地进行应变测量。而对放大器、相敏检波器等电路结构,我们仅需一般了解。测量电路的作用是将应变片的电阻变化转化为电压或电流的变化,这种转化是通过惠斯顿电桥实现的。

4.3.2.1 惠斯顿电桥

1) 惠斯顿电桥原理

惠斯顿电桥是一种常用的电阻-电压转换装置,它能把应变计电阻的微小变化转换为适合放大和处理的电压。图4-39是标准惠斯顿电桥,下面介绍它与应变片有关的输入输出特性。

图中 R_1、R_2、R_3 和 R_4 分别为电阻器,V_{in} 为输入电压,V_{out} 为输出电压。R_1 和 R_2 串联,R_3 和 R_4 串联,两组并联于 A、C 两点。当 B、D 开路(与电压桥输出端高阻抗等

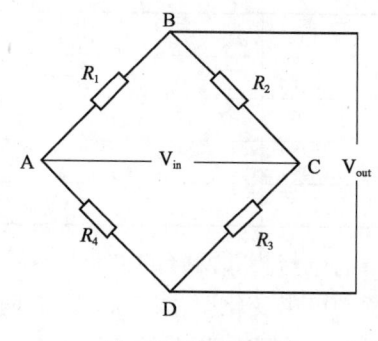

图4-39 惠斯顿电桥

价)时,B、D之间的电位差:

$$V_{\text{out}} = V_{AB} - V_{AD} = \left(\frac{R_1}{R_1 + R_2} - \frac{R_4}{R_3 + R_4}\right)V_{\text{in}} = \frac{R_1 R_3 - R_2 R_4}{(R_1 + R_2)(R_3 + R_4)}V_{\text{in}} \quad (4\text{-}65)$$

当 $V_{\text{out}} = 0$,表示电桥处于平衡状态,得 $R_1 R_3 = R_2 R_4$,此即电压桥的平衡条件。桥路中任何一个电阻的变化都会使电桥失去平衡($V_{\text{out}} \neq 0$)。如果各臂阻值分别都发生了变化,R_1 变成了 $R_1 + \Delta R_1$,R_2 变成了 $R_2 + \Delta R_2$,余类推,将它们代入式(4-63)得:

$$V_{\text{out}} = \frac{(R_1 + \Delta R_1)(R_3 + \Delta R_3) - (R_2 + \Delta R_2)(R_4 + \Delta R_4)}{(R_1 + \Delta R_1 + R_2 + \Delta R_2)(R_3 + \Delta R_3 + R_4 + \Delta R_4)}V_{\text{in}} \quad (4\text{-}66)$$

将此式展开,注意到 $R_1 R_3 = R_2 R_4$,略去二次项和非线性误差项,可得:

$$V_{\text{out}} = \frac{1}{4}\left(\frac{\Delta R_1}{R_1} - \frac{\Delta R_2}{R_2} + \frac{\Delta R_3}{R_3} - \frac{\Delta R_4}{R_4}\right)V_{\text{in}} \quad (4\text{-}67)$$

如果 R_i 是电阻应变计,注意到 $\frac{\Delta R}{R} = k\varepsilon$,则上式可写成:

$$V_{\text{out}} = \frac{1}{4}k(\varepsilon_1 - \varepsilon_2 + \varepsilon_3 - \varepsilon_4)V_{\text{in}} \quad (4\text{-}68)$$

如果各电阻应变计的阻值都一样,即 $R_i = R$,则有:

$$V_{\text{out}} = \frac{1}{4}Nk\varepsilon V_{\text{in}} \quad (4\text{-}69)$$

式中 N 是电桥有源工作臂的数目,也称桥臂系数。由式(4-69)可见,电桥的输出与应变计本身的电阻值无关,并且是线性的。

结合式(4-67)、式(4-69),考虑惠斯顿电桥温度补偿,进一步讨论电桥的输出特性。当阻值 R_1 发生变化时,电桥的输出 $V_{\text{out}} \neq 0$,如果相邻臂上的 R_4 也同时产生一个大小和极性都相同的变化,则仍能使 $V_{\text{out}} = 0$;如果 R_4 产生一个大小相同、极性相反的变化,则电桥的输出 V_{out} 将是 R_1 一个臂上阻值产生电压的 2 倍($N=2$)。如果 R_1 变化时,R_4 不变,R_1 相对的桥臂上的 R_3 发生一个大小相同、极性相反的变化,则电桥的输出 $V_{\text{out}} = 0$;如果 R_3 发生一个与 R_1 大小和极性都相同的变化,则电桥的输出 V_{out} 将是 R_1 一个臂上阻值产生电压的 2 倍($N=2$)。桥壁系数与桥壁电阻变化关系见表4-16。

桥壁系数与桥壁电阻变化关系　　　　表4-16

R_1	R_3	R_4	N
$+\Delta R_1$	—	$+\Delta R_1$	0
$+\Delta R_1$	—	$-\Delta R_1$	2
$+\Delta R_1$	$+\Delta R_1$	—	2
$+\Delta R_1$	$-\Delta R_1$	—	0

从上表可以看出应变电桥的一个重要特性:电桥的输出电压与相邻两臂的电阻变化率之差,或相对两臂的电阻变化率之和成正比。如果相邻两臂的电阻变化率,大小相等、方向相同,或相对两臂的电阻变化率,大小相等、方向相反,则电桥将不会改变其平衡状态。

式(4-67)和表4-16中电桥的输出电压与相邻两臂的电阻变化之间的关系,可以简单地归纳为"相对之和,相邻之差"。

2)惠斯顿电桥温度补偿方法

接入电桥的电阻应变片的电阻值随温度变化,这一变化当然要引起电桥输出电压,一般每升温1℃,应变放大器输出的变量可达几十微应变。显然,这是非受力应变,需要排除,这个排除温度影响的措施,叫温度补偿。

根据应变电桥的输出特性,应用上不难对温度进行补偿,只要用一片和工作片(贴在被测件上的应变片)阻值、灵敏系数和电阻温度系数都相同的应变片,把它贴在一块与被测件材料相同而不受力的试件上,并使它们处于同一温度场,电桥连接时使工作片和补偿片处在相邻桥臂中,这样温度变化就不会造成电桥的输出电压。

实际使用,补偿片可采用单点补偿多点的办法,具体补多少测点要根据被测物的材料特性、测点位置及环境条件决定。一般(钢结构或混凝土)桥梁应变测量,可以一补十。但必须注意,在特别严格或特殊场合,要求单独进行补偿的情况。

温度补偿还可使用温度自补偿应变片来完成,这种应变片采用一种经过特殊处理的温度系数极小的合金材料,在一定温差下,能不计温差效应的影响。如图4-40所示,在土建工程结构应变测量中最常用的是半桥和全桥,其中1/4桥极少使用。

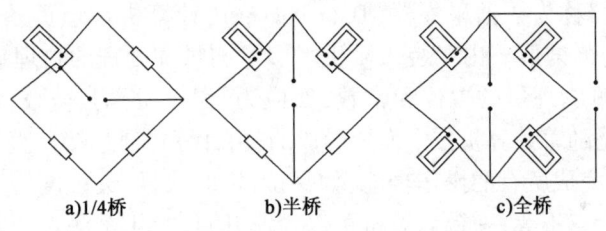

a)1/4桥　　b)半桥　　c)全桥

图4-40　电桥桥路

3)惠斯顿电桥桥路组合

我们已经知道,电桥桥路的灵敏系数与电桥的有源工作臂数目有关,越大,灵敏度愈高,电桥的这一特性在实用中非常重要。结合材料力学的有关知识,我们可以通过合理选择粘贴应变计的位置、方位并调整应变计在桥臂上的组合以便从比较复杂的组合应变中测出需求的成分而排除其他成分。这一调整的原则是,在满足特殊要求的条件下,选择测量电桥组合形式时,要优先选用输出电压较高、能实现温度互补偿且便于分析的组合。

4.3.2.2　电阻应变仪

电阻应变仪是一种专用应变测量放大器。一般具有如下三个功用:

(1)装有几个电桥补充电阻(以适用于1/4桥和半桥测量)并提供电桥电源。

(2)能把微弱的电信号放大。

(3)把放大后的信号变换显示出来或送给后续设备。

按测量对象的不同应变仪分成静态电阻应变仪和动态电阻应变仪,也有静、动态电阻应变仪做在一起的。从原理上讲,静、动态电阻应变仪是一样的,主要区别在于静态应变仪的信号与时间无关,可由应变仪直接读取应变值,多点测量只需通过多点转换箱(也称平衡箱)

切换而不增加放大单元,动态应变仪测量的信号与时间有关,应变仪本身无法读值,要靠后读显示记录设备得到应变值,多点测量一般需一对一地配置放大单元。

电阻应变仪按供桥电源方式不同分成交流(载波式)和直流两种,实际效果是有区别的。桥梁结构应变测量是在野外进行的,测量导线一般都比较长,采用载波式应变仪其导线电容分布问题比较突出。直流应变仪能解决电容问题,以前由于电路本身元器件要求比较高,一直没能很好地解决零漂问题,现在,随着集成块技术的发展国内已能生产性能比较稳定的直流应变仪。

4.3.2.3 动、静态数据采集系统

1) 静态数据采集系统

静态应变测量的特点是测点多,精度要求高,由于现场环境温度及荷载的微小变化会给测量带来误差,因此要求测量速度快,能自动处理试验数据,20世纪80年代发展起来的静态应变测量的数据采集系统基本能满足要求。

静态应变测量的数据采集系统是应变测试装置的一种发展,指既能进行测量又能实现计算机数据处理的测试系统。这种系统一般分成两类:一类是带 CPU(相当单板机)的静态数据采集器,另一类是由计算机接多点转换箱,再利用软件直接对静动态数据进行采祥、分析处理的静态应变测量系统,目前做得比较好的软件都是在 Windows 界面下操作的。静态数据采集器称为数据采集器(Data Logger),计算机在担负系统控制和数据处理时,能直接存储应变测试值。由于装入微机增多了测量和处理的物理量,成百上千个通道都可以单独设定被测物理量的单位和常数,如应力、温度、压力、荷载、角度、电压、功率等。静态应变测量系统是随着计算机技术发展形成的,由计算机通过接口直接指挥扫描箱工作,在 Windows 环境下,完成所有的操作功能,如平衡、定时采样、灵敏度修正、应变计算等。采样速率每秒可采几十点不等,一台计算机可以控制几百、上千个测点,测量、计算,使用十分方便。

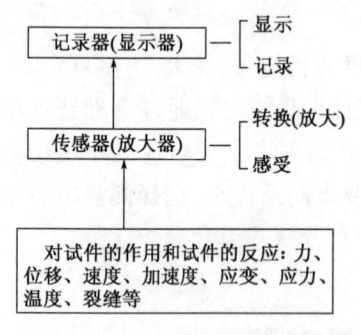

图 4-41 数据采集时的数据流通过程

2) 动态应变数据采集系统

动态应变数据的采集比静态复杂,特别对多路采集系统,不仅要满足采样、速度、精度、信号再现等方面的要求,而且还要求便携性,加大了技术难度,计算机技术的发展(特别是 CPU 速度)使其得以实现。如 Win95/98 下 32 位应用软件配笔记本计算机和数据采集箱所构成新一代便携式多通道动态应变测试分析系统,可以做一般桥梁结构的动态应变采集。

数据采集时的数据流通过程见图 4-41。

4.4 桥梁荷载试验

桥梁荷载试验是对桥梁结构工作状态进行直接测试的一种检定手段。试验的目的、任务内容通常由实际的生产需要或科研需要所决定。一般桥梁现场试验的任务有以下四项内容:

1)检验桥梁设计与施工的质量

对于一些新建的大中型桥梁或者具有特殊设计的桥梁,在设计施工过程中必然会遇到许多新问题,为保证桥梁建设质量,施工过程中往往要求做施工监测。在竣工后一般还要求进行现场荷载试验,并把试验结果作为评定桥梁工程质量优劣的主要技术资料和依据。

2)判断桥梁结构的实际承载能力

国内许多早年建成的桥梁其设计荷载等级都偏低,难以满足现今交通发展的需要,为了加固、改建,有必要通过试验确定桥梁的实际承载能力。有时为特殊原因(如超重型车过桥或结构遭意外损伤等)也要用试验方法确定桥梁的承载能力。

3)验证桥梁结构设计理论和设计方法

桥梁工程中的新结构、新材料和新工艺创新不断,对一些理论问题的深入研究,对某种新方法、新材料的应用实践,往往都需要现场试验的实测数据。

4)桥梁结构自振特性及结构受动力荷载作用产生的动态反应的测试研究

对一些桥梁在动力荷载作用下的动态反应,大跨径轻柔结构的抗风稳定性以及地震区桥梁结构的抗震性能等,都要求通过实测了解桥梁结构的自振特性和动态反应。

4.4.1 桥梁现场荷载试验

4.4.1.1 桥梁现场试验的准备工作

做一次桥梁现场试验,准备工作非常重要。准备工作包括试验前期准备和现场准备。

一般试验的前期准备工作有:资料收集、试验方案拟定、仪器配套以及相应的结构计算等。

1)资料收集

要收集的资料包括待试验桥梁的技术(书面)文件资料和现场踏勘资料两部分。

(1)书面资料

①设计资料:如设计图纸、变更设计图纸和作为设计依据的其他原始资料。

②施工和监理资料:如材料性能试验报告、各分项或分部验收报告等。

③施工监控资料:施工监控报告、成桥线形、内力(应力)、索力(杆力)等。

④竣工资料:如竣工图纸、工程验收报告等。

(2)现场资料

收集书面资料的同时,应该对桥梁试验现场进行踏勘,收集有关的现场资料。

①找负责设计、施工、监理和养护部门的工程师,了解与试验对象有关的设计、施工、监理和养护等问题。详细了解现场试验时主管单位可能提供的配合情况,如加载车辆的情况,试验时的交通、航运影响等,都要心中有数,以便在确定方案时全面考虑。

②对实桥进行踏勘,了解结构物的现状、周围的环境条件情况,包括对结构物进行详细的外观检查,查明结构物的实际技术状况,如结构的尺寸、行车道、支座情况以及各种缺陷等;详细检查桥上和两端线路的技术状况,线路容许车速、桥下净空、水深和通航情况、桥址处供电情况等。实桥结构和周围环境的踏勘、详查对拟定试验方案(如加载方式、量测手段等)十分重要。

③测试孔选择。对拟试验桥联(座)进行现场踏勘和外观检查,选择代表性桥孔作为测试孔,同时宜考虑便于支架搭设或检测车操作,加载方便,仪器设备连接容易实现等。

2)试验方案的拟定

试验方案的拟订通过分析收集到的有关资料,充分了解试验对象以及试验现场的情况后,可着手拟订试验方案。一个完整的现场试验方案应包括:

(1)试验对象概况

要求对试验对象的结构情况、与设计和施工有关的技术资料、试验任务的性质等基本情况进行描述。

(2)试验目的和要求

一般由有关参加单位一起商定。试验目的是具有指导意义的,整个试验必须围绕它进行;试验要求则是具体的,根据试验对象的实际状况和自己实际试验能力的大小提出。

(3)试验内容

①桥梁现场静力荷载试验,至少应包括以下内容:结构的控制断面的挠度或变位;结构控制截面最大应力(或应变);受试验荷载影响的所有桥梁支座、墩台的位移与转角,塔柱和结构连接部分的变位。

②根据实际需要,可增加以下测试内容:沿桥长轴线的挠度分布曲线;结构构件的实际应变分布图形,为量测混凝土内部应变和钢筋应变,需在施工中预埋相应的传感器;支点附近结构斜截面的主拉应力;钢筋混凝土结构裂缝的出现和扩展,包括裂缝的宽度、长度、间距、位置、方向和形状,以及卸载后的闭合情况;其他桥梁次结构构件的受力反应。

③桥梁现场动载试验,一般考虑对结构控制断面的动应变和动挠度进行测量。

(4)试验准备采取的方法和步骤

这部分内容要定得很细,包括荷载的考虑、测点布置、仪器选用以及具体的测试步骤等,并列出一张试验程序(工况)表。具体应考虑以下几点:

①荷载:必须参考设计荷载的大小并根据现场可能提供荷载的情况来拟订试验加载方案。对实桥静力加载试验,有一个试验荷载效率(η)的概念,一般 $1.0 \geqslant \eta \geqslant 0.8$,其中

$$\eta = \frac{S_{\text{stat}}}{S\delta} \tag{4-70}$$

式中:S_{stat}——试验荷载作用下,检测部位变位或力的计算值;
  S——设计标准荷载作用下,检测部位变位或力的计算值;
  δ——设计取的动力系数。

鉴于方便和实用的理由,现场实桥试验荷载一般选用载重车辆(很少采用其他加载形式),方案须交代清楚车辆的种类、吨位、数量(根据各控制断面的内力或变形影响线来框定),以及要求的轴重等。

确定荷载大小和加载方式后,需编制加载细则,一般要求具体到每个工况。

②测点和测站布置:桥上布置多少测点,怎样布置,首先要根据试验的目的要求,应用桥梁专业知识,考虑各种桥梁体系的受力特点,再结合测试技术的可行性。下面是一些主要桥梁结构体系所需观测的部位,供参考:

a. 桥。

a) 简支梁。

主要:跨中挠度和截面应力(或应变),支点沉降。

附加:跨径四分点的挠度、支点斜截面应力。

b) 连续梁。

主要:跨中挠度,跨中和支点截面应力(或应变)。

附加:跨径 1/4 处的挠度和截面应力(或应变)、支点截面转角、支点沉降和支点斜截面应力。

c) 悬臂梁(包括 T 形刚构的悬臂部分)。

主要:悬臂端的挠度和转角,固定端根部或支点截面的应力和转角,T 形刚构墩身控制截面的应力。

附加:悬臂跨中挠度,牛腿局部应力,墩顶的变位(水平与垂直位移、转角)。

b. 拱桥。

主要:跨中、跨径 1/4 处的挠度和应力,拱脚截面的应力。

附加:跨径 1/8 处的挠度和应力、拱上建筑控制截面的变位和应力,墩台顶的变位和转角。

c. 刚架桥(包括框架、斜腿刚架和刚架—拱式组合体系)。

主要:跨中截面的挠度和应力,结点附近截面的应力、变位和转角。

附加:柱脚截面的应力、变位和转角,墩台顶的变位和转角。

d. 悬索结构(包括斜拉桥和上承式悬吊桥)。

主要:主梁的最大挠度、偏载扭转变位和控制截面应力、索塔顶部的水平位移,拉(吊)索拉力。

附加:钢索和梁连接部位的挠度,塔柱底截面的应力,锚索的拉力。

上述各种桥梁体系的主要部位是一般静载试验必须观测的部位。方案上应画出结构简图,注明测点测站的位置、测点总数和测站数等。

③选用仪器设备:方案要列出试验选用仪器设备的型号、测量精度、数量等。

④试验步骤:一般可列一张工况流程表,列清楚试验的工况序号、加载方式(纵向、横向怎么布置,荷载如何分级)、测读内容、时间间隔等内容。

(5) 参加试验的人员安排

讲清楚试验共需多少人,具体怎样安排;有的试验规模比较大,需临时找辅助人员,在方案中也应提出。

(6) 安全措施

包括试验期间人员、结构物、加载设备和测试仪器等的安全措施。

(7) 其他

方案中有哪些未定因素必须提出,一些补充说明内容等也要有所交代。在拟订方案的同时,还应该进行一些必要的理论计算,如计算试验荷载作用下主要测试断面的内力(应变)、位移值等作为试验的期望值。这一方面可作为选用仪器表具的量程和灵敏度等的依据,另一方面可对现场试验数据进行校核以便及早发现试验过程中可能出现的异常情况。

3) 仪器准备

试验仪器的准备是整个试验前期准备工作中最重要的一个方面,这里主要叙述现场试验仪器的选用和配套准备过程中要注意的几个问题。

(1) 选用原则

①根据被测对象的结构情况,选择精度和量程。如被测对象是一座大跨度桥梁,它的试验挠度期望值达几十厘米,那么选精度为毫米级的量测仪器就足够;反之测一座小跨径桥梁的挠度,毫米级的量测精度就差了。

②根据现场环境条件,选择仪器种类。如一座桥应变测点很多,就应考虑在设置测站方便的同时,选用有合适测点的多点测量仪器,还要估计导线的长短;又如现场有电磁干扰源存在,则须带抗干扰性能比较好的仪器,必要时宁可采用机械式仪器。

③选用仪器中最重要的一条是仪器的可靠性要好。对现场试验来说,往往是一次性的,仪器使用性能的可靠与否至关重要。

④尽量考虑仪器设备的便携性,能轻弃重,能小不大。因为现场试验时装备越轻便工作起来就越是方便,更不用说路途携带的方便了。

⑤要强调经验。一个有经验的试验人员一般能做到对每次试验所需的仪器设备胸中有数,同样一个有经验的试验室都配备有几套适合不同要求的仪器设备供选用。

(2) 配套准备

试验用的仪器一经选定,试验前期还应做好配套准备工作,具体有:

①对所有被选用的仪器设备进行系统检查。各级仪器要逐一开机,从整机到通道一一调试;各类表具要逐个检查,要保证带到现场去的仪器设备质量的完好。

②对所有仪器设备进行系统标定,逐个编号。

③根据测点和测站位置,备齐备足测量导线,每根导线都要逐一检查并使完好。如连接应变计的导线,可以预先焊好锡,以减少现场工作量。

④对第一次使用的仪器设备或第一次要做的测试内容,先要进行模拟测试,使测试人员熟悉测试过程和仪器操作。

仪器设备的完善配备,某种程度上是建立在从事试验的单位和人员平时对仪器的性能熟悉并正确维护的基础之上的,要十分认真地对待这项工作。有不少试验,排场颇大,试验结果却不理想,究其原因往往是测试仪器这一关没能把握住,所以要保证现场试验的成功,必须充分重视仪器设备的准备和使用。

4.4.1.2 桥梁现场荷载试验

桥梁现场荷载试验是桥梁结构试验中最基本的试验,大量的桥梁现场试验往往是以静力荷载试验为主,辅以动力荷载试验进行的。从测试手段方面来说,静、动载试验的差别不是很大(一般来说,只是放大器环节的不同)。

现场荷载试验应按拟订的试验方案进行。一次加载试验一般总可以分成三个阶段:准备阶段、荷载试验阶段和试验数据整理阶段,其中荷载试验是中心环节,是能否使试验取得成功的关键。

1) 现场准备

一般情况下,试验现场的具体准备工作要占去全部试验的大部分工作量,要保证试验的成功,这部分具体而又细致的工作必须有条不紊地进行。

(1) 荷载准备

荷载准备工作要有专人负责,并按下述步骤准备:

①落实车辆型号、数量。这项工作一般在方案设计阶段完成,到了现场主要是具体对号落实。

②落实载重物。车装载重一般以石料、砂子、钢锭等居多,视现场情况而定。

③车辆过秤。在有条件的地方,用地磅称重比较方便,过磅时除称总重外,还要分轴称出各车轴的轴重;如条件允许,尽可能在过秤的同时调整各辆车的轴重和总重。在没有地磅的地方,也可用电子传感器称重,方法是用千斤顶顶起车轴,置入压力传感器,然后放下车辆,使车辆支承在压力传感器上,读出吨位。

④记录下每辆车的车号、轴距、轮距和轴重指标。

⑤分批编号。按实际轴重和车型编号,对大型桥梁试验用车较多的情形,还要考虑多辆车横向重量的均匀性,以减少计算误差。

⑥对准备做动载试验的车辆,还要求车上时速表准确灵敏,驾驶员经验丰富能正确控制行车速度。

(2) 测点布置

实桥测点布置的具体工作就是按试验方案放样,测站布设则要根据现场情况确定。

①应变测量准备:应变测点如果很多,那么这部分准备工作就会是整个试验现场准备工作中的重头,其一般内容有:

a. 放样。把方案上的测点落实到桥上。

b. 贴应变片。包括对试件表面的前处理、贴片、焊接等。

c. 检查绝缘度。对钢筋测点要求绝缘电阻 $R > 200 \mathrm{M}\Omega$,混凝土测点绝缘电阻 $R > 50 \mathrm{M}\Omega$,绝缘度不合要求者要采取适当措施,必要时铲除重贴。

d. 敷设测量导线。把所有编号导线与对应测点一一焊好,另一端拉到测站位置,绑好捆牢,如果使用长导线并用交流电桥应变仪要注意导线的电容平衡问题。

e. 全部测点接线完成之后,调试仪器,逐点检查,对质量不好的测点,要查出原因予以更正,必要时重新贴片。

f. 防潮。野外条件下温度、湿度影响比较大,要注意及时采取防潮措施。短期使用时可用无水凡士林或703胶等;长期使用情况要用专门配制的防护剂,如环氧树脂掺稀释剂和固化剂。

②变位测点准备:变位测点包括挠度、支座位移、桥塔水平位移等内容,凡是考虑要布置测点的地方,都要做必要的准备,怎样准备往往与具体采用的测量方法有关(表4-17)。

变位测点准备好以后,在试验前应进行现场操练,以熟悉读数过程。另外,当测量采用光学测量仪器时,往往由专业测量队伍协作完成,事先必须把任务和要求跟他们交代清楚。

③其他准备:

a. 桥上画停车线,按方案排定的工况,用白灰或白漆在桥面行车道上画停车线,停车线要画得清楚、醒目。

b. 如要测裂缝,须在试验梁上画格子线,一般先在试件上刷一层薄薄的石灰水,然后用铅笔或木工墨斗划格子线,格子线不宜太密。

变 位 测 量 方 法　　　　　　　　　表 4-17

测试内容	采用方法	准备工作
挠度	挠度计	打木桩、吊钢丝、安装挠度计
	连通管	立标尺、排管子、接三通、备好储水器具
	水准仪	在桥上布置搁尺位置点
	(高精度)全站仪	在桥上布置棱镜
支座位移	百分表、倾角仪	安装表架、表具
桥塔水平位移	经纬仪、全站仪或红外测距仪	标清测点、找好测站或布置棱镜

　　c. 运营中桥梁做试验有交通问题,试验前要统筹好桥上交通和桥下航道的管制问题。

　　d. 试验如在夜间进行,要做好照明准备工作。

　2)加载试验

　　正式荷载试验是整个荷载试验的核心内容,也是对试验准备工作的大检查。

　(1)静载试验

　　①静载初读数:静载初读数是指试验正式开始时的零荷载读数,不是准备阶段调试仪器的读数。对于新建桥梁,在初读数之前往往要进行预压(一般以部分重车在桥上缓行几次)。从初读数开始整个测试系统就开始运作,测量、读数记录人员进入现场各司其职。

　　②加载:按桥上划定的停车线布置荷载,要安排专人指挥车辆停靠。

　　③稳定后读数:加载后结构的变形和内力需要有一个稳定过程。对不同的结构这一过程的长短都不一样,一般是以控制点的应变值或挠度值稳定为准,只要读数波动值在测试仪器的精度范围以内,就认为结构已处于相对稳定状态,可以测量读数。

　　④卸载读零:一个工况结束,荷载退下桥去。各测点要读回零值,同样要有一个稳定过程。

　　⑤静载试验过程中,主要工况至少要重复 1 次,试验过程中必须时时关心几个控制点数据的情况,一旦发现问题(数据本身规律差或仪器故障等)要重新加载测试。这种现场数据校核的做法,可以避免实测数据出现大的差错,是非常必要的。

　(2)动载试验

　　动载试验可以和静载试验连在一起做,也可以单独做。现场动载试验的一般内容是测定桥梁结构在车辆动力作用下的挠度和应变,所用的仪器较静力试验时多而且复杂一些,测试要求也比静力试验要高。特别是动挠度的测试,除了中小桥可搭设固定支架用接触式电测位移计外,对大中型桥梁至今未有理想手段。目前国内已有单位研制出光电型挠度测量仪,测量中小桥动挠度效果不错,但其在改善使用性能和商品化过程中尚有待进一步发展。

　　动载试验较之静载试验的不同之处主要有以下几个方面:

　　①仪器调试:所有仪器设备在准备阶段应已调试完毕,要考虑好记录的具体方法。如使用动态电阻应变仪,必须根据估计应变的大小确定增益、标定值范围等,调整记录速度和记录幅值等。如采用计算机动态数据采集系统直接采样、记存,其增益、标定值等条件设置大同小异,只是更方便而已。

②车辆控制:要控制好车辆上下桥的车速、位置和时间。要协助驾驶员准确控制好行车速度,注意每次上桥的行车路线,对一些大跨度桥梁,还要确定车辆行驶到各个断面时的位置信息。

③测试记录:

a. 跑车:跑车测试的目的是判别不同行车速度下桥梁结构的动态响应(如位移或应力的动态增量和时程曲线),进而可以分析出动态响应与车速之间的关系。给车辆规定各档车速,要求车辆在桥上保持匀速行进,记录动态响应的全过程。如果跑车速度相当慢,动测仪器记录的过程曲线就是对应测点位置的内力影响线或挠度影响线。

b. 刹车:车辆以一定速度行进,到规定位置突然紧急刹车,记录此刹车时的动态增量。

c. 跳车(跨越障碍物):在桥上(一般是)特征断面位置设置一障碍物,模拟路面不平整(以弓形木板较为理想)。当车辆以不同的车速碾过木板时,测定结构的动态增量。

上述三种不同的车行情况,可以是单辆车,也可以是多辆车。

d. 动载试验中,影响因素比较多,要注意在各种不同工况中抓住主要内容。如要求记录结构动态响应的完整过程时,重点应该是记录信号的完整性。而确定动态增量时,则要求能记录到响应信号的峰值及其附近的部分信号。

4.4.2 桥梁现场荷载试验数据整理

整理桥梁现场试验数据,不仅要求有一份完整的原始记录,还要用到一些数据处理方面的知识,同时又要求整理者有桥梁专业方面的知识。从试验总体上说,它还是每个试验程序的结束环节,必须予以充分重视。

通过静动载试验得到的原始数据、曲线和图像等是最重要的第一手资料,应该特别强调现场试验数据的原始记录的重要性,对每一份现场记录(无论是数据还是信号)都要求完整、清晰和可靠。另一方面,有些原始数据数量庞大,也不直观,不能直接用来进行结构评估,所以必须对它进行处理分析。

4.4.2.1 静载试验数据整理

1)荷载

整理实际荷载的载重、加载工况等,因为实际布载位置、大小等可能会与方案要求的不一样。整理出来的荷载数据,一方面为结构计算校核,另一方面会与试验数据结果直接有关。由于桥梁试验荷载一般都采用车辆荷载,下面只叙述这部分要求:

(1)制作实际载重明细表,表中详细列出加载车辆的型号、车号及其试验时的编号、轮轴距、理论质量和实际载重(包括各轴轴重和总重)等。

(2)绘制荷载纵横向(包括对称和偏心)布置图,并表明具体尺寸。如有必要,布载图也可以以平面形式绘制。

2)挠度

实测值和计算值一般都要求画成曲线并放在一起,或列出一张比较表等,如图4-42所示。挠度数据整理中,还要考虑支座变位的影响。

挠度是衡量桥梁结构实际刚度的重要指标之一。具体衡量的指标为:

(1)试验荷载作用下,各主要控制断面测点挠度的实测值与计算值的比值应不大于1。

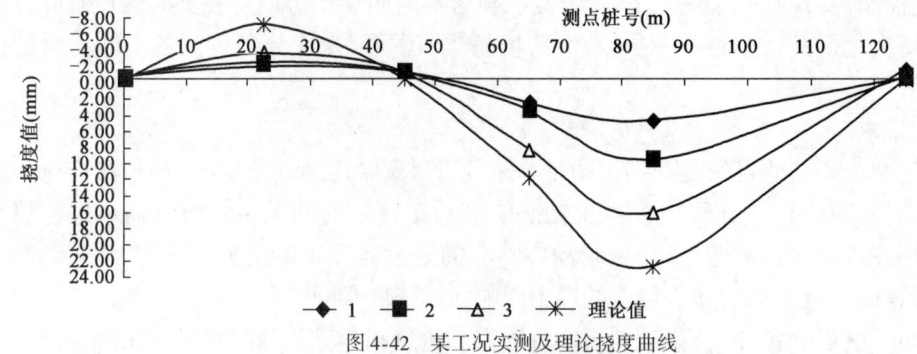

图 4-42 某工况实测及理论挠度曲线

(2)由挠度的实测值和试验加载效率外推的各主要控制断面测点的挠度值不超过《公路圬工桥涵设计规范》(JTG D61—2005)和《公路钢筋混凝土及预应力混凝土桥涵设计规范》(JTG D62—2012)的规定。

3)应力和应变

(1)实测应变的修正:应变测试中,出现灵敏系数 $K \neq 2$ 或导线过长或过细使导线电阻不能忽略等情况时,需要对实测应变结果进行修正。

当 $K \neq 2$ 时,测出的应变值 ε' 应按下式修正:

$$\varepsilon = \frac{2\varepsilon'}{K} \tag{4-71}$$

式中:ε——修正后的应变值;

K——实际应变片的灵敏系数。

当导线过长或过细时,测出的应变值 ε' 应按下式修正:

$$\varepsilon = \varepsilon'\left(1 + \frac{2r}{R}\right) \tag{4-72}$$

式中:r——一根导线的电阻,Ω;

R——应变片电阻,Ω。

在较先进的计算机控制的数据采集器里,上述修正可事先设定,直接得到 ε。

(2)应力、应变的换算:应变片测试结果一般为应变值,而人们感兴趣的往往是应力。对钢结构而言,弹性模量稳定,应力和应变关系是常数乘积关系;对钢筋混凝土结构来说,不管是混凝土上测得的应变还是钢筋上测得的应变换算成混凝土应力都有一个实际弹性模量的取值问题。解决这个问题的办法,一是用实际试块(回弹仪或超声波仪器)测到的数据,二是取桥梁设计规范提供的混凝土弹模值。对有些试验(如极限破坏试验),有时直接以应变指标衡量。

(3)实测与计算的比较:由于实桥试验往往是按设计荷载加载的,故计算截面上各点的应力对钢结构或预应力混凝土结构一般仍用普通材料力学的弹性阶段方法。对钢筋混凝土结构,可根据断面内力的大小,采用相应的计算方法。断面应力的计算值和实测值应列在同一张表内并作成图,以便比较。当断面上应力的计算值和试验值之间的差别超出正常允许误差范围时应该仔细分析,找出原因。

4）裂缝

裂缝图应按试验过程中裂缝的实际开展情况进行测绘,例如对于一片 T 形或矩形截面的梁,可以先画出梁底面和两侧面的展开图,然后在图上画出裂缝的走向,标清楚裂缝的宽度及相应的荷载大小。

4.4.2.2 动载试验数据整理

动载试验数据整理的主要对象是动应变和动挠度。通过动应变数据(曲线)可整理出对应结构构件的最大(正)应变和最小(负)应变以及动态增量;通过动挠度数据(曲线)可得到结构的最大动挠度和结构的动态增量。

1）动应变

测定数据中,最大动应变 ε_{max} 是最大正应变,它的度量可由前置放大器(动态应变仪)的标定值按比例换算,如 ε_{max} 为测值,相应的仪器峰值为 H_{max},ε_x 为(与仪器标值 H_x 对应的)标定值,则可得到:

$$\varepsilon_{max} = \varepsilon_x \frac{H_{max}}{H_x} \tag{4-73}$$

式中:ε_{max}——最大动应变测值;

H_{max}——相应 ε_{max} 的仪器峰值;

ε_x——与仪器标值 H_x 对应的标定值。

最小负应变 ε_{min} 的确定也一样。这里的仪器标值 H_x 和 H_{max} 值可以是电压单位的量,也可以是其他记录分析仪器的度量值。

2）动挠度

最大动挠度 Y_{max} 是叠加在相应静载挠度曲线上的波峰值,它的度量可根据标定值得到,其道理和动应变一样。

3）动态增量

动态增量既可定义为最大动应力与最大静应力之比,也可定义为最大动位移和最大静位移之比。可以按下式确定动态增量:

应力动态增量:

$$\frac{最大动应力 - 最大静应力}{最大静应力} = \frac{\varepsilon_x - \varepsilon_0}{\varepsilon_0} \tag{4-74}$$

动态增量:

$$\frac{最大动位移 - 最大静位移}{最大静位移} = \frac{Y_{max} - Y_0}{Y_0} \tag{4-75}$$

式中:ε_x——最大动应力;

ε_0——最大静应力;

Y_{max}——最大动位移;

Y_0——最大静位移。

4）影响线

荷载(车辆)缓慢匀速行驶过桥时,测量桥上动挠度曲线或某一断面测点的动应变,可得该测量断面上变形或内力的影响线。

本章思考题

1. 板式橡胶支座有何构造特点、板式橡胶支座的形状系数为何会影响支座弹性模量的大小？
2. 施工前板式橡胶支座、盆式橡胶支座应分别检测哪些力学指标？如何对板式、盆式橡胶支座的力学性能进行评定？
3. 橡胶伸缩装置可分为哪几类？成品的力学性能试验包括哪几项内容？
4. 在进行静载锚固试验时，如何进行加载？试验过程中应注意哪些内容？
5. 采用钻芯法对桥梁及铁路工程结构混凝土进行强度检测有何规定？
6. 回弹法测试混凝土强度时，其推定强度是何含义？如何计算？
7. 简述超声波法测试混凝土缺陷的原理。
8. 用超声脉冲判断桩身的缺陷时，用来判断缺陷的判据有哪些？如何进行判断？
9. 简述电阻应变计的工作原理。
10. 桥梁荷载试验主要包括哪些试验内容？

第5章　隧道工程试验检测技术

学习目标

【知识目标】学生应了解隧道工程喷射混凝土、隧道衬砌的质量检测方法，地质雷达法和声波法检测隧道衬砌质量技术，隧道超前地质预报方法；应掌握隧道施工的基本知识。

【能力目标】通过本章学习，学生应具备独立检测喷射混凝土的质量检测与评定能力，应用与评价地质雷达法和声波法检测隧道衬砌质量的能力，使用超前地质钻探法、地震波反射法、电磁波反射法、红外探测法等超前地质预报技术及质量评定的能力。

我国国土约2/3为山地或重丘所占据，在过去技术与经济条件制约下，公路建设中多采用盘山绕行或切坡深挖的设计方案，不仅造成交通运行条件低下，而且劈山筑路严重破坏了自然景观，造成塌方、滑坡和泥石流等不良地质灾害。随着公路建设水平的提高，山区高等级公路建设逐渐重视隧道方案。目前我国公路、铁路隧道通车总里程已超过5000km，学习并引进了很多国外的先进技术。我国隧道工程的科学技术水平正在日益提高。

为保障现代化隧道工程的建设质量和安全，隧道工程的检测工作与检测技术逐步引起工程技术人员的高度重视，隧道检测已成为控制隧道工程质量、隧道工程竣工与验收评定工作的主要环节。重视和加强隧道工程检测，不仅能够保障隧道工程的建设质量，而且对加快工程进度、降低工程造价、提高养护水平、推动隧道工程技术进步等都具有十分重要的意义。

5.1 喷射混凝土

喷射混凝土是一种用压力喷射装置施工的细石混凝土，主要用于隧道初期支护喷锚、路基边坡喷锚、钢结构保护层及其他薄壁结构，掺钢纤维的喷射混凝土还可用于隧道永久衬砌。喷射混凝土按喷射工艺分为干法喷射混凝土和湿法喷射混凝土。

干法喷射混凝土是将水泥、砂、石、粉状速凝剂等材料按一定比例搅拌混合均匀，用混凝土干喷机以松散、干燥、悬浮状态输送至喷枪，再混合一定比例的压力水喷射到受喷面上。干喷工艺简单，设备投入少，易操作，输送距离长，但粉尘大、回弹率高，强度不均匀，不宜采用。

湿法喷射混凝土是将各种原材料按一定比例加水搅拌成混凝土，采用湿喷机输送至喷枪，加入速凝剂后喷射到受喷面上。湿喷混凝土质量稳定，粉尘小，回弹较低，机械化程度高，施工条件较好，但设备投入较大。

隧道工程宜采用湿喷混凝土，尤其软弱围岩及不良地质隧道初期支护喷混凝土应采用湿喷工艺，特殊地质条件下需另行设计喷射工艺。

5.1.1 喷射混凝土的质量要求

5.1.1.1 原材料质量要求

1）水泥

水泥应采用硅酸盐水泥或普通硅酸盐水泥，必要时采用特种水泥，如快硬硅酸盐水泥、快硬硫铝酸盐水泥、抗硫酸盐水泥等，质量应符合国家标准要求。

2）集料

细集料细度模数应大于2.5，含泥量应不大于3%，泥块含量应不大于0.5%；粗集料最大粒径不宜大于16mm。粗、细集料的其他指标应符合相关技术要求。

3）速凝剂

速凝剂按同厂家、同品种、同批号每50t为一批（不足50t也按一批计）检验匀质性、凝结时间、抗压强度比及与水泥适应性等指标，应符合表5-1的技术要求。

掺速凝剂净浆及硬化砂浆的性能要求　　　　表5-1

净浆凝结时间(min)		1d抗压强度（MPa）	28d抗压强度比（%）
初凝	终凝		
≤5	≤10	≥7	≥75

4）拌和水

拌和用水宜采用饮用水，其他水源的水质应符合相关混凝土拌和用水的技术要求。

5）纤维

纤维不得含有妨碍与水泥黏结及水泥硬化的物质，钢纤维不得有明显锈蚀和油渍。纤维应按批检验，其检验规定和指标应符合相关标准要求。

5.1.1.2 喷射混凝土施工质量要求

1）喷射混凝土的强度

喷射混凝土应满足设计的强度等级、初期强度和厚度等要求。设计无明确要求时，3h强度应达1.5MPa，24h强度应达10.0MPa。

2）喷射混凝土的配合比

喷射混凝土配合比应根据原材料性能、混凝土设计指标通过试验确定，水胶比不大于0.5，胶凝材料用量不宜低于400kg/m^3。同强度等级、同性能混凝土应进行一次配合比试验选定；当原材料、施工工艺发生变化时，应重新进行配合比试验选定。掺入速凝剂通常会降低混凝土28d抗压强度，其降低幅度与速凝剂性能及水泥相容性有关，在配合比设计时应予注意。干法喷射混凝土一般使用粉状速凝剂，湿法喷射混凝土宜使用液态速凝剂。

3）喷射混凝土的厚度

喷射混凝土厚度的检查点数90%及以上应大于设计要求。

4）喷混凝土的养护

喷射混凝土终凝2h后应进行养护，养护时间不少于14d。冬季施工时，作业区的气温和进入喷射机的混合料温度均不应低于5℃。

5.1.2 喷射混凝土的质量检测

5.1.2.1 抗压强度检验

1) 检验数量

施工单位每作业循环取样一次,拱部和边墙至少各留置一组检查试件。

2) 试验方法

喷大板切割法:应在施工作业时进行,将混凝土喷射至450mm×350mm×120mm(可制成6块试件)或450mm×200mm×120mm(可制成3块试件)的无底模型内,当达到一定强度后,加工成100mm×100mm×100mm的立方体试件,标准养护至28d进行抗压强度试验(精确至0.1MPa)。

凿方切割法:当对喷大板切割法所测强度有怀疑时,可采用凿方切割法制作检查试件。在具有一定强度的喷射混凝土支护实体上,用凿岩机打密排钻孔,取出长350mm、宽150mm的混凝土块,加工成100mm×100mm×100mm的立方体试件,标准养护至28d进行抗压强度试验(精确至0.1MPa)。

钻孔取芯法:当对喷大板切割法所测强度有怀疑时,也可采用钻孔取芯法制作检查试件。在达到28d龄期的支护实体上,用钻芯机钻取并加工成高100mm、直径100mm的圆柱体试件进行抗压强度试验(精确至0.1MPa)。

3) 喷射混凝土抗压强度评定

喷射混凝土抗压强度系指在喷射混凝土板件上,切割制取边长为100mm的立方体试件,在标准养护条件下养护28d,用标准试验方法测得的极限抗压强度,乘以0.95的系数。双车道隧道每10延米,至少在拱脚部和边墙各取1组(3个)试件。其他工程,每喷射50~100m^3混合料或小于50m^3混合料的独立工程,不得少于1组。材料或配合比变更时需重新制取试件。

喷射混凝土强度的合格标准:

(1) 同批试件组数 $n \geqslant 10$ 时,试件抗压强度平均值不低于设计值;任一组试件抗压强度不低于0.85设计值。

(2) 同批试件组数 $n < 10$ 时,试件抗压强度平均值不低于1.05设计值;任一组试件抗压强度不低于0.9设计值。

实测项目中,喷射混凝土抗压强度评为不合格时相应分项工程评为不合格。

4) 水泥砂浆强度评定

评定水泥砂浆的强度,应以标准养护28d的试件为准。试件为边长70.7mm的立方体。试件6件为1组,所取组数应符合下列规定:

(1) 不同强度等级及不同配合比的水泥砂浆应分别制取试件,试件应随机制取,不得挑选。

(2) 重要及主体砌筑物,每工作班制取2组。

(3) 一般及次要砌筑物,每工作班可制取1组。

(4) 拱圈砂浆应同时制取与砌体同条件养护试件,以检查各施工阶段强度。

5.1.2.2 早期强度检验

施工单位每作业循环或每工班试验一次,可采用贯入法或拔出法检测喷射混凝土的早期强度。

5.1.2.3 喷射混凝土厚度检查

施工单位每作业循环检查一个断面,每个断面每隔2m埋设一个厚度检查钉作为标志或喷射8h后凿孔检查。

5.2 隧道施工基本知识

5.2.1 隧道的围岩分级

隧道根据围岩的主要工程地质条件以及围岩开挖后的稳定条件、围岩弹性纵波速度等指标分为六级,按硬软排列分别为Ⅰ、Ⅱ、Ⅲ、Ⅳ、Ⅴ、Ⅵ级。在现场施工过程中主要通过围岩的工程地质条件以及围岩开挖后的稳定条件判断围岩的级别并确定施工工序及施工方法。

围岩的分级是综合指标的反映,包括围岩的岩性特征(硬度,岩石类别)、岩体完整状态(地质构造影响程度、地质结构面的状况、风化程度等)及地下水的发育状态等因素。

5.2.2 隧道开挖方法

当前的隧道施工主要是采用新奥法施工,其主要内容是:围岩稳定是岩体自身有承载自稳的能力,不稳定围岩丧失稳定是有一个过程的,如果在这个过程中提供必要的帮助或限制,则围岩仍然能够进入稳定状态。新奥法施工主要是充分利于围岩自承、自稳能力。光面爆破、喷锚支护、量测是新奥法施工的三大支柱。

开挖是隧道施工最关键的工序,隧道开挖的基本原则是:在保证围岩稳定或减少对围岩的扰动的前提条件下,选择恰当的开挖方法和掘进方式,并应尽量提高掘进速度。

隧道的主要施工方法有:全断面施工法、台阶施工法、环形开挖预留核心土法、双侧壁导坑法、中洞法、中隔壁法(CD法)、交叉中隔壁法(CRD法)等,如表5-2所示。

铁路隧道主要施工(开挖方法) 表5-2

序号	名称	横断面示意	纵断面示意
1	全断面开挖法		
2	台阶法		

续上表

序号	名称	横断面示意	纵断面示意
3	环形开挖预留核心土法		
4	双侧壁导坑法		
5	中洞法		
6	中隔壁法（CD法）		
7	交叉中隔壁法（CRD法）		

5.2.2.1 全断面法

全断面开挖法是按设计开挖断面一次开挖成型，主要用于隧道围岩较好的地段。其特点是施工场地大，适用于机械化施工，施工隧道快，施工工序单一，工作面少，便于施工组织和施工管理。

全断面的一次开挖断面大，应加强初期支护，对于双线铁路隧道或公路隧道采用台车进行全断面开挖时，应配备支护平台或其他高空辅助施工机械。全断面爆破效果好，可减少爆破震动次数，有利于围岩的稳定。

全断面施工应加强超前地质预报工作，用于指导施工，提前改变施工方法。

5.2.2.2 台阶法

台阶法开挖一般是将设计断面分为上、下两部分进行两次开挖成型，把比较大的断面分成两部分，减少了隧道的一次开挖高度和跨度，有利于加强施工支护，台阶法开挖法适用于隧道围岩较差的地段。隧道上部开挖支护后，下部施工就较为安全，也就是施工中的"先护顶"。

台阶开挖法工作面多,上、下部作业有干扰,应加强管理协调工作,采用上、下台阶后,施工断面高度降低,有利于加强施工支护,但上台阶出渣采用人工翻渣,循环时间长。下部开挖时,应注意上部的稳定,若围岩稳定性好,则可以按分部顺序开挖,若围岩较差,下部开挖可以采取左右错开,或先拉中槽,后挖边帮,及时支护的方法。

台阶法按台阶的长度分为长台阶、短台阶、微台阶。应根据围岩地质情况及施工进度和机械配备的尺寸来确定台阶的长度 L。

长台阶($L>50m$)用于围岩地质条件差,隧道开挖断面比较大的隧道,可以采用机械化施工,提前支护隧道顶部,保证下部施工的安全,工序相互干扰少,但施工进度慢,属于强支护,稳中求快的施工方式。下部施工可以和上部平行施工,同时可以对下部进行提前支护,适用于Ⅴ、Ⅵ级围岩及受断层影响严重的地段。

短台阶($L=5\sim50m$)适用于围岩地质条件较差的地段,隧道断面开挖高度小,台阶上机械化施工程度差,主要用于人工开挖,不利于出渣运输。各工作面之间有干扰,但下部施工比较快。当围岩较差时,也可以变为三台阶法施工,上台阶 $3\sim5m$、中台阶 $5m$、下台阶 $10\sim40m$,适用于Ⅳ级围岩。

微台阶($L=3\sim5m$)适用于围岩地质条件较好的地段,及地质条件变化频繁的地段,可以灵活变化施工方法,加快施工进度,当地质条件很好时,可以改为全断面开挖,当地质条件很差时可以改为短台阶开挖,是最常用的台阶法施工方法,可以配合高机械化施工。适用于Ⅲ、Ⅳ级围岩。

5.2.2.3 环形开挖预留核心土法

这种施工方法主要是针对软弱围岩的开挖,预留核心土可以稳定松散的掌子面围岩,防止坍塌,同时核心土可以降低隧道台阶的高度,有利于进行支护。

5.2.2.4 中隔壁法(CD法)

这种方法主要适用于有可能产生比较大的变形的松散、大跨度的隧道地段,如地铁等工程。把隧道的开挖断面分成几部分进行独立施工,可以加强支护,控制隧道的变形量,但施工工序繁多,施工进度慢。改变施工顺序,就可以变为 CRD 法(交叉中隔壁法)。

另外对大跨度隧道,软弱围岩的施工方法还有双侧壁导坑法、中洞法。

5.2.3 隧道支护

隧道支护有初期支护和超前支护两种。隧道开挖后,除坚硬、完整、稳定的围岩外,为防止开挖后围岩暴露过久产生地层压力增加而造成坍塌,必须及时支护确保安全,这种支护为初期支护。若围岩完全不能自稳,表现为随挖随坍,甚至不挖即坍,则须先支护后开挖,称为超前支护。初期支护和二次衬砌构成复合式衬砌,共同承担围岩压力,其中初期支护是主要的受力结构,在施工中特别重要,支护仅仅是使围岩稳定的手段,隧道的稳定和安全使用才是真正的目的。

新奥法施工的锚喷支护类型有:锚杆、钢筋网、喷混凝土、钢架支撑等,可根据地质状况及断面大小,采用一种支护手段或多种支护手段联合对围岩进行支护。

由于实际工程中常将锚杆与喷射混凝土结合使用,所以统称锚喷支护。由于锚喷支护具有主动加固围岩、充分利用围岩自承能力、可及时灵活施工和比较经济等特点,目前在隧道初期支护中广泛应用。钢架应用于自稳时间短、初期变形大或对地表下沉量有严格限制的地层中。钢架是依靠被动支撑来维持围岩稳定的,在软弱围岩条件下,钢架对维持围岩稳定是必不可少的。

锚喷支护具有支护及时,与围岩结合紧密,具有一定的柔性,能有效地控制围岩变形和提高自承能力的特点,它既是施工支护,又是永久支护的一部分,作业施工速度快,又安全可靠。但是,如果施工质量不佳,反而会给人们造成虚假的安全感,导致事故的发生。因此,锚喷支护施工应首先对初期支护施工质量进行检测,且检测项目各参数必须达到设计要求的质量标准,方可保证施工安全。

5.2.3.1 锚杆施工

1) 锚杆施工方法

锚杆是用机械方法或黏结方法将一定长度的杆体(通常多用钢筋)锚固在围岩预先钻好的锚杆孔内,由于锚杆具有悬吊、组合梁和加固拱等作用而使围岩得到加固。喷射混凝土是用压缩空气将掺有速凝剂的混凝土拌和,通过混凝土喷射机高速喷射到岩面上形成混凝土层。

锚杆分为钢筋灌浆锚杆、树脂锚杆、楔缝锚杆、缝管式锚杆及近几年发展起来的注浆锚杆。

钢筋灌浆锚杆是隧道最常用的锚杆,采用普通水泥砂浆作为黏结剂。近几年为了方便施工,已经采用锚固剂早强药包逐渐代替水泥砂浆,其凝固速度快,可以及时提供锚杆锚固强度。

楔缝锚杆是属于端头锚固锚杆,通过锚杆体的端头和锚杆孔壁摩擦提供锚固力。

锚杆一般用 $\phi 16 \sim 22mm$ 普通螺纹钢制作。在施工中锚杆应尽量垂直岩面,并按梅花形布置。安置锚杆前,应清除杆上油污锈蚀,并将孔吹干净;灌浆(注锚)必须饱满,楔缝和缝管式锚杆必须楔紧。楔缝锚杆、缝管式锚杆安装后要经常检查,发现托板松动要再次紧固。楔缝锚杆、缝管式锚杆钻孔前岩面应整平,否则应使用特制的楔形调整板,使托板密贴岩面。

锚杆的送入可用锤击或通过套筒用风钻冲击,把杆体插入钻孔。对于灌浆锚杆,孔口用木楔楔紧,注浆用高压风注入。

注浆锚杆是采用特种空心钢制成,锚杆和钻头相连,采用凿岩机把带钻头的锚杆钻入,不再取出,然后对锚杆进行注浆,加固围岩。主要用于围岩破碎、成孔性差的地层,施工工序少、简单。

2) 锚杆加工质量与安装尺寸检查

(1) 锚杆加工质量检查

锚杆的种类很多,但每一种锚杆在使用安装前都必须对其材质、规格及加工质量进行检查,避免不合格的锚杆用于隧道支护施工中。

① 锚杆材料

抗拉强度:锚杆在工作时主要承受拉力,因此检查材质时首先应检测其抗拉强度。检测方法是从原材料中或成品锚杆上截取试样,在拉力试验机上进行拉伸试验,测试材料的力学特性,确定其是否满足工程要求。

延展性与弹性:有些隧道的围岩变形量较大,要求锚杆材质应具有一定的延展性,如果过脆,可能导致锚杆中途断裂失效,所以必要时应对材料的延展性进行试验。此外,对管缝式锚杆,要求原材料具有一定的弹性,使锚杆安装后管壁和孔壁紧密接触。检查时,可采用现场弯折或锤击,观察其塑性变形的情况。

②杆体规格:锚杆杆体的直径必须与设计相符,可用卡尺或直尺测量。此外,还应注意观察杆径是否均匀、一致,若发现锚杆直径明显忽粗忽细,则应弃之不用。

③加工质量:除砂浆锚杆仅需从线材上截取钢筋段外,其他种类的锚杆都需要进行一定的加工。例如,树脂锚杆和快硬水泥锚杆锚固段需要热煅与焊接,另一端需要车丝检查时,首先应测量各部分的尺寸,其次检查焊接件的焊接质量;对于车丝部分,应检查丝纹质量,观察是否有偏心现象。

(2)安装尺寸检查

①锚杆位置:钻孔前应根据设计要求定出孔位,做出标记。施工时可根据围岩壁面的具体情况,允许孔位偏差±15mm。检查时应特别注意对锚杆间距与排距的尺量。间距、排距是锚杆设计与施工的重要参数之一。

②锚杆方向:钻孔方向应尽量与围岩壁面和岩层主要结构面垂直。施工时可视具体情况主要照顾其中一面,即围岩壁面或岩层结构面。钻孔方向在边墙和拱脚线稍上位置容易控制,在拱顶部位不易与壁面垂直。检查时应特别注意拱顶钻孔的垂直度,目测即可;若过于偏斜,就会减小锚杆的有效锚固深度,威胁施工安全,浪费材料。

③钻孔深度:适宜的钻孔深度是保证锚杆锚固质量的前提。对于水泥砂浆锚杆,允许孔深偏差为±50mm;对于树脂锚杆和快硬水泥锚杆,钻孔深度应控制更严。施工中容易出现的问题是孔深不够,影响各种锚杆的安装质量,尤其对树脂锚杆和快硬水泥锚杆影响较为严重,深度不足造成托板悬空,锚杆难以发挥作用。钻孔深度可用带有刻度的塑料管或木棍等插孔量测。

④孔径与孔形:为了降低能耗和提高钻进速度,钻孔直径有逐渐缩小的趋势。但对于砂浆锚杆来说,孔径过小会减小锚杆杆体包裹砂浆层的厚度,影响锚杆的锚固力及其耐久性。因此检查时,对砂浆锚杆应尺量钻孔直径,孔径大于杆体直径15mm时,可认为孔径符合要求。为了便于锚杆安装,钻孔还应圆而直。

3)锚杆拉拔力测试

锚杆拉拔力指锚杆能够承受的最大拉力,它是锚杆材料、加工和施工安装质量的综合反映,是锚杆质量检测的一项基本内容。

(1)拉拔设备

锚杆拉拔试验的常用设备有中空千斤顶、手动油压泵、油压表、千分表。

(2)测试方法

①根据试验目的,在隧道围岩指定部位钻锚杆孔。孔深在正常深度的基础上稍作调整,以便锚杆外露长度大些,保证千斤顶的安装;或采用正常孔深,将待测锚杆加长,从而为千斤顶安装提供空间。

②按照正常的安装工艺安装待测锚杆。用砂浆将锚杆口部抹平,以便支放承压垫板。

③根据锚杆的种类和试验目的确定拉拔时间。

④在锚杆尾部加上垫板,套上中空千斤顶,将锚杆外端与千斤顶内缸固定在一起,并装设位移量测设备与仪器,如图 5-1 所示。

⑤通过手动油压泵加压,从油压表读取油压,根据活塞面积换算锚杆承受的拉拔力。视需要从千分表读取锚杆尾部的位移,绘制锚杆拉力-位移曲线,供分析研究。

(3)试验要求

每安装 300 根锚杆至少随机抽样一组(3 根),设计变更或材料变更时另做一组进行拉拔力测试。

同组锚杆锚固力的平均值,应大于或等于设计值。

同组单根锚杆的锚固力或拉拔力,不得低于设计值的 9%。

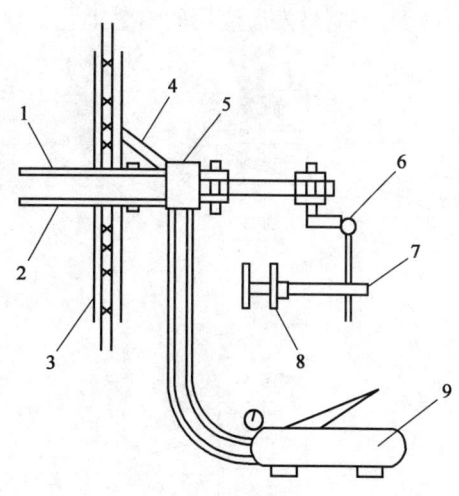

图 5-1　锚杆拉拔测试
1-锚杆;2-充填砂浆;3-喷射混凝土;4-反力架;5-油压千斤顶;6-千分表;7-固定梁;8-支座;9-油压泵

(4)注意事项

①安装拉拔设备时,应使千斤顶与锚杆同心,避免偏心受拉。

②加载应匀速,一般以 10kN/min 的速率增加。

③如无特殊需要,可不做破坏性试验,拉拔到设计拉力即停止加载。但用中空千斤顶进行锚杆拉拔试验,一般都要求做破坏性试验,测取锚杆的最大承载力。一方面检验锚杆施工质量,另一方面为调整设计参数提供依据。

④千斤顶应固定牢靠,并有必要的安全保护措施。特别应注意的是,试验时操作人员要避开锚杆的轴线延长线方向,在锚杆的侧向并远离锚杆尾部的位置上加压读数;测位移时停止加压。

5.2.3.2　喷射混凝土施工

使用混凝土喷射机,将掺有速凝剂的细石混凝土,喷射到岩壁表面上,并迅速固结成一层支护结构,从而对围岩起支护作用。

喷射混凝土可以作为隧道工程Ⅱ~Ⅴ类围岩中的永久性和临时性支护,也可以与各种形式的锚杆、钢纤维、钢架支撑、钢筋网等构成复合式支护结构。

喷射混凝土的喷射工艺主要有干喷、湿喷、潮喷三种方法。

1)干喷混凝土

干喷是将集料、水泥和速凝剂按一定比例干拌均匀,然后装入喷射机,用压缩空气使干集料在软管内呈悬浮状态压送到喷枪,再在喷嘴处与高压水混合,以较高的速度喷射到岩面上,如图 5-2 所示。干喷的特点是产生的粉尘量大,回弹量大,加水是由喷嘴处的阀门控制的,水灰比的控制程度与喷射手操作的熟练程度有关,使用的机械较简单,机械清理和故障处理容易。

2)湿喷混凝土

湿喷是将集料、水泥和水按设计比例拌和均匀,用湿式喷射机压送到喷头处,再在喷头上添加速凝剂后喷出,如图5-3所示。湿喷混凝土质量容易控制,喷射过程中的粉尘和回弹量很少,是应当发展应用的喷射工艺,对喷射机械要求较高,机械清洗和故障处理较麻烦。

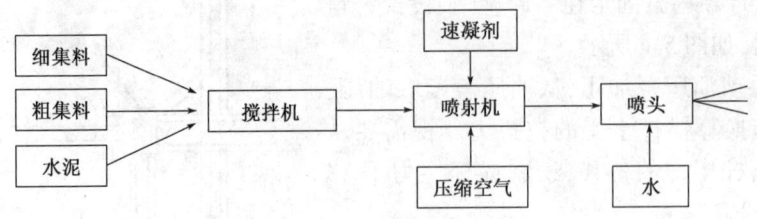

图5-2　干喷工艺流程

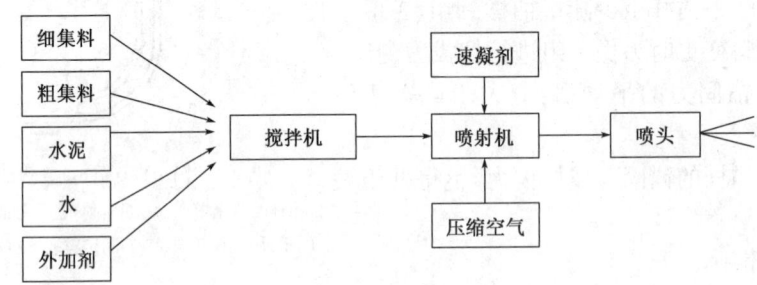

图5-3　湿喷工艺流程

3)潮喷混凝土

潮喷工艺与干喷工艺相近,在干喷的拌和料中适量加水即为潮喷工艺。

4)钢纤维喷射混凝土

钢纤维喷射混凝土是在喷射混凝土中加入钢纤维,弥补喷射混凝土的脆性破坏缺陷,改善喷射混凝土的物理力学性能。钢纤维喷射混凝土的破坏呈塑性破坏,因此容许有较大的变形,裂缝出现后仍有一定的承载能力。

一般掺量情况下(约为混凝土质量的1%~1.5%),钢纤维喷射混凝土比普通喷射混凝土的抗压强度提高30%~60%,抗拉强度提高50%~80%。

5)钢筋网喷射混凝土

钢筋网喷射混凝土是在喷射混凝土之前,在岩面上挂设钢筋网,然后再喷射混凝土,其物理力学性能基本上同钢纤维喷射混凝土,只是其配筋均匀性较钢纤维差,主要用于软弱破碎围岩,而更多的是与锚杆或者钢架构成联合支护。

5.2.3.3　钢架支撑

采用喷射混凝土和锚杆支护都主要是利用其柔性和韧性,这对支护不太破碎的围岩使其稳定是可行的。当围岩破碎严重,稳定性差,开挖后要求早期支护具有较大的刚度,以阻止围岩的过度变形和承受部分松弛荷载时,一般采用钢架支撑。

钢架支撑一般分为钢筋格栅支撑、工字钢支撑(型钢支撑)、钢轨支撑,钢轨的刚度最大,一般用于Ⅵ级围岩及部分Ⅴ级围岩,能及时提供较大的支护力。格栅支撑必须经喷射混凝土工序后,喷混凝土产生强度后才能提供很好的支护力。钢架支撑可以很好地与锚杆、钢筋网、喷射混凝土相结合,构成联合支护,增强支护的有效性,且受力条件较好。

在软弱破碎围岩中,采用喷射混凝土的支护效果,要优于锚杆的支护效果,因为锚杆存在钻孔和注锚、等强等工序,喷射混凝土施工及时,而且对围岩不产生扰动。采用喷钢纤维混凝土对软弱破碎围岩进行及时封闭,可以保证其早期支护强度,然后在其保护下采取其他支护措施。因此在施工现场,对特别破碎的围岩一般采用喷钢纤维混凝土进行临时紧急加固。

对于围岩相对较好的块状岩石,采用锚杆的支护效果要优于喷混凝土的支护效果。锚杆的作用主要体现为支承作用和悬吊作用,及提高层间的摩擦力。

在Ⅵ级围岩及部分Ⅴ级围岩的软弱破碎围段,采用钢轨支撑要比工字钢支撑效果要好,因为喷射混凝土和这些型钢的结合握裹力较差,而工字钢的刚度较小,施工现场常出现工字钢支撑因受围岩压力产生扭曲变形,影响到隧道净空尺寸或使隧道支护失稳。

格栅支撑施工时,要防止隧道岩块掉进格栅网格内造成假喷现象,喷射混凝土应完全包裹格栅钢筋。

5.2.3.4 隧道的超前支护

超前支护是对未开挖的隧道岩石进行提前预支护,然后在支护的保护下对围岩进行开挖,是确保软弱围岩施工安全的一种有效措施。

1) 超前锚杆和超前小钢管

超前锚杆是沿开挖轮廓线,以稍大的外插角,向开挖面前方安装锚杆,形成对前方围岩的预锚固,在提前形成的围岩锚固圈的保护下进行开挖等作业。超前锚杆的柔性较大,整体刚度较小,为了提高其整体刚度,可以采用钢管代替钢筋,即为超前小钢管。超前小钢管一般采用 $\phi 32mm$ 或 $\phi 35mm$ 的焊管。

2) 管棚

管棚是利用钢拱架与沿开挖轮廓线、以较小的外插角、向开挖面前方打入钢管或钢插板构成的棚架来形成对开挖面前方围岩的预支护。采用长度小于 10m 的小钢管称为短管棚;采用长度为 10~45m,且较粗的钢管称为长管棚;采用钢插板(长度小于 10m)的称为板棚。

管棚应采用钢管或钢插板作纵向预支撑,并采用钢拱架作环向支撑。其整体刚度加大,对围岩变形的限制能力较强,且能提前承受早期围岩压力。管棚主要适用于围岩压力来得很快且很大,对围岩变形及地表下沉有严格限制要求的软弱破碎围岩隧道工程中,如土砂质地层、强膨胀性地层、强流变性地层、裂隙发育的岩体、断层破碎带、浅埋有显著偏压(如洞口段)等围岩的隧道中。

在一般无胶结的土及砂质围岩中,采用插板封闭较有效;地下水较多时,则可利用钢管注浆堵水和加固围岩。

3) 超前小导管注浆

超前小导管注浆是在开挖前,先用喷射混凝土将开挖面和 5m 范围内的坑道封闭,待浆液硬化后,坑道周围岩体就形成了一定厚度的加固圈,在此加固圈的保护下即可安全地进行开挖等作业。

浆液被压注到岩体裂隙中并硬化后,不仅将岩块或颗粒胶结为整体起到了加固作用,而且填塞了裂隙,阻隔了地下水向坑道渗流的通道,起到了堵水的作用。因此,超前小导管注浆不仅适用于一般软弱破碎围岩,也适用于地下水丰富的软弱破碎围岩。

小导管注浆一般采用水泥单液或水泥-水玻璃双液注浆,浆液凝结时间根据需要可为 2~15s,由浆液的配比控制浆液的凝结时间。水泥浆的水灰比为 0.8:1~1.5:1;水玻璃的浓度为 25~40°Be′(波美度),水泥浆与水玻璃的体积比一般为 1:1~1:0.3。

4)超前深孔帷幕注浆

超前深孔帷幕注浆一般可超前开挖面 30~50m,可以形成有相当厚度的和较长区段的筒状加固区,从而使得堵水的效果更好。

5.2.4 隧道监控量测

5.2.4.1 监控量测项目

施工监控量测的项目包括必测项目和选测项目,表 5-3 中的 1~4 项为必测项目,5~14 项为选测项目。

施工监控量测的项目及方法 表 5-3

序号	项目名称	方法及工具	布置	测试精度	量测间隔时间			
					1~15d	16d~1个月	1~3个月	>3个月
1	洞内外观察(地质和支护状态观察)	岩性、结构面产状及支护裂缝观察和描述,地质罗盘等	开挖后及初期支护后进行	—	每次爆破后进行			
2	周边位移	各种类型收敛计	每 5~50m 一个断面,每断面 2~3 对测点	0.1mm	1~2次/d	1次/2d	1~2次/周	1~3次/月
3	拱顶下沉	水准测量的方法水准仪、钢尺	每 5~50m 一个断面	0.1mm	1~2次/d	1次/2d	1~2次/周	1~3次/月
4	地表下沉	水准测量的方法 水准仪、因瓦尺	洞口段、浅埋段(h≤2b)	0.5mm	开挖面距量测断面前后 <2B 时,1~2次/d 开挖面距量测断面前后 <5B 时,1次/(2~3)d 开挖面距量测断面前后 >5B 时,1次/(3~7)d			
5	围岩内部位移(地表设点)	地面钻孔中安设各类位移计	每代表性地段 1~2 个断面,每断面 3~5 个钻孔	0.1mm	同地表下沉要求			
6	围岩内部位移(洞内设点)	洞内钻孔中安设单点、多点杆式或钢丝式位移计	每代表性地段 1~2 个断面,每断面 3~7 个钻孔	0.1mm	1~2次/d	1次/2d	1~2次/周	1~3次/月

续上表

序号	项目名称	方法及工具	布置	测试精度	量测间隔时间			
					1~15d	16d~1个月	1~3个月	>3个月
7	围岩压力及两层支护间压力	各种类型压力盒	每代表性地段1~2个断面,每断面3~7个测点	0.01MPa	1~2次/d	1次/2d	1~2次/周	1~3次/月
8	钢支撑内力及外力	支柱压力计或其他测力计	每代表性地段1~2个断面,每断面3~7个测点或外力一对测力计	0.1MPa	1~2次/d	1次/2d	1~2次/周	1~3次/月
9	两层支护间压力	压力盒	每代表性地段1~2个断面,每断面3~7个测点	0.01MPa	1~2次/d	1次/2d	1~2次/周	1~3次/月
10	支护、衬砌内应力	各类混凝土内应变计及表面应力解除法	每代表性地段1~2个断面,每断面3~7个测点	0.01MPa	1~2次/d	1次/2d	1~2次/周	1~3次/月
11	锚杆或锚索内力	各类电测锚杆、锚杆测力计及钢筋计	每代表性地段1~2个断面,每断面3~7根锚杆(索),每根锚杆2~4个测点	0.01MPa	1~2次/d	1次/2d	1~2次/周	1~3次/月
12	围岩弹性波速度	各种声波仪及配套探头	在有代表性地段设置	—	—	—	—	—
13	爆破震动	测振及配套传感器	邻近建(构)筑物		随爆破进行			
14	渗水压力、水流量	渗压计、流量计	—	0.01MPa	—			

5.2.4.2 监控量测方法

1)洞内、外观察

洞内观察可分开挖工作面观察和已施工地段观察两部分。开挖工作面观察应在每次开挖后进行,及时绘制开挖工作面地质描述图、数码成像,填写开挖工作面地质状况记录表,并与勘察资料进行对比。

已施工地段观察,应记录喷射混凝土、锚杆、钢架变形和二次衬砌等工作状态。

洞外观察重点应在洞口段和洞身浅埋段,记录地表开裂、地表变形、边坡及仰坡稳定状态、地表水渗漏情况等,同时还应对地面构筑物进行观察。

2)变形监控量测

变形监控量测可采用接触量测或非接触量测方法。隧道净空变化量测可采用收敛计或全站仪进行。采用收敛计量测时,测点采用焊接或钻孔预埋。采用全站仪量测时,测点应采由用膜片式回复反射器作为测点靶标,靶标黏附在预埋件上。量测方法包括自由设站和固定设站两种。

拱顶下沉量测可采用精密水准仪和因瓦挂尺或全站仪进行。在隧道拱顶轴线附近通过焊接或钻孔预埋测点。测点应与隧道外监控量测基准点进行联测。采用全站仪测量时,测点及量测方法同上。

地表沉降监控量测可采用精密水准仪、因瓦尺进行,基准点应设置在地表沉降影响范围之外,测点采用地表钻孔埋设,测点四周用水泥砂浆固定。当采用常规水准测量手段出现困难时,可采用全站仪量测。

围岩内变形量测可采用多点位移计。多点位移计应钻孔埋设,通过专用设备读数。

3)应力、应变监控量测

应力、应变监控量测宜采用振弦式、光纤光栅传感器。振弦式传感器通过频率接收仪获得频率读数,依据频率—量测参数率定曲线换算出相对应量测参量值。光纤光栅传感器通过光纤光栅解调仪获得读数,换算出相应量测参量值。

钢架应力量测可采用振弦式传感器、光纤光栅传感器。传感器应成对埋设在钢架的内、外侧。采用振弦式钢筋计或应变计进行型钢应力或应变量测时,应把传感器焊接在钢架翼缘内测点位置。采用振弦式钢筋计进行格栅钢架应力量测时,应将格栅主筋截断并把钢筋计对焊在截断部位。采用光纤光栅传感器进行型钢或格栅钢架应力量测时,应把光纤光栅传感器焊接或粘贴在相应测点位置。

混凝土、喷射混凝土应变量测可采用振弦式传感器、光纤光栅传感器,传感器应固定于混凝土结构内相应测点位置。

4)接触压力量测

接触压力量测包括围岩与初期支护之间接触压力、初期支护与二次衬砌之间接触压力的量测。接触压力量测可采用振弦式传感器。传感器与接触面要求紧密接触,传感器类型应与围岩和支护相适应。

5)爆破振动监控量测

爆破振动速度和加速度监控量测可采用振动速度和加速度传感器,以及相应的数据采集设备。传感器应固定在预埋件上,通过爆破振动记录仪自动记录爆破振动速度和加速度,分析振动波形和振动衰减规律。

6)空隙水压与水量监控量测

孔隙水压监控量测可采用孔隙水压计进行。孔隙水压计应埋入带刻槽的测点位置,并采取措施确保水压计直接与水接触。通过数据采集设备获得各测点读数,并换算出相对应孔隙水压力值。

水量监控量测可采用三角堰流量计进行。

5.2.5 隧道二次衬砌

常用的衬砌类型有整体式衬砌、复合式衬砌及锚喷衬砌。其中,复合式衬砌是由初期支护和二次衬砌组成,初期支护保证围岩施工期间的初步稳定,二次衬砌提高安全储备或承受后期围岩压力。二次衬砌多采用顺作法,即由下到上、先墙后拱法顺序连续灌注,在隧道纵向,则需分段进行,分段长度一般为 9~12m。

对于提供安全储备的二次衬砌,应在围岩或围岩加初期支护稳定后施作(变形量小于 0.2mm/d 时表示初期支护稳定);对于要求承载的二次衬砌(如塌方段),则应及时施作。二次衬砌的施工方法和模板类型的选择,应充分考虑到与围岩条件、开挖方法、支护方法、混凝土施工能力等相适应。

5.2.5.1 衬砌施工准备工作

在灌注衬砌混凝土之前,要进行隧道中线和水平测量、检查开挖断面、挂设防水板、放线定位、立模、防水、混凝土制备和运输等准备工作。

1)断面检查

根据隧道的中线和水平测量,检查开挖面是否符合设计要求,欠挖部分按规范要求进行修凿,并做好断面检查记录。墙脚地基应挖至设计高程,并在灌注前清除虚渣,排除积水,找平支承面。

2)挂设防水板

现在的隧道都设计有防水板,防水板的施工应严格按施工工艺进行,在混凝土灌注前应严格检查防水板,防止在其立模过程中有损坏,如有损坏,要及时修补。衬砌环向止水条(现在都一般采用膨胀止水条)应贴在衬砌内轮廓 25cm 的位置处,以防止胀破混凝土。

3)放线定位

根据隧道中线和高程及断面设计尺寸,测量确定衬砌立模位置,并放线定位。放线定位分粗调和精调。粗调主要是确定轨道的位置,包括其中线位置和水平位置。精调是把模板台车调到准确位置,使模板位置和衬砌位置相符合,满足设计要求。精调尺寸包括隧道拱顶高度、拱顶中线、轨面中线、起拱线中线等尺寸,所有尺寸应做好记录。在隧道衬砌施工中,一般将衬砌内轮廓尺寸放大 5cm,以调整放线测量误差和模板就位误差。

4)立模

对于整体模板台车,定位固定后就完成了立模工序。对模板台架,定位只是测出了前后模板的准确位置,立模的工序很关键也很复杂。

每排拱架应架设在垂直于隧道中线的竖直平面内,不得倾斜,而且应控制好每排拱架的间距;对于曲线隧道,因曲线外弧长、内弧短,则应分段调整拱架方向和模板长度。

轨道应铺设稳定,轨枕间距要适当,必要时可先施作隧道底板,防止过量下沉。拱架的架设要牢固稳定,保证不产生过量的位移,拱架立好后还要对其稳定性进行检查。拱架模板的架设和加强,均应考虑其腹部的通过空间,以保证洞内运输的畅通。

5)防水

各种防水卷材、止水带应先行安装好,并注意挡头板不得损伤防水材料,以免影响防水效果。

6)混凝土的制备与运输

由于洞内空间小,混凝土多在洞外拌制好后,用运输工具运送到工作面再灌注。其实际待用时间主要是运输时间,尤其是长大隧道和运距较远时,因此运输工具的选择应注意装卸方便,运输快速,保证拌好的混凝土在运输过程中不发生漏浆、离析泌水,坍落度损失和初凝等现象。可结合工程情况,选用各种斗车、罐式混凝土运输车或输送泵等机械。

5.2.5.2 混凝土的灌注、养护和拆模

施工应保证混凝土捣固密实,使衬砌具有良好的抗渗防水性能,尤其应处理好施工缝。

整体模筑时,应注意对称灌注,两侧同时或交替进行,交替灌注时,两侧的高度差不得大于1.5m,以防止未凝混凝土对拱架模板产生偏压而变形。若因故不能连续灌注,则应按规定进行接茬处理。

二次衬砌的拆模时间,应根据混凝土强度增长情况确定。一般混凝土强度达到2.5MPa方可拆模(通常需要18~24h)。

若设计无仰拱,则铺底通常是在拱墙修筑好且开挖完毕后进行,以避免与拱墙衬砌和开挖作业相互干扰。若设计有仰拱,说明侧压和底压较大,则应及时修筑仰拱使衬砌环向封闭,避免边墙挤入造成开裂甚至失稳。仰拱和底板的施作占用洞内运输道路,对前方开挖和衬砌作业的出渣、进料造成干扰。因此,施工时,应对仰拱和底板的施作时间、分块施工顺序和与运输的干扰问题进行合理安排。仰拱和底板可以纵向分条、横向分段灌注,纵向通常分为左右两部分,交替进行。当侧压力较大时,底部开挖分段长度不能太长,以免墙脚挤入。当混凝土达到7d强度后,方能允许车辆通行。

灌注仰拱和底板,必须把隧道底部的虚渣、杂物及淤泥清除干净,排除积水。超挖部分应用同级混凝土或片石混凝土灌注密实。

5.3 隧道衬砌质量检测

隧道衬砌质量检测常用方法有地质雷达法和声波法。

5.3.1 地质雷达法

地质雷达法适用于检测隧道衬砌厚度、衬砌背后的回填密实度和衬砌内部钢架、钢筋分布等。

5.3.1.1 基本原理

地质雷达是利用高频短脉冲电磁波在介质中传播后产生的反射波的波形,波场强度随介质的电性、几何形态变化而变化的特性,通过对反射电磁波的分析处理,确定被探测目标体的空间位置、形态结构。

电磁波在介质中传播与弹性波一样遵循波动方程。电磁波在非磁性介质中的速度v与介质的相对介电常数的平方根成反比:

$$v = \frac{c}{\sqrt{\varepsilon_r}} \tag{5-1}$$

式中:v——电磁波在检测介质中的速度,m/ns;

c——电磁波在真空中的传播速度,m/ns(通常为0.3m/ns);

ε_r——介质的相对介电常数,常见与隧道衬砌相关的介质的物理参数见表5-4。

常见与隧道衬砌相关的介质物理参数　　　　　　表5-4

介质	介电常数	电导率(ms/m)	传播速度(m/ns)	衰减系数(db/m)
空气	1	0	0.3	0
水	80	0.5	0.033	0.1
砂岩	6	0.04	—	—
石灰岩	4~8	0.5~2	0.12	0.4~1
花岗岩	4~6	0.01~1	0.13	0.01~1
混凝土	4~20	1~100	0.11	—
黏土	5~40	2~1000	0.06	1~300

反射系数：

$$R = \frac{\sqrt{\varepsilon_1} - \sqrt{\varepsilon_2}}{\sqrt{\varepsilon_1} + \sqrt{\varepsilon_2}} \tag{5-2}$$

式中：ε_1、ε_2——表示反射界面两侧介质的相对介电常数。

由式(5-2)可知，ε_1、ε_2 相差越大，反射系数越大，接收天线接收到的信息越丰富，异常体在检测图像上表现得越明显，越利于结果的分析解释。在衬砌质量检测中，混凝土与水、空气、金属的相对介电常数存在较大差异，故衬砌中存在的空洞、背后的不密实部位，以及衬砌内部的钢筋、钢架的反射波都很明显。

在隧道衬砌质量检测中，地质雷达记录到的参量有电磁波的波形、振幅、旅行时间等。地质雷达检测原理如图5-4所示，一次扫描示意图见图5-5。

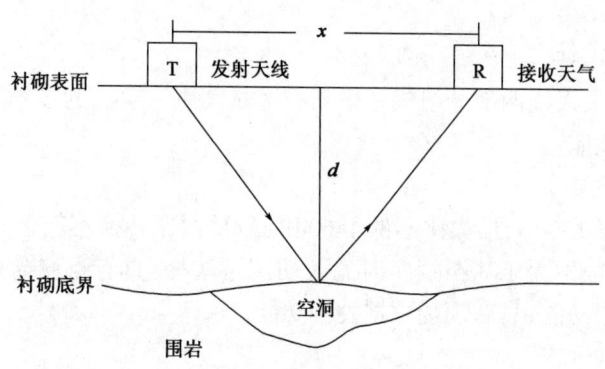

图5-4　地质雷达检测原理

根据图5-4，按照下式可求得电磁波在混凝土中的旅行时间，即

$$t = \frac{\sqrt{4d^2 + x^2}}{v} \tag{5-3}$$

式中：t——电磁波在混凝土中的走时，ns；

d——探测目标体的深度，在衬砌质量检测中即衬砌厚度，m；

x——发射、接收天线间的距离，m；

v——电磁波在介质中的传播速度，m/ns。

当 $x<2d$ 时,式(5-3)即为:

$$t = \frac{2d}{v} \tag{5-4}$$

由式(5-1)、式(5-4)可求得反射面深度(d),表达式为:

$$d = \frac{tc}{2\sqrt{\varepsilon_r}} \tag{5-5}$$

式中:t——反射电磁波的双程走时,ns;
c——电磁波在真空中的传播速度,m/ns;
ε_r——介质的相对介电常数。

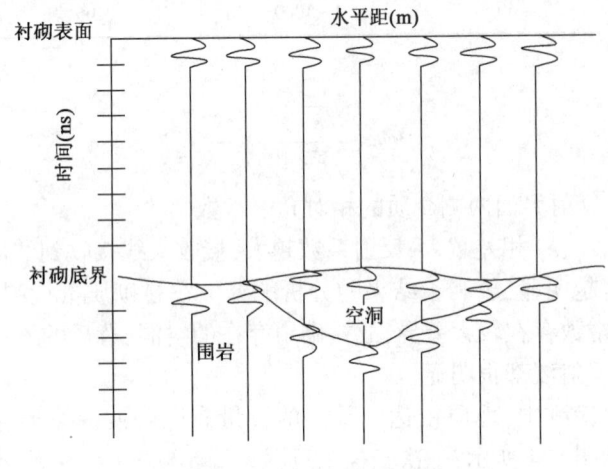

图5-5 雷达一次扫描示意图

5.3.1.2 检测设备

地质雷达由主机、天线两部分组成。根据隧道衬砌质量检测的技术与精度要求,地质雷达一般应具备以下性能:

1)地质雷达主机要求

系统增益不低于150dB,信噪比不低于60dB,A/D数据转换不低于16位,信号叠加次数可选择,采样间隔一般不大于0.5ns,实时滤波功能可选择,具有点测与连续测量功能,具有手动或自动位置标记功能,具有现场数据处理功能。

2)地质雷达天线要求

地质雷达的天线可采用不同频率的天线组合,应具有屏蔽功能,最大探测深度应大于2m,垂直分辨率应高于2cm。

地质雷达探测深度和分辨率主要由雷达天线的中心频率决定。频率越高,电磁波衰减越快,探测距离越短,但分辨率越高;频率越低,电磁波衰减越慢,探测距离越长,但分辨率越低。隧道衬砌检测一般选用中心频率400~500MHz的天线。

5.3.1.3 检测准备工作

1)测线布置

(1)隧道施工过程中质量检测应以纵向布线为主,横向布线为辅。纵向布线应在隧道拱顶、左右拱腰、左右边墙和隧底各布1条(图5-6);横向布线可按检测内容和要求布设线距,一般情况线距8~12m;采用点测时每断面不少于6个点。检测中发现不合格地段应加密测线或测点。

(2)隧道竣工验收时质量检测应纵向布线,必要时可横向布线。纵向布线的位置应在隧道拱顶、左右拱腰和左右边墙各布1条;横向布线线距8~12m;采用点测时每断面不少于5个点。需确定回填空洞规模和范围时,应加密测线或测点。

(3)三线隧道应在隧道拱顶部位增加2条测线。

2)里程标注

隧道检测应每5~10m测线标记一次里程。

3)收集资料

为帮助解释结果的分析处理以使检测结果尽可能准确,需收集隧道的地质情况、围岩类别、衬砌设计厚度、施工方式、锚杆的布置情况等资料。

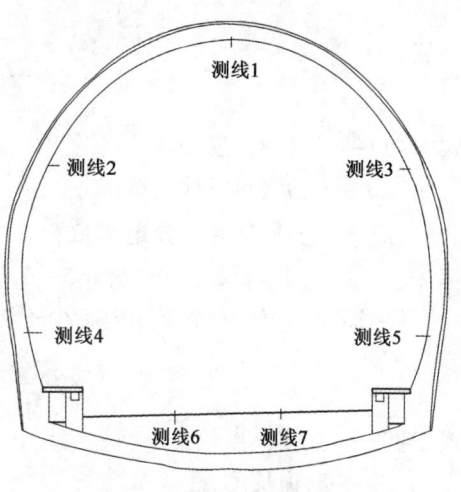

图5-6 测线布置示意图

5.3.1.4 现场检测

1)介质参数标定

检测前应对衬砌混凝土的介电常数ε_r进行现场标定,且每座隧道不少于1处,每处实测不少于3次,取平均值为该隧道的介电常数或电磁波速。当隧道长度大于3km、衬砌材料或含水率变化较大时,应当增加标定点。

标定方法:在已知厚度部位或材料与隧道相同的其他预制件上测量;在洞口或洞内避车洞处使用双天线直达波法测量;钻孔实测。标定时应注意,标定目标体的厚度一般不小于15cm;标定记录中界面发射信号应清晰、准确。

标定结果按下式计算:

$$\varepsilon_r = \left(\frac{0.3t}{2d}\right)^2 \tag{5-6}$$

$$v = \frac{2d}{t} \times 10^9 \tag{5-7}$$

式中:ε_r——相对介电常数;
v——电磁波速,m/s;
t——双程旅行时间,ns;
d——标定目标体厚度或距离,m。

2)参数设置

原始数据的好坏对资料的解释至关重要,参数设置得当、天线贴壁良好、移动速度均一,则采集到的数据更利于层位的识别、异常体的判断。因此,在检测前应首先通过多次试验对参数进行设置。多数雷达系统中,滤波、叠加方式可由系统自动设置,也可在数据处理阶段进行,需在现场设置的参数主要有扫描样点数、采样数、扫描速率、测量时窗、增益等。

测量时窗可根据衬砌的设计厚度在现场通过试验确定,也可参照下式确定:

$$\Delta T = \frac{2d\sqrt{\varepsilon_r}}{0.3} \cdot \alpha \tag{5-8}$$

式中:ΔT——时窗长度,ns;
  d——检测目标体厚度,m;
  ε_r——介质的相对介电常数;
  α——调整系数,一般取 1.5~2.0。

根据采样定律,一个周期内不少于 2 个点,扫描样点数可由下式确定:

$$S = 2\Delta T \cdot f \cdot K \times 10^{-3} \tag{5-9}$$

式中:S——扫描样点数;
  ΔT——时窗长度,ns;
  f——天线中心频率,MHz;
  K——系数,一般取 6~10。

采样数一般可取 256,扫描速率不得小于 40 道(线)/s。重点段可增大采样数、扫描速率;检测速度较快时应增大扫描速率。相对于其他参数,增益设置显得较为灵活但又非常重要,它设置的好坏直接关系到数据质量,以及反射层位、异常体的判读。增益设置的原则是压制干扰、突出反射层的信号。在实际检测过程中,可通过多次试验进行设置。

3) 检测操作

(1) 检测前应检查主机、天线以及运行设备,使之均处于正常状态。
(2) 检测时应确保天线与衬砌表面密贴(空气耦合天线除外)。
(3) 检测天线应移动平稳、速度均匀,移动速度宜为 3~5km/h。
(4) 记录应包括记录测线号、方向、标记间隔以及天线类型等。
(5) 当需要分段测量时,相邻测量段接头重复长度不应小于 1m。
(6) 应随时记录可能对测量产生电磁影响的物体(如渗水、电缆、铁架等)及其位置。
(7) 准确标记测量位置。

4) 数据处理与解释

原始数据处理前应回放检验,数据记录应完整,信号清晰,里程标记准确。不合格的原始数据不得进行处理与解释。数据处理与解释软件应使用正式认证的或经鉴定合格的软件。

衬砌厚度应按下式确定:

$$d = \frac{0.3t}{2\sqrt{\varepsilon_r}} \tag{5-10}$$

或

$$d = v \cdot \frac{t}{2} \times 10^{-9} \qquad (5\text{-}11)$$

式中:d——衬砌厚度,m;

ε_r——相对介电常数;

t——双程旅行时间,ns;

v——电磁波速,m/s。

5)衬砌背后回填密实度和钢架、钢筋位置分布的主要判定特征

密实:信号幅度较弱,甚至没有界面反射信号。

不密实:衬砌界面的强反射信号同相轴呈绕射弧形,且不连续,较分散。

空洞:衬砌界面反射界面信号强,三振相明显,在其下部仍有强反射界面信号,两组信号时程差较大。

钢架:分散的月牙形强反射信号。

钢筋:连续的小双曲线形强反射信号。

地质雷达数据解释的基础是拾取反射层,在地质雷达时间剖面上反射层位以同相轴的形式表现出来。根据相邻道上反射波的对比,把不同道上同一个反射波相同相位连接起来的对比线称为同相轴,所以在时间剖面上反射波的追踪实质就是同相轴的对比。利用有效波的运动学特点和动力学特点来识别和追踪同一界面的波的工作叫地质雷达波的对比,波的对比是解释中最重要的基础工作,对比工作的正确与否将直接影响到解释成果的可靠性。

来自同一界面的反射波,由于介质的物理性质变化不大,因此具有相对的稳定性,相邻点上反映出相似的特点。同一界面反射波表现出三个相似的特点,即强振幅、同相性、波形相似性。

(1)强振幅

由于反射界面介电常数的差异,地质雷达数据处理提高信噪比后,反射波的振幅一般都大于干扰波的振幅。

(2)同相性

只要在介质中存在电性差异,就可以在雷达图像剖面中找到相应的反射波与之对应。同一波组的相位特征即波峰、波谷的位置在时间剖面上基本不变化,因此同一波组一般有一组光滑平行的同相轴与之对应。

(3)波形相似性

同一界面的电性特征相似,对波传播过程中的影响基本相同,反射波的传播路程又相近,因此同一反射波在相邻道上的波形特征表现出相似性。

5.3.1.5 典型检测图例

1)衬砌底界识别

如图5-7所示,衬砌与围岩的介电常数存在一定的差异,发生电磁波反射,以此识别衬砌底界。通过追踪同相轴的方法可以更好地识别衬砌底界反射波。

2)衬砌背后空洞、空区识别

如图5-8所示,由于衬砌与空气介电常数差异很大,使得电磁波的振幅、频率也发生很大变化。单个小的空洞在图像中呈双曲线,大面积连续的空区以衬砌底界为上顶面,形成一

条明显的、强振幅的反射条带。

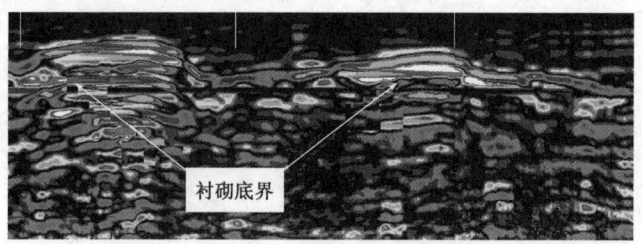

图 5-7　衬砌底界图像

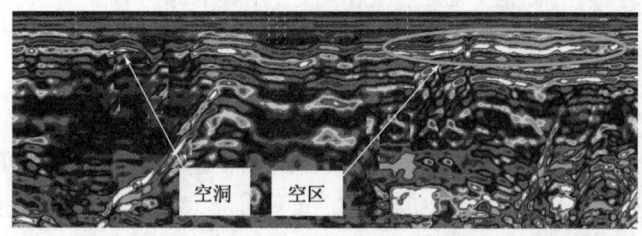

图 5-8　空洞、空区图像

3）回填密实度识别

如图 5-9 所示,在地质雷达检测图中不密实部位的图像与空区是有区别的,空区的图像是连续的强反射,而不密实部位的图像反射波的频率衰减、同相轴错断,振幅能量明显比两侧基岩信号强,整个图像与左右图像形成较强烈的反差。

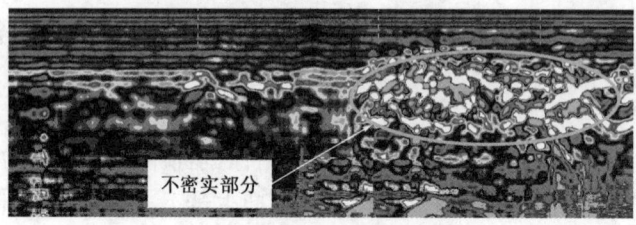

图 5-9　回填不密实图像

4）钢架和钢筋识别

如图 5-10、图 5-11 所示,在地质雷达图像中,钢架呈双曲线图像,且相互间隔有一定规律。钢筋呈一排等间距的强反射亮点,且大多数情况下都会有明显的多次反射波。

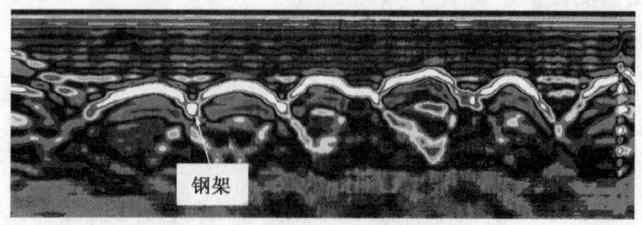

图 5-10　钢架图像

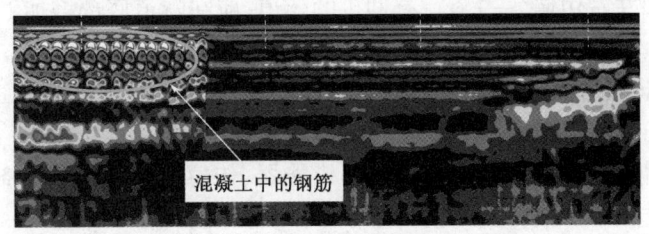

图 5-11　混凝土中钢筋图像

5.3.2　声波法

声波法是指在衬砌混凝土表面激发并接收瞬态高频弹性波信号,通过分析直达波、反射波的时域、频域特征,进而测定隧道衬砌混凝土特性的一种物理方法。

5.3.2.1　基本原理

声波法包括直达波法和反射波法,应根据不同的检测目的选用。直达波法是在隧道衬砌表面激发高频声波,声波沿表面传播至接收传感器,通过分析直达波速度及波形形态推定混凝土等级,判定衬砌浅部典型缺陷。直达波法的作用宽度和深度一般在 1/4 波长范围内。反射波法是在隧道衬砌表面向混凝土内部激发高频声波,当混凝土内部存在反射界面时,声波将发生反射,通过接收分析反射波信号进而测定混凝土厚度及判定内部缺陷。反射波法也接收直达波,用于测定纵波速度并作为判识缺陷深度的计算依据。

直达波法适用于检测隧道衬砌表层混凝土质量,判定浅部的典型缺陷,在具有参照标准的前提下,可推定衬砌表层混凝土的单轴抗压强度等级。反射波法适用于检测隧道衬砌混凝土厚度、内部缺陷等。

5.3.2.2　仪器设备

采用直达波法检测时仪器应包括高压发生器、发射换能器、接收传感器、声波检测仪、便携计算机等。采用反射波法检测时仪器应包括冲击器、接收传感器、电荷放大器、声波检测仪、便携计算机等。

1)声波检测仪主机

频率范围为 1~100kHz,模/数转换精度不低于 12 位,最高采样间隔不低于 0.2μs,量程范围 0.1~5V,记录长度不低于 4kB,具有负延时和通道触发功能,测试软件具有频谱分析功能。

2)声波激振器

压电激振器应输入 600~800V 的脉冲电压并具有足够的稳定性,冲击激振器应能在衬砌混凝土中激发短余振声波,激发的声波频率范围 10~50kHz。

3)换能器、传感器

发射换能器应为厚度振动型压电换能器,其共振频率宜为 50~100kHz,接收传感器应为短余振压电换能器,其共振频率宜为 50~100kHz,工作频率应为 10~50kHz。

5.3.2.3　现场检测

沿隧道里程每 8~12m 应布置一个测试断面。无仰拱的隧道,每个断面布置 5 个测点

(拱顶、左右拱腰和左右边墙各一个);有仰拱的隧道,应在隧道底部增加 1~3 个测点。

检测操作:

(1)确认检测断面里程和测点位置。

(2)应搜集隧道衬砌混凝土龄期、配合比等相关资料。

(3)检测点的混凝土表面应平整、清洁。换能器、传感器应通过耦合剂与混凝土表面保持紧密结合,耦合层不得夹杂泥砂或空气。

(4)数据采集前应通过试验选择最佳的激发、接收距离及仪器工作参数,设置量程、采样速度、记录长度、触发电平、负延时数等参数。

(5)采用直达波法时,应以测点位置为中心安装发射换能器和接收传感器并使其耦合良好。发射换能器与接收传感器之间距离误差不得大于 0.5%。测试直达波并保存到磁盘文件,重复测试 3 次。

(6)采用反射波法时,应以测点位置为中心点在隧道衬砌表面安装 2 个接收传感器,并通过电荷放大器接至声波仪的 1、2 通道。各传感器与衬砌混凝土表面之间应耦合良好。两传感器间距宜为 0.5~1.0m。两传感器之间距离误差不得大于 0.5%。在两传感器延长线上距离 1 通道传感器 5cm 处激发声波,测试并确认得到清晰的直达波及反射波信号,保存到磁盘文件,重复测试 3 次。

5.3.2.4 数据处理及计算

1)测点衬砌混凝土纵波速度计算

测点衬砌混凝土纵波速度应按下式计算:

$$v_p = \frac{L}{t - t_0} \tag{5-12}$$

式中:v_p——纵波速度,m/s;

L——直达波(纵波)的旅行距离,m;

t——$(t_1 + t_2 + t_3)/3$,直达波(纵波)旅行时间的平均值,s;

t_0——系统延迟时间,s。

2)反射波时域分析

(1)对 1 通道信号作偏移距为 $L_0 = 5cm$ 的反射波时域分析。

(2)当衬砌厚度或缺陷深度大于 20cm 且倾斜较小时,对 1 通道作零偏移距分析,即点发射分析。

(3)按反射波形态、能量、相位特征识别主要反射界面。

(4)点反射时的界面深度按下式计算:

$$d = \frac{v_p \cdot t}{2} \tag{5-13}$$

式中:d——界面深度,m;

t——反射波到达 1 通道的时间,s。

对 2 通道信号作偏移距为 $L_0 + L$ 的反射波时域分析,对 1 通道分析的对应界面作验证、偏移校正和倾斜分析等。

3) 反射波频域分析

对信号作快速傅里叶变换(SFFT)分析。确认时域分析中的每一个反射界面,在频域中有对应的一组频差 Δf。1 通道点反射时,应满足下式:

$$\Delta f = \frac{v_p}{2 \cdot d} \tag{5-14}$$

对信号作二次快速傅里叶变换(SFFT)分析。确认时域分析中的每一个反射界面,在二次快速傅里叶变换中有唯一的对应峰值。

5.3.2.5 判释与推定

1) 混凝土强度等级确认

应根据衬砌混凝土强度与纵波速度关系,推定衬砌混凝土的强度等级。其强度等级标准参照体系可采用以下方法之一确认:

(1) 以设计的混凝土等级相应的波速值为标准。
(2) 以室内标准试件或同条件养护的试件的波速值为标准。
(3) 以被检测地段隧道衬砌无缺陷的完整混凝土实测波速为标准。
(4) 以区域纵波速度与混凝土强度等级关系为参考或参照表5-5。

普通混凝土纵波速度与强度等级参照表　　　　表5-5

强度等级	C15	C20	C25	C30	C35
纵波速度(m/s)	2600~3000	3000~3400	3400~3800	3800~4200	4200~4500

2) 衬砌混凝土浅部缺陷的判识

(1) 低强度混凝土:直达波形态无明显异常但速度明显偏低。
(2) 充填低速异物(如片石等):直达波形态畸变且速度偏低。
(3) 充填高速异物(如卵石等):直达波形态畸变且速度明显偏高。

3) 反射波路径中的缺陷判识

(1) 衬砌与围岩接触不密实:反射波能量相对较强且与直达波同相,甚至出现多次反射。
(2) 衬砌厚度不足:直达波速度正常,只有一个反射界面,界面深度较设计值低。
(3) 衬砌内部有充填物:直达波速度正常,衬砌厚度对应的反射界面前有其他不规则反射信号。
(4) 隐伏裂纹、间隙:直达波速度正常,反射波能量强且与首波同相位。裂纹很浅时,直达波出现变异甚至出现半波缺失。

4) 衬砌混凝土厚度计算及验证

衬砌混凝土厚度 d 按式(5-13)计算;厚度计算值的验证按式(5-14)进行。

5.4　超前地质预报

隧道超前地质预报是在分析既有地质资料的基础上,采用地质调查、物探、超前地质钻探、超前导坑等手段,对隧道开挖工作面前方的工程地质、水文地质条件及不良地质体的工程性质、位置、产状、规模等进行探测、分析判释及预报,并提出技术措施及建议。

隧道超前地质预报目的是为进一步查清隧道开挖工作面前方的工程地质、水文地质条件，指导工程施工的顺利进行；降低地质灾害发生的概率和危害程度；为优化工程设计提供地质资料；为编制竣工文件提供地质资料。

隧道超前地质预报有以下要求：超前地质预报应列为隧道施工的必要工序并贯穿于施工全过程；预报前应进行地质复杂程度分级，确定重点预报地段；应采用综合预报手段(两种以上的预报方法)，长距离与短距离预报相结合，并对各种方法预报结果综合分析，相互印证，提高预报准确性。

应充分利用平行超前导坑、正洞超前导坑、先行施工的隧道开展隧道超前地质预报工作。

5.4.1 隧道超前地质预报设计与实施

5.4.1.1 预报方法选择

铁路隧道工程设计、施工各阶段均应进行超前地质预报设计，预报方法应与施工方法相适应。超前地质预报可采用地质调查法、超前钻探法、物探法和超前导坑预报法等。

1) 地质调查法

地质调查法包括隧道地表补充地质调查、洞内开挖工作面地质素描和洞身地质素描、地层分界线及构造线地下和地表相关分析、地质作图等，适用于各种地质条件下隧道的超前地质预报。

2) 超前钻探法

超前钻探法指利用钻机在隧道开挖工作面进行钻探获取地质信息的一种超前地质预报方法，包括超前地质钻探、加深炮孔探测及孔内摄影等，适用于各种地质条件下隧道的超前地质预报以及物探法预报的验证。在富水软弱断层破碎带、富水岩溶发育区、煤层瓦斯发育区、重大物探异常区等地质条件复杂地段必须采用超前钻探法。

3) 物探法

物探法包括弹性波反射法(地震波反射法、水平声波剖面法、负视速度法、陆地声纳法等)、电磁波反射法(地质雷达探测)、红外探测、高分辨率直流电法等。物探法速度快，效率高，操作简单，利用不同物探方法的特性可进行长、中、短距离及各种地质条件下隧道的超前地质预报，但宜与其他预报方法结合使用。

4) 超前导坑预报法

超前导坑预报法指将超前导坑(或正洞)中揭示的地质情况，通过地质理论和作图法预报正洞(或超前导坑)地质条件的方法，包括平行超前导坑法、正洞超前导坑法等，适用于各种地质条件。

5) 预报长度划分及预报方法

长距离预报：预报长度在 100m 以上。可采用地质调查法、地震波反射法及 100m 以上的超前钻探等。

中距离预报：预报长度 30～100m。可采用地质调查法、弹性波反射法及 30～100m 超前钻探等。

短距离预报：预报长度在 30m 以内。可采用地质调查法、弹性波反射法、地质雷达探测、红外探测及小于30m的超前钻探等。

5.4.1.2 常见地质条件的预报

1) 岩溶预报

岩溶是指可溶性岩石受水体以化学溶蚀为主,机械侵蚀和崩塌为辅的地质营力综合作用以及由此产生的地质现象的统称。岩溶预报应探明岩溶在隧道内的分布位置、规模、充填情况及岩溶水的发育情况,分析其对隧道的危害程度。

岩溶预报应以地质调查法为基础,以超前钻探法为主,结合多种物探手段进行综合超前地质预报,并应采用宏观预报指导微观预报、长距离预报指导中段距离预报的方法。岩溶预报包括:

(1)充分收集、分析、利用已有区域地质和工程地质资料,辅以工程地质补充调绘,查明隧址区工程地质与水文地质条件,指导超前地质预报工作。

(2)根据地质条件,可采用弹性波反射法进行长、中长距离探测,以探明断层等结构面和规模较大、可足以被探测的岩溶形态;采用高分辨直流电法、红外探测进行中长、短距离探测,可定性探测岩溶水;采用地质雷达进行短距离探测,以查明岩溶位置、规模和形态。

(3)根据地质复杂程度分级、隧道内地质素描、物探异常进行超前地质钻探预报和验证,对富水岩溶发育地段,超前地质钻探必须连续重叠式进行。超前钻探揭示岩溶后,应适当加密,必要时采用地质雷达及其他物探手段进行短距离的精细探测,配合钻探查清岩溶规模及发育特征。

(4)岩溶发育区必须进行加深炮孔探测。

2) 断层预报

断层预报应探明断层的性质、产状、富水情况、在隧道中的分布位置、断层破碎带的规模、物质组成等,并分析其对隧道的危害程度。

断层预报应以地质调查法为基础,以弹性波反射法探测为主,必要时采用红外探测、高分辨直流电法探测断层带地下水的发育情况及超前钻探法验证。断层预报内容包括:

(1)当隧道施工接近规模较大的断层时,多具有明显的前兆,可通过地表补充地质调查、洞内地质调查、地表与地下构造相关性分析、断层趋势分析等手段预报断层的分布位置。

(2)断层破碎带与周围介质多存在明显的物性差异,可采用弹性波反射法探测破碎带的位置及分布范围。

(3)断层为面状结构面,可采用超前钻探法较准确预报其位置、宽度、物质组成及地下水发育情况等。

3) 煤层瓦斯预报

煤层瓦斯预报应探明煤层分布位置、煤层厚度、测定瓦斯含量、瓦斯压力、涌出量、瓦斯放散初速度、煤的坚固性系数等,判定煤的破坏类型,分析判断煤的自燃及煤层爆炸性、煤与瓦斯突出危险性,评价隧道瓦斯严重程度及对工程的影响,提出技术措施建议等。

煤层瓦斯预报应以地质调查法为基础,以超前钻探法为主,结合多种物探手段进行综合超前地质预报。煤层瓦斯预报内容包括:

(1)根据区域地质资料、工程地质勘查报告、工程地质平面图与纵断面图、煤地表钻探资料和必要的地表补充调查,通过地质作图进一步核实煤层的位置与厚度等。

(2)采用物探法确定煤层在隧道内的大致位置和厚度。

(3)采用洞内地质素描,利用底层层序、地层厚度、标志层和岩层产状等。通过作图分析确定煤层的里程位置。

(4)接近煤层前,必须对煤层位置进行超前钻探,标定各煤层准确位置,掌握其富存情况及瓦斯状况。

(5)隧道在煤系地层、压煤地段及其他可能含瓦斯地层开挖施工时,应加强瓦斯检测,瓦斯浓度超过规定指标时,应立即采取措施,确保安全,并上报有关部门,查明瓦斯来源,分析可能带来的危害程度,制定下一步地质预报工作的方案和措施,并做好瓦斯检测记录存档备案。

4)涌水、突泥预报

涌水、突泥预报应探明可能发生涌水、突泥地段的位置、规模、物质组成、水量、水压等,分析评价其对隧道的危害程度。涌水、突泥预报内容包括:

(1)涌水、突泥预报应以地质调查法为基础,以超前钻探法为主,结合多种物探手段进行综合超前地质预报。

(2)在可能发生涌水、突泥的地段必须进行超前钻探,且超前钻探必须设有防突装置。

各种预报手段的组合不是一成不变的,根据地质条件和各种预报手段的优缺点灵活运用,以达到预报目的和解决实际问题为宗旨。

5.4.2　隧道超前地质预报方法

5.4.2.1　地质调查法

1)隧道内地质素描

在隧道开挖过程中,由专业地质工程师进行全程跟踪地质素描工作,通过对开挖揭露段地层岩性、地质构造、结构面产状、地下水出露点位置及出水状态、出水量、煤层、溶洞等准确记录,对隧道周边及前方的地质信息进行描述、收集和整理。同时综合各种探测手段获得的地质信息资料,采用作图法、相关性分析法、经验法等方法,对隧道掌子面前方的工程地质情况进行预测预报,根据预报成果,对隧道施工方法、支护参数、安全措施提出建议。

隧道内地质素描包括掌子面地质素描和洞身地质素描。主要内容包括工程地质和水文地质素描。

(1)工程地质素描

①地层岩性:描述地层时代、岩性、层间结合程度、风化程度等。

②地质构造:描述褶皱、断层、节理裂隙特征、岩层产状等;断层的位置、产状、性质、破碎带的宽度、物质成分、含水情况以及与隧道的关系;节理裂隙的组数、产状、间距、充填物、延伸长度、张开度及节理面特征、力学性质,分析组合特征、判断岩体完整程度。

③有害气体及放射性等特殊地质危害存在的情况。

④人为坑道及岩溶:描述位置、规模、形态特征及所属地层和构造部位,充填物成分、状态,以及与隧道的空间关系。

⑤特殊地层:煤层、含膏盐层、膨胀岩和软土层等应单独描述其具体参数。

⑥地应力:包括高地应力显示性标志及其发生部位,如岩爆、软弱夹层挤出、探孔饼状岩

芯等现象。

⑦塌方:应记录塌方部位、方式与规模及其随时间的变化特征,并分析产生塌方的地质原因及其对继续掘进的影响。

(2)水文地质素描

①地下水的分布、出露形态及围岩的透水性、水量、水压、水温、颜色、泥砂含量测定,以及地下水活动对围岩稳定的影响,必要时进行长期观测。地下水的出露形态分为:渗水、滴水、滴水成线、股水(涌水)、暗河。

②水质分析,判定地下水对结构材料的腐蚀性。

③出水点和地层岩性、地质构造、岩溶、暗河等的关系分析。

④必要时进行地表相关气象、水文观测,判断洞内涌水与地表径流、降雨的关系。

⑤必要时应建立涌突水点地质档案。

(3)围岩稳定性特征及支护情况

记录不同工程地质、水文地质条件下隧道围岩稳定性、支护方式以及初期支护后的变形情况。发生围岩失稳或变形较大的地段,详细分析、描述围岩失稳或变形发生的原因、过程、结果等。

2)观察

每次爆破开挖后(一般应每天观察1次),利用地质素描、照相或摄像技术将观测到的有关情况和现象进行详细记录。观测中,如发现异常现象,要详细记录发现的时间、具体的里程位置以及附近测点的各项监测数据。

3)地质编录

随隧道的掘进应连续进行跟踪编录,绘制隧道(洞)平面地质图,该图重点反映地层岩性、地质界线、断层、节理裂隙、岩脉、岩溶、地下水、结构面产状(走向、倾向、倾角)通过该图的连续编制,结合长、中距离超前地质预报及洞轴线剖面,校对地质情况的变化,以预报掌子面前方可能出现不良地质体的位置及规模。

5.4.2.2 超前地质钻探法

超前地质钻探法是在掌子面钻若干个深孔或根据需要钻探取芯,并对钻孔进行地质编录的一种预报方法。它能直观、精确地探测开挖面前方30~50m范围的地层岩性界面、较大节理与构造、富水带、溶蚀通道及地下水等,判断不良地质体的位置及规模,推测地下水的大致富水程度。

1)钻具选用

为提高钻进速度,减少超前钻探占用开挖工作面的时间,一般采用冲击钻,需取芯的特殊地段采用回转取芯钻。冲击钻钻进速度快,但不能取芯,可通过冲击器的响声、钻速及其变化、岩粉、卡钻情况钻杆振动情况、冲洗液的颜色及流量变化等粗略探明岩性、岩石强度、岩体完整程度、岩洞、暗河及地下水发育情况等。

回转取芯钻钻进速度慢,但钻取的岩心鉴定准确可靠,地层变化里程可准确确定,一般只在特殊地层、特殊目的地段、需要精确判定的情况下使用。

2)钻孔布置

探孔的布置主要根据物探结果和现场实际情况而定,为了更加准确地探明开挖面前方地质情况,一般应采用三角形布置,使钻探成果具有代表性,避免一孔之见;钻取的岩芯须由专业地质人员编写,并存放在专门的岩芯箱内,以备开挖时对比。煤系地层超前水平钻孔布置如图 5-12 所示。

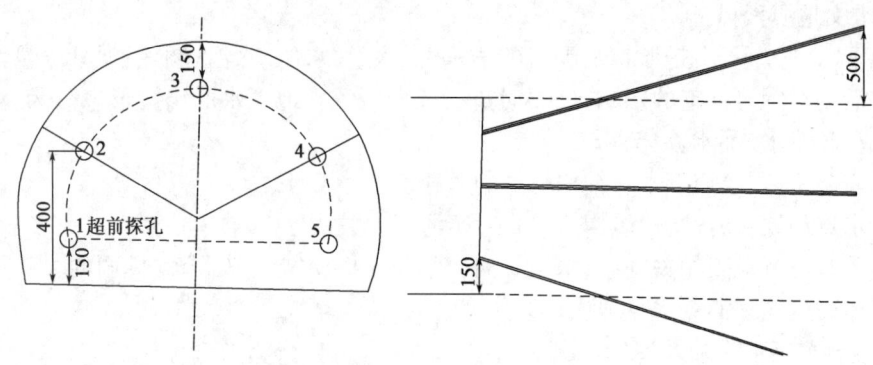

图 5-12　煤系地层超前水平钻孔 5 孔布置图(尺寸单位:cm)

3)工作要求

(1)超前钻探过程中应在现场做好钻探记录,包括钻孔位置、开孔时间、终孔时间、孔深、钻进压力、钻进速度随钻孔深度变化情况、冲洗液颜色和流量变化、涌沙、空洞、振动、卡钻位置、突进里程、冲击器声音变化等。

(2)超前钻探过程中应及时鉴定岩芯、岩粉,判定岩石名称,对于断层带、溶洞填充物、煤层、代表性岩土等应拍摄照片备查,并选择代表性岩芯整理保存。

(3)在富水地段进行超前钻探时,必须采取防突措施;可安设孔口管和控制阀等,确保人员和机械设备安全。

(4)超前钻探法的探测报告内容:工作概况、钻孔探测结果、钻孔柱状图,必要时附以钻孔布置图、代表性岩芯照片等。

5.4.2.3　地震波反射法

地震波反射法是利用人工激发的地震波在不均匀地质体中所产生的反射波特性来预报隧道开挖面前方地质情况的一种物探方法。

地震波反射法适用于划分地层界线、查找地质构造、探测不良地质体的厚度和范围。地震波反射法的探测对象与相邻介质应存在较明显的波阻抗差异并具有足以被探测的规模;断层或岩性界面的倾角应大于 35°,构造走向与隧道轴线的夹角应大于 45°。

地震波反射法在软弱破碎地层或岩溶发育区,一般每次预报距离应为 100m 左右,不宜超过 150m;在岩体完整的硬质岩地层每次可预报 120~180m,但不宜超过 200m。

目前,地震波反射法在我国应用较为普遍和成熟,常用的仪器设备有 TSP 系列隧道超前地质预报系统和 TRT6000 隧道超前地质预报系统。

1)TSP 隧道超前地质预报系统

(1)基本原理

TSP 隧道超前地质预报系统由瑞士安伯格(AMBERG)技术公司研制并生产,是利用地震波在不均匀地质体中产生的反射波特性来预报隧道掌子面前方及周围临近区域地质状况的。它是在掌子面后方边墙上一定范围内布置一排爆破孔(一般为 21~24 孔)和 2 个接收传感器,依次进行微弱爆破,产生的地震波信号在隧道周围岩体内传播,当岩体波阻抗发生变化时,信号的一部分被反射回来。界面两侧岩体的波阻抗差别越大,反射回来的信号就越强。

不均匀岩体界面反射系数公式:

$$R = \frac{\rho_2 V_2 - \rho_1 V_1}{\rho_2 V_2 + \rho_1 V_1} \tag{5-15}$$

式中: R——反射系数;
ρ——岩体密度;
V——地震波在岩体中的传播速度;
$\rho_1 V_1$、$\rho_2 V_2$——反射界面两侧岩体的波阻抗。

地震波从低阻抗物质传播到高阻抗物质时(即 $\rho_1 v_1 < \rho_2 v_2$),反射系数为正;反之,反射系数为负。因此,当地震波从较软岩体传播到较硬岩体时,回波的偏转极性和波源是一致的;反之,当岩体内部有破裂带时(即 $\rho_1 v_1 > \rho_2 v_2$),回波的极性会反转。

反射信号被经过特殊设计的接收器接收转化为电信号。根据信号返回的时间和方向,通过专用数据软件处理就可以得到反射界面的位置及方位,如图5-13所示。

(2)现场测试

①系统布置:每次预报时,在隧道左、右壁各布置1个接收孔,隧道相邻的洞壁一侧布置21~24个爆破孔。接收孔距掌子面40~50m,距第一个爆破孔15~20m。爆破孔间距为1.5m呈直线分布。炮孔及传感器布置示意图如图5-14所示。

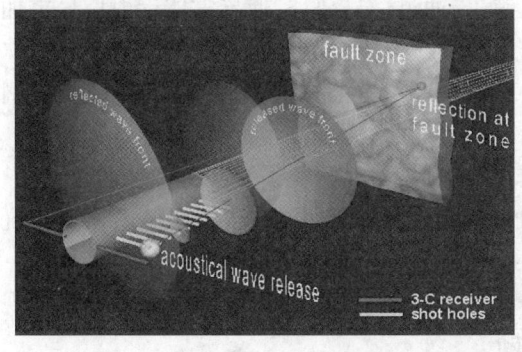
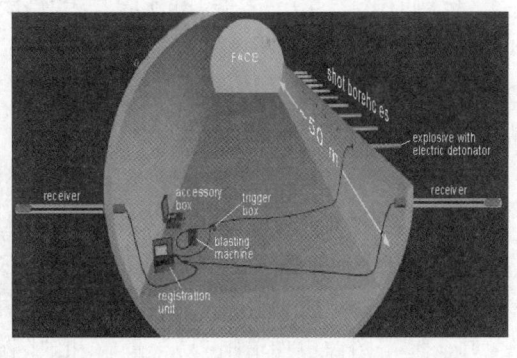

图5-13 TSP203 超前地质预报原理　　　　　图5-14 TSP203 炮孔及传感器布置示意图

②试验数据的采集:在放炮采集信号时,应停止周围300m范围内一切施工干扰,自第一炮眼(近接收传感器)激发地震波,记录仪将同时启动并记录地震波信号,分别记录左、右壁传感器的3个分量信号。自动存盘记录后,依次在其他炮眼激发地震波,直到最后一炮记录结束,完成野外试验数据的采集。有效激发孔数不少于20孔。

③现场爆破作业必须严格遵照爆破作业有关规程,应由拥有爆破作业资格的专业炮工负责药包包扎与引爆作业,现场配备必要的爆破安全员以确保爆破安全。

(3)探测资料整理及成果判释

①在原始波形图上识别反射波波形、能量强度及相位,剔除无效波形通道,通过TSPwin

软件处理得到 P 波和 S 波波场分布规律。

②通过分析反射波速度,即可进行时深转换。由隧洞轴的交角及洞面的距离来确定反射层所对应界面的空间位置和规模,再结合 P 波(纵波)和 S 波(横波)的动力学特征,参考以下规律推断地质体的性质:正反射振幅表明进入硬岩层,负反射振幅表明进入软岩层;S 波反射较 P 波强,则表明岩层饱水;V_p/V_s 增大或泊松比突然增大,常常由于流体的存在而引起;V_p 下降,则表明裂隙或孔隙度增加。

③可以通过横波速度与纵波速度计算出岩体的杨氏模量、泊松比等弹性常数,以划分该区段围岩工程类别。

④根据 TSP 预报结果,结合前期 TSP 预报成果及工程地质资料进行综合分析,判断掌子面前方的地质状况,推测不良地质体性状及位置,分析地下水富存情况和围岩完整程度,预测掌子面前方围岩类别。

2) TRT6000 隧道超前地质预报系统

TRT6000 隧道超前地质预报系统由美国生产。TRT6000 隧道超前地质预报系统采用地震层析成像及全息岩土成像技术。经复杂介质传播记录的地震信号是由折射、反射、散射、弥散等多类波形所组成,层析成像和全析成像是常用的利用信号波形变化来估计介质性质变化的位置和范围的反演技术。TRT TM 技术的基本原理是利用了地震波在岩土体中传播过程中,遇到具有不同震动特性的岩土区带间的界面时,部分地震波能量将产生反射的特性。

相比于 TSP 隧道超前地质预报系统,TRT6000 有如下特点:

(1) 使用锤击作为震源,可重复利用,不需要炸药和耗材,因而费用低。

(2) 使用锤击作为震源,可在同一点作多次锤击,通过信号叠加,使异常体反射信号更加明显。

(3) 采用高精度的传感器,灵敏度高,最大程度地保留了高频信号,提高了精度及探测距离。

(4) 传感器和地震波采集、处理器之间采用无线连接,大大简化了装备,携带方便。

(5) 传感器采用立体布点方式,在隧道两边分别布置 4 个传感器,然后在隧道顶上布置两个传感器,从而获得真实的三维立体图,直观地再现了异常体的位置、形态、大小。

(6) TRT6000 还采用了层析扫描的图像处理方式,绘制三维视图,并可以从多个角度观察缺陷,使得图像更加清晰,易于理解和缺陷诊断。

(7) TRT6000 能描绘到隧道水平和垂直方向的所有异物,可反映斜交隧道(尤其是大角度斜交隧道)的裂隙。

TRT6000 隧道超前地质预报系统震源及传感器典型布置如图 5-15 所示。

TRT6000 隧道超前地质预报系统获取岩层中结构异常边界的原理:以每个震源和地震信号传感器组的位置为焦点,与所有可能产生回波的反射体可以确定一个椭球(图 5-16)。足够多数量的震源和地震信号传感器组对会形成一个三维数组,每个界面反射的地层位置可以由这些众多椭球的交汇区域所确定。实际上,反射边界每一点离散图像的计算包括由所有震源和传感器组所对应的三维岩体空间中选定的区块。

TRT6000 隧道超前地质预报系统三维层析成像成果如图 5-17 所示。

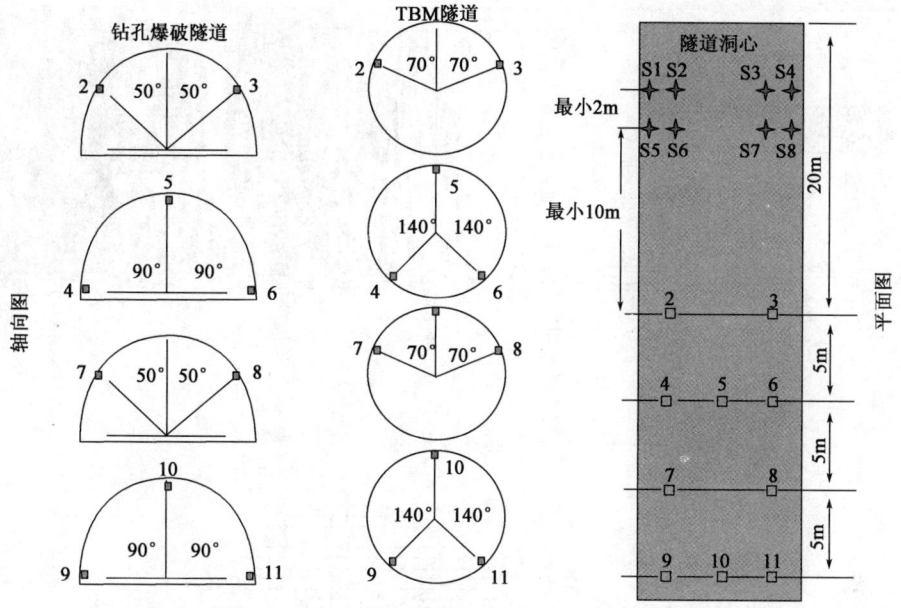

图 5-15　TRT6000 超前预报震源及传感器的典型布置

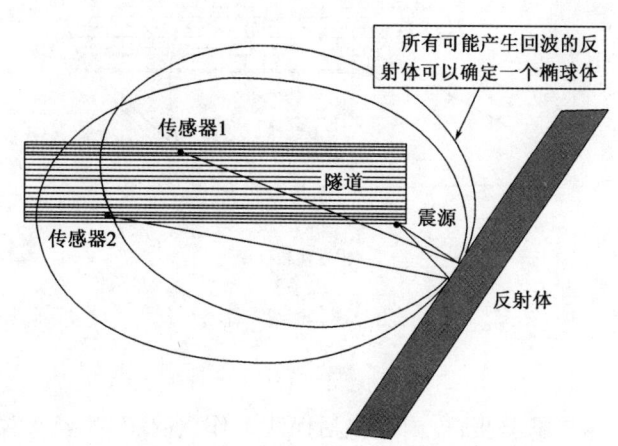

图 5-16　地震波法获取岩层中结构异常边界原理示意图

5.4.2.4　电磁波反射法

采用地质雷达在隧道施工掌子面及侧壁进行表面雷达探测,探测掌子面前方及侧壁 20~30m 深度范围内的地层岩性界面、较大节理与构造、富水带、溶蚀通道及地下水等。该法主要用于岩溶探测,亦可用于断层破碎带、软弱夹层等不均匀体的探测。

1) 现场测试技术

采用 100MHz 屏蔽天线,其测线布置如图 5-18 所示。每掘进 25m 探测一次,一次范围 30m,两次重叠长度应在 5m 以上。在开挖断面的掌子面、左侧壁、右侧壁各布置一条测线。若有必要,在巷洞底板也可增加一条测线。

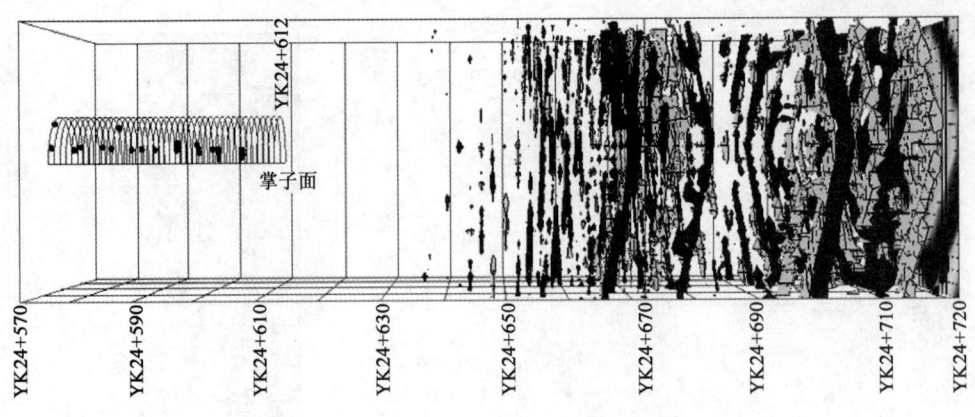

图 5-17　TRT6000 隧道超前地质预报系统三维层析成像成果示意图

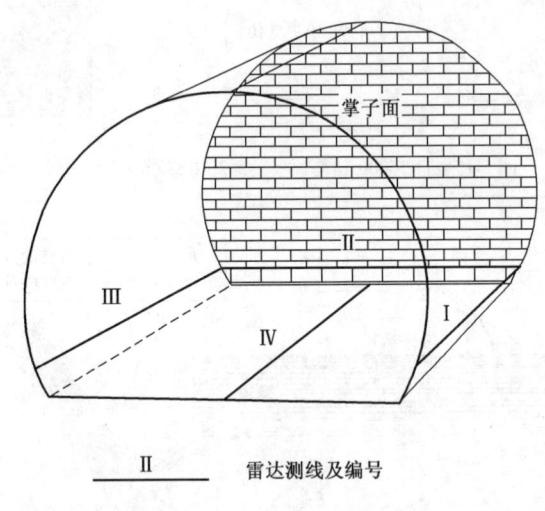

图 5-18　雷达测线布置图

2）探测资料解释

地质雷达法预报编制探测报告，内容包括探测工作概况、采集及解释参数、地质解译结果、测线布置图（表）、探测时间剖面图（图5-19）等，其中时间剖面图中应标出地层的反射波位置或探测对象的反射波组。

结论：掌子面 K11+492 前方 0~20m 范围内：K11+482~+477 段，节理裂隙发育，岩层破碎；其余段节理较不发育，围岩较完整。

5.4.2.5　红外探测法

根据红外辐射原理，即一切物质都在向外辐射红外电磁波的原理，通过接收和分析红外辐射信号，探测局部地温异常现象，判定地下脉状流、脉状含水带、隐伏含水体等所在的位置进行超前地质预报的一种物探方法。

红外探测法可定性判断探测点前方 30m 以内有无水体存在及其方位，但不能定量给出水量大小等参数。

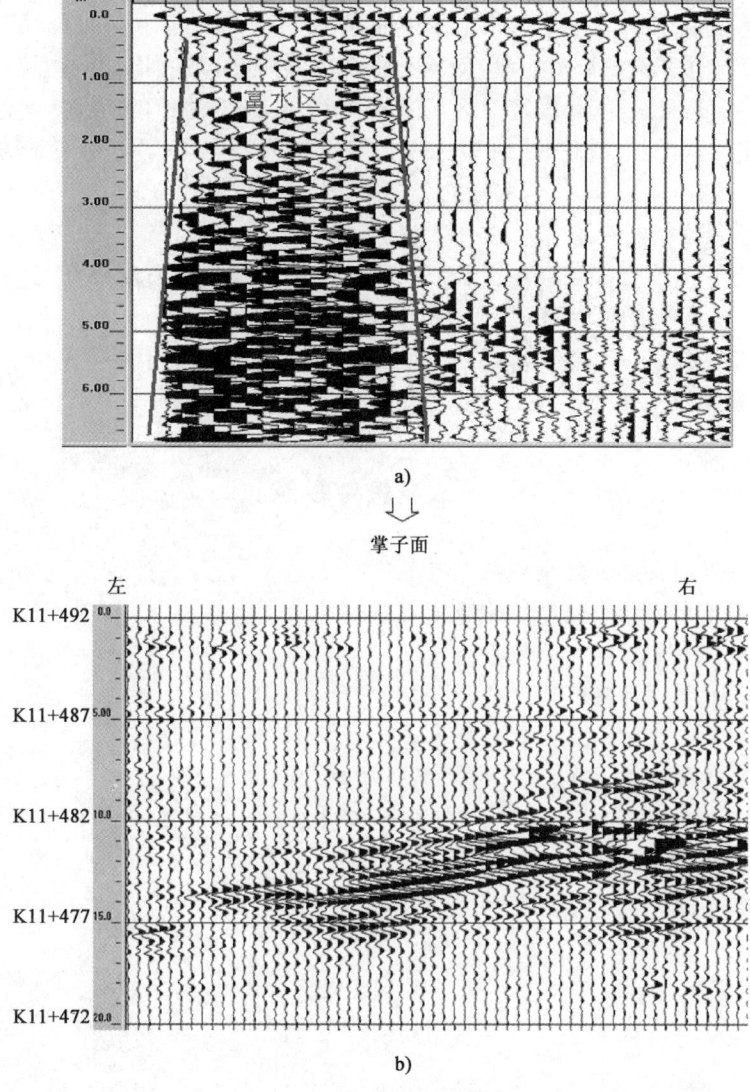

图 5-19 探测结果解释图

1）现场测试要点

探测时间：应选在爆破及出碴完成后进行。

测线布置：全空间全方位探测地下水体时，需在拱顶、拱腰、边墙、隧底位置沿隧道轴向布置测线，测点间距一般为 5m，发现异常时，应加密点距；测线布置一般自开挖工作面往洞口方向布设，长度通常为 60m，不得少于 50m。开挖工作面测线布置，一般为 3～4 条，每条测线布 3～5 个测点。

应做好数据记录，并绘制红外探测曲线图。

连续预报时前后两次重叠长度应大于 5m。

2）探测数据和曲线的分析与判定

(1) 探测数据和曲线的分析与判定应以地质学为基础，并结合现场的工程地质和水文地质条件,通过探测与施工开挖验证,总结出正常场和异常场的特点。分析解释时应先确定正常场,再确定异常场,由异常场判定地下水体的存在。

(2)在分析单条曲线的同时,还应对所有探测曲线进行对比,比如两边墙探测曲线的对比、顶底探测曲线的对比,依此确定隐蔽水体或含水构造相对隧道的所在空间位置。

(3)沿隧道轴向的红外探测曲线和开挖工作面红外探测数据最大差值应结合起来分析,在实践中不断总结经验,作出符合实际的分析判断。

(3)资料整理及成果解译

红外探测预报应编制探测报告,内容包括探测工作概况、地质解译结果、开挖工作面探测数据图、左右边墙及拱顶等测线的探测曲线图等。

在现场测试完成后24小时内,提交当期红外探测预报成果报告一式3份,并同时提交与文字内容一致的电子文档。

本章思考题

1. 检验喷射混凝土质量的主要指标有哪些?
2. 简述常用喷射混凝土强度的检验方法。
3. 简述喷射混凝土厚度的检验方法。
4. 简述隧道支护中锚杆拉拔试验要点。
5. 隧道混凝土模筑衬砌施工质量应检查哪些内容?
6. 简述隧道监控量测方法。
7. 简述地质雷达法检测隧道衬砌质量的基本原理与技术要点。
8. 声波法检测隧道衬砌质量的基本原理是什么?
9. 隧道超前地质预报的主要方法有哪些?
10. 常见地质条件预报包括哪些内容?
11. 简述TSP、TRT6000隧道超前地质预报系统的基本原理。

第6章 轨道工程试验检测技术

学习目标

【知识目标】 学生应会 CRTS Ⅰ、CRTS Ⅱ、CRTS Ⅲ型板式无砟轨道材料(CA 砂浆、自密实混凝土)检测方法;成品轨道板检测方法。

【能力目标】 通过本章学习,学生应具备独立完成常见板式无砟轨道材料与成品轨道板的检测能力。

轨道是铁路线路的组成部分,作为一个整体性工程结构,铺设在路基之上,起着列车运行的导向作用,直接承受机车车辆及其荷载的巨大压力。轨道包括钢轨、轨枕、联结零件、道床、防爬设备和道岔等组成部分。在列车运行的动力作用下,为使其各个组成部分必须具有足够的强度和稳定性,保证列车按照规定的最高速度,安全、平稳和不间断地运行,轨道工程质量检测是其中不可缺少的重要环节。

普通铁路路基一般用小碎石铺成的路砟(亦称为道砟或道床)构成,铁路轨道由两条平行的钢轨固定在木制或水泥枕木之上,这种轨道结构形式称作有砟轨道(图 6-1)。路砟和枕木均起加大受力面,分散火车压力,帮助铁轨承重的作用,以防止铁轨因压强太大而下陷到地基里。路砟为轨道提供弹性,并具有减小噪声、吸热、减震、增加透水性等功能。传统有砟轨道具有铺设简便、综合造价低廉的特点,但容易变形,维修频繁,维修费用较大,且列车速度受到限制。

a)有砟轨道

b)无砟轨道

图 6-1 铁路轨道结构图

无砟轨道[图 6-1b)]是指采用混凝土、沥青混合料等整体基础取代散粒碎石道床的轨道结构。无砟轨道的轨枕是用混凝土直接浇灌而成,钢轨、轨枕直接铺在混凝土路基上。无砟轨道最主要的特点是精确,其误差用毫米计算,这是高速列车安全性、平顺性、稳定性的客观要求。另外,采用无砟轨道技术,可以减少线路维护、降低粉尘、经久耐用,适宜时速在200km以上的列车运行。近十年我国无砟轨道技术日益成熟,2004年9月,铁道部在遂渝铁路成功建设了我国首条无砟轨道试验段,2009年12月武广铁路引进了德国RHEDA 2000双块式无砟轨道技术,京沪高铁、京石高铁、石武高铁、广深港高铁、京沈高铁、哈大高铁、沪宁城际又相继采用了CRTS I 或CRTS II 型板式无砟轨道技术,为我国无砟轨道技术奠定了坚实的基础。CRTS III 型板式无砟轨道是我国在CRTS I 型、II 型板式无砟轨道基础上自主研发的具有自主知识产权的无砟轨道结构形式,于2010年12月正式定型。与CRTS I 型、II 型相比,CRTS III 型板式无砟轨道不再采用CA砂浆(Cement Asphalt Mortar,简称CA砂浆)填充层,取而代之的是自密实混凝土,通过门型钢筋将自密实混凝土与轨道板连成一个整体,自密实混凝土浇筑到凹槽内形成限位装置。CRTS III 型板式无砟轨道是对既有无砟轨道的优化与集成,改善了轨道板限位方式,扩展了板下填充层材料,优化了轨道板结构,已在郑徐、成灌、盘营、沈丹、武汉城市圈城际等多条铁路上实际应用。本章重点介绍无砟轨道材料试验、轨道几何形位与结构力学检测技术。

6.1 无砟轨道材料检测

我国使用的无砟轨道结构形式分为双块式无砟轨道和板式无砟轨道两类。双块式无砟轨道分为CRTS I 型和CRTS II 型双块式无砟轨道,板式无砟轨道分为CRTS I 型、CRTS II 型和CRTS III 型板式无砟轨道。无砟轨道道岔铺设分为轨枕埋入式和板式两种,轨枕埋入式道岔和CRTSI型板式无砟轨道施工基本一致。板式道岔在路基上时,道岔板下浇筑自密实混凝土;在桥梁上时,道岔板下浇注CA砂浆。目前,我国使用的无砟轨道结构形式以板式无砟轨道为主。

CRTS I 型板式无砟轨道由底座(或混凝土支承层)、凸形挡台、充填层、预制钢筋混凝土轨道板、扣件、钢轨等组成,CRTS II 型板式无砟轨道由支承层(或连续的钢筋混凝土底座)、充填层、预制带挡肩的钢筋混凝土轨道板、侧向挡块、扣件、钢轨等组成,CRTS III 型板式无砟轨道由底座板或支承层、隔离层、自密实混凝土、预制有挡肩轨道板、扣件、钢轨等组成。CRTS I 型、II 型板式无砟轨道铺设轨道板时,在现场浇筑CA砂浆形成充填层,而CRTS III 型板式无砟轨道铺设轨道板时采用自密实混凝土。鉴于板式无砟轨道在结构形式上使用材料的特殊性,本节重点介绍板式无砟轨道及其组成材料的检测方法。

6.1.1 CRTS I 型板式无砟轨道CA砂浆检测

6.1.1.1 CRTS I 型板式无砟轨道CA砂浆组成材料的性能要求

CRTS I 型板式无砟轨道水泥乳化沥青砂浆(CA砂浆)由沥青(或改性沥青)、聚合物乳液、干粉料(水泥、细集料、膨胀剂等)、外加剂等材料组成。

1)沥青

CRTS I 型CA砂浆采用沥青应选用重交通道路石油沥青,且用于生产沥青的原油产源应固定,其性能指标应符合表6-1的技术要求。

CRTS Ⅰ型 CA 砂浆对沥青的技术要求 表6-1

检测项目		单位	指标
针入度(25℃,100g,5s)		0.1mm	60~100
延度(15℃)		cm	>100
软化点(环球法)		℃	42~54
闪点(COC)		℃	≥230
蜡含量(蒸馏法)		%	≤2.2
密度		g/cm³	≥1.0
溶解度		%	≥99.0
薄膜加热试验后的残留物(163℃,5h)	质量损失	%	±0.6
	针入度比(25℃)	%	≥50
	延度(15℃)	cm	≥50

SBS 改性沥青主要性能指标应符合表 6-2 的技术要求。

CRTS Ⅰ型 CA 砂浆对 SBS 改性沥青的技术要求 表6-2

检测项目		单位	指标要求			
			Ⅰ-A	Ⅰ-B	Ⅰ-C	Ⅰ-D
针入度(25℃,100g,5s)		0.1mm	≥100	≥80	≥60	≥40
针入度指数 PI		—	≥-1.0	≥-0.6	≥-0.2	≥+0.2
延度(5℃)		cm	≥50	≥40	≥30	≥20
软化点(环球法)		℃	≥45	≥50	≥55	≥60
运动黏度(135℃)		Pa·s	≤3			
闪点(COC)		℃	≥230			
溶解度		%	≥99			
离析,软化点差(℃)		℃	≤2.5			
弹性恢复(25℃)		%	≥55	≥60	≥65	≥70
薄膜加热试验后的残留物(163℃,5h)	质量损失	%	±1.0			
	针入度比(25℃)	%	≥50	≥55	≥60	≥65
	延度(5℃)	cm	≥30	≥25	≥20	≥15

SBR 改性沥青主要性能应符合表 6-3 的要求。

CRTS Ⅰ型 CA 砂浆对 SBR 改性沥青的技术要求 表6-3

检测项目	单位	指标要求		
		Ⅱ-A	Ⅱ-B	Ⅱ-C
针入度(25℃,100g,5s)	0.1mm	>100	80~100	60~80
针入度指数 PI	—	≥-1.0	≥-0.8	≥-0.6
延度(5℃)	cm	≥60	≥50	≥40
软化点(环球法)	℃	≥45	≥48	≥50

续上表

检测项目		单位	指标要求		
			Ⅱ-A	Ⅱ-B	Ⅱ-C
运动黏度(135℃)		Pa·s	≤3		
闪点(COC)		℃	≥230		
溶解度		%	≥99		
黏韧性		N·m	≥5		
韧性		N·m	≥2.5		
薄膜加热试验后的残留物(163℃,5h)	质量损失	%	±1.0		
	针入度比(25℃)	%	≥50	≥55	≥60
	延度(5℃)	cm	≥30	≥20	≥10

乳化沥青主要性能指标应满足表 6-4 的技术要求。

CRTS Ⅰ型 CA 砂浆对乳化沥青的技术要求　　　　表 6-4

检测项目		单位	指标要求
外观		—	褐色或黑褐色液体,无肉眼可见沥青颗粒
微粒离子电荷		—	阳
恩格拉黏度(25℃)		—	5~15
筛上剩余量(1.18mm)		%	<0.1
储存稳定性(1d,25℃)		%	<1.0
储存稳定性(5d,25℃)		%	<5.0
低温储存稳定性(-5℃)		—	无粗颗粒或块状物
水泥拌和性		%	<1.0
蒸发残留物	残留物含量	%	58~63
	针入度(25℃,100g,5s)	0.1mm	60~120
	溶解度	%	>97
	延度 改性沥青(5℃)	cm	≥20
	延度 基质沥青(15℃)	cm	≥50

2)聚合物乳液

CRTS Ⅰ型 CA 砂浆用聚合物乳液主要性能应符合表 6-5 的指标要求。聚合物与乳化沥青混合时,应具有良好的相容性,不应产生凝聚、破乳等现象。

聚合物乳液的主要性能指标要求　　　　表 6-5

检测项目	单位	指标要求
密度	g/cm³	1.0±0.1
不挥发物	%	45±3
水泥拌和性	%	<1.0

3）水泥

CRTS Ⅰ型 CA 砂浆用水泥应采用强度等级为 52.5 的 P·Ⅱ 硅酸盐水泥或强度等级不低于 42.5 的快硬硫铝酸盐水泥，其比表面积、安定性、凝结时间、强度和烧失量应符合 GB 175 或 GB 20472 的规定。

4）细集料

CRTS Ⅰ型 CA 砂浆用细集料应采用河砂、山砂或机制砂，不应使用海砂。细集料最大粒径应小于 1.18mm，机制砂不应采用软质岩、风化岩石制造，其他技术要求应符合表 6-6 的规定。

细集料的性能指标要求　　　　　　表 6-6

检 测 项 目	单 位	指 标 要 求
细度模数	—	1.4～1.8
表观密度	g/cm^3	≥2.55
饱和面干吸水率	%	<3.0
含泥量	%	<1.0
有机物含量	—	比标准色浅
氯化物含量	%	<0.01

用于制备干料的细集料应烘干，含水率<0.1%。

5）拌和水

CRTS Ⅰ型 CA 砂浆用拌和水应符合 JGJ 63 的规定。

6）外加剂及其他材料

膨胀剂：CRTS Ⅰ型 CA 砂浆用膨胀剂宜采用硫铝酸钙类膨胀剂，初凝时间应大于 60min，其他性能应符合 GB23439 的规定。

消泡剂：CRTS Ⅰ型 CA 砂浆用消泡剂宜采用有机硅类消泡剂。

引气剂：CRTS Ⅰ型 CA 砂浆用引气剂宜采用松香类引气剂。

铝粉：CRTS Ⅰ型 CA 砂浆用铝粉宜采用鳞片状铝粉，其性能应符合 GB/T 2085.2 的规定。

7）干粉料

CRTS Ⅰ型 CA 砂浆用干粉料是试验室设计出的以合适的级配和力学性能为前提，以满足制备的 CA 砂浆性能要求为目标的不同材料组配的复合材料。干粉料一旦成型，材料供应商不得改变材料的质量和配比。

干粉料是以通过工艺性试验的干料为基准，采取筛分、力学性能检验，以及对制备的 CA 砂浆进行性能检验等方式，对后续干料进行品质的一致性监控。

6.1.1.2　CRTS Ⅰ型 CA 砂浆的配合比

CRTS Ⅰ型 CA 砂浆配合比分理论配合比、初始配合比、基本配合比、施工配合比等几个基本设计步骤，其配合比选定应符合以下规定：

1）理论配合比

应适当选取原材料，并通过计算、试配、调整等步骤选定。选定应遵循以下基本规定：水泥用量宜在 310~390kg/m³ 之间，水灰比不宜大于 0.90，乳化沥青（含聚合物乳液）与水泥的比值不应小于 1.40。

2）初始配合比

初始配合比是在无砟轨道施工前，施工单位在理论配合比的基础上根据 CA 砂浆原材料特性、气候条件、施工组织及工艺要求等影响因素进行试验而确定。

3）基本配合比

基本配合比是在砂浆充填层施工前，采用初始配合比进行工艺性试验，并经型式检验验证确定，应具体确定砂浆的基本配合比、拌制工艺参数、灌注工艺参数等。

4）施工配合比

施工配合比是无砟轨道施工前，应在基本配合比的基础上，根据砂浆拌制设备性能、现场施工气温条件、原材料含水率等指标，通过试拌、拌和物测试而确定。施工配合比应在基本配合比允许范围内。

每台 CA 砂浆搅拌车在每条线正式投入使用前应作适应性试验。

6.1.1.3 CRTS Ⅰ 型 CA 砂浆的性能

配制 CA 砂浆的性能应满足表 6-7 的技术要求。

CRTS Ⅰ 型 CA 砂浆的技术要求　　　　表 6-7

检测项目		单位	指标要求
砂浆温度		℃	5~40
流动度		s	18~26
可工作时间		min	≥30
表观密度		kg/m³	>1300
含气量		%	6~12
抗压强度	1d	MPa	>0.10
	7d		>0.70
	28d		>1.80
弹性模量(28d)		MPa	100~300
材料分离度		%	<1.0
膨胀率		%	1.0~3.0
泛浆率		%	0
抗冻性			300 次冻融循环试验后，相对动弹模量不应小于 60%，质量损失率不应大于 5%
耐候性			无剥落、无开裂、相对抗压强度不低于 70%
抗疲劳性(100 万次，12Hz)		mm	≤0.10
低温抗裂性(-40℃)		mm	≥1.0
低温折压比(-40℃)		—	≥0.20
低温弹性模量(-40℃)		MPa	100~300

6.1.1.4 CRTS Ⅰ型 CA 砂浆揭板检验评价标准

无砟轨道施工前,为了验证 CRTS Ⅰ型 CA 砂浆充填层的灌板效果,掌握灌板施工工艺,按照无砟轨道施工的相关规定,必须进行揭板工艺性试验,并由业主或监理单位组织专家进行评估,揭板检验评价标准见表6-8。

CRTS Ⅰ型 CA 砂浆充填层揭板检验评价标准　　　　表 6-8

检查内容	标准要求
挤浆、封口	规范、整齐
表面状况	不允许出现贯通皱褶,非贯通褶皱不超过3道
砂浆质量、外观	断面均匀一致,无离析、沉砂
	砂浆中部或底部无气泡夹层,断面无直径≥10mm 空洞
	气泡细密均匀,颜色均匀一致

6.1.1.5 CRTS Ⅰ型 CA 砂浆检验规则

CRTS Ⅰ型 CA 砂浆的质量检验分为型式检验、原材料进场检验、日常检验。

1) 型式检验

有以下情况之一时,应进行型式检验,具体包括:基本配合比选定时;首次施工时;施工中断半年后再施工时;原材料、施工工艺发生变化时;CA 砂浆施工达 5000m^3 时(不足时按一次计算)。

型式检验的内容,包括标准规定的所有要求及试验温度为 $(35±2)$℃时的可工作时间。

2) 原材料进场检验

(1) 同产地、同品种、同规格且连续进场的乳化沥青,每 200t 为一批,不足上述数量时也按一批计。施工单位每批抽检一次,检查产品质量证明文件,并进行抽样试验检验乳化沥青的温度、微粒离子电荷、恩格拉黏度、蒸发残留物含量、水泥拌和性、筛上剩余量。乳化沥青质量证明文件中应有所采用的沥青或改性沥青的相关质量证明文件,并应提供理论密度。

(2) 同产地、同品种、同规格且连续进场的水泥,散装每 500t 为一批,袋装每 200t 为一批,不足上述数量时按一批计。施工单位每批抽检一次,检查产品质量证明文件,并进行抽样试验检验比表面积、凝结时间、安定性和强度。

(3) 同产地、同品种、同规格的细集料,每 400m^3 或 600t 为一批,不足上述数量时也按一批计。施工单位每批抽检一次,其中有机物含量每3月抽检一次。

(4) 同产地、同品种、同规格的干料,每 500t 为一批,不足上述数量时也按一批计。施工单位每批抽检一次,同时检查原材料质量证明书。干料质量证明书应有所采用的水泥、细集料的相关质量证明文件,并应提供理论密度。

(5) 同产地、同品种、同规格且连续进场的聚合物乳液,每 50t 为一批,不足上述数量时也按一批计。施工单位每批抽检一次,检查产品质量证明文件,并进行抽样试验检验。

(6) 拌和水应符合 JGJ 63 的规定。

(7) 膨胀剂、引气剂、消泡剂、铝粉,施工单位每批检查产品质量证明文件。

3) 日常检验

CRTS Ⅰ型 CA 砂浆日常检验项目及频率见表6-9。

CRTS Ⅰ型 CA 砂浆日常检验项目及频率　　　　　表6-9

检测项目	试验时间/频率	检测项目	试验时间/频率
砂浆温度	1次/5罐	抗压强度	1次/工班
流动度	1次/5罐	分离度	1次/工班
含气量	1次/5罐	弹性模量	正式施工第一次灌注时
泛浆率	1次/工班	施工环境温度	1次/2h
膨胀率	1次/工班		

6.1.1.6　CRTS Ⅰ型 CA 砂浆检验方法

1)流动度与可工作时间试验

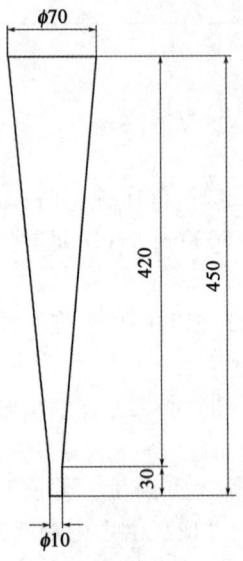

图6-2　流动度试验漏斗示意图
（尺寸单位:mm）

(1)试验设备

黄铜制 J 漏斗:如图 6-2 所示,上口径为 $\phi 70 mm$,下口径为 $\phi 10 mm$,高度为 450mm;秒表:读数精度为 0.1s。

(2)试验条件

型式检验时,试验温度为(23 ± 2)℃和(35 ± 2)℃;施工日常检验时,试验温度为大气环境温度。

(3)试验步骤

①将 J 漏斗垂直地架设在支架上。

②将拌和均匀的砂浆试样注入表面润湿的 J 漏斗中,从输出口流出适量的砂浆后,用手指将输出口压住,使砂浆注满漏斗,并将表面整平。

③放开手指,砂浆自然流出,用秒表测定砂浆从开始到结束连续流下所经历的时间,即为砂浆的流动度 t(以 s 计),精确至 0.1s。

④每隔 10min 对同一试样进行一次流动度试验,并绘出流动度曲线,即流动度与累计时间的对应关系。砂浆在规定的流动度范围 18~26s 内可持续的时间即为砂浆的可工作时间 T(以 min 计),精确至 1min。

(4)检验结果

取流动度、可工作时间三次试验的算术平均值作为该试样的检验结果,分别精确至 0.1s 和 1min。

2)表观密度与含气量试验

(1)试验设备

天平:感量1g;三角烧瓶:1000mL。

(2)试验条件

型式检验时,试验温度为(23 ± 2)℃。施工日常检验时,试验温度为大气环境温度。

(3)试验步骤

①按规定方法测试砂浆的密度,并按下式计算,计算结果精确至 $10 kg/m^3$。

$$\rho_1 = \frac{m_1}{V_1} \times 1000 \tag{6-1}$$

式中：ρ_1——砂浆密度，kg/m^3；

m_1——原材料总质量，g；

V_1——原材料的容积（质量/密度）总和，mL。

②将三角烧瓶置于天平上，按"去皮"键归零。然后向烧瓶中加入水，使水面与瓶口齐平，记录加入水的质量，测量三次，取平均值，由此可得三角烧瓶的容积 V_2，精确至1mL。

③将拌和均匀的 CA 砂浆，倒入三角烧瓶中，使砂浆表面与瓶口齐平，记录加入砂浆的质量 m_2，精确至1g。

④由三角烧瓶的容积以及加入砂浆的质量，可得砂浆的表观密度，计算结果精确至 $10kg/m^3$：

$$\rho_2 = \frac{m_2}{V_2} \times 1000 \tag{6-2}$$

式中：ρ_2——砂浆表观密度，kg/m^3；

m_2——三角烧瓶内砂浆的质量，g；

V_2——三角烧瓶的容积，mL。

⑤按下式计算砂浆的含气量 Q_a，计算结果精确到0.1%。

$$Q_a = \frac{\rho_1 - \rho_2}{\rho_1} \tag{6-3}$$

式中：Q_a——含气量，%；

ρ_1——砂浆密度，kg/m^3；

ρ_2——砂浆表观密度，kg/m^3。

(4)检验结果

检验结果包括试样的表观密度、含气量。取三次试验的算术平均值作为该试样的检验结果，分别精确至 $10kg/m^3$ 和0.1%。

3）材料分离度试验

(1)试验设备

浇注模型：型腔尺寸 $\phi50mm \times 50mm$；电子比重天平：感量0.1g，附带孔的称量挂斗以及水槽；游标卡尺：精度为0.02mm；其他：锯、夹钳台等。

(2)试验条件

试验温度：$(23 \pm 2)℃$。

(3)试验步骤

①制作 $\phi50 \times 50mm$ 的砂浆试件，每组试件不少于3个。

②打开电子比重天平预热，将称量挂斗悬挂在电子比重天平下方，并使其浸泡在水槽中，水槽中的水要达到指定的位置。

③约23h左右拆模，24h时用游标卡尺量取试样两底面之间的距离，然后将其均分为上、下两等分，并分别用水将其表面润湿。

④分别将试样上、下两部分放进称量挂斗中，称取其在水中的质量 m_1、m_2（每次称量水

面均应达到相同指定位置);然后取出试样,用棉布将其表面拭干,达到表干状态,称取上、下两部分的表干质量 m_3、m_4,精确至 0.1g。

⑤由阿基米德浮力原理,可得上、下两部分试样的体积,然后结合表干状态的质量,可得上、下部分的单位容积质量,计算结果精确至 0.001。

$$\rho_1 = \frac{m_3}{m_3 - m_1} \tag{6-4}$$

$$\rho_2 = \frac{m_4}{m_4 - m_2} \tag{6-5}$$

式中:ρ_1——上部单位容积质量;

ρ_2——下部单位容积质量。

⑥根据称量结果,按下式计算材料分离度 R,计算结果精确至 0.1%。

$$R = \frac{(\rho_2 - \rho_1) \times 0.5}{\rho_3} \times 100\% \tag{6-6}$$

式中:R——砂浆材料分离度,%;

ρ_3——上、下部平均单位容积质量。

(4)试验结果

取同批次三个试件的材料分离度的算术平均值作为该试样的材料分离度,精确至 0.1%。

4)膨胀率试验

(1)试验设备

带刻度:250mL 的量筒;游标卡尺:精度为 0.02mm;深度卡尺:精度为 0.02mm;玻璃板。

(2)试验条件

试验温度:(23 ± 2)℃。

(3)试验步骤

①将量筒竖立在一个无冲击和无振动的水平面上。

②测量量筒内径,精确至 0.02mm,测量三次,取其平均值作为量筒的内径 D。

③将流动度、含气量合适的 CA 砂浆,注入量筒,当砂浆表面与量筒 250mL 刻度处重合时,停止加入。

④在量筒上面加一块玻璃板,用游标卡尺(或深度卡尺)测量 CA 砂浆表面至玻璃板的深度 H_0,24h 后再测量 CA 砂浆表面深度 H_{24},各测量三次,精确至 0.02mm,取其平均值。

⑤根据测量结果,按下式计算其膨胀率 P,计算结果精确至 0.1%。

$$P = 0.000314 \times (H_0 - H_{24}) \times D^2 \tag{6-7}$$

式中:P——CA 砂浆膨胀率,%;

D——量筒内径,mm;

H_0——初始深度,mm;

H_{24}——24h 后的深度,mm。

(4)试验结果

取同批次三个试件膨胀率的算术平均值作为该试样的膨胀率,精确至 0.1%。

5)泛浆率试验

(1)试验设备

聚乙烯袋:直径约50mm,长为500mm以上;玻璃量筒:容量为1000mL和25mL;移液管。

(2)试验条件

试验温度:(23±2)℃。

(3)试验步骤

①在聚乙烯袋内注入约20cm高的CA砂浆,不应混入空气。

②系住袋子上端,悬挂静置。

③经24h后,目测确认是否有泛浆水。

④如有泛浆水时,将试验用袋子放入装有400mL水的量筒(1000mL)中,注意不要混入空气,使量筒中的水面与砂浆上面高度一致。将此时的刻度减去400mL,得出CA砂浆的容积V_2(mL);用移液管取出砂浆表面的泛浆水,放入25mL的量筒中,测定水的体积V_1(mL)。

⑤按下式计算泛浆率,计算结果精确至0.1%。

$$B = \frac{V_1}{V_2} \times 100\% \tag{6-8}$$

式中:B——泛浆率,%;

V_1——24h以后的泛浆水,mL;

V_2——CA砂浆的容积,mL。

(4)试验结果

取同批次三个试件的泛浆率算术平均值作为该试样的泛浆率,精确至0.1%。

6)抗压强度试验

(1)试验设备

材料试验机:载荷精度±1%;浇注模型:型腔尺寸ϕ50mm×50mm;游标卡尺:精度为0.02mm。

(2)试件

试件尺寸:ϕ50mm×50mm,各龄期试件数均不少于3个。养护条件:(20±3)℃,65%±5%RH。

(3)试验条件

试验温度:(23±2)℃。加载速率:1.0mm/min。

(4)试验步骤

①将流动度、含气量调整合适的CA砂浆,注入ϕ50mm×50mm的模型内,在指定温度、湿度条件下养护。

②养护23h左右拆模,用石膏粉对砂浆试样的上表面进行处理,使其表面平滑并编号,继续养护。

③到达相应龄期后,用游标卡尺测量试样底面的直径,精确至0.02mm,测量3次,取其平均值。

④将试样平放在试验机压板的中央,以规定的加载速率施加载荷。

⑤按1d、7d、28d龄期进行单轴压缩试验,当压力达到最大值P后停止加载,精确至1N。

⑥按下式计算砂浆抗压强度,计算结果精确至 0.01MPa。

$$\sigma = \frac{P}{S} \tag{6-9}$$

其中:σ——抗压强度,MPa;
　　P——压力最大值,N;
　　S——试样底面面积,mm²。

(5)检验结果

取同批次三个试件抗压强度的算术平均值,作为该组试件的抗压强度值,精确至 0.01MPa。

7)弹性模量试验

试验要求同上。

(1)试验步骤

①将流动度、含气量调整合适的 CA 砂浆,注入 $\phi50\text{mm} \times 50\text{mm}$ 的模型内,在指定温度、湿度条件下养护。

②养护 23h 左右拆模,用石膏粉对砂浆试样的上表面进行处理,使其表面平滑并编号,继续养护。

③到达 28d 龄期后,用游标卡尺分别测量试样底面的直径和试样的高度,精确至 0.02mm,测量 3 次,取其平均值。

④将试样平放在试验机压板中央,以规定的加载速率加载至抗压强度 0.1MPa(约 196N),然后立即卸载,卸载速率与加载速率相同,如此重复 4 次,然后以第 5 次的加载曲线的数据计算弹性模量,一般取加载曲线 3/4 抗压强度与最终抗压强度(0.1MPa)之间的曲线段进行计算,计算结果精确至 1MPa。

$$E = \frac{(\sigma_b - \sigma_a)h}{b - a} \tag{6-10}$$

式中:E——试件的弹性模量,MPa;
　　h——试件的高度,mm;
　　σ_a——试件加载曲线 3/4 的抗压强度,MPa;
　　σ_b——试件加载曲线最终抗压强度,MPa;
　　a——试件加载曲线 3/4 抗压强度时试样的变形,mm;
　　b——试件加载曲线最终抗压强度时试样的变形,mm。

(2)检验结果

取同批次三个试件弹性模量的算术平均值作为该组试件的弹性模量值,精确至 1MPa。

8)抗冻性试验

CA 砂浆抗冻性试验方法参照混凝土抗冻性试验,其试验结果应包括冻融循环次数、相对动弹模量和质量损失率。

9)CA 砂浆耐候性试验

(1)试验设备

浇注模型:型腔尺寸 40mm×40mm×160mm;氙灯老化箱及光源:6000W 水冷式管状氙

灯;试件与光源的距离:35~40cm;稳定设备:CZ-63 型磁饱和稳压器或其他稳压设备;材料试验机:载荷精度±1%。

(2)试件

试件尺寸:40mm×40mm×160mm。养护条件:(20±3)℃,(65±5)%RH。

(3)试验条件

工作室空气温度:(60±2)℃;相对湿度:(70±5)%RH;模拟降雨周期:试样每照射1h,降雨9min。

(4)试验步骤

①将流动度、含气量合适的 CA 砂浆,注入 40mm×40mm×160mm 的模型中,一次成型8组试件,每组试样数为 3 个,24h 左右拆模,然后在指定温度、湿度条件下养护。

②试件标准养护 28d 后,将其中 4 组试件放入氙灯老化箱的试样架上,按操作规程开动机器,按试验条件进行试验,照射时间为 500h。同时将另外 4 组的对比试件继续置于(20±3)℃、(65±5)%RH 的环境中进行标准养护。

③当照射时间达到 0h、100h、300h、500h 时,分别对被照射试件和同龄期未被照射的标准试件进行抗压试验,同时检查试件的外观变化情况。

④按下式计算不同照射时间 CA 砂浆试件的相对抗压强度,计算结果精确至 0.1%。

$$\sigma = \frac{\sigma_t}{\sigma_0} \times 100\% \tag{6-11}$$

式中:σ——不同照射时间试件的相对抗压强度,%;

σ_t——不同照射时间被照射试件的抗压强度值,MPa;

σ_0——相同时段标准养护试件的抗压强度值,MPa。

(5)检验结果

检验结果应包括试件的外观变化情况、试样的相对抗压强度。试样的相对抗压强度值取同批次三个试件相对抗压强度的算术平均值,精确至 0.1%。

10)CA 砂浆抗疲劳性试验

(1)试验设备

材料疲劳试验机:载荷精度±1%;浇注模型:型腔尺寸 ϕ50mm×50mm;游标卡尺:精度为 0.02mm。

(2)试件

试件尺寸:ϕ50mm×50mm,每组试件数不少于 3 个;养护条件:(20±3)℃,(65±5)%RH;试件尺寸测量方法:用游标卡尺对试件垂直直径、四个方向上高度进行测量,选用高度绝对值差小于 0.1mm 的试件。

(3)试验条件

试验温度:(23±2)℃;加载频率:正弦波,12Hz;加载荷载:荷载下限为 19.6N,荷载上限为 196N。

(4)试验步骤

①将流动度、含气量调整合适的 CA 砂浆,注入 ϕ50mm×50mm 的模型内,在指定温度、湿度条件下养护,约 24h 左右拆模,继续养护。

②到达 28d 龄期后,用游标卡尺测量试件高度,精确至 0.02mm,测量三次,取其平均值 h_0。

③将试件的上下表面均匀涂上润滑油。

④用少许硅树脂均匀涂在传力压板表面,再在其上加涂一层石墨片。

⑤将试件平放在试验机压板的中央,以规定的加载载荷和频率进行疲劳试验。

⑥循环次数达 100 万次时,停止试验。

⑦试验停止后,用游标卡尺测量试件高度,精确至 0.02mm,测量三次取其平均值 h_1,累积变形量 $\Delta h = h_0 - h_1$。

(5)检验结果

砂浆抗疲劳性用试件的累积变形量 Δh 表征,取同批次三个试件累积变形量的算术平均值作为该试样的累积变形量,精确至 0.02mm。

11) CA 砂浆低温抗裂性试验

(1)试验设备

带低温环境箱的电脑控制抗压试验机:测量精度不应低于 0.01mm;浇注模型:型腔尺寸 ϕ100mm×50mm;钢球:直径 25mm。

(2)试件

试件尺寸:ϕ100mm×50mm,每组试件不少于 3 个;养护条件:(20±3)℃,(65±5)%RH。

(3)试验条件

试验温度:(-40±2)℃;加载速率:1.0mm/min。

(4)试验步骤

①将流动度、含气量调整合适的 CA 砂浆,注入 ϕ100mm×50mm 模型内,在指定温度、湿度条件下养护,约 24h 拆模,继续养护。

②到达 28d 龄期后,对试件上表面进行处理,使其上表面平整,并与下表面平行。

③将该组试件放入低温箱恒温 24h,温度控制在(-40±2)℃。

④将抗压试验机配套的低温环境箱启动,达到试验温度后恒温 1h,快速将低温箱中的试件移入试验机低温环境箱中,试件下表面朝上平放在试验机压板中央,并将钢球放在试件的中心位置上;启动试验机,调整试验机压板与钢球轻微接触(力值 1~3N)。

⑤恒温 15min 后,以规定的加载速率进行加载,电脑操作界面中应力位移曲线上力值陡降时停止,记录应力最大时的位移值 h,精确至 0.01mm。

(5)检验结果

砂浆低温抗裂性用低温下钢球压入深度值表征,取同批次三个试件位移值 h 的算术平均值作为该试样的钢球压入深度值,精确至 0.1mm。

12) CA 砂浆低温折压比试验

(1)试验设备

水泥胶砂试模:型腔尺寸 40mm×40mm×160mm;带低温环境箱的抗折抗压试验机:载荷精度±1%;刮平尺。

(2)试件

试件尺寸:40mm×40mm×160mm,每组试件不少于 3 个;养护条件:(20±3)℃,(65±

5)%RH。

(3)试验条件

试验温度:(-40±2)℃;加载速率:1.0mm/min。

(4)试验步骤

①将流动度、含气量调整合适的 CA 砂浆,注入 40mm×40mm×160mm 模型内,表面用刮平尺刮平,在指定温度、湿度条件下养护,约 24h 拆模,继续养护。

②到达 28d 龄期后,将该组试件放入低温箱恒温 24h,温度控制在(-40±2)℃。

③将抗折抗压试验机及其配套的低温环境箱启动,达到试验温度后恒温 1h,快速将低温箱中的试件放在试验机低温环境箱中抗折夹具上,恒温 15min 后进行抗折强度测试。

④将抗折试验后的两个半截棱柱体放入低温箱恒温不小于 2h,温度控制在(-40±2)℃。

⑤试验机更换压头后,启动试验机配套的低温环境箱至试验温度,恒温 1h,快速将低温箱中抗折试验后的两个半截棱柱体放在试验机低温环境箱中,依次恒温 15min 后进行抗压强度测试。

⑥根据测试结果,按下式计算低温折压比,计算结果精确至 0.01。

$$\lambda = \frac{\sigma_z}{\sigma_y} \times 100\% \qquad (6-12)$$

式中:λ——低温折压比,精确至 0.01;

σ_z——同组试件的平均抗折强度,MPa;

σ_y——同组试件的平均抗压强度,MPa。

(5)试验结果

以同批次三个棱柱体抗折结果的平均值作为试验结果。当三个强度值中有超过平均值±10% 时,应剔除后再取平均值作为抗折强度试验结果。

以每组三个棱柱体上得到的六个抗压强度测定值的算术平均值作为试验结果。如六个测定值中有一个超过六个平均值的±10%,就应剔除这个结果,而以剩下的五个的平均数为结果,如果五个测定值中再有超过它们平均数±10% 的,则此组结果作废,重新取样进行试验。

13)CA 砂浆低温弹性模量试验

CA 砂浆低温弹性模量试验原理与计算方法同 CA 砂浆弹性模量试验,但试验温度为(-40±2)℃。主要试验步骤如下:

①将流动度、含气量调整合适的 CA 砂浆,注入 ϕ50mm×50mm 模型内,在指定温度、湿度条件下养护,约 24h 拆模,继续养护。

②到达 28d 龄期后,对试件上表面进行处理,使其上表面平整,并与下表面平行。

③将该组试件放入低温箱恒温 24h,温度控制在(-40±2)℃。

④用游标卡尺 1min 内分别测量试件底面的直径和试件的高度,精确至 0.02mm,测量三次取其平均值。

⑤将试件重新放入低温箱,在(-40±2)℃温度环境恒温 1h。

⑥将试验机及其配套的低温环境箱启动,达到试验温度后恒温1h,快速将低温箱中的试件放在低温环境箱中试验机压板中央,恒温15min后,以规定的加载速率加载至抗压强度0.1MPa(约196N),然后立即卸载,卸载速率与加载速率相同,如此重复4次,然后以第5次的加载曲线的数据计算弹性模量,一般取加载曲线最终抗压强度(约0.1MPa)与3/4抗压强度之间的曲线段按式(6.10)进行计算。

6.1.2 CRTS II型板式无砟轨道CA砂浆检测

6.1.2.1 CRTS II型CA砂浆组成材料的性能要求

CRTS II型板式无砟轨道CA砂浆由乳化沥青、干粉料(水泥、细集料、膨胀剂等)、外加剂(减水剂、消泡剂)和水等材料组成。

1)乳化沥青

CRTS II型板式无砟轨道用乳化沥青的性能指标应符合表6-10的规定。用于生产乳化沥青的沥青应采用重交通道路石油沥青的技术要求,如表6-11。如使用SBS改性沥青或SBR改性沥青,其性能指标应符合表6-2、表6-3的规定。

CRTS II型CA砂浆对乳化沥青的技术要求　　　　表6-10

检测项目		单位	技术要求
筛上剩余量(1.18mm)		%	≤0.1
微粒离子电荷		—	阴
粒径	平均粒径	μm	≤7
	模数粒径	μm	≤5
水泥适应性		s	≤15
储存稳定性(25℃)	1d	%	<1.0
	5d	%	<5.0
低温储存稳定性(-5℃)		—	无粗颗粒或块状物
蒸发残留物	残留物含量	%	≥60
	针入度(25℃,0.1mm)		40~120
	软化点(环球法)	℃	≥42
	溶解度	%	≥99
	延度 25℃	cm	≥100
	延度 5℃	cm	≥20

CRTS II型乳化沥青砂浆对沥青的技术要求　　　　表6-11

检测项目	单位	技术要求
针入度(25℃,100g,5s)	0.1mm	60~100
延度(10℃)	cm	≥15
软化点(环球法)	℃	42~52
闪点(COC)	℃	≥230
含蜡量(蒸馏法)	%	≤2.2

续上表

检测项目		单 位	技 术 要 求
密度(25℃)		g/cm³	≥1.0
溶解度		%	≥99.0
薄膜加热试验(163℃,5h)或旋转薄膜加热试验(163℃,85min)	质量变化	%	±0.6
	针入度比	%	≥50
	延度(10℃)	cm	≥6

2)干料

CRTS Ⅱ型 CA 砂浆用干料是一种由不同材料组配的复合材料,其性能指标应符合表 6-12 的规定,同时应使最终配制的 CA 砂浆性能满足要求。用于生产干料的水泥应采用硅酸盐水泥,其性能指标应符合 GB 175 的规定。用于生产干料的细集料应采用河砂或机制砂,不应使用海砂和尾矿砂,最大粒径 1.18mm,其他性能应符合表 6-13 的规定。

干料的性能指标要求　　　　　　　　　　　　　　　　　表 6-12

检测项目		单 位	技 术 要 求
级配	方筛孔尺寸(mm)	%	通过率
	1.18		100
	0.6		80~100
	0.3		55~70
	0.15		40~55
	0.075		33~45
扩展度	D_5	mm	≥160
	D_{30}		≥150
抗压强度	1d	MPa	≥9
	7d		≥30
	28d		≥35

细集料的性能指标要求　　　　　　　　　　　　　　　　表 6-13

检测项目	单 位	技 术 要 求	
		河砂	机制砂
表观密度(ρ)	g/cm³	2.55≤ρ≤2.80	
含水率	%	≤0.1	
吸水率	%	<3.0	
含泥量	%	<2.0	—
石粉含量	%	—	<5.0
坚固性	%	≤8	
有机物(比色法)	—	合格	
氯离子含量	%	<0.02	
硫化物及硫酸盐含量(折算成 SO_3)	%	≤0.5	
碱活性(快速砂浆棒膨胀率)	%	≤0.10	

CRTS Ⅱ型 CA 砂浆其他组成材料的性能要求与 CRTS Ⅰ型相同。

6.1.2.2 CRTS Ⅱ型 CA 砂浆配合比

CRTS Ⅱ型 CA 砂浆配合比应按初始配合比、基本配合比、施工配合比的顺序分阶段进行设计和确定,且应符合表 6-14 的规定。

CRTS Ⅱ型 CA 砂浆配合比要求 表 6-14

使用环境类别	乳化沥青的蒸发留物与胶凝材料的最小比值	胶凝材料用量（kg/m³）	细集料与胶凝材料的比值	乳化沥青最小用量（kg/m³）	最大水胶比
无冻融循环环境	0.30	440~580	1.5~2.3	250	0.54
有冻融循环环境	0.30	480~580	1.5~2.1	250	0.50

注:计算水胶比时,水为砂浆的总用水量,包含乳化沥青中的水量。

初始配合比应通过计算、试验室试配、调整等步骤选定。选定时,应确定其用水量可调整范围,并经型式检验合格。基本配合比和施工配合比的用水量应在初始配合比允许的可调整范围内。

上道施工前,应采用初始配合比在与施工现场基本一致的工况条件下开展工艺性试验,确定基本配合比、形成施工工艺、确认 CA 砂浆充填层与轨道板间的黏结强度满足设计要求。

用于施工的每台 CA 砂浆搅拌设备均应开展工艺性试验。

上道施工时,应在基本配合比的基础上,根据施工环境温度等条件,通过试拌、拌和物性能测试确定施工配合比。采用施工配合比拌制的砂浆拌和物性能应与工艺性试验确定的砂浆拌和物性能基本一致。

6.1.2.3 CRTS Ⅱ型 CA 砂浆的性能

CRTS Ⅱ型 CA 砂浆的性能应符合表 6-15 的规定。

CRTS Ⅱ型 CA 砂浆的性能要求 表 6-15

检测项目		单位	技术要求
拌和物温度		℃	5~35
出机扩展度	D_5	mm	≥280
	t_{280}	s	≤16
30min 扩展度	D_{30}	mm	≥280
	t_{280}	s	≤22
流动度		s	80~160
分离度		%	≤2.0
含气量		%	3.0~10.0
单位容积质量		kg/m³	≥1800
泌水率		%	0
膨胀率		%	0~2.0

续上表

检测项目		单位	技术要求
抗折强度	1d	MPa	≥0.5
	28d		≥3.0
抗压强度	1d	MPa	≥1.0
	28d		≥15.0
弹性模量(28d)		MPa	7000～12000
抗冻性(56次,28d)	剥落量	g/m³	≤1000
	相对动弹性模量	%	≥60
抗疲劳性(饱水,28d)		—	10000次不开裂
耐候性(500h,28d)	外观	—	无剥落、无开裂
	相对抗压强度	%	≥80
收缩率(28d)		%	$\leq 700 \times 10^{-6}$

6.1.2.4 CRTS Ⅱ型 CA 砂浆揭板检验评价标准

无砟轨道施工前,为了验证 CRTS Ⅱ型 CA 砂浆充填层的灌板效果,掌握灌板施工工艺,按照无砟轨道施工的相关规定,必须进行揭板工艺性试验,并由业主或监理单位组织专家进行评估,揭板检验评价标准见表6-16。

CRTS Ⅱ型 CA 砂浆充填层的质量要求　　　　表6-16

检测项目	技术要求
充盈度	应充盈饱满
表面状态	不应有泌水流痕
	不应有起皮、气泡层、沥青聚集
	不应有蜂窝状气泡聚集
	不应有直径大于50mm的气泡
	直径大于10mm的气泡总面积应不超过整个板面积的0.2%
	不应有上下贯通气孔
断面状态	不应有气泡富集层、分层
侧面状态	不应有空洞、气泡
	应齐整,凸出或凹进轨道板边缘应不超过10mm

6.1.2.5 CRTS Ⅱ型 CA 砂浆检验规则

CRTS Ⅱ型 CA 砂浆的质量检验分型式检验、原材料进场检验和日常检验。

1)型式检验

有以下情况之一时,应进行型式检验:初始配合比选定时、首批材料进场时、选用新材料时、施工中断半年及以上后再施工时、每施工 5000m³(不足时按 5000m³ 计)CA 砂浆时(减水剂、消泡剂和水除外;减水剂使用6个月时,消泡剂和水使用1年时)。

型式检验项目应包括标准规定的所有项目。

2) 日常检验

施工过程中,应对原材料、CA 砂浆和 CA 砂浆充填层进行日常检验,检验项目和检验频率应符合表 6-17 ~ 表 6-19 的规定,检验结果应符合本标准的规定。

CRTS Ⅱ型 CA 砂浆原材料日常检验项目及抽检频率 表 6-17

原材料名称	检验项目	抽检频率
乳化沥青	温度	同厂家、同批号的产品每 200t 检验一次,不足时按 200t 计
	筛上剩余量	
	水泥适应性	
	蒸发残留物含量	
干料	温度	同厂家、同批号的产品每 500t 检验一次,不足时按 500t 计
	级配	
	抗压强度	
减水剂	减水率	同厂家、同批号、同品种的产品每 50t 检验一次,不足时按 50t 计

CRTS Ⅱ型 CA 砂浆日常检验项目及抽检频率 表 6-18

检验项目	抽检频率	检验项目	抽检频率
拌和物温度	首盘;1 次/10 盘	泌水率	1 次/工班
流动度	首盘;1 次/10 盘	分离度	1 次/工班
扩展度(出机、30min)	首盘;1 次/10 盘	抗折强度	1 次/工班
含气量	首盘;1 次/10 盘	抗压强度	1 次/工班
单位容积质量	首盘;1 次/10 盘	施工环境温度	1 次/2h
膨胀率	1 次/工班		

CRTS Ⅱ型 CA 砂浆充填层日常检验项目及抽检频率 表 6-19

检验项目	抽检频率
表 6-18 规定的所有项目	首次上道施工时,一次性连续施工 10 块板,随机抽取 2 块板(灌注后 24 ~ 48h 内进行检验)
	每施工 500 块板(不足时按 500 块板计)时,随机抽取 1 块板(灌注后 7d 内进行检验)
	对施工质量有疑问时
	以每台 CA 砂浆搅拌车为抽检单位

6.1.2.6 CRTS Ⅱ型 CA 砂浆检验方法

1)乳化沥青与水泥适应性试验

(1)主要设备和器具

流动度测定仪及支架:采用不锈钢或铜质材料整体精加工制成,内壁光滑,不能有焊缝,其尺寸应符合图 6-3 的规定;搅拌装置:立式搅拌机,转速 0 ~ 500r/min 可调;恒温水浴箱或烘箱:可恒温在 40℃;电子秒表:分度值 0.1s 等。

(2)试验步骤

①准确称取 125g 乳化沥青置于 1000ml 烧杯中,加入 75g 水,搅拌(100r/min)10s;均匀

加入150g水泥(与工程实际用水泥相同)在1min内完成,随水泥的加入,慢慢将搅拌机转速提高至300r/min。加完水泥后,再按300r/min的转速搅拌1min。

②将烧杯密封好,和流动度测定仪一起放入温度为40℃的恒温水浴箱或烘箱中,恒温4h。

③取出烧杯,观察乳化沥青是否破乳,如破乳,结束试验,结果判定为不合格。如没有破乳,将试样在搅拌机上搅拌1min(300r/min),使其均匀。

④取出流动度测定仪,竖直放置在支架上,堵住出料口,将搅拌均匀的全部试样迅速倒入流动度测定仪中。放开出料口,让试样流入量筒中,同时按下秒表。20s后用手指将出料口封住,读取流入量筒内的试样体积。

(3)结果与计算

同一样品应平行试验两次。若其中一个试样破乳,则试验结果判定为不合格;若试样未破乳,则以两个试样的平均值表示,精确至2mL。

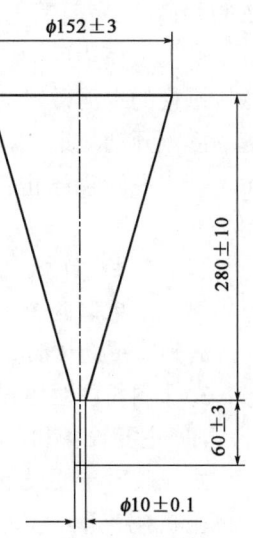

图6-3 流动度测定仪尺寸
(尺寸单位:mm)

2)干料扩展度试验

(1)主要设备和器具

水泥胶砂主要设备:胶砂搅拌机;胶砂流动度测定仪(跳桌)、试模与捣棒;游标卡尺:量程不小于300mm,分度值不大于0.5mm;电子天平:量程不小于5000g,感量0.1g;小刀:刀口平直,长度大于80mm;电子秒表:分度值不大于0.1s。

(2)试验步骤

①如跳桌在24h内未被使用,先空跳一个周期(15次)。

②将准备试验的干料样品、水及试验器具放入温度为(20±2)℃、相对湿度不低于50%的试验室内恒温24h。

③准确称取干料1500g;称取适量的水。

④先将称量好的水加入搅拌锅中,再将干料慢慢加入搅拌锅中,将搅拌锅安装到搅拌机固定架上。

⑤将搅拌机速度控制开关置于自动挡,启动搅拌开关,缓慢提升搅拌锅至固定位置,以免干料产生飞溅。在搅拌机停拌90s的过程中,在第一个15s内用一胶皮刮具将叶片和锅壁上的水泥砂浆刮入搅拌锅中间。

⑥在搅拌水泥砂浆的同时,用潮湿棉布擦拭跳桌台面、试模内壁、捣棒,并将试模置于跳桌台面中央,用潮湿棉布覆盖。

⑦将拌制好的水泥砂浆分两层迅速装入试模,第一层装至截锥圆模高度约三分之二处,用小刀在相互垂直的两个方向各划5次,用捣棒由边缘至中心均匀捣压15次;随后,装第二层水泥砂浆,装至高出截锥圆模约20mm,用小刀在相互垂直的两个方向各划5次,再用捣棒由边缘至中心均匀捣压10次,捣压后水泥砂浆应略高于试模。捣压深度要求:第一层捣至水泥砂浆高度的二分之一位置,第二层捣压时捣棒不超过第一层水泥砂浆的顶面。装水泥

砂浆和捣压时,用手扶稳试模,不要使其移动。

⑧捣压完毕后,取下套模,将小刀倾斜,从中间向边缘分两次以近水平的角度抹去高出截锥圆模的水泥砂浆,并擦去落在桌面上的水泥砂浆。30s 后将截锥圆模垂直向上轻轻提起。立刻开动跳桌,以每秒钟一次的频率,在 15s±1s 内完成 15 次跳动。

⑨水泥砂浆停止扩展后,用游标卡尺测量其底面互相垂直的两个方向的直径,精确至 1mm。

(3)结果与计算

试验结果以两个方向直径的平均值表示,精确至 1mm。如两个方向的直径相差大于 10mm,则应重新试验。如扩展度不满足要求,调整用水量,重复试验。

3)干料抗压强度试验

(1)主要设备和器具

水泥胶砂主要设备:胶砂搅拌机;试件成型振实台;抗折强度、抗压强度试验机;抗压强度试验机用夹具;水泥胶砂试模:尺寸为 40mm×40mm×160mm;电子天平:量程不小于 5000g,感量 0.1g;刮平尺。

(2)试验步骤

①将准备试验的干料样品、水及试验器具提前 24h 放入温度为(20±2)℃、相对湿度不低于 50% 的试验室内恒温。

②准确称取干料 2600g;根据干料中胶材用量,按水胶比为 0.50 计算用水量,并准确称取拌和用水。

③先将称量好的水加入搅拌锅中,再将干料慢慢加入搅拌锅中,将搅拌锅安装到搅拌机固定架上。

④将搅拌机速度控制开关置于自动挡,启动搅拌开关,缓慢提升搅拌锅至固定位置,以免干料产生飞溅。在搅拌机停拌 90s 的过程中,在第一个 15s 内用一胶皮刮具将叶片和锅壁上的水泥砂浆刮入搅拌锅中间。

⑤按照 GB/T 17671 规定的方法成型和养护试件、进行抗压强度测试。

(3)结果与计算

干料抗压强度试验结果计算与确定方法按 GB/T 17671 的相关规定进行。

4)CA 砂浆流动度试验

(1)主要设备和器具

流动度测定仪及支架:见图 6-3;电子秒表:分度值不大于 0.1s;盛样容器。

(2)取样及试样的制备

现场取样时,应从同一盘 CA 砂浆中取样。取样数量应多于试验所需量的 2 倍。自取样完毕到开始做各项性能试验不宜超过 5min。试验室制备试样应按下列步骤进行:

①将准备试验的干料、乳化沥青、水等原材料及试验器具放入温度(20±2)℃、相对湿度不低于 50% 的试验室内恒温 24h。

②准确称取各种原材料,先将乳化沥青加入搅拌锅中,再将减水剂和消泡剂加入水中搅拌均匀后加入搅拌锅中。

③启动搅拌机,并将搅拌速度调节至 1m/s,搅拌 10s 后加入干料。加入干料的过程中可

逐步提高搅拌速度至3.2m/s。加完干料后停止搅拌,15s内将黏附在搅拌锅壁及搅拌叶上的干料刮入搅拌锅中,再以3.2m/s的速度搅拌3min,然后,以1m/s的速度搅拌2min。

④自试样制备完毕到开始各项性能试验不宜超过5min。

(3)试验步骤

①将流动度测定仪润湿后竖直放置在支架上,漏斗的轴线垂直地面,将盛样容器置于流动度测定仪下方。

②堵住流动度测定仪的出料口。将拌制好的1LCA砂浆缓慢地倒入流动度测定仪中。

③放开出料口,同时按下秒表,测量流动度测定仪中CA砂浆全部流出所需的时间。

(4)结果与计算

试验结果以CA砂浆流出时间表示,精确至1s。

5)CA砂浆扩展度试验

(1)主要设备和器具

搅拌机:立轴行星式搅拌机,搅拌叶片与锅底、锅壁的工作间隙$(3±1)$mm;电子天平:感量0.1g和0.01g的各一台;玻璃板:尺寸为400mm($±2$mm)×400mm($±2$mm);扩展度筒:内径为$(50±1)$mm,高为$(190±2)$mm,采用刚性材料制成,内壁光滑;直尺:分度值不大于1mm;电子秒表:分度值不大于0.1s。

(2)取样及试样的制备

现场取样时,应从同一盘CA砂浆中取样。取样数量应多于试验所需量的2倍。自取样完毕到开始做各项性能试验不宜超过5min。试验室制备试样应按下列步骤进行:

①将准备试验的干料、乳化沥青、水等原材料及试验器具放入温度$(20±2)$℃、相对湿度不低于50%的试验室内恒温24h。

②准确称取各种原材料,先将乳化沥青加入搅拌锅中,再将减水剂和消泡剂加入水中搅拌均匀后加入搅拌锅中。

③启动搅拌机,并将搅拌速度调节至1m/s,搅拌10s后加入干料。加入干料的过程中可逐步提高搅拌速度至3.2m/s。加完干料后停止搅拌,15s内将黏附在搅拌锅壁及搅拌叶上的干料刮入搅拌锅中,再以3.2m/s的速度搅拌3min,然后,以1m/s的速度搅拌2min。

④自试样制备完毕到开始各项性能试验不宜超过5min。

(3)试验步骤

①将玻璃板水平放置。湿润玻璃板表面和扩展度筒内壁,将扩展度筒竖立在玻璃板中间。

②将拌制好的CA砂浆倒满扩展度筒。如果不慎将砂浆洒落在玻璃板上,应及时擦拭干净,并保持玻璃板湿润。

③将扩展度筒迅速垂直提高至离玻璃板$(15±2)$cm,并保持10s。在提起扩展度筒的同时按下秒表,记录CA砂浆扩展直径达到280mm的时间。

④待CA砂浆停止扩展后,测量其互相垂直的两个方向的扩展直径。

(4)结果与计算

试验结果以两个垂直方向的扩展直径的平均值(精确到1mm)及扩展直径达到280mm时的时间(精确到1s)表示。

6) CA 砂浆含气量试验

(1) 主要设备和器具

含气量测定仪:如图 6-4 所示,由盛样容器和盖体两部分组成,盛样容器的容积为 1L;刮平尺。

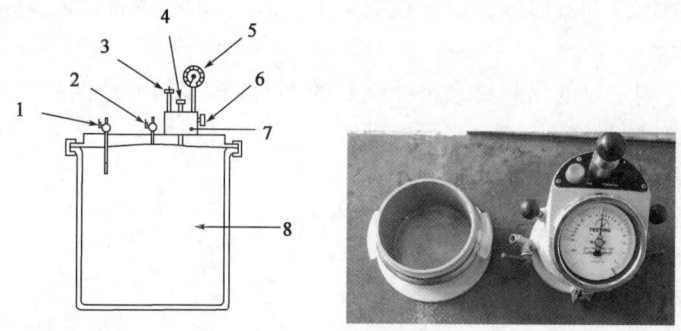

图 6-4 含气量测定仪

1-加水阀;2-排水阀;3-加气阀;4-操作阀;5-压力表;6-排气阀;7-空气室;8-盛样容器

(2) 取样及试样的制备

现场取样时,应从同一盘 CA 砂浆中取样。取样数量应多于试验所需量的 2 倍。自取样完毕到开始做各项性能试验不宜超过 5min。试验室制备试样应按下列步骤进行:

①将准备试验的干料、乳化沥青、水等原材料及试验器具放入温度(20±2)℃、相对湿度不低于 50% 的试验室内恒温 24h。

②准确称取各种原材料,先将乳化沥青加入搅拌锅中,再将减水剂和消泡剂加入水中搅拌均匀后加入搅拌锅中。

③启动搅拌机,并将搅拌速度调节至 1m/s,搅拌 10s 后加入干料。加入干料的过程中可逐步提高搅拌速度至 3.2m/s。加完干料后停止搅拌,15s 内将黏附在搅拌锅壁及搅拌叶上的干料刮入搅拌锅中,再以 3.2m/s 的速度搅拌 3min,然后,以 1m/s 的速度搅拌 2min。

④自试样制备完毕到开始各项性能试验不宜超过 5min。

(3) 试验步骤

①首次使用前应对含气量测定仪进行校准。使用过程也应定期对含气量测定仪进行校准。

②将含气量测定仪盛样容器内部擦拭干净并润湿。将拌制好的 CA 砂浆倒满盛样容器,用刮平尺刮平,盖上容器盖。

③打开加水阀和排水阀,通过加水阀向盛样容器内注水。当排水阀流出的水流不含气泡时,在注水的状态下同时关闭加水阀和排水阀。注水时可将含气量测定仪稍微倾斜,有利于空气的排出。

④通过加气阀向空气室加气,使压力表指针略过红线。通过排气阀调整压力表指针指向红线位置。

⑤打开操作阀,待压力表指针稳定后读取含气量值。

⑥打开排气阀,将空气室空气排尽。

(4)结果与计算

同一样品应进行两次试验。试验结果以两次试验的含气量平均值表示,精确至0.1%。若单次试验的含气量值与平均值之差大于平均值的10%,应重新试验。

7)CA砂浆力学性能试验

(1)主要设备和器具

试验机:抗折强度试验机;抗压强度试验机(精度±1%,加荷速度可在50~500N/s范围内可调);抗压强度试验机用夹具;试模:抗折强度、抗压强度试模尺寸为40mm×40mm×160mm;弹性模量试模尺寸为100mm×100mm×300mm;刮平尺。

(2)取样及试样的制备

现场取样时,应从同一盘CA砂浆中取样。取样数量应多于试验所需量的2倍。自取样完毕到开始做各项性能试验不宜超过5min。试验室制备试样应按下列步骤进行:

①将准备试验的干料、乳化沥青、水等原材料及试验器具放入温度(20±2)℃、相对湿度不低于50%的试验室内恒温24h。

②准确称取各种原材料,先将乳化沥青加入搅拌锅中,再将减水剂和消泡剂加入水中搅拌均匀后加入搅拌锅中。

③启动搅拌机,并将搅拌速度调节至1m/s,搅拌10s后加入干料。加入干料的过程中可逐步提高搅拌速度至3.2m/s。加完干料后停止搅拌,15s内将黏附在搅拌锅壁及搅拌叶上的干料刮入搅拌锅中,再以3.2m/s的速度搅拌3min,然后,以1m/s的速度搅拌2min。

④自试样制备完毕到开始各项性能试验不宜超过5min。

(3)试验步骤

①将拌制好的CA砂浆注入试模中,刮平。强度试件1组3块,弹性模量试件1组6块。

②用薄膜覆盖试件表面后,将试件连同试模移入温度(20±2)℃、相对湿度不低于90%的标准养护室养护1d后脱模,脱模后继续在标准养护室养护至7d,再移入温度(20±2)℃、相对湿度60%±5%的养护室养护至28d。

③按相关规定进行强度试验。抗压强度加荷速度为50~500N/s,并保证试件在30~90s破坏。

④按相关规定进行弹性模量试验。

(4)结果与计算

强度试验结果计算与确定方法按GB/T 17671相关规定进行,弹性模量试验结果计算与确定方法按GB/T 50081相关规定进行。

8)CA砂浆冻融试验

(1)主要设备和器具

试验容器:采用不锈钢制成,顶部有盖,容器内壁的长度应为(250±1)mm,宽度应为(200±1)mm,高度应为(120±1)mm。容器底部应安置高(5±0.1)mm不吸水、浸水不变形且在试验过程中不影响溶液组分的非金属三角垫条或支撑。

冻融试验机:应符合《混凝土抗冻试验设备》(JG/T 243—2009)的规定,试验容器应固定在冻融试验机内,并应自动按规定的冻融循环制度进行冻融循环。冻融循环制度如图6-5所示。冻融循环的温度应从20℃开始,并应以(10±1)℃/h的速度均匀降至(-20±1)℃,

且应维持3h;然后应从-20℃开始,并应以(10±1)℃/h的速度均匀地升至(20±1)℃,且应维持1h。冻融试验机满载运转时冻融箱内各点之间的最大温差不得超过1℃。

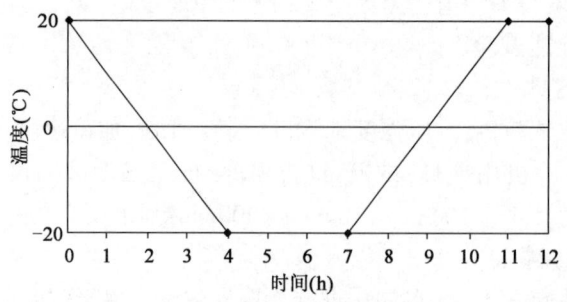

图6-5 冻融循环制度

超声浴槽:超声发生器的功率应为250W,频率应为35kHz。

超声波测试仪:频率范围应为10~100kHz。

超声传播时间测量装置:由有机玻璃制成,超声传感器应安置在该装置两侧相对的位置上,且超声传感器轴线距试件测试面的距离应为35mm。

烘箱:温度应能恒定在(110±5)℃等。

(2)取样及试样的制备

现场取样时,应从同一盘CA砂浆中取样。取样数量应多于试验所需量的2倍。自取样完毕到开始做各项性能试验不宜超过5min。试验室制备试样应按下列步骤进行:

①将准备试验的干料、乳化沥青、水等原材料及试验器具放入温度(20±2)℃、相对湿度不低于50%的试验室内恒温24h。

②准确称取各种原材料,先将乳化沥青加入搅拌锅中,再将减水剂和消泡剂加入水中搅拌均匀后加入搅拌锅中。

③启动搅拌机,并将搅拌速度调节至1m/s,搅拌10s后加入干料。加入干料的过程中可逐步提高搅拌速度至3.2m/s。加完干料后停止搅拌,15s内将黏附在搅拌锅壁及搅拌叶上的干料刮入搅拌锅中,再以3.2m/s的速度搅拌3min,然后,以1m/s的速度搅拌2min。

④自试样制备完毕到开始各项性能试验不宜超过5min。

(3)试验步骤

①在150mm×150mm×150mm试模中间垂直插入一片尺寸为150mm×150mm×2mm的聚四氟乙烯片,使试模均分为两部分,也可以将两片聚四氟乙烯片垂直插入试模的两侧。聚四氟乙烯片不得涂抹任何脱模剂。接触聚四氟乙烯片的面作为测试面。

②将拌制好的CA砂浆注入试模中,刮平。

③用薄膜覆盖试件表面后,将试件连同试模移入温度(20±2)℃、相对湿度90%以上的标准养护室养护1d后脱模,脱模后继续在标准养护室养护至7d。

④当试件养护至7d龄期时,应对试件进行切割。首先应将试件的成型面切除,切割成110mm高。如聚四氟乙烯片放置于试模两侧,还应从中间再将试件进行切割。切割完成后的试件尺寸应为150mm×110mm×70mm,偏差应为±2mm。每组试件的数量不应少于5个。试件切割完成后再移入温度(20±2)℃、湿度60%±5%的养护室养护至28d。

⑤在规定的试验龄期前 2~4d,用硅橡胶或环氧树脂密封试件的 4 个侧面,测试面(接触聚四氟乙烯片的面)及与其相平行的顶面不密封。密封前应对试件侧面进行清洁处理。

⑥试件养护至规定的试验龄期时,将试件放置于试验容器中的垫条或支撑上,测试面向下,使试件位于试验容器的中间。向试验容器中加水,使液面高度为(10 ± 1)mm。加水过程中不得溅湿试件顶面。加水完毕后,盖上试验容器的盖子,进行试件饱水。饱水时间应持续7d,试验温度应保持为(20 ± 2)℃。应定期检查液面高度,并应始终保持液面高度为(10 ± 1)mm。

⑦试件饱水结束后,迅速将试件从试验容器中取出,并以测试面向下的方向将试件置于不锈钢盘上,然后将试件连同不锈钢盘一起放入超声传播时间测量装置中(图 6-6)。向超声传播时间测量装置中加入水作为耦合剂,液面高于超声传感器探头 10mm 以上,但不应超过试件上表面。打开超声波测试仪,测试超声传播时间初始值 t_{cs},精确至 $0.1\mu s$。每个试件的超声传播时间应通过测量离测试面 35mm 的两条相互垂直的传播轴的传播时间,取其平均值得到。可通过细微调整试件位置,使测量的传播时间最小,以此确定试件的最终测量位置,并标记这些位置作为后续试验中定位时采用。试验过程中,应始终保持试件和耦合剂的温度为(20 ± 2)℃,防止试件的上表面被湿润。排除超声传感器表面和试件两侧的气泡,并应保护试件的密封材料不受损伤。

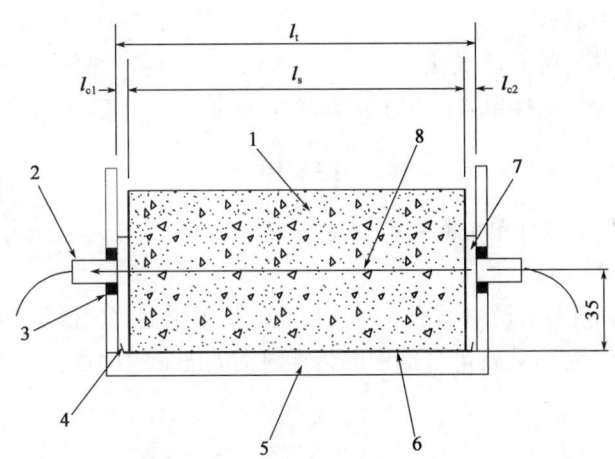

图 6-6　超声传播时间测量装置(尺寸单位:mm)

l_t-全部超声传播路径的总长;l_s-试件超声传播路径的总长;l_{c1}、l_{c2}-耦合剂中超声传播长度;1-试件;2-超声传感器探头;3-密封层;4-不锈钢盘;5-超声测试容器;6-测试面;7-耦合剂;8-超声传播轴

⑧将测试后的试件重新放入试验容器中的垫条或支撑上,测试面向下,使试件位于试验容器的中间。调整液面高度为(10 ± 1)mm。将装有试件的试验容器放置在冻融试验箱的托架上,并使试验容器浸入冷冻液中的深度为(15 ± 2)mm。在冻融循环试验前,应采用超声浴方法将试件表面的疏松颗粒和物质清除,清除之物应作为废弃物处理。

⑨冻融循环试验时,应去掉试样容器的盖子。冻融循环过程宜连续不断地进行。当冻融循环过程被打断时,应将试件保存在试样容器中,并应保持水面高度。

⑩每 4 个冻融循环应在(20 ± 2)℃的恒温室中对试件的剥落物质量、超声传播时间进行测量。当测量过程被打断时,应将试件保存在盛有水的试验容器中。测量时,先将试验容器

从冻融试验箱中取出，放置于超声浴中，超声浴 3min。将试件取出，用干毛巾将试件侧面和顶面的水擦干净后，与不锈钢盘一起放置在超声传播时间测量装置中，并按与测量超声传播时间初始值相同的方法测量此时试件的超声传播时间 τ_n，精确至 $0.1\mu s$。同时，将超声传播时间测试过程中掉落到不锈钢盘中的剥落物收集到试样容器中，并用滤纸过滤试验容器中的剥落物。过滤前先称量滤纸的重量 μ_f，精确至 $0.01g$，然后将过滤后含有全部剥落物的滤纸置于 (110 ± 5)℃的烘箱中烘干，冷却后称量滤纸和剥落物的总重量 μ_b，精确至 $0.01g$。

⑪测量完超声传播时间后的试件应重新放入试样容器中，并按上述要求进行下一个冻融循环。

⑫冻融循环试验出现下列情况之一时，可停止试验：试件的相对动弹性模量下降到 60% 以下时；试件剥落量大于 $1000g/m^2$ 时；达到规定冻融循环次数时。

(4) 结果与计算

试验结果以单位面积剥落量和相对动弹模量表示。单位面积剥落量和超声波相对动弹模量按下列方法计算：

①单位面积剥落量：单次测试时每个试件的剥落物质量 μ_s，按下式计算，精确至 $0.01g$。

$$\mu_s = \mu_b - \mu_f \tag{6-13}$$

式中：μ_s——单次测试时每个试件的剥落物质量，g；

μ_f——滤纸的质量，g；

μ_b——滤纸和剥落物的总质量，g。

n 次冻融循环后，每个试件单位面积上的剥落量 m_n 按下式计算，确至 $1g/m^2$。

$$m_n = \frac{\sum\mu_s}{A} \times 10^6 \tag{6-14}$$

式中：m_n——循环后，每个试件单位面积剥落量，g/m^2；

A——测试面面积，mm^2。

取 5 个试件单位面积剥落量的平均值作为该组试件单位面积剥落量，精确至 $1g/m^2$。

②相对动弹性模量：超声波在耦合剂中的传播时间 t_c 按下式计算：

$$t_c = \frac{l_c}{v_c} \tag{6-15}$$

式中：t_c——波在耦合剂中的传播时间，μs；

l_c——耦合剂中超声波传播的长度，$l_c = l_{c1} + l_{c2}$，mm；

v_c——波在耦合剂中传播的速度，km/s。

n 次冻融循环后，每个试件的相对动弹性模量 $R_{u,n}$ 按下式计算：

$$R_{u,n} = \tau_n^2 \times 100\% \tag{6-16}$$

$$\tau_n = \frac{t_{cs} - t_c}{t_n - t_c} \tag{6-17}$$

式中：$R_{u,n}$——试件的相对动弹性模量，%；

τ_n——试件的超声波相对传播时间，%；

t_{cs}——超声传播时间初始值，μs；

t_n——经过 n 次冻融循环后的试件超声传播时间，μs。

取 5 个试件的相对动弹性模量平均值作为该组试件的相对动弹性模量,精确至 1%。

9)CA 砂浆抗疲劳性试验

(1)主要设备和器具

疲劳试验机;游标卡尺:分度值不大于 0.02mm;传力钢板:直径 100mm,厚度大于 10mm;抽真空设备:真空容器的内径不应小于 250mm,并应能至少容纳 3 个试件。真空泵应能保持容器内的气压处于 1～5kPa。真空表或压力计的精度应为 ±665Pa(5mmHg 柱),量程应为 0～13300Pa(0～100mmHg 柱);试模:尺寸为 $\phi 101.6mm \times 63.5mm$;打磨机;刮平尺。

(2)取样及试样的制备

现场取样时,应从同一盘 CA 砂浆中取样。取样数量应多于试验所需量的 2 倍。自取样完毕到开始做各项性能试验不宜超过 5min。

试验室制备试样应按下列步骤进行:

①将准备试验的干料、乳化沥青、水等原材料及试验器具放入温度(20±2)℃、相对湿度不低于 50% 的试验室内恒温 24h。

②准确称取各种原材料,先将乳化沥青加入搅拌锅中,再将减水剂和消泡剂加入水中搅拌均匀后加入搅拌锅中。

③启动搅拌机,并将搅拌速度调节至 1m/s,搅拌 10s 后加入干料。加入干料的过程中可逐步提高搅拌速度至 3.2m/s。加完干料后停止搅拌,15s 内将黏附在搅拌锅壁及搅拌叶上的干料刮入搅拌锅中,再以 3.2m/s 的速度搅拌 3min,然后,以 1m/s 的速度搅拌 2min。

④自试样制备完毕到开始各项性能试验不宜超过 5min。

(3)试验步骤

①将拌制好的 CA 砂浆注入试模中,刮平。成型试件数量不少于 3 个。

②用薄膜覆盖试件表面后,将试件连同试模移入温度(20±2)℃、相对湿度不低于 90% 的标准养护室养护 1d 后脱模,脱模后继续在标准养护室养护至 7d,再移入温度(20±2)℃、相对湿度(60±5)% 的养护室养护至 28d。

③采用打磨机将试件的两个平行面磨平。用游标卡尺按十字对称测量 4 个位置的高度,高度的最大值与最小值之差应不大于 0.1mm。

④将试件放入真空容器中,启动真空泵,并在 5min 内将真空容器中的绝对压强减少至 1～5kPa,并保持该真空度 3h。然后在真空泵仍然运转的情况下,注入足够的蒸馏水或去离子水,直至淹没试件。在试件浸没 1h 后恢复常压,并继续浸泡(18±2)h。

⑤真空饱水结束后,取出试件,将试件表面和侧面的水抹掉。然后,将试件的上下表面均匀涂上润滑油。

⑥将 0.2～0.3g 硅树脂均匀涂在传力钢板表面,再在其上加涂一层石墨片(作为润滑剂)。

⑦将试件放在(20±2)℃的试验温度条件下至少 2.5h,对中置于疲劳试验机上。

⑧开启疲劳试验机,按图 6-7 示的加荷制度设定参数(荷载上限 P_0 为 0.35MPa,荷载下限 P_u 为 0.025MPa,脉冲持续时间为 0.2s,两次脉冲的间隔时间为 1.5s)进行疲劳试验。试验过程中持续观察试件开裂情况,并测量试件的残余变形。整个试验过程中,应保持试验室环境温度恒定在(20±2)℃。

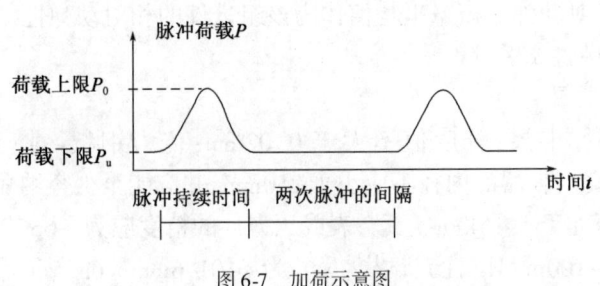

图 6-7 加荷示意图

⑨出现下列情况之一时,可停止试验:试件出现可见裂缝;加荷次数达到 10000 次;试件残余变形超过 0.04mm。

(4)结果与计算

试验结果以试件是否开裂表示。当三块试件经疲劳荷载作用 10000 次后均未出现可见裂缝,则试验结果判定为"不开裂";当有两块以上试件出现可见裂缝,则试验结果判定为"开裂";当有一块试件出现可见裂缝,应加倍试验,如仍有一块试件出现可见裂缝,则试验结果判定为"开裂"。

10)CA 砂浆收缩率试验

(1)主要设备和器具

测长仪:测量精度为 0.001mm;标准杆:采用硬质钢材制成,测试前及测试过程中用来校核测长仪的读数;试模:尺寸为 40mm×40mm×160mm,试模的两端板上开有安置测头的小孔,小孔的位置应保证测头在试件的中心线上;测头:采用不锈钢或铜制成,端头呈球形,头身为圆柱体,其尺寸如图 6-8 所示。

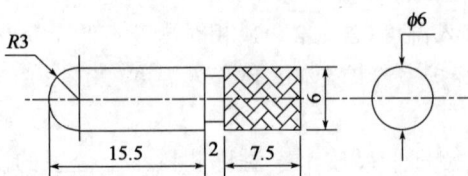

图 6-8 测头尺寸示意图(尺寸单位:mm)

(2)取样及试样的制备

现场取样时,应从同一盘 CA 砂浆中取样。取样数量应多于试验所需量的 2 倍。自取样完毕到开始做各项性能试验不宜超过 5min。

试验室制备试样应按下列步骤进行:

①将准备试验的干料、乳化沥青、水等原材料及试验器具放入温度(20±2)℃、相对湿度不低于 50% 的试验室内恒温 24h。

②准确称取各种原材料,先将乳化沥青加入搅拌锅中,再将减水剂和消泡剂加入水中搅拌均匀后加入搅拌锅中。

③启动搅拌机,并将搅拌速度调节至 1m/s,搅拌 10s 后加入干料。加入干料的过程中可逐步提高搅拌速度至 3.2m/s。加完干料后停止搅拌,15s 内将黏附在搅拌锅壁及搅拌叶上的干料刮入搅拌锅中,再以 3.2m/s 的速度搅拌 3min,然后,以 1m/s 的速度搅拌 2min。

④自试样制备完毕到开始各项性能试验不宜超过 5min。

(3)试验步骤

①在试模内表面涂刷机油,将测头的端头涂抹机油后装入试模端头的小孔内。测头的其他部位不得沾染上机油。

②将拌制好的 CA 砂浆注入试模中,刮平。至少成型 1 组试件,1 组试件为 3 条。

③用塑料薄膜覆盖试件表面,将试件连同试模移入温度为(20±2)℃、湿度≥95% 的标

准养护室养护(48±1)h后拆模。

④拆模后,清除试件表面杂物,测定试件的初长。

⑤将拆模后的试件继续置于温度为(20±2)℃、湿度≥95%的标准养护室中养护7d,再将试件移入温度为(20±2)℃,湿度为(60±5)%的养护室中养护至28d。试件应放置在不吸水的搁架上,底部架空,每个试件之间应留有一定空隙。

⑥分别测试试件拆模后7d、14d、28d时的长度。

⑦测试试件长度前,将测长仪及标准杆在相应的养护室中恒温4h以上。

⑧测试时,试件每次在测长仪上放置的位置、方向均应一致。每次测试前需用标准杆校核,每次测试读数应重复3次。

(4)结果与计算

CA砂浆收缩率应按下式计算,取3个试件的算术平均值作为每组试件的收缩率。

$$\varepsilon_t = \frac{L_t - L_0}{L_0 - 2\Delta} \tag{6-18}$$

式中:ε_t——试件收缩率,用10^{-6}表示;

L_t——试件拆模后28d时的长度,mm;

L_0——试件的初长,mm;

Δ——测头埋入砂浆部分的长度,mm。

11)CA砂浆膨胀率和泌水率试验

CRTS Ⅱ型CA砂浆膨胀率和泌水率试验与CRTS Ⅰ型的试验原理相同,仅试验环境与计算方法不同。CRTS Ⅱ型CA砂浆膨胀率和泌水率试验的试验温度为(20±2)℃,相对湿度不低于50%。

CA砂浆膨胀率和泌水率试验结果,采用其膨胀或泌水高度与试样初始高度的比值百分率表示。计算公式如下:

$$P = \frac{h_2 - h_1}{h_0 - h_1} \times 100\% \tag{6-19}$$

式中:P——试样的膨胀率,%;

h_0——量筒高度,mm;

h_1——试样顶面离量筒顶面的初始距离,mm;

h_2——24h后试样顶面离量筒顶面的距离,mm。

试验结果精确至0.1%。同一样品应平行试验两次,试验结果以两次试验的平均值表示。若两次试验结果之差大于0.2%,则应重新试验。若24h内观察到量筒中的CA砂浆无泌水,则泌水率为"0",否则判定为"有泌水"。

12)CA砂浆分离度试验

CRTS Ⅱ型CA砂浆分离度试验与CRTS Ⅰ型的试验原理相同,但CRTS Ⅰ型CA砂浆分离度试验采用1d龄期试样,而CRTS Ⅱ型CA砂浆分离度采用28d龄期试样,在室温(20±2)℃,相对湿度不低于50%的环境条件下进行试验。

CRTS Ⅱ型CA砂浆的分离度按下式计算:

$$D = \frac{\rho_1 - \rho_2}{\rho_1 + \rho_2} \times 100\% \tag{6-20}$$

式中：D——试件的分离度，%；

ρ_1——试件下部分的单位容积质量，g/mL；

ρ_2——试件上部分的单位容积质量，g/mL。

试验结果以三个试件分离度的平均值表示，精确至 0.1%。

13) CA 砂浆耐候性试验

CRTS Ⅱ型 CA 砂浆耐候性试验与 CRTS Ⅰ型的试验原理与计算方法完全相同，仅试样条件与试样组数略有不同。CRTS Ⅱ型 CA 砂浆耐候性试验成型试件数量不少于 6 组，每组 3 个。检验结果以试件外观变化情况和相对抗压强度表示。若任一试件出现剥落或开裂，则判定该样品的耐候性（外观）试验结果为"有剥落或有开裂"。

CRTS Ⅱ型 CA 砂浆的试验条件均为：实验室温度(20±2)℃，相对湿度不小于 50%。

6.1.3　CRTS Ⅲ型板式无砟轨道自密实混凝土检测

自密实混凝土是指具有高流动性、间隙通过性和抗离析性，浇筑时仅靠其自重作用而无须振捣便能均匀密实成型的高性能混凝土。

因工作环境的不同，对自密实混凝土的指标要求也不尽相同。一般情况下，自密实混凝土对自密实性、流动性、抗离析性、可工作时间等有比较严格的要求，而铁路工程自密实混凝土主要用于岔区道岔板下充填层和Ⅲ型板下充填层混凝土，混凝土浇筑在基本封闭的板腔内，需要流过密集的钢筋网区，需要和轨道板形成良好的黏结，因此，除需要有上述性能外，还需要良好间隙通过性、抗收缩性和黏滞性。针对铁路自密实混凝土的特殊性，本节就对Ⅲ型板自密实混凝土作如下解读。

6.1.3.1　自密实混凝土组成材料

1) 水泥

水泥宜选用硅酸盐水泥或普通硅酸盐水泥，混合材宜为矿渣或粉煤灰。不宜使用早强水泥。水泥的性能应符合《铁路混凝土》(TB/T 3275—2011)的规定。

2) 矿物掺和料

矿物掺和料应选用品质稳定的产品。矿物掺和料可选用粉煤灰、矿渣粉、硅灰等，可以选择单掺，也可以使用复合掺合料。粉煤灰、磨细矿渣粉、硅灰等的技术要求应满足 TB/T 3275 的规定。

3) 细集料

细集料宜优先选用级配合理、质地均匀坚固、吸水率低、空隙率小的洁净天然河砂。细集料的颗粒级配（累计筛余百分数）应满足 JGJ 52 的规定，宜优先选用Ⅱ区、Ⅲ区级配合格的中砂，强度模数不大于 2.7，含泥量不大于 2.0%，其他性能指标应满足 TB/T 3275—2011 的规定。

4) 粗集料

粗集料应选用级配合理、粒形良好、质地均匀坚固、线膨胀系数小的洁净碎石或卵石，也可采用碎卵石。粗集料应采用二级连续级配,最大公称粒径不宜大于16mm,针片状最大粒含量不大于5%,含泥量不大于0.5%。其他性能指标要符合 TB/T 3275—2011 的规定。

5)外加剂

外加剂与胶凝材料之间应有良好的相容性,且能明显改善混凝土的性能。减水剂应品质稳定且能明显提高自密实混凝土耐久性能的高性能减水剂,其性能应符合 TB/T 3275—2011 的规定。

6)引气剂

引气剂应选用与水泥、矿物掺合料、减水剂等之间具有良好相容性的引气剂,其性能应符合 TB/T 3275—2011 的规定。

7)黏度改性材料

黏度改性材料应选用能改善自密实混凝土工作性能且不降低自密实混凝土力学性能和耐久性能的材料,其性能应符合表 6-20 的规定。

黏度改性材料的性能　　　　　　　　表 6-20

项　　目		单　位	技 术 要 求
Cl⁻含量(按折固含量计)		%	≤0.6
碱含量(按折固含量计)		%	≤1.0
黏度比		%	≥150
用水量敏感度		kg	≥12
扩展度之差		mm	≤50
常压泌水率比		%	≤50
凝结时间差	初凝	min	−90 ~ +120
	终凝	min	
抗压强度比	3d	%	≥90
	28d	%	≥100
28d 收缩比		%	≤100

8)纤维

自密实混凝土中可加入合成纤维、混杂纤维等,所掺加纤维性能应符合 CESC 38 中的规定。

9)拌和用水

拌制自密实混凝土宜采用饮用水。当采用其他水源时,水质应符合《混凝土用水标准》(JGJ 63—2006)的规定。养护用水除不溶物、可溶物可不作要求外,其他性能要求与拌和用水相同。养护用水不得采用海水。

6.1.3.2　CRTS Ⅲ型板式无砟轨道自密实混凝土配合比

1)一般规定

(1)自密实混凝土配合比设计的基本要求是拌和物性能必须满足充填灌注施工的要求,硬化混凝土的性能满足设计要求。

(2) 自密实混凝土配合比应根据轨道板的结构特点、灌注施工及环境条件所要求的性能进行设计，在综合工作性能、力学性能、收缩性能、耐久性能以及其他必要性能要求的基础上，提出试验配合比。

(3) 选定自密实混凝土配合比时，应根据实际工况和环境条件要求，通过试验确定合理的拌和物性能实际控制指标和坍落扩展度经时损失值。

(4) 自密实混凝土配合比选定后，应开展现场工艺性浇灌板试验，并根据揭板试验结果调整并最终确定施工配合比。

(5) 当自密实混凝土原材料、施工环境温度等发生较大变化时，应及时重新设计和调整其配合比。

2) 自密实混凝土配合比

(1) 自密实混凝土配合比设计宜采用绝对体积法，选定自密实混凝土的配合比参数应符合以下规定：

① 胶凝材料用量不宜大于 580kg/m³，矿物掺合料不宜小于总胶凝材料用量的 30%。
② 用水量不宜大于 180kg/m³。
③ 自密实混凝土单位体积砂浆体的量宜为 0.35~0.40m³。
④ 单位体积粗集料绝对体积宜为 0.28~0.32m³。

(2) 自密实混凝土氯离子总含量应不大于胶凝材料总量的 0.10%，自密实混凝土的总碱量应不大于 3.0kg/m³。否则应重新选择原材料或调整计算的配合比，直至满足要求为止。

(3) 对于胶凝材料用量较低的自密实混凝土，当仅靠粉体量不能满足浆体粘聚性和工作性时，可通过试验确认后添加黏度改性材料。

(4) 混凝土中宜适量掺加优质的粉煤灰、矿渣粉等矿物掺和料。也可根据性能需要，掺加石灰石粉、硅质微粉等惰性矿物掺和料。不同矿物掺和料的掺量应根据混凝土的性能通过试验确定。

(5) 有抗冻要求时应根据抗冻等级来确定自密实混凝土的含气量。

(6) 当混凝土原材料、施工环境温度等发生较大变化时，应及时调整混凝土配合比。

6.1.3.3 CRTS Ⅲ型板式无砟轨道自密实混凝土性能要求

自密实混凝土拌和物的性能指标与检测方法应符合表 6-21 的技术要求。

自密实混凝土拌和物的技术要求　　　　　表 6-21

项　目	单　位	性能要求
坍落扩展度	mm	≤680
扩展时间 T_{500}	s	3~7
J 环障碍高度	mm	<18
泌水率	—	0
L 型仪充填比	—	≥0.9
含气量	%	3~6

自密实混凝土硬化后性能指标应符合表6-22的规定。

硬化混凝土的技术要求　　　　　　　　　　　　表6-22

项目		单位	指标要求
56d 抗压强度		MPa	≥40
56d 抗折强度		MPa	≥6.0
56d 弹性模量		GPa	30.0~38.0
56d 电通量		C	≤1000
56d 抗盐冻性能(28次冻融循环剥落量)		g/m^2	≤1000
56d 干燥收缩值		$×10^{-6}$	≤400
有害物质含量	氯离子含量	—	不大于胶凝材料总量的0.10%
	碱含量	kg/m^3	≤3.0
	三氧化硫含量	—	不大于胶凝材料总量的4.0%

6.1.3.4　CRTS Ⅲ型板式无砟轨道揭板检验评价标准

无砟轨道施工前,为了验证自密实混凝土充填层的灌板效果,掌握灌板施工工艺,按照无砟轨道施工的相关规定,必须进行揭板工艺性试验,并由业主或监理单位组织专家进行评估,揭板检验评价标准见表6-23。

CRTS Ⅲ型板式无砟轨道揭板检验评价标准　　　　表6-23

检查内容	标准	检测方法	备注
厚度	出浆附近的断面砂浆层厚度不宜大于20mm	用钢尺量测	一般项目标准
表面发泡层	表面无松软发泡层	目测,锤击	主控项目标准
表面密实度	表面密实、平整,无离析、露石、露筋、蜂窝现象	目测	主控项目标准
表面充盈度	与模拟板底面的四周接触良好,充盈饱满	目测	主控项目标准
断面均匀度	切开断面上集料分布均匀,无集料堆积、浆骨分离、上下贯通气孔、蜂窝现象	沿长方向切2个断面、宽长方向切1个断面目测	主控项目标准
泌水性	灌注口、混凝土面、模拟板面无泌水现象	目测	主控项目标准
裂纹	无可见裂纹现象	专用仪器量测	主控项目标准
流水痕迹	揭板后没有明显的水纹	目测	一般项目标准
表面气泡	最大气泡不宜大于$50cm^2$,或面积$6cm^2$及以上气泡的面积之和不宜超过板底面积的2%	采用钢尺或百格网板量测	一般项目标准
侧面状态	侧面不应有空洞、麻面。应平整,凸出或凹进轨道板边缘有混凝土厚度不应超过10mm	用钢尺量测	一般项目标准

6.1.3.5　自密实混凝土的检测方法

1)水泥净浆黏度比试验

(1)仪器要求

黏度计:旋转黏度计,旋转黏度计的黏度测试范围为10~100000mPa·s;搅拌机:水泥净浆搅拌机;水泥净浆流动度测试用圆模为上口直径36mm,下口直径60mm、高度60mm,内壁光滑无暗缝的金属制品；辅助工具：φ400mm×5mm 玻璃板、刮刀、卡尺、烧杯、量筒和天平。

(2) 试验步骤

①试验应在温度(20±2)℃，相对湿度不低于 50% 的实验室内进行。

②水泥净浆的配合比见表 6-24。基准水泥净浆减水剂选用实际工程用减水剂，其掺量以控制基准水泥净浆流动度在(260±20)mm 为准。

水泥净浆的配合比　　　　　　　表 6-24

项　目	水泥(g)	水(mL)	减水剂(g)	黏度改性材料(%)
基准水泥净浆	500±2	145±1	根据流动度调整	0
掺黏度改性材料水泥净浆	500±2	145±1	与基准水泥净浆用量相同	推荐掺量

③用湿布将玻璃板、圆模内壁、搅拌锅、搅拌叶片全部润湿。将圆模置于玻璃板的中间位置，并用湿布覆盖。

④按表 6-28 基准水泥净浆的规定称取水泥、水和估计的减水剂，将估计的减水剂和约 1/2 的水同时加入搅拌锅中，用剩余的水反复冲洗盛装减水剂的烧杯，直至将减水剂冲洗干净并全部加入搅拌锅中，然后加入水泥，并将搅拌锅固定在搅拌机上，按搅拌程序搅拌。

⑤搅拌结束后，将锅取下，用搅拌勺边搅拌边将浆体立即倒入置于玻璃板中间位置的圆模内。用刮刀将高出圆模的浆体刮除并抹平，立即稳定提起圆模。圆模提起后，用刮刀将黏附于圆模内壁上的浆体尽量刮下，以保证每次试验的浆体量基本相同。提取圆模 1min 后，用卡尺测量最长径及其垂直方向的直径，二者的平均值即为流动度。

⑥调整减水剂掺量，重复步骤④和⑤，直至将水泥净浆流动度调整(260±20)mm。

⑦确定减水剂掺量后，采用旋转黏度计按规定方法测试基准水泥净浆的黏度。测试前，应检查旋转黏度计的水准器气泡是否对中，然后开启旋转黏度计电源。根据估计的水泥净浆黏度，按旋转黏度计使用说明书规定选择适宜的转子和转速，以保证估计的水泥净浆黏度在对应测试范围 70%~100% 之间，然后将转子安装在旋转黏度计上。

⑧将按步骤④拌制好的水泥净浆倒入 250mL 烧杯内，将其放置于旋转黏度计转子正下方，降低旋转黏度计，使转子插入水泥净浆液面内至规定的深度。

⑨启动旋转黏度计并测试水泥净浆的黏度，若黏度值不满足所选转子和转速对应测试值范围的 70%~100% 的要求，则应更换转子或重新设定转速后，再进行测试。

⑩待黏度读数满足要求后，连续 3 次测试基准水泥净浆的黏度，取其平均值，记录为 η_1。

⑪根据黏度改性材料的推荐掺量和步骤⑥所确定的减水剂掺量称取黏度改性材料和减水剂，按步骤③~⑤制备出掺黏度改性材料的水泥净浆。

⑫重复步骤⑦~⑩，连续 3 次测试掺受检样品水泥净浆黏度，取其平均值，记录为 η_2。

⑬黏度比按下式计算，计算结果精确到 1%。

$$\eta = \frac{\eta_2}{\eta_1} \times 100\% \tag{6-21}$$

式中：η——水泥净浆黏度比，%；

η_1——测试基准水泥净浆的黏度平均值，MPa·s；

η_2——测试掺受检样品水泥净浆黏度平均值，MPa·s。

2) 用水量敏感度试验

(1) 仪器要求

混凝土坍落筒;混凝土搅拌机;底板:硬质不吸水的光滑正方形平板,边长为900mm,最大挠度不超过3mm。平板表面标有坍落度筒的中心位置和直径分别为 200mm、300mm、500mm、600mm、700mm、800mm 的同心圆,见图6-9;辅助工具:铲子、抹刀、量筒、钢尺(精度1mm)和秒表等。

(2) 试验原材料及基准混凝土配合比

① 试验原材料应满足以下要求:基准混凝土用水泥为满足 GB 8076 要求的基准水泥;基准混凝土用减水剂为实际工程用减水剂;基准混凝土用砂为细度模数 2.5～2.7 的 Ⅱ 区中砂;基准混凝土用碎石为 5～20mm 的连续级配碎石,其中 5～10mm 占 40%,10～20mm 占 60%,针片状颗粒含量小于 5%,紧密空隙率小于 40%,含泥量小于 0.5%。

② 基准混凝土配合比见表6-25。

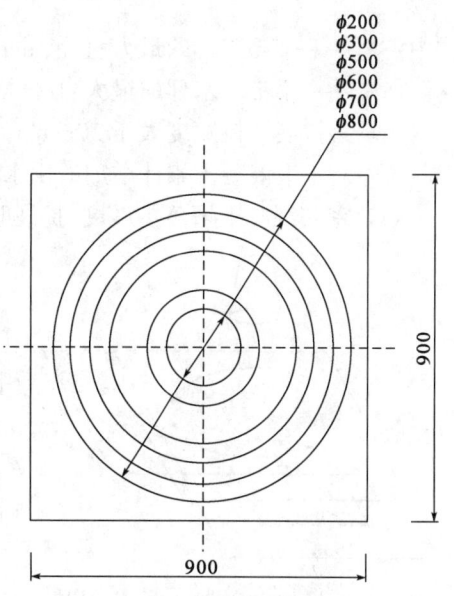

图6-9 底板示意图(尺寸单位:mm)

基准混凝土配合比(kg/m^3) 表6-25

水泥	水	中砂	碎石		减水剂
			5～10mm	10～20mm	
500	160	853	315	472	将基准混凝土的坍落度调整为 650mm ± 10mm 时所掺入的用量

(3) 试验步骤

① 按标准配合比规定的用量称取水泥、水、中砂和碎石,采用强制式搅拌机进行搅拌。搅拌均匀后,用坍落扩展仪按 GB/T 50080 规定的方法测量混凝土坍落扩展度。当混凝土坍落扩展度调整到 640～660mm 时所用的减水剂的量确定为基准混凝土的减水剂用量。

② 在基准混凝土中掺入黏度改性材料,同时将混凝土的用水量增加 $3kg/m^3$,采用坍落扩展度仪测定增加用水量后且经搅拌均匀混凝土的坍落扩展度,并观察扩展后混凝土的离析泌水现象。

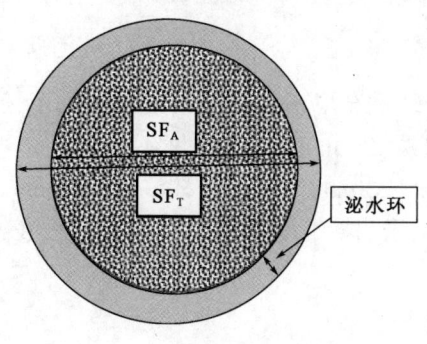

图6-10 坍落扩展离析宽度示意图

③ 若混凝土没有出现离析泌水现象,则继续 $3kg/m^3$ 的幅度增加混凝土的用水量,测定加水后且经搅拌均匀混凝土的坍落扩展度,观察混凝土的离析泌水现象,直至混凝土出现离析泌水情况(如图6-10所示外圆环与内圆环之间出现泌水环),且混凝土的坍落扩展离析宽度大于 10mm 时为止。观察并记录每次增加用水量后混凝土的坍落扩展度和泌水情况。

④ 按正式计算混凝土的坍落扩展离析度:

$$混凝土坍落扩展离析度 = \frac{SF_T - SF_A}{2} \tag{6-22}$$

式中：SF_T——带泌水环的最大直径，mm；

SF_A——不带泌水环的最大直径，mm。

当坍落扩展离析宽度大于10mm时，停止增加混凝土用水量。此时，掺黏度改性材料的混凝土相对基准混凝土累计增加的用水量即为该黏度改性材料的用水量敏感度。

3）自密实混凝土坍落扩展度、扩展时间 T_{500} 试验

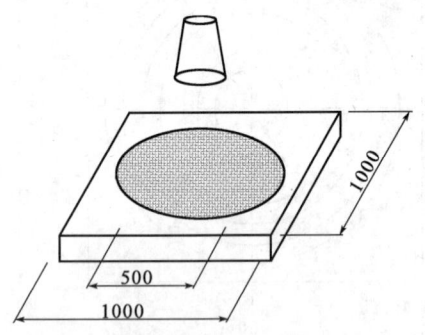

图6-11 坍落扩展度测试（尺寸单位：mm）

(1) 仪器要求

坍落扩展度、扩展时间 T_{500}（即流动时间）试验所用主要仪器：混凝土坍落筒；底板：硬质不吸水的光滑正方形平板，边长为1000mm，最大挠度不超过3mm。在平板表面标出坍落度筒的中心位置和直径分别为500mm、600mm、700mm、800mm、900mm的同心圆（图6-11）；工具：铲子、抹刀、钢尺（精度1mm）、秒表。

(2) 试验步骤

①润湿底板和坍落度筒，在坍落度筒内壁和底板上应无明水；底板应放置在坚实的水平面上，并把筒放在底板中心，然后用脚踩住两边的脚踏板，坍落度筒在装料时应保持在固定的位置。

②用铲子将混凝土加入到坍落度筒中，每次加入量为坍落度筒体积的三分之一，中间间隔30s，不用振捣，加满后用抹刀抹平。将底盘坍落度筒周围多余的混凝土清除。

③垂直平稳地提起坍落度筒，使混凝土自由流出。坍落度筒的提离过程应在5s内完成；从开始装料到提离坍落度筒的整个过程应不间断地进行，并应在150s内完成。

(3) 试验记录

①在提离坍落度筒的开始，即开始读秒并记录混凝土到达500mm圆圈所需要的时间（即 T_{500}，单位为s）。

②用钢尺测量混凝土扩展后最终的扩展直径，测量在相互垂直的两个方向上进行，并计算两个所测直径的平均值（单位为mm）。

③观察最终坍落后的混凝土的状况，如发现粗集料在中央堆积或最终扩展后的混凝土边缘有较多水泥浆析出，表示此混凝土拌和物抗离析性不好，应予记录。

4）自密实混凝土环障碍高差 B_J 试验

(1) 仪器要求

J环试验所用主要仪器：J环、混凝土坍落度筒，J环由16根φ18钢筋组成，J环的半径为300mm；底板：硬质不吸水的光滑正方形平板，边长为900mm，最大挠度不超过3mm。在平板表面标出坍落度筒的中心位置和直径分别为200mm、300mm、500mm、600mm、700mm、800mm的同心圆，试验装置见图6-12；工具：铲子、抹刀、钢尺（精度1mm）、秒表、10L铁桶。

(2) 试验步骤

①在10L铁桶中装入6~7L新拌混凝土，并静置1min（±10s）。

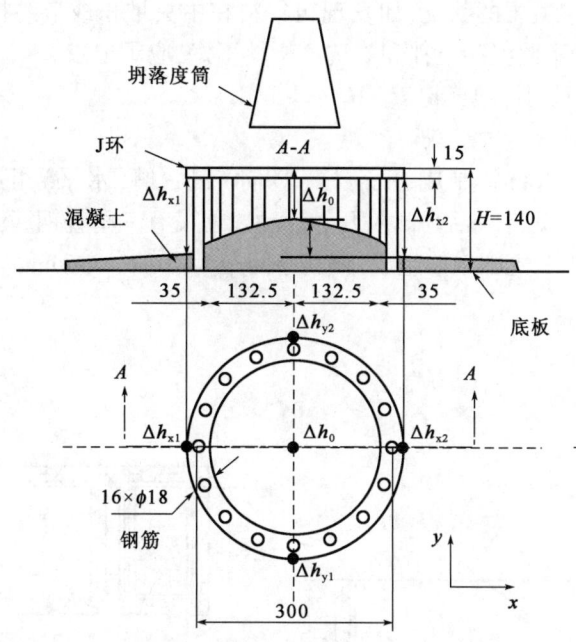

图 6-12　J 环及 B_J 测试图(尺寸单位:mm)

②在混凝土静置 1min 时间内,用海绵或毛巾润湿底板和坍落度筒,在坍落度筒内壁和底板上应无明水;底板应放置在坚实的水平面上,坍落度筒放在底板中心位置,下缘与 200mm 刻度圈重合,J 环则套在坍落度筒外,下缘与 300mm 刻度圈重合,坍落度筒在装料时应保持位置固定不动。

③将铁筒内混凝土加入到坍落度筒中,不分层一次填充至满,且整个过程中不施以任何振动或捣实。

④用刮刀刮除坍落度筒中已填充混凝土顶部的余料,使其与坍落度筒的上缘齐平,将底盘坍落度筒周围多余的混凝土清除。随即垂直平稳地提起坍落度筒(从混凝土填充满坍落度筒至提起坍落度筒,时间间隔不超过 30s),使混凝土自由流出。坍落度筒的提离过程应在 5s 内完成;从开始装料到提离坍落度筒的整个过程应不间断地进行,并应在 150s 内完成。

⑤测定扩展度达 500mm 的时间 T_{500} 时,应自坍落度筒提起时开始,至扩展开的混凝土外缘初触平板上所绘直径 500mm 的圆周为止,以秒表测定时间,精确至 0.1s。

⑥用钢尺测量混凝土扩展后最终的扩展直径,测量在相互垂直的两个方向上进行,并计算两个所测直径的平均值(单位:mm)。

注:混凝土扩展度测试时,如扩展开的混凝土偏离圆形,测得两直径之差在 50mm 以上时,需从同一盘混凝土中另取试验重新试验。

⑦用钢尺测量 J 环中心位置混凝土拌和物顶面至 J 环顶面的高度差(Δh_0),然后再沿 J 环外缘两垂直方向分别测量 4 个位置混凝土拌和物顶面至 J 环顶面的高度差(Δh_{x1},Δh_{x2},Δh_{y1},Δh_{y2})(单位:mm)。J 环障碍高差 B_J 按下式计算,结果精确至 1mm。

$$B_J = \frac{\Delta h_{x1} + \Delta h_{x2} + \Delta h_{y1} + \Delta h_{y2}}{4} - \Delta h_0 \qquad (6-23)$$

⑧观察坍落后的混凝土的状况,如发现粗集料在中央堆积或最终扩展后的混凝土边缘有较多水泥浆析出,表示此混凝土拌和物抗离析性不好,应予记录。

5)自密实混凝土 L 型仪填充比 H_2/H_1

(1)仪器要求

L 型仪:硬质不吸水材料制成,由前槽(竖向)和后槽(水平)组成,具体外形尺寸见图 6-13。前槽与后槽之间有一活动门隔开。活动门前设有一垂直钢筋栅,钢筋栅由 3 根(或 2 根)长为 150mm 的 φ12 光圆钢筋组成,钢筋净间距为 40mm 或 60mm。

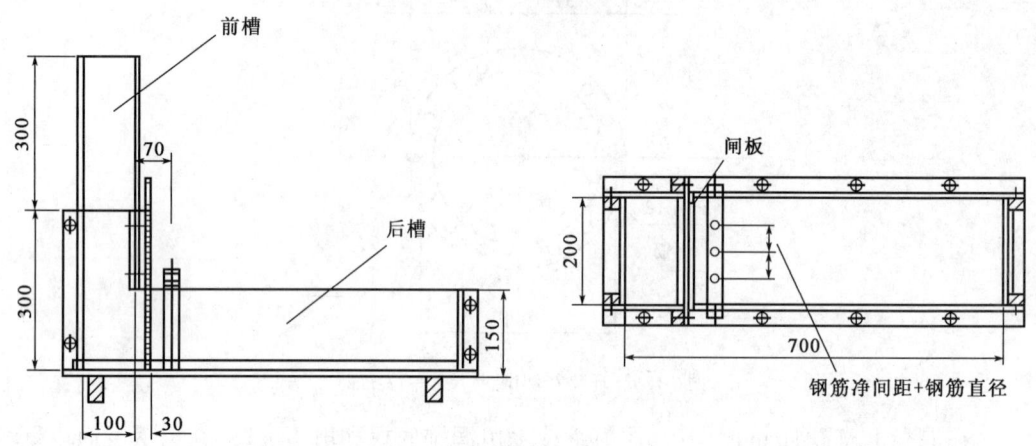

图 6-13 L 型仪图(尺寸单位:mm)

试样筒:金属制成的容积为 5L 的容量筒并配有盖子,两旁装有提手。其内径与内高均为 (186 ± 2) mm,筒壁厚为 3mm。容量筒上缘及内壁应光滑平整,顶面与底面应平行并与圆柱体的轴垂直。

其他:台秤(称量为 50kg,感量为 50g);量筒(容量为 10mL、50mL、100mL 的量筒及吸管);工具(铲子、抹刀、秒表等)。

(2)试验步骤

①将仪器水平放在地面上,保证活动门可以自由地开关。

②湿润仪器内表面,清除多余的水。

③用混凝土将 L 型仪前槽填满。

④静置 1min 后,迅速提起活动门使混凝土拌和物流进水平部分,如图 6-14 所示。

⑤当混凝土拌和物停止流动后,测量并记录 H_1、H_2。

⑥以上试验应在 5min 内完成。

⑦应用湿布湿润试样筒内壁后立即称量,记录试样筒的质量。打开闸门将自密实混凝土试样一次流入到试样筒中,并使混凝土拌和物表面低于试样筒筒口 (30 ± 3) mm,用抹刀抹平。抹平后立即计时并称量,记录试样筒与试样的总质量。

⑧在以下吸取混凝土拌和物表面泌水的整个过程中,应使试样筒保持水平、不受振动;除了吸水操作外,应始终盖好盖子;室温应保持在 (20 ± 2) ℃。

⑨从计时开始后 60min 内,每隔 10min 吸取 1 次试样表面渗出的水。60min 后,每隔

30min 吸 1 次水,直至认为不再泌水为止。为了便于吸水,每次吸水前 2min,将一片 35mm 厚的垫块垫入筒底一侧使其倾斜,吸水后平稳地复原。吸出的水放入量筒中,记录每次吸水的水量并计算累计水量,精确至 1mL。

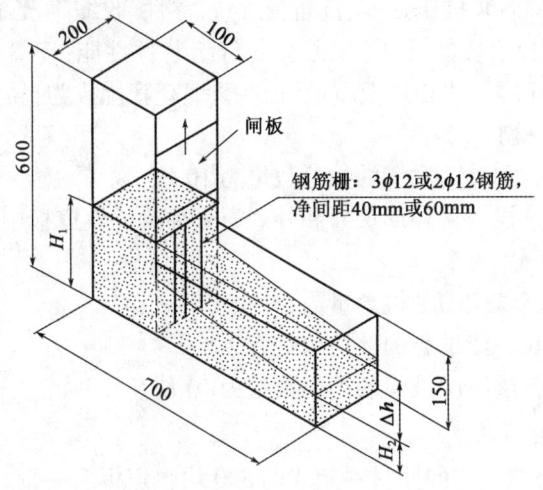

图 6-14 L 型仪试验(尺寸单位:mm)

(3)泌水率应按下式进行计算:

$$B = \frac{V_w}{(W/G)G_w} \times 100 \tag{6-24}$$

$$G_w = G_1 - G_0 \tag{6-25}$$

式中:B——泌水率,%;
V_w——泌水总量,mL;
G_w——试样质量,g;
W——混凝土拌和物总用水量,mL;
G——混凝土拌和物总质量,g;
G_1——试样筒及试样总质量,g;
G_0——试样筒质量,g。

计算应精确至 1%。泌水率取三个试样测试值的平均值。三个测试值中的最大值或最小值,如果有一个与中间值之差超过中间值的 15%,则以中间值为试验结果;如果最大值和最小值与中间值之差均超过中间值的 15% 时,则此次试验无效。

6.2 成品轨道板检验

6.2.1 轨道板检验规定

6.2.1.1 型式检验规定

(1)有一下情况之一者,应进行型式检验:正式投产前;材料、工艺有重大变更时;连续生产两年时;停产6个月及以上恢复生产时。

（2）型式检验项目应包括原材料及预埋件检验报告;混凝土碱含量、氯离子含量、三氧化硫含量;混凝土抗压强度、弹性模量;混凝土抗冻性;混凝土电通量;混凝土56d收缩率;混凝土氯离子扩散系数;封锚砂浆抗压强度、抗折强度、抗渗性、收缩率及氯离子含量;预应力筋、锚固板、预应力筋-锚固板组装件、预应力筋-张拉杆组装件性能;环氧树脂涂层钢筋性能;绝缘热缩管性能;轨道板外形尺寸和外观质量;扣件预埋套管抗拔为;轨道板绝缘性能;轨道板静载试验和保护层厚度检验。

（3）轨道板外形尺寸和外观质量的抽检数量为10块。

（4）扣件预埋套管抗拔力从外形尺寸和外观质量抽检的轨道板中抽取1块,抽取3个套管进行试验。

（5）轨道板绝缘性能试验的抽检数量为3块。

（6）轨道板静载抗裂性能试验的抽检数量为2块。

（7）轨道板钢筋保护层厚度试验的抽检数量为10块。

6.2.1.2 出厂检验规定

（1）轨道板应按批检验,相同原材料制成的500块轨道板为一批,不足500块按一批计。

（2）出厂检验项目应包括轨道板各部尺寸和外观质量、封锚砂浆抗压强度和抗折强度、扣件预埋套管抗拔力、轨道板绝缘性能和静载抗裂性能。

（3）各部尺寸及外观质量检验数量见表6-26和表6-27。

轨道板外形尺寸偏差要求及检验　　表6-26

序号	检查项目		允许偏差	每批检查数量（出厂检验）	检验项别
1	长度ª(mm)		±3.0	10块	C
2	宽度ª(mm)		±3.0	10块	C
3	厚度ª(mm)		±3.0	10块	B2
4	凸起高度(mm)		0 -1.0	10块	B2
5	歪斜(距顶面120mm处偏离中心线距离)(mm)		2.0	10块	B2
6	预埋套管	板端套管距板端距离(mm)	±2.0	10块	B1
7		纵向相邻套管中心距离(mm)	±2.0	全检	B1
8		同一承轨台两相邻套管中心距离(mm)	±0.5	全检	B1
9		中心位置距轨道板中心线距离(mm)	±1.0	全检	B1
10		预埋套管处承轨台横向位置偏差(mm)	±0.5	全检	B1
11		预埋套管处承轨台垂向位置偏差(mm)	±1.0	全检	B1
12	承轨台	承轨台间外钳口间距(mm)	±1.0	全检	A
13		单个承轨台钳口距离(mm)	±0.5	全检	A
14		承轨台外钳口距外侧套管中心距离(mm)	±1.0	全检	B1
15		承轨面坡度(150mm范围内)	1:37 ~ 1:43	全检	B1
16		承轨台与钳口面夹角	±1.0	10块	B1

续上表

序号	检查项目		允许偏差	每批检查数量（出厂检验）	检验项别
17		其他预埋件位置及垂直歪斜(mm)	±3.0	10块	C
18	板顶面平整度	轨道板四角的承轨面水平(mm)	±1.0	全检	B1
19		单侧承轨面中央翘曲量(mm)	≤2.0	全检	B1

注：a 不包含缺陷尺寸。

轨道板外观质量要求及检查 表6-27

序号	检查项目	允许偏差	每批检查数量（出厂检验）	检验项别
1	可见裂纹	不允许	全检	A
2	承轨部位表面缺陷(气孔、黏皮、麻面等)(mm)	长度：≤10 深度：≤2	全检	B2
3	锚穴部位表面缺陷(脱皮、起壳等)	不允许	全检	C
4	其他部位表面缺陷(气孔、黏皮、麻面)(mm)	长度：≤30 深度：≤3	全检	C
5	轨道板四周棱角破损和掉角(mm)	长度：≤50 深度：≤15	全检	C
6	预埋套管内混凝土淤块	不允许	全检	A
7	轨道板露筋	不允许	全检	A
8	承轨台外缘低于轨道板面	不允许	全检	B1
9	轨道板底浮浆	不允许	全检	C

（4）封锚砂浆抗压和抗折强度检验数量见表6-28。

封锚砂浆检验要求 表6-28

序号	项目名称		检验频次
1	抗压强度	1d	1次/工班
		7d	1次/工班
		28d	1次/工班
2	抗折强度	1d	1次/工班
		7d	1次/工班
		28d	1次/工班
3	抗渗性能		第一次灌注时
4	收缩率		第一次灌注时
5	氯离子含量		第一次灌注时

(5)预埋套管抗拔力试验每批抽检1块轨道板,抽取3个套管进行试验。

(6)轨道板的绝缘性能每批检验10块。

(7)轨道板静载抗裂性能每批检验1块。

6.2.1.3 判定

(1)外形尺寸和外观质量应符合表6-30和表6-31的要求,其中,A类项别单项项点合格率100%,B1类项别单项项点合格率不小于95%,B2类项别单项项点合格率不小于90%,C类项别总项点合格率不小于90%。

(2)轨道板静载抗裂试验结果判定

轨道板表面均无开裂,判定轨道板静载抗裂合格;若有2个截面开裂,判定轨道板静载抗裂不合格;若有1个截面开裂,允许重新抽样进行试验;若无开裂,判定轨道板静载抗裂合格;若仍有截面开裂,判定轨道板静载抗裂不合格。

(3)型式检验所有检验项均满足要求,型式检验判为合格。

(4)出厂检验所有检验项均满足要求,该批轨道板判为合格。仅外形尺寸和外观质量合格率判定或轨道板绝缘性能判为不合格批的轨道板,允许工厂对该批轨道板逐块检验筛选。

6.2.1.4 轨道板质量要求

轨道板外形尺寸应满足表6-26的要求,外观质量应满足表6-27的要求,静载抗裂强度检验时不应出现裂缝,保护层厚度应满足设计要求。

6.2.2 成品轨道板检验方法

6.2.2.1 轨道板静载试验

1)试验条件

试验场地和工装应具有足够的刚度、稳定性及平整度;轨道板静载试验应在张拉完成28d后进行;试验采用P5600型轨道板,每块轨道板分别对两个横向截面和一个纵向截面进行抗裂性检验。

2)试验仪器、设备

千斤顶:校验系数不应大于1.05。压力传感器的精度不应低于C级,显示仪表最小分度值不大于加载最大量值的1%,示值偏差应为±1%FS。

用于观察裂缝的放大镜:应有照明功能,放大倍数不低于10倍,直径不小于50mm。

3)加载图式及检验荷载

轨道板横截面静载抗裂试验加载示意图(图6-15),检验荷载参考值P_1为20kN;轨道板纵截面静载抗裂试验加载示意图(图6-16),检验荷载参考值P_2为15kN。

4)试验步骤

(1)轨道板安装就位后,用放大镜在轨道板的上表面及两侧面进行外观检查;对初始缺陷应进行标记。

(2)加载前应对轨道板支承状态进检查,确认后开始加载,加载时各加载点宜同速、同步达到同一荷载值,加载速度应均匀,且单点如载速率不大于0.5kN/s。

(3)加载至检验荷载值后,稳定3min,用放大镜观测受拉区,观察裂缝情况。

第6章 轨道工程试验检测技术

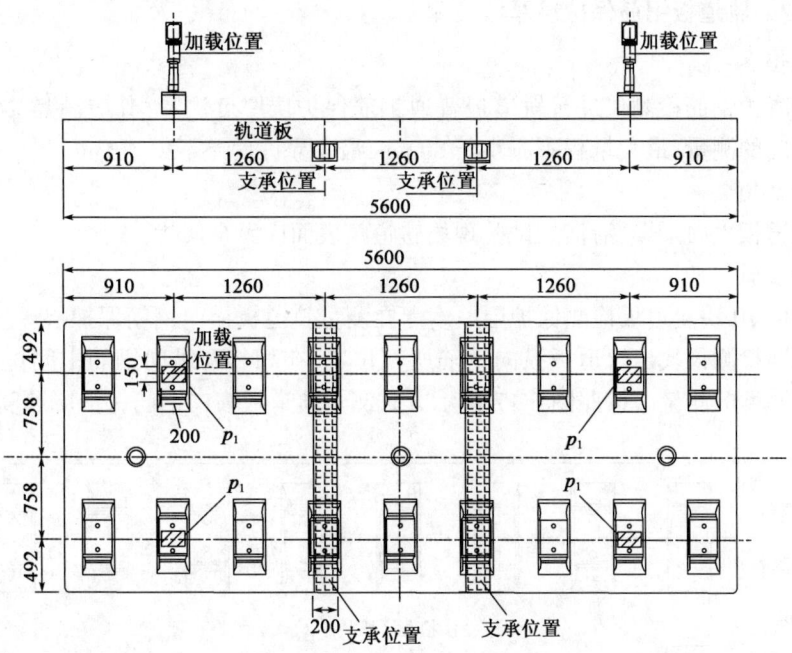

图 6-15 轨道板横截面试验加载（尺寸单位：mm）

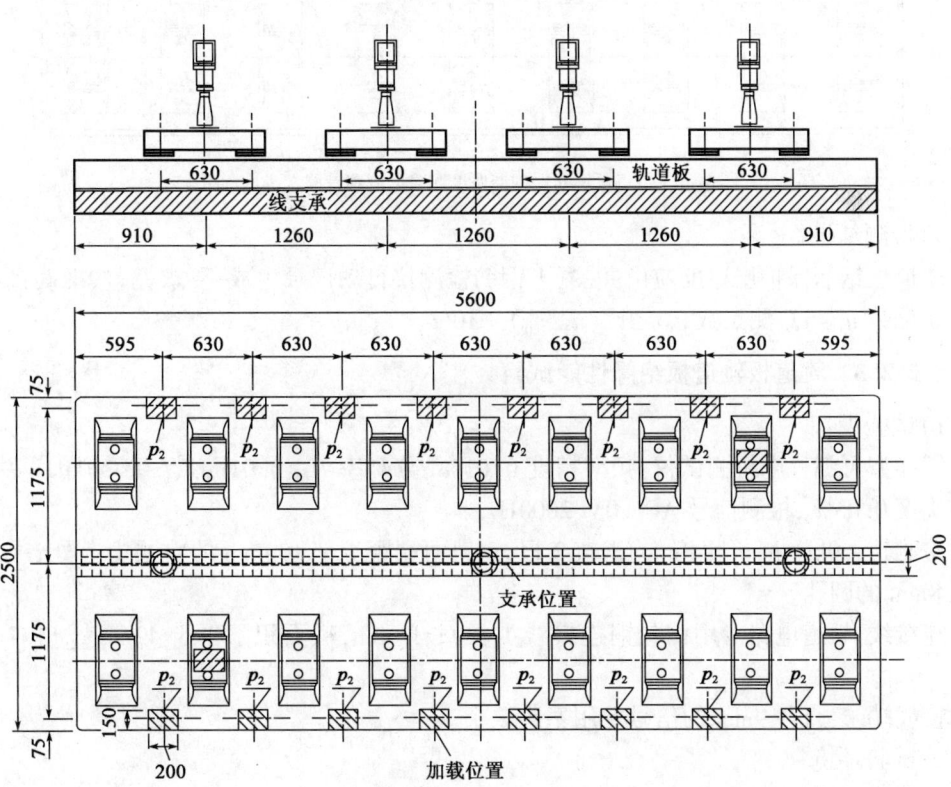

图 6-16 轨道板纵截面试验加载（尺寸单位：mm）

6.2.2.2 轨道板钢筋保护层厚度检测

1)检测设备

采用混凝土钢筋检测仪进行轨道板普通钢筋保护层厚度测量,其应满足 $\phi 6 \sim 30mm$ 钢筋保护层厚度的测量,最大量程不应小于 80mm,最大允许偏差不大于 1mm。

2)检测环境

待检轨道板表面干燥、清洁。试验现场轨道板表面应无金属扰。

3)检测步骤

每批抽取 10 块轨道板检测保护层厚度。在测量轨道板横向钢筋保护层厚度之前,应采用混凝土钢筋检测仪找出轨道板纵向钢筋所在位置,在相邻两纵向钢筋中间位置进行横向钢筋保护层厚度的测量。按照图 6-17 所示方式测量轨道板横向钢筋保护层厚度。

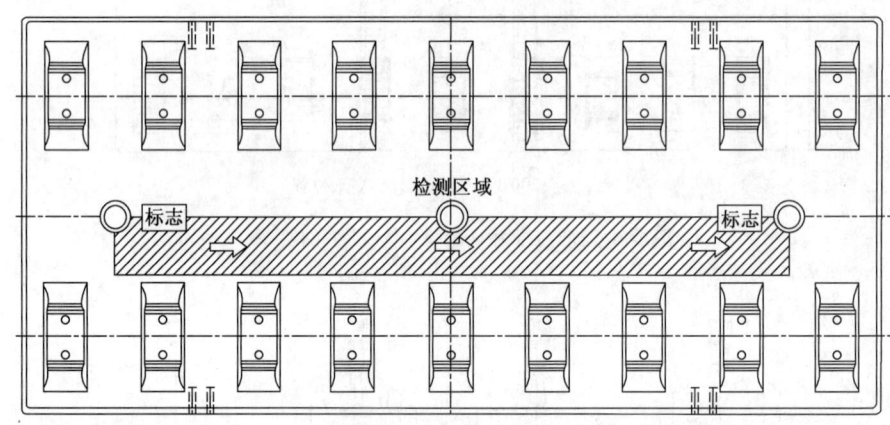

图 6-17 轨道板钢筋保护层厚度测量区域和检测方法示意图

4)检测结果

轨道板钢筋保护层厚度应由:混凝土钢筋检测仪自动记录生成,要求完整、准确;保护层厚度超偏数 n_1 与总测点数 n_0 之比 $(n_1/n_0) < 10\%$。

6.2.2.3 轨道板轨道板绝缘性能试验

1)试验设备

智能型可编程电桥测试仪:频率精度 0.01%,分辨率 $R \geq 0.01 m\Omega$、$L \geq 0.01 \mu H$,基本测量准确度 0.05%,检测信号 AC1.0V、2000Hz。

检测轨:60kg/m、长度 8m 的钢轨 2 根,钢轨两端距端部 100mm 的轨腰中心处各钻一直径 9.8mm 的圆孔。

连接线:轨道电路专用钢包铜连接线 1 根,长度 2m,截面积不小于 42mm² ($\phi 1.2mm \times 37$)。

接线端子:直径 9mm 的信号专用塞头 2 个。

2)试验环境

受检轨道板周边 5m 范围及地面下无金属物;检测现场无电磁干扰,电桥测试仪工作可靠;交流 220V、50Hz 电源,电压稳定。

3）试验步骤

（1）受检轨道板置于坚实平整的地面上。将两根钢轨放置在轨道板的承轨部位，且每根钢轨两端伸出轨道板的长度应相同。

（2）用绝缘块（如木垫块）将钢轨垫起，使轨底距离承轨面高度与扣件组装高度相等，轨距调整为(1435±3)mm。

（3）用连接线将两根钢轨同一端通过直径不大于10mm的螺栓压接方式封连；在钢轨另一端圆孔位置打入接线端子，接线端子与钢轨应连接紧密，并与测试仪连接。

（4）采用电桥测试仪测量两轨引出接线端子间的电感值L(mH)及电阻值测试频率规定为2000Hz，测量3次，取算术平均值作为测量结果。

（5）移出受检轨道板，将钢轨置于绝缘物体（如木垫块）上，使轨底距离地面的高度与移出轨道板前相同，调整轨距到(1435±3)mm，并保持两根钢轨另一端的封连状态。

（6）再次采用电桥测试仪测量两轨引出接线端子间的电感值L_0(mH)及电阻值R_0(mΩ)。测试频率规定为2000Hz，测量3次，取算术平均值作为测量结果。

4）试验结果

受检轨道板钢轨电感相对偏差量按下式计算：

$$D_L = \frac{L - L_0}{L_0} \times 100\% \tag{6-26}$$

式中：D_L——钢轨电感相对偏差量，%；
　　　L——有轨道板状态下两轨间的电感值，mH；
　　　L_0——无轨道板状态下两轨间的电感值，mH。

受检轨道板钢轨交流电阻相对偏差量按下式计算：

$$D_R = \frac{R - R_0}{R_0} \times 100\% \tag{6-27}$$

式中：D_R——钢轨交流电阻相对偏差量，%；
　　　R——有轨道板状态下两轨间的电阻值，mΩ；
　　　R_0——无轨道板状态下两轨间的电阻值，mΩ。

本章思考题

1. 常用板式无砟轨道有哪几种类型？他们有何区别？
2. CRTS Ⅰ、CRTS Ⅱ型板式无砟轨道使用CA砂浆有何区别？其检测项目有哪些？
3. CRTS Ⅲ型板式无砟轨道自密实混凝土的检测项目有哪些？简述其性能指标要求。
4. CRTS Ⅲ型板式无砟轨道自密实混凝土配合比设计有何要求？
5. 简述成品轨道板检验判定原则。
6. 简述轨道板静载试验要点。
7. 简述轨道板钢筋保护层厚度检测方法。
8. 简述轨道板轨道板绝缘性能试验方法。

第7章 水运工程试验检测技术

学习目标

【知识目标】学生应了解水运工程混凝土检测内容;海港工程混凝土防腐材料检测方法;港口水工建筑物修补与加固材料检测方法。应掌握海港工程混凝土防腐机理与防治措施;港口水工建筑物修补与加固评价。

【能力目标】通过本章学习,学生应具备独立完成海港工程混凝土防腐材料的检测能力与港口水工建筑物修补、加固材料的检测与评价能力。

随着我国交通运输工程的迅速发展,已形成铁路、公路、水运、航空、管道五大运输方式。其中,我国水运工程发展起步较晚,相对落后,重点建设时期主要从20世纪70年代开始,尤其在改革开放以来,我国水运工程建设进入了全新的蓬勃发展时期,取得了前所未有的成就。近40多年来,我国通过引进外资和先进技术,使沿海主要港口在大型化、机械化和专业化方面步入了世界先进水平,水运基础设施在规模、种类、设备和技术水平等方面得到了全面的发展,在新技术、新结构、新材料方面取得了丰硕的成果。目前,我国水运工程已发展成为现代交通运输系统中十分重要的一个建设领域。

在水运工程基础建设中,由于港口、航道、海岸等水工建筑物处于特殊环境,除应满足强度、刚度、稳定性(包括抗地震的稳定性)和沉陷方面的要求外,还应特别注意波浪、水流、泥沙、冰凌等动力因素作用,以及环境水(主要是海水)的腐蚀作用,因此,在设计方面必须采取相应的防冲、防淤、防渗、抗磨、防腐等措施。同时,还应运用试验检测方法与新的检测技术,加强施工质量控制与管理,充分保证水运工程建筑物的使用寿命。

水运工程试验检测,包括港口、航道、海岸等水工建筑物(如防波堤、码头等)的地基与桩基承载力、软土地基处理、混凝土结构检测、水运工程混凝土耐久性、腐蚀与防治、修补与加固等多项技术。其中,地基与桩基承载力、桩基完整性、混凝土结构检测等内容见第2章与第4章,本章重点介绍水运工程凝土的耐久性、腐蚀与防治、修补与加固技术。

7.1 水运工程混凝土试验检测技术

7.1.1 水运工程混凝土的检验内容

依据《水运工程混凝土质量控制标准》(JTS 202-2—2011)、《水运工程质量检验标准》(JTS 257—2008),水运工程混凝土应对下列内容进行检测。

7.1.1.1 混凝土拌和物的检测内容

(1)混凝土拌和物的稠度。

(2)流动性和大流动性混凝土拌和物的稠度损失。
(3)混凝土配合比、组成材料、搅拌设备、搅拌时间变更时,混凝土拌和物的均匀性。
(4)有抗冻性要求的混凝土拌和物的含气量。
(5)用于海水环境中的混凝土拌和物的氯离子含量。
(6)有温度控制要求的混凝土拌和物的温度。

7.1.1.2 硬化混凝土的检测内容

混凝土硬化后,应检测力学强度与耐久性指标。其中,必检项目有抗压强度、抗冻等级、抗氯离子渗透性,其他检测项目包括抗渗等级、碱-集料反应、抗折强度、劈裂抗拉强度和弹性模量等。高性能混凝土硬化后,应对其强度(C40～C80)、耐久性(抗冻性、抗蚀性、抗渗性)等进行检验。

7.1.2 水运工程混凝土检测的取样要求

港口工程混凝土的检验包括拌和物与硬化混凝土两项内容,其抽样、取样规则应执行《普通混凝土拌和物性能试验方法标准》(GB/T 50080—2016)、《混凝土强度检验评定标准》(GB/T 50107—2010)、《水运工程混凝土施工规范》(JTS 202—2011)、《水运工程混凝土质量控制标准》(JTS 202-2—2011)、《海港工程高性能混凝土质量控制标准》(JTS 257-2—2012)、《水运工程质量检验标准》(JTS 257—2008)和《混凝土质量控制标准》(GB 50164—2011)的相关规定。

7.1.2.1 混凝土检测频率

混凝土拌和物、硬化混凝土强度及耐久性的检测频率,应根据混凝土工程类型、配合比、生产批次、检验项目及留置试件要求等,按照表7-1的规定确定。

混凝土检测频率的规定　　　　　　　　　　　　表7-1

检测内容	检测频率规定
混凝土拌和物	(1)同一工程、同一配合比、采用同一批次水泥和外加剂的混凝土的凝结时间应至少检验一次。 (2)同一工程、同一配合比的混凝土或者同一工程、同一配合比和采用同一批次海砂的混凝土,其氯离子含量应至少检验一次。 (3)混凝土拌和物的坍落度和含气量,每一工作班对坍落度至少检测两次,引气混凝土的含气量至少测定一次
硬化混凝土强度	(1)混凝土强度应分批进行检验评定。一个验收批的混凝土应由强度等级相同、龄期相同以及生产工艺条件和配合比基本相同的混凝土组成。 (2)混凝土试样应在混凝土浇筑地点随机抽取,取样频率规定:每100盘但不超过100m^3的同配合比混凝土,取样次数不得少于一次;每一工作班拌制的同配合比混凝土不足100盘时,其取样次数不得少于一次。 (3)每组三个试件应在同一盘混凝土中取样,按标准方法制作、养护和测定立方体抗压强度代表值。 (4)混凝土抗压强度与抗折强度标准试件的留置要求:①连续浇筑超过1000m^3时,同一配合比的混凝土每200m^3取样不少于一组,不足200m^3者至少取一组。②连续浇筑不超过1000m^3时,同一配合比的混凝土每100m^3取样不少于一组,不足100m^3者至少取一组。③当混凝土配合比有变化时,每一配合比均应留置试件

续上表

检测内容	检测频率规定
硬化混凝土耐久性	（1）混凝土抗渗试件的留置应满足：每一有抗渗要求的混凝土单位工程，留置试件不少于三组，当混凝土技术条件变化时，应至少增加一组。 （2）混凝土抗冻试件的留置应满足：每一有抗冻要求的单位工程，留置试件不少于三组，跨年度施工或混凝土技术条件变化时，应至少增加一组。 （3）混凝土抗氯离子渗透性试件的留置应满足：①同一配合比的混凝土每浇筑1000m³留置一组，每个混凝土分项工程至少留置三组。②当对留置试件抗氯离子渗透性合格评定结论有怀疑时，采用在构件上钻取芯样进行验证性检测，同类构件的芯样不少于三个，混凝土构件养护龄期不大于58d

7.1.2.2 取样方法

1）取样地点的规定

混凝土拌和物坍落度和含气量，应在浇筑地点取样，当混凝土拌和物从搅拌机出料至浇筑入模的时间不超过15min时，可在拌制地点取样检测；用于检查结构混凝土质量的试件，应在混凝土的浇筑地点随机取样制作。

2）取样方法

（1）同一组混凝土拌和物的取样应从同一盘混凝土或同一车混凝土中取样。取样量应多于试验所需量的1.5倍，且宜不小于20L。

（2）混凝土拌和物的取样应具有代表性，宜采用多次采样的方法。一般在同一盘混凝土或同一车混凝土中的约1/4处、1/7处和3/4处之间分别取样，从第一次取样到最后一次取样不宜超过15min，然后人工搅拌均匀。

（3）从取样完毕到开始做各项性能试验不宜超过5min。

7.1.3 水运工程混凝土的技术要求

水运工程混凝土强度与拌和物的和易性必须满足设计和施工要求，尚应具备所需要的抗冻性、抗渗性、抗蚀性、防止钢筋锈蚀、抵抗冰凌撞击及防止碱-集料反应等性能。港口工程混凝土的耐久性要求尤为重要，其混凝土结构应根据所处的环境、在建筑物上的部位等使用条件进行设计与检测。

7.1.3.1 水运工程混凝土在建筑物上的部位划分

港口工程混凝土结构处在海水环境或淡水环境中，混凝土在建筑物上的部位划分见表7-2和表7-3。

海水环境混凝土部位划分　　　　　表7-2

掩护条件	划分类别	大气区	浪溅区	水位变动区	水下区
有掩护条件	按港工设计水位	设计高水位加1.5m以上	大气区下界至设计高水位减1.0m之间	浪溅区下界至设计低水位减1.0m之间	水位变动区下界至泥面
无掩护条件	按港工设计水位	设计高水位加$(\eta_0+1.0)$m以上	大气区下界至设计高水位减η_0之间	浪溅区下界至设计低水位减1.0m之间	水位变动区下界至泥面

续上表

掩护条件	划分类别	大气区	浪溅区	水位变动区	水下区
无掩护条件	按天文潮潮位	最高天文潮位加 0.7 倍百年一遇有效波高 $H_{1/3}$ 以上	大气区下界至最高天文潮位减百年一遇有效波高 $H_{1/3}$ 之间	浪溅区下界至最低天文潮位减 0.2 倍百年一遇有效波高 $H_{1/3}$ 之间	水位变动区下界至泥面

注：1. η_0 为设计高水位时的重现期 50 年 $H_{1\%}$（波列累积频率为 1% 的波高）波峰面高度(m)。
2. 当浪溅区上界计算值低于码头面高程时，应取码头面高程为浪溅区上界。
3. 当无掩护条件的海港工程混凝土结构无法按港工有关规范计算设计水位时，可按天文潮潮位确定混凝土结构的部位划分。

淡水环境混凝土部位划分　　　　　　　　　表 7-3

水上区	水下区	水位变动区
设计高水位以上	设计低水位以下	水上区与水下区之间

注：水上区也可按历年平均最高水位以上划分。

7.1.3.2 水运工程混凝土技术要求

依据《水运工程混凝土施工规范》(JTS 202—2011)、《水运工程混凝土质量控制标准》(JTS 202-2—2011)、《海港工程混凝土结构防腐蚀技术规范》(JTJ 275—2000)、《海港工程高性能混凝土质量控制标准》(JTS 257-2—2012)，水运工程混凝土拌和物的和易性与强度必须满足设计和施工要求，尚应具备所需要的耐久性能。

1）耐久性要求总则

（1）混凝土抗渗等级

应根据最大作用水头与混凝土壁厚之比确定抗渗等级，从 P4～P12 共 5 个等级。

（2）抗冻等级与含气量

根据混凝土所在地区和所处水环境而定。有抗冻要求的凝土及最冷月平均气温在 0℃ 以上，但有偶尔受冻情况的海水环境所用混凝土拌和物，有含气量的控制要求，其限值与集料最大粒径有关。

（3）氯离子渗透性

海港工程浪溅区采用普通混凝土或高性能混凝土时，应控制抗氯离子渗透性指标。混凝土拌和物中的氯离子最高限量，应根据混凝土类型（预应力混凝土、钢筋混凝土、素混凝土）和所处水环境（海水、淡水）不同而异。

（4）碱-集料反应

海水环境中严禁采用碱活性集料；对于淡水环境，当检验表明集料具有碱活性时，应控制混凝土的总碱量。

2）普通混凝土耐久性的技术要求

（1）钢筋的混凝土保护层

海水环境钢筋、预应力筋的混凝土保护层最小厚度应符合表 7-4 的规定。

海水环境钢筋、预应力筋的混凝土保护层最小厚度(mm)   表 7-4

所在部位		大气区	浪溅区	水位变动区	水下区
钢筋的混凝土保护层厚度	北方	50	60	50	40
	南方	50	65	50	40
预应力筋的混凝土保护层厚度	构件厚度≥0.5m	65	80	65	65
	构件厚度<0.5m	应为 2.5 倍预应力筋直径,且不得小于 50mm			

注:1.对于海水环境钢筋的混凝土保护层最小厚度:
(1)混凝土保护层厚度系指主筋表面与混凝土表面的最小距离。
(2)表中数值系箍筋直径为 6mm 时主钢筋的保护层厚度,当箍筋直径大于 6mm 时,保护厚度应按表 7.4 中规定增加 5mm。
(3)位于浪溅区的码头面板、桩等细薄构件的混凝土保护层,南方和北方一律取 50mm。
(4)南方指历年最冷月月平均气温大于 0℃的地区。
2.对于海水环境预应力筋的混凝土保护层最小厚度:
(1)构件厚度系指规定保护层最小厚度方向上的构件尺寸。
(2)后张法预应力筋保护层厚度系指预留孔道壁至构件表面的最小距离。
(3)制作构件时,如采取特殊工艺或专门防腐措施,经充分技术论证,对钢筋的防腐蚀作用确有保证时,保护层厚度可不受上述规定的限制。
(4)有效预应力小于 400MPa 的预应力筋的保护层厚度应按表 7.4 执行,但不宜小于 1.5 倍主筋直径。

淡水环境钢筋的混凝土保护层最小厚度应符合表 7-5 的规定。

淡水环境钢筋的混凝土保护层最小厚度(mm)   表 7-5

水上区		水位变动区	水下区
水汽积聚	无水汽积聚		
40	35	40	35

注:1.箍筋直径大于 6mm 时,保护层厚度可按表中规定增加 5mm,板等无箍筋的构件保护层厚度宜按表 7.5 中规定减少 5mm。
2.预应力钢筋的保护层厚度不宜小于 1.5 倍主筋直径;碳素钢丝、钢绞线的保护层厚度宜按表 7.5 中规定增加 20mm,如采取特殊工艺或专门防腐措施,经充分技术论证,对预应力筋的防腐蚀作用确有保证时,保护层厚度可不受上述规定的限制。

配置构造钢筋的素混凝土结构,海水环境构造筋的混凝土保护层最小厚度不应小于 40mm,且不小于 2.5 倍构造筋直径;淡水环境构造筋的混凝土保护层最小厚度不应小于 30mm。

(2)钢筋混凝土最大裂缝宽度

施工期钢筋混凝土最大裂缝宽度不应超过表 7-6 中规定的限值。当出现裂缝时,应按有关规定及时修补。

钢筋混凝土最大裂缝宽度限值(mm)   表 7-6

海水环境				淡水环境		
大气区	浪溅区	水位变动区	水下区	水上区	水位变动区	水下区
0.20	0.20	0.25	0.30	0.25	0.25	0.40

(3)混凝土拌和物的氯离子含量

混凝土拌和物的氯离子含量的最高限值应符合表7-7的规定。

混凝土拌和物中氯离子含量的最高限值(%)　　　表7-7

环境条件	预应力混凝土结构	钢筋混凝土结构	素混凝土结构
海水环境	0.06	0.10	1.30
淡水环境	0.06	0.30	1.30

注：混凝土拌和物中氯离子含量按胶凝材料质量百分比计。

(4)碱-集料反应

海水环境应严禁采用碱活性集料；淡水环境下，当检验表明集料具有碱活性时，混凝土的总含碱量不应大于3.0 kg/m³。

(5)抗氯离子渗透性

海港工程浪溅区采用普通混凝土时，其抗氯离子渗透性指标不应大于2000C。

(6)按耐久性要求的混凝土最低强度等级

港口工程混凝土结构的混凝土强度应同时满足承载能力和耐久性的要求。按耐久性要求，混凝土最低强度等级应符合表7-8的规定。

按耐久性要求的混凝土最低强度等级　　　表7-8

所在部位	海水环境		淡水环境	
	钢筋混凝土	素混凝土	钢筋混凝土	素混凝土
大气区	C30	C20	C25	C20
浪溅区	C40	C25	—	—
水位变动区	C35	C25	C25	C20
水下区	C30	C25	C25	C20

(7)混凝土抗冻等级

有掩护条件的水位变动区及浪溅区下部1m范围、无掩护条件的设计高水位至设计低水位之间有抗冻要求的混凝土的抗冻等级，应按表7-9的规定选取；开敞式码头结构和防波堤等建筑物混凝土宜选用高1级的抗冻等级或采取其他措施。码头面层混凝土应选用比同一地区低2~3级的抗冻等级。

混凝土抗冻等级选定标准　　　表7-9

建筑物所在地区	海水环境		淡水环境	
	钢筋混凝土及预应力混凝土	素混凝土	钢筋混凝土及预应力混凝土	素混凝土
严重受冻地区(最冷月月平均气温低于-8℃)	F350	F300	F250	F200
受冻地区(最冷月月平均气温在-4~-8℃之间)	F300	F250	F200	F150
微冻地区(最冷月月平均气温在0~-4℃之间)	F250	F200	F150	F100

注：1. 试验过程中试件所接触的介质应与建筑物实际接触的介质相同。
　　2. 敞式码头和防波堤等建筑物混凝土应选用比同一地区高1级的抗冻等级或采取其他措施。

(8)混凝土拌和物含气量

有抗冻性要求的混凝土应掺入适量引气剂，其拌和物的含气量应符合表7-10的规定。

当要求的含气量为某一定值时,检测结果与要求值的允许偏差应为±1.0%。当含气量要求值为某一范围时,检测结果应满足规定范围的要求。

有抗冻性要求的混凝土拌和物含气量控制范围　　　　表 7-10

集料最大粒径(mm)	含气量(%)	集料最大粒径(mm)	含气量(%)
10.0	5.0~8.0	31.5	3.5~6.5
20.0	4.0~7.0	40.0	3.0~6.0
25.0	3.5~7.0	63.0	3.0~5.0

注:泵送混凝土含气量应控制在5.0%~7.0%。

(9)混凝土抗渗等级

有抗渗要求的混凝土,其抗渗等级应符合表7-11的规定。

混凝土抗渗等级选定标准　　　　表 7-11

最大作用水头与混凝土壁厚之比	<5	5~10	11~15	16~20	>20
抗渗等级	P4	P6	P8	P10	P12

7.1.3.3　高性能混凝土耐久性要求

海港工程所采用的高性能混凝土,除应具有高耐久性(尤其是高抗氯离子渗透性)、高尺寸稳定性外,还应具有良好的工作性及较高的强度。高性能混凝土耐久性不仅应满足普通混凝土耐久性的技术要求,还应对混凝土拌和物的最大水胶比与最低水泥用量、坍落度、硬化混凝土的强度、抗氯离子渗透性等技术指标提出更高要求。

1)氯离子

高性能混凝土拌和物的氯离子最高限值,预应力混凝土和钢筋混凝土的要求分别是0.06和0.10(按水泥质量百分率计)。海水环境钢筋混凝土、预应力混凝土抗氯离子渗透性指标最高限值为电通量1000C、800C或者扩散系数$4.5\times10^{-12}m^2/s$、$4.0\times10^{-12}m^2/s$。

2)浪溅区高性能混凝土的最低强度等级

海港工程高性能混凝土结构的混凝土强度应同时满足承载能力和耐久性的要求,且浪溅区混凝土的最低强度等级不应小于C45,其他部位不应小于C40。

3)水位变动区高性能混凝土的抗冻等级

水位变动区有抗冻要求的高性能混凝土,其最低抗冻等级要求及有抗冻要求的高性能混凝土拌和物的含气量控制范围见表7-12。

高性能混凝土的抗冻性要求　　　　表 7-12

混凝土的抗冻等级选定标准		有抗冻要求的混凝土拌和物的含气量控制范围	
构筑物所在地区	钢筋混凝土及预应力混凝土	集料最大粒径(mm)	含气量范围(%)
严重受冻地区(最冷月平均气温低于-8℃)	F350	10	5.0~8.0
受冻地区(最冷月平均气温为-4~-8℃)	F300	20	4.0~7.0
微冻地区(最冷月平均气温0~-4℃)	F250	25	3.5~7.0

4) 高性能混凝土的抗渗等级

有抗渗要求的高性能混凝土,根据最大作用水头与混凝土壁厚之比,其抗渗等级应符合表 7-13 的规定。

高性能混凝土抗渗等级选定标准　　　　表 7-13

最大作用水头 与混凝土壁厚之比	抗渗等级	最大作用水头 与混凝土壁厚之比	抗渗等级
<5	P4	26～30	P14
5～10	P6	31～35	P16
11～15	P8	36～40	P18
16～20	P10	>40	P20
21～25	P12		

5) 最大水胶比与最小胶凝材料的限值

海水高性能混凝土耐久性对最大水胶比与最小胶凝材料允许值的限值要求见表 7-14。其中,矿物掺合料可以采用单掺,也允许复合掺用多种。单掺一种掺合料的掺量范围见表 7-15,同时掺加粉煤灰、粒化高炉矿渣粉时,复合总掺量不宜大于胶凝材料总量的 70%,其中粉煤灰掺量不宜大于 25%。

海水高性能混凝土耐久性对最大水胶比与最小胶凝材料的限值要求　　　　表 7-14

构筑物所在地区	最大水胶比	胶凝材料(kg/m³)	
		最小用量	最高用量
浪溅区	0.35	400	500
其他区	0.40	380	500

单掺一种掺合料时掺量控制范围(%)　　　　表 7-15

组成胶凝材料的水泥品种	掺合料品种		
	粒化高炉矿渣粉	粉煤灰	硅灰
P·Ⅰ或P·Ⅱ型硅酸盐水泥	50～80	25～40	3～8
P·O普通硅酸盐水泥	40～70	20～35	3～8

7.1.4 水运工程混凝土耐久性检验方法

7.1.4.1 抗冻性试验(快冻法)

1) 试验目的

采用混凝土快冻法,测定混凝土试件在水冻融条件下经受的冻融循环次数,以此表示混凝土的抗冻性能。

2) 试验仪具

快速冻融装置:除应在测温试件中埋设温度传感器外,尚应在冻融箱内防冻液中心、中心与任何一个对角线的两端分别设有温度传感器。运转时冻融箱内防冻液各点温度的极差不得超过 2℃。

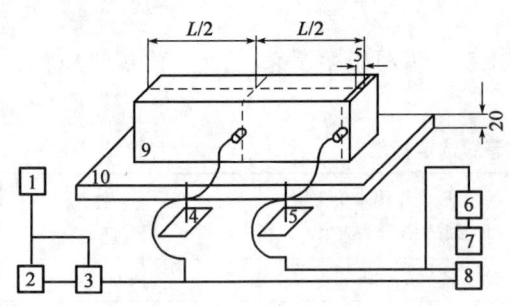

图 7-1　动弹性模量测定仪部件连接示意图
（尺寸单位：mm）

1-振荡器；2-频率计；3-放大器；4-激振换能器；5-接收换能器；6-放大器；7-电表；8-示波器；9-试件；10-试件支承体

试件盒：宜采用具有弹性的橡胶材料制作，其内表面底部应有半径为 3mm 橡胶突起部分。盒内加水后水面应至少高出试件顶面 5mm。试件盒的横截面尺寸宜为 115mm × 115mm，试件盒长度宜为 500mm。

混凝土动弹性模量测定仪：如图 7-1 所示。

3）试验方法与步骤

（1）采用尺寸为 100mm × 100mm × 400mm 的棱柱体试件，每组试件应为 3 块。成型试件时，不得采用憎水性脱模剂。除制作冻融试验的试件外，尚应制作同样形状、尺寸，且中心埋有温度传感器的测温试件，测温试件应采用防冻液作为冻融介质。测温试件所用混凝土的抗冻性能应高于冻融试件。测温试件的温度传感器应埋设在试件中心。温度传感器不应采用钻孔后插入的方式埋设。

（2）在标准养护室内或同条件养护的试件应在养护龄期为 24d 时提前将冻融试验的试件从养护地点取出，随后将冻融试件放在(20 ± 2)℃水中浸泡，浸泡时水面应高出试件顶面 20~30mm，在水中浸泡时间应为 4d，试件应在 28d 龄期时开始进行冻融试验。对于始终在水中养护的试件，当试件养护龄期达到 28d 时，可直接进行后续试验（此种情况应在试验报告中予以说明）。

（3）当试件养护龄期达到 28d 时应及时取出试件，用湿布擦除表面水分后测量其外观尺寸（应满足要求），并对试件进行编号、称量其初始质量 m_0，然后测定其横向基频的初始值 f_0。

（4）将试件放入试件盒内，应位于试件盒中心，然后将试件盒放入冻融箱内的试件架中，并向试件盒中注入清水。在整个试验过程中，盒内水位高度应始终保持至少高出试件顶面 5mm。测温试件盒应放在冻融箱的中心位置。

（5）每隔 25 次冻融循环宜测量试件的横向基频 f_n。测量前先将试件表面浮渣清洗干净并擦干表面水分，然后检查其外部损伤并称量试件的质量 m_n，随后测量横向基频。测完后，迅速将试件调头重新装入试件盒内并加入清水，继续试验。试件的测量、称量及外观检查应迅速，待测试件应用湿布覆盖。

（6）当有试件停止试验被取出时，应另用其他试件填充空位。当试件在冷冻状态下因故中断时，试件应保持在冷冻状态，直至恢复冻融试验为止，并应将故障原因、暂停时间在试验结果中注明。试件在非冷冻状态下发生故障的时间不宜超过 2 个冻融循环的时间。在整个试验过程中，超过 2 个冻融循环时间的中断故障次数不得超过 2 次。

（7）当冻融循环出现下列情况之一时，可停止试验：达到规定的冻融循环次数，试件的相对动弹性模量下降到 60% 或者试件的质量损失率达到 5%。

4）结果计算及精度要求

（1）混凝土相对动弹模量

混凝土相对动弹模量按下式计算，精确至 0.1。

$$P = \frac{f_n^2}{f_0^2} \times 100\% \qquad (7\text{-}1)$$

式中：P——经 n 次冻融循环后试件的相对动弹模量，%；

f_n——n 次冻融循环后试件的横向基频，Hz；

f_0——试验前试件的横向基频初始值，Hz。

相对动弹性模量以三个试件试验结果的算术平均值作为测定值。当最大值或最小值与中间值之差超过中间值的15%时，应剔除此值，并应取其余两值的算术平均值作为测定值；当最大值和最小值与中间值之差均超过中间值的15%时，应取中间值作为测定值。

（2）混凝土质量损失率

混凝土质量损失率按下式计算，精确至0.01。

$$W = \frac{m_0 - m_n}{m_0} \times 100\% \qquad (7\text{-}2)$$

式中：W——n 次冻融循环后试件的质量损失率，%；

m_0——冻融前的试件质量，kg；

m_n——n 次冻融后的试件质量，kg。

每组试件的平均质量损失率应以三个试件的质量损失率试验结果的算术平均值作为测定值。当某个试验结果出现负值，应取0，再取三个试件的平均值。当三个值中的最大值或最小值与中间值之差超过1%时，应剔除此值，并应取其余两值的算术平均值作为测定值，当最大值和最小值与中间值之差均超过1%时，应取中间值作为测定值。

（3）凝土抗冻等级评价

当混凝土相对动弹模量降低至小于或等于60%，或质量损失达到5%时的循环次数，即为混凝土的抗冻等级，分为F25、F50、F100、F150、F200、F250和F300等。

7.1.4.2 抗氯离子渗透试验（电通量法）

1）试验目的

测定以通过混凝土试件的电通量为指标来确定混凝土抗氯离子渗透性能。本方法不适用于掺有亚硝酸盐和钢纤维等良导电材料的混凝土抗氯离子渗透试验。

2）试验仪具

（1）电通量试验装置：如图7-2所示。

（2）仪器设备和化学试剂应符合下列要求：

①直流稳压电源：电压范围应为0~80V，电流范围应为0~10A，并应能稳定输出60V直流电压，精度应为±0.1V。

②耐热塑料或耐热有机玻璃试验槽：边长应为150mm，总厚度不应小于51mm。试验槽中心的两个槽的直径应分别为89mm、112mm，深度应分别41mm、6.4mm。在试验槽的一边应开有直径为10mm的注液孔。

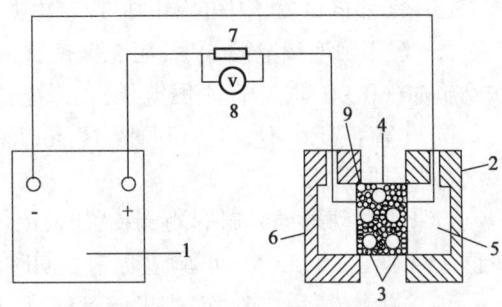

图7-2 电通量试验装置示意图

1-直流稳压电源；2-试验槽；3-铜电极；4-混凝土试件；
5-3.0% NaCl 溶液；6-0.3mol/L NaOH 溶液；7-标准电阻
8-直流数字式电压表；9-试件垫圈

(3) 紫铜垫板:宽度应为(12±2)mm,厚度应为(0.05±0.005)mm。铜网孔径应为0.95mm(64孔/cm²)或者20目。

(4) 标准电阻:精度应为±0.1%,直流数字电流表量程应为0~20A,精度应为±0.1%。

(5) 真空装置:真空泵、真空表和真空容器(内径不应小于250mm,并应能至少容纳3个试件)。

(6) 阴极溶液:用化学纯试剂配制的质量浓度为3.0%的NaCl溶液。

(7) 阳极溶液:用化学纯试剂配制的摩尔浓度为0.3mol/L的NaOH溶液。

(8) 密封材料:应采用硅胶或树脂等密封材料;试件垫圈应采用硫化橡胶垫或硅橡胶垫,外径应为100mm、内径应为75mm、厚度应为75mm。

(9) 切割试件的设备:应采用水冷式金刚锯或碳化硅锯。

3) 试验方法与步骤

(1) 电通量试验应采用直径(100±1)mm、高度(50±2)mm的圆柱体试件,并按标准方法进行制作与养护。当试件表面有涂料等附加材料时,应预先去除,且试样内不得含有钢筋等良导电材料。在试件移送试验室前,应避免冻伤或其他物理伤害。

(2) 电通量试验宜在试件养护到28d龄期进行。对于掺有大掺量矿物掺合料的混凝土,可在56d龄期进行试验。先将养护到规定龄期的试件暴露于空气中至表面干燥,并以硅胶或树脂密封材料涂刷试件的圆柱侧面,还应填补涂层中的孔洞。

(3) 电通量试验前应将试件进行真空饱水。先将试件放入真空容器中,然后启动真空泵,在5min内将真空容器中的绝对压强减少至1~5kPa,并保持该真空度3h。在真空泵仍然运转的情况下,注入足够的蒸馏水或者去离子水,直至淹没试件,并在试件浸没1h后恢复常压,并继续浸泡(18±2)h。

(4) 在真空饱水结束后,从水中取出试件并抹掉多余水分,且应保持试件所处环境的相对湿度在95%以上。将试件安装于试验槽内,并采用螺杆将两试验槽和端面装有硫化橡胶垫的试件夹紧。试件安装好以后,应采用蒸馏水或者其他有效方式检查试件和试验槽之间的密封性能。

(5) 检查密封性后,将质量浓度为30%的NaCl溶液和摩尔浓度为0.3mol/L的NaOH溶液被分别注入试件两侧的试验槽中。注入NaCl溶液的试验槽内的铜网应连接电源负极,注入NaOH溶液的试验槽中的铜网应连接电源正极。

(6) 在正确连接电源线后,应在保持试验槽中充满溶液的情况下接通电源,并对上述两铜网施加(60±0.1)V直流恒电压,记录电流初始读数I_0。开始时应每隔5min记录一次电流值;当电流值变化不大时,可每隔10min记录一次;当电流变化很小时,应每隔30min记录一次,直至通电6h。

当采用自动采集数据的测试装置时,记录电流的时间间隔可设定为5~10min。电流测量值应精确至±0.5mA。试验过程中宜同时监测试验槽中溶液的温度。

(7) 试验结束后,应及时排出试验溶液,并应用凉开水和洗涤剂冲洗试验槽60s以上,然后用蒸馏水洗净并用电吹风冷风挡吹干。

4) 结果计算及精度要求

应绘制电流-时间关系图(图7-3),对曲线作面积积分或按梯形法进行面积积分,得到试

验 6h 通过的电通量。通常,每个试件的总电通量可采用下列简化公式计算:

$$Q = 900(I_0 + 2I_{30} + 2I_{60} + \cdots + 2I_t + \cdots + 2I_{300} + 2I_{330} + I_{360})$$
(7-3)

式中:Q——通过试件的总电通量,C;

I_0——初始电流,A(精确到 0.001A);

I_t——在时间 t(min) 的电流,A(精确到 0.001A)。

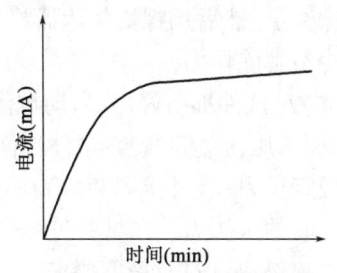

图 7-3 混凝土电通量试验电流-时间关系图

计算得到通过试件的总电通量应按下式换算成直径为 95mm 试件的电通量值:

$$Q_s = Q_x \cdot \left(\frac{95}{X}\right)^2$$
(7-4)

式中:Q_s——通过直径为 95mm 的试件的电通量,C;

Q_x——通过直径为 X(mm) 的试件的电通量,C;

X——试件的实际直径,mm。

每组三个混凝土试件的电通量,其计算结果的处理方法与混凝土快冻法中相对动弹性模量结果处理的要求相同。

7.1.4.3 抗水渗透试验

1)试验目的

混凝土抗渗试验是通过逐级施加水压力来测定混凝土的抗渗等级,以此表示混凝土的抗水渗透性能。

2)试验仪具

(1)混凝土抗渗仪:如图 7-4,混凝土抗渗试验以 6 个试件为一组,应能使水压按规定稳定地作用在试件上。抗渗仪施加水压力范围应为 0.1~2.0MPa。

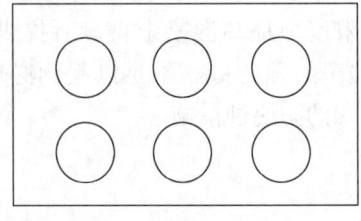
a)俯视图

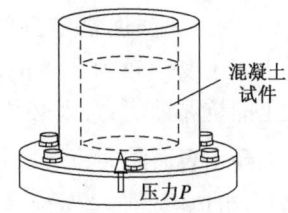
b)单个试件渗透试验示意图

图 7-4 混凝土抗渗仪示意图

(2)试模:上口内部直径 175mm、下口内部直径 185mm 和、高度 150mm 的圆台体或者上下直径与高均为 150mm 的圆柱体。

3)试验方法

(1)试件的制作和养护。试件拆模后,应用钢丝刷刷去两端面的水泥浆膜,并立即将试件送入标准养护室。抗水渗透试验的龄期宜为 28d。应在到达试验龄期的前一天,从养护室取出试件并擦拭干净,待试件表面晾干后,进行试件密封。用烘箱或电炉预热试模(预热温度应以石蜡接触试模即缓慢熔化但不流淌为准),将熔化的石蜡(加少量松香)在试件侧面裹涂一层，然后用螺旋加压器将试件压入预热过的试模中，使试件与试模底平齐，并在试模变冷后解除压力。

(2)试件准备好后，启动抗渗仪。试验时，水压应从0.1MPa开始，以后每隔8h增加0.1MPa水压，并随时观察试件端面渗水情况。当6个试件中有3个试件表面出现渗水时或加至规定压力(设计抗渗等级)在8h内6个试件中表面渗水试件少于3个时，可停止试验，记录此时的水压力。在试验过程中，当发现水从试件周边渗出时，应重新按规定进行密封。

4)结果计算及精度要求

混凝土的抗渗等级应以每组6个试件中有4个试件未出现渗水时的最大水压力乘以10来确定。混凝土的抗渗等级按下式计算：

$$P = 10H - 1 \tag{7-5}$$

式中：P——混凝土抗渗等级；

H——6个试件中有3个试件渗水时的水压力，MPa。

7.2 海港工程混凝土防腐技术

7.2.1 混凝土结构防腐材料及技术要求

海港工程混凝土结构必须进行防腐蚀耐久性设计，保证混凝土结构在设计使用年限内的安全和正常使用功能。混凝土结构防腐蚀耐久性设计，应针对结构预定功能和所处环境条件，选择合理的结构形式与构造，且抗腐蚀性、抗渗性均良好的优质混凝土。对处于浪溅区的混凝土构件，宜采用高性能混凝土或同时采用特殊防腐蚀措施。

海港工程混凝土防腐的主要措施有：采用低渗透性的防腐耐久混凝土；适当增加混凝土保护层厚度；采取混凝土表面涂层、混凝土表面硅烷浸渍、耐腐蚀钢筋、防腐涂层钢筋、混凝土中掺入钢筋阻锈剂，以及阴极保护等特殊防腐措施。提高混凝土抗渗透性和增厚混凝土钢筋保护层是常用的主要防腐措施，可以最大限度地提高混凝土自身所提供的保护作用。然而，对于混凝土处于腐蚀较为严重的环境，常用的预防措施不足以起到必要的保护作用时，为增加混凝土的抗腐蚀能力，则必须采取特殊的防腐蚀措施。

7.2.1.1 混凝土表面防腐涂层

(1)防腐涂层的防腐机理

引起混凝土内钢筋腐蚀最主要的原因是混凝土的碳化和氯化物的渗透，如果混凝土表面使用防腐涂层，则可以有效阻止氯化物、溶解性盐类、氧气、二氧化碳和海水等腐蚀介质的侵入，从根本上切断腐蚀源头。目前，混凝土表面长效防腐涂层是保护钢筋混凝土抵御腐蚀的一种较为方便实用的方法。

(2)防腐涂层材料

混凝土表面防腐涂层材料主要可以使用环氧树脂、聚氨酯、丙烯酸树脂、氯化橡胶和乙烯树脂等涂料。由于混凝土具有强碱性，因此采用的涂层应具有良好的耐碱性、附着性和耐腐蚀性。海港工程混凝土结构涂装位置定在平均潮位以上部位，并将涂装范围分为表湿区和表干区进行涂装。

混凝土表面涂层系统由底层、中间层和面层等配套涂料涂膜组成。底层涂料（封闭漆）应具有低黏度和高渗透能力，能渗透到混凝土内起封闭孔隙和提高后续涂层附着力的作用；中间层涂料应具有较好的防腐蚀能力，能抵抗外界有害介质的入侵；面层涂料应具有抗老化性，对中间和底层起保护作用。各层的配套涂料应具有良好的相容性与友好性。

（3）涂料品质与涂层性能的技术要求

依据《海港工程混凝土结构防腐蚀技术规范》（JTJ 275—2000），涂料品质及涂层性能应具有良好的耐碱、附着和耐蚀性，底层涂料尚应具有良好的渗透性，表层涂料尚应具有耐老化性。表湿区防腐蚀涂料应具有湿固化、耐磨损、耐冲击和耐老化等性能。涂层的性能应满足表 7-16 的要求，涂层与混凝土表面的黏结力不得小于 1.5MPa。

涂层的性能要求　　　　　　　　　　　　表 7-16

项　目	试验条件	标　准	涂层名称
涂层外观	耐老化试验 1000h 后	不粉化、起泡、龟裂、剥落	底层 + 中间层 + 面层的复合涂层
	耐碱试验 30d 后	不起泡、龟裂、剥落	
	标准养护后	均匀，无流挂、斑点，不起泡、龟裂、剥落等	
抗氯离子渗透性	活动涂层擦片抗氯离子渗透试验 30d 后	氯离子穿过涂层片的渗透量在 $5.0 \times 10^{-3} mg/cm^2 \cdot d$ 以下	底层 + 中间层 + 面层的复合涂层

注：涂层的耐老化采用涂装过的 70mm×70mm×20mm 的砂浆试件，按《色漆和清漆　人工气候老化和人工辐射曝露　滤过的氙弧辐射》（GB/T 1865—2009）测定。

（4）涂层系统的质量控制

涂层系统主要应控制其涂层干膜最小平均厚度，以及涂层耐老化性、耐冲击性、抗氯离子渗透性、黏结强度、耐碱性指标和涂层外观质量。

7.2.1.2　混凝土表面硅烷浸渍

（1）硅烷的防腐机理

硅烷是一种新型的混凝土结构用有机防腐材料，硅烷浸渍防腐新技术可有效提高混凝土结构防水与防护功能，延长混凝土工程使用寿命。混凝土表面硅烷浸渍是指用硅烷类液体浸渍混凝土表层，使之具有低吸水率、低氯离子渗透率和高透气性的一种防腐措施，适用于海港工程浪溅区混凝土结构表面的防腐蚀保护。

混凝土硅烷浸渍防护技术原理是利用硅烷特殊的小分子结构，穿透混凝土的表层，渗入混凝土表面深层，分布在混凝土毛细孔内壁，与暴露在酸性和碱性环境中的空气及基底材中的水分产生化学反应，在毛细孔的内壁及表面形成防腐渗透斥水层。通过抵消毛细孔的强制吸力，硅烷混凝土防护剂可以防止水分及可溶解盐类（如氯盐）的渗入，可有效防止基材因渗水、日照、酸雨和海水等侵蚀对混凝土及其内部钢筋结构的腐蚀。

混凝土表面硅烷浸渍还具有以下优点：①优良的抗紫外线和抗氧化性能，可提供长期持久的保护，提高构筑物的使用寿命。②处理后的基材形成的表面张力远低于水，产生毛细逆气压现象，不堵塞毛细孔，既防水又能够保持混凝土结构的"呼吸"。③因化学反应形成的硅酮高分子与混凝土有机结合为整体，使基材具有一定的韧性，能够防止基材开裂且能弥补

0.2mm的裂缝。④当防水表面因非正常原因导致破损时,其破损面上的硅烷与水继续反应,使破损表面的防水层具有自我修复功能。⑤硅烷除了憎水性,硅烷混凝土防护剂也不会受到新浇混凝土碱性环境的破坏,相反,混凝土浇筑不久的碱性环境,会刺激该反应并加速斥水表面的形成。

理论上,硅烷可以和混凝土同样持久,且混凝土强度越高,其使用寿命可能越长。从工程应用效果看,硅烷这种新型混凝土有机防腐材料,正不断向着膏体化、凝胶化方向发展。

(2)硅烷浸渍适用条件与技术要求

异丁烯三乙氧基液体硅烷或异辛基三乙氧基膏状硅烷是主要的硅烷浸渍材料,其中,异丁烯三乙氧基硅烷单体最常用,其质量应满足以下要求:异丁烯三乙氧硅烷含量不应小于98.9%,硅氧烷含量不应大于0.3%,可水解的氯化物含量不应大于1/10000。密度应为0.88g/cm³,活性应为100%,且不得以溶剂或其他液体稀释。

浸渍硅烷前应进行喷涂试验,试验区面积应为 1~5m²。在试验区随机钻取6个芯样,进行混凝土表面硅烷浸渍试验。浸渍硅烷质量的验收应以每500m²浸渍面积作为一个验收批,当任一验收批硅烷浸渍质量的三项测试结果中任意一项不满足以下要求时,该验收批应重新浸渍硅烷。混凝土表面硅烷浸渍的要求:吸水率平均值不应大于 $0.01mm/min^{1/2}$,对强度等级不大于C45的混凝土,硅烷浸渍深度应达到3~4mm(对强度等级大于C45的混凝土,硅烷浸渍深度应达到2~3mm),氯化物吸收量的降低效果平均值不应小于90%。

7.2.2 混凝土结构防腐材料的检测技术

7.2.2.1 表面涂层检测

1)平均干膜厚度与涂层黏结力试验

(1)试验仪具

湿膜厚度规、拉脱式涂层和黏结力测试仪、显微镜式测厚仪。

(2)室内试验

①制作500mm×500mm×50mm的C30混凝土试件10个,在标准养护条件下养护28d。

②对每块试件的500mm×500mm的非浇注面进行表面处理。

③需要进行湿固化涂料黏结力试验的5个表湿试件,表面处理后浸泡在清水中,其他5个表干试件则放置在室内阴干。

④对处理后的500mm×500mm非浇注面进行涂装,涂装过程用称重法核实各层涂料的涂布率,并用湿膜厚度规测量各层湿膜厚度。对表干试件,先将涂装面的灰尘吹干净,而表湿试件,从水中捞起后,用温布抹除涂装面的水滴,然后进行涂装。涂装方法,可以是刷涂、滚涂或喷涂。

⑤涂装完成以后,表湿试件经4h后,浸没在3%食盐水中,12h后捞起,再过12h又浸没,如此反复进行养护7d;表干试件放置在室内自然养护7d。

⑥取经7d养护的表干或表湿试件各3个,在每一试件的涂层面上随机找3个点,每点约30mm×30mm大小的面积,用零号细砂纸将每一点的涂层面轻轻打磨粗糙,并用丙酮或酒精等溶剂除油;对黏结力测试仪的铝合金铆钉头型圆盘座作同样打磨、除油处理。最后用

黏结剂把铝圆盘座粘到处理好的涂层上。

⑦待黏结剂硬化 24h，用拉脱式涂层黏结力测试仪的配件套筒式割刀，将圆盘座的周边涂层切除，使其与周边外围的涂层分离开。

⑧将黏结力仪配件的钢环支座片套住圆盘座，然后把黏结力仪的手轮做反时针旋转，使仪器的爪具松下并嵌入铝合金钢钉头型圆盘座，令仪器的三只支撑柱立在钢环支座片上，将仪器的指针拨到"0"的刻度位置；最后，顺时针方向旋紧手轮，一直持续到涂层断裂为止，并立即记录指针的读数。按本步骤重复试验，将每一铝合金铆钉头型圆盘座拔下来，并记录每一次拉拔的读数。涂层黏结力试验如图 7-5 所示。

⑨用显微镜式测厚仪测定余下 4 个试件的涂层干膜厚度。每个试件至少测量 30 个点，以计算干膜厚度平均值。

（3）现场测试

应在涂层涂装完毕经 7d 后进行。按每 50m² 面积随机找三个测点进行检测，具体试验方法参照室内试验方法进行。

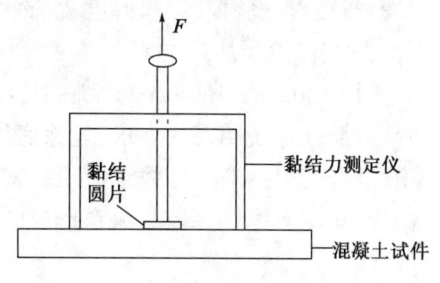

图 7-5 涂层黏结力试验示意图

（4）结果评定

试验后立即观察铝合金铆钉头型圆盘座的底面黏结物情况，如果底面有 75% 以上的面积黏附着涂层或混凝土等物体，则试验数据有效；如果底面只有 75% 以下的面积黏有涂层或混凝土等物体，而且拉力小于 1.5MPa，则可在该测点的附近涂层面上重做黏结力试验；表干或表湿试件各取 9 个试验点的实测数据，分别计算其算术平均值代表涂层的黏结力。

2）涂层耐碱性试验

（1）试验仪具

湿膜厚度规、显微镜式测厚仪。

（2）试验要点

①试验用混凝土块应不低于 C25，水泥宜采用 32.5 级普通硅酸盐水泥，成型 6 个混凝土试块（100mm×100mm×100mm），标准养护 28d。

②涂层试件的制作。将每个混凝土试块的任一个非成型面，用饮用水和钢丝刷刷洗。如有气孔，用普通硅酸盐水泥砂浆填补。处理完毕后，置于室内，用纸覆盖，自然干燥后，即可涂装；将试验的配套涂料，依照其使用说明书要求，按底层、中间层、面层的顺序分别涂装，同时控制涂层的干膜总厚度为 250～300μm，涂装过程用湿膜厚度规检测各层的湿膜厚度，并用称重法核实各层涂料的涂布率。试件制成后，置于室内自然养护 7d。

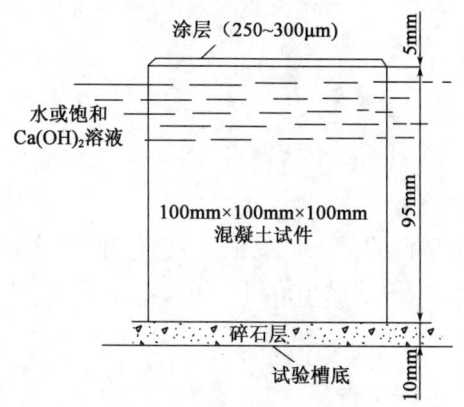

图 7-6 涂层耐碱性试验示意图

③涂层耐碱性试验。取 3 个试件，如图 7-6 所示，涂料涂层面朝上，半浸于水或饱和 Ca(OH)₂ 溶液中 30d。试验过程中，每隔 1～2d 检查涂层外观

是否起泡、开裂或剥离等。

④将余下的 3 个涂层试件,用显微镜式测厚仪检测涂层干膜总厚度,并计算至少 30 个测点的平均厚度。

(3)结果评定

计算干膜厚度的最大值、最小值和平均值,并对耐碱试验后涂层的外观状态进行描述。

3)涂层抗氯离子渗透试验

(1)试验仪具

有机玻璃试验槽、湿膜厚度规、磁性测厚仪。

(2)制作涂层片

采用 150mm×150mm 的涂料细度纸作增强材料,将其平铺于玻璃板上,将试验的配套涂料,依照使用说明书的要求,先涂底层涂料一道,再涂中间层涂料两道、面层涂料一道。每一道涂膜施涂后,应立即将细度纸掀离玻璃板并悬挂在绳子上,经 24h 再涂下一道,如此反复施涂,用湿膜厚度规控制涂料形成的涂层干膜总厚度为 250～300μm。按此方法共制作三张活动涂层片。制成后,悬挂在室内自然养护 7d,再用磁性测厚仪测量涂层片的厚度供试验。

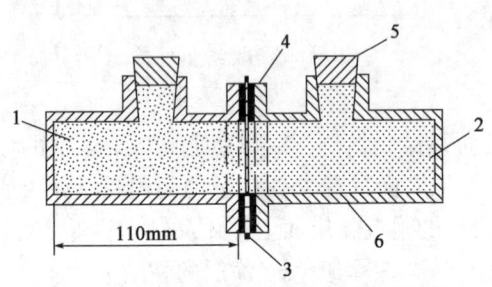

图 7-7 涂层抗氯离子渗透性试验装置示意图
1-3%食盐水;2-蒸馏水;3-试件(活动涂层片);
4-硅橡胶填料;5-硅橡胶塞;6-内径40～50mm试验槽

(3)抗氯离子渗透性试验

将制得的活动涂层片剪成直径为 60mm 的试件,装入设备进行抗氯离子渗透性试验,如图 7-7 所示。使试件涂漆的一面朝向 3%食盐水,细度纸的另一面朝向蒸馏水。共用三组装置。置于室内常温条件下进行试验,经 30d 试验终结后,测定蒸馏水中的氯离子含量。

(4)结果计算

抗氯离子渗透量按下列公式计算:

$$P = \frac{W}{t} \cdot A_p \tag{7-6}$$

式中:P——涂层抗氯离子渗透量,mg/(cm²·d);

W——蒸馏水中的氯离子重量,mg;

t——试验时间,d;

A_p——涂层接触氯化钠溶液的面积,cm²。

涂层抗氯离子渗透量计算,精确至 0.1×10^{-3} mg/(cm²·d)。

同组三个试件氯离子渗透量取算术平均值,三个试件的最大值或最小值与中间值之差有一个超过平均值的 20% 时,取中间值;三个试件的最大值或最小值与中间值之差均超过平均值的 20% 时,该组数据无效。

7.2.2.2 混凝土表面硅烷浸渍检测

完成试验区的喷涂工作后,在试验区随机钻取 6 个芯样,并各取两个芯样分别进行吸水率、硅烷浸渍深度和氯化物吸收量的降低效果测试。硅烷的浸渍深度宜采用染料指示法评定,浸渍硅烷前的喷涂试验可采用热分解气相色谱法。当硅烷喷涂施工中对染料指示法的检测结果有疑问时,也可采用热分解色谱法进行最终结果评定。当测试结果符合合格判定标准时,方可在结构上浸渍硅烷。

1)试件制作

成型边长为150mm×150mm×150mm的混凝土试件12个,试件标准养护28天;按照设计和硅烷使用说明书要求,在9个试件上浸渍硅烷。余下3个作为基准试件用于氯化物吸收量降低效果试验对比;硅烷浸渍完成至少放置7天后,钻取混凝土试件,以3个试件为一组。

2)硅烷浸渍后混凝土表面吸水率测试

(1)设备与材料

烘箱:温度控制在35~45℃;玻璃棒:直径5~7mm;天平:精度0.01g;密封材料:耐受温度不低于40℃。

(2)试验步骤

采用直径为(50±5)mm、高度不低于100mm的混凝土试件,保持硅烷浸渍表面完整;除硅烷表面外,其余各面均涂以无溶剂环氧涂料等密封材料进行密封,且与硅烷浸渍表面搭接2cm;密封材料固化后将试件置于(40±5)℃的烘箱内烘48小时;取出试件冷却至室温后立即称重;在试验槽底部,放置数根直径5~7mm玻璃棒,将试件的硅烷浸渍表面朝下水平放在玻璃棒上;注入23℃的水,试件硅烷表面浸入水中1~2mm;试件浸入水中5、10、30、60、120和240min时取出,用湿布抹去试样表面明水后称重;每次称重后立即将试件放回试验槽中浸水。

(3)试验结果处理

计算试件经过5、10、30、60、120和240min时吸水增加的质量,计算试件的吸水高度,单位以mm表示。

以吸水高度为纵坐标,对应经过时间的平方根为横坐标,取该关系直线的斜率($mm/min^{1/2}$)为吸水率值。

3)浸渍深度试验

(1)染料指示法

设备:烘箱(温度控制在35~45℃)、游标卡尺(精度0.1mm)。

试剂:水基短效染料、亚甲基蓝、光酸性红。

试验步骤:

①采用直径为(50±5)mm、高度不低于45mm的混凝土试件,保持硅烷浸渍表面完整。

②试件置于(40±5)℃的烘箱内烘48h。

③取出试件,用压力机沿轴向劈成两半。在新劈开的断面涂水基短效染料,放置15min。

④用游标卡尺测量未吸收染料区域的硅烷浸渍深度;根据试样测试面的长度,均匀选择测试点,点数不少于5个。

⑤计算试件测试点数据的算术平均值作为该试件硅烷浸渍深度代表值。

试验结果处理与表面涂层的抗氯离子渗透试验的要求相同。

(2)热分解气象色谱法

设备:气相色谱仪;热裂解仪;混凝土粉样分层研磨和收集专用设备;烘箱:温度控制在 35~45℃;游标卡尺:精度 0.1mm;天平:精度 0.01mg。

试验步骤:

①采用直径为(100±5)mm、高度不低于 45mm 的混凝土试件,保持硅烷浸渍表面完整。

②在混凝土粉样分层研磨机上,按照与试件硅烷表面平等的方向分层磨取混凝土粉样,磨粉范围第 1 层在试件中心至边缘 5mm 以内的区域,并随着磨粉深度的逐渐加大,从中心起逐层减小磨粉范围。

③混凝土分层取样最少 5 层,分层厚度为 1.0mm,用游标卡尺测量控制取样分层厚度,每一层的干燥样品质量不少于 5g,并密封包装编号。

④将粉样置于(40±5)℃的烘箱内烘至恒重,取出冷却至室温后,称重。

⑤放入热裂解仪热分解为等离子气体,从设备直接读取或稳重计算测试粉样热分析后损失质量。

⑥将热分析后的气体送入气相色谱仪测试,记录色谱图。

⑦对色谱图中的色谱峰面积积分,以面积归一化法计算硅烷含量。

⑧计算硅烷占粉样的质量百分率。

⑨粉样中计算得到的硅烷质量百分率不少于 1.0% 时的最大分层厚度,为该试样的硅烷浸渍深度。

试验结果应以同组 3 个试件硅烷浸渍深度值中最小值作为该组硅烷浸渍深度。

4)氯化物吸收降低效果试验

(1)设备

混凝土粉样分层研磨和收集专用设备;天平:精度 0.01mg;游标卡尺:精度 0.1mm;烘箱:温度控制在 35~45℃;温度计:精度 0.2℃;玻璃棒:直径 5~7mm。

(2)试验步骤

①采用直径为(100±5)mm、高度不低于 45mm 的混凝土试件,保持硅烷浸渍表面和基准混凝土试验面完整。

②除了硅烷浸渍表面和基准试件试验面外,其余各面均涂以无溶剂环氧涂料等密封材料进行密封,且与硅烷浸渍表面和基准试件试验面搭接 5mm。

③在试验槽底部,旋转数根直径 5~7mm 的玻璃棒,将试件的硅烷浸渍面朝下放在玻璃棒上。

④注入 23℃ 的 5mol/L 氯化钠溶液,保持液面高度在试验面上 10mm,浸泡 24h。

⑤取出试件擦干,置于(40±5)℃的烘箱中烘 24h。

⑥使用混凝土粉样分层研磨机,弃去表面至 2mm 深度切片;之后在试样的新切面上开始分层研磨,分别磨取 0~10mm、11~20mm 范围内的混凝土粉样,磨粉范围在试件中心至边缘 5mm 以内的区域。

⑦每层混凝土粉样的质量不少于 15g,并密封包装编号。

⑧测定混凝土粉样的氯离子总含量,即氯离子吸收量。

(3) 结果计算

$$\Delta CU = \frac{CU - CU_1}{CU - C_0} \times 100\% \tag{7-7}$$

式中：ΔCU——混凝土硅烷浸渍氯化物吸收量的降低效果，%；
　　　CU——基准试件的氯离子总含量，%；
　　　CU_1——混凝土硅烷浸渍试件的氯离子总含量，%；
　　　C_0——基准试件未浸泡氯化钠溶液的氯离子总含量，%。

试验结果处理与表面涂层的抗氯离子渗透试验的要求相同。

7.3 港口水工建筑物修补与加固技术

港口水工建筑物长期处于海洋（包括内河）等不利环境中，因受使用条件、环境，以及混凝土质量先天不足等因素影响，发生多种方式的物理、化学、生物、机械等作用，使混凝土结构出现腐蚀与破坏。我国大量港口水工建筑物随着服役运行时间的增长，在结构设计寿命内，材料与结构已出现不同程度的劣化，导致功能降低。因此，港口水工建筑物结构的修补与加固技术近几年已逐渐为人们所重视。港口水工建筑物修补与加固的目的就是采取合理的修补加固对策，恢复其良好的使用功能，保证其安全的使用状态，提高工程结构的稳定性，最大限度地延长结构使用功能。

目前，港口水工建筑物修补加固技术主要有混凝土结构破损修补、混凝土结构加固、钢结构加固与修补三种方式。依据《港口水工建筑物修补加固技术规范》（JTS 311—2011），本节重点介绍加固与修补材料的检测方法。

7.3.1 修补与加固的处理要求

当港口水工建筑物经检测评估确认结构有破损，以及因破损而影响建筑物安全使用时，应根据评估结论和使用要求进行结构破损修补和加固。依据《港口水工建筑物检测与评估技术规范》（JTJ 302—2006），按照港口水工建筑物的安全性、使用性、耐久性评估分级标准及处理要求见表7-17。

港口水工建筑物的安全性、使用性、耐久性评估分级标准及处理要求　　表7-17

等级		分级标准	处理要求
安全性评估	A	安全性符合国家有关标准要求，具有足够的承载能力	不必采取措施
	B	安全性略低于国家有关标准要求，尚不显著影响承载能力	可不采取措施
	C	安全性不符合国家有关标准要求，显著影响承载能力	及时进行修复、补强，视条件和要求恢复到A级或B级标准
	D	安全性严重不符合国家有关标准要求，已严重影响承载能力	立即进行修复、补强，视条件和要求恢复到B级标准或报废

续上表

等级		分级标准	处理要求
使用性评估	A	建筑物整体完好,变形、变位均在设计允许范围内	不必采取措施
	B	建筑物整体完好,变形、变位略超出设计允许范围,但不影响正常使用	可不采取措施
	C	建筑物整体破损明显,变形、变位明显超出设计允许范围,影响正常使用	及时进行修复、补强,视条件和要求恢复到A级或B级标准
	D	建筑物整体破损严重,变形、变位过大,显著影响安全性和整体使用功能	立即进行修复、补强,视条件和要求恢复到B级标准或报废
耐久性评估	A	材料劣化度符合A级标准规定,耐久性满足设计使用年限要求	不必采取措施
	B	材料劣化度符合B级标准规定,耐久性不满足设计使用年限要求,结构损伤尚不影响承载能力	及时采取措施
	C	材料劣化度符合C级标准规定,耐久性不满足设计使用年限要求,结构损伤已影响承载能力	立即采取修复、补强措施
	D	材料劣化度符合D级标准规定,耐久性不满足设计使用年限要求,结构严重损坏	视条件采取修复、补强措施或报废

一般,对于港口水工建筑物的耐久性评估确认为B、C、D级的构件应进行修补,对安全性和使用性评估为C、D级的结构应进行修补或加固。修补、加固技术方案应根据结构物的检测及评估结果,综合考虑目标使用年限、使用条件和环境条件确定,加固施工时的结构受力形态应与加固设计的结构受力形态相一致,修补、加固施工过程中可能出现影响结构安全的因素,应在设计方案中提出相应的安全措施,施工时应严格执行。混凝土结构的加固设计应保证新增构件或部件与原结构连接可靠,形成整体共同工作,并应避免对未加固部分和地基基础造成不利影响。混凝土结构加固方案应综合考虑工况条件、变形过大的原因、承载能力下降原因及程度、结构物重要性、荷载条件及应力状态、环境条件、施工可行性、维护管理要求、加固后目标使用年限等因素。

加固混凝土结构应符合以下力学性质要求:

(1)加固混凝土结构前应卸除作用在结构上的活荷载并对其结构表面破损进行修补。

(2)加固混凝土结构应进行承载能力极限状态和正常使用极限状态设计验算,并应符合相应规定。

(3)结构、构件的计算应考虑加固部分应变滞后以及加固部分与原结构共同工作程度,计算模型应符合实际受力状态。

(4)结构上的作用应考虑因用途变更或已有结构改动所引起的变化,并应按照相关规定确定。

(5)原有结构、构件的几何参数应采用实测值,新增部分应取设计值。

(6)原结构、构件的混凝土强度等级和受力钢筋抗拉强度标准值应按照相关规定通过现场检测确定,当结构无明显功能性退化和施工缺陷时,结构、构件材料强度可采用设计标准值。

(7)构件现场检测混凝土强度等级高于原设计强度等级时,应取原混凝土设计强度等级;当低于原设计强度等级时,应取现场检测的混凝土强度等级。

修补加固后建筑物的目标使用年限、使用条件,应结合建筑物检测、评估报告,经综合论证确定。经修补或加固的结构,应定期进行跟踪检查,要求破损修补每2年至少检查一次,加固每1年至少检查一次。对于修补、加固后港口水工建筑物未经技术鉴定或评估的,不得提高使用荷载或改变使用条件。

7.3.2 修补与加固材料的技术要求

选择修补、加固材料应综合考虑结构破损或耐久性损伤原因、结构所处的环境条件及施工可行性、修补加固材料与原结构材料的匹配性、修补加固后的有效性和耐久性等因素。主要的修补与加固材料有水泥、混凝土、封缝材料和灌缝材料、嵌缝密封材料、聚合物水泥砂浆、界面带结材料、水下包覆层材料、涂层、硅烷浸渍材料、钢筋、型钢、碳纤维与结构胶黏剂等。

7.3.2.1 混凝土结构破损修补材料的技术要求

1)水泥与混凝土

(1)水泥

混凝土结构破损修补用水泥,宜采用强度等级不小于42.5级的硅酸盐水泥或普通水泥,需要时可采用特种水泥。水泥的性能和质量应符合国家现行有关标准的规定。

(2)立模混凝土

用于修补的立模混凝土指标包括4个拌和物指标与3个强度指标,分别为混凝土拌和物的坍落流动度、500mm坍落流动时间、V型仪流出时间、L型仪流动高度比值、硬化混凝土的7d与28d抗压强度、新老混凝土黏结强度,且集料最大粒径不宜大于20mm。立模浇筑混凝土的性能指标规定见表7-18。

立模浇筑混凝土性能要求   表7-18

新拌混凝土				硬化混凝土		
坍落流动度(mm)	500mm坍落流动时间(s)	V型仪流出时间(s)	L型仪流动高度比值	抗压强度(MPa)		新老混凝土黏结强度(MPa)
				7d	28d	28d
600~700	2~5	7~20	0.8~1.0	≥30	比原构件强度等级提高一级,且不得低于C30	不小于原混凝土抗拉强度标准值

(3)喷射混凝土

用于修补的喷射混凝土性能指标有7d与28d抗压强度、新老混凝土黏结强度,且集料最大粒径不宜大于12mm。喷射混凝土的性能指标要求见表7-19。

喷射混凝土性能要求　　　　　　　　　　　　　　表7-19

抗压强度(MPa)		新老混凝土黏结强度(MPa)
7d	28d	28d
≥30	比原构件强度等级提高一级,且不得低于C30	不小于原混凝土抗拉强度标准值

(4)海水环境的修补混凝土

处于海水环境的修补混凝土,要求56d抗氯离子渗透性的电通量不应大于1000C。

(5)水下不分散混凝土

用于水下构件修补的水下不分散混凝土性能指标有坍落扩展度、30min坍落扩展度损失、水陆成型试件28d抗压强度比和水下成型试件28d抗压强度。水下不分散混凝土性能要求见表7-20。

水下不分散混凝土性能要求　　　　　　　　　　　表7-20

坍落扩展度(mm)	30min坍落扩展度损失(mm)	水陆成型试件28d抗压强度比(%)	水下成型试件28d抗压强度(MPa)
400~600	≤50	≥75	≥30

2)封缝材料和灌缝材料

混凝土修补用的封缝材料和灌浆材料性能指标有胶体抗压强度、胶体抗拉强度、与干表面混凝土正拉黏结强度、与湿表面混凝土正拉黏结强度,其性能指标要求见表7-21。

封缝和灌浆材料性能要求　　　　　　　　　　　表7-21

胶体抗压强度(MPa)	胶体抗拉强度(MPa)	与干表面混凝土正拉黏结强度(MPa)	与湿表面混凝土正拉黏结强度(MPa)
≥50	≥10	不小于原混凝土抗拉强度标准值	不小于原混凝土抗拉强度标准值

3)嵌缝密封材料

修补活动裂缝应选用柔性的嵌缝密封材料,柔性嵌缝密封材料性能指标要求有拉伸模量、定伸黏结性、浸水后定伸黏结性、冷拉-热压后黏结性,其性能指标要求见表7-22。

柔性嵌缝密封材料性能要求　　　　　　　　　　表7-22

拉伸模量	定伸黏结性	浸水后定伸黏结性	冷拉-热压后黏结性
≤0.6MPa	无破坏(定伸60%时)	无破坏(定伸60%时)	无破坏(拉伸-压缩率±20%)

4)聚合物水泥砂浆

用于填充修补的聚合物水泥砂浆性能指标有7d与28d抗压强度、28d抗折强度、28d抗拉强度、28d砂浆与老混凝土黏结强度、7d与28d干缩值,其性能指标要求见表7-23。

聚合物水泥砂浆性能要求　　　　　　　　　　　表7-23

抗压强度(MPa)		抗折强度(MPa)	抗拉强度(MPa)	砂浆与老混凝土黏结强度(MPa)	干缩值(με)	
7d	28d	28d	28d	28d	7d	28d
≥30.0	比原构件强度等级提高一级,且不得低于C30	≥6.5	≥3.5	不小于原混凝土抗拉强度标准值	≤300	≤500

5)界面黏结材料、水下包覆层材料

对混凝土界面进行预处理的界面黏结材料和水下包覆层材料性能指标有胶体抗压强度、胶体抗拉强度、与湿表面混凝土正拉黏结强度,其性能指标要求见表7-24。

界面黏结材料与水下包覆层材料的性能要求 表7-24

材料	胶体抗压强度(MPa)	胶体抗拉强度(MPa)	与湿表面混凝土正拉黏结强度
黏结材料	≥50.0	≥5.0	≥2.5MPa,且混凝土内聚破坏
水下包覆层材料		≥6.0	

6)涂层与硅烷浸渍材料

涂覆于修补构件混凝土表面的涂层与硅烷浸渍材料的技术要求,参照上述用于混凝土结构防腐蚀材料的技术要求。

7.3.2.2 混凝土结构加固材料的技术要求

1)水泥与混凝土

混凝土结构加固与破损修补选用的水泥和混凝土,其相关规定相同。

2)钢筋、钢板、型钢

加固用钢筋宜选用 HRB335 级或 HPB235 级热轧钢筋,并符合《钢筋混凝土用钢第 1 部分:热轧光圆钢筋》(GB 1499.1—2017)、《钢筋混凝土用钢第 2 部分:热轧带肋钢筋》(GB 1499.2—2016)的规定;钢板、型钢、扁钢和钢管等钢材宜选用 Q235 级或 Q345 级,符合《碳素结构钢》(GB/T 700—2006)和《低合金高强度结构钢》(GB/T 1591—2008)的规定。钢筋与钢材的力学性能设计值应符合《水运工程钢结构设计规范》(JTS 152—2012)的规定。

3)碳纤维

碳纤维复合材料用的纤维必须为连续纤维,承重结构加固用的碳纤维必须选用聚丙烯腈基(PAN基)12k或12k以下的小丝束纤维,严禁使用大丝束纤维。结构加固用碳纤维复合材料的性能指标应符合表7-25的要求。碳纤维复合材料的抗拉强度标准值应具有95%的保证率。

碳纤维复合材料的性能指标要求 表7-25

项 目	单项织物		条 形 板	
	高强度等级Ⅰ级	高强度等级Ⅱ级	高强度等级Ⅰ级	高强度等级Ⅱ级
抗拉强度标准值(MPa)	≥3400	≥3000	≥2400	≥2000
受拉弹性模量(MPa)	$\geq 2.4 \times 10^5$	$\geq 2.1 \times 10^5$	$\geq 1.6 \times 10^5$	$\geq 1.4 \times 10^5$
伸长率(%)	≥1.7	≥1.5	≥1.7	≥1.5
弯曲强度(MPa)	≥700	≥600	—	—
层间剪切强度(MPa)	≥45	≥35	≥50	≥40
仰贴条件下纤维复合材料与混凝土正拉黏结强度(MPa)	≥2.5,且为混凝土内聚破坏			
纤维体积含量(%)	—	—	≥65	≥55
单位面积质量(g/m²)	≤300	≤500	—	—

注:L形板的性能及适配性检验合格指标按高强度Ⅱ级条形板采用。

4)结构胶黏剂

加固浪溅区、水位变动区混凝土构件的胶黏剂应具有湿固化性能。承重结构用的胶黏剂必须进行性能检验,其黏结抗剪强度标准值应具有95%的保证率。浸渍、黏结碳纤维复合材料的胶黏剂不得使用不饱和聚酯树脂、醇酸树脂等,其性能指标应符合表7-26的具体规定。

碳纤维复合材料浸渍、黏结的胶黏剂性能指标要求　　　　　　表7-26

性能项目		性能指标
胶体性能	抗拉强度(MPa)	≥40
	受拉弹性模量(MPa)	≥2500
	伸长率(%)	≥1.5
	抗弯强度(MPa)	≥50,且不得呈脆性破坏
	抗压强度(MPa)	≥70
黏结能力	钢-钢拉伸抗剪强度标准值(MPa)	≥14
	钢-钢不均匀扯离强度(kN/m)	≥20
	与干、湿表面混凝土的正拉黏结强度(MPa)	≥2.5,且为混凝土内聚破坏
不挥发物固体含量(%)		≥99

注:表中性能指标,除标有强度标准值外,均为平均值。

7.3.3 修补与加固材料的性能试验

7.3.3.1 立模浇筑混凝土性能试验

1)坍落流动度试验

(1)试验设备

坍落度筒、钢尺、秒表。

(2)试验方法

在2min内连续将混凝土填充到坍落度筒中。抹平混凝土上表面,使其与坍落度筒的上边缘齐平,然后在2~3s内垂直向上提起坍落度筒,采用秒表测定自坍落度筒提起开始至混凝土达到直径为500mm时的坍落流动时间。当混凝土停止流动后,测量混凝土最大直径和与其垂直方向的直径。

(3)结果处理

坍落流动度试验结果取两个垂直方向直径测值的算术平均值,计算精确到5mm。如果两个垂直方向的坍落流动度直径的差异超过50mm时,从同一批次的混凝土中另外取样重新进行测试。

2)混凝土V型仪流出时间试验

(1)试验设备

V型仪(图7-8)、秒表。

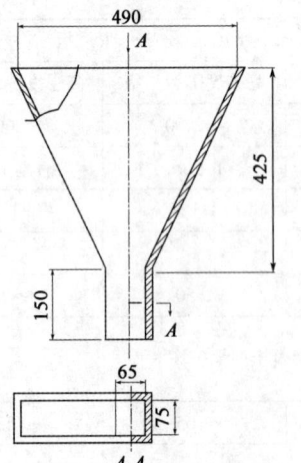

图7-8　V型仪漏斗尺寸示意图(尺寸单位:mm)

(2)试验方法

将 10L 混凝土试样轻轻倒入漏斗至达到漏斗的顶部,抹平混凝土表面。然后,在 10s 内打开阀门,用秒表测量混凝土完全流出漏斗所用的时间,同时观察和记录流动及阻塞情况。按照上述步骤,在 5min 内使用不同试样进行 3 次混凝土完全流出漏斗时间的测定。

(3)结果处理

测试结果应取三次混凝土流出时间测定值的算术平均值,计算精确到 0.1s。

3)混凝土 L 型仪流动高度比试验

(1)试验设备

L 型仪:如图 6-13 所示。

(2)试验方法

将 L 型箱测试装置放置在水平面上,用湿布擦拭装置的内表面。关上闸板,将混凝土试样装入 L 型箱内,抹平混凝土表面,然后立刻提起闸板。当混凝土流动停止时,分别测量混凝土流出端高度和流动末端高度,精确至 1mm。

(3)结果计算

混凝土 L 型仪流动高度比按下式计算:

$$D = \frac{末端高度}{流出端高度} \tag{7-8}$$

4)混凝土黏结强度试验

(1)试验设备

压力机、垫层、垫层。

(2)试验方法

①成型采用边长为 50mm 的立方体试件,应比原构件混凝土强度等级提高一级,且抗压强度不小于 30MPa。以 3 个试件为一组,室温潮湿养护 28d。

②将用于黏结试验的立方体试件中间位置劈裂成两半,选择劈裂面比较平整的一半试件,清除浮灰和其他不牢附着物。

③将一半试件置于立方体试模内,在劈裂面上涂上界面黏结材料,然后,在试模的另一半成型修补用的混凝土,并将试件置于温度为 (20 ± 2)℃ 的环境中,潮湿养护 28d。

④试件从养护地点取出后擦干净,测量尺寸,检查外观,在新老混凝土交界面部位划线定出试验劈裂面的位置。

⑤将试件放在压力试验机下压板的中心位置,在上、下压板与试件之间垫以圆弧形垫条及垫层各一条,垫条方向与成型时的顶面垂直。

⑥开动试验机,当上压板与试件接近时,调整球座使接触均衡。以 0.04~0.06MPa/s 的速度连续均匀加荷,当试件接近破坏时停止调整油门直至破坏。

(3)结果计算

混凝土黏结强度按下式计算:

$$黏结强度 = 2\frac{P}{\pi}A \tag{7-9}$$

式中:P——破坏荷载,N;

A——试件劈裂面面积,mm^2。

黏结强度值取该组三个试件强度的算术平均值。当三个试件强度中的最大值或最小值与中间值之差超过中间值的 15% 时,取中间值;当三个试件强度中的最大值和最小值与中间值之差均超过中间值的 15% 时,该组试验结果作废。

7.3.3.2 喷射混凝土抗压强度试验

1) 试验设备

压力机、取芯机。

2) 试验要求

喷射混凝土试件与实际工程的原材料、配合比、喷射条件相同,试块从现场喷射的混凝土板件中钻取。

3) 试验方法

(1) 在喷射作业现场,将模板喷筑面朝下倾斜与水平面夹角约 80°。先在模板外试喷,待操作正常后,将喷头移至模板内从下往上逐层喷射混凝土。

(2) 刮平模板上混凝土表面,将混凝土板移到试验室,24h 后脱模。

(3) 在温度为 (20±2)℃ 的环境中潮湿养护至规定龄期,钻取直径 100mm 的芯样,将芯样端面切割并磨平,端面不平整度不大于 0.05mm,垂直度不大于 2°。

(4) 试验前将试件擦拭干净,测量尺寸并检查外观,试件尺寸测量,精确至 1mm。

(5) 试件上、下端面的中心对准上下压板的中心,试验机压板和试件受压面吻合。

(6) 试验时连续均匀地加荷直至试件破坏,加荷速度根据试件强度确定,强度等级小于 C30 时取 0.3~0.5MPa/s,C30 及以上时取 0.5~0.8MPa/s。

4) 结果计算

喷射混凝土抗压强度按下式计算:

$$f_{cu} = 1.273 \frac{P}{d^2} \tag{7-10}$$

式中:f_{cu}——混凝土抗压强度,MPa(精确至 0.1MPa);

P——破坏荷载,N;

d——芯样试件直径,mm。

喷射混凝土抗压强度与混凝土黏结强度试验结果处理要求相同。

7.3.3.3 水下不分散混凝土性能试验

1) 坍落扩展度试验

水下不分散混凝土坍落扩展度试验方法同普通混凝土坍落扩展度试验。

2) 30min 坍落扩展度损失试验

(1) 试验设备

坍落度筒、钢尺、秒表。

(2) 试验方法

取水下不分散混凝土拌和物的用量不少于 20L,将出机后的混凝土拌和物在铁板上用人工拌两次均匀后,立即分成两份,一份装入密封的样品桶内,另一份立即测定坍落扩展度。经过 30min 时倒出样品桶内混凝土,翻拌三次均匀后立即测定坍落扩展度。

(3) 计算

混凝土 30min 坍落扩展度损失按下式计算：

$$SL = SL_o - SL_n \tag{7-11}$$

式中：SL——混凝土坍落扩展度损失，mm；

SL_o——混凝土拌和物刚出机后的坍落扩展度，mm；

SL_n——混凝土拌和物刚出机后停放 30min 时的坍落扩展度，mm。

3）水下不分散混凝土 28d 抗压强度与水陆抗压强度比试验

(1) 试验要求

试模尺寸为 150mm×150mm×150mm；标准养护室的温度为 (20±2)℃、相对湿度不小于 95%（无标准养护室时，试件允许在 (20±2)℃静水中养护，在报告中注明）；水箱高度能保证试验过程中试模顶面以上水深维持 150mm，水箱长度和宽度根据试验需要确定。

(2) 试件成型方法

①水下不分散混凝土试件的水下成型

如图 7-9，将水下成型用的试模置于水箱中，将水加至试模顶面以上水深 150mm，保持其水温 (20±2)℃；用手铲将水下不分散混凝土拌和物从水面处向水中落下，浇入试模中，每次投料量为试模容积的 1/10 左右，连续投料至超出试模表面，每个试模的投料时间为 0.5~1min；将试模从水中取出，静置 5~10min；用木锤轻敲试模的两个侧面促进排水，然后将其放回水中；超出试模的混凝土在初凝之前用抹刀抹平，放置 2d 拆模；在水中进行标准养护，试件之间保持一定距离，每一龄期以 3 个试件为一组，在达到预定龄期时，从水中将试件取出，进行测试。

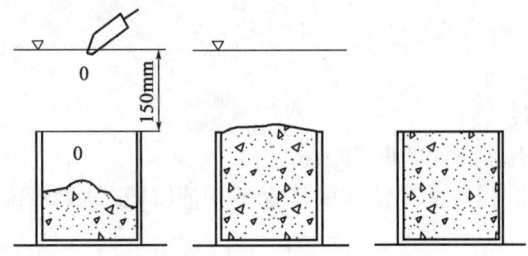

图 7-9 水下不分散混凝土水下浇筑成型示意图

②水下不分散混凝土试件的陆上成型

步骤同上，只是陆上成型用的试模不置于水箱中，而是将其置于空气中。

(3) 试验方法

①试验设备

压力试验机，试验示值误差不大于标准值的 ±2%；加压垫板尺寸比试件承压面稍大，表面平整度在 0.02mm 以内。

②试验步骤

试件在 (20±2)℃的水中养护至规定龄期时，从水中取出后用湿布覆盖防止干燥；试件上、下端面的中心对准上下压板的中心，试验机压板和试件受压面吻合；试验时连续均匀地加荷直至试件破坏，加荷速度根据试件强度确定，当强度等级小于 C30 时取 0.3~0.5MPa/s，当为 C30 及以上时取 0.5~0.8MPa/s。

③计算混凝土抗压强度。

(4)结果计算

水陆抗压强度比,为水下成型试件抗压强度与陆上成型试件抗压强度之比值,计算结果精确到1%。

7.3.3.4 修补砂浆材料性能试验

1)修补砂浆的抗压强度、抗折强度试验

修补砂浆的抗压强度、抗折强度试验同水泥胶砂强度试验方法(ISO法)。

2)抗拉强度

(1)试验设备

试验机:采用最大量程不超过20kN的抗拉试验机或万能试验机。

试模与夹具:8字形钢试模,如图7-10所示。

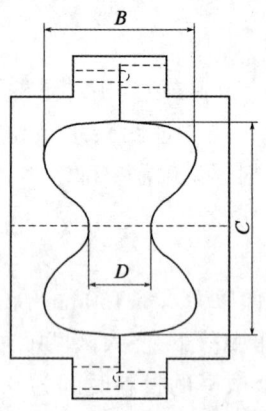

图7-10 8字形抗拉试验钢试模示意图

(2)试验方法

每组成型3个8字形试件,24h后拆模,将试件置于温度为(20±2)℃、相对湿度(65±5)%的恒温恒湿室,养护13d;将夹具安装在抗折试验机上,对8字形试件进行抗拉强度测定。

(3)计算

试件的抗拉强度按下式计算:

$$f_\mathrm{t} = \frac{P}{S} \tag{7-12}$$

式中:f_t——抗拉强度,MPa;

P——破坏载荷,N;

S——8字形试件破坏断面的面积,mm^2。

抗拉强度试验结果取同组3个试件的算术平均值,计算结果精确至0.1MPa。

3)黏结抗拉强度

1)试验要点:

(1)成型抗压强度不小于40MPa的8字形水泥砂浆试件,室温潮湿养护28d。

(2)将用于黏结试验的8字形水泥砂浆试件中间拉断或折断,勿损伤端面。

(3)将8字形水泥砂浆试件的一半置于8字形钢试模内,在断裂面上涂上界面黏结材料,然后在8字形钢试模的另一半浇注修补砂浆,充分压实、抹平,将试件置于温度为20℃±2℃,潮湿养护28d。

(4)在抗折试验机上安装夹具,对8字形试件进行抗拉强度测定。

试验结果计算方法同上。

4)修补砂浆干缩值

(1)试验设备

测长仪器:用弓形螺旋测微计、比长仪或立式砂浆干缩仪,测量精度为0.01mm。

测头:由直径5.0mm圆珠的不锈钢制成。

恒温装置：恒温养护箱温度为(20 ± 2)℃、相对湿度为$(65\pm5)\%$；恒温水槽水温为(20 ± 2)℃，能进行砂浆试件的养护。

捣棒：直径9mm、长300mm，顶端呈半球状的钢棒。

试模：40mm×40mm×160mm 三联试模，试模两端模板正中心有半球形凹槽，其半径为2.5mm。

(2)试验方法

①擦净试模，在其内壁涂一薄层矿物油，将拌好的砂浆分两层装入，两层厚度大致相等，每层插捣次10次，在浇捣完第一层后，埋设试件两端的测头，再浇第二层砂浆，捣实并抹平表面。

②试件成型后放在温度(20 ± 2)℃、相对湿度不小于80%的养护箱中，48h后拆模。然后，将试件置于温度为(20 ± 2)℃的水中养护5d。

③取出试件擦去表面浮水，测量试件的基准长度；将试件放在(20 ± 2)℃、相对湿度$(65\pm5)\%$的恒温养护箱中养护至规定龄期，测量试件养护后的长度。

(3)试验结果计算与要求

修补砂浆干缩值按下式计算：

$$\varepsilon_t = \frac{L_t - L_0}{L_0 - 2\Delta} \tag{7-13}$$

式中：ε_t——修补砂浆干缩值，$\mu\varepsilon$；

L_0——试件的基准长度，mm；

L_t——试件养护至规定龄期的长度，mm；

Δ——金属测头的长度，mm。

修补砂浆干缩值取同组3个试件的算术平均值，计算精确至小数点后3位。

7.3.3.5 修补黏结材料与基材的正拉黏结强度试验

1) 主要设备

拉力试验机：示值相对误差不大于1%，其量程的选择应满足试样的预期破坏载荷值为该机标定满负荷20%~80%的要求。

试件夹具及钢标准块：尺寸如图7-11所示。

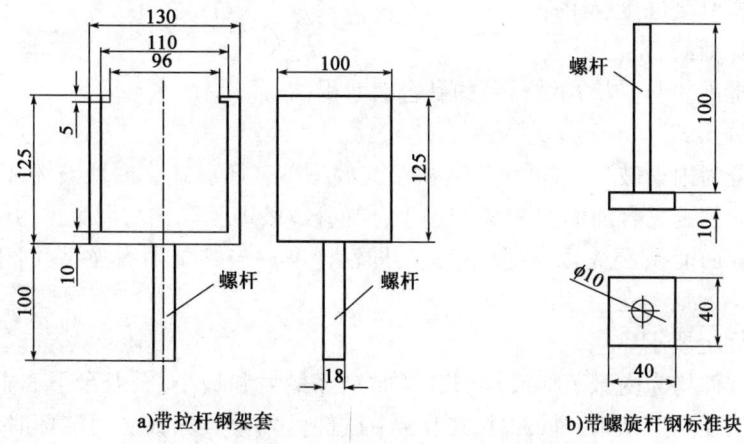

图7-11 试件夹具及钢标准块尺寸(尺寸单位：mm)

2)试件规定

由混凝土试块、黏结材料和钢标准块相互黏合而成,混凝土试块的尺寸为 100mm × 100mm × 100mm,试件浇注后经 28d 标准养护,其混凝土强度应比待修补构件高一等级。

3)试件的处理、黏结、浇注和养护要求

(1)对混凝土黏结表面进行打磨,除去表面浮浆等不牢物。

(2)对需要进行潮湿表面黏结力试验的试件,在混凝土表面打磨处理完成后,浸泡在清水中 24h,从水中捞起,用潮湿布抹除黏结表面的水滴,然后进行黏结材料的粘贴,粘贴完毕后置于养护室中固化 7d。养护室温度为(23±2)℃,相对湿度不小于 85%。

(3)若为多层黏结,在规定的间隔内取出试件,用潮湿布抹除黏结表面的水滴,进行后一层粘贴,最后一层黏结材料粘贴后,进行 7d 养护、固化。

(4)用快固化的高强胶黏剂将钢标准块粘贴在试件表面。每一道粘贴作业均应检查对中情况。

(5)钢标准块粘贴固化完成后,沿着钢标准块的 4 个边线进行切割,切割深度至基材混凝土。

(6)试件安装在钢夹套内,拧上传力螺杆,安装完成后各组成部分的对中标线在同一轴线上,常规试验的试样数量每组不少于 5 个。

4)试验环境要求

干表面试件试验环境温度为(23±2)℃,相对湿度为 45%~55%;湿表面试件试验环境温度为(23±2)℃,相对湿度不小于 85%。

5)试验步骤

将安装在夹具内的试件置于试验机上下夹持器之间,并调整至对中状态后夹紧,以均匀的速度加载,并控制试件在 1~1.5min 内破坏;记录试件破坏时的荷载值及破坏形式。

6)计算

修补黏结材料与基材的正拉黏结强度按下式计算:

$$f_t = \frac{P}{A} \tag{7-14}$$

式中:f_t——正拉黏结强度,MPa;

P——破坏荷载,N;

A——钢标准块与受检黏结材料的黏合面面积,mm^2。

7)破坏区分形式

破坏应区分为内聚破坏、层间破坏与黏结失效三种破坏形式。内聚破坏,即混凝土试件内破坏且破坏面积占黏合面面积 85% 及以上;层间破坏,即胶黏剂与混凝土间的破坏或内聚破坏面积占黏合面面积 15% 以下;黏结失效,即钢标准块与检验用高强、快固化胶黏剂之间的界面破坏。

8)结果的评定要求

同组每个试件均为内聚破坏或层间破坏时剔除最大和最小值,取余下 3 个值的算术平均值作为黏结强度测定结果。同组不少于 3 个试件为内聚破坏或层间破坏时,计算内聚破坏或层间破坏的平均值,当试件中有 1 个测值超过该组平均值的 ±15% 时,删除该值,按余下测定值的算术平均值作为黏结强度测定结果。同组试件少于3个试件为内聚破坏或层间破坏时,此组试验结果作废,重新取样试验。

本章思考题

1. 简述海港工程混凝土的防腐机理。常用防腐措施有哪些?
2. 简述混凝土结构防腐材料的类别与性能检测指标。
3. 简述港口水工建筑物修补与加固的技术要求。
4. 港口水工建筑物有哪几种常用的修补与加固材料?
5. 简述修补与加固材料的性能试验内容。
6. 简述立模浇筑混凝土的性能试验方法。
7. 简述水下不分散混凝土28d抗压强度与水陆抗压强度比的试验要点。
8. 简述修补砂浆材料的性能指标试验方法。

第8章 交通基础设施工程试验检测案例

学习目标

【知识目标】 学生应会认识交通基础设施工程检测案例；应会常规项目试验检测报告的规范编写方法；工程项目整套检测报告的完整编写方法；先进检测技术及其检测报告的出具方法。

【能力目标】 通过本章学习，学生应具有独立使用现行技术规范、试验规程和技术标准的能力；独立进行交通基础设施工程常规试验项目的检测能力与正确出具检测报告的能力；正确认识和应用检测报告的能力。

8.1 地基工程试验检测案例

8.1.1 公路土路基压实度（灌砂法）检测报告

某平原地区二级公路进行路基现场压实度检测，抽检位置为路基95区K26+000~K26+300，检测报告见表8-1。

路基压实度（灌砂法）报告　　　　表8-1

委托单位	—				委托编号				—	
标准依据	JTG F80/1—2004；JTG E60—2008（T 0912—2008）				试验者				—	
现场桩号	K26+000~K26+300				校核者				—	
现场描述	二级公路、土基95区				试验日期					
仪器设备	灌砂筒				设备编号				—	
锥体砂重(g)	964	标准砂密度 ρ_s (g/cm³)		1.42		标准密度 ρ_{dmax} (g/cm³)		1.9	最佳含水率(%)	10.5
取样桩号	灌砂筒+量砂质量(g)	试样质量(g)	灌砂筒+量砂流入试洞后剩余质量(g)	湿密度(g/cm³)	含水率测定				平均含水率(%)	干密度(g/cm³)	压实度(%)
					盒号	盒质量(g)	盒+干土质量(g)	盒+湿土质量(g)			
K26+060	8500	3785	4912	2.05	1	316	2088	2260	9.7	1.87	98.4
					2	315	2140	2315			

续上表

取样桩号	灌砂筒+量砂质量(g)	试样质量(g)	灌砂筒+量砂流入试洞后剩余质量(g)	湿密度(g/cm³)	含水率测定				平均含水率(%)	干密度(g/cm³)	压实度(%)
					盒号	盒质量(g)	盒+干土质量(g)	盒+湿土质量(g)			
K26+130	8500	3855	4798	2.00	3	313	2385	2541	7.8	1.86	97.9
					4	310	2255	2411			
K26+200	8500	4560	4375	2.05	5	312	2240	2433	9.8	1.87	98.4
					6	315	2630	2850			
K26+280	8500	3150	5322	2.02	7	310	2184	2320	7.3	1.88	98.9
					8	317	2180	2315			

结论:以上测试段压实度符合 JTG F80/1—2004 规范要求,合格

技术负责人意见:

签字:

试验室盖章

批准:　　　　　校核:　　　　　主检:　　　　　签发日期:2010-05-02

8.1.2 铁路路基 E_{vd} 变形模量检测试验报告

某铁路路基采用动态平板载荷试验,测定 E_{vd}、K_{30},并确定 E_{vd} 与 K_{30} 的相关关系。检测报告见表8-2。

E_{vd} 动态平板载荷试验报告　　　　　　表8-2

委托单位	—			报告编号	—		
工程名称	—			委托编号	—		
施工单位	—			试验日期	—		
施工标段	DK15+000 ~ DK28+000			报告日期	—		
仪器设备	名称	型号		编号	示值范围	沉陷值分辨力(mm)	
	轻型落重式测试仪	ZFG02		01	10~125MPa	0.001	
试验条件	填料类型		试验方法		E_{vd} 与 K_{30} 相关关系		
	细粉土		E_{vd} 动态平板载荷试验		$K_{30}=3.45E_{vd}+0.1$		
试验里程	高程(m)	试验位置	层次	沉陷值 S(mm)	E_{vd}(MPa)	K_{30}(MPa/cm)	标准	判定结果
DK15+500	1247.98	路基右侧	回填表层	0.722	31.8	1.1	0.93	合格
				0.707				
				0.691				
	1247.98	路基左侧	回填表层	0.810	34.4	1.19	0.93	合格
				0.733				
				0.719				

续上表

试验里程	高程(m)	试验位置	层次	沉陷值 S(mm)	E_{vd}(MPa)	K_{30}(MPa/cm)	标准	判定结果
DK15+540	1248.82	路基左侧	回填表层	0.562 0.566 0.565	39.9	1.4	0.93	合格
DK15+540	1248.82	路基右侧	回填表层	0.813 0.772 0.757	28.8	1.0	0.93	合格

检评依据： 《铁路工程土工试验规程》(TB 10102—2004) 《铁路路基工程施工质量验收标准》(TB 10414—2003) 铁路招投标文件及施工合同有关约定	试验意见： 试验结果符合设计要求。

试验：　　　　　　复核：　　　　　　技术负责人：　　　　　　单位(章)

8.1.3 土基回弹模量试验报告

某三级公路沥青路面的结构组成为：沥青面层采用 7.5cm 沥青贯入式、基层采用 16.5cm 水泥稳定石粉、土路基。试验采用承载板法检测路基土的回弹模量。检测报告见表 8-3。

土基回弹模量检测报告　　　　　　　　　　　　　表 8-3

路线、桩号			319 线 K79+107 右半幅				汽车型号		东风 EQ155
检测层位：			土基				试验方法		承载板法,直径30cm
千斤顶读数	加载级数(kN)	单位压力(MPa)	表分表读数(0.1mm)				回弹变形(0.1mm)	分级影响量(0.1mm)	回弹变形(0.1mm)	备注
			加载		卸载		读数值			
			左	右	左	右				
0	0	0	0	0						预压
10	3.08	0.05	15	12						
0	0	0			4	3	20			相差18%
调零	0	0	0	0	0	0	0	0	0	预压
10	3.08	0.05	14	13						
0	0	0			4	4	19			相差18%
调零	0	0	0	0	0	0	0	0	0	正式测定
10	3.08	0.05	11	13						
0	0	0			3	3	18	0.06×7=0.42	18.42	
20	6.16	0.10	31	28						
0	0	0			14	13	32	0.12×7=0.84	32.84	
30	9.24	0.15	65	54						
0	0	0			40	31	48	0.18×7=1.26	49.26	

续上表

千斤顶读数	加载级数(kN)	单位压力(MPa)	表分表读数(0.1mm)				回弹变形(0.1mm)	分级影响量(0.1mm)	回弹变形(0.1mm)	备注
			加载		卸载		读数值			
			左	右	左	右				
40	12.32	0.20	90	83						
0	0	0			56	53	64	0.24×7=1.68	65.68	
60	18.47	0.30	148	118						
0	0	0			98	74	94	0.36×7=2.52	96.52	
70	21.55	0.35	165	144						
0	0	0			108	93	108			回弹变形大于1mm,停止加载
取走千斤顶	0		103	89						
汽车开走	0		99	86			7			
总影响量 a			$\dfrac{(103-99)\times 2 + (89-86)\times 2}{2} = 7$							
回弹模量 E_0(MPa)			$E_0 = 20.7 \times \dfrac{(0.05+0.10+0.15+0.20+0.30)}{(18.42+32.84+49.26+65.68+96.52)\times 10^{-3}} = 63.0\text{MPa}$							
回弹变形修正方法:试验后以单位压力为横坐标,回弹变形为纵坐标,绘制 p-l 曲线,如 p-l 曲线不通过原点,则用初始直线段与纵坐标的交点作为原点,修正各级压力下的回弹变形。										
结论:以上测试段土基回弹模量度符合 JTG F80/1—2004 规范要求,合格。								技术负责人意见: 签字: 试验室盖章			

批准: 　　　　校核: 　　　　主检: 　　　　签发日期:2009-04-17

8.1.4 地基承载力(轻型动力触探)检测报告

对某市政工程 K3+610~K3+633 市政管线基坑进行现场轻型动力触探试验,以判断该工程地基承载力能否满足设计要求。在基坑检测深度 0.6m 范围内检测 3 点,试验结果记录见表 8-4,检测报告见表 8-5。

轻型动力触探试验结果记录表 表 8-4

深度(m)、结果处理	点 号		
	1号	2号	3号
0.00~0.30	47	45	49
0.30~0.60	44	42	43
各点深度范围内平均值	45.5	43.5	46.0
动探击数对应承载力(kPa)	>220	>220	>220
结论	满足设计要求	满足设计要求	满足设计要求

地基承载力(轻型动力触动)检测报告   表8-5

工程名称	—		报告编号	—
施工里程	K3+610~K3+633		委托编号	—
委托单位	—		检测类别	—
建设单位	—		样品名称	市政管线基坑
设计单位	—		设计值	≥80kPa
勘察单位	—		检测数量	3点
监理单位	—		代表数量	
施工单位	—		委托日期	
样品规格			检测日期	
检测项目	地基承载力		检测方法	轻型动力触探
检测依据	《岩土工程勘察规范》(GB 50021—2001)(2009年版)《铁路工程地质原位测试规程》(TB 10018—2003)			
主要仪器设备	序号	名称	编号	规格型号	备注
	1	轻型动力触探仪	GX-13-01	N_{10}	—
检测结论	本次检测市政工程K3+610~K3+633市政管线基坑在检测深度0.6m范围内3点轻型动力触探试验结果均满足设计要求。具体检测数据详见报告附页。以下空白。 检测单位:(盖章) 签发日期:2013年9月30日				
备注	非本公司抽样,检测结果仅对委托样品负检测技术责任				

主检:　　　　审核:　　　　批准:

8.1.5 桩身密实度(重型动力触探)检测报告

进行某铁路DK131+959圆管涵处5根碎石桩现场重型动力触探试验,以判断该工程碎石桩密实度能否满足设计要求。将重型动力触探数据汇总于表8-6,以桩号5-23号为例,绘制重型动力触探$N_{63.5}$试验曲线(重型动力触探击数与深度关系曲线),见图8-1。重型动力触探试验结果见表8-7。

重型动力触探数据汇总表　　　表8-6

深度(m)	桩号				
	5-23号	2-19号	2-8号	3-16号	4-11号
2.00~2.10	10.4	14.0	10.4	12.4	11.3
2.10~2.20	12.4	11.3	10.4	11.3	11.3
2.20~2.30	11.3	12.4	10.4	14.0	11.3
2.30~2.40	14.0	10.4	10.4	14.8	10.4

续上表

深度(m)	桩 号				
	5-23号	2-19号	2-8号	3-16号	4-11号
2.40~2.50	15.7	10.4	11.3	10.4	12.4
2.50~2.60	11.3	10.4	12.4	10.4	12.4
2.60~2.70	10.4	11.3	14.0	10.4	14.0
2.70~2.80	17.5	14.8	14.0	10.4	14.0
2.80~2.90	14.0	14.0	12.4	11.3	15.7
2.90~3.00	11.3	15.7	12.4	11.3	16.6
3.00~3.10	14.8	16.6	14.0	12.4	15.7
3.10~3.20	15.7	17.5	15.7	12.4	14.0
3.20~3.30	17.5	11.3	16.6	12.4	11.3
3.30~3.40	12.4	12.4	14.8	10.4	14.0
3.40~3.50	10.4	14.0	14.8	12.4	15.7
3.50~3.60	17.5	14.8	15.7	11.3	15.7
3.60~3.70	14.0	12.4	15.7	11.3	16.6
3.70~3.80	11.3	10.4	16.6	14.0	16.6
3.80~3.90	14.8	16.6	12.4	14.3	11.3
3.90~4.00	10.4	15.7	14.3	15.7	14.0
4.00~4.10	13.2	14.3	12.4	12.4	10.7
4.10~4.20	10.7	16.0	14.3	12.4	12.4
4.20~4.30	12.4	16.0	16.0	12.4	14.3
4.30~4.40	14.3	17.0	17.0	13.2	16.0
4.40~4.50	16.0	18.5	14.3	10.7	14.3
4.50~4.60	17.0	10.7	12.4	12.4	14.3
4.60~4.70	18.5	12.4	10.7	14.3	16.0
4.70~4.80	17.0	16.0	13.2	14.3	16.0
4.80~4.90	16.0	17.0	12.4	16.0	16.0
4.90~5.00	14.3	18.5	14.3	16.0	14.3
5.00~5.10	18.5	18.5	16.0	17.0	17.0
5.10~5.20	18.5	17.0	14.3	18.5	18.5
5.20~5.30	17.0	16.0	16.0	14.3	12.4
5.30~5.40	12.4	18.5	14.3	14.3	14.3
5.40~5.50	14.3	13.2	17.0	16.0	17.0
5.50~5.60	16.0	14.3	18.5	14.3	16.0
5.60~5.70	12.4	16.0	13.2	17.0	14.3
5.70~5.80	18.5	17.0	13.2	10.7	14.3

续上表

深度(m)	桩 号				
	5-23号	2-19号	2-8号	3-16号	4-11号
5.80~5.90	17.0	16.0	12.4	16.0	16.0
5.90~6.00	16.0	16.0	16.0	14.3	16.0
6.00~6.10	20.6	20.6	20.6	22.5	20.6
6.10~6.20	21.2	22.5	21.2	23.1	21.2
6.20~6.30	22.5	16.0	22.5	23.7	22.5
6.30~6.40	24.4	11.5	24.4	22.5	24.4
6.40~6.50	23.1	21.2	23.1	17.3	23.1
6.50~6.60	22.5	24.4	23.7	14.8	23.7
6.60~6.70	17.3	23.1	20.6	16.0	22.5
6.70~6.80	14.8	23.7	19.9	21.2	21.2

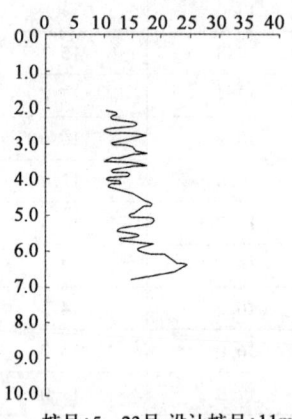

桩号:5-23号;设计桩号:11m;
试验日期:2013.4.7

图8-1 重型动力触探 $N_{63.5}$ 试验曲线图

桩身密实度(重型动力触探)检测报告　　　　表8-7

工程名称	—	报告编号	—
施工里程	DK131+959圆管涵	委托编号	—
委托单位	—	检测类别	委托
建设单位	—	样品名称	碎石桩(工程桩)
设计单位	—	设 计 值	$N_{63.5} \geq 10$
勘察单位	—	检测数量	5根
监理单位	—	代表数量	—
施工单位	—	委托日期	—
样品规格	桩径0.5m,桩长11m	检测日期	—
检测项目	桩身密实度	检测方法	重型动力触探
检测依据	《铁路工程地质原位测试规程》(TB 10018—2003)		

续上表

	序号	名称	编号	规格型号	备注
主要仪器设备	1	重型动力触探仪	—	$N_{63.5}$	—
	2	地质钻机	—	XY-100	—
检测结论		本次检测的铁路工程 DK131+959 圆管涵碎石桩重型动力触探试验,试验 5 根结果满足设计要求。 具体检测数据详见报告后页。 以下空白。 检测单位:(盖章) 签发日期:2013 年 4 月 11 日			
备注		非本公司抽样,检测结果仅对委托样品负检测技术责任			

主检: 　　　　　　审核: 　　　　　　批准:

8.1.6 地基承载力(平板载荷法)试验报告

对某港口通用泊位工程(2 号楼地基)的强夯地基进行地基承载力检测。

(1)检测依据

本工程设计图纸及相关资料;《建筑地基处理技术规范》(JGJ 79—2012)。

(2)平板静载设备

RS-JYC 型全自动静载测试仪。

(3)检测方法

试验采用配重式反力装置,重物主要由现场提供。加荷级数为 8 级,每级荷载增量为 32.5kPa。每级加载后,按间隔 10min、10min、10min、15min、15min,以后为每隔 0.5h 测读一次沉降量,当在连续 2h 内,每小时的沉降量小于 0.1mm 时,即加下一级荷载,直至达到终止条件。

(4)地基承载力检测(平板静载荷试验)报告

本次检测的 3 个试验点的试验结果汇总见表 8-8。将试验结果绘制成 P-S 曲线及 S-lgt 曲线,如图 8-2 所示。当出现破坏时,取沉降量 $S > 0.06b$ 的前一级作为极限荷载;当试验曲线为平滑曲线,未出现明显的极限荷载时,以最大加载作为终止试验条件,并取允许沉降 $S = 0.06b$ 对应的压力(当该压力大于最大加载值的一半时,取最大加载值的一半)为承载力的特征值。

地基承载力检测(平板静载荷试验)试验结果汇总表　　　表 8-8

序号	检测位置	极限荷载或最大加载值(kPa)	承载力的特征值(kPa)		
			取 $S=0.06b$ 时	取极限荷载或最大加载值的一半时	综合最终取值
1	见地基静载荷试验点位图	260	>130	130	130
2		260	>130	130	130
3		260	>130	130	130

(5) 检测结论

根据平板静载荷试验结果,本工程强夯处理后地基承载力特征值可按 130kPa 使用,符合设计要求。附录:以试验点 1 为例,试验结果记录见表 8-9,将试验结果绘制成 P-S 曲线及 S-lg$t$ 曲线,如图 8-2。

试验点 1 平板静载荷试验结果记录表　　　　　　表 8-9

序号	极限荷载(kPa)	历时(min)		沉降(mm)	
		本级	累计	本级	累计
0	0	0	0	0.00	0.00
1	32	180	180	0.72	0.72
2	65	180	360	0.84	1.56
3	97	150	510	0.96	2.52
4	130	150	660	1.05	3.57
5	162	180	840	1.40	4.97
6	195	150	990	1.67	6.64
7	227	120	1110	2.06	8.70
8	260	120	1230	3.14	11.84

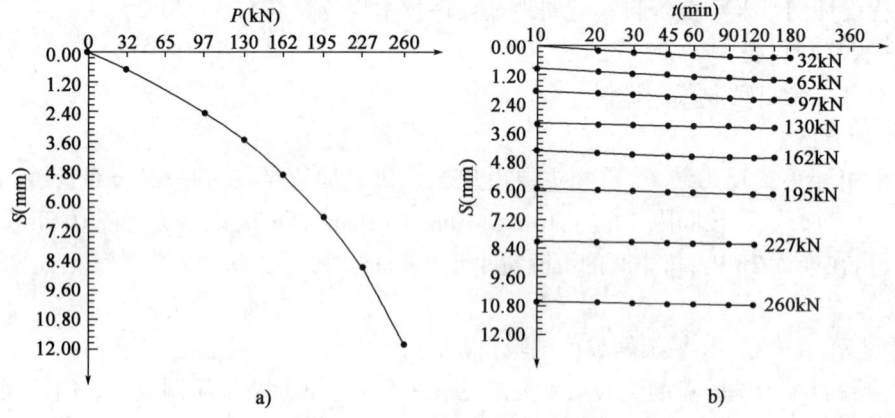

图 8-2　试验点 1 平板静载荷试验 P-S 曲线及 S-lg$t$ 曲线

8.1.7　桩基承载力(单桩竖向抗压静载)试验报告

对某标段 1 号楼工程 PHC 预应力管桩进行单桩竖向抗压静载试验,以检验其承载力特征值是否满足设计要求。

8.1.7.1　工程地质概况

(1)素填土:黄褐色,松散,稍湿-饱和。成分主要为碎石、块石,含少量的砂土。

(2)细砂:灰褐色,松散,湿-饱和,颗粒成分以长石、石英为主,级配差,磨圆度好,含 10%~20% 的黏性土,局部相变为中砂,该层上部局部混有淤泥质粉质黏土。场区普遍分布。

(3)中砂:浅黄色,稍密-中密,饱和,颗粒成分以长石、石英为主,级配一般,磨圆度一般,含少量的贝壳碎片,砂质较好,局部相变为细砂。场区普遍分布。

(4)粉质黏土:灰绿色、灰褐色,可塑—硬塑,干强度、韧性中-高等,摇振反应无,刀切面稍有光泽,土质不均匀,混有少量的中砂和砾砂,局部相变为黏土。场区普遍分布。

(5)强风化砂岩:灰绿色、土黄色、紫色,矿物成分主要为石英,长石,原岩组织结构大部分破坏,粒状结构,块状构造,裂隙很发育,岩芯呈砂土状-块状,含少量的页岩。场区普遍分布。

(6)中风化砂岩:青灰色、土黄色、紫色,矿物成分主要为石英,长石,粒状结构,块状构造,裂隙发育,岩芯呈块状-柱状,含少量的页岩。该层未穿透,最大揭露厚度为14.8m。

8.1.7.2 仪器设备

630吨分离式油压千斤顶;精密压力表:1块(60MPa);基准梁:2根;沉降量观测系统:1套(大行程50mm百分表4块);承压板:直径0.5m圆板一块;反力装置:压重平台1套。

8.1.7.3 试验方法

(1)正式加载时,由1人统一指挥,将配重一次性放到加载平台上(图8-3),并指定人员观察上部反力荷载及周围有无异常变化。加载和读表人员点验仪表、配件、工具、记录资料是否齐全。

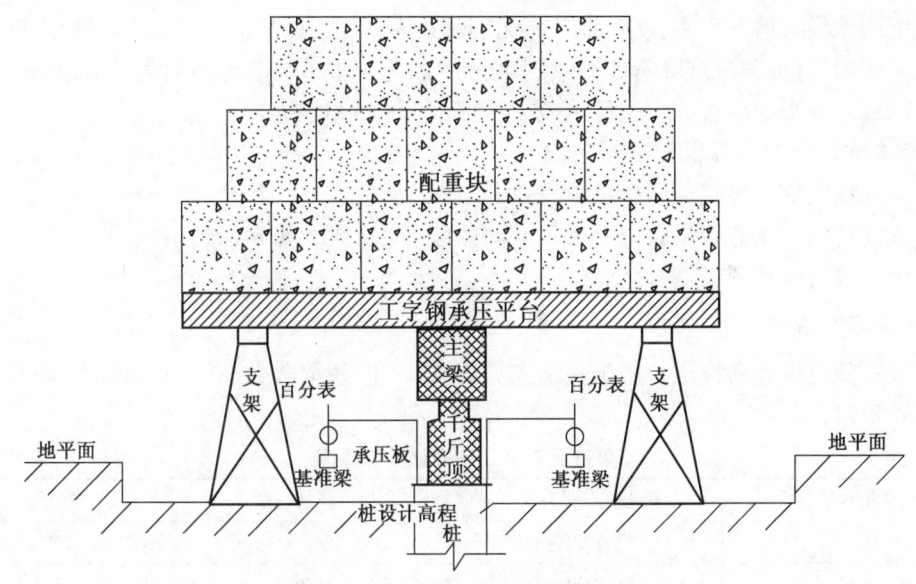

图8-3 单桩竖向静载荷试验测试剖面示意图

(2)本试验采用慢速法,即慢速维持荷载法。反力装置采用堆载反力装置。试桩的最大加载量为5000kN,分10级施加。用1台千斤顶逐级加载,待该级荷载达到相对稳定后,再加下一级荷载(第一级加载2分级),等量递增至最大加载量。

(3)沉降测读及相对稳定标准:每级加载后按第5、15、30、45、60min测读桩顶沉降量,以后每隔30min后测读一次。在每级荷载作用下,每一小时内的桩顶沉降量不超过0.1mm,并连续出现两次,可视为试桩沉降相对稳定,再施加下一级荷载。

(4)卸载:每级卸载值为每级加载值的2倍。卸载时,每级荷载维持1h,按第15、30、60min测读桩顶沉降量后,即可卸下一级荷载。卸载至零后,测读桩顶残余沉降量,维持时间为3个小时,测读时间为第15、30min,以后每隔30min测读一次。

(5)试验终止条件

当出现下列情况之一时,试验即可终止:

①某级荷载作用下,桩顶沉降量大于前一级荷载作用下沉降量的5倍。

②某级荷载作用下,桩顶沉降量大于前一级荷载作用下沉降量的2倍,且经24h尚未达到相对稳定。

③已达到设计要求的最大加载量。

④当荷载—沉降曲线呈缓变型时,可加载至桩的总沉降量60~80mm;在特殊情况下,可根据具体要求加载至桩的累计沉降量超过80mm。

8.1.7.4 试验资料整理与分析

(1)本次试验过程未出现异常情况,周围无影响检测结果的环境。

(2)本次试验终止条件为:最大加载已达到设计加载量要求5000kN,将原始资料整理成试验结果汇总表,并绘制 $Q\text{-}S$ 曲线、$S\text{-}\lg t$ 曲线和 $S\text{-}\lg Q$ 曲线。

(3)单桩竖向抗压极限承载力和特征值确定:

根据《建筑基桩检测技术规范》(JGJ 106—2014)规定,本次试验所检测的3根桩,在检测过程中均无异常情况发生,$Q\text{-}S$ 曲线上无明显比例界限;在最大荷载保持至规定时间,未出现破坏现象,且桩顶总沉降量 S 未达到40mm;因此3根桩均取最大加载量为极限荷载,取其极限荷载的一半为单桩竖向抗压承载力特征值,即2500kN。

(4)本次试验报告提供如下图表:

①单桩竖向抗压静载荷试验结果表;

②单桩竖向抗压静载试验汇总表及 $Q\text{-}S$ 曲线、$S\text{-}\lg t$ 曲线和 $S\text{-}\lg Q$ 曲线;

③所测桩的位置图;

8.1.7.5 结论

本次桩基单桩竖向抗压静载试验结果见表8-10,桩基承载力(单桩竖向抗压静载)试验报告见表8-11。

单桩竖向抗压静载试验结果表　　　　表8-10

试验桩号	最大加载量(kN)	总沉降量(mm)	承载力特征值(kN)
31号	5000	11.17	2500
56号	5000	11.05	2500
9号	5000	8.51	2500

桩基承载力(单桩竖向抗压静载)试验报告　　　　表8-11

工程名称	—	报告编号	—
施工里程	—	委托编号	—
委托单位	—	检测类别	委托
建设单位	—	样品名称	PHC预应力管桩
设计单位	—	设计值	2500kN

续上表

勘察单位	—	检测数量	3 根
监理单位	—	代表数量	107 根
施工单位	—	委托日期	—
样品规格	桩径 0.5m，桩长 9m，10m，正方形布置	检测日期	—
检测项目	基桩承载力	检测方法	单桩竖向抗压静载试验
检测依据	《建筑基桩检测技术规范》(JGJ 106—2014)		

主要仪器设备	序号	名称	编号	规格型号	备注
	1	油压千斤顶	3 号	630T	—
	2	压力表	03 11 321	60MPa	—
	3	百分表	—	50mm	—

检测结论	本次检测的 1 号楼工程 PHC 预应力管桩单桩竖向抗压承载力特征值均满足 2500kN 的设计要求。 具体检测数据详见报告后页。 以下空白。 检测单位：(盖章) 签发日期：2013 年 4 月 25 日
备注	非本公司抽样，检测结果仅对委托样品负检测技术责任

主检：　　　　　　　　复核：　　　　　　　　批准：

8.1.8 基桩完整性检测报告

某车站站房改造工程的 43 根基桩进行了低应变动力测试，以评定桩身完整性。桩身完整性判定参数与波形特征见表 8-12，检测结果见表 8-13，检测报告见表 8-14。

桩身完整性判定参数与波形特征　　　　　　　表 8-12

类别	时域信号特征	幅频信号特征
Ⅰ	$2L/c$ 时刻前无缺陷反射波，有桩底反射波	桩底谐振峰排列基本等间距，其相邻频差 $\Delta f \approx c/2L$
Ⅱ	$2L/c$ 时刻前出现轻微缺陷反射波，有桩底反射波	桩底谐振峰排列基本等间距，其相邻频差 $\Delta f \approx c/2L$，轻微缺陷产生的谐振峰与桩底谐振峰之间的频差 $\Delta f' > c/2L$
Ⅲ	有明显缺陷反射波，其他特征介于Ⅱ类和Ⅳ类之间	
Ⅳ	$2L/c$ 时刻前出现严重缺陷反射波或周期性反射波，无桩底反射波；或因桩身浅部严重缺陷使波形呈现低频大振幅衰减振动，无桩底反射波	桩底谐振峰排列基本等间距，其相邻频差 $\Delta f' > c/2L$，无桩底谐振峰；或因桩身浅部严重缺陷只出现单一谐振峰，无桩底谐振峰

注：对同一场地、地质条件相近、桩型和成桩工艺相同的基桩，因桩端部分桩身阻抗与持力层阻抗相匹配导致实测信号无桩底反射波时，可按本场地同条件下有桩底反射波的其他实测信号判定桩身完整性类别。

低应变反射波法检测结果表　　　　　　　　　　　　　　　　　　　　表 8-13

序号	桩号	桩长(m)	波速(m/s)	检测日期	桩身结构完整性描述	类别
1	24	7.00	3794	2013-06-26	完整桩	Ⅰ类
2	25	7.00	3763	2013-06-26	完整桩	Ⅰ类
3	26	7.00	3618	2013-06-26	完整桩	Ⅰ类
4	27	7.00	3618	2013-06-26	完整桩	Ⅰ类
5	29	7.00	3675	2013-06-26	完整桩	Ⅰ类
6	36	7.00	3733	2013-06-26	完整桩	Ⅰ类
7	37	7.00	3763	2013-06-26	完整桩	Ⅰ类
8	38	7.00	3733	2013-06-26	完整桩	Ⅰ类
9	39	7.00	3763	2013-06-26	完整桩	Ⅰ类
10	40	7.00	3535	2013-06-26	完整桩	Ⅰ类
11	84	7.00	3562	2013-06-26	完整桩	Ⅰ类
12	85	7.00	3794	2013-06-26	完整桩	Ⅰ类
13	87	7.00	3763	2013-06-26	完整桩	Ⅰ类
14	90	7.00	3889	2013-06-26	完整桩	Ⅰ类
15	93	7.00	3857	2013-06-26	完整桩	Ⅰ类
16	113	7.00	3535	2013-06-26	完整桩	Ⅰ类
17	115	7.00	3535	2013-06-26	完整桩	Ⅰ类
18	126	7.00	3763	2013-06-26	完整桩	Ⅰ类
19	133	7.00	3618	2013-06-26	完整桩	Ⅰ类
20	137	7.00	3794	2013-06-26	完整桩	Ⅰ类
21	138	7.00	3733	2013-06-26	完整桩	Ⅰ类
22	159	7.00	3675	2013-06-26	完整桩	Ⅰ类
23	160	7.00	3763	2013-06-26	完整桩	Ⅰ类
24	161	7.00	3618	2013-06-26	完整桩	Ⅰ类
25	162	7.00	3675	2013-06-26	完整桩	Ⅰ类
26	173	7.00	3675	2013-06-26	完整桩	Ⅰ类
27	176	7.00	3704	2013-06-26	完整桩	Ⅰ类
28	177	7.00	3733	2013-06-26	完整桩	Ⅰ类
29	178	7.00	3618	2013-06-26	完整桩	Ⅰ类
30	312	7.00	3704	2013-06-26	完整桩	Ⅰ类
31	314	7.00	3646	2013-06-26	完整桩	Ⅰ类
32	315	7.00	3618	2013-06-26	完整桩	Ⅰ类
33	316	7.00	3618	2013-06-26	完整桩	Ⅰ类
34	317	7.00	3675	2013-06-26	完整桩	Ⅰ类
35	323	7.00	3618	2013-06-26	完整桩	Ⅰ类

续上表

序号	桩号	桩长(m)	波速(m/s)	检测日期	桩身结构完整性描述	类别
36	329	7.00	3562	2013-06-26	完整桩	Ⅰ类
37	333	7.00	3675	2013-06-26	完整桩	Ⅰ类
38	338	7.00	3763	2013-06-26	完整桩	Ⅰ类
39	339	7.00	3590	2013-06-26	完整桩	Ⅰ类
40	348	9.00	3797	2013-06-26	完整桩	Ⅰ类
41	351	7.00	3675	2013-06-26	完整桩	Ⅰ类
42	354	7.00	3618	2013-06-26	完整桩	Ⅰ类
43	355	7.00	3618	2013-06-26	完整桩	Ⅰ类

桩身完整性检测报告 表8-14

委托单位	—		报告编号	—
工程名称	站房改造工程		委托编号	—
施工里程	—		检测类别	委托检测
建设单位	—		样品名称	CFG桩
设计单位	—		设计值	C25
勘察单位	—		检测数量	43根
监理单位	—		代表数量	
施工单位	—		委托日期	2013-06-26
样品规格	—		检测日期	2013-06-26
检测项目	桩身完整性		检测方法	低应变
检测依据	《建筑基桩检测技术规范》(JGJ 106—2014)			
主要仪器设备	序号	名称	编号	选择量程	有效期至
	1	RS-1616K(P)基桩动测仪	—	—	2013-11-28
检测结论	本次低应变检测的43根基桩,均为Ⅰ类桩。 具体检测数据详见结果表。 以下空白。 检测单位:(盖章) 签发日期:2013年6月28日
备注	非本公司抽样,检测结果仅对委托样品负检测技术责任

主检: 复核: 批准:

8.2 路面工程试验检测案例

8.2.1 二灰稳定碎石无侧限抗压强度检测报告

某路面工程采用二灰稳定碎石基层,检测内容为路面基层二灰稳定碎石(石灰:粉煤灰:碎石=6:19:75)7d无侧限抗压强度。二灰稳定碎石无侧限抗压强度检测报告见表8-15。

二灰稳定碎石无侧限抗压强度检测报告　　　　　　　　　表8-15

委托单位	—			报告编号	—	
承包单位	—			委托编号	—	
工程名称	—			样品编号	—	
样品名称	二灰碎石(石灰:粉煤灰:碎石=6:19:75)			合同编号	—	
检评依据	JTG E51—2009(T 0805—1994)			分项工程		
取样地点	石灰:济南;粉煤灰:山东某发电厂;碎石:济南 (石屑:5~10mm:10~20mm:16~31.5mm=30:15:35:20)			工程部位	施工便道工程路面	
试验室地址	—			检测日期	—	
材料类型	粗粒土	试件类型	大试件	结合料名称	石灰	粉煤灰	—
混合料名称	二灰碎石			剂量(%)	6	19	—	—
最大干密度(g/cm³)	2.064			最佳含水率(%)	9.0	
设计强度(MPa)	≥0.6			制件方法	静力压实法	
制件日期	2013-04-08			试验日期	2013-04-15	
最小值	0.9MPa	最大值	1.2MPa	平均值	1.0MPa	
标准差	0.10	偏差系数	10.0%	$R_{c0.95}$	0.84	
综合结论	7d无侧限抗压强度符合设计要求					
检测说明	见证单位: 试样来源:委托 样品描述:石灰粉状;粉煤灰:干燥、无结块;碎石:无杂物 非本公司抽样,检测结果仅对委托样品负检测技术责任				见证人: 委托人:	

批准:　　　　校核:　　　　主检:　　　　检测单位(盖章)
　　　　　　　　　　　　　　　　　　　　　　签发日期:2013-04-16

8.2.2　二灰土石灰剂量(EDTA法)测定报告

检测试样为某高速公路LMSG03标段水泥综合稳定二灰土,其配合比为:水泥:石灰:粉煤灰:土=2.5:10:30:60,采用EDTA络合滴定法测定二灰土的石灰剂量。石灰剂量检测报告见表8-16。

二灰土EDTA法石灰剂量测定报告　　　　　　　　　表8-16

委托单位	—	报告编号	—
承包单位	—	委托编号	—
工程名称	—	样品编号	
样品名称	二灰土(水泥:石灰:粉煤灰:土=2.5:10:30:60)	合同编号	—
检评依据	JTG E51—2009(T 0809—2009)	分项工程	路面工程
生产厂家	水泥:P.C32.5;石灰:章丘石灰厂;粉煤灰:新华能源有限公司; 土:土场	最佳含水率	22.0%

续上表

工程部位		底基层				代表数量	—
试验室地址		—				检测日期	—
试验编号	石灰剂量(%)	EDTA用量(mL)				石灰剂量规定值(%)	取样地点
		初读数	终读数	消耗	平均		
标准曲线标定	6.0	1.0	26.0	25.0	24.9	—	—
		2.5	27.3	24.8			
	8.0	0.5	31.7	31.2	30.8	—	—
		0.5	30.9	30.4			
	10.0	1.0	38.4	37.4	36.9	—	—
		1.0	37.4	36.4			
	12.0	0.5	43.6	43.1	41.5	—	—
		0.5	43.2	42.7			
	14.0	3.0	51.2	48.2	47.3	—	—
		1.5	47.9	46.4			

EDTA滴定曲线

综合结论	送检样品依据 JTG E51—2009 制备标准曲线	
	见证单位：	见证人：
	试样来源：委托	委托人：
检测说明	样品描述：水泥：无结块，样品数量：35kg；石灰：干燥，样品数量：80kg；粉煤灰：无结块，样品数量：80kg；土：湿，褐色，无杂物，样品数量：150kg	
	非本公司抽样，检测结果仅对委托样品负检测技术责任	

批准：　　　　校核：　　　　主检：　　　　检测单位(盖章)
　　　　　　　　　　　　　　　　　　　　签发日期：2013-08-21

8.2.3 沥青路面结构层厚度(钻芯法)报告

某沥青路面结构层厚度检测,检测方法采用钻芯法。沥青路面厚度(钻芯法)检测报告见表8-17。

沥青路面厚度(钻芯法)报告　　　　　　　　　　　　　　表 8-17

委托单位	—			委托编号	—
标准依据	JTG F80/1—2004、JTG E60—2008(T 0912—2008)			试验者	—
现场桩号	K6+000~K7+000			校核者	—
现场描述	已建公路,表面磨耗较轻,取芯位置上面层			试验日期	—
仪器设备	路面取芯机			设备编号	—
路段桩号	K6+000~K7+000		结构类型	上面层	
路面宽度(m)	—		允许偏差(mm)	−5	
测点桩号	取样地点	设计厚度(mm)	实测厚度(mm)	偏差(mm)	
K6+050	外侧轮迹带	50	46	−4	
K6+250	外侧轮迹带	50	47	−3	
K6+450	外侧轮迹带	50	46	−4	
K6+650	外侧轮迹带	50	48	−2	
—					
平均值(mm)	47	标准差	0.8	变异系数(%)	1.7	代表厚度(mm)	46
结论:以上测试段路面厚度符合 JTG F80/1—2004 规范要求,合格	技术负责人意见: 签字: 试验室盖章				

批准:　　　　　校核:　　　　　主检:　　　　　签发日期:2010-07-20

8.2.4 沥青路面回弹弯沉(贝克曼梁)检测报告

某外环路段 K074~K075 沥青路面,采用贝克曼梁弯沉仪检测和评定该路段沥青路面的回弹弯沉。贝克曼梁测定路面回弹弯沉检测报告见表 8-18。

贝克曼梁测定路面回弹弯沉检测报告　　　　　　　　　　　　　　表 8-18

委托单位	—		试验编号		—
工程名称	—		工程部位		沥青路面
现场桩号	K074~K075 段		试样描述		沥青路面
试验规程	JTG E60—2008		试验日期		—
评定标准	JTG F80/1—2004		报告日期		—
试验设备	WC—3.6m 贝克曼梁弯沉仪		代表回弹模量(MPa)		—
测试车车型	载重车	标准轴载	BZZ-100	路面厚度(mm)	—	路表干湿状况	干燥
修正系数	1.2,1.0,0.93	保证率系数	1.500	剔除系数	—	设计弯沉值(0.01mm)	—

续上表

测点编号	测点桩号	车道	路表温度(℃)	上行线(0.01mm)				下行线(0.01mm)				备注
				读数		回弹弯沉		读数		回弹弯沉		
				左轮	右轮	左轮	右轮	左轮	右轮	左轮	右轮	
1	K074+000	行车道	45	26	29	52	58	23	26	46	52	
2	K074+050	行车道	45	27	25	54	50	25	29	50	58	
3	K074+100	行车道	45	29	24	58	48	25	24	50	48	
4	K074+150	行车道	45	24	26	48	52	26	28	52	56	
5	K074+200	行车道	45	25	25	50	50	28	29	56	58	
6	K074+250	行车道	45	29	28	58	56	29	21	58	42	
7	K074+300	行车道	45	28	29	56	58	27	25	54	50	
8	K074+350	行车道	45	26	29	52	58	29	26	58	52	
9	K074+400	行车道	45	24	25	48	50	26	24	52	48	
10	K074+450	行车道	45	26	21	52	42	25	26	50	52	
11	K074+500	行车道	45	25	22	50	44	25	23	50	46	
12	K074+550	行车道	45	28	25	56	50	25	24	50	48	
13	K074+600	行车道	45	29	29	58	58	28	23	56	46	
14	K074+650	行车道	45	23	29	46	58	29	27	58	54	
15	K074+700	行车道	45	21	27	42	54	24	27	48	54	
16	K074+750	行车道	45	25	28	50	56	22	28	44	56	
17	K074+800	行车道	45	26	29	52	58	26	21	52	42	
18	K074+850	行车道	45	28	24	56	48	23	29	46	58	
19	K074+900	行车道	45	29	26	58	52	25	29	50	58	
20	K074+950	行车道	45	24	28	48	56	21	27	42	54	
测点数		平均回弹弯沉值(0.01mm)				标准差(0.01mm)				弯沉代表值(0.01mm)		
40		52				4.75				66		
检测结论:												

批准： 校核： 试验：

检测单位：(盖章)

8.2.5 沥青路面平整度(3m直尺)检测报告

某已建公路沥青路面平整度检测,检测方法采用3m直尺。沥青路面平整度(3m直尺)检测报告见表8-19。

沥青路面平整度(3m直尺)检测报告　　　　表8-19

委托单位	—	委托编号	—
标准依据	JTG F80/1—2004； JTG E60—2008(T 0931—2008)	试验者	—
现场桩号	K6+500~K6+700	校核者	
现场描述	已建公路,表面磨耗较轻	试验日期	2010-7-20
仪器设备	3m直尺	设备编号	

续上表

桩号	检测结果(mm)										平均值(mm)	不合格尺数	合格率(%)
	1	2	3	4	5	6	7	8	9	10			
K6+580	4.8	4.6	4.6	4.8	5.2	5.4	4.4	5.2	5.4	4.8	4.9	4	60
K6+660	4.4	4.0	5.2	4.2	4.8	5.2	4.8	5.6	4.4	4.4	4.7	3	70
	以		下		空		白						
结论:以上测点测试结果符合 JTG F80/1—2004 规范要求,合格					技术负责人意见: 签字: 试验室盖章								

批准: 校核: 试验:

检测单位:(盖章)

8.2.6 水泥混凝土路面构造深度(手工铺砂法)检测报告

对某已建国道水泥混凝土路面的构造深度进行检测,采用检测方法为手工铺砂法。检测报告见表 8-20。

路面构造深度(手工铺砂法)检测报告　　　　　　　　　　　　表 8-20

委托单位	—		委托单编号	—
检测单位	—		分项工程	路面面层
标准依据	JTG E60—2008;JTG F80/1—2004		检测者	
现场描述	二级公路、水泥混凝土路面 路况较差,右侧破碎板较多,裂缝较严重,有板角断裂和边角剥落;左侧局部露骨和断裂,病害较少		校核者	—
			报告日期	

测点位置(m)	砂体积(cm³)	摊平砂直径(mm)		构造深度(TD)(mm)	构造深度平均值(mm)
		K538+350 ~ K539+000	平均值(mm)		
K538+350(右)	25	280/286	285	0.39	0.39
	25	285/290	290	0.38	
	25	285/288	285	0.39	
K538+550(右)	25	292/296	295	0.37	0.37
	25	292/291	290	0.38	
	25	297/301	300	0.35	
K538+750(右)	25	301/298	300	0.35	0.36
	25	304/300	300	0.35	
	25	297/294	295	0.37	

续上表

测点位置(m)	砂体积(cm³)	摊平砂直径(mm) K538+350~K539+000	平均值(mm)	构造深度(TD)(mm)	构造深度平均值(mm)
K538+950(右)	25	292/290	290	0.38	0.36
	25	297/300	300	0.35	
	25	298/296	300	0.35	
TD 平均值 = 0.37(mm)		标准差 = 0.01		变异系数 = 3.82%	
检测结论：依据 JTG E60—2008 试验规程,该路段构造深度平均值为 0.37mm		批准人签名：			
		试验室盖章：签发日期：			

批准：　　　　　　　　校核：　　　　　　　　试验：

8.2.7 旧路路面综合检测技术报告

对某旧沥青混凝土路面(K518+619.5~K525+500)、旧水泥混凝土路面(K538+250~K540+550)进行综合技术检测,并对路况进行分析与评定。

8.2.7.1 具体任务

根据检测要求对 G105(K518+619.5~K525+500)旧沥青混凝土路面检测,该路段为二级公路,长度 6.8705km,路基宽度 16m,路面宽度 15m。进行了破损调查、宽度量测,对弯沉、平整度、车辙、摩擦系数、路面病害分析(钻芯法)、横坡度等各项指标进行检测。

对 G105(K538+350~K540+550)水泥混凝土路面进行检测,该路段长度 2.2km,为改线工程二级公路,路基宽度 18m,路面宽度 15m。共进行了破损调查、弯沉、接缝传荷能力、平整度、相邻板高差、构造深度、钻芯取样、横坡度及宽度等各项指标检测。

8.2.7.2 项目工程概况

两路段地势平坦,海拔在 40~50m 之间,土层较厚。路段所经区域地下水较为贫乏,年平均降水量 640 毫米,降水主要集中在夏季。路线所经区域年平均气温 13.3℃,一月份最低,平均-6.3℃;七月份最热月,平均 31.6℃。平均湿度为 69%,其中 7~8 月份最大,为 85%;2 月份最小,为 43%。

(K518+619.5~K525+500)路段始建于 20 世纪 80 年代,经 1997 年的改扩建,将路面结构变为:4cm 的沥青混凝土+5cm 的沥青混凝土+16cm 水泥稳定碎石+18cm 的水泥稳定砂砾(掺碎石)。后又经过 2006 年补强,进行了 2.5cm 沥青混凝土罩面。

(K538+350~K540+550)路段始建于 2006 年,设计路面结构为:25cm 水泥混凝土面板+17cm 水泥稳定碎石。2011 年进行了道路扩宽,将过去的宽度 10m(两块板)加宽为 15m

(三块板),新路面结构与原有路面结构一致。

8.2.7.3 路面各项指标检测报告(表8-21~表8-26)

(1)路面弯沉(FWD)检测报告。
(2)路面车辙检测报告。
(3)路面摩擦系数(摆式摩擦仪)检测报告。
(4)路面病害分析(钻芯法)检测报告。
(5)路面横坡度检测报告。
(6)路面宽度检测报告。

路面弯沉(FWD)检测报告 表8-21

委托单位	—			委托单编号	—	
检测单位	—			分项工程	路面面层	
标准依据	JTG E60-2008,JTG F80/1-2004			检测者	—	
现场描述	二级公路、沥青混凝土路面			校核者	—	
	路况较差,横、纵缝均较重,有块裂及坑槽			报告日期	2013-12-16	
路段桩号	K519+000~K520+000(左车道)			K519+000~K520+000(右车道)		
测试方法	落锤式弯沉仪	承载板直径		30cm	冲击荷载	50kN
测点桩号	弯沉值(0.001mm)	测点桩号	弯沉值(0.001mm)	测点桩号	弯沉值(0.001mm)	测点桩号	弯沉值(0.001mm)
K519+035	62.4	K519+535	257.6	K519+025	84.1	K519+525	99.0
K519+060	187.8	K519+560	180.6	K519+050	82.2	K519+550	174.2
K519+085	252.6	K519+585	126.5	K519+075	86.0	K519+575	99.2
K519+110	149.4	K519+610	148.9	K519+100	107.5	K519+600	89.8
K519+135	157.6	K519+635	177.7	K519+125	141.0	K519+625	137.4
K519+160	127.1	K519+660	107.4	K519+150	161.0	K519+650	129.6
K519+185	177.5	K519+685	85.1	K519+175	187.3	K519+675	67.7
K519+210	148.2	K519+710	74.5	K519+200	150.6	K519+700	65.9
K519+235	214.7	K519+735	92.5	K519+225	154.4	K519+725	107.0
K519+260	145.6	K519+760	185.0	K519+250	121.4	K519+750	96.5
K519+285	138.2	K519+785	246.8	K519+275	155.2	K519+775	172.2
K519+310	184.2	K519+810	157.4	K519+300	118.2	K519+800	367.0
K519+335	183.8	K519+835	172.7	K519+325	97.1	K519+825	114.7
K519+360	118.2	K519+860	123.4	K519+350	93.8	K519+850	165.8
K519+385	234.4	K519+885	150.1	K519+375	129.0	K519+875	194.6
K519+410	185.3	K519+910	161.5	K519+400	121.8	K519+900	182.5
K519+435	191.2	K519+935	136.3	K519+425	245.8	K519+925	164.6
K519+460	169.4	K519+960	63.7	K519+450	147.7	K519+950	154.2
K519+485	189.1	K519+985	58.7	K519+475	121.4	K519+975	181.2

续上表

测点桩号	弯沉值(0.001mm)	测点桩号	弯沉值(0.001mm)	测点桩号	弯沉值(0.001mm)	测点桩号	弯沉值(0.001mm)
K519+510	219.0	K520+000	67.7	K519+500	91.8	K520+000	175.1
平均值(0.001mm)		146.8		标准差(0.001mm)		53.9	
保证率系数		1.500		代表弯沉值(0.001mm)		227.7	

检测结论： 依据JTG E60—2008试验规程，该路段的代表弯沉值为22.8(0.01mm)	批准人签名：
	试验室盖章：

路面车辙检测报告

表 8-22

委托单位	—	委托单编号	—
检测单位	—	分项工程	路面面层
标准依据	JTG E60—2008,JTG F80/1—2004	检测者	—
现场描述	二级公路、沥青混凝土路面	校核者	—
	路况较差，横、纵横缝均较重，有块裂及坑槽	报告日期	2013-12-16
路段桩号	K519+000 ~ K520+000	结构类型	沥青混凝土面层

测点桩号	左车道车辙深度(mm)		右车道车辙深度(mm)	
	左轮迹带	右轮迹带	左轮迹带	右轮迹带
K519+050	2.3	3.2	2.1	2.5
K519+100	2.6	4.6	1.1	3.2
K519+150	2.4	3.6	1.5	2.5
K519+200	2.2	3.8	1.6	2.7
K519+250	2.1	4.3	1.4	2.5
K519+300	1.6	2.9	1.8	3.0
K519+350	3.5	5.9	1.7	2.7
K519+400	3.8	6.5	1.5	2.1
K519+450	3.9	4.9	1.6	2.6
K519+500	3.6	6.6	2.6	2.4
K519+550	5.0	7.8	3.5	5.1
K519+600	3.6	6.2	3.2	4.1
K519+650	3.9	5.6	2.9	3.6
K519+700	3.9	5.5	3.1	4.4

续上表

测点桩号	左车道车辙深度(mm)		右车道车辙深度(mm)	
	左轮迹带	右轮迹带	左轮迹带	右轮迹带
K519+750	3.5	3.4	3.2	5.6
K519+800	3.4	3.2	3.4	5.7
K519+850	3.3	3.6	5.0	5.1
K519+900	3.0	3.0	2.6	3.1
K519+950	2.5	2.8	2.5	3.0
K520+000	2.6	3.0	2.4	2.7
平均值(mm)	3.4	最大值(mm)	7.8	最小值(mm)	1.1

检测结论：
依据 JTG E60—2008 试验规程，该路段车辙平均值为 3.4mm

批准人签名：

试验室盖章：

路面摩擦系数(摆式仪)检测报告　　　　表 8-23

委托单位	—	委托单编号	—
检测单位	—	分项工程	路面面层
标准依据	JTG E60—2008，JTG F80/1—2004	检测者	—
现场描述	二级公路、沥青混凝土路面	校核者	—
	路况良好，路面平整直顺，路表材料均匀	报告日期	2013-12-18
路段桩号		K13+100~K14+000	
天气	晴	仪器及型号	摆式摩擦系数测定仪 YDBM-B

测点桩号	组数	间距(m)	摆值(BPN)					测点平均摆值(BPN)	路面温度(℃)	20℃摆值(BPN)
			1			5	平均值			
K519+150 (右3m)	1	4	45	46	45	43	45	45	45	3	40
	2		44	45	45	46	43	45			
	3	4	44	44	45	47	46	45			
K519+350 (左1m)	1	4	43	44	45	44	45	44	44	3	39
	2		44	45	45	47	46	45			
	3	4	42	43	44	45	42	43			
K519+550 (右1m)	1	4	43	45	47	45	44	45	45	3	40
	2		45	47	48	46	45	46			
	3	4	43	44	45	46	46	45			

续上表

测点桩号	组数	间距(m)	摆值(BPN)						测点平均摆值(BPN)	路面温度(℃)	20℃摆值(BPN)
			1				5	平均值			
K519+750（左3m）	1	4	43	44	45	44	45	44	44	4	39
	2		44	44	45	47	45	45			
	3	4	42	43	44	45	42	43			
K519+950（右1m）	1	4	42	43	45	45	43	44	45	4	41
	2		45	46	47	45	46	46			
	3	4	43	44	46	45	43	44			
测点数		5个						平均值		40BPN	
标准差		0.55						变异系数		1.39	

检测结论：
依据JTG E60—2008试验规程，该路段路面摩擦系数平均值为40BPN。

批准人签名：

试验室盖章：

路面病害分析（钻芯法）检测报告

表8-24

委托单位	—	委托单编号	—
检测单位	—	分项工程	路面
标准依据	JTG H20—2007	检测者	—
现场描述	二级公路、沥青混凝土路面	校核者	—
		报告日期	2013-12-16
路段桩号	K518+619.5~K525+500	结构类型	沥青混凝土面层

路面类型	序号	取样位置	芯样描述	病害分析及成因判断
沥青混凝土路面	1	K518+625 右侧3.5m	原路面完好，钻孔60cm，取芯43cm，沥青面层厚11.0cm，水稳碎石基层15.2cm水泥稳定砂砾（掺碎石）16.8cm。面层基层结合良好。孔底硬实，基层碾压密实，底基层孔壁现实空隙较多，芯样下部破碎	底基层矿质混合料级配不良或底基层下部水分损失较大
	2	K519+038 右侧2.0m	原路面完好，钻孔60cm，取芯45cm，孔底硬实。芯样：沥青路面9.2cm，水稳基层15.1cm；路面基层结合良好，老沥青路面5.0cm，其下水泥稳定砂砾破碎	旧基层损坏严重，可能原因有旧基层混合料配比不当导致强度不足或荷载过大超过设计承载能力
	3	K519+500 左侧3.5m	钻孔60cm，取芯44cm，孔底硬实。芯样：沥青面层10.0cm，水泥稳定碎石18.2cm，裂缝贯穿面层和基层，取芯不完整，下部破碎	旧路承载力不足导致水稳基层和沥青混合料面层损坏

续上表

路面类型	序号	取样位置	芯样描述	病害分析及成因判断
沥青混凝土路面	4	K519+985 右侧3.5m	旧路补强,孔深44cm,孔底硬实。芯样:沥青面层12.1cm,水稳碎石16.3cm,水泥稳定砂砾(掺碎石)10.2cm,下部松散	底基层强度不足,可能原因有:基层混合料组成不合理、压实不足或压实不足导致强度不足
	5	K520+500 左侧3.5m	路面完好,孔深41cm,芯样完整,层间结合良好,孔底硬实。芯样:沥青面层8.5cm,水稳碎石15.6cm,水泥稳定砂砾16.4cm	结构良好,该处无病害
	6	K520+800 右侧3.5m	路面完好,芯样完整,层间结合良好,孔底硬实。芯样:沥青面层9.1cm,水稳碎石17.3cm,水泥稳定砂砾10.1cm,下部未取出	底基层下部未成形,基层混合料组成不合理、压实不足或压实不足导致强度不足
	7	K521+000 右侧3.5m	沥青面层裂缝,厚度10.1cm,基层芯样松散,从孔壁可以看出,路面基层已发生破坏	基层强度不足,矿质混合料级配不均匀
	8	K521+500 左侧3.5m	原路面横向裂缝处,孔深42cm,孔底硬实,芯样:沥青面层10.2cm,水泥稳定碎石14.3cm,裂缝贯穿面层和基层	基层裂缝导致面层开裂损坏
	9	K522+000 右侧2.5m	路面纵缝处,沥青面层8.1cm,基层已破碎,路面内部渗水严重,裂缝贯穿面层和基层,取芯不完整	旧路改造拓宽工程,新旧路基、路面的搭接部位没有严格做好开台阶分层压实处理,以及下部基层软弱,土层处理不彻底,引起路基路面纵向开裂。新旧路基结合处未处理好,导致沉降不均匀;或由于填土压实度不够,不均匀沉陷
	10	K522+500 右侧3.0m	路面沉降处,孔深52cm,孔底硬实,芯样:沥青路面8.2cm,水稳碎石24.2cm,水泥稳定砂砾7.3cm,下部已破碎	路基强度不足或底基层损坏导致

路面横坡度检测报告　　　　　　　　　表8-25

委托单位	—		委托单编号	—
检测单位	—		分项工程	路面面层
标准依据	JTG E60—2008,JTG F80/1—2004		检测者	—
现场描述	二级公路、沥青混凝土路面		校核者	—
	路况较差,横、纵横缝均较重,有块裂及坑槽		报告日期	2013-12-16
路段桩号	K519+000 ~ K520+000		结构类型	沥青混凝土面层

测点桩号		路中线水准仪读数(m)	路面边缘水准仪读数(m)	高差(m)	宽度(m)	横坡度(%)
K519+050	左	1.223	1.277	0.054	7.53	0.7
	右		1.342	0.119	7.53	1.6
K519+100	左	1.210	1.236	0.026	7.54	0.3
	右		1.327	0.117	7.54	1.6

续上表

测点桩号		路中线水准仪读数(m)	路面边缘水准仪读数(m)	高差(m)	宽度(m)	横坡度(%)
K519+150	左	1.209	1.124	−0.085	7.53	−1.1
	右		2.371	1.162	7.53	15.4
K519+200	左	1.206	1.055	−0.151	7.50	−2.0
	右		1.377	0.171	7.50	2.3
K519+250	左	1.185	1.036	−0.149	7.54	−2.0
	右		2.338	1.153	7.54	15.3
K519+300	左	1.150	1.000	−0.150	7.45	−2.0
	右		1.294	0.144	7.45	1.9
K519+350	左	1.176	1.028	−0.148	7.50	−2.0
	右		1.328	0.152	7.50	2.0
K519+400	左	1.187	1.045	−0.142	7.51	−1.9
	右		1.363	0.176	7.51	2.3
K519+450	左	1.183	1.028	−0.155	7.51	−2.1
	右		1.348	0.165	7.51	2.2
K519+500	左	1.162	1.006	−0.156	7.50	−2.1
	右		1.329	0.167	7.50	2.2
平均值		1.9%	最小偏差值	−0.2%	最大偏差值	0.6%

检测结论：
依据 JTG E60—2008 试验规程，K519+000~K520+000 路段横坡度平均值为 1.9%

批准人签名：

试验室盖章：

路面宽度检测报告　　　　　　　　　　　　表 8-26

委托单位	—			委托单编号	—		
检测单位	—			分项工程	路面面层		
标准依据	JTG E60—2008，JTG F80/1—2004			检测者	—		
现场描述	二级公路、沥青混凝土路面			校核者	—		
	路面基本完好，无路缘石，但是路面边缘基本整齐			报告日期	2013-12-16		
路段桩号	K522+000~K525+500			结构类型	沥青混凝土面层		

测点桩号	实测宽度(m)	测点桩号	实测宽度(m)	测点桩号	实测宽度(m)	测点桩号	实测宽度(m)
K522+050	15.03	K523+050	15.05	K524+050	15.00	K525+050	15.00
K522+100	15.04	K523+100	15.02	K524+100	14.98	K525+100	15.00

续上表

测点桩号	实测宽度（m）	测点桩号	实测宽度（m）	测点桩号	实测宽度（m）	测点桩号	实测宽度（m）	测点桩号	实测宽度（m）
K522+150	15.02	K523+150	15.00	K524+150	14.99	K525+150	15.02		
K522+200	15.03	K523+200	15.00	K524+200	14.98	K525+200	15.00		
K522+250	15.02	K523+250	15.01	K524+250	14.98	K525+250	15.01		
K522+300	15.04	K523+300	15.02	K524+300	15.00	K525+300	14.99		
K522+350	15.04	K523+350	15.02	K524+350	15.00	K525+350	14.98		
K522+400	15.02	K523+400	15.02	K524+400	15.00	K525+400	15.01		
K522+450	15.01	K523+450	15.00	K524+450	15.01	K525+450	15.02		
K522+500	15.00	K523+500	15.03	K524+500	15.01	K525+500	14.96		
K522+550	15.02	K523+550	15.02	K524+550	15.02	—	—		
K522+600	15.00	K523+600	15.02	K524+600	15.00	—	—		
K522+650	15.00	K523+650	15.01	K524+650	14.99	—	—		
K522+700	15.04	K523+700	15.02	K524+700	14.98	—	—		
K522+750	15.05	K523+750	15.00	K524+750	15.02	—	—		
K522+800	15.02	K523+800	14.99	K524+800	15.01	—	—		
K522+850	15.03	K523+850	15.01	K524+850	15.02	—	—		
K522+900	15.02	K523+900	15.00	K524+900	15.02	—	—		
K522+950	15.04	K523+950	15.02	K524+950	15.02	—	—		
K523+000	15.02	K524+000	15.02	K525+000	15.01	—	—		
平均值（m）	15.01	最大偏差值（m）	0.04	最小偏差值（m）	-0.05				

检测结论： 依据 JTG E60—2008 试验规程，K522+000～K525+500 路段宽度平均值为15.01m	批准人签名：
	试验室盖章：

8.3 桥梁工程试验检测案例

8.3.1 公路桥梁板式橡胶支座检测报告

某机场连接线路桥工程，要求对公路桥梁板式橡胶支座进行性能检测。板式橡胶支座检测报告见8-27。

公路桥梁板式橡胶支座检测报告

表 8-27

委托单位	—	报告编号	—
工程名称	—	委托编号	—
样品名称	公路桥梁板式橡胶支座	样品编号	—
检评依据	JT/T 4—2004	工程部位	—
生产厂家	—	分项工程	桥梁工程
规格等级	GYZ 150×28	合同号	
批号	—	代表数量	—
试验室地址	—	检测日期	2013.06.02

检测项目	性能指标	检测结果 测试值 1	2	3	偏差(%) 1	2	3	单项评定
抗压弹性模量 E_1 (MPa)	265×(1±20%)	310	298	312	+17.0	+12.5	+17.7	合格
抗剪弹性模量 G_1 (MPa)	1×(1±15%)	0.98	0.97	0.95	-2	-3	-5	合格
抗剪黏结性能	试样是否完好无损	—						—
老化后抗剪弹性模量 G_2 (MPa)	1×(1+15%)	—						—
极限抗压强度 R_u (MPa)	≥70	70MPa 支座无裂纹	70MPa 支座无裂纹	70MPa 支座无裂纹	—			合格
实测聚四氟乙烯板与不锈钢板表面摩擦系数 u_f (加硅脂时)	≤0.03	—						—
内部结构(解剖检验) 单位:mm	锯开后橡胶层厚度应均匀,t_1 为 5mm 或 8mm 时,其偏差为 ±0.4mm;t_1 为 11mm 时,其偏差≤±0.7mm;t_1 为 15mm 时,其偏差≤±1mm,钢板与橡胶黏结应牢固,且无离层现象,其平面尺寸偏差为 ±1mm;上下保护层偏差为(0,+0.5)mm							—
综合结论	送检样品所检项目结果符合 JT/T 4—2004 标准要求							
检测说明	见证单位:						见证人:	
	试样来源:委托						委托人:	
	样品描述:表面平整,无气泡、裂纹等损伤							
	非本公司抽样,检测结果仅对委托样品负检测技术责任							

批准:　　　　校核:　　　　主检:　　　　检测单位(盖章)
　　　　　　　　　　　　　　　　　　签发日期:2013-06-03

8.3.2 铁路桥梁伸缩缝检测报告

某新建铁路客运专线铁路工程,要求对铁路桥梁伸缩缝进行性能检测。伸缩缝检测报告见表 8-28。

铁路桥梁伸缩缝检测报告 表 8-28

委托单位	—	报告编号	—
工程名称	—	委托编号	
样品名称	TSSF-100 铁路桥梁伸缩缝	样品编号	—
检评依据	科技基〔2005〕101 号	规格型号	TSSF-100 有砟无声屏障双(曲)线线间距 4.6m
生产厂家	—	分项工程	隧道路基
合同号	—	批量	295.756m
部位		批号	
试验室地址	—	检测日期	2013-04-08
检 测 内 容			
检测项目	性能指标	检测结果	单项评定
夹持性能	夹持部位不脱离	夹持部位不脱离	合格
防水性能	注满水 24h 后无渗漏	注满水 24h 后无渗漏	合格
以下空白			
综合结论	送检样品所检项目结果符合科技基〔2005〕101 号技术要求		
检测说明	见证单位:		见证人:
	试样来源:委托		委托人:
	样品描述:表面无缺陷,橡胶表面无损伤		
	非本公司抽样,检测结果仅对委托样品负检测技术责任		

批准:　　　　校核:　　　　主检:　　　　检测单位(盖章)
　　　　　　　　　　　　　　　　　　　　签发日期:2013-04-09

8.3.3 钢绞线-锚具组装件静载锚固性能检测报告

某高速公路工程建设项目中,桥涵工程应制作预应力混凝土,要求对使用的钢绞线、锚具、夹片进行组装并进行性能检测。检测报告见表 8-29。

钢绞线-锚具组装件静载锚固性能检测报告 表 8-29

委托单位	—	报告编号	—
工程名称		委托编号	
样品名称	钢绞线、锚具、夹片组装件	样品编号	
检评依据	GB/T 14370—2007	合同号	
生产厂家		工程部位	
规格等级	YM15-4、YM15-5、BJM15-4	分项工程	桥涵工程
批号	—	代表数量	—
试验室地址		检测日期	2013.05.13

续上表

检测项目	性能指标	检测结果					单项评定
		钢绞线极限拉力总和(kN)	锚具组装件实测极限拉力(kN)	锚具效率系数 η_a	总应变 ε_{apu} (%)	破坏部位	
锚具效率系数 η_a 总应变 ε_{apu}	$\eta_a \geq 0.95$ $\varepsilon_{apu} \geq 2.0$	266.7×4	1056	0.99	3.1	中部	合格
			1046	0.98	2.8	中部	合格
			1035	0.97	3.0	中部	合格
锚具效率系数 η_a 总应变 ε_{apu}	$\eta_a \geq 0.95$ $\varepsilon_{apu} \geq 2.0$	266.7×5	1321	0.99	3.0	中部	合格
			1299	0.97	3.2	中部	合格
			1312	0.98	3.1	中部	合格
锚具效率系数 η_a 总应变 ε_{apu}	$\eta_a \geq 0.95$ $\varepsilon_{apu} \geq 2.0$	266.7×4	1039	0.97	3.0	中部	合格
			1056	0.99	2.9	中部	合格
			1050	0.98	2.8	中部	合格
综合结论	送检样品所检项目结果符合 GB/T 14370—2007 标准要求						
检测说明	见证单位:					见证人:	
	试样来源:委托					委托人:	
	样品描述:无油污、无锈蚀						
	非本公司抽样,检测结果仅对委托样品负检测技术责任						

批准:　　　　校核:　　　　主检:　　　　检测单位(盖章)

签发日期:2013-05-15

8.3.4 超声检测结构混凝土缺陷报告

某楼部分梁板在施工完成后,外观存在明显的接缝痕迹。该梁混凝土设计强度等级为C30,对该楼的4块现浇梁板进行了超声法检测,以确定梁内部是否存在不密实区和空洞。

本次检测工作所使用的主要仪器设备:RS-ST01D 非金属声波检测仪;厚度振动方式换能器。

测点布置示意图:在接缝两侧两列布线,测点间距 200mm×200mm,接缝痕迹处测点间距 100mm×100mm,如图 8-4 所示。

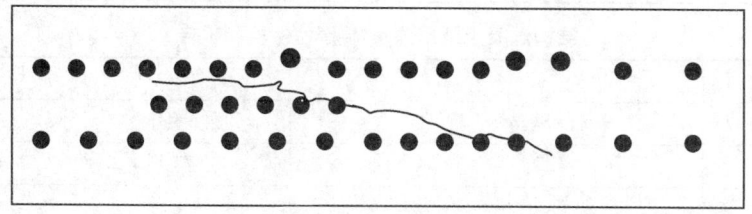

图 8-4　测点布置示意图

检测结论:见表 8-30。

超声检测结构混凝土缺陷报告　　　　　　表 8-30

委托单位	—	委托编号	—
工程名称	—	层数	12 层
建设单位	—	结构形式	框架结构
施工单位	—	检测时间	2007.07.14
设计单位	—	检测项目	混凝土内部缺陷
仪器设备	非金属声波检测仪	型号	—
结论： 依据《超声法检测混凝土缺陷技术规程》(CECS 21:2000)，经分析本次检测的四块梁板未发现空洞和不密实区。 检测单位(盖章) 签发日期：2007 年 4 月 2 日			

主检：　　　　　　审核：　　　　　　批准：

8.3.5 桥梁混凝土裂缝深度检测报告

对某铁路通道工程铁路特大桥 44 号、45 号、42 号、36 号、28 号桥墩裂缝进行了深度检测，以确定该结构混凝土的裂缝深度。

检测结果：本次检测的裂缝深度，具体检测数据详见检测结果表 8-31，检测报告见表 8-32。

检 测 结 果 表　　　　　　表 8-31

序号	检测部位	裂缝编号	裂缝深度(mm)	备注
1	44 号墩身　大里程方向侧	LF1	86	—
2	45 号墩身　大里程方向侧	LF1 上	75	—
3		LF1 下	82	—
4	42 号墩身　大里程方向侧	LF1	21	—
5	36 号墩身　大里程方向侧	LF1	69	—
6	28 号墩身　小里程方向侧	LF1 上	88	—
7		LF1 下	76	—
备注	—			

结构混凝土裂缝深度(超声法)检测报告　　　　　　表 8-32

委托单位	—	报告编号	—
工程名称	铁路特大桥	委托编号	—
施工里程	—	检测类别	委托检测
建设单位	—	样品名称	桥墩
设计单位	—	设计值	—
勘察单位	—	检测数量	5 个
监理单位	—	代表数量	—

续上表

施工单位	—	委托日期	2013-11-7
样品规格	—	检测日期	2013-11-8
检测项目	裂缝深度	检测方法	超声法
检测依据	《超声法检测混凝土缺陷技术规程》（CECS 21:2000）； 《混凝土结构工程施工质量验收规范》（GB 50204—2002）		

主要仪器设备	序号	名称	编号	选择量程	有效期至
	1	ZBL-F800 裂缝综合测试仪	—		2014-6-27

检测结论	本次检测的裂缝深度，具体检测数据详见检测结果表。 以下空白。 检测单位:(盖章) 签发日期:2013 年 11 月 10 日
备注	非本公司抽样,检测结果仅对委托样品负检测技术责任

主检：　　　　　　审核：　　　　　　批准：

8.3.6 回弹法检测混凝土强度报告

采用回弹仪无损检测方法对某楼抗压强度进行检测。检测报告见表8-33。

回弹法检测混凝土强度结果汇总表　　　　表8-33

结构物部位	混凝土强度设计等级	检测日期	测区	平均回弹值 R_m（MPa）	平均碳化深度值（mm）	混凝土强度换算值（MPa）	混凝土强度平均值（MPa）	标准差（MPa）	变异系数	强度推定值（MPa）
ll-17 梁	C30	2008.11.17	1	39.6	0.0	39.6	40.5	1.01	0.02	39.6
			2	40.4	0.0	40.4				
			3	41.6	0.0	41.6				
ll-18-1 梁	C30	2008.11.17	1	39.4	0.0	39.4	39.3	0.42	0.01	38.8
			2	39.6	0.0	39.6				
			3	38.8	0.0	38.8				
ll-18-2 梁	C30	2008.11.17	1	40.0	0.0	40.0	38.7	1.81	0.05	36.6
			2	39.4	0.0	39.4				
			3	36.6	0.0	36.6				
ll-47 梁	C30	2008.11.17	1	41.4	0.0	41.4	40.1	1.30	0.03	38.8
			2	40.0	0.0	40.0				
			3	38.8	0.0	38.8				

续上表

结构物部位	混凝土强度设计等级	检测日期	测区	平均回弹值 R_m（MPa）	平均碳化深度值（mm）	混凝土强度换算值（MPa）	混凝土强度平均值（MPa）	标准差（MPa）	变异系数	强度推定值（MPa）
—	—	—		—	—	—	—	—	—	—
				—	—	—				
				—	—	—				

检测结论	本次回弹法检测的办公楼六层楼四次梁的混凝土强度均满足设计要求

批准：　　　　校核：　　　　主检：　　　　检测单位（盖章）

签发日期：2015-05-07

8.3.7 桥梁技术状况评定检测报告

某跨河公路桥上部结构为 11×16m 预应力简支板桥，下部结构为柱式墩，桩基础，全长 183m。该大桥由 3 部分组成，即机动车道部分、两侧非机动车道（含人行道）部分，全宽 40 米，机动车桥梁与非机动车桥梁间距 2.6m。重要构件尺寸：机动车道梁板 1.2m×16m，盖梁长 14m、高 0.4m；非机动车道梁板 1.05m×16m，盖梁长 7m、高 0.4m。

鉴于该桥建筑时间较长，交通位置特殊，交通流量比较大，该桥的上部结构破损较严重，为查清病害，给维修加固提供依据，对该桥进行了桥梁技术状况调查。

8.3.7.1 试验目的

（1）检查桥梁现状，查明桥梁存在的病害及病害程度与分布特征。

（2）分析桥梁现存病害对结构造成的安全隐患，对桥梁技术状况做出总体评定，为桥梁以后的处理设计和桥梁养护提供技术依据。

8.3.7.2 试验依据

《公路桥梁技术状况评定标准》（JTG/T H21—2011）。

8.3.7.3 主要试验仪器

试验测试主要仪器清单见表 8-34。

试验测试主要仪器清单　　　　表 8-34

序号	设备名称	型号	设备编号	备注
1	裂缝观测仪	SW-LW-101	GX-3-33	
2	钢筋位置及保护层测定仪	KON-RBL(D)	GX-3-31-1	
3	钢卷尺	—	GX-7-18	
4	笔记本电脑	ThinkpadR400	—	
5	照相机	Canon	—	

8.3.7.4 试验项目

（1）结构历史与现状调查；

（2）结构各部件缺损情况的检查；

(3) 结构各部件表面病害情况及分布范围；

(4) 结构是否存在永久变形情况及失稳现象。

8.3.7.5 桥梁技术状况评定

1) 桥梁的典型病害

经过仔细检查，发现该桥的边板受雨水的冲刷出现剥落掉角及钢筋锈蚀的现象，每片盖梁两侧均出现不同程度的水侵造成的混凝土剥落掉角现象。下部桥柱受河流冲刷严重，出现不同程度的混凝土脱落。桥面出现了比较严重的横向裂缝、纵向裂缝、网裂、坑槽，严重恶化了行车条件。具体桥梁的典型病害主要表现在以下几个方面：

(1) 桥面系

①栏杆、护栏。

栏杆防锈涂层脱落，栏杆锈蚀严重，甚至出现栏杆锈断。左幅非机动车道护栏局部脱落、缺失；机动车道的护栏混凝土上出现贯通裂缝。这些都较严重地影响了车辆及行人安全。见图8-5~图8-7。

图8-5 栏杆锈蚀后栏杆基本断裂

图8-6 护栏出现贯通性裂缝

图8-7 护栏脱落、缺失

②人行道。

人行道出现大量贯通裂缝及剥落等现象且面积大于20%。见图8-8~图8-10。

③桥面铺装，见图8-11~图8-15。

图 8-8　人行道板出现贯通纵向裂缝

图 8-9　横向裂缝分部广泛

图 8-10　局部混凝土剥落

图 8-11　盖梁处桥面铺装层损坏

图 8-12　面层松散、露骨

图 8-13　局部出现坑槽

图 8-14　桥面有纵向裂缝

图 8-15　多处出现网状裂缝

a. 桥面铺装层局部出现松散、露骨,局部出现浅坑槽。
b. 网状裂缝、纵向裂缝、沿支座方向横向裂缝分部广泛。
c. 桥面纵向局部出现车辙,深度较浅。
④伸缩缝装置。
伸缩缝橡胶条老化、剥离,钢板破损,造成伸缩缝伸缩异常。见图8-16。
⑤排水设施。
桥面不清洁,排水孔旁存在较多垃圾导致泄水孔部分堵塞,影响桥面的排水能力,桥下多处出现漏水现象。见图8-17。

图8-16 橡胶条老化、剥离,钢板破损

图8-17 桥面不清洁造成排水孔堵塞

(2)上部结构
①上部承重构件。
梁板是混凝土梁桥的主要受力杆件,在本次的检测中发现大部分梁板出现不同程度的渗水,导致混凝土出现剥落、掉角,少数梁板还出现裂缝和麻面,且相邻梁板之间的砌缝砂浆出现脱落,导致梁板渗水严重。见图8-18~图8-22。

a. 大部分梁板出现不同程度渗水,引起混凝土剥落、掉角。相邻梁板之间砌缝砂浆脱落。
b. 64块梁板存在蜂窝麻面,累计面积占构件面积30%。
c. 32块梁板出现纵向裂缝。
②一般构件。
相邻梁板之间的湿接缝砌缝砂浆出现脱落,见图8-23。
(3)下部结构(图8-24~图8-30)
①盖梁、台帽渗水,混凝土局部剥落、掉角。
②系梁较大范围混凝土剥落。
③台身的圬工砌体较大范围出现破损、剥落。
④锥坡、护坡的毛石砌体部分砌缝砂浆脱落。
⑤多处有漂流物堵塞河道。

图 8-18 蜂窝、麻面

图 8-19 由于水侵引起混凝土剥落

图 8-20 出现网状裂缝

图 8-21 梁板渗水,多处纵向裂缝

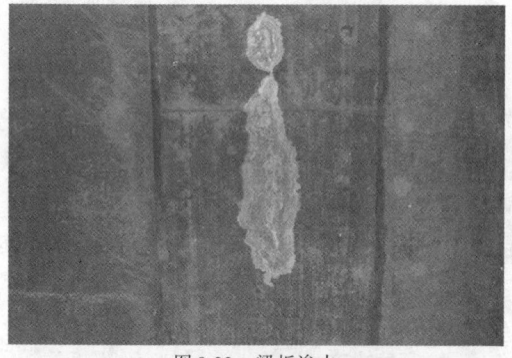
图 8-22 梁板渗水

图 8-23 湿接缝砂浆脱落

图 8-24 盖梁混凝土剥落

图 8-25 盖梁水侵上沿混凝土剥落

图 8-26　台帽受水侵蚀

图 8-27　系梁较大范围混凝土剥落

图 8-28　台身圬工砌体较大范围出现破损、剥落

图 8-29　护坡砌缝砂浆脱落

图 8-30　多处有漂流物堵塞河道

2) 桥梁技术状况调查情况表(表 8-35)

桥梁技术状况调查情况表 表 8-35

结构部位	类别	评价部位	构件数量	缺陷类型	缺陷构件数量	缺损情况 缺陷数量	缺损情况 病害描述(性质、范围、程度)	评定类别
上部结构	1	上部承重构件	374	无缺陷	132	—	未见明显缺陷	—
				蜂窝、麻面	110	1	局部出现蜂窝麻面	2
				裂缝	64	1	局部出现纵向裂缝	2
				蜂窝、麻面；剥落、掉角	68	2	局部出现蜂窝麻面；局部出现混凝土剥落或掉角	2 2
	2	上部一般构件	330	无缺陷	79	—	未见明显缺陷	—
				剥落、掉角	158	1	湿接缝砂浆局部脱落	2
				剥落、掉角	93	1	湿接缝砂浆剥落严重	4
下部结构	3	盖梁	40	剥落、掉角	40	1	盖梁渗水，混凝土局部剥落、掉角	2
	4	系梁	40	剥落、掉角	40	1	较大范围混凝土出现剥落	3
	5	台帽	8	剥落、掉角	8	1	台帽渗水，混凝土局部剥落、掉角	2
	6	台身	2	圬工砌体缺陷	2	1	较大范围出现破损、剥落	3
	7	锥坡护坡	4	砌缝砂浆剥落	4	1	局部砌缝砂浆剥落	3
	8	河床	—	堵塞	—	1	多处有漂流物堵塞河道	3
桥面系	9	桥面铺装	—	变形破损裂缝	—	3	桥面局部存在车辙，深度较浅；桥面铺装层局部出现松散、露骨，局部出现浅坑槽；网状裂缝、纵向裂缝、沿支座方向横向裂缝分布广泛	2 2 3
	10	伸缩缝装置	6	破损	2	1	伸缩缝橡胶条老化、剥离，钢板破损	3
	11	人行道	2	破损	2	1	人行道出现大量贯通裂缝及剥落等现象且面积大于20%	4
	12	栏杆护栏	—	缺损破损	—	2	左幅非机动车道护栏局部脱落、缺失；栏杆锈蚀严重，甚至出现栏杆锈断，机动车道的护栏混凝土上出现贯通裂缝	2 2
	13	排水系统	—	排水不畅	—	1	局部排水不畅，桥下多处出现漏水现象	3

3) 桥梁结构技术情况评定表(表 8-36)

桥梁结构技术状况评定表

表 8-36

结构部位	类别	评价部位	构件数量	缺陷类型	缺陷构件数量	缺陷数量	构件技术状况评分	部件技术状况评分	权重	结构技术状况评分
上部结构	1	上部承重构件	374	无缺陷	132	—	100	65.9	0.75	61.9
				蜂窝、麻面	110	1	80			
				裂缝	64	1	65			
				蜂窝、麻面;剥落、掉角	68	2	64			
	2	上部一般构件	330	无缺陷	79	—	100	50	0.25	
				剥落、掉角	158	1	64.6			
				剥落、掉角	93	1	50			
下部结构	3	盖梁	40	剥落、掉角	40	1	75	69.9	0.27	63.7
	4	系梁	40	剥落、掉角	40	1	60	51.8	0.27	
	5	台帽	8	剥落、掉角	8	1	75	72.1	0.27	
	6	台身	2	圬工砌体缺陷	2	1	60	56	0.09	
	7	锥坡护坡	4	砌缝砂浆剥落	4	1	75	72.4	0.03	
	8	河床	—	堵塞	—	1	60	60	0.07	
桥面系	9	桥面铺装	—	车辙、破损;裂缝	—	3	42.3	42.3	0.41	50.7
	10	伸缩缝装置	6	破损	2	1	60	55.5	0.26	
	11	人行道	2	破损	2	1	50	50	0.11	
	12	栏杆、护栏	—	缺损;破损	—	2	61.7	61.7	0.11	
	13	排水系统	—	排水不畅	—	1	60	60	0.11	

4) 桥梁总体技术状况评定表(表 8-37)

桥梁总体技术状况评定表

表 8-37

结构部位	桥梁结构技术状况评分	权重	桥梁总体技术状况评分 D_r
上部结构	61.9	0.4	60.4
下部结构	63.7	0.4	
桥面系	50.7	0.2	

备注:

$$D_r = BDCI \times W_D + SPCI \times W_{SP} + SBCI \times W_{SB}$$

式中:D_r——桥梁总体技术状况评分;
W_D——桥面系在全桥中的权重;
W_{SP}——上部结构在全桥中的权重;
W_{SB}——下部结构在全桥中的权重。

5) 桥梁技术状况分类界限表(表 8-38)

桥梁技术状况分类界限表

表 8-38

技术状况评分	技术状况等级 D_j				
	1 类	2 类	3 类	4 类	5 类
D_r(SPCI、SBCI、BDCI)	[95,100]	[80,95)	[60,80)	[40,60)	[0,40)

6) 桥梁技术状况评定结果

依据公路桥梁技术评定标准,该桥梁总体技术状况等级评定为 3 类。

8.4 隧道工程试验检测案例

8.4.1 隧道开挖工作面地质调查记录

某隧道工程施工应对隧道开挖工作面进行地质调查,调查开挖地点及围岩的地质状态,确定具体施工措施。隧道开挖工作面地质调查记录见表 8-39,围岩级别判定卡见表 8-40。

隧道开挖工作面地质调查记录 表 8-39

隧道名称		—	隧道长度	—
调查里程		上/下台阶	调查日期	2010 年 5 月 16 日
断面尺寸		设计开挖半径 $R=7.11$m,开挖高度 $H=12.18$m,宽度 $B=14.22$m	埋深	86m
开挖地点及围岩	岩层的岩性及状态	$J_1 l^2$ 粉砂岩,薄层,褐黄色~青灰色,强风化~弱风化,上台阶掌子面拱顶右侧和左侧边墙下部为强风化,其余为弱风化层,节理裂隙较发育,部分节理中泥质充填		
	结构特征及完整状况	岩体节理裂隙较发育,整体性较差		
	开挖后的稳定状况	局部有掉块现象		
	地下水量和水质	地下水不发育		
	不良地质及特殊地质	—		
设计围岩级别		Ⅲ		
施工建议围岩级别		Ⅳ(本段为设计变更)		
工程措施		开挖及支护参数采用Ⅳa施工		
		施工单位(签字):　　　　　　　　　　年　月　日		
监理工程师意见及签字			年　月　日	

注:本表每 10m 及地质有特殊变化时填报。

围岩级别判定卡 表 8-40

工程名称	古铺隧道	施工里程	DK299+590 上台阶				评定
		距洞口距离(m)	291	埋深(m)		86	
岩性指标	岩石类型(名称)	粉砂岩		岩层产状	—		极硬岩 硬岩 较软岩√ 软岩 极软岩
	岩石强度 R_c(MPa)	$R_c>60$	$60 \geq R_c>30$	$30 \geq R_c>15$√	$15 \geq R_c>5$	$R_c \leq 5$	
	掌子面状态	稳定	随时间松弛、掉块	自稳困难,需及时支护√	正面不能自稳,需超前支护		

续上表

岩体完整状态	地质构造影响程度		轻微	较重√	严重	极严重	完整 较完整 较破碎√ 破碎 极破碎
	地质结构图	节理产状	15°∠35°				
		间距(m)	>1.5	0.6~1.5	0.2~0.6	0.06~0.2√	<0.06	
		延伸性	极差	差	中等√	好	极好	
		粗糙度	明显台阶状√	粗糙波纹状	平整光滑有擦痕	平整光滑		
		张开性(mm)	密闭<0.1	部分张开 0.1~0.5	张开 0.5~1.0	无充填 张开>0.1	黏土冲填√	
	风化程度		未风化	微风化	弱风化	强风化√	全风化	
	简要说明		粉砂岩,薄层,褐黄色~青灰色,强风化~弱风化,上台阶掌子面拱顶右侧和左侧边墙下部为强风化,其余为弱风化层,节理裂隙较发育,部分节理中充填黏土,地下水不发育					
地下水状态	渗水量 L/(min·10m)		<10 干燥或湿润	10~25 偶有渗水√	25~125 经常渗水		偶有渗水
围岩级别			Ⅰ	Ⅱ	Ⅲ	Ⅳ√	Ⅴ
附图及备注							
记录者			监理			日期:2009年7月10日	

8.4.2 隧道衬砌质量检测

对某改建工程隧道的衬砌进行检测,本次检测的目的是探明隧道衬砌厚度、背后密实、脱空程度及钢筋情况。

本次检测的位置为隧道进口段,起讫里程为右线 YK7+353-YK7+438 布置 5 条测线,共检测 425m。隧道的设计基本参数详见图纸。

8.4.2.1 地质雷达探测原理

检测深度 H 按下式计算:

$$H = V \cdot \frac{T}{2} \tag{8-1}$$

式中:V——波速,cm/ns;

T——时间,ns。

波速(V)和介电常数(ε_r)关系为:$V = C/\sqrt{\varepsilon_r}$,其中 C 为光速,取 30cm/ns。

8.4.2.2 仪器设备及参数设置

本次检测,采用RIS-K2型地质雷达,该仪器具有采集速度快、分辨率高、软件分析功能强大等特点。本单位根据检测目的和施工单位提供的施工及设计资料,采用600MHz的屏蔽天线,以连续记录的方式采集数据,并沿隧道方向每10m作测量标记,记录时间长度为60ns。

8.4.2.3 测线布置

检测隧道沿隧道线路方向布置了5条测线。测线布置如图8-31所示(实际的测线高程以现场检测时的高程为准)。

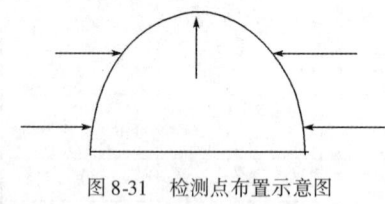

图8-31 检测点布置示意图

8.4.2.4 资料处理和解释

雷达采集的数据采用"GRESWIN2"软件包进行处理,处理流程为:数据输入→文件编辑→能量均衡→水平均衡→数字滤波→偏移→时深转换→图形编辑→注释→输出雷达剖面图。

8.4.2.5 检测结论

通过现场数据采集、室内资料处理分析,得出如下结论(表8-41):

(1)根据地质雷达检测图像分析,衬砌厚度均满足设计要求。
(2)根据地质雷达检测图像分析,衬砌背后未发现不密实及脱空情况。
(3)根据地质雷达检测图像分析,钢筋数量及位置基本满足设计要求。

隧道衬砌质量(地质雷达法)检测报告表　　　　表8-41

委托单位		—		报告编号		—
工程名称		改建工程隧道		委托编号		—
施工里程		YK7+353—YK7+438		检测类别		委托试验
建设单位		—		样品名称		—
设计单位		—		设计值		—
勘察单位		—		检测数量		—
监理单位		—		代表数量		—
施工单位		—		委托日期		2013.1.11
样品规格		—		检测日期		2013.1.11
检测项目		衬砌质量		检测方法		地质雷达法
检测依据		《铁路隧道衬砌质量无损检测规程》(TB 10223—2004)				
主要仪器设备	序号	名称	编号	选择量程		有效期至
	1	RIS-K2 探地雷达	GX-13-03-1	—		2013.8.31
检测结论	根据地质雷达检测衬砌结果情况分析,具体结果见检测结论。 以下空白。 　　　　　　　　　　　　　　　　　检测单位:(盖章) 　　　　　　　　　　　　　　　　　签发日期:2013年1月16日					

主检:　　　　　　审核:　　　　　　批准:

8.4.3 锚杆拉拔试验报告

某综合楼使用锚杆进行锚杆拉拔试验检测。

8.4.3.1 概况

本工程采用冲击钻孔,螺旋压灌砂浆锚杆,锚固端进入微(未)风化岩内1.8m,共施工试验锚杆3根,锚孔深1.8m,直径0.11m,主筋用长2.3m、$\phi32$钢筋。

8.4.3.2 检测依据

《岩土锚杆(索)技术规程》(CECS 22:2005)。

8.4.3.3 现场检测

(1)锚杆抗拔试验如图8-32所示。试验分级加荷,初始荷载取锚杆轴向拉力设计值的0.1倍,分级加荷值为最大试验荷载值的0.30、0.40、0.50、0.60、0.70和0.80倍。

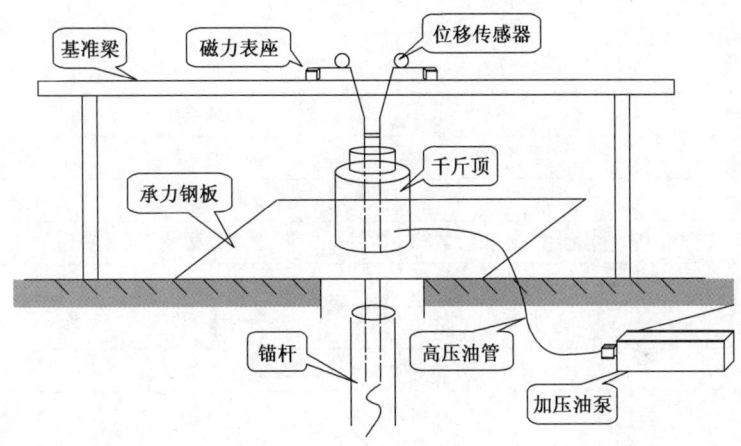

图8-32 锚杆抗拔试验示意图

(2)每级荷载均应稳定5~10min,并记录位移增量,在每级加荷等级观测时间内,测读位移不少于3次。

(3)在每级加荷等级观测时间内,锚头位移增量小于0.1mm时,可施加下一级荷载,否则应延长观测时间,直至锚头位移增量在2h内小于2.0mm时,方可施加下一级荷载。

8.4.3.4 检测结果

本工程共进行锚杆拉拔试验试验锚杆3根,所检测锚杆在最大试验荷载下满足设计承载力要求,见表8-42。试验曲线见图8-33(以试件1为例)。

锚杆拉拔试验试验记录表 表8-42

锚杆编号	钢筋等级	锚杆规格	最大试验荷载(kN)	上拔量(mm)	检测日期
1	Ⅱ级	$\phi32$	257	1.13	2006.07.15
2	Ⅱ级	$\phi32$	257	0.41	2006.07.15
3	Ⅱ级	$\phi32$	257	0.80	2006.07.15

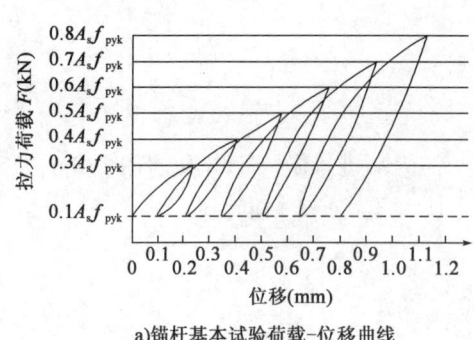 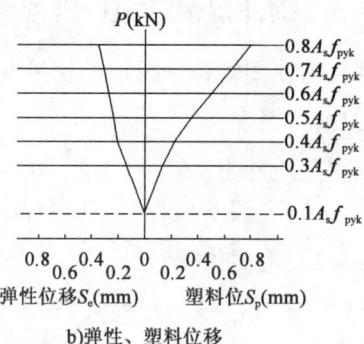

a) 锚杆基本试验荷载-位移曲线　　　b) 弹性、塑料位移

图 8-33　试件 1 拉拔试验曲线

8.4.3.5　检测结论

该工程锚杆抗拔力最大试验荷载 257kN,拉力型锚杆在最大试验荷载下均满足设计承载力要求(表 8-43)。

锚 杆 检 测 报 告　　　　　　　　　　　　　表 8-43

委托单位	—	工程地点	—
工程名称	综合楼	检测时间	2007.03.15～2007.03.16
施工单位	—	锚杆类型	全长黏结型锚杆
设计要求	最大试验荷载 257kN	数量规格	3 根
检测仪器	锚杆拉拔仪	检测数量	3 根
检测项目	锚杆拉拔试验	—	—
检测依据	《岩土锚杆(索)技术规程》(CECS 22:2005)		
结论: 本次抗拔试验检测的 3 根锚杆均满足设计承载力要求。 以下空白。			
		检测单位: 签发日期:2007 年 3 月 17 日	

主检:　　　　　　　审核:　　　　　　　批准:

8.4.4　隧道超前地质预报(地震波反射法)

8.4.4.1　工作概况

对某新建铁路隧道进行超前预报检测。本次测试安装 8 个传感器,左右边墙各 4 个;锤击震源点共计 12 个,左右边墙各 6 个。勘测范围:高程为 810～850m,隧道中心线左边 20m,右边 20m,纵向为 140m。掌子面在图中的位置为 35m,里程为 DK45+428。(注:测量坐标值,见表 8-44;原始波形图,见图 8-34。)

测 量 坐 标 值 表 8-44

震源点	X	Y	Z
X1	815.9	462.5	830.8
X2	815.6	462.6	831.3
X3	815.4	462.7	831.6
X4	815.1	461.5	830.8
X5	814.8	461.7	831.3
X6	814.6	461.9	831.6
X7	809.1	468.8	831.1
X8	809.3	468.6	831.5
X9	809.5	468.4	831.9
X10	808.3	468.1	831.9
X11	808.6	467.9	831.4
X12	808.8	467.8	831.7
传感器点	X	Y	Z
XR2	797.6	457.8	828.2
XR3	805.1	449.9	828.1
XR4	794.2	454.3	827.9
XR6	800.9	445.7	828.3
XR8	798.3	442.7	828.4
XR9	790.3	449.9	827.3
XR10	793.6	437.8	828.4
XR11	785.9	445.5	826.7
掌子面中心点	813.7	466.9	831.3
隧道口中心点	789.8	441.9	825.3

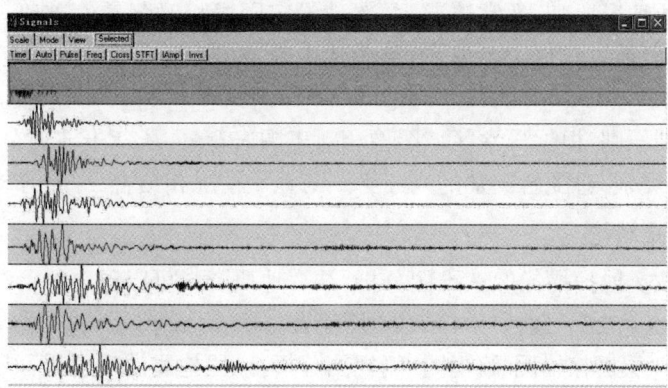

图 8-34　原始波形图

8.4.4.2 地质概况

地质概况参考地质勘察资料。

8.4.4.3 TRT 系统预报简介

(1) 预报原理

TRT6000 地质超前预报系统是利用地震波的反射原理进行地质预报。预报时,通过垂击或激震器产生的地震波,地震波在隧道中的岩体内传播,当遇到一地震界面时,如断层、破碎带、溶洞、大的节理面等,一部分地震波就被反射回来,反射波经过一短暂时间到达传感器后被接收并被记录主机记录下来,然后经专门的 O-RV3D 软件进行分析处理,对地震波进行叠加,就得到清晰的异常体的层析扫描三维图像。再通过对异常体的里程、形状、大小、走向,并结合区域地质资料、跟踪观测地质资料就可以确定隧道前方及周围区域地质构造的位置和特性。

(2) 仪器设备

TRT6000 主机系统:仪器编号:GX-13-01;

加速度传感器:编号:16111、16110、16109、16108、16105、16073、16072、16071、16070、16069。

安装设备:11 个无线远程数据收集模块;专用笔记本电脑及处理软件。

记录单元:使用 24 位 A/D 转换器,所接收信号的频率范围为 40~15000Hz。

接收单元:灵敏度:1V/g。

(3) 预报内容

①地层岩性,如软弱夹层、破碎地层、煤层及特殊岩土。

②地质构造,特别对断层、节理密集带、褶皱构造等。

③不良地质,特别是溶洞、暗河、人为空洞等发育情况。

④地下水,特别是岩溶管道水、富水断层及富水地层地带等。

(4) 成果解析方法和原则

TRT 成像图采用的是相对解释原理,即确定一个背景场,所有解释相对背景值进行,异常区域会偏离背景区域值,根据偏离与分布多少解释隧道前方的地质情况。

判断围岩地质情况原则:通常情况下,软件设定围岩相对背景值破碎、含水区域呈蓝色显示,相对背景值硬质岩石呈黄色显示;从整体上对成像图进行解释,不能单独参照一个断面的图像。

判断围岩类别原则:根据异常区域图像相对于围岩背景,从背景波速分析异常的波速差异,进而判断围岩类别;对围岩类别的判断必须与地质情况相结合,综合分析。

8.4.4.4 预报结论

通过对地震波反射扫描成像三维图分析,结合地质资料可以得出如下结论:

(1) 里程 DK45+428~DK45+403 段(长度 25m)

通过 TRT6000 层析扫描图-俯视图、侧视图分析:该段地震波反射界面明显,周围背景值存在显著差异,岩体结构面组数较多,层理及层间结构面较发育,岩体的稳定性较差。

结合上述分析,该段结构界面明显,层理及层间结构面较发育,中、薄层状结构,结构面的结合程度较差,整体强度较低,稳定性较差,整段开挖时应做好掌子面地质素描、加强监控量测,密切关注围岩的变化情况,同时做好超前支护和初期支护并及时做好防排水措施。围岩参考等级为:Ⅴ级加强。

(2)里程 DK45+403～DK45+353 段(长度50m)

通过 TRT6000 层析扫描图-俯视图、侧视图分析:该段未发现地震波反射界面,岩体整体性较好。

结合上述分析,该段岩体相对较均一,但是结构体的稳定性多受岩层的水平层理结构面控制,开挖时提前做好支护,预防发生塌陷,同时做好掌子面地质素描,根据围岩的变化情况提前做好支护。围岩参考等级为Ⅴ级。

(3)里程 DK45+353～DK45+323 段(长度30m)

通过 TRT6000 层析扫描图-俯视图、侧视图分析:该段地震波反射界面明显,周围背景值存在显著差异,结构面杂乱无序,节理发育,层状结构,岩体破碎。

结合上述分析,该段结构界面明显,存在多组结构界面,推测可能为土石接触带,整段岩体的变形、强度受层间结构面控制,地下水较发育,土石过渡段,岩体受层间结构面影响较严重,同时地下水会加剧岩体失稳,隧道开挖时应做好掌子面地质素描,密切关注围岩的变化情况,加强监控量测并做好超前支护和初期支护,及时做好防排水措施,预防发生大变形、塌陷。围岩参考等级为Ⅴ级。

8.4.4.5 分析结果

采集的 TRT 数据,通过 TRT 软件进行处理,获得 P 波和 S 波波速、地质层析扫描成像图等资料,在成果解释中,以 P、S 波资料、地质层析扫描成像图为依据,结合地质勘测资料对现象进行解释。如图 8-35～图 8-38 所示,检测报告见表 8-45。

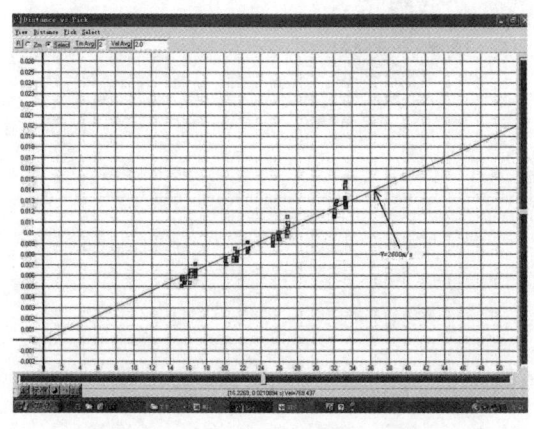

图 8-35 P 波、S 波直达波波速

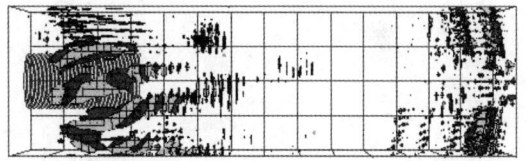

图 8-36 TRT6000 层析扫描成像图-俯视图

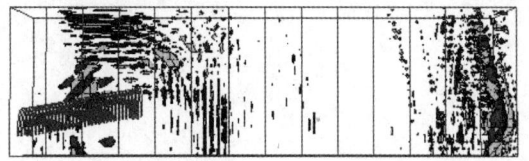

图 8-37 TRT6000 层析扫描成像图-侧视图

隧道超前地质预报(地震波反射法)检测报告　　　　表 8-45

委托单位	—	报告编号	
工程名称	新建铁路隧道	委托编号	—
施工里程	DK45+428～DK45+323	检测类别	委托检测
建设单位	—	样品名称	—

续上表

设计单位	—		设计值	—
勘察单位	—		检测数量	—
监理单位	—		代表数量	
施工单位	—		委托日期	2013.3.21
样品规格			检测日期	2013.3.23
检测项目	隧道超前地质预报		检测方法	地震波反射法
检测依据	《铁路工程物理勘探规范》(TB 10013—2010); 《铁路隧道超前地质预报技术指南》(铁建设〔2008〕105号)			
主要仪器设备	序号	名称	编号	选择量程	有效期至
	1	TRT6000 超前地质预报系统	GX-13-01	—	2013.9.3
检测结论	详见后页预报结论。 以下空白。 检测单位:(盖章) 签发日期:2013 年 3 月 25 日			
备注	非本公司抽样,检测结果仅对样品负责			

主检：　　　　　　审核：　　　　　　批准：

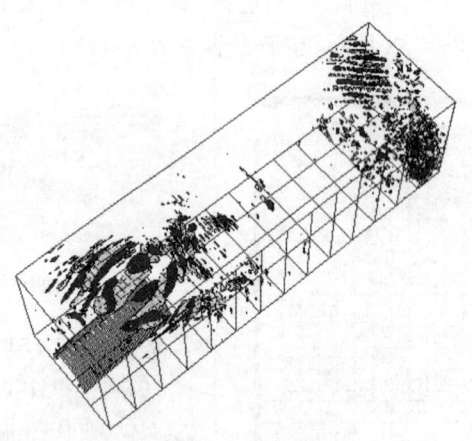

图 8-38　TRT6000 层析扫描成像图-立体图

8.5　轨道工程试验检测案例

8.5.1　自密实混凝土配合比设计实例

某工程结构,钢筋最小净间距为 60mm,混凝土强度等级为 C30 级,要求用免振捣自密实混凝土施工。

配合比设计步骤如下：

(1) 水灰比

用某厂 P.O42.5 水泥。实际强度为 49MPa，标准差按 3MPa 计，则配制强度为 34.9MPa。经计算，水灰比取 0.6。

(2) 水泥用量

参照泵送经验，单方水量取 $180kg/m^3$，则单方水泥用量为 $180/0.6 = 3000kg/m^3$。

按泵送及自密实性需要较多粉体考虑，选用一级粉煤灰取代水泥 20%，超量系数 1.4，S95 磨细矿渣粉取代水泥 30%，超量系数 1.3，则胶结材料量为：水泥 150kg，I 级粉煤灰 84kg，S95 矿渣粉为 117kg。

(3) 调整胶凝材料用量

三者绝对体积分别为：水泥 150/3.12 = 48(L)，粉煤灰 84/2.2 = 38(L)，矿渣粉 117/2.8 = 42(L)。

综合粉体体积为 48 + 38 + 42 = 128(L) < 160L，胶结材料浆体体积为 48 + 38 + 42 + 180 = 308(L) < 330L。按自密实性的要求，粉体应增加：160 − 128 = 32(L)，胶结材料浆体应增加：330 − 308 = 22(L)。为此，采用增加粉体 32L 的方法，调整设计配合比。

由于现场没有惰性掺合材，采取增加粉煤灰 12L，矿渣粉 20L 的方法。则调整后的胶结材料量为：水泥 150kg(48L)，粉煤灰 110kg(50L)，矿渣粉 174kg(62L)，胶结材总量为 434kg (160L)，浆体为 340L。混凝土拌和物空气含量按 1.5% 计，则集料体积为 1000 − 340 − 15 = 645(L)。由于钢筋较密实，石子最大粒径选用 20mm。

(4) 砂石用量

查表确定，适量的砂率为 48%，单方石子量为 335L。实测现场中砂细度模数为 2.5，表观密度为 $2.65g/cm^3$；石子的表观密度为 $2.7g/cm^3$；外加剂选用聚羧酸高效减水剂。

(5) 设计配合比

经计算，水泥:粉煤灰:磨细矿渣粉:水:砂:石 = 150:110:174:180:814:905(kg/m^3)。

按此配合比，聚羧酸高效减水剂用量为胶结材质量的 1% 时，拌和物的坍落扩展度为 635mm，T_{500} 为 6″41，边缘无泌浆；箱形试验为 6mm，此配合比可用于生产。

8.5.2 CRTS Ⅲ型预应力混凝土轨道板产品质量检验报告

某高铁 CRTS Ⅲ 型预应力混凝土轨道板产品进行质量检验，检测项目：外形尺寸及外观质量、预埋套管抗拔力、绝缘性能、混凝土性能、静载抗裂强度，检测报告见表 8-46 ~ 表 8-48。

8.5.2.1 外形尺寸及外观质量检测报告

外形尺寸及外观质量检测报告　　　　表 8-46

序号	检验项目	项目类别	质量指标	单位	检验结果 1~10号	检验不合格数
1	单个承轨台钳口距离	A	375.7±0.5	mm	375.4~376.0	0
2	承轨台间外钳口间距离	A	1889.8±1.0	mm	1889.3~1890.3	0

续上表

序号	检验项目	项目类别	质量指标	单位	检验结果 1~10号	检验不合格数
3	可见裂纹	A	不允许	—	无超差	0
4	标志	A	应按设计位置压出永久性标志：轨道板型号、轨道板编号、制造厂名、制造年份和轨道板中心线	—	—	0
5	预埋套管内混凝土淤块	A	不允许	—	无超差	0
6	轨道板露筋	A	不允许	—	无超差	0
7	同一承轨台两相邻套管中心距离	B1	233.3±0.5	mm	233.0~233.6	0
8	预埋套管处承轨台横向位置偏差	B1	±0.5	mm	-0.3~+0.3	0
9	预埋套管处承轨台垂向位置偏差	B1	±1.0	mm	-0.4~+0.2	0
10	承轨台与钳口面夹角	B1	110±1.0	°	109.5~110.5	0
11	承轨面坡度	B1	1:37~1:43	—	1:38~1:42	0
12	承轨台外钳口距外侧套管中心距离	B1	71.2±1.0	mm	70.7~71.7	0
13	板端套管距板端距离	B1	±2.0	mm	-1.5~+1.0	0
14	纵向相邻套管中心距离	B1	±2.0	mm	-0.5~+0.5	0
15	轨道板四角的承轨面水平	B1	±1.0	mm	-0.3~+0.3	0
16	单侧承轨面中央翘曲量	B1	≤2.0	mm	0.4~0.6	0
17	承轨台外缘低于轨道板面	B1	不允许	—	无超差	0
18	预埋套管中心位置距轨道板中心线距离	B1	±1.0	mm	-0.5~+0.5	0
19	保护层厚度	B2	超偏数 n_1 与总测点数 n_0 之比：$(n_1/n_0) \leq 10\%$	%	0~8%	0
20	厚度	B2	200±3.0	mm	199.2~201.2	0
21	预埋套管歪斜	B2	≤2.0	mm	无超差	0
22	预埋套管凸起高度	B2	-1.0~0	mm	无超差	0
23	承轨部位表面缺陷	B2	长度≤10，深度≤2	mm	无超差	0

批准：　　　　校核：　　　　主检：　　　　检测单位（盖章）

签发日期：2017-06-03

8.5.2.2 预埋套管抗拔力、绝缘性能、混凝土性能检测报告

预埋套管抗拔力、绝缘性能、混凝土性能检测报告　　表8-47

序号	检验项目	项点类别	技术要求	单位	检验结果 5号			检验不合格数
1	预埋套管抗拔力	A	≥60kN，预埋套管周围无可见裂纹，允许少量砂浆剥离	—	合格	合格	合格	0

续上表

序号	检验项目		项点类别	技术要求	单位	检验结果		检验不合格数
2	轨道板绝缘性能	钢轨交流电阻相对偏差量	A	≤ +15	%	6号	+2.8	0
						7号	+3.8	
						8号	+2.2	
		钢轨电感相对偏差量		≤ ±3	%	6号	+1.0	0
						7号	+1.3	
						8号	+1.1	
3	混凝土脱模抗压强度		A	≥45.0	MPa	$N_1 = 10$;最小值 $f_{min} = 48.2$ 现场抽查值:51.3		0
4	混凝土28d抗压强度		A	按TB 10425—1994《铁路混凝土强度检验评定标准》,C60 评定合格	—	$N_1 = 10; m_{2fcu} = 66.0;$ $S_{fcu} = 0.82;$ $f_{2cu \cdot min} = 64.7; A = 1.10;$ $B = 5.5$ 满足:$m_{2fcu} \geq f_{cu,k} + 0.95 S_{fcu}$ $f_{2cu,min} \geq f_{cu,k} - A \cdot B$ C60 评定合格: 现场抽查值为 64.7MPa		0
5	混凝土脱模弹性模量		A	≥3.35×10⁴	MPa	$N_2 = 3;$ 最小值 $E_{min} = 3.76 \times 10^4$ 现场抽查值:4.09×10^4		0
6	混凝土28d弹性模量		A	≥3.65×10⁴	MPa	$N_2 = 3;$ 最小值 $E_{min} = 4.56 \times 10^4$ 现场抽查值:5.07×10^4		0
7	封锚砂浆1d、7d、28d抗压强度		A	1d:≥40.0 7d:≥50.0 28d:≥60.0	MPa	$N_3 = 10;$ 1d 抗压强度 $M_{min} = 46.4$ 7d 抗压强度 $M_{min} = 58.0$ 28d 抗压强度 $M_{min} = 66.2$ 现场抽查28d抗压强度:66.2		0
8	封锚砂浆1d、7d、28d抗折强度		A	1d:≥5.0 7d:≥7.0 28d:≥9.0	MPa	$N_3 = 10;$ 1d 抗折强度 $M_{min} = 8.0$ 7d 抗折强度 $M_{min} = 10.3$ 28d 抗折强度 $M_{min} = 11.0$ 现场抽查28d抗折强度:15.0		0

批准: 校核: 主检: 检测单位(盖章)

签发日期:2017-06-21

8.5.2.3 静载抗裂强度检测报告

轨道板静载抗裂强度检测报告　　　　　　　　　　　表8-48

轨道板编号	3号	预施应力完成日期	2017.06.24	试验日期		2017.07.29	
		横 向 截 面			纵 向 截 面		
加载级别	单点加载荷载 P_1(kN)	横向截面(a)		横向截面(b)		加载级别	单点加载荷载 P_2(kN)	持荷时间(s)	开裂荷载(kN)
		持荷时间(s)	开裂荷载(kN)	持荷时间(s)	开裂荷载(kN)				

加载级别	单点加载荷载 P_1(kN)	持荷时间(s)	开裂荷载(kN)	持荷时间(s)	开裂荷载(kN)	加载级别	单点加载荷载 P_2(kN)	持荷时间(s)	开裂荷载(kN)
0.2	4	—	未裂	—	未裂	0.2	3	—	未裂
	4	—	未裂	—	未裂		3	—	未裂
0.4	8	—	未裂	—	未裂	0.4	6	—	未裂
	8	—	未裂	—	未裂		6	—	未裂
0.6	12	—	未裂	—	未裂	0.6	9	—	未裂
	12	—	未裂	—	未裂		9	—	未裂
0.8	16	—	未裂	—	未裂	0.8	12	—	未裂
	16	—	未裂	—	未裂		12	—	未裂
0.9	18	—	未裂	—	未裂	0.9	13.5	—	未裂
	18	—	未裂	—	未裂		13.5	—	未裂
1.0	20	180	>20	180	>20	1.0	15	180	未裂
	20	180	>20	180	>20		15	180	未裂
质量指标	在检验荷载(横向截面80kN,纵向截面240kN)下持荷180s,轨道板横、纵向截面均无开裂								
备注	①横向截面:单点检验荷载 P_1=20kN,采用4点均匀加载,检验荷载 $P=4P_1$=80kN。 ②纵向截面:单点检验荷载 P_2=15kN,采用16点均匀加载,检验荷载 $P=16P_2$=240kN。 ③加载图式见TJ/GW 156—2017《高速铁路CRTSⅢ型板式无砟轨道先张法预应力混凝土轨道板暂行技术要求(流水机组法)》附录C								

批准:　　　　　校核:　　　　　主检:　　　　　检测单位(盖章)
　　　　　　　　　　　　　　　　　　　　　　　　签发日期:2017-07-30

8.5.2.4 轨道板检验项目与检验结果判定(表8-49)

轨道板检验项目与检验结果判定　　　　　　　　　　　表8-49

序号	检 验 项 目	项点类别	样本数 n	检验数 N	判定数组		实测不合格数	合格判定
					A_c	R_e		
1	轨道板静载抗裂强度	A	2 4	6 12	0 1	2 2	0 —	合格
2	预埋套管抗拔力	A	1	3	0	1	0	合格
3	轨道板绝缘性能	A	3	3	0	1	0	合格
4	混凝土脱模抗压强度	A	N1		0	1	0	合格
5	混凝土28d抗压强度	A	N1		TB 10425—1994		0	合格

续上表

序号	检验项目	项点类别	样本数 n	检验数 N	判定数组 A_c	判定数组 R_e	实测不合格数	合格判定
6	混凝土脱模弹性模量	A	N2		0	1	0	合格
7	混凝土28d弹性模量	A	N2		0	1	0	合格
8	封锚砂浆1d、7d、28d抗压强度	A	N3		0	1	0	合格
9	封锚砂浆1d、7d、28d抗折强度	A	N3		0	1	0	合格
10	标志	A	10	10	0	1	0	合格
11	可见裂纹	A	10	10	0	1	0	合格
12	预埋套管内混凝土淤块	A	10	352	0	1	0	合格
13	轨道板露筋	A	10	10	0	1	0	合格
14	单个承轨台钳口距离	A	10	176	0	1	0	合格
15	承轨台间外钳口间距离	A	10	88	0	1	0	合格
16	同一承轨台两相邻套管中心距离	B1	10	176	9	10	0	合格
17	预埋套管处承轨台横向位置偏差	B1	10	176	9	10	0	合格
18	预埋套管处承轨台垂向位置偏差	B1	10	176	9	10	0	合格
19	承轨台与钳口面夹角	B1	10	352	18	19	0	合格
20	承轨面坡度	B1	10	176	9	10	0	合格
21	承轨台外钳口距外侧套管中心距离	B1	10	176	9	10	0	合格
22	板端套管距板端距离	B1	10	80	4	5	0	合格
23	纵向相邻套管中心距离	B1	10	156	8	9	0	合格
24	轨道板四角的承轨面水平	B1	10	40	2	3	0	合格
25	单侧承轨面中央翘曲量	B1	10	20	1	2	0	合格
26	承轨台外缘低于轨道板面	B1	10	176	9	10	0	合格
27	预埋套管中心位置距轨道板中心线距离	B1	10	176	9	10	0	合格
28	厚度	B2	10	40	4	5	0	合格
29	预埋套管歪斜	B2	10	352	35	36	0	合格
30	预埋套管凸起高度	B2	10	352	35	36	0	合格
31	保护层厚度	B2	10	10	1	2	0	合格
32	承轨部位表面缺陷	B2	10	176	18	19	0	合格

批准: 校核: 主检: 检测单位(盖章)
签发日期:2017-08-07

8.6 水运工程试验检测案例

8.6.1 混凝土冻融检验报告

某码头工程施工,进行混凝土冻融试验,检验报告见表8-50。

混凝土冻融检验报告 表8-50

委托单位	—				送样日期	—					
工程名称	码头工程项目水工工程施工				检验日期	—					
工程部位	—				报告日期	2017年9月25日					
检验类别	委托送检				取样地点	—					
检验依据	JTJ 270—1998				试验条件	温度:21.5~22.5℃ 相对湿度:72%~78%					
仪器设备	混凝土快速冻融试验机02002;动弹仪01045;电子秤06022										
试验室地址 邮编	—				样品状态	无破损					
混凝土技术条件											
设计强度和抗冻等级	配合比编号	配合比	水灰比或水胶比	水泥用量(kg/m^3)	坍落度(mm)	含气量(%)	外加剂		掺合料		
							品种	—	品种	—	
C35 F100	—	—	—	—	—	—	掺量(%)	—	掺量(kg/m^3)	—	
检验结果											
试件编号	试件尺寸(mm)	养护条件	成型日期	试验日期	检验项目	冻融循环次数					
						50	100	150	200	250	300	350	400
—	100×100×400	标养	17.07.25	17.09.10	重量损失率(%)	2.03	4.25	—	—	—	—	—	—
					相对动弹模量(%)	87.2	78.7						
结论	依据JTJ 270—1998标准评定,组试件符合F100抗冻融等级要求										
备注	1.委托送检样品,检测数据、结果仅证明样品所检测项目的符合性情况。 2.委托(送样)人:										

批准: 审核: 主检: 检测单位(盖章):
签发日期:2017-9-25

8.6.2 混凝土中氯离子含量检验报告

某码头工程施工,进行混凝土冻融试验,检验报告见表8-51。

混凝土中氯离子含量检测报告 表8-51

委托单位	—	委托编号	—
工程名称	码头(含设备制作安装)工程	送样日期	—
使用部位	浮箱	试验日期	—

续上表

检验类别	委托送检	取样地点	—
检验依据	JTJ 270—1998；JTS 202—2011	试验条件	温度：19.5℃ 相对湿度：49%
试验室地址、邮编	—	检测地点	化学室
		样品状态	无破损

混凝土技术条件							
设计强度等级	配合比通知单编号	配合比	水胶比	水泥用量（kg/m³）	外加剂		掺合料	
					品种	—	品种	矿渣粉
C45F300	—				掺量（kg/m³）	5.96	掺量（kg/m³）	—

检验结果						
样品编号	试件尺寸(mm)	成型日期	试验日期	养护条件	龄期(d)	以胶凝材料质量百分比计(%)
Y20173222	150×150×150	2017.11.10	2017.12.15	标养		0.031
—	—	—	—	—		
—	—	—	—	—		

仪器设备	电热鼓风干燥箱02038、电子天平06014
结论	依据JTS 202—2011标准评定，该试样所检项目符合标准要求
备注	1. 见证单位： 2. 见证人： 3. 委托送检样品，检测数据、结果仅证明样品所检测项目的符合性情况。 4. 委托（送样）人：

批准：	审核：	主检：	检测单位（盖章）
			签发日期：2017-12-16

8.6.3 混凝土抗氯离子渗透性能检验报告

某码头工程施工，进行混凝土冻融试验，检验报告见表8-52。

抗氯离子渗透性能检测报告 表8-52

委托单位		报告编号	—
工程名称	码头（含设备制作安装）工程	送样日期	—
使用部位	浮箱	检验日期	
检验类别	委托送检	取样地点	—
检验依据	GB/T 50082—2009；JTS 202—2011	试验条件	温度：22.0℃ 相对湿度：67%
仪器设备	混凝土氯离子电通量测定仪03009	样品状态	无破损
试验室地址	—	邮编	—

混凝土技术条件								
设计要求强度等级	配合比编号	配合比	水胶比	水泥用量（kg/m³）	坍落度（mm）	含气量（%）	外加剂 || 掺合料	
							品种	高效减水剂	品种	矿渣粉
C45F300	—			447			掺量（%）		掺量（kg/m³）	50

续上表

样品编号	试件尺寸(mm)	成型日期	养护条件	龄期(d)	单块试验结果(C) 1	单块试验结果(C) 2	单块试验结果(C) 3	电通量(C)
Y20173058	直径:100;厚度:50	2017.11.16	标养	—	893	877	861	877
—	—	—	—	—	—	—	—	—
结论	依据 JTS 202—2011 标准评定,该组试样抗氯离子渗透性能符合标准要求。				见证单位: 见证人:			
备注	1. 委托送检样品,检测数据、结果仅证明样品所检测项目的符合性情况。 2. 委托(送样)人:							

批准：　　　审核：　　　主检：　　　检测单位(盖章)

签发日期:2017-12-16

8.6.4 混凝土抗渗性能检验报告

某预拌混凝土项目进行混凝土抗渗性试验,检验报告见表 8-53。

混凝土抗渗性能检测报告　　　　　　表 8-53

委托单位	—	报告编号	—
工程名称	预拌混凝土项目	工程部位	A 区外线暖气管井压板
样品名称及规格(mm)	混凝土抗渗试块 175×185×150	水泥标号及品种	—
水泥用量(kg/m³)		抗渗标号	P6(30)
配合比	—	送样日期	—
检测依据	GB/T 50082—2009	检测日期	
环境条件	温度:15.0~15.5℃;相对湿度:60%~62%	检测地点	抗渗室
试验室地址、邮编		样品状态	无破损

检测内容					
样品编号	施工部位	日期 制作	日期 试验	龄期(天)	水压力(MPa)	试件端面透水情况
—	A 区外线暖气管井压板	17.11.04	17.12.05	31	0.1~0.6	6 个试件均不透水
—	—	—	—	—	—	—

使用设备	全自动混凝土渗透仪 05014
综合结论	依据 GB/T 50082—2009 标准评定,该试样的抗渗等级符合 P6 标准要求
备注	1. 委托(送样)人: 2. 委托送检样品,检测数据、结果仅证明样品所检测项目的符合性情况。 3. 见证单位: 4. 见证人:

批准：　　　审核：　　　主检：　　　检测单位(盖章)

签发日期:2017-12-8

8.6.5 混凝土外表面防腐涂装现场质量检验报告

某大桥大修工程公路建设项目进行混凝土外表面防腐涂装现场质量检测,检验报告见表 8-54。

混凝土外表面防腐涂装现场质量检验报告　　　　　　　　　　表 8-54

工程名称		大桥 CDE 匝道和主梁、主塔内钢结构防腐涂装工程						施工日期			年 月 日		
桩号、部位		—						检验日期			年 月 日		
基本要求	项次	要求内容									检查记录		
基本要求	1	混凝土结构表面防腐涂装材料的品种、规格、技术性能指标必须符合设计和技术规范的要求,具有完整的出厂质量合格证明书,并经涂装施工单位和监理工程师复检合格后才可使用									合格/不合格		
基本要求	2	混凝土结构表面防腐涂装基层处理和硅烷浸渍施工符合技术规范要求									合格/不合格		
基本要求	3	涂装过程中的环境条件,每层涂装时间间隔以及使用的机具设备等均应满足涂装施工工艺和涂料说明书的要求									合格/不合格		
实测项目	项次	检查项目	规定值或允许偏差	检测频率、方法	检查情况(实测值)								
实测项目					部位	1	2	3	4	最大值	最小值	平均值		
实测项目	1	总干膜厚度(μm)	平均值≥220μm;最小值≥165μm	混凝土表面涂层无损测厚仪:型号 PT-200;检测频率:每 50m² 检测一点	底板	232	217	220	238	238	210	225		
实测项目	1				腹板	216	234	213	229					
实测项目	1				翼缘板	233	235	224	210					
实测项目	2	黏结强度(MPa)	实测值≥1.8MPa 或破坏发生在混凝土界面内	黏结强度拉拔仪:型号 Positest;检测频率:按面积的 1‰ 随机抽查一点	2.7MPa,在混凝土界面内破坏									
外观鉴定		鉴定内容			检查情况									
外观鉴定		涂层存在破损、气泡、针孔、流挂、裂纹、色泽严重不一致时,外观质量为不合格			破损		流挂		气泡		针孔	裂纹	色泽	
外观鉴定					无		无		无		无	无	一致	
检测结论		依据 JTJ 275—2000,大桥 CDE 匝道和主梁、主塔内钢结构防腐涂装工程混凝土外表面防腐涂装现场质量检测合格												
监理工程师日　期		施工负责人日　期			质检员日　期					施工员日　期				

批准:　　　　　审核:　　　　　主检:　　　　　检测单位(盖章)

签发日期:2017-10-13

附　录

附表1　标准正态分布表

$$\Phi(z) = \frac{1}{\sqrt{2\pi}} \int_{-\infty}^{z} e^{-\frac{1}{2}z^2} dz$$

z	0	1	2	3	4	5	6	7	8	9
-3.0	0.0013	0.0013	0.0013	0.0012	0.0012	0.0011	0.0011	0.0011	0.0010	0.0010
-2.9	0.0019	0.0018	0.0018	0.0017	0.0016	0.0016	0.0015	0.0015	0.0014	0.0014
-2.8	0.0026	0.0025	0.0024	0.0023	0.0023	0.0022	0.0021	0.0021	0.0020	0.0019
-2.7	0.0035	0.0034	0.0033	0.0032	0.0031	0.0030	0.0029	0.0028	0.0027	0.0026
-2.6	0.0047	0.0045	0.0044	0.0043	0.0041	0.0040	0.0039	0.0038	0.0037	0.0036
-2.5	0.0062	0.0060	0.0059	0.0057	0.0055	0.0054	0.0052	0.0051	0.0049	0.0048
-2.4	0.0082	0.0080	0.0078	0.0075	0.0073	0.0071	0.0069	0.0068	0.0066	0.0064
-2.3	1.0107	0.0104	0.0102	0.0099	0.0096	0.0094	0.0091	0.0089	0.0087	0.0084
-2.2	0.0139	0.0136	0.0132	0.0129	0.0125	0.0122	0.0119	0.0116	0.0113	0.0110
-2.1	0.0179	0.0174	0.0170	0.0166	0.0162	0.0158	0.0154	0.0150	0.0146	0.0143
-2.0	0.0228	0.0222	0.0217	0.0212	0.0207	0.0202	0.0197	0.0192	0.0188	0.0183
-1.9	0.0287	0.0281	0.0274	0.0268	0.0262	0.0256	0.0250	0.0244	0.0239	0.0233
-1.8	0.0359	0.0351	0.0344	0.0336	0.0329	0.0322	0.0314	0.0307	0.0301	0.0294
-1.7	0.0446	0.0436	0.0427	0.0418	0.0409	0.0401	0.0392	0.0384	0.0375	0.0367
-1.6	0.0518	0.0537	0.0526	0.0516	0.0505	0.0495	0.0485	0.0475	0.0465	0.0455
-1.5	0.0668	0.0655	0.0643	0.0630	0.0618	0.0606	0.0594	0.0582	0.0571	0.0559
-1.4	0.0808	0.0793	0.0778	0.0764	0.0749	0.0735	0.0721	0.0708	0.0694	0.0681
-1.3	0.0968	0.0951	0.0934	0.0918	0.0901	0.0885	0.0869	0.0853	0.0838	0.0823
-1.2	0.1151	0.1131	0.1112	0.1093	0.1075	0.1056	0.1038	0.1020	0.1003	0.0985
-1.1	0.1357	0.1335	0.1314	0.1292	0.1271	0.1251	0.1230	0.1210	0.1190	0.1170
-1.0	0.1587	0.1562	0.1539	0.1515	0.1492	0.1469	0.1446	0.1423	0.1401	0.1379
-0.9	0.1841	0.1814	0.1788	0.1762	0.1736	0.1711	0.1685	0.1660	0.1635	0.1611
-0.8	0.2119	0.2090	0.2061	0.2033	0.2005	0.1977	0.1949	0.1922	0.1894	0.1867
-0.7	0.2420	0.2389	0.2358	0.2327	0.2296	0.2266	0.2236	0.2203	0.2177	0.2148
-0.6	0.2743	0.2709	0.2676	0.2643	0.2611	0.2578	0.2546	0.2414	0.2483	0.2451

续上表

z	0	1	2	3	4	5	6	7	8	9
-0.5	0.3085	0.3050	0.3015	0.2981	0.2946	0.2912	0.2877	0.2843	0.2810	0.2776
-0.4	0.3446	0.3409	0.3372	0.3336	0.3300	0.3264	0.3228	0.3192	0.3156	0.3121
-0.3	0.3821	0.3783	0.3745	0.3707	0.3669	0.3632	0.3594	0.3557	0.3520	0.3483
-0.2	0.4207	0.4186	0.4129	0.4090	0.4052	0.4013	0.3974	0.3936	0.3897	0.3859
-0.1	0.4602	0.4562	0.4522	0.4483	0.4443	0.4404	0.4364	0.4325	0.4286	0.4247
-0.0	0.5000	0.4960	0.4920	0.4880	0.4840	0.4801	0.4761	0.4721	0.4681	0.4641
0.0	0.5000	0.5040	0.5080	0.5120	0.5160	0.5199	0.5239	0.5279	0.5319	0.5359
0.1	0.5398	0.5438	0.5478	0.5517	0.5557	0.5596	0.5636	0.5675	0.5714	0.5753
0.2	0.5793	0.5832	0.5871	0.5910	0.5948	0.5987	0.6026	0.6064	0.6103	0.6141
0.3	0.6179	0.6217	0.6255	0.6293	0.6331	0.6368	0.6406	0.6443	0.6480	0.6517
0.4	0.6554	0.6591	0.6628	0.6664	0.6700	0.6736	0.6772	0.6808	0.6844	0.6879
0.5	0.6915	0.6950	0.6985	0.7019	0.7054	0.7088	0.7123	0.7157	0.7190	0.7224
0.6	0.7257	0.7291	0.7324	0.7357	0.7389	0.7422	0.7454	0.7486	0.7517	0.7549
0.7	0.7580	0.7611	0.7642	0.7673	0.7704	0.7734	0.7764	0.7794	0.7823	0.7852
0.8	0.7881	0.7910	0.7939	0.7967	0.7995	0.8023	0.8051	0.8078	0.8106	0.8133
0.9	0.8159	0.8186	0.8212	0.8238	0.8264	0.8289	0.8315	0.8340	0.8365	0.8389
1.0	0.8413	0.8438	0.8461	0.8485	0.8508	0.8531	0.8554	0.8577	0.8599	0.8621
1.1	0.8643	0.8665	0.8686	0.8708	0.8729	0.8749	0.8770	0.8790	0.8810	0.8830
1.2	0.8849	0.8869	0.8888	0.8907	0.8925	0.8944	0.8962	0.8980	0.8997	0.9015
1.3	0.9032	0.9049	0.9066	0.9082	0.9099	0.9115	0.9131	0.9147	0.9162	0.9177
1.4	0.9192	0.9207	0.9222	0.9236	0.9251	0.9265	0.9279	0.9292	0.9306	0.9319
1.5	0.9332	0.9345	0.9357	0.9370	0.9382	0.9394	0.9406	0.9418	0.9429	0.9441
1.6	0.9452	0.9463	0.9474	0.9484	0.9495	0.9505	0.9515	0.9525	0.9535	0.9545
1.7	0.9554	0.9564	0.9573	0.9582	0.9591	0.9599	0.9608	0.9616	0.9625	0.9633
1.8	0.9641	0.9649	0.9656	0.9664	0.9671	0.9678	0.9686	0.9693	0.9699	0.9706
1.9	0.9713	0.9719	0.9726	0.9732	0.9738	0.9744	0.9750	0.9756	0.9761	0.9767
2.0	0.9772	0.9778	0.9783	0.9788	0.9793	0.9798	0.9803	0.9808	0.9812	0.9817
2.1	0.9821	0.9826	0.9830	0.9834	0.9838	0.9842	0.9846	0.9850	0.9854	0.9857
2.2	0.9861	0.9864	0.9868	0.9871	0.9875	0.9878	0.9881	0.9884	0.9887	0.9890
2.3	0.9893	0.9896	0.9898	0.9901	0.9904	0.9906	0.9909	0.9911	0.9913	0.9916
2.4	0.9918	0.9920	0.9922	0.9925	0.9927	0.9929	0.9931	0.9932	0.9934	0.9936
2.5	0.9938	0.9940	0.9941	0.9943	0.9945	0.9946	0.9948	0.9949	0.9951	0.9952
2.6	0.9953	0.9955	0.9956	0.9957	0.9959	0.9960	0.9961	0.9962	0.9963	0.9964
2.7	0.9965	0.9966	0.9967	0.9968	0.9969	0.9970	0.9971	0.9972	0.9973	0.9974
2.8	0.9974	0.9975	0.9976	0.9977	0.9977	0.9978	0.9979	0.9979	0.9980	0.9981

续上表

z	0	1	2	3	4	5	6	7	8	9
2.9	0.9981	0.9982	0.9982	0.9983	0.9984	0.9984	0.9985	0.9985	0.9986	0.9986
3.0	0.9987	1.9987	0.9987	0.9988	0.9988	0.9989	0.9989	0.9989	0.9990	0.9990

附表2　t 检验临界值（t_α，$t_{\alpha/2}$）表

单侧临界值：$P(>t_\alpha)=\alpha$ 或 $P(t<-t_\alpha)=\alpha$；双侧临界值：$P(|t|>t_{\alpha/2})=\alpha$。

$n-1$	α 双侧：0.10 单侧：0.05	0.05 0.025	0.01 0.005	$n-1$	α 双侧：0.10 单侧：0.05	0.05 0.025	0.01 0.005
1	6.314	12.706	63.657	26	1.706	2.056	2.779
2	2.920	4.303	9.925	27	1.703	2.052	2.771
3	2.353	3.182	5.841	28	1.701	2.048	2.763
4	2.132	2.776	4.604	29	1.699	2.045	2.756
5	2.015	2.571	4.032	30	1.697	2.042	2.750
6	1.943	2.447	3.707	31	1.696	2.040	2.744
7	1.895	2.365	3.499	32	1.694	2.037	2.739
8	1.860	2.306	3.355	33	1.692	2.035	2.733
9	1.833	2.262	3.250	34	1.691	2.032	2.728
10	1.812	2.228	3.169	35	1.690	2.030	2.724
11	1.796	2.201	3.106	36	1.688	2.028	2.720
12	1.782	2.179	3.055	37	1.687	2.026	2.715
13	1.771	2.160	3.012	38	1.686	2.024	2.712
14	1.761	2.145	2.977	39	1.685	2.023	2.708
15	1.753	2.131	2.947	40	1.684	2.021	2.704
16	1.746	2.120	2.921	41	1.683	2.020	2.701
17	1.740	2.110	2.898	42	1.682	2.018	2.698
18	1.734	2.101	2.878	43	1.681	2.017	2.695
19	1.729	2.093	2.861	44	1.680	2.015	2.692
20	1.725	2.086	2.845	45	1.679	2.014	2.690
21	1.721	2.080	2.831	60	1.671	2.000	2.660
22	1.717	2.074	2.819	⋮	…	…	…
23	1.714	2.069	2.807	120	1.645	1.980	2.617
24	1.711	2.064	2.797	⋮	…	…	…
25	1.708	2.060	2.787	∞	1.645	1.960	2.576

附表3　t 分布计算参数 ($t_a/\sqrt{n}$) 表

n	保证率			n	保证率		
	99%	95%	90%		99%	95%	90%
2	22.501	4.465	2.176	20	0.568	0.387	0.297
3	4.021	1.686	1.089	21	0.552	0.376	0.289
4	2.270	1.177	0.819	22	0.537	0.367	0.282
5	1.676	0.953	0.686	23	0.523	0.358	0.275
6	1.374	0.823	0.603	24	0.510	0.350	0.269
7	1.188	0.734	0.544	25	0.498	0.342	0.264
8	1.060	0.670	0.500	26	0.487	0.335	0.258
9	0.966	0.620	0.466	27	0.477	0.328	0.253
10	0.892	0.580	0.437	28	0.467	0.322	0.248
11	0.833	0.546	0.414	29	0.458	0.316	0.244
12	0.785	0.518	0.393	30	0.449	0.310	0.239
13	0.744	0.494	0.376	40	0.383	0.266	0.206
14	0.708	0.473	0.361	50	0.340	0.237	0.184
15	0.678	0.455	0.347	60	0.308	0.216	0.167
16	0.651	0.438	0.335	70	0.285	0.199	0.155
17	0.626	0.423	0.324	80	0.266	0.186	0.145
18	0.605	0.410	0.314	90	0.249	0.175	0.136
19	0.586	0.398	0.305	100	0.236	0.166	0.129

附表4　一般取样的随机数表

栏号1			栏号2			栏号3			栏号4			栏号5			栏号6			栏号7		
A	B	C	A	B	C	A	B	C	A	B	C	A	B	C	A	B	C	A	B	C
15	0.033	0.578	05	0.048	0.879	21	0.013	0.220	18	0.089	0.716	17	0.024	0.863	30	0.030	0.901	12	0.029	0.386
21	0.101	0.300	17	0.074	0.156	30	0.036	0.853	10	0.102	0.330	24	0.060	0.032	21	0.096	0.198	18	0.112	0.284
23	0.129	0.916	18	0.102	0.191	10	0.052	0.746	14	0.111	0.925	26	0.074	0.639	10	0.100	0.161	20	0.114	0.848
30	0.158	0.434	06	0.105	0.257	25	0.061	0.954	28	0.127	0.840	07	0.167	0.512	29	0.133	0.388	03	0.121	0.656
24	0.177	0.397	28	0.179	0.447	29	0.062	0.507	24	0.132	0.271	28	0.194	0.776	24	0.138	0.062	13	0.178	0.640
11	0.202	0.271	26	0.187	0.844	18	0.087	0.887	19	0.285	0.899	03	0.219	0.166	20	0.168	0.564	22	0.209	0.421
16	0.204	0.012	04	0.188	0.482	24	0.105	0.849	01	0.326	0.037	29	0.264	0.284	22	0.232	0.953	16	0.221	0.311
08	0.208	0.418	02	0.028	0.577	07	0.139	0.159	30	0.334	0.938	11	0.282	0.262	14	0.259	0.217	29	0.235	0.356

续上表

栏号1			栏号2			栏号3			栏号4			栏号5			栏号6			栏号7		
A	B	C	A	B	C	A	B	C	A	B	C	A	B	C	A	B	C	A	B	C
19	0.211	0.798	03	0.214	0.402	01	0.175	0.647	22	0.405	0.295	14	0.379	0.994	01	0.275	0.195	28	0.254	0.941
29	0.233	0.070	07	0.245	0.080	23	0.196	0.873	05	0.421	0.282	13	0.394	0.405	06	0.277	0.475	11	0.287	0.199
07	0.260	0.073	15	0.248	0.831	26	0.240	0.981	13	0.451	0.212	06	0.410	0.157	02	0.296	0.497	02	0.336	0.992
17	0.262	0.308	29	0.261	0.037	14	0.255	0.374	02	0.461	0.023	15	0.438	0.700	27	0.311	0.144	15	0.393	0.488
25	0.271	0.180	30	0.302	0.883	06	0.310	0.043	06	0.487	0.539	22	0.453	0.635	05	0.351	0.141	19	0.437	0.655
06	0.302	0.672	21	0.318	0.088	11	0.316	0.653	88	0.497	0.396	21	0.472	0.824	17	0.370	0.811	24	0.466	0.773
01	0.409	0.406	11	0.376	0.936	13	0.324	0.585	25	0.503	0.893	05	0.488	0.118	09	0.388	0.484	14	0.531	0.014
13	0.507	0.693	14	0.430	0.814	12	0.351	0.275	15	0.594	0.603	01	0.525	0.222	04	0.410	0.073	09	0.562	0.678
02	0.575	0.654	27	0.438	0.676	20	0.371	0.535	27	0.620	0.894	12	0.561	0.980	25	0.471	0.530	06	0.601	0.675
18	0.591	0.318	08	0.467	0.205	08	0.409	0.495	21	0.629	0.841	08	0.652	0.508	13	0.486	0.779	10	0.612	0.859
20	0.610	0.821	09	0.474	0.138	16	0.455	0.740	17	0.691	0.583	18	0.668	0.271	15	0.515	0.867	26	0.673	0.112
12	0.631	0.597	10	0.492	0.474	03	0.494	0.929	09	0.708	0.689	30	0.736	0.634	23	0.567	0.798	23	0.738	0.770
27	0.651	0.281	13	0.498	0.892	27	0.543	0.387	07	0.709	0.012	02	0.763	0.253	11	0.618	0.502	21	0.753	0.614
04	0.661	0.953	19	0.511	0.520	17	0.625	0.171	11	0.714	0.049	23	0.804	0.140	28	0.636	0.148	30	0.758	0.851
22	0.692	0.089	23	0.591	0.770	02	0.699	0.073	23	0.720	0.695	25	0.828	0.425	26	0.650	0.741	27	0.765	0.563
05	0.779	0.346	20	0.604	0.730	19	0.702	0.934	03	0.748	0.413	10	0.843	0.627	16	0.711	0.508	07	0.780	0.534
09	0.787	0.173	24	0.654	0.330	22	0.816	0.802	02	0.781	0.603	16	0.858	0.849	19	0.778	0.812	04	0.818	0.187
10	0.818	0.837	12	0.728	0.523	04	0.838	0.166	26	0.830	0.384	04	0.903	0.327	07	0.804	0.675	17	0.837	0.353
14	0.905	0.631	16	0.753	0.344	15	0.904	0.116	04	0.843	0.002	09	0.912	0.382	08	0.806	0.952	05	0.854	0.818
26	0.912	0.376	01	0.806	0.134	28	0.969	0.742	12	0.884	0.582	27	0.935	0.162	18	0.841	0.414	01	0.867	0.133
28	0.920	0.163	22	0.878	0.884	09	0.974	0.046	29	0.926	0.700	20	0.970	0.582	12	0.918	0.114	08	0.915	0.538
03	0.945	0.140	25	0.939	0.162	05	0.977	0.494	16	0.951	0.601	19	0.975	0.327	03	0.992	0.399	25	0.975	0.584

栏号8			栏号9			栏号10			栏号11			栏号12			栏号13			栏号14		
A	B	C	A	B	C	A	B	C	A	B	C	A	B	C	A	B	C	A	B	C
09	0.042	0.070	14	0.061	0.935	26	0.038	0.023	27	0.074	0.779	16	0.078	0.987	03	0.033	0.091	26	0.035	0.175
17	0.141	0.411	02	0.065	0.097	30	0.066	0.370	06	0.084	0.396	23	0.087	0.056	07	0.047	0.391	17	0.089	0.363
02	0.143	0.221	03	0.094	0.228	27	0.073	0.876	24	0.098	0.524	17	0.096	0.076	28	0.064	0.113	10	0.149	0.681
05	0.162	0.899	16	0.122	0.945	09	0.095	0.568	10	0.133	0.919	04	0.153	0.163	12	0.066	0.360	28	0.238	0.075
03	0.285	0.016	18	0.156	0.430	05	0.180	0.741	15	0.187	0.079	10	0.254	0.834	26	0.076	0.552	13	0.244	0.767
28	0.291	0.034	25	0.193	0.469	12	0.200	0.851	17	0.227	0.767	06	0.284	0.628	30	0.087	0.101	24	0.262	0.366
08	0.369	0.557	24	0.224	0.672	13	0.259	0.327	20	0.236	0.570	12	0.305	0.616	02	0.127	0.187	08	0.264	0.651
01	0.436	0.386	10	0.225	0.223	21	0.264	0.681	01	0.245	0.988	25	0.319	0.901	06	0.144	0.068	18	0.285	0.311
20	0.450	0.289	09	0.233	0.338	17	0.283	0.645	04	0.317	0.291	01	0.320	0.212	25	0.202	0.674	02	0.340	0.131
18	0.455	0.789	20	0.290	0.120	23	0.363	0.063	29	0.350	0.910	08	0.416	0.372	01	0.247	0.025	29	0.353	0.478

续上表

栏号8			栏号9			栏号10			栏号11			栏号12			栏号13			栏号14		
A	B	C	A	B	C	A	B	C	A	B	C	A	B	C	A	B	C	A	B	C
23	0.488	0.715	01	0.297	0.242	20	0.364	0.366	26	0.380	0.104	13	0.432	0.556	23	0.253	0.323	06	0.359	0.270
14	0.498	0.276	11	0.337	0.760	16	0.395	0.363	28	0.425	0.864	02	0.489	0.827	24	0.320	0.651	30	0.387	0.248
15	0.503	0.342	19	0.389	0.064	02	0.423	0.540	22	0.487	0.526	29	0.503	0.787	10	0.328	0.365	14	0.392	0.694
04	0.515	0.693	13	0.411	0.474	08	0.432	0.736	05	0.552	0.571	15	0.518	0.717	27	0.338	0.412	03	0.408	0.077
16	0.532	0.112	30	0.447	0.893	10	0.475	0.468	14	0.564	0.357	28	0.524	0.998	13	0.356	0.991	27	0.440	0.280
22	0.557	0.357	22	0.478	0.321	03	0.508	0.740	11	0.572	0.306	03	0.542	0.352	16	0.401	0.792	22	0.461	0.830
11	0.559	0.620	29	0.481	0.993	01	0.601	0.417	21	0.594	0.197	19	0.585	0.462	17	0.423	0.117	16	0.527	0.003
12	0.650	0.216	27	0.562	0.403	22	0.687	0.917	09	0.607	0.524	05	0.695	0.111	21	0.481	0.838	20	0.531	0.486
21	0.672	0.320	04	0.566	0.179	29	0.697	0.862	19	0.650	0.572	07	0.733	0.838	08	0.560	0.401	25	0.678	0.360
13	0.709	0.273	08	0.603	0.758	11	0.701	0.605	18	0.664	0.101	11	0.744	0.948	19	0.564	0.190	21	0.725	0.014
07	0.745	0.687	15	0.632	0.927	07	0.728	0.498	25	0.674	0.428	18	0.793	0.748	05	0.571	0.054	05	0.787	0.595
30	0.780	0.285	06	0.707	0.107	14	0.745	0.679	02	0.697	0.674	27	0.802	0.967	18	0.587	0.584	15	0.801	0.927
19	0.845	0.097	28	0.737	0.161	24	0.819	0.444	03	0.767	0.928	21	0.826	0.487	15	0.604	0.145	12	0.836	0.294
26	0.846	0.366	17	0.846	0.130	15	0.840	0.823	16	0.809	0.529	24	0.835	0.832	11	0.641	0.298	04	0.854	0.982
29	0.861	0.307	07	0.874	0.491	25	0.863	0.568	30	0.838	0.294	26	0.855	0.142	22	0.672	0.156	11	0.884	0.928
25	0.906	0.874	05	0.880	0.828	06	0.878	0.215	13	0.845	0.470	14	0.861	0.462	20	0.674	0.887	19	0.886	0.832
24	0.919	0.809	23	0.931	0.659	18	0.930	0.601	08	0.855	0.524	20	0.874	0.625	14	0.752	0.881	07	0.929	0.932
10	0.952	0.555	26	0.960	0.365	04	0.954	0.827	07	0.867	0.718	30	0.929	0.056	09	0.774	0.560	09	0.932	0.206
06	0.961	0.504	21	0.978	0.194	28	0.963	0.004	12	0.881	0.722	09	0.935	0.582	29	0.921	0.752	01	0.970	0.692
27	0.969	0.811	12	0.982	0.183	19	0.988	0.020	23	0.937	0.872	22	0.947	0.797	04	0.959	0.099	23	0.973	0.082

栏号15			栏号16			栏号17			栏号18			栏号19			栏号20			栏号21		
A	B	C	A	B	C	A	B	C	A	B	C	A	B	C	A	B	C	A	B	C
15	0.023	0.979	19	0.620	0.588	13	0.045	0.004	25	0.027	0.290	12	0.052	0.075	20	0.030	0.881	01	0.010	0.946
11	0.118	0.465	25	0.080	0.218	18	0.086	0.878	06	0.057	0.571	30	0.075	0.493	12	0.034	0.291	10	0.014	0.939
07	0.134	0.712	09	0.131	0.295	26	0.126	0.990	26	0.059	0.026	28	0.120	0.341	22	0.043	0.893	09	0.032	0.346
01	0.139	0.230	18	0.136	0.381	12	0.128	0.661	07	0.105	0.176	27	0.145	0.689	28	0.143	0.073	06	0.093	0.180
16	0.145	0.122	05	0.147	0.864	30	0.146	0.337	18	0.107	0.358	02	0.209	0.957	03	0.150	0.937	15	0.151	0.012
20	0.165	0.520	12	0.158	0.365	05	0.169	0.470	22	0.128	0.827	26	0.270	0.818	04	0.154	0.867	16	0.185	0.455
06	0.185	0.481	28	0.214	0.184	21	0.244	0.433	23	0.156	0.440	22	0.299	0.317	19	0.158	0.359	07	0.227	0.227
09	0.211	0.316	14	0.215	0.757	23	0.270	0.849	15	0.171	0.157	18	0.306	0.475	29	0.304	0.615	02	0.304	0.400
14	0.248	0.348	13	0.224	0.846	25	0.274	0.407	08	0.220	0.097	20	0.311	0.653	06	0.369	0.633	30	0.316	0.074
25	0.249	0.890	15	0.227	0.809	10	0.290	0.925	20	0.252	0.066	15	0.348	0.156	18	0.390	0.536	18	0.328	0.799
13	0.252	0.577	11	0.280	0.898	01	0.323	0.490	04	0.268	0.576	16	0.381	0.710	17	0.403	0.392	20	0.352	0.288
30	0.273	0.088	01	0.331	0.925	24	0.352	0.291	14	0.275	0.302	01	0.411	0.607	23	0.404	0.182	26	0.371	0.216

续上表

栏号15			栏号16			栏号17			栏号18			栏号19			栏号20			栏号21		
A	B	C	A	B	C	A	B	C	A	B	C	A	B	C	A	B	C	A	B	C
18	0.277	0.689	10	0.339	0.992	15	0.361	0.155	11	0.297	0.589	13	0.417	0.715	01	0.415	0.457	19	0.448	0.754
22	0.372	0.958	30	0.417	0.787	29	0.374	0.882	01	0.358	0.305	21	0.472	0.484	07	0.437	0.696	13	0.487	0.598
10	0.461	0.075	08	0.439	0.921	08	0.432	0.139	09	0.412	0.089	04	0.478	0.885	24	0.446	0.546	12	0.546	0.640
28	0.519	0.536	20	0.472	0.484	04	0.467	0.266	16	0.429	0.834	25	0.479	0.080	26	0.485	0.768	24	0.550	0.038
17	0.520	0.090	24	0.498	0.712	22	0.508	0.880	10	0.491	0.203	11	0.566	0.104	15	0.511	0.313	03	0.604	0.780
03	0.523	0.519	04	0.516	0.396	27	0.632	0.191	28	0.542	0.306	10	0.576	0.859	10	0.517	0.290	22	0.621	0.930
26	0.573	0.502	03	0.548	0.688	16	0.661	0.836	12	0.563	0.091	29	0.665	0.397	30	0.556	0.853	21	0.629	0.154
19	0.634	0.206	23	0.597	0.508	19	0.675	0.629	02	0.593	0.321	19	0.739	0.298	25	0.561	0.837	11	0.634	0.908
24	0.635	0.810	21	0.681	0.114	14	0.680	0.890	30	0.692	0.198	14	0.748	0.759	09	0.574	0.699	05	0.696	0.459
21	0.679	0.841	02	0.739	0.298	28	0.714	0.508	19	0.705	0.445	08	0.758	0.919	13	0.613	0.762	23	0.710	0.078
27	0.712	0.368	29	0.792	0.038	06	0.719	0.441	24	0.709	0.717	07	0.798	0.183	11	0.698	0.783	29	0.726	0.585
05	0.780	0.497	22	0.829	0.324	09	0.735	0.040	13	0.820	0.739	23	0.834	0.647	14	0.715	0.179	17	0.749	0.916
23	0.861	0.106	17	0.834	0.647	17	0.741	0.906	05	0.848	0.866	06	0.837	0.978	16	0.770	0.128	04	0.802	0.186
12	0.865	0.377	16	0.909	0.608	11	0.747	0.205	27	0.867	0.633	03	0.849	0.964	08	0.815	0.385	14	0.835	0.319
29	0.882	0.635	06	0.914	0.420	20	0.850	0.047	03	0.883	0.333	24	0.851	0.109	05	0.827	0.490	08	0.870	0.546
08	0.902	0.020	27	0.958	0.356	02	0.859	0.356	17	0.900	0.443	05	0.859	0.835	21	0.885	0.999	28	0.871	0.539
04	0.951	0.482	26	0.981	0.976	07	0.870	0.612	21	0.914	0.483	17	0.863	0.220	02	0.958	0.177	25	0.971	0.369
02	0.977	0.172	07	0.983	0.624	03	0.916	0.463	29	0.950	0.753	09	0.883	0.147	27	0.961	0.980	27	0.984	0.252

栏号22			栏号23			栏号24			栏号25			栏号26			栏号27			栏号28		
A	B	C	A	B	C	A	B	C	A	B	C	A	B	C	A	B	C	A	B	C
12	0.051	0.032	26	0.051	0.187	08	0.015	0.521	02	0.039	0.005	16	0.026	0.102	21	0.050	0.952	29	0.042	0.039
11	0.068	0.980	03	0.530	0.256	16	0.068	0.994	16	0.061	0.599	01	0.033	0.886	17	0.085	0.403	07	0.105	0.293
17	0.089	0.309	29	0.100	0.159	11	0.118	0.400	26	0.068	0.054	04	0.088	0.686	10	0.141	0.624	25	0.115	0.420
01	0.091	0.371	13	0.100	0.465	21	0.124	0.565	11	0.073	0.812	22	0.090	0.602	05	0.154	0.157	09	0.126	0.612
10	0.100	0.709	24	0.110	0.316	18	0.153	0.158	07	0.123	0.649	13	0.114	0.614	06	0.164	0.841	10	0.205	0.144
30	0.121	0.744	18	0.114	0.300	17	0.190	0.159	15	0.261	0.928	30	0.405	0.273	25	0.333	0.633	26	0.385	0.111
02	0.166	0.056	11	0.123	0.208	26	0.192	0.676	10	0.301	0.811	06	0.421	0.807	28	0.348	0.710	30	0.422	0.315
23	0.179	0.529	09	0.138	0.182	01	0.237	0.030	24	0.363	0.025	12	0.426	0.583	20	0.362	0.961	17	0.453	0.783
21	0.187	0.051	06	0.194	0.115	12	0.283	0.077	22	0.378	0.792	08	0.471	0.708	14	0.511	0.989	02	0.460	0.916
22	0.205	0.543	22	0.234	0.480	03	0.286	0.318	27	0.389	0.959	18	0.473	0.738	26	0.540	0.903	27	0.467	0.841
28	0.230	0.688	20	0.274	0.107	10	0.317	0.734	03	0.625	0.777	26	0.703	0.622	18	0.670	0.904	16	0.689	0.339
19	0.243	0.001	21	0.331	0.292	05	0.337	0.844	08	0.651	0.790	29	0.739	0.394	11	0.711	0.253	06	0.727	0.298
27	0.267	0.990	08	0.346	0.085	25	0.441	0.336	12	0.715	0.599	25	0.759	0.386	01	0.790	0.392	04	0.731	0.814
15	0.283	0.440	27	0.382	0.979	27	0.469	0.786	23	0.782	0.093	24	0.803	0.602	04	0.813	0.611	08	0.807	0.983

续上表

栏号22			栏号23			栏号24			栏号25			栏号26			栏号27			栏号28		
A	B	C	A	B	C	A	B	C	A	B	C	A	B	C	A	B	C	A	B	C
16	0.352	0.089	07	0.387	0.865	24	0.473	0.237	20	0.810	0.371	27	0.842	0.491	19	0.843	0.732	15	0.833	0.757
03	0.377	0.648	28	0.411	0.776	20	0.475	0.761	05	0.126	0.658	20	0.136	0.576	07	0.197	0.013	03	0.210	0.054
06	0.397	0.769	16	0.444	0.999	06	0.557	0.001	14	0.161	0.189	05	0.158	0.228	16	0.215	0.363	23	0.234	0.533
09	0.409	0.428	04	0.515	0.993	07	0.610	0.238	18	0.166	0.040	10	0.216	0.565	08	0.222	0.520	13	0.266	0.799
14	0.465	0.406	17	0.518	0.827	09	0.617	0.041	28	0.248	0.171	02	0.233	0.610	13	0.269	0.477	20	0.305	0.603
13	0.499	0.651	05	0.539	0.620	13	0.641	0.648	06	0.255	0.117	07	0.278	0.357	02	0.288	0.012	05	0.372	0.223
04	0.539	0.972	02	0.623	0.271	22	0.664	0.291	19	0.420	0.557	19	0.510	0.207	27	0.587	0.643	14	0.483	0.095
18	0.560	0.747	30	0.637	0.374	04	0.668	0.856	21	0.467	0.943	03	0.512	0.329	12	0.603	0.745	12	0.507	0.375
26	0.575	0.892	14	0.714	0.364	19	0.770	0.232	17	0.494	0.225	15	0.640	0.329	29	0.619	0.895	28	0.509	0.748
29	0.756	0.712	15	0.730	0.107	02	0.776	0.504	09	0.620	0.081	09	0.665	0.354	23	0.623	0.333	21	0.583	0.804
20	0.760	0.920	19	0.771	0.552	29	0.797	0.548	30	0.623	0.106	14	0.680	0.884	22	0.629	0.076	22	0.587	0.993
05	0.847	0.925	23	0.780	0.662	14	0.823	0.223	01	0.841	0.726	21	0.870	0.435	03	0.844	0.511	19	0.896	0.464
25	0.872	0.891	10	0.924	0.888	23	0.848	0.264	29	0.862	0.009	28	0.906	0.397	30	0.858	0.289	18	0.916	0.384
24	0.874	0.135	12	0.929	0.204	30	0.892	0.817	25	0.891	0.873	23	0.948	0.367	09	0.929	0.199	01	0.948	0.610
08	0.911	0.215	01	0.937	0.714	28	0.943	0.190	04	0.917	0.264	11	0.956	0.142	24	0.931	0.263	11	0.976	0.799
07	0.946	0.065	25	0.974	0.398	15	0.975	0.962	13	0.958	0.990	17	0.993	0.989	15	0.939	0.947	24	0.978	0.636

附表5 推定区间上、下限系数

试件数 n	$k_1(0.05)$	$k_2(0.05)$	$k_2(0.10)$	试件数 n	$k_1(0.05)$	$k_2(0.05)$	$k_2(0.10)$
10	1.01730	2.91096	2.56837	24	1.20982	2.30929	2.14510
11	1.04127	2.81499	2.50262	25	1.21739	2.29167	2.13229
12	1.06247	2.73634	2.44825	26	1.22455	2.27530	2.12037
13	1.08141	2.67050	2.40240	27	1.23135	2.26005	2.10924
14	1.09848	2.61443	2.36311	28	1.23780	2.24578	2.09881
15	1.11397	2.56600	2.32898	29	1.24395	2.23241	2.08903
16	1.12812	2.52366	2.29900	30	1.24981	2.21984	2.07982
17	1.14112	2.48626	2.27240	31	1.25540	2.20800	2.07113
18	1.15311	2.45295	2.24862	32	1.26075	2.19682	2.06292
19	1.16423	2.42304	2.22720	33	1.26588	2.18625	2.05514
20	1.17458	2.39600	2.20778	34	1.27079	2.17623	2.04776
21	1.18425	2.37142	2.19007	35	1.27551	2.16672	2.04075
22	1.19330	2.34896	2.17385	36	1.28004	2.15768	2.03407
23	1.20181	2.32832	2.15891	37	1.28441	2.14906	2.02771

续上表

试件数 n	$k_1(0.05)$	$k_2(0.05)$	$k_2(0.10)$	试件数 n	$k_1(0.05)$	$k_2(0.05)$	$k_2(0.10)$
38	1.28861	2.14085	2.02164	90	1.40294	1.94376	1.87428
39	1.29266	2.13300	2.01583	100	1.41433	1.92654	1.86125
40	1.29657	2.12549	2.01027	110	1.42421	1.91191	1.85017
41	1.30035	2.11831	2.00494	120	1.43289	1.89929	1.84059
42	1.30399	2.11142	1.99983	130	1.44060	1.88827	1.83222
43	1.30752	2.10481	1.99493	140	1.44750	1.87852	1.82481
44	1.31094	2.09846	1.99021	150	1.45372	1.86984	1.81820
45	1.31425	2.09235	1.98567	160	1.45938	1.86203	1.81225
46	1.31746	2.08648	1.98130	170	1.46456	1.85497	1.80686
47	1.32058	2.08081	1.97708	180	1.46931	1.84854	1.80196
48	1.32360	2.07535	1.97302	190	1.47370	1.84265	1.79746
49	1.32653	2.07008	1.96909	200	1.47777	1.83724	1.79332
50	1.32939	2.06499	1.96529	250	1.49443	1.81547	1.77667
60	1.35412	2.02216	1.93327	300	1.50687	1.79964	1.76454
70	1.37364	1.98987	1.90903	400	1.52453	1.77776	1.74773
80	1.38959	1.96444	1.88988	500	1.53671	1.76305	1.73641

附表6 非水平状态检测时的回弹值修正值

R_{ma}	检测角度							
	向 上				向 下			
	90°	60°	45°	30°	−30°	−45°	−60°	−90°
20	−6.0	−5.0	−4.0	−3.0	+2.5	+3.0	+3.5	+4.0
21	−5.9	−4.9	−4.0	−3.0	+2.5	+3.0	+3.5	+4.0
22	−5.8	−4.8	−3.9	−2.9	+2.4	+2.9	+3.4	+3.9
23	−5.7	−4.7	−3.9	−2.9	+2.4	+2.9	+3.4	+3.9
24	−5.6	−4.6	−3.8	−2.8	+2.3	+2.8	+3.3	+3.8
25	−5.5	−4.5	−3.8	−2.8	+2.3	+2.8	+3.3	+3.8
26	−5.4	−4.4	−3.7	−2.7	+2.2	+2.7	+3.2	+3.7
27	−5.3	−4.3	−3.7	−2.7	+2.2	+2.7	+3.2	+3.7
28	−5.2	−4.2	−3.6	−2.6	+2.1	+2.6	+3.1	+3.6
29	−5.1	−4.1	−3.6	−2.6	+2.1	+2.6	+3.1	+3.6
30	−5.0	−4.0	−3.5	−2.5	+2.0	+2.5	+3.0	+3.5
31	−4.9	−4.0	−3.5	−2.5	+2.0	+2.5	+3.0	+3.5
32	−4.8	−3.9	−3.4	−2.4	+1.9	+2.4	+2.9	+3.4
33	−4.7	−3.9	−3.4	−2.4	+1.9	+2.4	+2.9	+3.4
34	−4.6	−3.8	−3.3	−2.3	+1.8	+2.3	+2.8	+3.3

续上表

R_{ma}	检测角度							
	向上				向下			
	90°	60°	45°	30°	-30°	-45°	-60°	-90°
35	-4.5	-3.8	-3.3	-2.3	+1.8	+2.3	+2.8	+3.3
36	-4.4	-3.7	-3.2	-2.2	+1.7	+2.2	+2.7	+3.2
37	-4.3	-3.7	-3.2	-2.2	+1.7	+2.2	+2.7	+3.2
38	-4.2	-3.6	-3.1	-2.1	+1.6	+2.1	+2.6	+3.1
39	-4.1	-3.6	-3.1	-2.1	+1.6	+2.1	+2.6	+3.1
40	-4.0	-3.5	-3.0	-2.0	+1.5	+2.0	+2.5	+3.0
41	-4.0	-3.5	-3.0	-2.0	+1.5	+2.0	+2.5	+3.0
42	-3.9	-3.4	-2.9	-1.9	+1.4	+1.9	+2.4	+2.9
43	-3.9	-3.4	-2.9	-1.9	+1.4	+1.9	+2.4	+2.9
44	-3.8	-3.3	-2.8	-1.8	+1.3	+1.8	+2.3	+2.8
45	-3.8	-3.3	-2.8	-1.8	+1.3	+1.8	+2.3	+2.8
46	-3.7	-3.2	-2.7	-1.7	+1.2	+1.7	+2.2	+2.7
47	-3.7	-3.2	-2.7	-1.7	+1.2	+1.7	+2.2	+2.7
48	-3.6	-3.1	-2.6	-1.6	+1.1	+1.6	+2.1	+2.6
49	-3.6	-3.1	-2.6	-1.6	+1.1	+1.6	+2.1	+2.6
50	-3.5	-3.0	-2.5	-1.5	+1.0	+1.5	+2.0	+2.5

注：1. R_{ma} 小于 20 或大于 50 时，均分别按 20 或 50 查表。
2. 表中未列入的相应于 R_{ma} 的修正值 R_{ma}，可用内插法求得，精确至 0.1。

附表7　不同浇筑面的回弹值修正值

R_m^t 或 R_m^b	表面修正值(R_a^t)	底面修正值(R_a^b)	R_m^t 或 R_m^b	表面修正值(R_a^t)	底面修正值(R_a^b)
20	+2.5	-3.0	34	+1.1	-1.6
21	+2.4	-2.9	35	+1.0	-1.5
22	+2.3	-2.8	36	+0.9	-1.4
23	+2.2	-2.7	37	+0.8	-1.3
24	+2.1	-2.6	38	+0.7	-1.2
25	+2.0	-2.5	39	+0.6	-1.1
26	+1.9	-2.4	40	+0.5	-1.0
27	+1.8	-2.3	41	+0.4	-0.9
28	+1.7	-2.2	42	+0.3	-0.8
29	+1.6	-2.1	43	+0.2	-0.7
30	+1.5	-2.0	44	+0.1	-0.6
31	+1.4	-1.9	45	0	-0.5
32	+1.3	-1.8	46	0	-0.4
33	+1.2	-1.7	47	0	-0.3

续上表

R_m^t 或 R_m^b	表面修正值(R_a^t)	底面修正值(R_a^b)	R_m^t 或 R_m^b	表面修正值(R_a^t)	底面修正值(R_a^b)
48	0	−0.2	50	0	
49	0	−0.1			

注:1. R_m^t 或 R_m^b 小于 20 或大于 50 时,均分别按 20 或 50 查表。
2. 表中有关混凝土浇筑表面的修正系数,是指一般原浆抹面的修正值。
3. 表中有关混凝土浇筑底面的修正系数,是指构件底面与侧面采用同一类模板在正常浇筑情况下的修正值。
4. 表中未列入的相应于 R_m^t 或 R_m^b 的 R_a^t 和 R_a^b 值,可用内插法求得,精确至 0.1。

附表8 测区混凝土强度换算表

平均回弹值 R_m	测区混凝土强度换算值 $f_{cu,i}^c$ (MPa)												
	平均碳化深度值 d_m (mm)												
	0	0.5	1.0	1.5	2.0	2.5	3.0	3.5	4.0	4.5	5.0	5.5	≥6.0
20.0	10.3	10.1	—	—	—	—	—	—	—	—	—	—	—
20.2	10.5	10.3	10.0	—	—	—	—	—	—	—	—	—	—
20.4	10.7	10.5	10.2	—	—	—	—	—	—	—	—	—	—
20.6	11.0	10.8	10.4	10.1	—	—	—	—	—	—	—	—	—
20.8	11.2	11.0	10.6	10.3	—	—	—	—	—	—	—	—	—
21.0	11.4	11.2	10.8	10.5	10.0	—	—	—	—	—	—	—	—
21.2	11.6	11.4	11.0	10.7	10.2	—	—	—	—	—	—	—	—
21.4	11.8	11.6	11.2	10.9	10.4	10.0	—	—	—	—	—	—	—
21.6	12.0	11.8	11.4	11.0	10.6	10.2	—	—	—	—	—	—	—
21.8	12.3	12.1	11.7	11.3	10.8	10.5	10.1	—	—	—	—	—	—
22.0	12.5	12.2	11.9	11.5	11.0	10.6	10.2	—	—	—	—	—	—
22.2	12.7	12.4	12.1	11.7	11.2	10.8	10.4	10.0	—	—	—	—	—
22.4	13.0	12.7	12.4	12.0	11.4	11.0	10.7	10.3	10.0	—	—	—	—
22.6	13.2	12.9	12.5	12.1	11.6	11.2	10.8	10.4	10.2	—	—	—	—
22.8	13.4	13.1	12.7	12.3	11.8	11.4	11.0	10.6	10.3	—	—	—	—
23.0	13.7	13.4	13.0	12.6	12.1	11.6	11.2	10.8	10.5	10.1	—	—	—
23.2	13.9	13.6	13.2	12.8	12.2	11.8	11.4	11.0	10.7	10.3	10.0	—	—
23.4	14.1	13.8	13.4	13.0	12.4	12.0	11.6	11.2	10.9	10.4	10.2	—	—
23.6	14.4	14.1	13.7	13.2	12.7	12.2	11.8	11.4	11.1	10.7	10.4	10.1	—
23.8	14.6	14.3	13.9	13.4	12.8	12.4	12.0	11.5	11.2	10.8	10.5	10.2	
24.0	14.9	14.6	14.2	13.7	13.1	12.7	12.2	11.8	11.5	11.0	10.7	10.4	10.1
24.2	15.1	14.8	14.3	13.9	13.3	12.8	12.4	11.9	11.6	11.2	10.9	10.6	10.3
24.4	15.4	15.1	14.6	14.2	13.6	13.1	12.6	12.2	11.9	11.4	11.1	10.8	10.4

续上表

| 平均回弹值 R_m | 测区混凝土强度换算值 $f_{cu,i}^c$ (MPa) |||||||||||||
| | 平均碳化深度值 d_m (mm) |||||||||||||
	0	0.5	1.0	1.5	2.0	2.5	3.0	3.5	4.0	4.5	5.0	5.5	≥6.0
24.6	15.6	15.3	14.8	14.4	13.7	13.3	12.8	12.3	12.0	11.5	11.2	10.9	10.6
24.8	15.9	15.6	15.1	14.6	14.0	13.5	13.0	12.6	12.2	11.8	11.4	11.1	10.7
25.0	16.2	15.9	15.4	14.9	14.3	13.8	13.3	12.8	12.5	12.0	11.7	11.3	10.9
25.2	16.4	16.1	15.6	15.t	14.4	13.9	13.4	13.0	12.6	12.1	11.8	11.5	11.0
25.4	16.7	16.4	15.9	15.4	14.7	14.2	13.7	13.2	12.9	12.4	12.0	11.7	11.2
25.6	16.9	16.6	16.1	15.7	14.9	14.4	13.9	13.4	13.0	12.5	12.2	11.8	11.3
25.8	17.2	16.9	16.3	15.8	15.1	14.6	14.1	13.6	13.2	12.7	12.4	12.0	11.5
26.0	17.5	17.2	16.6	16.1	15.4	14.9	14.4	13.8	13.5	13.0	12.6	12.2	11.6
26.2	17.8	17.4	16.9	16.4	15.7	15.1	14.6	14.0	13.7	13.2	12.8	12.4	11.8
26.4	18.0	17.6	17.1	16.6	15.8	15.3	14.8	14.2	13.9	13.3	13.0	12.6	12.0
26.6	18.3	17.9	17.4	16.8	16.1	15.6	15.0	14.4	14.1	13.5	13.2	12.8	12.1
26.8	18.6	18.2	17.7	17.1	16.4	15.8	15.3	14.6	14.3	13.8	13.4	12.9	12.3
27.0	18.9	18.5	18.0	17.4	16.6	16.1	15.5	14.8	14.6	14.0	13.6	13.1	12.4
27.2	19.1	18.7	18.1	17.6	16.8	16.2	15.7	15.0	14.7	14.1	13.8	13.3	12.6
27.4	19.4	19.0	18.4	17.8	17.0	16.4	15.9	15.2	14.9	14.3	14.0	13.4	12.7
27.6	19.7	19.3	18.7	18.0	17.2	16.6	16.1	15.4	15.1	14.5	14.1	13.6	12.9
27.8	20.0	19.6	19.0	18.2	17.4	16.8	16.3	15.6	15.3	14.7	14.2	13.7	13.0
28.0	20.3	19.7	19.2	18.4	17.6	17.0	16.5	15.8	15.4	14.8	14.4	13.9	13.2
28.2	20.6	20.0	19.5	18.6	17.8	17.2	16.7	16.0	15.6	15.0	14.6	14.0	13.3
28.4	20.9	20.3	19.7	18.8	18.0	17.4	16.9	16.2	15.8	15.2	14.8	14.2	13.5
28.6	21.2	20.6	20.0	19.1	18.2	17.6	17.1	16.4	16.0	15.4	15.0	14.3	13.6
28.8	21.5	20.9	20.2	19.4	18.5	17.8	17.3	16.6	16.2	15.6	15.2	14.5	13.8
29.0	21.8	21.1	20.5	19.6	18.7	18.1	17.5	16.8	16.4	15.8	15.4	14.6	13.9
29.2	22.1	21.4	20.8	19.9	19.0	18.3	17.7	17.0	16.6	16.0	15.6	14.8	14.1
29.4	22.4	21.7	21.1	20.2	19.3	18.6	17.9	17.2	16.8	16.2	15.8	15.0	14.2
29.6	22.7	22.0	21.3	20.4	19.5	18.8	18.2	17.5	17.0	16.4	16.0	15.1	14.4
29.8	23.0	22.3	21.6	20.7	19.8	19.1	18.4	17.7	17.2	16.6	16.2	15.3	14.5
30.0	23.3	22.6	21.9	21.0	20.0	19.3	18.6	17.9	17.4	16.8	16.4	15.4	14.7
30.2	23.6	22.9	22.2	21.2	20.3	19.6	18.9	18.2	17.6	17.0	16.6	15.6	14.9
30.4	23.9	23.2	22.5	21.5	20.6	19.8	19.1	18.4	17.8	17.2	16.8	15.8	15.1
30.6	24.3	23.6	22.8	21.9	20.9	20.2	19.4	18.7	18.0	17.5	17.0	16.0	15.2
30.8	24.6	23.9	23.1	22.1	21.2	20.4	19.7	18.9	18.2	17.7	17.2	16.2	15.4
31.0	24.9	24.2	23.4	22.4	21.4	20.7	19.9	19.2	18.4	17.9	17.4	16.4	15.5

续上表

平均回弹值 R_m	测区混凝土强度换算值 $f_{cu,i}^c$ (MPa)												
	平均碳化深度值 d_m (mm)												
	0	0.5	1.0	1.5	2.0	2.5	3.0	3.5	4.0	4.5	5.0	5.5	≥6.0
31.2	25.2	24.4	23.7	22.7	21.7	20.9	20.2	19.4	18.6	18.1	17.6	16.6	15.7
31.4	25.6	24.8	24.1	23.0	22.0	21.2	20.5	19.7	18.9	18.4	17.8	16.9	15.8
31.6	25.9	25.1	24.3	23.3	22.3	21.5	20.7	19.9	19.2	18.6	18.0	17.1	16.0
31.8	26.2	25.4	24.6	23.6	22.5	21.7	21.0	20.2	19.4	18.9	18.2	17.3	16.2
32.0	26.5	25.7	24.9	23.9	22.8	22.0	21.2	20.4	19.6	19.1	18.4	17.5	16.4
32.2	26.9	26.1	x.3	24.2	23.1	22.3	21.5	20.7	19.9	19.4	18.6	17.7	16.6
32.4	27.2	26.4	25.6	24.5	23.4	22.6	21.8	20.9	20.1	19.6	18.8	17.9	16.8
32.6	27.6	26.8	25.9	24.8	23.7	22.9	22.1	21.3	20.4	19.9	19.0	18.1	17.0
32.8	27.9	27.1	26.2	25.1	24.0	23.2	22.3	21.5	20.6	20.1	19.2	18.3	17.2
33.0	28.2	27.4	26.5	25.4	24.3	23.4	22.6	21.7	20.9	20.3	19.4	18.5	17.4
33.2	28.6	27.7	26.8	25.7	24.6	23.7	22.9	22.0	21.2	20.5	19.6	18.7	17.6
33.4	28.9	28.0	27.1	26.0	24.9	24.0	23.1	22.3	21.4	20.7	19.8	18.9	17.8
33.6	29.3	28.4	27.4	26.4	25.2	24.2	23.3	22.6	21.7	20.9	20.0	19.1	18.0
33.8	29.6	28.7	27.7	26.6	25.4	24.4	23.5	22.8	21.9	21.1	20.2	19.3	18.2
34.0	30.0	29.1	28.0	26.8	25.6	24.6	23.7	23.0	22.1	21.3	20.4	19.5	18.3
34.2	30.3	29.4	28.3	27.0	25.8	24.8	23.9	23.2	22.3	21.5	20.6	19.7	18.4
34.4	30.7	29.8	28.6	27.2	26.0	25.0	24.1	23.4	22.5	21.7	20.8	19.8	18.6
34.6	31.1	30.2	28.9	27.4	26.2	25.2	24.3	23.6	22.7	21.9	21.0	20.0	18.8
34.8	31.4	30.5	29.2	27.6	26.4	25.4	24.5	23.8	22.9	22.1	21.2	20.2	19.0
35.0	31.8	30.8	29.6	28.0	26.7	25.8	24.8	24.0	23.2	22.3	21.4	20.4	19.2
35.2	32.1	31.1	29.9	28.2	27.0	26.0	25.0	24.2	23.4	22.5	21.6	20.6	19.4
35.4	32.5	31.5	30.2	28.6	27.3	26.3	25.4	24.4	23.7	22.8	21.8	20.8	19.6
35.6	32.9	31.9	30.6	29.0	27.6	26.6	25.7	24.7	24.0	23.0	22.0	21.0	19.8
35.8	33.3	32.3	31.0	29.3	28.0	27.0	26.0	25.0	24.3	23.3	22.2	11.2	20.0
36.0	33.6	32.6	31.2	29.6	28.2	27.2	26.2	25.2	24.5	23.5	22.4	21.4	20.2
36.2	34.0	33.0	31.6	29.9	28.6	27.5	26.5	25.5	24.8	23.8	22.6	21.6	20.4
36.4	34.4	33.4	32.0	30.3	28.9	27.9	26.8	25.8	25.1	24.1	22.8	21.8	20.6
36.6	34.8	33.8	32.4	30.6	29.2	28.2	27.1	26.1	25.4	24.4	23.0	22.0	20.9
36.8	35.2	34.1	32.7	31.0	29.6	28.5	27.5	26.4	25.7	24.6	23.2	22.2	21.1
37.0	35.5	34.4	33.0	31.2	29.8	28.8	27.7	26.6	25.9	24.8	23.4	22.4	21.3
37.2	35.9	34.8	33.4	31.6	30.2	29.1	28.0	26.9	26.2	25.1	23.7	22.6	21.5
37.4	36.3	35.2	33.8	31.9	30.5	29.4	28.3	27.2	26.5	25.4	24.0	22.9	21.8
37.6	36.7	35.6	34.1	32.3	30.8	29.7	28.6	27.5	26.8	25.7	24.2	23.1	22.0

续上表

平均回弹值 R_m	测区混凝土强度换算值 $f^c_{cu,i}$ (MPa)												
	平均碳化深度值 d_m (mm)												
	0	0.5	1.0	1.5	2.0	2.5	3.0	3.5	4.0	4.5	5.0	5.5	≥6.0
37.8	37.1	36.0	34.5	32.6	31.2	30.0	28.9	27.8	27.1	26.0	24.5	23.4	22.3
38.0	37.5	36.4	34.9	33.0	31.5	30.3	29.2	28.1	27.4	26.2	24.8	23.6	22.5
38.2	37.9	36.8	35.2	33.4	31.8	30.6	29.5	28.4	27.7	26.5	25.0	23.9	22.7
38.4	38.3	37.2	35.6	33.7	32.1	30.9	29.8	28.7	28.0	26.8	25.3	24.1	23.0
38.6	38.7	37.5	36.0	34.1	32.4	31.2	30.1	29.0	28.3	27.0	25.5	24.4	23.2
38.8	39.1	37.9	36.4	34.4	32.7	31.5	30.4	29.3	28.5	27.2	25.8	24.6	23.5
39.0	39.5	38.2	36.7	34.7	33.0	31.8	30.6	29.6	28.8	27.4	26.0	24.8	23.7
39.2	39.9	38.5	37.0	35.0	33.3	32.1	30.8	29.8	29.0	27.6	26.2	25.0	24.0
39.4	40.3	38.8	37.3	35.3	33.6	32.4	31.0	30.0	29.2	27.8	26.4	25.2	24.2
39.6	40.7	39.1	37.6	35.6	33.9	32.7	31.2	30.2	29.4	28.0	26.6	25.4	24.4
39.8	41.2	39.6	38.0	35.9	34.2	33.0	31.4	30.5	29.7	28.2	26.8	25.6	24.7
40.0	41.6	39.9	38.3	36.2	34.5	33.3	31.7	30.8	30.0	28.4	27.0	25.8	25.0
40.2	42.0	40.3	38.6	36.5	34.8	33.6	32.0	31.1	30.2	28.6	27.3	26.0	25.2
40.4	42.4	40.7	39.0	36.9	35.1	33.9	32.3	31.4	30.5	28.8	27.6	26.2	25.4
40.6	42.8	41.1	39.4	37.2	35.4	34.2	32.6	31.7	30.8	29.1	27.8	26.5	25.7
40.8	43.3	41.6	39.8	37.7	35.7	34.5	32.9	32.0	31.2	29.4	28.1	26.8	26.0
41.0	43.7	42.0	40.2	38.0	36.0	34.8	33.2	32.3	31.5	29.7	28.4	27.1	26.2
41.2	44.1	42.3	40.6	38.4	36.3	35.1	33.5	32.6	31.8	30.0	28.7	27.3	26.5
41.4	44.5	42.7	40.9	38.7	36.6	35.4	33.8	32.9	32.0	30.3	28.9	27.6	26.7
41.6	45.0	43.2	41.4	39.2	36.9	35.7	34.2	33.3	32.4	30.6	29.2	27.9	27.0
41.8	45.4	43.6	41.8	39.5	37.2	36.0	34.5	33.6	32.7	30.9	29.5	28.1	27.2
42.0	45.9	44.1	42.2	39.9	37.6	36.3	34.9	34.0	33.0	31.2	29.8	28.5	27.5
42.2	46.3	44.4	42.6	40.3	38.0	36.6	35.2	34.3	33.3	31.5	30.1	28.7	27.8
42.4	46.7	44.8	43.0	40.6	38.3	36.9	35.5	34.6	33.6	31.8	30.4	29.0	28.0
42.6	47.2	45.3	43.4	41.1	38.7	37.3	35.9	34.9	34.0	32.1	30.7	29.3	28.3
42.8	47.6	45.7	43.8	41.4	39.0	37.6	36.2	35.2	34.3	32.4	30.9	29.5	28.6
43.0	48.1	46.2	44.2	41.8	39.4	38.0	36.6	35.6	34.6	32.7	31.3	29.8	28.9
43.2	48.5	46.6	44.6	42.2	39.8	38.3	36.9	35.9	34.9	33.0	31.5	30.1	29.1
43.4	49.0	47.0	45.1	42.6	40.2	38.7	37.2	36.3	35.3	33.3	31.8	30.4	29.4
43.6	49.4	47.4	45.4	43.0	40.5	39.0	37.5	36.6	35.6	33.6	31.1	30.6	29.6
43.8	49.9	47.9	45.9	43.4	40.9	39.4	37.9	36.9	35.9	33.9	32.4	30.9	29.9
44.0	50.4	48.4	46.4	43.8	41.3	39.8	38.3	37.3	36.3	34.3	32.8	31.2	30.2
44.2	50.8	48.8	46.7	44.2	41.7	40.1	38.6	37.6	36.6	34.5	33.0	31.5	30.5

续上表

| 平均回弹值 R_m | 测区混凝土强度换算值 $f_{cu,i}^c$ (MPa) ||||||||||||
| | 平均碳化深度值 d_m (mm) ||||||||||||
	0	0.5	1.0	1.5	2.0	2.5	3.0	3.5	4.0	4.5	5.0	5.5	≥6.0
44.4	51.3	49.2	47.2	44.6	42.1	40.5	39.0	38.0	36.9	34.9	33.3	31.8	30.8
44.6	51.7	49.6	47.6	45.0	42.4	40.8	39.3	38.3	37.2	35.2	33.6	32.1	31.0
44.8	52.2	50.1	48.0	45.4	42.8	41.2	39.7	38.6	37.6	35.5	33.9	32.4	31.3
45.0	52.7	50.6	48.5	45.8	43.2	41.6	40.1	39.0	37.9	35.8	34.3	32.7	31.6
45.2	53.2	51.1	48.9	46.3	43.6	42.0	40.4	39.4	38.3	36.2	34.6	33.0	31.9
45.4	53.6	51.5	49.4	46.6	44.0	42.3	40.7	39.7	38.6	36.4	34.8	33.2	32.2
45.6	54.1	51.9	49.8	47.1	44.4	42.7	41.1	40.0	39.0	36.8	35.2	33.5	32.5
45.8	54.6	52.4	50.2	47.5	44.8	43.1	41.5	40.4	39.3	37.1	35.5	33.9	32.8
46.0	55.0	52.8	50.6	47.9	45.2	43.5	41.9	40.8	39.7	37.5	35.8	34.2	33.1
46.2	55.5	53.3	51.1	48.3	45.5	43.8	42.2	41.1	40.0	37.7	36.1	34.4	33.3
46.4	56.0	53.8	51.5	48.7	45.9	44.2	42.6	41.4	40.3	38.1	36.4	34.7	33.6
46.6	56.5	54.2	52.0	49.2	46.3	44.6	42.9	41.8	40.7	38.4	36.7	35.0	33.9
46.8	57.0	54.7	52.4	49.6	46.7	45.0	43.3	42.2	41.0	38.8	37.0	35.3	34.2
47.0	57.5	55.2	52.9	50.0	47.2	45.2	43.7	42.6	41.4	39.1	37.4	35.6	34.5
47.2	58.0	55.7	53.4	50.5	47.6	45.8	44.1	42.9	41.8	39.4	37.7	36.0	34.8
47.4	58.5	56.2	53.8	50.9	48.0	46.2	44.5	43.3	42.1	39.8	38.0	36.3	35.1
47.6	59.0	56.6	54.3	51.3	48.4	46.6	44.8	43.7	42.5	40.1	38.4	36.6	35.4
47.8	59.5	57.1	54.7	51.8	48.8	47.0	45.2	44.0	42.8	40.5	38.7	36.9	35.7
48.0	60.0	57.6	55.2	52.2	49.2	47.4	45.6	44.4	43.2	40.8	39.0	37.2	36.0
48.2	—	58.0	55.7	52.6	49.6	47.8	46.0	44.8	43.6	41.1	39.3	37.5	36.3
48.4	—	58.6	56.1	53.1	50.0	48.2	46.4	45.1	43.9	41.5	39.6	37.8	36.6
48.6	—	59.0	56.6	53.5	50.4	48.6	46.7	45.5	44.3	41.8	40.0	38.1	36.9
48.8	—	59.5	57.1	54.0	50.9	49.0	47.1	45.9	44.6	42.2	40.3	38.4	37.2
49.0	—	60.0	57.5	54.4	51.3	49.4	47.5	46.2	45.0	42.5	40.6	38.8	37.5
49.2	—	—	58.0	54.8	51.7	49.8	47.9	46.6	45.4	42.8	41.0	39.1	37.8
49.4	—	—	58.5	55.3	52.1	50.2	48.3	47.1	45.8	43.2	41.3	39.4	38.2
49.6	—	—	58.9	55.7	52.5	50.6	48.7	47.4	46.2	43.6	41.7	39.7	38.5
49.8	—	—	59.4	56.2	53.0	51.0	49.1	47.8	46.5	43.9	42.0	40.1	38.8
50.0	—	—	59.9	56.7	53.4	51.4	49.5	48.2	46.9	44.3	42.3	40.4	39.1
50.2	—	—	—	57.1	53.8	51.9	49.9	48.5	47.2	44.6	42.6	40.7	39.4
50.4	—	—	—	57.6	54.3	52.3	50.3	49.0	47.7	45.0	43.0	41.0	39.7
50.6	—	—	—	58.0	54.7	52.7	50.7	49.4	48.0	45.4	43.4	41.4	40.0
50.8	—	—	—	58.5	55.1	53.1	51.1	49.8	48.4	45.7	43.7	41.7	40.3

续上表

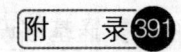

平均回弹值 R_m	测区混凝土强度换算值 $f_{cu,i}^c$ (MPa)											
	平均碳化深度值 d_m (mm)											
	0	0.5	1.0	1.5	2.0	2.5	3.0	3.5	4.0	4.5	5.0	5.5	≥6.0
51.0	—	—	—	59.0	55.6	53.5	51.5	50.1	48.8	46.1	44.1	42.0	40.7
51.2	—	—	—	59.4	56.0	54.0	51.9	50.5	49.2	46.4	44.4	42.3	41.0
51.4	—	—	—	59.9	56.4	54.4	52.3	50.9	49.6	46.8	44.7	42.7	41.3
51.6	—	—	—	—	56.9	54.8	52.7	51.3	50.0	47.2	45.1	43.0	41.6
51.8	—	—	—	—	57.3	55.2	53.1	51.7	50.3	47.5	45.4	43.3	41.8
52.0	—	—	—	—	57.8	55.7	53.6	52.1	50.7	47.9	45.8	43.7	42.3
52.2	—	—	—	—	58.2	56.1	54.0	52.5	51.1	48.3	46.2	44.0	42.6
52.4	—	—	—	—	58.7	56.5	54.4	53.0	51.5	48.7	46.5	44.4	43.0
52.6	—	—	—	—	59.1	57.0	54.8	53.4	51.9	49.0	46.9	44.7	43.3
52.8	—	—	—	—	59.6	57.4	55.2	53.8	52.3	49.4	47.3	45.1	43.6
53.0	—	—	—	—	60.0	57.8	55.6	54.2	52.7	49.8	47.6	45.4	43.9
53.2	—	—	—	—	—	58.3	56.1	54.6	53.1	50.2	48.0	45.8	44.3
53.4	—	—	—	—	—	58.7	56.5	55.0	53.5	50.5	48.3	46.1	44.6
53.6	—	—	—	—	—	59.2	56.9	55.4	53.9	50.9	48.7	46.4	44.9
53.8	—	—	—	—	—	59.6	57.3	55.8	54.3	51.3	49.0	46.8	45.3
54.0	—	—	—	—	—	—	57.8	56.3	54.7	51.7	49.4	47.1	45.6
54.2	—	—	—	—	—	—	58.2	56.7	55.1	52.1	49.8	47.5	46.0
54.4	—	—	—	—	—	—	58.6	57.1	55.6	52.5	50.2	47.9	46.3
54.6	—	—	—	—	—	—	59.1	57.5	56.0	52.9	50.5	48.2	46.6
54.8	—	—	—	—	—	—	59.5	57.9	56.4	53.2	50.9	48.5	47.0
55.0	—	—	—	—	—	—	59.9	58.4	56.8	53.6	51.3	48.9	47.3
55.2	—	—	—	—	—	—	—	58.8	57.2	54.0	51.6	49.3	47.7
55.4	—	—	—	—	—	—	—	59.2	57.6	54.4	52.0	49.6	48.0
55.6	—	—	—	—	—	—	—	59.7	58.0	54.8	52.4	50.0	48.4
55.8	—	—	—	—	—	—	—	—	58.5	55.2	52.8	50.3	48.7
56.0	—	—	—	—	—	—	—	—	58.9	55.6	53.2	50.7	49.1
56.2	—	—	—	—	—	—	—	—	59.3	56.0	53.5	51.1	49.4
56.4	—	—	—	—	—	—	—	—	59.7	56.4	53.9	51.4	49.8
56.6	—	—	—	—	—	—	—	—	—	56.8	54.3	51.8	50.1
56.8	—	—	—	—	—	—	—	—	—	57.2	54.7	52.2	50.5
57.0	—	—	—	—	—	—	—	—	—	57.6	55.1	52.5	50.8
57.2	—	—	—	—	—	—	—	—	—	58.0	55.5	52.9	51.2
57.4	—	—	—	—	—	—	—	—	—	58.4	55.9	53.3	51.6

续上表

平均回弹值 R_m	测区混凝土强度换算值 $f_{cu,i}^c$ (MPa)												
	平均碳化深度值 d_m (mm)												
	0	0.5	1.0	1.5	2.0	2.5	3.0	3.5	4.0	4.5	5.0	5.5	≥6.0
57.6	—	—	—	—	—	—	—	—	—	58.9	56.3	53.7	51.9
57.8	—	—	—	—	—	—	—	—	—	59.3	56.7	54.0	52.3
58.0	—	—	—	—	—	—	—	—	—	59.7	57.0	54.4	52.7
58.2	—	—	—	—	—	—	—	—	—	—	57.4	54.8	53.0
58.4	—	—	—	—	—	—	—	—	—	—	57.8	55.2	53.4
58.6	—	—	—	—	—	—	—	—	—	—	58.2	55.6	53.8
58.8	—	—	—	—	—	—	—	—	—	—	58.6	55.9	54.1
59.0	—	—	—	—	—	—	—	—	—	—	59.0	56.3	54.5
59.2											59.4	56.7	54.9
59.4											59.8	57.1	55.2
59.6												57.5	55.6
59.8												57.9	56.0
60.0												58.3	56.4

注：本表系按全国统一曲线制定。

参 考 文 献

[1] 朱霞,宋高嵩,张爱勤.公路工程试验检测技术[M].北京:高等教育出版社,2004.
[2] 乔志琴.公路工程试验检测[M].北京:人民交通出版社,2007.
[3] 黄晓明,刘寒冰.交通基础设施检测与养护技术[M].北京:清华大学出版社,2010.
[4] 张超,郑南翔,王建设.路基路面试验检测技术[M].北京:人民交通出版社,2004.
[5] 王建华,孙胜江.桥涵工程试验检测技术[M].北京:人民交通出版社,2004.
[6] 陈建勋,马建秦.隧道工程试验检测技术[M].北京:人民交通出版社,2005.
[7] 练松良.轨道工程[M].北京:人民交通出版社,2009.
[8] 中华人民共和国行业标准.JTG F80/1—2017 公路工程质量检验评定标准 第一册 土建工程[S].北京:人民交通出版社股份有限公司,2017.
[9] 中华人民共和国行业标准.JTG E40—2007 公路土工试验规程[S].北京:人民交通出版社,2007.
[10] 中华人民共和国国家标准.GB 50007—2011 建筑地基基础设计规范[S].北京:中国建筑工业出版社,2011.
[11] 中华人民共和国行业标准.JTG/T F81-01—2004 公路工程基桩动测技术规程[S].北京:人民交通出版社,2004.
[12] 中华人民共和国行业标准.JGJ 106—2014 建筑基桩检测技术规范[S].北京:中国建筑工业出版社,2014.
[13] 中华人民共和国行业标准.JTG E51—2009 公路工程无机结合料稳定材料试验规程[S].北京:人民交通出版社,2009.
[14] 中华人民共和国行业标准.JTG F20—2015 公路路面基层施工技术细则[S].北京:人民交通出版社股份有限公司,2015.5.
[15] 中华人民共和国行业标准.JTG E60—2008 公路路基路面现场测试规程[S].北京:人民交通出版社,2008.
[16] 中华人民共和国行业标准.JTG D63—2007 公路桥梁地基与基础设计规范[S].北京:人民交通出版社,2007.
[17] 中华人民共和国行业标准.JTG D60—2004 公路桥梁设计通用规范[S].北京:人民交通出版社,2004.
[18] 中华人民共和国行业标准.JTG D62—2012 公路钢筋混凝土及预应力混凝土桥涵设计规范[S].北京:人民交通出版社,2012.
[19] 中华人民共和国行业标准.JT/T 4—2004 公路桥梁板式橡胶支座[S].北京:人民交通出版社,2004.
[20] 中华人民共和国行业标准.JT/T 663—2006 公路桥梁板式橡胶支座规格系列[S].北京:人民交通出版社,2006.
[21] 中华人民共和国行业标准.JT/T 391—2009 公路桥梁盆式橡胶支座[S].北京:人民交通出版社,2009.
[22] 中华人民共和国行业标准.TB/T 1893—2006 铁路桥梁板式橡胶支座[S].北京:中国铁道出版社,2006.

[23] 中华人民共和国行业标准. TB/T 2331—2004 铁路桥梁盆式橡胶支座[S]. 北京:中国铁道出版社,2004.

[24] 中华人民共和国行业标准. JT/T 327—2004 公路桥梁伸缩缝装置[S]. 北京:人民交通出版社,2004.

[25] 中华人民共和国国家标准. GB/T 14370—2015 预应力筋用锚具、夹具和连接器[S]. 北京:中国建筑工业出版社,2015.

[26] 中国工程建设标准化协会标准. CECS 21:2000 超声法检测混凝土缺陷技术规程[S]. 中国工程建设标准化协会出版社,北京,2000.

[27] 中华人民共和国国家标准. GB 50204—2015 混凝土结构工程施工质量验收规范[S]. 北京:中国建筑工业出版社,2015.

[28] 中华人民共和国行业标准. JTG H11—2004 公路桥涵养护规范[S]. 北京:人民交通出版社,2004.

[29] 中华人民共和国行业标准. TB 10417—2003 铁路隧道工程施工质量验收标准[S]. 北京:中国铁道出版社,2004.

[30] 中华人民共和国行业标准. TB 10753—2010 高速铁路隧道工程施工质量验收标准[S]. 北京:中国铁道出版社,2010.

[31] 中华人民共和国行业标准. TB 10223—2004 铁路隧道衬砌质量无损检测规程[S]. 北京:中国铁道出版社,2004.

[32] 中华人民共和国行业标准. JGJ 145—2013 混凝土结构后锚固技术规程[S]. 北京:中国建筑工业出版社,2013.

[33] 中华人民共和国行业标准. TB 10013—2010 铁路工程物理勘探规程[S]. 北京:中国铁道出版社,2010.

[34] 中华人民共和国行业标准. TZ 204—2008 铁路隧道工程施工技术指南[S]. 北京:中国铁道出版社,2008.

[35] 中华人民共和国行业标准. 铁路隧道超前地质预报技术指南(铁建[2008]105号). 北京:中国铁道出版社,2008.

[36] 中华人民共和国行业标准. TB 10121—2007 铁路隧道监控量测技术规程[S]. 北京:中国铁道出版社,2007.

[37] 中华人民共和国行业标准. TB 10426—2004 铁路工程结构混凝土强度检测规程[S]. 北京:中国铁道出版社,2004.

[38] 中华人民共和国行业标准. TB 10425—2003 铁路混凝土强度检验评定标准[S]. 北京:中国铁道出版社,2003.

[39] 中华人民共和国行业标准. TB 10413—2003 铁路轨道工程施工质量验收标准[S]. 北京:中国铁道出版社,2003.

[40] 中华人民共和国行业标准. 客运专线铁路 CRTS I 型板式无砟轨道水泥乳化沥青砂浆暂行技术条件[科技基(2008)74号]. 北京:中国铁道出版社,2008.

[41] 中华人民共和国行业标准. 客运专线铁路 CRTS II 型板式无砟轨道水泥乳化沥青砂浆暂行技术条件[科技基(2008)74号]. 北京:中国铁道出版社,2008.

[42] 中华人民共和国行业标准. TJ/GW 112—2013 高速铁路 CRTS III 型板式无砟轨道自密实混凝土暂行条件[S]. 北京:中国铁道出版社,2013.

[43] 中华人民共和国行业标准. JGJ/T 283—2012 自密实混凝土应用技术规程[S]. 北京:中国标准出版社,2012.

[44] 中华人民共和国行业标准. JT/G W156—217 高速铁路 CRTS III 型板式无砟轨道先张法预应力混凝土轨道板暂行技术要求(流水机组法)[S]. 北京:中国铁路总公司,2017.

[45] 中国铁路总公司企业标准. Q/CR 567—2017　高速铁路 CRTS Ⅲ 型板式无砟轨道先张法预应力混凝土轨道板[S]. 北京:中国铁路总公司,2017.

[46] 中华人民共和国行业标准. JTG 032—2006　港口水工建筑物检测与评估技术规范[S]. 北京:人民交通出版社,2007.

[47] 中华人民共和国行业标准. JTS 311—2011　港口水工建筑物修补加固技术规范[S]. 北京:人民交通出版社,2011.

[48] 中华人民共和国行业标准. JTJ 275—2000　海港工程混凝土结构防腐蚀技术规范[S]. 北京:人民交通出版社,2000.

[49] 中华人民共和国行业标准. JTS 257-2—2012　海港工程高性能混凝土质量控制标准[S]. 北京:人民交通出版社,2012.

[50] 中华人民共和国行业标准. JTS 257—2008　水运工程质量检验标准[S]. 北京:人民交通出版社,2008.

[51] 中华人民共和国行业标准. JTS 202-2—2011　水运工程混凝土质量控制标准[S]. 北京:人民交通出版社,2011.

[52] 中华人民共和国行业标准. JTS 153—2015　水运工程结构耐久性设计标准[S]. 北京:人民交通出版社股份有限公司,2015.